风雨兼程：
中国注册会计师之路
Fengyu Jiancheng Zhongguo Zhuce Kuaijishi Zhi Lu

（逐梦卷）

丁平准／著

图书在版编目(CIP)数据

风雨兼程:中国注册会计师之路.逐梦卷/丁平准著. —上海:立信会计出版社,2019.5
 ISBN 978-7-5429-6107-5

Ⅰ.①风… Ⅱ.①丁… Ⅲ.①注册会计师业—历史—中国 Ⅳ.①F233.2

中国版本图书馆 CIP 数据核字(2019)第 071232 号

策划编辑	窦瀚修 孙 勇
责任编辑	方士华 孙 勇
封面设计	南房间

风雨兼程:中国注册会计师之路(逐梦卷)

出版发行	立信会计出版社			
地 址	上海市中山西路 2230 号	邮政编码	200235	
电 话	(021)64411389	传 真	(021)64411325	
网 址	www.lixinaph.com	电子邮箱	lixinaph2019@126.com	
网上书店	http://lixin.jd.com		http://lxkjcbs.tmall.com	
经 销	各地新华书店			
印 刷	苏州市越洋印刷有限公司			
开 本	787 毫米×1092 毫米	1/16		
印 张	39.25	插 页	33	
字 数	901 千字			
版 次	2019 年 5 月第 1 版			
印 次	2019 年 5 月第 1 次			
书 号	ISBN 978-7-5429-6107-5/F			
定 价	158.00 元			

如有印订差错,请与本社联系调换

作者简介

丁平准，1937年12月生，祖籍湖南衡阳，1959年加入中国共产党。在20世纪50年代，丁平准加入中国作家协会，是中国作家协会江西分会的会员。

丁平准1983年进入财政部，历任《会计研究》编辑部第一任主任，中国会计学会第一任专职副秘书长，中国注册会计师协会秘书长，财政部高级会计师评委，财政部高级经济师评委，财政部财会人才中心主任、党委书记。20世纪80年代主持中国会计学会日常工作近8年，90年代主持中国注册会计师行业管理工作近8年。新千年伊始，他主持中国财会人才中心工作3年，随后任中国总会计师协会副会长兼秘书长，主持中国总会计师协会工作3年。

丁平准同志还曾兼任中国资产评估协会副会长，中国会计学会理事，中国成本研究会理事；他还是中南财经政法大学、东北财经大学、中央财经大学、北京国家会计学院、上海国家会计学院等十余所高等院校兼职教授。

丁平准是我国"会计管理论"学派代表人物之一，中国注册会计师制度重建和恢复的亲历者和领航者。他著有《工业企业会计管理学》《社会主义会计理论探索》《简明财会新词典全书》"风雨兼程：中国注册师之路"丛书等专著12部共800余万字；丁平准还是《经济大词典·会计卷》《现代会计手册》的主要撰稿人之一，曾任《会计年鉴》副主编，《财政年鉴》编委，《中国注册会计师》杂志主编，曾参与起草我国第一部《会计法》《注册会计师条例》，主持起草我国第一部《注册会计师法》，参与制定中国独立审计准则、注册会计师行业全套管理法规，曾组织1999年修订的《会计法》相关电视广播讲座。丁平准是关贸总协定和WTO服务贸易业会计市场准入条件方面的中国主要谈判人员，中国会计市场开放相关政策的主要制定者。

丁平准在国际上也具有较大影响。曾任亚太会计师联合会第一任中国理事，国际会计师联合会第一任中国首席代表，国际财务总裁协会联合会第一任中国理事。同时也是美国管理会计师协会资深顾问，澳大利亚会计师公会高级顾问。在与美国管理会计师协会联合开展"中国企业成本核算与成本管理"专项课题研究时，担任中方专家组组长。

中国注册会计师事业的实践和探索

邹家华

1. 与全国人大原副委员长、国务委员兼财政部部长王丙乾（中）合影
2. 王丙乾接见出席中国总会计师协会第三次全国会员代表大会的代表
3. 全国人大常委会原副委员长成思危
4. 与全国政协原副主席赵南起
5. 从左至右：张克、陈毓圭、李勇、刘仲藜、丁平准
6. 陈毓圭介绍社团展览会
7. 刘仲藜、王军（左二）、陈毓圭（右一）、丁平准

逐梦卷

1. 参观社团展览合影
2. 与人事部原副部长、稽查特派员总负责人孙树义合影
3. 与原证监会首任首席会计师、主席助理汪建熙合影
4. 与财政部原副部长、中国总会计师协会原会长张佑才合影
5. 与中注协原秘书长、财政部原副部长，现联合国工业发展组织总干事李勇先生一起
6. 与国资委原书记、工信部部长李毅中合影

逐梦卷

1. 与财政部原副部长、中国成本研究会会长张弘力（左）以及秘书长高培勇（右）先生合影
2. 与中注协原副秘书长、财政部原副部长，现任国家税务总局局长王军合影
3. 与财政部原会计司司长、部长助理、全国人大预算工作委员会副主任、全国人大常务委员会委员、中注协会长冯淑萍合影
4. 庆祝杨纪琬从教六十周年合影（中为财政部原副部长，现亚投行行长金立群）
5. 1986年与杨纪琬的合影
6. 1990年全国首届会计知识大赛中的杨纪琬（左三）
7. 1986年与杨纪琬在西安调研

逐梦卷

1. 与诺贝尔奖获得者、美国前国务卿、中国人民的老朋友基辛格先生合影
2. 向基辛格赠送《风雨兼程：中国注册会计师之路（开放卷）》
3. 与法国前总统德斯坦先生合影
4. 与诺贝尔奖获得者、欧元之父蒙代尔先生合影
5. 蒙代尔会见中国总会计师协会代表团
6. 与加拿大前总理克雷蒂安（右2）先生合影

逐梦卷

1. 在中南海开会留影
2. 1990年11月在中注协办公室
3. 20世纪80年代开始用四通打字机
4. 林中漫步
5. 参加1995年全国会计工作会议人员合影
6. 1995年8月11日参加北戴河财政会议人员合影
7. 财政部司局长学习中共十五大文件
8. 1990年与谢明、杨纪琬等研究注册会计师协会相关问题

1. 1984年4月在西安参加《会计辞典》编写会议留影
2. 1989年1月在上海参加会计准则座谈会
3. 1989年7月全国首届会计知识大赛第一次组织工作会议在上海举行
4. 1990年在湖北参加全国会计处长会
5. 1997年与审计准则组成员访问美国律师协会
6. 与第三批独立审计准则外方专家组成员等合影
7. 1988年中国注册会计师协会成立大会工作人员与领导合影
8. 1997年与审计准则组成员在美国五角大楼前留影

逐梦卷

逐梦卷

1. 1997年12月24日参加执行证券业务事务所会议人员合影
2. 1992年在成都参加中注协第二次全国会员代表大会，与时任四川省注协秘书长合影
3. 1990年在广州调研
4. 1997年7月听取对执行证券业务会计师事务所检查的情况汇报后合影
5. "两会"联合后的中注协第二次理事会
6. 1990年为准备起草《注册会计师法》进行调研
7. 1997年7月参加第一次全国注册会计师协会秘书长会议时合影
8. 2008年中注协成立二十周年大会留影。中为王军，右为中注协原秘书长陈毓圭

逐梦卷

1. 1995年4月25日参加注册会计师全国统一考试工作会议人员合影
2. 1995年4月27日在考试工作会议上讲话
3. 1994年10月视察当时的河南财经学院注册会计师考试阅卷情况
4. 2001年在黑龙江视察考试工作留影
5. 2002年在广西视察考试工作留影
6. 在注册会计师行业清理整顿工作会议上讲话
7. 在 1997 年"迈向 21 世纪——中国经济改革与会计市场开放国际研讨会"上
8. 1997年4月在"迈向 21 世纪——中国经济改革与会计市场开放国际研讨会"上讲演
9. 1998年3月在良乡参加注册会计师法律责任研讨会

1. 中注协参加财政部运动会人员留影
2. 参加财政部运动会的项目中的我
3. 参加中注协组织的野三坡郊游留影
4. 参加中注协组织的游世界公园活动留影
5. 参加财政部运动会留影
6. 在北京市西城区教育学院办公的中注协的一班老同志
7. 中注协代表队参加财政部歌咏比赛合影

逐梦卷

逐梦卷

成本研究会第六届会员代表大会　2013.10 北京

1. 在中注协举办的联欢会上
2. 在2013年成本研究会会员代表大会预备会上
3. 2013年在成本研究会会员代表大会上与财政部会计司司长高一斌合影
4. 2013年10月参加成本研究会会员代表大会的合影
5. 2013年在成本研究会会员代表大会上与中注协现任副秘书长蔡晓峰合影
6. 与北京国家会计学院党委书记、院长秦荣生教授合影

1. 在北京国家会计学院开会
2. 与北京国家会计学院学员合影
3. 诚信调查课题组成员合影
4. 与上海国家会计学院学员合影
5. 上海国家会计学院管一民副院长向学员介绍我
6. 上海国家会计学院专家楼
7. 上海国家会计学院风光

逐梦卷

1. 财政部人才中心高级专家团成员合影
2. 在财政部人才中心成立大会开幕式上讲话
3. 在财政部高级专家委员会暨人才中心成立一周年大会上讲话
4. 主持财政部人才中心党委会议
5. 2000年财政部人才中心组团访问马来西亚
6. 财政部人才中心访问大寨,中为宋立英
7. 1999年6月财政部人才中心参加财政部保龄球年赛

逐梦卷

1. 在全国首届会计师事务所合伙人高级研讨班上讲话
2. 中国总会计师协会代表团访问日本时合影
3. 中国总会计师协会代表团访问美国留影
4. 2004年在美国水牛城看尼加拉瓜大瀑布
5. 财政部人才中心组团赴澳门访问时留影
6. 参加中国总会计师协会在怀柔举办的研讨会
7. 2002年5月在杭州参加中国总会计师协会二届八次常务理事会与会人员合影

逐梦卷

1. 在中国总会计师协会办公室
2. 在北京国家会计学院给总会计师讲课
3. 2003年在江南造船厂调研
   （右三为江南造船厂党委书记、中国总会计师协会副会长王德宝同志）
4. 2004年4月参加山西总会计师协会代表大会
5. 给总会计师们上课
6. 2001年与西部研究与发展促进会专家贵州之行
7. 听课的总会计师们

逐梦卷

1. 参加西部地区农业综合开发座谈会（前排右二为赵延年会长）
2. 2002年春节，西部研究与发展促进会会长赵延年看望大家
3. 与山推股份董事长张秀文合影
4. 与中粮地产原董事长孙忠人合影
5. 与中粮地产董事合影（右三为董事长周政）
6. 2012年3月在云南腾冲
7. 与中粮地产董事会秘书、副总经理崔捷合影

1. 参加中粮地产董事会会议
2. 中粮地产的三位独立董事
3. 2012年4月参加中粮地产股东大会
4. 与美国华尔街日报记者谈话
5. 接受中国财经报记者采访
6. 接受央视记者采访
7. 出席北京工商大学活动
8. 在北京工商大学做报告

逐梦卷

1. 与北京工商大学杨有红教授合影
2. 与西南财大毛伯林教授合影
3. 2009年3月重上井冈山留影（1）
4. 2009年3月重上井冈山留影（2）
5. 2009年3月重上井冈山留影（3）
6. 在井冈山博物馆前
7. 2009年3月重上井冈山留影（4）
8. 在八一纪念馆前
9. 在永新

5

6

7

8

9

逐梦卷

1. 2009年3月在赣州与漂塘钨矿的老同志相见
2. 2011年在财政部老干部运动会上
3. 中注协退休干部参加财政部老干部运动会留影
4. 与会计司应唯联欢
5. 财政部老干部运动会晾果厂支部代表队合影
6. 参加2003年财政部老干部运动会太极拳表演的运动员合影
7. 与大信会计师事务所吴益格先生（左二）

逐梦卷

1. 在大信审计研究院揭牌仪式上
2. 在大连北方会计师事务所考察留影
3. 在内蒙古会计师事务所考察留影
4. 1997年3月访问国际会计师联合会，中为国际会计师联合会秘书长格鲁诺
5. 1997年在中外合作的福云会计师事务所成立仪式上
6. 在上海潘陈张会计师事务所考察留影
7. 在天津协通会计师事务所成立五周年大会上
8. 在中国注册会计师协会成立二十周年大会上与信永中和会计师事务所的张克先生

逐梦卷

1. 1997年10月在巴黎参加世界会计师大会
2. 1993年访问加拿大时留影
3. 2004年10月参加国际财联大会
4. 1994年5月访问韩国时留影
5. 1994年5月访问日本时留影
6. 1994年11月访问比利时留影
7. 1993年访问英国时留影
8. 1994年11月22日会见香港会计师公会总干事黄洛华

1. 1994年访问香港时留影
2. 赴香港辅导 CICPA 考试
3. 看望内地赴香港实习的学员时留影
4. 1994年1月7日在台北参加活动
5. 与台北市会计师公会总干事合影
6. 在高雄参加台闽会计师联谊会活动
7. 在日月潭
8. 在垦丁

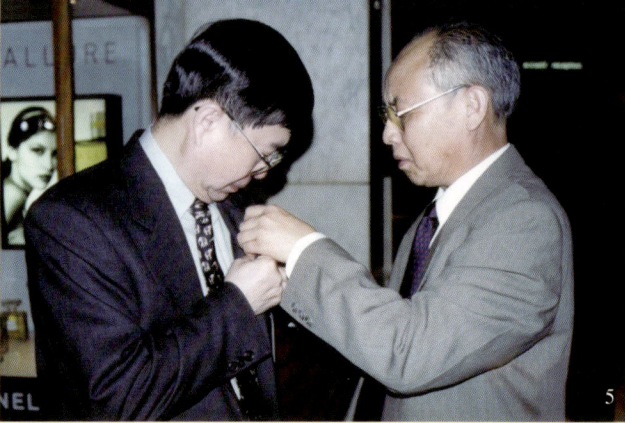

1. 1994年10月12日澳大利亚会计师公会代表团来访
2. 与澳大利亚会计师公会会长杰夫里（后任亚太会计师联合会会长）
3. 与杰夫里及其夫人
4. 2005年4月25日在澳大利亚驻华大使馆参加ASCPA香港分会会议
5. 与北美会计师协会原会长林孝仁合影
6. 多年后与林孝仁先生再见面（右三为林太太）
7. 与亚太会计师联合会原会长孙贵财（中）合影
8. 与亚太会计师联合会原会长孙贵财、北美会计师协会原会长林孝仁先生在北京重逢

逐夢卷

1. 在美国财政部前留影
2. 1993年1月6日访问美国（在 KPMG 大门口）
3. 在美国哥伦比亚大学留影
4. 2000年3月访问美国夏威夷会计师协会
5. 获得"夏威夷荣誉市民"称号
6. 1997年3月17日访问美国会计师协会并会见该会的 CEO
7. 访问美国 SEC
8. 访问美国财务会计准则委员会

1. 与美国财务会计准则委员会主席合影
2. 与美国律师协会主席合影
3. 1997年3月拜访美国会计师协会会长以色列奥夫（中）
4. 与美国纽约州会计师协会会长（左一）合影
5. 与中注协审计准则组成员在美国国会山
6. 2011年11月19日在IMG与国务院国家外国专家局签约仪式上
7. IMA访问国资委时合影
8. IMA国际部主任吉姆（左二）会见全国MPAcc教指委秘书长王化成教授

1. 在光环培训班讲课
2. 在四川成都做报告
3. 在中文 CMA 项目签约仪式上
4. 举杯同庆
5. 在中文 CMA 项目签约仪式上讲话
6. 1997 年 7 月 5 日与美国 IMA 两任驻北京首席代表
7. 与优财网 CEO 交谈

逐梦卷

1．与 IMA 现任驻北京办事处主任白俊江合影
2．2009 年在第四届美国管理会计师协会全球年会上讲话
3．2009 年 3 月 9 日在南昌做报告
4．2009 年在第四届美国管理会计师协会全球年会上接受采访
5．与外国组织谈判
6．讲课留影
7．讲课瞬间
8．做报告瞬间

1. 1997年前照的全家福
2. 读高中的小外孙女
3. 刚满两周岁的曾外孙女
4. 在双榆树东里10号楼的家
5. 现在的家晾果厂9号院

序
丁平准：顶盔披甲　战士本来

中国会计视野　王　宁

初夏，刚下过雨的北京干净、清爽，按照采访约定时间，我们敲开丁平准先生的家门。穿着汗衫短裤的丁先生迎上来和我们握手，丁夫人此时拿着衬衣长裤准备把他"武装"起来，但他孩子般地只肯接受那件衬衣，他说反正只拍上半身嘛。

这是我对丁老的最初印象，本来以为他是个严谨又严肃的先生，结果却是个极其随性的"老顽童"。随着采访的深入，我发现这股随性后面有两个特质：一个是战士的豪情，一个是诗人的不羁。也许这种性格注定了这位先生终究要演绎一场"顶盔披甲，持矛把盾交锋以为乐"的快意人生。

矿山会计的诗人情怀

丁平准先生从衡阳高级商业学校刚毕业的时候不足20岁，被分配在江西漂塘钨矿做财务工作，那时的他青年才俊，血气方刚，一边在工作中刻苦地进行专业积累，一边以文字讴歌钨矿工人。他做会计3年，就被评为省劳动模范，笔墨才华让他小小年纪就成为中国作家协会会员。

一个有血性的人，往往对周围人群怀有悲悯之心，丁平准对钨矿工人生命承载力的那种天然敏感是他的性格使然。同样，在会计人生的路途上，他亦不失诗人的浪漫情怀。"会计像路边的小草，编织着美丽建设的花环。会计像山涧里的一条小溪，默默地汇集到大海狂澜……"这是1990年，财政部举办全国首届会计知识大赛时，丁先生为《会计之歌》的填词，在采访中，他不觉深情地为我们朗读了几句。

丁老的这份感性并没有成就他的激情人生，反而使他在"文革"期间因言获罪，被打成"现行反革命"关了起来。所幸的是，那段时光无意中却促成了丁平准人生中的一次闭关修行，在被囚禁期间，他熟读马列著作，"被关起来以后，我就读了马克思的《资本论》三卷，特别是第二卷我几乎能背。"谈及此处，丁老跃跃欲试，即兴给我们讲了一段资本运动 G—W—G′。

特殊年代总会以它的方式毁掉一些人，也造就一些人，在被囚禁的日子里，丁平准读书读得心身无外物，只剩马克思，这为他在会计学上的基本观点的形成打下了深深的烙印。

顶盔披甲　中年得志

1982年，时任会计司司长的杨纪琬先生正在为《会计研究》物色编辑人才，而此时丁平准的一篇名为《对列宁经济核算思想的探讨》的文章，使杨先生慧眼识英，用4个研究生的进京指标将这匹千里马招至麾下。45岁，从江西到北京，由冶金厅到财政部，命运把这位中年战士送上了新的战场，10年后又将他的职业生涯推向顶峰。

20世纪80年代初期，会计学界刚刚走出关于"一碗红烧肉"该怎么记账都要讨论其阶级性的困境，从束缚中解脱出来的会计学者们急于自由表达自己的学术观点，《会计研究》是当时全国的顶级会计刊物，自然也就成为百家争鸣的舞台。

"要改一个标点符号我都要打一个长途电话给娄尔行，那个时候打长途电话也是很昂贵的，我很敬佩他做学问的严谨。"编辑部的工作为丁平准和学者们搭建了一座沟通的桥梁，老一辈会计专家严谨的治学态度深深地烙在丁平准的心中。让他记忆犹新的一件事，是咸阳的一次会议，那次会议是为了讨论于光远先生主编的《经济大辞典》。"第一卷的第一个词条就是会计，会计管理理论、会计信息论、会计艺术论，还有会计工具论各持己见，要把四派的观点综合起来，还要加小字备注。"回忆起这段经历，丁平准说："我作为具体干活的，当时真的很难，但是这些老人做学问真的非常认真。"

在那个时代的会计界，上有葛家澍、娄尔行、阎达五、杨时展等前辈各树一脉，下有刘明辉、杨雄胜、杜胜利、汪建熙等新秀初露锋芒，恰值中年的丁平准承上启下，理论研究的平台回馈并滋养着他，他在江西那段摸爬滚打的实践积累的经验与新的学识融合着。疾风知劲草，烈火见真金，从1982年到1992年，10年磨砺之后，被深藏的那颗战士之心已然整装待发。

持矛把盾　行业先锋

当一个战士把刀磨利了，枪擦亮了，你就得给他一个战场。1992年6月，中南海会议奠定了中国注册会计师行业的改革进程，从立法到体制变革，从国内分庭到国际抗争，这个行业面临太多棘手问题，需要一位能够快刀斩乱麻的铁腕决策者挺身而出。

20世纪90年代初，我国的资本市场、对外贸易急速扩张和发展，其势头犹如脱缰的烈马，对于投资决策者们来说要驾驭这匹烈马，客观、及时、理性的会计数字就是那根缰绳，缰绳质量则直接触及市场的风险和收益。因此，中国经济的发展已经将会计服务带到改革的前沿阵地。在这样的时代背景下，1993年《中国注册会计师法》问世，回忆起在望海楼的10个昼夜，作为起草执笔人的丁平准说："那个时候用四通打字，需要不停地变型号，晚上饿得不行了就泡点方便面，太闷了就看一看中央电视台发射楼，十天十夜，我翻遍了全世界的相关法规才写出来，那叫作真的高速。"

起草好《中国注册会计师法》后，接着就是广泛征求意见以及与相关部委的内部协调，所有工作都是抓紧、抓紧，不容喘息，克服种种困难后，这份文件终于经过财政部、国务院、全国人大层层审议，于1994年1月1日，正式实施。

立法工作为中国的注册会计师事业开启了新的篇章，也进一步确立了中国注册会计师协会（以下简称"中注协"）的法律地位，而作为立法后中注协第一任秘书长的丁平准，开始了他在中国注册会计师行业做领头人的6个春秋，在担任中注协秘书长的日子里，在中国注册会计师行业内部规范和走上国际舞台等转折点上，丁先生充分展示了他的果敢、担当、智慧和才华，这大概是他人生中最辉煌的一段旅程，那段时间也是中国注册会计师破茧重生的重大篇章。

铮铮铁骨　交锋为乐

加入国际会计师联合会（IFAC），既是中国打开会计市场、引进国际专业会计服务的标志，也是中国注册会计师在国际舞台确立角色的前提，国内庞大的会计市场也是当时中国WTO谈判桌上的一块筹码。早在1982年，我国会计行业就以中国会计学会的名义开始了与国际会计师联合会的互动，但一方面那时候还没有成立中注协这样的职业团体，中国会计学会属于学术团体；另一方面台湾会计师公会在国际会计师联合会中的定位问题也迫使这一事项被搁置下来。随着注册会计师事业的立法，这一事项又被重新提上日程，而当时会计方面的台湾问题仍然亟待解决。

1995年的秋天，亚太会计师联合会（CAPA）的会长孙贵财先生向丁平准表达了希望中注协加入亚太会计师联合会的心愿，这位华裔会长的真诚打动了丁平准，此时对于中国注册会计师协会来说，加入亚太和国际两个会计师组织同样的困扰都是台湾问题，所以，一场借由亚太战场继而取得国际地位的战斗就此打响。

"回去蹲了监狱，你就给我送饭吧。"这是1996年10月，在马来西亚的亚太会计师联合会大会上，丁平准与章海贤的对话。会议就中注协加入亚太问题进行了三轮投票，除了中注协加入亚太组织，中国台湾会计师公会的理事资格是否保留也是一个棘手问题。在"一个中国"的政治背景下，台湾方面如果当选理事是中注协无法接受的，所以中注协的加入和台湾会计师公会的出局是捆绑效应，三轮投票的结果随时有可能因为偶然不确定事件瞬间被逆转。

事实也是如此，前两轮投票的结果不一致，第二轮投票又把台湾会计师公会的资格保留下来。这场马来西亚的战役，仅有章海贤陪同的丁平准几乎算是单刀赴会，面对巨大的压力，他必须有所作为，而在这个关口，任何的言行所带来的风险和影响都是难以预计的。

生死关口，丁平准安排章海贤向会议郑重声明，要求台湾会计师公会必须退出理事会，否则中注协将宣布放弃加入亚太会计师联合会的申请。以退为进是不得以而为之的策略，然而对于那个时点的决策者来说，实在需要一份不计后果的果敢和担当。事实证明，险中取胜的战备决策是正确的，第三轮决定性的投票结果最终取消了台湾会计师公会的理事资格，从而，1996年10月，中国注册师协会加入亚太会计师联合会。顺理成章地，1997年5月，中注协加入国际会计师联合会。

在这段征途中，丁平准披荆斩棘，功不可没，当然，也正像他在采访中所说的，那时候中国改革开放已经多年，国力的强大是在国际谈判中争取到话语权的根本，能够成为代表中注协登上国际会计师舞台的第一任秘书长，他是遇到了好时候。

将帅一梦　壮志待酬

作为中国注册会计师行业的领头人，丁平准有个梦，就是中国的会计师事务所要有自己的"一大"，在执业水平、业务收入、综合实力上在国际上都是最大、最强的。这个梦不仅仅是丁先生的，同时也是很多有志注册会计师共同的梦。然而，现实似乎还有很长的路要走。

20世纪90年代中期，中国会计、审计市场已是池满鱼肥，国际会计服务公司呈虎狼之势长驱直入，从"十大"到"六大"，他们熟悉市场规律，专业经验丰富，与国内事务所相比，就犹如航空母舰和小舢板。"仗"该怎么打，又该怎么争，还是把地盘拱手相让呢？

与此同时，在市场巨大利益的驱动下，国内事务所执业质量频频预警，长城案件、琼民源事件，注册会计师的职业道德底线是什么、责任义务的法律标准又是什么，行业体制改革、队伍建设、业务清理整顿等一系列问题"波涛汹涌"，可谓百废待兴。

"没有办法，我们是一个新兴行业，年轻的事业、年老的队伍。"这是当时注册会计师行业的现状，也是丁平准内心的隐痛，他深知注册会计师行业需要注入高品质的新鲜血液，需要为注册会计师们搭建可持续接受教育的平台，需要把乳娘怀里的他们丢入市场，让大浪淘沙。

1996年，经过与审计部门的谈判，审计署撤销社会审计指导司，将注册审计师转入注册会计师协会；1997年，结束注册会计师的考核准入制度，考试成为取得注册会计师资格的唯一途径；1998年，经国务院批准，建立国家会计学院作为注册会计师的培训基地。在一桩桩、一件件事情里，我们都能看见丁平准穿梭不息的身影。

"我跟他们说，吵得赢就吵，吵不赢就守，守不住就骂，完了吧，骂了不管用就算了吧，总而言之守住这条线，为这个行业而呐喊。"在做秘书长的岁月里，丁平准不遗余力地为行业振臂高呼，满腔热血地守候着注册会计师阵地，寸土必争，寸步不让。

那是1998年最后一天的深夜，大雪纷飞，铁道大厦里，丁先生在等最后一家证券资格的会计师事务所报送资料，这意味着全国103家证券资格的会计师事务所将从挂靠的政府机构彻底独立出来，同时，也等于启动了注册会计师行业全国范围改制工作。脱钩改制，是中国注册会计师行业的一次重生。此时此地，丁平准说"我终于放下了这一辈子的包袱"！这既是他的包袱，也是他的抱负。

兵不卸甲　战士本来

1999年，62岁的丁平准离开了中国注册会计师协会，失去驰骋的战场，他又将何去何从？

清闲的节奏对于一个已经习惯忙碌的人显然是不适合的，何况是依旧壮志满怀、踌躇满志的丁平准，这真是："人语马嘶听不得，更堪长路在云中。"

此后的日子里，从主持中国财会人才交流中心工作，到组建注册会计师的行业党委、创办中华财会网、承担中国西部研究与发展促进会的经济工作、重建中国总会计师协会等，丁平准似乎不允许自己停下来。他说："人生苦短，不讲究时间长度，要追求时间的质量，在短暂的时间里，做更多的事。"

正应了林语堂的那句："战士者何？顶盔披甲，持矛把盾交锋以为乐。不交锋则不乐，不披甲则不乐。"这句评价，用在丁先生身上，也真是再合适不过了。

初夏的清风阵阵吹起落地窗帘，古朴的老式餐桌上摆着丁夫人细心为我们准备的小点心和水果，她在整个采访中静静地坐在客厅的一角，看着慷慨激昂演说的丈夫，片刻未离。这对老夫妻的心照不宣和默契自如表露无遗，秉性直率的先生恐怕总是让她半喜半忧吧。

"人生真正的辉煌就是那么短暂的一刹那,而这短暂的一刹那你要对得起它。"这是丁平准说的,也是他用生命在实践的。只是,所有的战役都终将结束,硝烟散尽之后,留下的总会是英雄独孤的身影。外在的繁华落尽后,人生旅程的最后决战是留给自己的,是让心灵回归宁静本来。

2019 年 5 月

自 序

我生于公元1937年，年逾八旬，在耄耋之年写了风雨兼程系列图书最后一卷——《风雨兼程：中国注册会计师之路（逐梦卷）》，盼望"收官之作"能带来心灵的平静。

"风雨兼程"系列图书前五卷，写的是中国注册会计师（CPA）的事情。前五卷每卷前面有个"综合篇"，旨在给人一个全面、系统、前后连贯的印象。这一卷的前面是一些零星的"故事"，每个"故事"背后，都是一段历史。

我们现在站在新时代的入口，虔诚而热烈地寻找未来前进的路径，但无法忽略以往的历程。以往的辉煌与曲折，属于过去，也无法重来，但它们延伸出无数个触角，与现在和未来建立起了千丝万缕的联系，成为"从过去传到将来的回声"。

人生就像是爬楼，一级一级，一步一步，一步一个脚印地往上爬，也许终于快要爬到顶楼了，快要可以休息了，却恍然发现，自己已经爬不动了，一步也不能再动了，生命的旅程，也就此告一段落。这时，人们也许会想起那首著名的元曲："枯藤老树昏鸦，小桥流水人家，古道西风瘦马。夕阳西下，断肠人在天涯。"感叹"人生如梦，聚散是缘"。在漫长的、充满成败荣辱的人生里程中，那清晰的、无法忘怀的回忆，犹如一道美丽的风景永驻心田。

历史是一面镜子，人们在现代化的进程当中，要注意经常地照一照这面镜子，以鉴古知今，博采众长。这样，我们前进的步伐会更加扎实、更加有力。正如《贞观政要》里所说的，以铜为镜，可以正衣冠；以古为镜，可以知兴替；以人为镜，可以明得失。

一个国家、一个民族、一个行业，总要有一批心忧天下、勇于担当的人，总要有一批从容淡定、冷静思考的人，总要有一批刚直不阿、敢于直言的人。宋代理学大师朱熹曾写过一副对联："地位清高，日月每从肩上过；门庭开豁，江山常在掌中看。"这是千百年来中国仁人志士的崇高精神追求。

不断追求，不断奉献，从而得到满足和快乐，这是我在职时最大的幸福。我并不想做出什么丰功伟绩，也没有什么野心。只想把每天的工作完成好，遵章办事、平安无事就行。62岁退休之后仍继续工作，直到75岁才"彻底退休"。当然，我很想做一个革命的"永动机"，直至这台机器散架；或者做一支不断燃烧自己直至生命尽头的蜡烛，可自然规律无法满足"生命不息、战斗不止"的美好愿望。人生，是一条泥泞而没有尽头的路。不该来的永远不会来，该发生的迟早会发生！

怀旧，可以缓解人们的孤独感，让人得到心理支持，从困难和痛苦中解脱出来。此外，"老地方"记载着人们纯真的回忆，是人们心灵的一片净土，回到"老地方"，往往能为自己带来不一样的启发。与其说怀旧是对过去的总结，不如说它是一种成本最低的减压方式。过去的事总让人怀念，人想起过去事情时心里总是暖暖的。

"时间是贼，偷走了一切"。一回头什么都变了，一转身什么都忘了。那伤感的一丝惆怅，沉重的一声叹息啊！无可奈何，无能为力。除了默默地接受，无法去改变。只能改变我们能改变的，接受我们不能改变的，在努力中顺其自然，在顺其自然中努力。记忆是痛苦，忘却尤其痛苦。谁还记得那些前尘旧事呢？大约只有自己记得吧！

80年间，我只做了一个"梦"，我的一辈子都是这个梦的延续，所以这一卷叫做"逐梦卷"；无论是在职时当"秘书长"，还是退休后当"家长"，都是"风雨兼程"，而不是"一帆风顺"，所以这本书总的题目还是"风雨兼程：中国注册会计师之路"。

这一卷分为三个部分：第一部分是"故事"，讲我在会计行业担任三个协会秘书长的一些故事；第二部分是"往事"，讲我退休以后的一些"会计"故事；第三部分是"家事"，讲我家里的一些事情。

这一卷里我放入了不少复印件，为的是能够说明历史、留下历史。发黄的纸张，也许不太清晰，但那是历史的记载，历史本来就处于似暗似明的"模糊状态"。

人生的岁月很长，长到有太多的人生感悟、生活真谛，需要慢慢地去回想和梳理；人生的岁月又很短，短到有太多的文化、风物、人情来不及认真反复地去咀嚼和品味。有人说："人生的下半场，主要取决于心态。心态和生活是否精彩，是紧密地联系在一起的。人生的下半场就是向自己挑战，以战胜那些内在和外在的自我局限。踏踏实实地过好每一天，就是对过好人生下半场最好的解读。"梦想也是挑战，是在不断地选择和承担责任中逐渐实现的。

如果不是海浪用力地拍打礁石，也不会有那么美丽的浪花。每个人都希望自己走得顺，谁都不愿艰辛，但是困难如果出现了，就应该去面对它，我们才能知道生命是怎么回事。辉煌的时代中，有很多微妙的变局，于宏观至国家、于微观至个人，举手投足间，隐约浮现，虽为前事，亦是今世，更系未来。

命运的改变不是每个人可以预料的，人生中有很多不同的坎，跨过一道道坎是每个人的必经之路。想要做成事，不应想着这些坎有多难跨过，而应想到跨过这些坎之后的快乐。

人过八十，应该开始"清仓"，就是基辛格说的："回忆过去。"

想起1997年我对长春电影制片厂导演说的话："合伙制会计师事务所是天堂，想发财成为百万富翁，你就去吧！合伙制会计师事务所是地狱，想坐班房、蹲监狱，你就去吧！"我想，我今天可以对会计师事务所合伙人说："只要我在天堂，你就不会下地狱！"我想，也许有一部分会计师事务所合伙人可能会对我说："只要你在天堂，我们宁愿下地狱！我们之间的友谊，分不清天堂和地狱。"我这一辈子和注册会计师行业是结下了不解之缘！

一位名人曾经说过，"在最后一年，我将像常年负轭的老马，不到最后一刻绝不松套；我真诚希望，我，连同我这一生为人民做的有益的事情，人民都把他忘记，并随着我日后长眠地下而湮没无闻"。这一段肺腑之言，感动了很多人，我把它抄录于此，以自勉。

"风雨兼程"这套书的写作，始于2000年。因为是东北财经大学的刘明辉教授建议我写作的，所以最初几卷就由东北财经大学出版社出版了。后因我是"财政部的人"，所以，后续的几卷就由经济科学出版社出版了。这最后一卷，为什么又交给立信会计出版社了呢？因为我和会计这个行业打了一辈子交道，而全国唯一以"会计"命名的出版社便是"立信"，还是回归"会计"老家吧！潘序伦是"中国现代会计之父"，而"立信"是潘序伦创立的品牌。党中央号召要有"四个自信"，其中"文化自信"在会计行业就是要树立"立信"这个品牌，发扬光大"立信"这个品牌。"立信"是中华会计文化的代表，也是中华会计文化的精髓。我作为会计行业的一名"老兵"，应当为擦亮"立信"品牌做出应有的贡献。1987年9月，西南财大毛伯林教授，要我担任"会计理论探索丛书"的副主编，我也应允了，可我从来就没有为这套丛书出过力，后经了解，得知这套丛书是立信会计出版社出版的，我欠立信会计出版社的；2013年11月，在中山大学，毛伯林教授建议编辑出版"中国20世纪会计史研究"丛书，而这套丛书也应由立信会计出版社出版，我又欠了立信的。毛教授要我出任主编，我坚决推辞，最后接受了"高级顾问"的角色，可至今也没顾、没问。说起来真是十分惭愧！欠了毛教授的，欠了立信会计出版社的！

"风雨兼程"系列丛书在立信会计出版社结束，是我对立信会计出版社的一种补偿，也是我的荣光！

书中有些引用的内容是我根据早年的纸质材料重新一个字一个字地打出来的，如有个别地方不一致，敬请谅解。

书中提及的人物较多，他们的职务、职位都是当年的情况，我就不在职务或职位前一一加"前"或"原"了。

丁平准
2019年5月于北京晾果厂

目 录

第一部分 故事 ... 1
一、"中国特色"——在中国会计学会的故事 ... 4
决定我下半辈子命运的一次会议——中国会计学会烟台年会 ... 6
比稿费更珍贵 ... 10
《经济大辞典·会计卷》首次编辑工作会议在陕西举行 ... 11
赴广州参加"投资问题研讨会" ... 12
会计司的公债我包了 ... 13
庐山风云——参加江西省会计学会、成本研究会的理论讨论会 ... 14
财政部会计事务管理司召开会计工作座谈会——如何在经济体制改革中进行会计改革，开创会计工作新局面 ... 16
历史上关于会计职称的评定工作 ... 18
20世纪80年代会计司在财政部是"三等公民" ... 18
中国会计学会订文艺杂志 ... 19
中国会计学会会长迟海滨 ... 20
她应当评上高级会计师 ... 21
调楼申光到财政部工作 ... 22
"多种用途"的办公室 ... 23
学习、宣传、贯彻《会计法》 ... 24
《会计法》的起草和审议过程 ... 27
《会计法》是"会计核算法" ... 28
会计工作法制的里程碑 ... 29
《会计法》是经济工作的根本大法 ... 30
请李鹏委员长为新《会计法》题词 ... 30
写得这么短老百姓怎么看得懂 ... 31
一次规格很高的电视、广播讲座 ... 33
你们上市，要分一半钱给王军和许建钢 ... 34
死里逃生，躲过一劫 ... 34

台湾"会计之父"郑丁旺 ······ 35
中国会计学会举办香港公司法、破产法研讨会 ······ 36
在改革中开创会计工作新局面——中国会计学会、《会计研究》编辑部
　　召开庆祝新中国成立35周年座谈会 ······ 36
国务委员王丙乾为责任会计专题研讨会题词 ······ 39
中国会计学会的几次年会 ······ 40
关于五种成本核算的概念 ······ 43
中国会计学会会计教育改革专题研讨会在福建举行 ······ 45
中国会计学会年度会计学论文选 ······ 46
中国会计学会烟台年会（1983年）花絮 ······ 48
在中国会计学会的种种任职 ······ 48
《会计学刊》创刊 ······ 50
部长们会为每期《会计学刊》写一篇文章 ······ 52
《会计学刊》是个大课堂 ······ 57
《会计学刊》为会计业内的新书开辟了一片新天地 ······ 59
到《会计学刊》上找老师 ······ 62
《会计学刊》"高等教育财会专业教学与研究"栏目资料丰富 ······ 63
到《会计学刊》上找资料 ······ 68
权威人士解读法规制度 ······ 68
"国外会计"专栏"东西并举" ······ 69
陈俊岐与《延安时期中直机关财会工作的回顾》 ······ 71
中国会计学会会计改革研究组召开第一次会议 ······ 75
我国首次会计原则专题理论讨论会在上海举行 ······ 75
中国会计学会科研规划 ······ 81
会计准则（深圳）国际研讨会 ······ 82
财政部发出文件通知开展全国首届会计知识大赛 ······ 86
财政部领导对全国首届会计知识大赛很重视、很满意 ······ 87
全国首届会计知识大赛专家评审委员会的命题大纲 ······ 92
全国首届会计知识大赛第一赛程圆满成功 ······ 94
给中央电视台陈铎、庞敏上会计课 ······ 96
全国首届会计知识大赛第二赛程圆满结束 ······ 97
全国首届会计知识大赛中的西藏代表队 ······ 101
沉痛悼念谢明部长 ······ 102
精彩的"金锁银锁"文艺晚会 ······ 104

二、"顶天立地"——在中国注册会计师协会的故事 ······ 109
　当中注协秘书长的第一天 ······ 110
　我差一点去了深圳 ······ 112

我差一点成为王晓玉的"管家"	112
两次致函香港会计师公会会长翁江培	114
新中国恢复和重建注册会计师制度不能忘记荣老板	115
台湾之行的故事	116
中办发［1996］17号文件：事业单位改革	118
中注协的职能	119
上海市注册会计师协会成立	121
《注册会计师条例（草案）》座谈讨论会在福州举行	121
什么叫"确有会计业务专长"	122
会计理论研究的新领域——学习《中华人民共和国注册会计师条例》	122
财政部举行贯彻《注册会计条例》座谈会	130
财政部错失统一会计市场的良机	134
《注册会计师法》的起草过程	135
专家们对起草《注册会计师法（草案）》的意见	137
关于《注册会计师法》第四十三条	139
审计准则的权威性从何而来	140
2014年修订《注册会计师法》	142
关于制定《注册会计师法实施条例》的研讨会	144
关于执行上市业务会计师事务所的处罚问题	146
在惩戒（会计师事务所、注册会计师）研讨会上的讲话	147
注册会计师的法律责任	149
对外开放注册会计师全国统一考试	150
第一次注册会计师考试全国统一阅卷	153
教授和我干的不是一样的活	154
1996年CPA全国统考遇到的问题主要是天灾	155
杨纪琬让中国的CPA站起来，丁平准让中国的CPA富起来	158
会计师事务所是注册会计师的事务所	159
承认注册会计师的劳动也能创造价值	160
"一把手"也要由大家"选举"	160
荣老板绝对不会这样说	161
关于产权的概念——对国资局关于事务所产权问题看法的意见	162
批准六千多名税务代理人员进入注册会计师队伍	163
"别人都有一个小本本"	164
"两会"联合中的三位女将真"厉害"	165
与审计署关于"两会"联合的系列会谈	166
审计署划出对社会审计指导、管理的职能	169
为什么联合后协会有那么多的理事	170

WTO谈判中中方确定的会计市场准入条件	171
"中外合作"会计师事务所这种形式不好	172
要逐步改革会计师事务所的分配制度	173
执行证券业务资格取得方式由考核改为考试	173
与美国注册会计师协会会长以色列奥夫会谈	174
在中国会计市场开放新闻发布会上的发言	175
会见新加坡财长	176
我们的规矩实在太多	176
海峡两岸和香港证券交易与管理研讨会	177
关于（中注协）对台的方针政策	179
中国台湾会计师卓传阵：跟着台商进大陆	180
谁能代表澳门会计师组织	181
美国人说，他们考中国的CPA不用中文，行吗	181
国务院领导说：这次会计谈得最好	181
总理亲自写下《会计工作秩序约法三章》	182
来自中南海的声音	183
上了总理办公会议	183
注册会计师进入市场经济的第一线	184
朱镕基同志关于注册会计师行业的系列指示	184
朱镕基亲自部署注册会计师行业清理整顿	189
朱镕基三次题写"不做假账"	190
《华尔街日报》的记者乱说	191
与关黄陈黄"离婚"	191

三、"芝麻开门"——在中国总会计师协会的故事 …… 194

中国总会计师研究会成立	195
《总会计师条例》的起草过程	196
《总会计师条例》座谈会	197
中国总会计师研究会召开资金与经济效益研讨会	198
吴邦国委员长为中国总会计师协会题词	200
崔建民说"老丁硬是从棺材里把总会计师协会拉出来了"	201
中国总会计师协会申请加入国际财联	202
当选国际财务总裁协会联合会国际理事	203
"关于加强中国总会计师体制和机制的建设"的百人提案	205
关于中国总会计师协会第三届理事会秘书处工作计划的报告	209
接待美国管理会计师协会主席夏曼	214
美国管理会计师协会关于中国企业的成本调查	219
总会计师协会代表团访问美国	225

总会计师协会代表团访问日本·· 227

第二部分　往事·· 231
一、30多年前写的文章·· 233
（一）以"个人"的名义写的文章·· 234
《会计研究》编辑部的历史回顾·· 234
浅释"过程的控制和观念总结"·· 236
论会计是经济管理的重要组成部分·· 241
立足国内，面向世界，对西方管理会计应做进一步研究······················· 249
试论企业成本核算改革的方向·· 256
适应经济体制改革新形势，开拓企业财会工作新路子——全国企业
　　财务工作会议给会计理论研究的启示·································· 263
深化会计改革的构思·· 273

（二）以"革命"的名义写的文章·· 281
贯彻《会计人员工作规则》　扎扎实实做好会计基础工作···················· 281
加强会计职业道德教育　建设高度精神文明队伍···························· 282
《决定》是进行会计改革的指针·· 284
把国营企业的成本管理水平大大提高一步···································· 285
社论　节约是会计工作的基本原则——纪念毛泽东同志九十周年诞辰········· 286
社论　再论节约是财务会计工作的基本原则·································· 290
重现实经济问题　加强会计理论研究·· 295

二、往事越千年，激动抵万金·· 300
会计人生之旅——读会计书，走会计路，做会计人，圆会计梦··············· 301
"十一五"规划与企业经营决策——在澳洲会计师公会午餐会上的讲演········ 327
管理会计在中国·· 333
薪火相传　开拓创新·· 335
中国管理会计的发展·· 340
对海尔"人单合一管理会计模式"的评价···································· 345
写在前面（2012）——《中国证券市场IPO审核财务问题100例》序·········· 348
《中国证券市场IPO审核财务问题800例》"新三版"序····················· 354
我爱中粮地产——在中粮地产股东大会上的讲话···························· 357
张克是条硬汉子——在中央电视台录制"优秀共产党员张克"时的讲话······· 358
写在前面——《美国管理会计师协会管理会计公告》中译本代序·············· 360
内控与成本优化——《企业内部控制遵循成本及其优化路径研究》
　　一书代序·· 362
会计口述历史——中国会计视野采访丁平准谈话实录························ 365
改制、诚信、创新——2013年6月6日在利安达会上的讲话·················· 412

三个字、三句话、一个梦——在大信合伙人会议上的讲话 …………… 414
　　尊重史实，情理兼容——在"中国20世纪会计史研究"丛书第一次
　　　　编委会上的发言 …………………………………………………… 419
　　天行健，君子以自强不息——贺天健会计师事务所成立三十周年 …… 434
　　民营银行与注册会计师的责任——在民营银行论坛上的发言 ………… 436
　　共筑会计梦——评 AIPI 指数 ……………………………………………… 441
　　为培养一万名高级财务管理人才而努力——在国务院人才交流中心
　　　　会议上的讲话 ……………………………………………………… 447
　　改革推动发展　法制保障改革 …………………………………………… 450
　　80年人生的感悟 …………………………………………………………… 454
　　在"朱镕基会计思想研讨会"上的发言 ………………………………… 456

第三部分　家事 ……………………………………………………………… 473
一、童年的梦——打败日本鬼子 ………………………………………… 477
（一）我的故乡 …………………………………………………………… 477
　　湘江河傍，布衣之家 ……………………………………………………… 477
　　湘衡望族，世代书香 ……………………………………………………… 484
　　我的父母 …………………………………………………………………… 497
　　我的叔伯 …………………………………………………………………… 501
　　我的兄弟姐妹 ……………………………………………………………… 507
（二）日寇入侵　国恨家仇 ……………………………………………… 525
　　华成电器厂内迁衡阳 ……………………………………………………… 525
　　衡阳保卫战 ………………………………………………………………… 529
　　逃难至重庆 ………………………………………………………………… 530

二、少年的梦——加入新民主主义青年团 ……………………………… 536
　　成章中学 …………………………………………………………………… 536
　　历史的误会 ………………………………………………………………… 538
　　衡阳高级商业学校 ………………………………………………………… 539
　　青春萌动 …………………………………………………………………… 545
　　与石鼓书院和青草桥的缘分 ……………………………………………… 548

三、青年的梦（1）——"跑步进入共产主义" ………………………… 552
　　漂塘岁月 …………………………………………………………………… 553
　　笔下人物 …………………………………………………………………… 565
　　社教运动 …………………………………………………………………… 571

四、青年的梦（2）——"文化大革命"的灾难 ………………………… 573
　　被"揪"回漂塘钨矿 ……………………………………………………… 574
　　重回南昌 …………………………………………………………………… 575

接受贫下中农再教育·····575
　　乌石山岁月·····580
　　江西冶金财会班·····582
五、壮年的梦——让中国会计师自立于世界之林·····585
　　进入财政部·····585
　　中国会计学会副秘书长·····587
　　中国注册会计师协会秘书长·····587
　　中国总会计师协会副会长兼秘书长·····592
六、暮年的梦——让一切平安·····593
　　中国财会人才中心·····594
　　中华财会网·····597
　　国家会计学院教授·····598
　　独立董事·····599
　　中国西部研究与发展促进会·····601
　　美国管理会计师协会高级顾问·····604
　　读书、教书、写书·····605

结束语：我的这一生·····608

后记·····609

第一部分

故　事

"风雨兼程"系列图书前五卷,讲述的是中国注册会计师的事情,本卷(逐梦卷)再做些补充,但不限于中国注册会计师协会的事情,还有中国会计学会、中国总会计师协会的一些事情。我把写作本卷叫做"讲故事"。"故"就是过去,"事"就是事情,讲"故事",就是讲过去的事情。我之所以称书中内容为"故事",是因为这些事有情节、有起伏、有内容。之所以要"讲"这些"故事",是因为大多数人不知道。"讲"就是"广而告之",特别是要向年轻人"广而告之"。什么叫"年轻人"?我的"定义"是:凡比我小的,都叫"年轻人"。即使你是"60后"(60多岁),也比我这"80后"(60多岁)要年轻,现在还在"台上"的,就更是"年轻人"了,大多出生在我"爬格子""写文章"时的20世纪的80年代吧!那就看看你刚刚出生,或者刚刚从幼儿园"大班"毕业的年代,是什么样子的吧!

20世纪80年代进入财政部后,我当了三个会(协会或者学会)的秘书长。这三个会(协会或者学会)是:中国会计学会、中国注册会计师协会、中国总会计师协会。在会计这个行当里,我在财政部把"做会计、查会计、管会计"的事,都做了一遍。秘书长不是"官",会长才是"官"。秘书长要干活,要主持日常工作,充其量也就是个"打工仔"的"小工头"。"打工",就有很多很多的"故事"。家中发黄的纸张上,印着的都是"陈年旧事",但值得回味。以前的故事现在讲就叫做"历史","借鉴历史"是件很有趣的事。诸位用不着去找我们这些老头,也用不着去"抢救"什么,翻开那些发黄的纸上印的"故事"看看,就"晓得了"。

这一卷讲的是我生命中最宝贵的30年。一年有365天,30年就是10 950天,在这一万多天里,确实发生了很多很多的"故事"。故事的"老祖宗"是希腊的《一千零一夜》,我的故事是中国的"一万一千夜"。"一万一千夜"发生的"故事",虽不像《一千零一夜》那么"引人入胜",但对同行来说,应该还是充满趣味的。

在担任中国会计学会副秘书长时,我主持中国会计学会日常工作,每天都会发生很多"故事",中国会计学会时任副会长兼秘书长杨纪琬是我的"顶头上司",他每天只上"半天班",下午不来,每天上午11点或11点半他就会问我:"老丁,有什么事吗?没事我走了!"我不能回答"有事",有事他就走不了啦!他下班后,我对谁说"我也走"?只有干活,故事就发生在"干活中"!

在担任中国注册会计师协会秘书长时,我主持中国注册会计师协会全面工作,上司是张佑才副部长,他不能够只上半天班,但他"远在部里",我们"独立在外",况且中注协只是他分管工作的一部分,许多事情是中注协自己做主,碰到"难事"才会给他"写个签报",等候他的批示。"故事"就发生在"独立、自主"做事的时候。

在担任中国总会计师协会秘书长时,就有更多"惊涛骇浪"了。苦于当时正是中国总会计师协会"重建创业"时,更苦于当时是中国总会计师协会"生病"时,当时我千方百计要"抢救"它,因而有千言万语要表达,却细说不尽。

"风雨兼程"系列图书前五卷讲我担任中注协秘书长时的一些"故事",那些事是"记录在案",有"据"可查的。翻开笔记本、打开电脑和U盘,件件都留有记录,稍加整理,便成"文章"。我在中国会计学会的事那可是年代久矣,那个时候没有电脑、没有U盘,更没留下完整的工作笔记。我要感谢中国会计学会现任副秘书长田志新同志，给我找来了20世纪80年代的《会计研究》和会计学会的一些资料，翻着那一页页发黄的纸，眼前浮现出一幕又一幕当年的情景，把它与脑海里记忆的往事串联起来，便成了一个个"故事"，于是就有了本卷中的故事。

需要说明的是，在"风雨兼程"前五卷里讲过的，本卷就不再重述。书中引用的原始文献在表述上可能有瑕疵，为保持原貌，未做修改。

书中涉及的一些单位名称、公司名称也许已经变更，但是我无法一一核对了，敬请原谅。对于中国注册会计师协会，有时简称中注协，对于中国会计学会有时简称会计学会，其他一些机构名较长的我也会用简称，如称立信会计师事务所为立信所，敬请理解。

一、"中国特色"——在中国会计学会的故事

我在中国会计学会的"故事"前面加了"中国特色"4个字。因为在那10年里,我就只做了一个梦——"建立具有中国特色的会计理论和方法体系"。

那10年里,我所写的文章中,"中国特色"这4个字使用频率最高。从1983年到1992年,这4个字我几乎用了千万次。那时,对"建立具有中国特色的会计理论和方法体系"这个课题,是围绕"一个中心,两个基本点"进行的。一个中心是"以提高经济效益为中心"。两个基本点:一是"以全民所有制为主体,多种经济成分共同发展";二是"以按劳分配为主体,多种分配方式并存"。具体到会计专业,就是具有中国特色的会计理论体系了。10年中,我做的就是这篇"文章"。

所谓"中国特色",就是"既不是全盘照搬苏联的",也不是"全盘照抄西方的",而是"改造苏联的""引进美英西方的""创造中国自己的"。

从"与国际接轨"到"国际要与中国接轨"是一个历史的发展过程。中国经济在新世纪腾飞,成为世界经济的"发动机";中国会计也经历了从"追赶世界潮流"到"引领世界潮流"的历史转变。

这10年间,发生了很多"故事",本部分涉及的内容主要有如下一些。

有关财政部会计司、中国会计学会、《会计辞典》、会计职称、《会计法》(有1983年的第一部《会计法》和1999年修订后的新《会计法》)、责任会计、会计教育、会计理论、涉外会计、《会计研究》《会计学刊》、全国会计知识大赛、会计准则等的几十个"故事"。

看故事的时候别忘记它发生的年份,那是它发生的时代背景。好比新买的一样东西,你得先看"使用说明书",离开了"使用说明书",便不可能知道它的"功能"和怎么"使用"。那些岁月,距离现在已有30年左右了。"今非昔比",许多事情"不可同日而语"。比如,对参加一些会议的单位,你要是不了解当年的历史,就可能搞不清楚,现在还有经委(国家经济贸易委员会)吗?有外经贸部(对外经济贸易部)吗?那时可是有的。反过来,你一看到有这些单位的名字,就知道它属于什么年代。

历史有前后的继承,不能割断历史,看看过去的中国会计学会,就知道今天的中国会计学会是从何处而来,向何处而去,为什么是今天这样了。

在拨乱反正的最初,弄清各种基本概念十分必要。当年,有关会计属性的讨论、关于记账方法的争论、关于会计功能的表述、关于大小会计的划分、关于财务与会计的关系、关于改造苏联会计框架与引进西方会计理念的相互替代、经济效益和经济效果的异同……

《会计研究》《会计学刊》为团结老一辈会计专家、培养年轻一代会计学者搭建了一个平台。老一辈会计专家形成的各种学派在刊物上先后亮相,一大批年轻会计学者初露头角。"百花齐放,百家争鸣"的学术氛围十分浓厚,每年一本的会计学论文选就是丰硕成果的结晶。会计理论的春天已经来临……

中国会计的"两个支柱"：马克思主义的政治经济学，是建立中国会计理论的基础，马克思主义政治经济学促进形成了中国特色会计理论的精髓；现代数学，为建立中国的会计方法提供了条件，为具有中国特色会计方法的发展开辟了广阔的前景……

每年的中国会计学会年会规模都较大：几百人、十多天，现在看来那就是一个学习班、培训班。老中青三代人齐聚一堂，谈古论今，东方西方，宏观微观，天上地下，无所不谈。十多天下来，总结以往，部署当年，更是培养了中国会计界的精英。

除中国会计学会年会外，中国会计学会还经常举办各种专题讲座。每次讲座都有主题，每个主题都令人有所收获。会后，或发一个文件，或出一本专著，成为指导全国开展这一专题研究或实践的引导。

中国会计学会还成立了7个研究组，研究组的成果，为实践工作作了事前的理论探索。从"标准分录"到会计准则、从班组核算到标准成本、从记账算账再到会计管理，无一不和研究组的研究成果相关。

我任职中国会计学会期间还举行了全国首届会计知识大赛，有几百万人参与，上至省长、市长，下至一般会计，都涌入这个洪流中来，电视、广播，从中央到地方，各种媒体，铺天盖地讲会计。那是一次会计知识的大普及，会计人员、会计工作的社会地位通过这次大赛得到了极大的提高。大赛还培养了一大批会计界的新人，自那以后，许多单位会计工作岗位上的业务骨干，许多是通过比赛"赛出来"的。

……

往事越千年，在会计这个行业里，想起那些一个个先我而去的前辈：一代宗师杨纪琬，率先提出"管理论"，其指导思想，就是要建立具有中国特色的会计理论和方法体系；阎达五，中国第一位马克思主义会计理论家，与杨纪琬一起提出"管理论"，其想法，与杨纪琬同出一辙，即要建造具有中国特色的会计理论大厦；娄尔行，第一位出现在联合国的中国会计专家，他在国内与杨纪琬"南北呼应"，让具有中国特色的会计理论走出国门，迈向世界；葛家澍，会计界的第一位国家学部委员，他的"会计信息系统论"，使具有中国特色的会计理论和方法体系，增添了现代化的气息；李天民，管理会计的先行者，中国第一位引进西方的管理会计理论和方法的学者，丰富了中国特色会计理论和方法体系的内容……

想起与这些大师们在一起的日日夜夜，杨纪琬的横眉冷静，阎达五的谈笑诙谐，娄尔行的严谨仔细，杨时展的尖锐言辞……久久不能入寐。但愿他们在天国保佑后代会计人，勇往直前，取得更加丰硕的成果。

决定我下半辈子命运的一次会议
——中国会计学会烟台年会

1983年4月下旬，我正在江西南昌双港，给江西冶金干部学校财会班的学员上课，其间接到财政部从北京寄来的一封邀请信，要我到山东省烟台市参加中国会计学会的年会。我不知道要我去干什么，但我觉得这是件好事，出去见见世面也好。于是，按邀请信上要求的时间，我在1983年5月3日启程赴山东省烟台市。从南昌至济南转车到烟台，在车上我遇到从上海来的夏高波教授。铁道部为了这次会议，在这趟列车中专门加了一节卧铺，可惜全车厢只有硬卧。我进了车厢，看到夏教授睡在下铺，一位年纪较轻的同志，正在对夏教授说："同志，这是我的铺位。"夏教授说："我是上铺，年纪大了，不想往上'爬'了，你上去吧！"乘坐这节车厢的，都是前去烟台参加中国会计学会年会的人员，都是会计界的"同行"，年轻人没再说什么就到上铺去睡了。因为我在南昌双港江西冶金干部学校财会班时曾邀请夏教授前去做了一次学术报告，后来我还去了上海他家，算是"老相识"。在济南我们在车上相遇，老朋友见面，聊了一会天，就各自睡下了。

到了烟台，报到后，我被分到简报组，和对外经贸大学的刘大年住在一个房间。听说那里看到的日出很壮观，但很难看得到。第二天清晨，我早早地起了床，走到宾馆前面大坪栏杆边，等待观看日出。大坪面对大海，是观看日出极好的位置。可惜当天早上有雾，海平面上雾蒙蒙的，看不太清。不一会儿，夏高波教授出来了，他也是来等待观看日出的。我对他说："都5点了，太阳怎么还不出来？"夏高波教授耳戴助听器，他说："太阳不会误点的。"他把"5点"听成了"误点"，我也没有作更多的解释，陪他聊了一会。半个多小时过去了，还是没有看到太阳，我们就去用早餐了。

会议中途，安排了一次去蓬莱参观，大家都想看看"海市蜃楼"。从烟台驱车前往蓬莱，到时已过中午，在蓬莱县（当时叫蓬莱县）招待所用中餐。在用餐过程中，王军（当时他是中国会计学会工作人员）在餐厅宣布："吃完饭后，70岁以上的老同志，在招待所休息一个小时，其余的同志，可以自由活动。"因为蓬莱县招待所只有十几张床位，参会代表中70岁以上的大概也就十几个人。夏高波教授对我说："走吧，老丁我们上街去吧。我今年69，还不够资格住招待所。"

一个多小时后，我们来到了蓬莱阁，风景的确非常美丽，真是"人间仙境"。传说蓬莱、方丈、瀛州是海中的三座仙山，为神仙居住之所，亦是秦始皇东寻求药、汉武帝御驾访仙之地。广为流传的"八仙过海"神话传说，便源于此。蓬莱阁临海而立，云雾缭绕，让人恍如身处仙境一般。云雾环绕楼阁，有临空之美。传说只有"运气好"才能看到"海市蜃楼"，不知道我们的"运气"好不好。蓬莱阁亭台楼阁高低错落，有韵有致，构成了一个布局巧妙、风格独具而浑然天成的古建筑群。有天后宫、龙王宫、吕祖殿、三清殿、弥陀寺、戚继光故居、蓬莱水城、田横山、水师府等。在蓬莱阁还能远眺黄、渤海分界线。我们在那里等了两个多小时，没有等到"海市蜃楼"，只能听讲解员讲解。讲解员说"海市蜃楼"一般很难看到。夏天，在平静无风的海面上，向远方望去，有时能看到山峰、船舶、楼台、亭阁、集市、庙宇等出现在空中。古人不明白产生这种景象的原因，对它作了不科学的解释，认为它是海中蛟龙（即蜃）吐出的气结成的，因而叫它"海市蜃楼"，也叫"蜃景"。其实，它是光在密度分布不均匀的空气中传播时发生折射而产生的。我们去的时候还不到盛夏，没能看到"海市蜃楼"，虽然有点遗憾，但在现场听听导游的解说也不错。

烟台之行，至今仍留在记忆深处的，只有与夏高波教授的几段对话，大概是因为他的儿子夏明曦后来是上海市财政局会计处处长的缘故吧。由于与他儿子交往甚多，父子交替，便加深了我的印象。

中国会计学会1983年年会于5月5日至5月14日举行。参加会议的代表共153人。我是第一次参加全国会计界的盛会，对我来说，那次会议也是人生的一次转折，就是在那次会议期间，上面决定调我入财政部，我也开始了下半辈子的会计生涯。

翻开《会计研究》1983年第三期，有如下记载。

> 中国会计学会名誉会长、国家计委顾问、中纪委委员段云在开幕式上讲了话。他说，他以财政、会计界三十多年工作一员[①]的身份参加这次大会，感到很高兴。他热情洋溢地祝贺大会的召开，并为大会题诗。中国会计学会副会长、财政部顾问谢明在会上发了言。他在回顾了中国会计学会成立三年多来取得的可喜成绩以后，结合当前财政经济的现实情况，结合整顿企业和经济改革的要求，提出当前在加强财会工作方面要认真抓好利改税、资金的分配和运用、财务会计监督、财会理论研究等四个方面的工作。
>
> 年会期间，围绕"经济效益与会计管理的关系""财务会计工作如何为提高经济效益服务""如何以提高经济效益为中心改革财会工作""会计工作如何正确处理微观效益和宏观效益之间的关系""如何把会计理论、会计方法和会计学科体系建立在讲求经济效益的基础上"等专题进行了学术讨论。
>
> 会议围绕"提高经济效益中的会计问题"这个主题进行了专题学术讨论。
>
> 对于会计管理与经济效益的关系，参会者大体有三种看法：
>
> （1）认为两者是主体和客体、或者说是主观和客观的关系（也有的主张表述为原因和结果的关系）。经济效益寓于经济活动之中，是一种客观存在，有它自身的规律。经济效益的客观存在及其发展变化的规律，决定会计管理活动的产生和发展。人们讲求经济效益的理论与实践，是建立会计管理的客观依据。会计管理是适应人们认识、掌握、取得和扩大经济效益的需要而产生和发展的，它是人们主观意志的产物，属于第二性。讲求经济效益是会计的本和源。
>
> （2）认为两者是手段和目的的关系。获得最大的经济效益是人类社会存在、发展的基础，但怎样才能做到在经济管理中趋利避害、获得较好效果呢？重要措施之一，就是建立和强化会计管理，引导人们的经济行为按照取得最佳经济效益的方向开展。在经济活动未进行之前，要通过计算、分析选择最佳方案，确定经

[①] 应为"有着三十多年工作经验的一员"，此处为引用，未做改动。

营目标，预测发展前景；在经济活动进行中，则要加强适时控制，反映经营目标的实现情况，掌握差异，分析原因，采取措施，促使经济活动按照既定目标进行；当经济活动完成之后，则要利用会计信息确定的结果，考核业绩，总结经验，指导未来。

（3）认为两者是理论与实践的关系。经济效益是一个理论范畴，会计管理属于实践范畴。人们讲求经济效益的理论制约着会计管理的理论和方法，有关经济效益的理论基础，是从管理实践（包括会计管理实践）中概括出来并在管理实践中加以贯彻的。

关于财务会计工作如何为提高经济效益服务，根据我国经济管理工作的实践情况，大家认为可以从以下几个方面入手。

（1）通过对企业财会工作的全面整顿，努力把传统的记账、算账、报账工作做好，要建立一套会计数据处理的科学体系，做到反映全面、数据真实、提供迅速，既能满足微观管理的需要，又能满足宏观管理的需要。

（2）充分发挥会计信息的控制作用和反馈作用，把整个财务会计工作的重点向"服务经营、参与决策"的方向转变，逐步开展经营分析、前景预测、目标规划、方案比较、预算控制等工作，建立有用、易懂的会计数字模型，积极参与企业经营方针和经营规划的决策，并使这些工作经常化、制度化。

（3）配合经济体制改革以及经济责任制的实行，有计划、有步骤地改革财务体制和财务会计制度，建立和完善企业内部经济核算制，实行指标分解，层层落实，适时反映，定期考核，奖惩结合。

（4）充分发挥会计的控制、监督职能，建立和完善企业内部的监督、控制系统，加强财会部门内部的稽核制度，确保企业生产经营活动的社会主义方向，正确处理价值和使用价值、微观与宏观经济效益以及国家、企业、个人三者的利益关系。

关于财务会计工作如何正确处理微观经济效益与宏观经济效益的关系问题。大家认为，宏观与微观经济效益反映了整体与局部的关系，它们之间既存在统一性又存在矛盾性。由于社会主义公有制的建立，自觉地讲求宏观与微观的统一成为可能；又由于企业是相对独立的商品生产者，有自己的经济利益，因而矛盾的产生又是现实的。解决两者之间的矛盾，应主要借助经济方法、诱导方法，同时辅之以直接的行政干预。财务会计工作在处理两者关系时，应注意以下方面。

第一，要提倡宏观、微观"得失"统一论，反对只顾本单位利益或者只算"大账"不算"小账"的片面观点。宏观经济效益与微观经济效益是互为条件、互相依赖、紧密联系在一起的。要从提高宏观经济效益出发，扎扎实实地做好提高微观经济效益的工作，并从各个方面为实现和提高微观经济效益创造条件，激发企业的内部动力，增加外部压力，用诱导方法或强制性手段促使企业为争取获得最佳经济效益而努力，财会部门要本着这一精神开展工作，进行改革。

第二，搞财会工作的同志，不仅要研究企业经营管理学，而且要研究和学习宏观经济学，自觉地、主动地为提高宏观经济效益服务。国民经济总体活动，诸如社会总产品的增加速度和比例关系，国民收入的规模及其构成，社会再生产中人、财、物资源与需要之间的关系，国家财政收支的平衡情况，市场物价的总水平等，所有这些都与企业的经营活动和财会的整体观念紧密相连，对认真贯彻执行国家的财经政策、规章制度，使财会工作更好地为宏观经济管理服务很有帮助。

第三，搞活微观经济，提高微观经济效益，要在搞好企业内部的经营管理上下工夫。要靠管理出成果，向经营要效益。

会议还讨论了"以提高经济效益为中心"，如何改革财务会计工作以及"如何把会计理论、会计方法和会计学科体系建立在讲求经济效益的基础上"等问题。

会议经过充分酝酿，选举产生了中国会计学会第二届理事会。5月13日，中国会计学会召开二届第一次理事会，选举产生了中国会计学会新的领导成员：段云任名誉会长，王丙乾当选为会长，谢明等10人当选为副会长，杨纪琬为副会长兼任秘书长。

会议期间，我在"简报组"，阎达五教授是简报组组长。我负责华东片的报道。张为国等刚从美国回来，也被分配在我这一组。毛伯林教授任"总联络员"，负责与各组工作人员联系和与秘书长杨纪琬的联系。我在收集华东各省（市）的反馈后，整理了一期简报草稿并交给了毛伯林教授。他很快就把简报拿回来了，并说："杨司长连写些什么都没看就甩给我了，问这是谁写的字，那么潦草，根本认不得，让拿回来重写。"我"初来乍到"，摸不着头脑，心想"这当'官'的火气也太大了"，但无可奈何，我只好用毛笔重新整整齐齐地抄好呈上。（后来到了《会计研究》编辑部，杨纪琬对我说，老丁，你的字体确实有些怪，但没有关系，你怎么写我都认得）。同屋的刘大年对我说："杨司长你可得好好侍候，他脾气可大着呢！"到了晚上，看到印好的简报，我写的稿一个字也没改动，悬着的心终于放下了。

隔了两天，余秉坚告诉我："你不要回江西去了，直接去北京，财政部已经跟冶金部说好了，先借你到财政部工作。"原来，在会议期间，财政部分管人事的陈如龙副部长、主持日常工作的迟海滨副部长、谢明顾问以及李朋（大家称他"小李鹏"）副部长4位部长决定"调丁平准到财政部工作"，在会议期间已经与到会的冶金部财务司司长通了气，这位财务司长向北京问过了，冶金部表示同意。就这样我从烟台直接到了北京。后来，迟副部长亲自到人事部用4个研究生进京的指标，把我调进了财政部。

中国会计学会名誉会长段云同志为
1983年中国会计学会年会题的诗

谢明、杨纪琬 1983 年 5 月与参加中国会计学会烟台会议的工作人员合影

能认出他们是谁吗？站在中间的是谢明、杨纪琬，我左边的是王忠一，再就是潘晓江，最后一排左一是王军、接着是刘大年、阎达五、阎达五的学生、龙云高、王世定、余秉坚、张德明，还有后来任全国政协副主席的王文元等，前排还有赫荦、毛伯林、沈小南。虽是黑白照片，但还是看得很清楚。这些人都是新中国会计界的开拓者、都是精英。

翻开这段历史，我思绪万千。想想这些前辈，一个个先后离我而去，他们是：谢明（1919—1990）、杨纪琬（1917—1999）、阎达五（1929—2003）、娄尔行（1915—2000）、葛家澍（1921—2013）、余绪缨（1922—2007）、李宝震（1916—1993）……真的十分想念他们。可我还在人世间，但也年逾 80 了。

自烟台进入财政部，算来也有 30 多年了。我已进入"八〇后"的"朋友圈"，虽然往事历历在目，但都已模糊。想来想去，还是很惦记会计界当年那些"老朋友""老领导"！

比稿费更珍贵

1980 年 3 月，刘少奇同志的《论共产党员的修养》由人民出版社再次出版发行，这本书在全党引起了极大反响，财政部机关党委组织全体党员进行了认真的学习，学后，我深有感触。

1986 年，根据刘少奇的《论共产党员的修养》一书的基本精神，我受当时的会计司司长魏克委托，写了一本《社会主义会计职业道德规范》，1987 年由经济科学出版社出版。后来，经济科学出版社给了魏司长稿费，魏司长分了一半给我，大约是 2 000 元。没过几天，听别人说魏克发司长把他的那部分稿费交给了党支部作党费，我得知后赶快把我拿到的 2 000 元也交给了党支部，说这是我的党费。

写"修养"，不能没有修养，用稿费交党费是理所当然，并且魏司长带了头，我不能不跟上。

以《社会主义会计职业道德规范》这本书为教材，1987年财政部在全国范围组织了"会计人员职业道德教育"，收到了良好的效果。后来《社会主义会计职业道德规范》一书一版再版，还是脱销。业内对它都比较感兴趣。当然，这比什么稿费都珍贵。

《经济大辞典·会计卷》首次编辑工作会议在陕西举行

《经济大辞典·会计卷》首次编辑工作会议，于1984年4月19日至28日在陕西省咸阳市陕西彩色显像管厂招待所举行。在那时，这个招待所是"够洋气"的了，我们住在专家招待所，是日本援建的，其现代化的设施在当时算得上是一流的。那是我到财政部后第一次出差，第一次接触新中国会计界的"大佬"，真是"开了眼界"。

会议由《经济大辞典·会计卷》的主编杨纪琬和娄尔行主持，葛家澍、余绪缨、杨时展、赵玉珉等"会计界大佬"以及各部分编委、有关条目撰稿者等20余人参加了会议。上海辞书出版社社长、《经济大辞典》副总主编巢峰也参加了会议。

会议就《经济大辞典·会计卷》的选词、释文规范化问题进行了讨论。会议认为《经济大辞典·会计卷》是新中国成立以来我国会计理论界第一次组织力量集体编写的专科辞典，要充分反映我国当代会计学科的科学水平，要具有中国特色，为现实经济建设服务。其中有关的会计条目，应当形成一个完整的体系，释文应当具有权威性。

会议审查了词目单，初步确定了入选词目；讨论了各类词目释文的试写稿，拟订了撰写释文的基本原则，为全卷的编纂工作，打下了良好的基础。

会上，老一辈会计界教授、学者、专家那种严谨治学的科学态度，使我十分敬佩。

会议虽然开了10天，但让人觉得并不是很长，"争争吵吵"中10天很快就过去了。真正做到了"百花齐放，百家争鸣"，"各派"都亮出了自己的观点，丝毫没有"谦让"。散步时，娄尔行教授，还给我讲"三式簿记"，那是我第一次听到有关"三式簿记"的说法。

会议一开始，湖北财经学院的杨时展教授就说："杨司长，今天是讨论会计辞典，不是制定会计制度。"显然，他这是针对杨纪琬司长的。搞制度，可以由财政部会计司的司长"说了算"，但"搞辞典"，是学术问题，一定要专家、学者、教授们说了算。

会中，葛家澍教授对杨纪琬说："西安市邀请我明天去做报告，我报告的题目就是'会计是一个信息系统'。"显然，这是针对杨纪琬的"管理学派"的。

"争争吵吵"，从西安到北京，直到在福州《经济大辞典·会计卷》定稿，"会计"这一词条，归纳了"管理论""信息系统论""工具论""艺术论"等各派的观点，写成了一个"四不像"的词条，但各派的代表人物"仍不罢休"，提议"用小字"把各派观点在下面备注栏里加以详细介绍。

那个时代做学问真是像做学问的样子，平时可以叫"师兄""师弟"，但开起会来，在会议上，讨论学术时却毫不相让。

赴广州参加"投资问题研讨会"

到财政部后，我的第一次外事活动是到广州参加由中国会计学会和香港会计师公会联合召开的"投资问题研讨会"。

1986年2月28日至3月2日，中国会计学会和香港会计师公会在广州联合举办了"投资问题研讨会"。这是内地和香港会计界举办的一次较大规模的、具有历史意义的盛会，也是我国会计界和国际会计组织及亚太地区会计界朋友们一次广泛的交流。会议的主题是增进友谊、合作和相互了解；会议的中心议题是举世瞩目的"中国投资问题"。

参加这次会议的代表有财政部、原国家计委、原对外经济贸易部、国家外汇管理局、司法部、审计署、中国银行、建设银行等有关部门的负责人，中国国际信托投资公司、光大实业公司、南海石油服务总公司、深业（集团）贸易发展公司、粤海企业有限公司、中国财务会计咨询公司、中国国际经济咨询公司以及广东、广西、福建、江苏、浙江、山东、辽宁、北京、上海、天津等地有关部门和会计师事务所负责人及注册会计师，财政部财政科学研究所、中国社会科学院美国研究所、上海社会科学院以及中国人民大学、上海财经大学、东北财经大学、中南财经大学、江西财经学院、天津财经学院、中山大学、暨南大学等科研单位和高等院校的专家、教授，还有中国会计学会、中国财政学会、中国税务学会等学术团体的领导人。

谢明、甘子玉、经叔平、杨纪琬、娄尔行、许毅、王一平、顾树桢、刘志诚、阎达五等知名人士参加了会议。

时任广东省省长叶选平，副省长杨德元、杨立，广州市代理市长朱森林，副市长杨资元，广东省政府秘书长邸长云，广东省财政厅厅长林登云等广东省、广州市领导参加了大会及有关活动。

中国香港的代表有会计界、财政界、法律界、工商界、金融界的专家，以及大学著名教授等，共208人。其中的著名人士有：候任财政司司长、香港会计师公会会长黎明，香港会计师公会副会长加富，香港会计师公会前任会长黄匡源、格士德，香港城市理工学院会计系主任周锦华，香港理工学院会计系主任杜康德等。

应邀参加会议的国际贵宾有：国际会计师联合会会长罗伯特·梅伊，亚太会计师联合会会长约翰·米勒，国际会计师联合会执行理事罗伯特·辛普尔，澳大利亚会计师联合会会长赫伯特·斯宾赛，澳大利亚特许会计师协会会长威廉姆·斯迈尔，英国会计师协会会长彼得。

新华社、《人民日报》《经济日报》、中国新闻社、《南方日报》《广州日报》《羊城晚报》《粤港信息报》、广东省人民广播电台、广东省电视台等新闻媒体报道了本次会议。

中国香港的《亚洲商业信息》《亚洲银行报》《中国贸易之路》《国际贸易》《华

南晨报》《财经时报》《华尔街日报》亚洲版、《星岛国际》《经济导报》《快报》《财经日报》《商报》《信报》《明晚报》《东方日报》《星岛晚报》《大众报》《文汇报》《天天日报》、商业广播电台、香港电视台、亚洲电视、电视广播等20余家新闻媒体,报道了这次会议。

我负责接待和关注新闻媒体,这是我第一次负责这样的"苦差事",由于没有经验,整日提心吊胆,好在最后没出什么事。

1986年2月28日,举行开幕式,时任广东省省长叶选平致欢迎词,谢明致开幕词。甘子玉做了题为"我国对外开放和体制改革发展形势"的报告。经叔平做了题为"中国对外开放政策与市场开放"的报告。之后,由内地和香港各选派一名专家、官员互相间隔进行报告。

3月1日上午,按专题分8个小组进行讨论。下午的大会上国际会计师联合会会长罗伯特·梅伊做了题为"会计师在经济社会中的地位"的报告,亚太会计师联合会会长约翰·米勒做了题为"专业的协会对提高其会员能力的责任"的报告。接着进行小组讨论。

会议集中研讨了如下九个方面的问题:
(1) 中国对外开放和体制改革发展形势;
(2) 香港在中国经济发展中的作用;
(3) 中国对外开放政策与市场;
(4) 中国投资的税务问题;
(5) 中国的外汇问题;
(6) 投资项目的资金筹措;
(7) 中国投资法律上的问题;
(8) 投资项目财务可行性研究;
(9) 如何解决因会计及审计准则不同而带来的问题。

这是一次友谊的聚会,在风景秀丽的广州,大家欢聚一堂。

会议中途开了一次演唱会,请了香港的歌星唱了几曲,虽然是"开了眼界",但总觉得"香港人真会赚钱,就唱那么几首歌,也值几十万"!?那时听说演唱会花了几十万块钱,真是有点心痛,觉得不值!

会计司的公债我包了

1986年,我写了进财政部工作以后的第一本书——《工业企业会计管理学》,由中国财政经济出版社出版,韩淑芳是我的"责任编辑"。出版社给了我大约4 000元的稿费,这在当时来说,是一笔很大的款项。那时我不知道"钱该怎么用"。正在这时,国家发行公债,规定每个公务人员必须购买,购买的钱每月从工资里扣缴。当时,公务人员的工资水平还是比较低的,反正大多是三位数以下,大家对"从工资中扣缴"都感到是个经济负担。我对会计司司长魏克发说:"不用从大家的工资里扣公债款项了,会计司的公债款,我一个人包了。"魏克发司长表示同意,并表扬我这么做是"爱国行为"。就这样,我把中国财政经济出版社给的稿费全部买了公

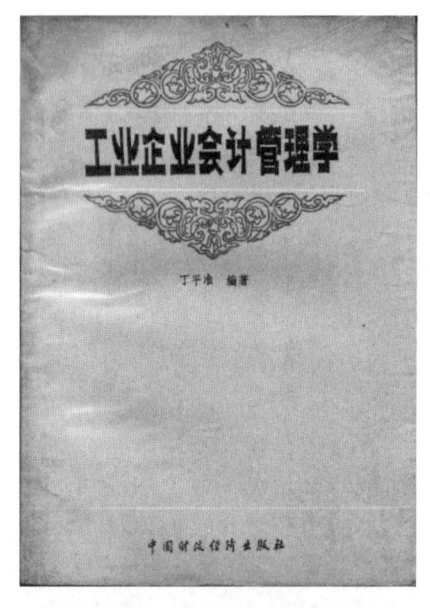

丁平准编著的《工业企业会计管理学》

债,就不用再从大家工资里扣了。因为这件事,20世纪80年代我成了会计司"有钱"的"第一富"。

后来,没想到我却因此而"占了便宜",10年期公债的年利率是16%,累计下来,10年后我拿到国家付给的利息比本金还多。

之后,我担任中国注册会计师协会的秘书长,干的一件事情就是推动会计师事务所的体制改革,推行合伙制。在完成改制任务后,会计师事务所全部改为"民营",事务所的每位合伙人,都比我这个"秘书长"拿的钱多,我变成了"两袖清风"的"穷光蛋"。但我很高兴。常言道,人生一辈子,生不带来,死不带走,钱多钱少无所谓,只要个人活得愉快,就值,精神上的富翁才是真富翁!

庐 山 风 云——参加江西省会计学会、成本研究会的理论讨论会

江西省会计学会、成本研究会1984年7月30日至8月2日,在庐山召开理论讨论会。江西各地、市、县会计处、财务科及中国会计学会的人员,江西财经学院、上海财经学院的教授、专家,共70余人出席。中国会计学会副会长兼秘书长、财政部会计司司长杨纪琬在会上做了题为"关于社会主义会计制度的建设问题"的报告。

这是我进入财政部以后,首次回到我的第二故乡——江西。

在庐山,按上山的"传统",先看了电影《庐山恋》,从影片中观赏庐山风光。

白天,杨纪琬做报告。晚上,我陪同杨纪琬住在套间,他要我给他讲故事,我讲了"红与黑"的于连和欧洲文艺复兴时期的诸多名著里的故事,整整一个晚上,他听得聚精会神。

杨纪琬被安排住在刘少奇、王光美在庐山曾经住过的住处。杨纪琬十分兴奋地对我说:"回北京,我会对王光美说,在庐山我住在你们的住处。"因为王光美和杨纪琬都是全国政协常委,经常会在一起开会。

第二天,江西财经学院的裘宗舜院长陪同杨纪琬参观庐山风光。沿着仙人洞一带的山路走着,杨纪琬比裘宗舜院长年长5岁,加上杨纪琬无论"官位"或在中国会计学术界的地位都比较高,裘宗舜就请杨纪琬走在前面。杨纪琬当年虽已是67岁高龄,但身体很好,走起山路来也如履平地,在前面走得很快,裘宗舜较胖,走在后面急急忙忙追赶,气喘吁吁,满头大汗。好在杨纪琬不时停下来,看看庐山的风光,让裘宗舜有点喘气的时间。到了天池下面,杨纪琬风趣地说:"就在下面看看,不上去了,也算'到此一游'。"裘宗舜听说"不用上去",真是"松了一口气"。看看远处,在近处拍拍照,就这样过了半天。后面再游览时都是坐车,到

了景点，则下车观光一下。这种方式，裘宗舜就比较适应，要不，他可真有点"吃不消"！

第三天，清晨起床，来到含鄱口，观看日出。含鄱口位于庐山东谷含鄱岭中央，海拔1 211米，左为五老峰，右为太乙峰。山势高峻，怪石嶙峋，形凹如口，对着鄱阳湖，似乎要把鄱阳湖一口吞下似的，故名含鄱口。含鄱口西侧，为著名的冰川角锋"犁头尖"，活像一块犀利的犁头，耕耘着茫茫云海。含鄱口对面为庐山最高峰"汉阳峰"，北面为庐山第二高峰"大月山"，南面为庐山第三高峰"五老峰"，山麓下是中国第一大淡水湖"鄱阳湖"，湖光山色，相互比美。含鄱岭上有一座雕梁画栋的方形楼台，这就是庐山观日出的胜地"望鄱亭"。踏着熹微的晨光登上望鄱亭，可以依栏远望呈现鱼肚白的天际。不一会儿，一望无涯的鄱阳湖上，拉开了红色的天幕，天幕上金光万道，紫霞升腾。轻扬天际的密密云层，在霞光的印染下，如同一大片重重叠叠的金色鱼鳞。蓦地，一轮旭日从烟波浩渺的湖面喷薄而出，染红了蓝天、绿水、远山、近岭。倚亭四望，浩浩荡荡，胸襟顿时为之开阔。这里是看鄱阳湖日出的绝妙佳境，每当晨光微曦时，天水一色，一轮红日喷薄而出，金光万道，绚丽多彩，景色迷人。这里也是观看庐山云雾的佳地，一饱眼福，常使人流连忘返，回味无穷。

与我的老师成圣树

庐山有一座具有历史意义的建筑："庐山人民影院"，大门的上方写着院名，门口放着"庐山会议旧址"的"铭牌"。进门后就是"庐山会议"期间的许多原物或复制品，墙上挂着大幅照片和文字说明，这里是"庐山会议"的历史展览馆展，不再放电影了。进馆后，在彭德怀像前，我深深地鞠了一个躬，然后，细细地看着有关那段历史的记载。

在庐山会议旧址

在含鄱口

财政部会计事务管理司召开会计工作座谈会
——如何在经济体制改革中进行会计改革，开创会计工作新局面

1984年10月6日至15日，财政部会计事务管理司在湖南省长沙市召开了会计工作座谈会。参加会议的有各省、自治区、直辖市财政厅（局）会计事务管理处负责人和部分注册会计师，以及《财务与会计》《会计研究》编辑部等方面相关人员。座谈会的主题是：如何在经济体制改革中进行会计改革，开创会计工作新局面。

会议研究和讨论的主要内容如下。

一、会计改革势在必行

中共十一届三中全会以后，我国经济体制改革，从农村开始扩及城市，我国经济生活已经并将继续发生深刻变化。经济形势和体制改革的变化，都和会计有紧密的联系，对推动会计改革都将产生重大影响。

第一，会计是经济管理的重要组成部分，经济体制的改革，必然要求会计作相应的改革；会计改革也是经济管理体制改革的重要组成部分。

第二，经济体制改革的中心环节是增强企业活力，提高经济效益。提高经济效益是改革的出发点和归宿。而会计和经济效益有着"天然的血缘关系"，必然对会计提出更高的要求。

第三，社会主义公有制基础上的有计划的商品经济的发展，价值规律对计划经济的巨大作用，必将促进国民经济的腾飞。随着商品经济的发展和对价值规律的自觉运用，会计的地位和作用必然将被推向一个新的阶段。

第四，几年来，在会计工作的实践中，广大财会人员已经进行了大量的改革和有益的探索，积累了许多好经验，企业的转轨变型，迫切要求会计工作的重点从事后算账向事前预测、事中控制转移，从而要求会计工作进行相应的改革。

第五，中共十一届三中全会以后，会计学术界空前活跃，适应会计改革的理论已初步形成，在思想认识上为会计改革做了准备。

二、会计改革的中心环节是改革企业会计

近代意义的会计，是指企业会计，它是世界范围内产业革命的产儿。

我国经济体制上的各种弊端，诸如政企不分，条块分割，统得过死，忽视商品生产、价值规律和市场作用，平均主义吃"大锅饭"，等等，在会计上都有一定反映。上缴税、利占全国财政收入80%的100多万个城市企业的会计工作，代表了我国会计工作的状况；近200万县级以上企业会计人员素质的高低，决定了我国的会计工作水平。增强企业活力是经济体制改革的中心环节，改革企业会计也是整个会计改革的中心环节。

企业会计改革的本质内容和基本要求是两个方面：一是正确处理国家和企业的经济关系；二是正确处理企业和职工的经济关系。

抓住了企业会计的改革，就抓住了会计改革的中心环节，就能推动会计改革的全局。企业会计改革的好坏，决定着整个会计改革的成败。

三、会计改革的指导思想

会计改革要以加强经营管理、精心理财、提高经济效益为中心，把会计工作的重点，从单纯的事后记账、算账、报账，转到事前预测、参与决策，事中控制、严格监督这方面来；学会掌握经济杠杆，调节经济运行，使会计工作符合价值规律的客观要求，促进企业和社会经济效益的更大提高。

要正确处理如下几个方面的关系：

第一，统一领导和分级管理的关系；

第二，宽和严的关系；

第三，破和立的关系；

第四，繁和简的关系；

第五，微观和宏观的关系；

第六，普及和提高的关系；

第七，原则性和灵活性的关系。

四、会计改革的内容

第一，关于会计制度的建设；

第二，关于经济责任制会计的建立和发展；

第三，关于成本核算的改革；

第四，关于会计电算化；

第五，关于会计管理；

第六，关于会计人员的培训、考核、奖励。

五、会计改革的方法、步骤

一般规律是先易后难，先急后缓。

第一步，调查研究，做到情况明朗；

第二步，在情况明朗的基础上，经过分析归纳，提出改革设想；

第三步，选择不同类型的单位进行试点；在总结试点经验基础上再全局推广，做到既积极又慎重；既有开拓创新精神，又有求实科学态度。

会议还有些小插曲：工交司的杨敏（那时她在工交司）自以为是湖北人，和我比吃辣椒，看谁不怕辣。我是湖南人，是"怕不辣"，当然不怕她。"比赛"的结果是，第二天杨敏就吃上了"病号饭"，因为拉肚子，她只好吃面条。魏克发司长要我给枫林宾馆厨房的师傅打个招呼，叫他做菜不要放辣椒，特别是做鱼不要放辣椒，湖南的师傅说："冒得（湖南话：没有）辣椒，俄司（湖南话：怎么）做菜啰？"真急坏了湖南的大师傅！

历史上关于会计职称的评定工作

1978年9月，在国务院颁发的《会计人员职权条例》（简称《条例》）中，对会计人员的职称评定做出有关规定后，部分省、市、自治区和国务院主管部门，根据《条例》评定了一批会计人员的技术职称。1981年，国务院批转颁布了《会计干部技术职称暂行规定》，将会计干部的技术职称定为：高级会计师、会计师、助理会计师和会计员4个档次，规定按照会计干部的学识水平、业务能力和工作成就来评定干部技术职称。据此，全国各地区、各部门普遍开展了会计干部技术职称评定工作，同时对以前已经评定的会计干部技术职称进行了复核。会计干部技术职称评定工作，从1978年9月开始，到1983年8月底中央决定评定工作暂停，历时5年。根据29个省、市、自治区和国务院40多个直属机关以及中共中央直属机关的初步统计，至1983年8月底已经评定职称的人数为48万人，其中评为会计师的有5 000人，评为助理会计师的有118 000人，评为会计员的有312 000人，各地区、各部门还评定了一批高级会计师。

1983年9月以后，中央多次研究职称评定工作的改革问题，并开始进行职称改革试点，把职称评定制度改为专业职务聘任（任命）制度。

20世纪80年代会计司在财政部是"三等公民"

20世纪80年代初，由于计划经济下"那一套"在财政部占主导地位。因此，在司局重要性的排名上，会计司应该说是"三等公民"。"一等公民"是预算司（后来又分出地方预算司，它是决定全国财政收支盘子的）；"二等公民"是各个财务司，如商贸财务司、行政财务司、科教文卫财务司、农业财务司等，它们从预算的大盘子中切下一块，就成为这一行的"财政拨款"。比如，在工交财务司，设有中工一处、中工二处等，处里一个人，就可以把"铁、交、邮"三个部的"钱"管住了。这些司，如同国民经济的一张网，把国务院各部委的"钱"都管住了。所以，它们也很"牛"。会计司是"两手空空"，管几个会计科目有什么用？那时，还是财务决定会计。比如，国营工交系统加工资，工交司财务规定，一半由国家负担，一半由企业自己负担。会计司就做出国营工交系统加工资的会计处理:属于国家负担的,就借记"生产费用"科目(企业管理费、车间经费);属于企业负担的,就借记"专用基金——企业留利"科目,会计一定要执行财务的决定,会计要等财务先决定,然后才由会计处理。所以,一般人都不愿意到会计司来。

后来,在精简机构时,会计司属于"朝阳产业",中注协是接受分流人员的单位。随着国际交往的增多,国际司也上升到"一类司局",不少副部长都是从国际司提拔的。

那时,会计司的人才结构也不尽完善。叫做"老的老,小的小",中间的没有。老的如莫启欧、胡宝昌、吕众文等已70岁出头了。裔保生、王中一等人也快要退休了。杨纪琬虽然"精力充沛",蒙"不白之冤"(没有白头发),但时年他也已是67岁了。而小的如冯淑萍、沈小南、王军、潘晓江……正在成长中,张国俊、章海贤等还只是刚分配来的大学生。

我是46岁调入财政部的,在会计司我是唯一一个40来岁的人。那时算"青年",我赶上了"青年"的"尾巴",算是一个"干活的人"。冯淑萍那时才刚满30岁,王军才20多岁,都是一批二三十岁的小伙子、小姑娘。现在一个个都成长为中国会计界的栋梁,有的也到了退休年龄。

2010年2月22日财政部会计司老同志聚会

中国会计学会订文艺杂志

1984年8月,从江西庐山回到北京以后,杨纪琬对当代文艺小说表现出了极大的兴趣,提出会计学会要订一些文艺刊物,"以开阔视野"。我知道,杨司长是要订阅一些"有分量"的大型文艺杂志。于是,我指示会计学会的干部王迪平,为会计学会秘书处订阅一批长篇文艺刊物。记得有《收获》《当代》《十月》《啄木鸟》《花城》《作品》等大型文艺刊物,还订阅了《人民文学》《北京文艺》《小说月报》《中篇小说选》等文艺月刊、双月刊以及《大众电影》等。除此之外,每年我还要选购"美国十大畅销书",呈杨纪琬审阅。平时,我要是看到好小说,也会向他推荐。他也会常给我讲他的"读后感"。他曾极力赞扬《烟壶》这小说写得好,"很有北京味",说作者邓友梅"将来会是中国的巴尔扎克"。在还回来的一些美国畅销书背后,他还会写上感兴趣的章节页码,按照书写的页码,翻到那几页,可以看到在这些书的有几行的下面还被画了一些水波纹的着重号。

一次,新杂志到了,王迪平就拿回家自己先看了。杨纪琬知道后,严厉地批评了我,说:"我都没看,怎么就让她拿回家了?"是呀,杨司长都还没看,你王迪平怎么就拿去先看了呢?我严肃地批评了王迪平。王迪平不太服气,问:"为什么我不能先看?"是呀,为什么别人就不能先看?我说:"那是专门为杨司长订的,因此,今后杂志到了,要先送杨司长,我们应该后看。"这就是理由,别的没有理由,就是我们不能先看。

虽说杨纪琬有些"霸道",那是由于他对这个"新领域"感兴趣的"新爱好"。但他还是很讲"道理"的,也很爱惜书刊。他从不损坏书刊,他还书还是很"守时"的。一般他拿去的杂志,在他手里不会超过一周。如逢出差,他要带上,还会跟我说一声"我带着出差了",表示要续借的意思。他也知道大家都"爱看",他个人不能"独霸"太久,杂志都是会计学会的"公共财产",在这一点上,他"核算"得倒是非常清楚,表现出了"一名会计""规规矩矩"的性格。

中国会计学会 20 世纪 80 年代订阅的文艺杂志

中国会计学会会长迟海滨

迟海滨,财政部原副部长。因为王丙乾部长是国务委员,大部分时间在国务院,因此财政部的日常工作由迟海滨主持。1987 年以后,迟海滨接替王丙乾担任中国会计学会会长,因而我和他打交道就比较多了。那年会计学会开年会,他是会长,当然要在大会上讲话。我担负了为他起草讲话稿的任务。我奋战了 3 天,写出了一个自己还比较满意的讲稿,呈了上去。一周后,问怎么样?答曰:迟部长还没有看。想想也是,迟部长主持财政部的日常工作,哪能抽出时间在一周之内看会计学会的稿子。又过了 3 天,再问,答曰:交给了另一位同志,在修改。直到开会的前一天要付印了,我才接到修改后的讲稿。从头到尾看了一遍,发现并没有做什么修改,上面有迟部长的一些笔迹,他的字可真难认,猜了半天,才认出二十几个字中的一半,剩下的还是迟部长的秘书帮助认出来的。后来,我知道请迟部长讲话的一个惯例:你为他起草讲话稿,不要那么"积极",不要早早地就交给他,最好在开会前两三天呈上去。

你要是早交稿，他一定会先找别人修改，到真正要讲话的时候他自己才会看看，做些修改。

迟海滨在财政部任副部长时，分管会计。但他十分尊重他的前任谢明副部长的意见。谢明在离休后，任财政部顾问，协助迟海滨分管会计。但我们知道，迟部长非常尊重谢部长，因此，送审稿总是先送谢部长，谢部长表态了的事情，迟部长从来就没有否定过。

迟部长为人谦逊，中注协有外事活动，请迟部长会见外宾，有陶省隅在场时，他总会先介绍说自己是陶省隅的"老部下"。因为陶省隅在职时，任财政部工交司司长，当时迟海滨是副司长，后来迟海滨当了主持财政部日常工作的副部长。陶省隅退休后办了一家会计师事务所，后被选为中注协会长。在陶省隅以会长身份会见外宾时，迟海滨向外宾介绍，总是称"他是我的老领导"。

后来，迟海滨到全国人大常委会，任财经工作委员会副主任。1993年在全国人大常委会审议《注册会计师法（草）》时，我们请迟部长为该法说上几句话。迟部长多次在全国人大常委会小组会上就《注册会计师法（草）》做了发言，全国人大常委会的会议简报一一做了报道，从而使《注册会计会计师法》在全国人大常委会上顺利通过。

财审"两会"（中国注册会计师协会、中国注册审计师协会）联合后，迟海滨出任联合后的中注协副会长。他会经常传递一些"最新信息"，对指导协会工作起了积极的作用。我是联合后中注协的秘书长，迟部长以副会长的身份对我的工作积极支持，也严肃地批评过我，至今难以忘记。

财政部原副部长、中国会计学会原会长迟海滨

财政部原副部长、中国会计学会原会长谢明

她应当评上高级会计师

1998年朱镕基一上台当总理，就提出中央国家机关的人员要精简一半。当时国务院各部委都纷纷响应，财政部也不例外。

被精简的一半人员有三条出路：一是学习，即送他们去国外或者到国家会计学院学会计、学经济管理；二是"下去"，即到省、地、市，或者到企业；三是自谋生路，有的下海，有的应聘到民营企业。年纪稍大一些的人员，可以提前退休，凡准备退休的人员，一律不参加职称评定。

正在这时，财政部召开高级职称评定会议。楼继伟是评委会主任，人事司司长是职称办主任，我是财政部的高评委委员，参加了这次会议。会上一个一个单位、一个一个人地讨论。人事司司长念到会计司的陈琦时，说："这位同志已申请提前退休，按规定，不考虑进行职称评定。"我有点"打抱不平"，就在会上发言说："陈琦这位同志我了解，她在会计司搞了十几年的基本建设会计，对基建预算、工程决算、甲方、乙方，等等，这一套熟悉得很，应当说她是这方面的专家，这样的人不评高级会计师谁能评？另外，人事司的政策也有毛病，人家才40多岁，如果不是为了响应中央的号召，她为什么提前十几年退休？她退休后还要继续干，评一个高级职称对她以后的工作，有很大的作用！"楼部长很赞成我的意见，全体评委也都同意我的说法，当场就把人事司的政策改过来了，规定只要具备条件，不受本人要求提前退休的限制。最后，陈琦全票通过，被评为高级会计师。散会后，陈琦知道了会上的情况，就赶来谢我，我开玩笑地说："那就欠我一顿饭吧！"

陈毓圭也是因为我在会上说了几句话，评上了"研究员"职称。会后冯淑萍对我说，"你怎么不多说几个？我们司的沈小南也是很不错的"，我说"你也没有早给我打招呼，再说，在会上说多了也不好"！

调楼申光到财政部工作

1987年8月，因《会计研究》人手不够，人事司同意我们"物色对象"，增加编辑人员。最后，选中了山西财经学院的楼申光。决定之后，我就去山西财经学院商谈调楼申光一事。到了太原，住在迎泽宾馆。吃饭的时候，碰到一位干部模样的人，他说楼申光在太原是"家喻户晓"的人物。我因为恰好要前去调楼申光，就问起他事情的缘由。他说，那年恰好是联合国搞"妇女儿童权利保障月"活动，在山西就找了楼申光这个"典型"，说他是"当代陈世美""嫌贫爱富，抛弃结发妻子"。因为是联合国抓的"典型"，又属"花边新闻"，山西的报刊、新闻媒体就连篇累牍地报道了此事，因此，楼申光在山西就成了"新闻人物"。

我到山西财经学院后，一了解，根本不是那么回事。楼申光与他爱人，一同插队到农村，后来一同考上大学，毕业后一同分配到山西财经学院工作。两人之间不存在什么"贫富差距"，学历相当，谁也没有比谁强。后来他爱人到外地进修，楼申光一人在家。业余时，楼申光对一名电大的女生进行辅导，于是"风言风语"就传开了，说这位女生与楼申光有"不正当男女关系"。他爱人回来后，就吵个不休。一会儿说："深夜还在楼上待着。"其实最多没有超过晚上9点；一会儿说"在枕头上发现一根长头发"，其实也分不清是谁的头发；等等。都是一些"查无实据"的事情。到山西财经学院见到楼申光以后，我的第一感觉是"这是个老实人"，其貌不扬，不可能发生什么事情。更谈不上是什么"风流才子"。就凭"第一印象"，我决定调他到财政部，到《会计研究》编辑部工作。

因为山西财经学院是属于商业部管的院校，因此我们先将他调到北京商学院，再通过北京商学院的刘恩禄（时任会计系主任）调入财政部。1987年9月8日，楼申光到《会计研究》编辑部上班。工作一段时期以后，我觉得他的工作态度和工作水平都还不错，人也很低调，相互之间相处得很好。他参与了全国首届会计知识大赛的相关编写工作，参与了在中国香港与中国台湾会计界代表的会谈，还参与了第一次全国注册会计师考试的有关工作。

后来，他与原来的妻子办理了离婚手续。过了不久，他要和那位电大的女士结婚，会计司司长魏克发没批（那时结婚是要组织上批准的）。我就问："你真是个书呆子，瓜田李下，你也不避个嫌疑，怎么和这个女的结婚呢？结婚以后怎么说得清？你们以前到底有没有什么事情？"楼申光说："我和她过去的确没有什么，只是她因为我而被耽误了这么多年，我觉得对不起她，我要弥补她。"我看他"情深意切"，就说："把报告拿来，我批。"那时，那位女士在六里桥开了一家照相馆，他们结婚后，我还前去祝贺。

后来，楼申光申请"自动离职"，到了农业部一个农垦场，又到海南做开发房地产生意。据说是"发了"，成了"大款"。

当中注协搬到中咨大厦后，我还想把他调回来，当副秘书长。但因为他是"自动离职"，人事司那一关肯定通不过，所以我也就作罢了。

"多种用途"的办公室

20世纪80年代，财政部还没有食堂，每天早上，上班的人，都会自己带盒饭，以备中午用餐。为了关心"职工福利"，财政部在办公大楼后面造了几个大蒸汽灶，上班的人在上班前都把自己带来的饭盒放到蒸汽灶的蒸笼里，为了避免拿错，各自都做上了记号。中午11点半，午餐时间到，大家去蒸笼里取出自己的饭盒，坐到办公桌旁，开始津津有味地品尝自己带来的饭菜。办公室就成了食堂。

我和我爱人都是湖南人，爱吃辣椒，带来的菜，经过蒸馏，打开来以后，空气里也会飘出一股辣子香，四周的同事，纷纷过来，你夹一筷子，他夹一筷子，天长日久，这些伸筷子的人也就离不开吃辣椒了，就这样，我在会计司培养了一批"吃辣椒的弟子"。我一天没带辣椒菜，他们比我还想它。

那时，司局长也和大家一样，自己带饭带菜。一次，会计司司长魏克发正在吃饭，我爱人叫他过来吃我们带的菜，说着湖南家乡话："吃一点我们带的菜，刚蒸好的，吃吧，好滚（热的意思）。"魏司长心想，这个人是怎么回事，怎么吃了以后叫我"滚"？魏司长迟迟没动筷子。我想了想，大概是在语言上发生了误会，就补充说道："老费叫你趁热吃。"魏司长这会儿才明白，原来"滚"就是"热"的意思，理解了，就"放心大胆"地过来吃了。吃完后，他也幽默地说："我快吃，吃了以后就'滚'。"引得大家都笑了！那时的干群关系，真是好融洽。今天有了"司长食堂""部长食堂"，当然也用不着"滚"了！

有了职工食堂后，部长们也在食堂排队买饭。1993年9月6日，台湾资诚会计师事务所的首席合伙人请我吃饭,做方便面生意的一位台商也参加了。席间他说有"新产品",我很纳闷,方便面能有什么"新产品"?经他后来一解释,我才明白,"新产品"原来就是加量'一碗半'的方便面。他对我说:"原来的方便面,大多数人吃一碗不够,吃两碗又吃不完,所以,我发明了'一碗半'。你们的部长们也吃我这个方便面。你想,上班时找部长那是很不容易的,在中午吃饭时,趁部长在排队,上去'请示'一个问题,或者汇报什么,那不是最好的机会吗?部长们也很精,后来他们不到食堂排队,而是在自己的办公室,吃我做的方便面,也就没人敢来打扰。忙了大半天,好不容易中午休息一会,去食堂那么多人来请示、汇报,头都大了。在办公室,泡上一碗方便面,慢慢吃,优哉游哉,多自由。"我想,这位台商,做生意倒是蛮精通的,他能想象部长们午餐的情景。可不是这样的嘛!张佑才副部长,后来得了癌症,医生说常年吃方便面,是致癌的诱因之一,可能就是当年他方便面吃多了!

20世纪80年代初期,生活物资还不太丰富。财政部为改善职工生活,会平价给大家买一些生活用品,较多的是蔬菜、食品之类。因此,有时在下班的时候,办公室的走廊就成了"物品分发地",几乎跟菜市场差不多。尤其是冷冻带鱼,两人、三人一包,到下班时还没有化开,就在走廊里摔打,摔开以后才好分。我刚参加工作时,那时的工资被说是"100斤带鱼",当年带鱼是3毛多1斤。到80年代初,带鱼的价格已涨到十几块钱1斤,一个月的工资还买不到100斤带鱼,带鱼已成为食品中的"奢侈品",因此财政部才用带鱼"给大家发福利",改善生活。到了冬天,连白菜、韭菜、大葱都是"分发物资",从办公室下班回家,几乎像到菜市场采购了一般。

学习、宣传、贯彻《会计法》

1985年2月15日、3月1日,财政部与《工人日报》《经济日报》《财务与会计》《会计研究》召开学习、宣传、贯彻《会计法》座谈会。

迟海滨副部长主持座谈。他讲了如下内容。

《会计法》的颁布、实施,是我国会计和经济工作中的一件大事,也是我国经济立法不断完善、会计法制建设进入一个新的历史时期的标志,对经济体制改革顺利进行、开创会计工作新局面,将起到极其重要的作用。

会计是经济管理的组成部分,是一项重要的经济管理工作。《会计法》规定了会计工作在维护国家财政制度和财务制度、保护社会主义公共财产、加强经济管理、提高经济效益等方面所应发挥的作用,赋予了会计人员对经济活动进行核算和监督的重要任务,肯定了会计工作在四化建设中的地位。

当前正在进行经济体制改革,制定、实施《会计法》,和经济体制改革并不矛盾,而是适应经济改革形势发展的需要。在经济体制改革中由于各部门、各单位和各个不同岗位的同志们所处的环境和地位不同,看问题的角度不同,因而在某些问题上可能产生认识上的不一致,这就需要以国家的方针、政策来统一思想、统一认识,以体现方针、政策的国家法律来约束人们的行动。因此,制定实施《会计法》,只会有利于改革的顺利进行,而不会捆住我们的手脚。改革,是有计划地、分层次地进行

中华人民共和国会计法和段云的题词

注：《会计法》于1985年1月21日公布。中国会计学会名誉会长段云，为纪念《会计法》的公布实施题了词，并发表在《会计研究》1985年第三期。

的，各地区、各部门、各单位只能在法定的权力范围内进行改革。在整个经济体制改革中，财政、财务制度的改革是同步进行的。会计机构、会计人员的职责，是遵守和维护国家现行的财务制度，如果国家的财政和财务制度改革了，就执行和维护新的制度规定。

国营企业的厂长、经理在搞活经济中，应该正确地认识到自己具有双重责任，你们首先是国家委派在企业的代表，要代表国家利益，履行职责，认真执行国家的方针、政策、法律和财政、财务制度；其次才是企业的代表，在国家法律、制度范围内，通过发展经济，提高效益，谋求企业和职工的利益。

参加会议的同志都做了发言，可归纳为如下七个方面。

一、《会计法》是一项重要的经济立法

宫齐方（原国家体改委副处长）：《会计法》是经济管理工作中的一项重要立法，是我国社会主义法制的组成部分。《会计法》的贯彻实施，对加强经济管理、合理使用资金、提高经济效益，将发挥积极作用。世界各国无不重视会计工作，社会主义国家，尤应重视。会计工作通过记录、核算、监督，在贯彻党的方针、政策，加强经济核算，促进生产，提高经济效益，以及为领导提供信息和决策的依据中，正发挥越来越大的作用。因此，《会计法》的颁布，具有极其重要的意义。

王宝珊（解放军原总后勤部处长）：在当前改革和搞活经济的新形势下，一方面,各单位、各部门在各项经济活动中,更加注重讲求经济效益;另一方面,相应地出现了一些单位以改革为借口,不执行财经纪律和全军统一的财务标准制度的现象,有的甚至提出"甩开会计搞经营"。因此,进一步加强会计工作,是一项十分紧迫的任务。《会计法》以法律的形式,把会计工作的作用、任务和会计机构、会计人员及其职责固定下来,是非常适时的。

许庆嵩(京棉三厂总会计师):搞经济离不开会计,经济越发展会计越重要,这是客观事实。但在我国企业中,会计工作的地位和作用,还未被摆到应有的位置上。有的同志还是以小生产者的眼光来对待企业的会计工作,把它看成仅仅是记账、算账,收收付付的"账房"工作,忽视了它的指导和监督作用。《会计法》的颁布,以法律形式,肯定了会计工作的地位和作用,阐明了会计的核算和监督两大职能,将端正人们对会计工作的态度,也将极大地鼓舞会计工作者更好地履行自己的职责。

薛任福(北京燕山石化公司总会计师):企业从生产型过渡到生产经营型,在对内搞活、对外开放的方针指引下,外贸经营也越来越多,大量的资金从我们手中进进出出,如果没有严格的会计制度和财经纪律,是不可想象的。《会计法》总结了我国会计工作的历史经验,正确地体现了马克思关于会计与经济的关系的理论观点,把会计工作提高到应有的地位。

俞信棣(铁道部财务局总会计师):会计是经济管理的重要组成部分,《会计法》的公布,对充分发挥会计核算和监督的职能、加强经济管理、合理使用资金、提高经济效益,以及为改善经营提供经济信息等,都将起到重要作用。

二、《会计法》将保证经济体制改革的顺利进行

于长琨(北京大学财务处党支部书记):搞活经济、办好事业离不开会计。没有公开的会计核算和监督,经济管理工作就做不好,经济效益就提不高,发展和生活的改善、提高,都要受到影响。长期以来,经济管理体制中的"大锅饭"现象,造成了不重视会计工作,现在党中央决定进行经济体制改革,为了保证经济体制改革有计划、有秩序地顺利进行,必须加强法制建设,使大家的行为规范。《会计法》是我们进行财务会计工作的准则,那种把改革和立法对立起来的观点无论在理论上还是实践上都是不正确的。

宫齐方:经济立法和经济体制改革都要围绕 20 世纪末工农业生产翻两番、实现四个现代化这个总目标,从各个不同方面为实现这一宏伟目标服务。经济体制改革和经济立法相辅相成、互相促进。进行体制改革、搞活经济,必须在国家规定的政策范围内进行,不能各行其是。因此,《会计法》的贯彻实施,不仅不会妨碍搞活经济和经济体制改革,而且将有利于经济体制改革的顺利进行。

钟复生(原机械工业部财务司司长):目前机械工业部正在进行经济管理体制的改革,实行企业经营权下放、政企分开,事业单位也在逐步向企业化过渡。在改革的新形势下,既要放开、搞活,也要加强会计的核算和监督,防止在改革中出现新的不正之风。

陈元燮(中国社会科学院财贸经济研究所副研究员):当前,我国经济体制的改革,正在向着更广、更深的方向发展,这次改革关系到国家的前途,关系到亿万人民的切身利益。《会计法》的颁布,显示了它的重要意义。首先,会计应该真实、及时、准确和完整地提供有关财务收支和经营成果方面的信息和资料，参与经营决策，为增强企业活力，提高企业素质发挥更大作用；其次，会计应该通过核算、计划、分析、检查和控制，更好地起到管理的作用，改正那种不计成本、不算盈亏和不讲效益的错误做法，促进企业经济效益不断提高；再次，会计人员要认真贯彻执行党和国家的财经方针、政策和法令，对某些单位和个人以改革为借口，弄虚作假，违法乱纪，损害国家利益的，要坚决加以揭露和制止，以保证改革向着健康的方向发展；最后，会计工作自身也要进行改革，要建立责任会计，要加强对财务成本的预测和控制，要研究会计电算化，要改革不相适应的会计核算制度，以求做到"管而不死，活而不乱"。

刘录庆（北京市六建公司财务科长）：目前有的单位借改革之名刮起"大吃大喝""滥发实物奖金"、发"红包"等歪风，发改革之财。这就更证明，财务会计工作需要加强法治。

三、认真贯彻执行《会计法》、开创会计工作新局面

钟礼华（原冶金部财务司副司长）、钟复生、丁更生（商业部财会司副处长）、吕濂方（中国人民银行高级会计师）、李孟林（北京铁路分局财务科副科长）、何绍良（首都钢铁公司会计师）等人就这一问题发了言。

四、单位行政领导人要带头执行《会计法》

李顺考（北京天桥百货商场经理）、包遂初（北京印染厂副厂长）、高习武（北京第一机床厂财务科）等人就这方面的问题做了发言。

五、要做到有法必依，执法必来，违法必究

韩存（教育部计财司副处长）、杨学良（最高人民法院助理审判员）、李廉（北京海淀区法院经济法庭庭长）等人就这方面的问题做了发言。

六、会计理论研究要为实施《会计法》服务

阎达五（中国人民大学财政系主任）、吴春礼（中国财政金融学院副教授）就这方面做了发言。

七、要认真做好《会计法》的宣传和实施准备工作

彭辉（农牧渔业部财务司副司长）、薛任福、邓小丰（北京市财政第四分局）就这方面问题做了发言。

《会计法》的起草和审议过程

《会计法》的起草、审议经历了三个阶段：1980年8月至1983年2月为财政部起草阶段，共两年半时间。财政部于1981年6月正式组成了由会计专家、领导干部和经济法专家组成的《会计法（讨论稿）》起草小组。《会计法（讨论稿）》多次被印发给财政部召开的财务会计工作会议和中国会计学会召开的年会参会人员进行讨论、修改，并采取了多种形式，广泛征求意见。经过反复修改，财政部于1983年2月将《会计法（草案）》正式报国务院审议；1983年2月至1984年7月为国务院审议阶段。一方面国务院将《会计法（草案）》发往各省、自治区、直辖市人民政府和国务院有关部门征求意见；另一方面由国务院经济法规研究中心多次组织有关专家进行讨论，综合各方面意见修改后，于 1984 年 4 月召开国务院常务会议进行审议修改，1984 年 7 月国务院总理正式签署并提请人大常委会审议；1984 年 7 月至 1985 年 1 月为第六届全国人大常务委员会审议阶段，在 1984 年 9 月第六届全国人大常务委员会第七次会议审议前，全国人大常委会曾将国务院送审的《会计法（草案）》印发给各省、自治区、直辖市人大常委和国务院部分主管部门、各地区、各部门，再一次采取多种形式听取了各方面的意见，并汇集意见报全国人大常委会。第六届全国人大常务委员会在 1984 年 9 月和 1985 年 1 月召开的第七次和第九次会议上，对《会计法（草案）》进行了审议。最后，在 1985 年 1 月 25 日全国人大常委会一致通过，李先念主席发布第二十一号主席令予以公布，定于 1985 年 5 月 1 日起施行。我国第一部《会计法》就此诞生。

《会计法》是"会计核算法"

无论是 1985 年 1 月 21 日第六届全国人大常务委员会第九次会议通过的《会计法》，还是 1993 年 12 月 29 日第八届全国人大常务委员会第五次会议修订的《会计法》，以及 1999 年 10 月 31 日第九届全国人民代表大会常务委员会第十二次会议通过的修订的《会计法》，有人认为，细细读来，觉得它们都是"会计核算法"。

在各种座谈会上，人们只是正面地赞扬《会计法》的发布和实施，但私底下，也有另一种意见。

有人认为：《会计法》规定怎样记账、算账、报账，会计理论研究只想"怎么写文章"。但在现实经济生活中，财政部最不重视会计工作。在财政部，会计司的会计的职能是最小的，只限于管理有关记账、算账、报账的几十个准则，其他都是各个财务司、局的事；而财务司（局、处、科）的会计人员却管得很多，首先是管财务，记账、算账、报账只是其中很小的一部分，很少有单位分管财会工作的部门叫"会计司"（局、处、科），而是叫财务司（局、处、科），在机构改革中，还有的将财务工作与计划工作合并叫"计财司"（局、科）。可见"会计"并不占"优势"，而是"财务"占优势，"会计"被财务"吞没"了。财政部在"财务、会计"方面，折中叫作"财务与会计"，"与"就是两码事，但在机构设置上，历来都是重"财务"（实际上是"财政"），轻"会计"。但在评职称时，又只有"会计"而没有"财务"。搞得十分混乱。所以贯彻实施《会计法》首先要从财政部做起，财政部不能只叫别人重视会计，而自己却"灯下黑"不重视会计工作。

到底是"财务"管"会计"？还是"会计"管"财务"？这是个老问题了。根据财政部机构的设置，会计司只管几十条"会计准则"，财务司则实实在在地"管钱"。在会计理论中，把"财务"纳进了"会计"，所以"会计"变得无限大；在会计实践上，却是"财务"管"会计"，所以"会计"消失了。

近年来热门的"管理会计"，会计司把它纳入了"会计"的范畴；但"财务"却把它纳入了"财务"的范畴。不管被纳入何种范畴，"管理会计"是不能纳入"立法"的范畴。"管理会计"主要是关于理财的方法，而理财各有各的"门路"，不能做出统一的立法规定。

会计工作法制的里程碑

人们盼望已久的《中华人民共和国会计法》，经第六届全国人大常务委员会第七次、第九次会议审议，已经通过，并以中华人民共和国主席令第二十一号公布，今年五月一日起施行。这是一项重要的经济立法，是我国会计工作中具有历史意义的大事，是会计工作法治的里程碑。

建国以来（新中国成立以来），我国的会计工作与经济管理的要求相适应，有了很大的发展。它是在曲折中前进的，曾遭到两次严重的干扰和破坏，特别是"文化大革命"的破坏，使会计工作中的法制观念大大削弱。近年来，我们进行了大力整顿，取得了巨大成果，但账目不清、会计数字不实、弄虚作假、违反财经纪律，对坚持执行财政、财务制度的会计人员实行打击报复等不正常的现象仍不同程度地存在。对这类问题长期不能纠正、克服，重要原因之一是人们把这些现象看作一般的工作问题。《会计法》针对会计工作中这些现实问题，以国家立法的形式肯定合法与非法，从而使会计工作实行法治有了更加明确的法律依据。《会计法》的颁布必将为会计工作的正常开展开辟广阔的道路。

当前，我国正在进行经济体制改革，城市经济体制改革的中心是要增强企业的活力，使企业真正成为相对独立的商品生产者。为了保证国民经济沿着社会主义的轨道发展，为了保证经济体制改革有秩序地正常进行，一方面要求改变过去那种事事靠行政命令，行政干预过多的做法；另一方面则要求加强法制建设，使各单位能够以国家法律为准绳来组织自己的活动。《会计法》的颁布，在会计工作方面明确了标准，将不仅有利于会计工作本身的改革，而且将促进经济体制改革的正常进行。

我们的目标是建设一个四个现代化的新中国，为此，党中央提出了在本世纪（20世纪）末工农总产值翻两番，人民生活达到小康水平的战略目标。实现这个目标，重要条件之一是要筹集足够的建设资金并使资金得到合理的使用，会计在这方面负有独特的使命，担负着艰巨的任务。《会计法》的颁布施行，为会计完成其加强经济管理、维护国家财政制度和财务制度、保护社会主义公共财产、提高经济效益的任务，提供了法律保证。

"徒法不足以自行"，《会计法》的颁布只是在会计工作法治方面迈出了重要一步，而更重要的在于贯彻实施。广大会计人员在贯彻实施《会计法》中有着重要任务，每一个会计人员都应当认真学习《会计法》，广泛宣传《会计法》，模范执行《会计法》。同时，贯彻实施《会计法》绝不仅仅是会计人员的事情，三十五年来的经验证明，会计工作能不能依法办事，关键在于各级领导，《会计法》的有关条款规定，各级领导不仅对会计工作负有重大的法律责任，而且应该带头模范遵守。我们深信，各级领导将按《会计法》第四条的规定，领导会计机构、会计人员和其他人员执行《会计法》，共同开创会计工作的新局面。

（原载《会计研究》1985年第一期）

《会计法》是经济工作的根本大法

1999年8月，在国务院审查修改《会计法》时，朱镕基总理说，《会计法》是根本大法，一定要修改好。当时在场的国务院法制局局长李适时说："总理，《宪法》是根本大法。"朱镕基说，我说它是经济工作的根本大法。朱镕基的这一句话，说明了会计工作的重要性。接着，朱镕基又说，对那些弄虚作假的人员要从严惩处，要判刑、让他们坐牢。李适时说："总理，那是《刑法》的事情。"朱镕基说，那就修改《刑法》。朱镕基的这一句话，说明了修改《会计法》要对那些做假账的人，从严惩处。

1999年12月25日，九届全国人大第十三次会议，通过了对《刑法》的修改，并且对弄虚作假的人加大了处罚的力度。比如，第三章第161条规定，公司向股东和社会公众提供虚假的或者隐瞒重要事实的财务会计报告，严重损害股东或者其他人利益的，对其直接负责的主管人员和其他直接责任人员，处三年以下有期徒刑或者拘役，并处或者单处二万元以上二十万元以下罚金。第162条规定，公司、企业进行清算时，隐匿财产，对资产负债表或者财产清单作虚伪记载或者在未清偿债务前分配公司、企业财产，严重损害债权人或者其他人利益的，对其直接负责的主管人员和其他直接责任人员，处五年以下有期徒刑或者拘役，并处或者单处二万元以上二十万元以下罚金。第229条规定，承担资产评估、验资、验证、会计、审计、法律服务等职责的中介组织的人员故意提供虚假证明文件，情节严重的，处五年以下有期徒刑或者拘役，并处罚金。前款规定的人员，索取他人财物或者非法收受他人财物，犯前款罪的，处五年以上十年以下有期徒刑，并处罚金。第255条规定，公司、企业、事业单位、机关、团体的领导人，对依法履行职责、抵制违反会计法、统计法行为的会计、统计人员实行打击报复，情节恶劣的处三年以下有期徒刑……直到第271条、第272条、第382条、第384条、第396条、第397条等等，修改后的《刑法》，都规定了对会计行为及与会计行为人相关的违法行为的处罚力度。

请李鹏委员长为新《会计法》题词

1999年10月31日，第九届全国人大常务委员会第十二次会议通过了修订的《中华人民共和国会计法》（以下简称《会计法》）。2000年11月，全国人大常务委员会办公厅、国务院法制办、财政部、中央电视台、中央人民广播电台准备联合举办一次有关修订后的《会计法》的电视、广播讲座，拟请李鹏委员长题写讲座的名称，作为书名和电视宣传片的开头。

按规定程序，财政部向全国人大常务委员会办公厅写了报告，提请李鹏委员长题词。后来全国人大常务委员会办公厅主任袁亚平告诉我："首长没有批。"我有点急了，就找了全国人大的吕聪明，请他想办法。吕聪明说："我来想办法。"吕聪明时任全国人大常务委员会副秘书长，同时兼任李鹏委员长的大秘。他在李鹏委员长访问俄罗斯期间,先后要去两次,第一次去是作安排,第二次是陪同李鹏委员长赴俄罗斯,来来去去很是辛苦。但事情很急,我也没有办法,只有找他。

李鹏委员长访俄回来后,去南方休息,吕聪明去机场送行时对李鹏委员长说:"《会计法》是一部很重要的法律,我们全国人大审议表决通过了,还要继续做好宣传工作。"李鹏委员长表示赞同。吕聪明趁机提出请李鹏委员会为《会计法》讲座题词一事。李鹏委员长说:"那好吧,我写好后叫人带给你。"

过了一周,李鹏的小秘给我打电话,要我前去取李鹏的题词。我赶紧去了人民大会堂,李鹏小秘把题词交给了我,我打开一看,写的是"会计学讲座",我赶紧对小秘说,搞错了,不是"会计学",而是"会计法"。小秘说,可能是你们没有说清,那怎么办?只有再找吕聪明想办法。

又过了一周,李鹏回到北京,对吕聪明说:"你交代的任务我完成了!"吕聪明说:"谢谢委员长,今后我们全国人大都要这么做,通过一部法律后,都要搞些宣传工作。不过,这次五个部门联合搞的是'会计法讲座',您写的是'会计学讲座'。"李鹏说,那怎么办呢?吕聪明说:"人家就等着印封面,电视、广播也等着开讲,您再写一个吧。"李鹏说,好吧,那我就再写一次。问题终于解决了。一周以后,我拿到了李鹏委员长题写的"会计法讲座"的题词,印在书的封面上,作为电视讲座的开头也制作好了。

事后,吕聪明对我说:"委员长可是出于对《会计法》的重视,对这事很认真,你看他的签名都是连笔的。"我仔细一瞧,可不是嘛,签名一笔到底真是连着的。

电视、广播播出后,反应很好。我松了口气,总算完成了难以完成的任务,我也从心底感谢吕聪明。

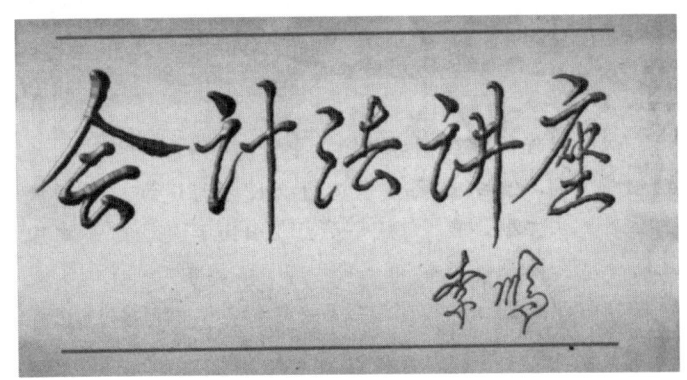

李鹏委员长为会计法讲座题的词

写得这么短老百姓怎么看得懂

1999年10月31日,第九届全国人大常务委员会第十二次会议通过了修订后《中华人民共和国会计法》之后,全国人大常务委员会办公厅、国务院法制办、财政部、中央电视台、中央人民广播电台准备联合举办一次有关修订后的《会计法》的电视、广播讲座，拟请姜春云副委员长（时任）作开头的讲话。我心想，领导同志肯定不会讲太多，一般都是很简短地说几句，宣布"某某大会开幕"就行了，于是我就写了修改《会计法》的重大意义，大概只有半页纸、不到1 000字的讲稿，送进了中南海。

大概是星期天，我突然接到来自中南海的电话，是姜春云的大秘打来的。说："首长看了你写的稿，觉得太少了，就这么几句话，老百姓怎么看得懂？"我巴不得领导同志能多讲几句，可就是不敢写多。我连忙回答说："我重新再写。"大秘说："那你得抓紧，下午能否送来？时间很紧了。"我回答："保证下午送到。"

于是我赶快写好，写了整整4页纸，大约有4 000字，立即送进中南海。姜春云的大秘一看有4页纸，就说："这回首长可能会满意了。"

宣传片在人民大会堂开拍的那一天，姜春云副委员长接见了中央电视台摄制组和组织讲座的工作人员。姜春云副委员长就会计的作用讲了40多分钟，他说："现在有三个'医生'，一个是社会法制的'医生'，那就是律师；一个是真正给人看病的医生；你们会计师是社会经济生活的'医生'。"从人民大会堂出来以后，我对摄制组的同志说："副委员长的这个说法，比较贴切，比'经济警察'的说法要好。"

依法规范会计行为，充分发挥会计在经济建设中的重要作用

（代　序）

中共中央政治局委员　　**姜春云**
全国人大常委会副委员长

《中华人民共和国会计法》已于1999年10月31日经九届全国人大常委会第十二次会议修订通过，江泽民主席签发主席令，自2000年7月1日起实施。这是我国经济生活和法制建设中的一件大事。认真学习、贯彻实施新修订的《会计法》，依法规范会计行为，对于促进经济的持续发展，加强经济管理，提高经济效益，对于防止腐败，保持清正廉洁，都有十分重要的意义。

由全国人大常委会办公厅、国务院法制办公室、财政部、中央电视台、中央人民广播电台等单位联合举办的这次《会计法》电视广播讲座，利用电视、广播这一覆盖面很广的新闻媒介，宣传新修订的《会计法》，对于普及《会计法》法律知识，促进这部法律的贯彻实施，将会起到重要的作用。现在，我想就《会计法》的制定修改和这

姜春云副委员长撰文介绍会计的作用

一次规格很高的电视、广播讲座①

2000年11月,对新修改的《会计法》,全国人大常务委员会办公厅、国务院法制办、财政部、中央电视台、中央人民广播电台联合举办了一次电视、广播讲座。

这次讲座,由李鹏委员长题词,姜春云副委员长致开讲词,邀请了下列"大员"做讲座。

财政部部长项怀诚讲"贯彻实施新《会计法》的重大意义";

国务院法制局局长李适时讲"学好《会计法》,执行《会计法》,保证《会计法》全面贯彻实施";

最高法院副院长沈德咏讲"《会计法》中有关人员的法律责任";

全国人大财经委副主任、北大教授厉以宁讲"新《会计法》与公司治理";

国家经贸委企业改革司司长邵宁讲"新《会计法》与现代企业制度建设";

财政部监督员司司长段景泉讲"新《会计法》与政府部门监督";

中注协秘书长李勇讲"新《会计法》与社会审计监督";

财政部会计司司长冯淑萍讲"信息的真实完整是会计的生命"和"加强会计的宏观管理,维护经济秩序";

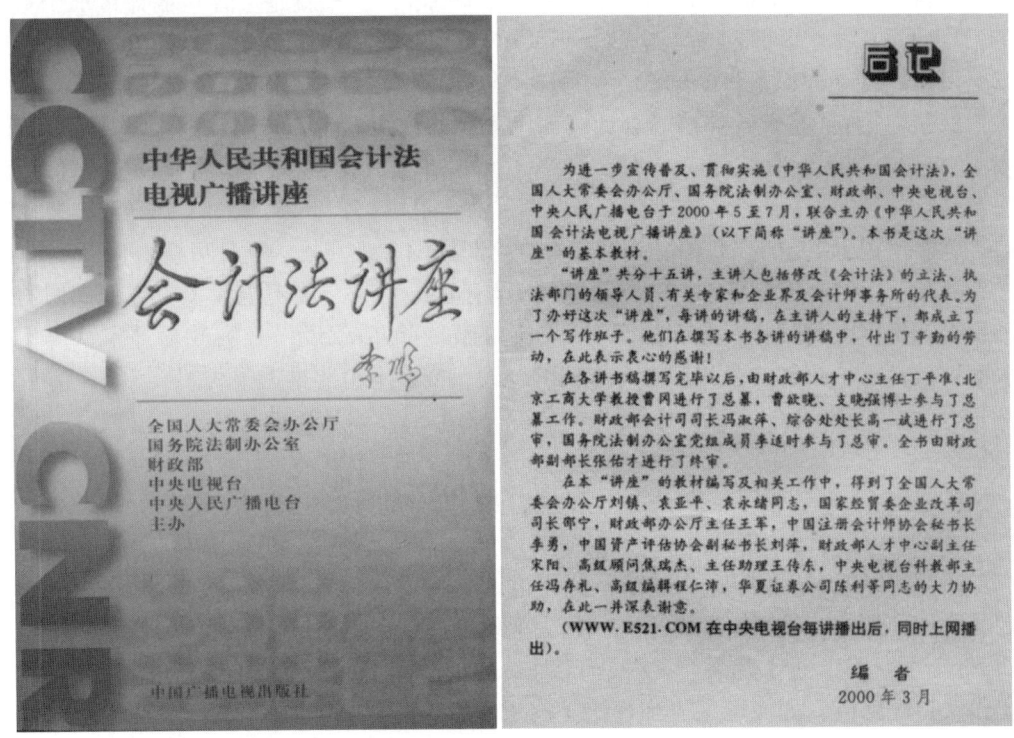

为讲座出版的图书封面和后记

---

① 本文中提及的人员的职位都是他们当时的职位。

凌钢董事长高益荣讲"贯彻《会计法》，认真履行单位负责人职责"；

中国石化财务部主任张保鉴讲"《会计法》是会计人员履行职责的规范和保障"；

华夏证券总会计师董锋讲"加强证券公司会计工作的规范化和法制化"；

德勤国际会计公司合伙人关德铨讲"从遵循国际惯例建立现代企业管理制度角度看新《会计法》"；

厦门天健会计师事务所首席合伙人黄世忠讲"内部会计监督与控制制度"；

用友软件股份公司总经理郭新平讲"贯彻《会计法》，加快民营企业健康发展，实现企业信息化"。

从上述阵营看，这次的讲座，规格是很高的。

你们上市，要分一半钱给王军和许建钢

2000年11月，全国人大常务委员会办公厅、国务院法制办、财政部、中央电视台、中央人民广播电台等五个部门联合举行修改后的《会计法》电视、广播讲座，特邀了用友软件股份公司的总经理郭新平代表民营企业讲一课。录像期间，郭新平说，他们正在准备上市，王文京很忙，就别叫他来了。我开玩笑说，你们上市，要分一半钱给王军和许建钢。

我说："财政部那时要搞会计电算化软件评审，王军就是会计司搞评审那个处的，许建钢在北大是专门学这个的，到财政部会计司就是专门评审会计电算化软件的。所以，现在你们上市融的钱，要分一半给他们。"

我接着说："是财政部搞'会计电算化评审'让你们赚到了第一桶金。现在你们发了！记得第一个参加评审的是'先锋'，不知怎么搞的，他们没上去，你们上去了！"

郭新平说："是的，我们是靠会计电算化起家的，现在搞的软件可多啦！"

我说："这是不是也是'中国特色'？没有官方背景，能不能发家？你们那时打的广告，实际上打的是财政部的广告。你们的第一句话就说'经财政部评审认可'，没有财政部这块招牌，恐怕就没有你们的今天，或许上市要推迟很久。"

郭新平说："是的，是这样的。"

死里逃生，躲过一劫

1987年10月，我因日夜加班，劳累过度，患了胃部幽门梗阻，吃什么吐什么。我马马虎虎地在双榆树医院看了看，就去上班了。到了办公室，又吐个不停，杨纪琬"命令"我休息。过了几天，大约是11月初的一个晚上，深夜11点多了，我突然大出血，口吐鲜血，大便也是鲜血，出了将近2 000毫升的鲜血，人昏迷不醒。这时，我爱人找到隔壁的林美芳求救（我住双榆树10号楼1006室，林美芳住1007室，他在财务处，属于办公厅，与车队有密切联系）。林美芳立即给车队打了电话，不一会车子就来到了楼下，深夜把我直送部里的合同医院——复兴医院。因为我昏迷不醒，医院立即下了病危通知单，会计司马上派人轮流值班，杨纪琬也到医院来看望，我是

啥也不知道。检查时,医生说我转氨酶过高,不能进行胃镜检查,那位医生说:"一根导管就4 000多块钱,转氨酶高会传染的。"于是,决定给我直接动手术。在要我爱人签字时,医生说:"他不久前,经常呕吐,又快50岁了,肯定是患了癌症,我们打开胸腔后,只能原样缝上,对付癌症现在还没有其他什么好办法。"我爱人看到签字单子上,写的都是"可怕"的字句,就拒绝签字。这时,我在解放军总政的一位表妹刘桂芬来看我,建议把我转到解放军海军总医院去。转院的当天,在解放军海军总医院就做了胃镜,检查出在十二指肠球部有两颗黄豆大的溃疡面,正好长在动脉血管上,因此,像高压油泵一样压迫血管,造成大出血。海军医院的医生说:"长在这个部位很好。"我很奇怪,医生居然说"部位很好",医生解释说:"胃的球部在医学临床上还没有发现过癌变。"不是癌症,我大大地松了一口气。问:"那怎么办呢?"医生说:"最好是采用保守疗法,吃药,不用做胃切除手术。"就这样,我同意"保守疗法",住了50天医院,每天服药,居然好了。同住一室的是《解放军报》社的一位记者,他说:"都说共产党的会多,我正在研究共产党的'会',准备写一部'会议学'。"我说:"这方面我可以给你提供很多素材。"受这位记者的"感染",我把病房当"书房",50天也写了一本书。也就是在这住院的50天中,我背记"五笔字型"的125个字根,学会了用"五笔字型"打字,出院后我就用上了"四通",从此我又多了一门"手艺"。

没想到,我住院居然惊动了谢明部长。财政部原定准备12月初到广州召开企业财务改革研讨会,小组的组长陶省隅请示谢明,谢明说:"老丁病了,再说吧!"接着说起了我的工作,谢明说:"老丁真是肯干、能干,财政部要是都像他那样,可以减少一半人!"别人告诉我谢部长的这些话后,我十分感动。我想,我这一辈子,能活多久?能干多少就干多少,这是我的本分。后来谢明和杨纪琬商量,将企业财务改革研讨会稍做推迟,于12月22日至26日在广州召开。

这件事表明,我作为中国会计学会的副秘书长,在协调7个研究组的活动时,应该说在谢会长的心中是"必不可少的"。

台湾"会计之父"郑丁旺

大概是20世纪80年代初,台湾郑丁旺教授应中国会计学会之邀,来北京访问。杨纪琬带着我,会见了郑丁旺教授。

郑丁旺1942年2月15日出生,台南县人。郑丁旺教授在台湾颇有名气。在台湾会计学界被人尊称为"郑校长",曾多年担任"中华民国会计研究发展基金会"主任委员与"中华民国会计学会"理事长。曾任台湾政治大学会计学系教授、硕士生导师、博士生导师。还曾经担任台湾政治大学教授兼会计学系主任、会计研究所所长、商学院院长、教务长、校长。郑丁旺教授曾对中国台湾各项财经、会计政策的制定和推动,做出过相当程度的贡献。郑丁旺早年留美,取得博士学位,除了专业知识渊博外,更因受美式教育的洗礼,在执教过程中,十分注重启发式教学方法的运用,并采用具有严谨且富节奏感的会计教学方式。在台湾,也有人尊称他为"会计之父",因为郑教授著作颇多,在台湾凡从事会计专业学习和工作的,大都读过郑教授的书,所以很多人也都自称为"是郑丁旺的学生"。

会见时,杨纪琬问郑丁旺当年的老师是谁?郑丁旺回答说是某某某。杨纪琬笑着说:"30 年代在上海他是我的学生。"这位"台湾会计之父",得知自己的老师是杨纪琬的学生,真是见到"前辈"了,彷徨了一会儿,按照中华民族文化习惯,立即深深地向杨老鞠了个躬,说:"这次见到了杨老师,非常荣幸,回去我一定好好学习杨老师的著作。"

告别时,郑丁旺教授送了我一套《成本会计及管理会计手册》上、中、下三册,我翻了看看定价:台币 3 500 元,按当时 30 元台币换 1 元人民币计算,也是几百元人民币。可谓礼重情更重,我一直珍藏至今。

郑丁旺教授在发展两岸会计界的交往方面,也做出了较大的贡献。他访问过大陆多处。新千年以后,在上海国家会计学院见到他,我们两人还谈起 20 世纪 80 年代在北京见到杨纪琬的情形。

中国会计学会举办香港公司法、破产法研讨会

中国会计学会于 1987 年 1 月 7 日至 9 日,在北京举办"香港公司法、破产法研讨会"。会议的目的,在于深入了解香港公司法、破产法的内容和实施情况,从而有助于内地制定有关经济法规时借鉴和参考。

全国人大法制工作委员会、国务院法制局、国家经委、国家计委、司法部、财政部等有关单位的负责人和专家教授等 40 多人参加了会议讨论,北京 50 多个部门和单位的 100 多人听取了大会介绍。

香港会计师公会组织了由 13 人组成的"香港公司法、破产法专家代表团"前来参加会议。

会上,香港会计师公会会长翁江培作了会议简介;香港代表团成员黄汝璞介绍了香港公司的性质和种类、公司的成立与资本、公司管理和资产抵押等问题;徐立言介绍了公开发行股票的利弊、途径、法律要求、时间选择、定价方法和股票上市费用等问题;谢孝衍介绍了对香港公司公开集资的法律规定;潘汉锦介绍了对无力偿债企业的处理方式,独资、合伙企业的为"破产"、有限公司的分为"接管""重组"和"清算"三种方式,以及接管方式下的法律程序与要求;尼克·琼斯介绍了公司清算的三种类型:股东自愿清算、债权人主动清算和法院强令清算。

内地代表提出了许多问题,香港代表团都热情而认真地做了解释和回答。

在改革中开创会计工作新局面
——中国会计学会、《会计研究》编辑部召开庆祝新中国成立 35 周年座谈会

为了庆祝新中国成立 35 周年,中国会计学会和《会计研究》编辑部于 1984 年 6 月 21 日,召开了在京常务理事和理事座谈会。谢明副会长主持了座谈会,并在会议开始和结束时做了讲话。来自中央各部、各大专院校的财会工作领导同志和教授、专家们在发言中,总结了我国各条战线上新中国成立 35 年来财会工作的巨大成就,

展望了会计改革的前景,并提出了不少有益的建议。

中国会计学会副会长、中国工商银行行长陈立:

在新中国成立初期,随着全国的统一,制定了全国统一的银行会计科目、账务组织、记账方法、联行制度、报表制度以及一些主要核算手续。嗣后,根据工农业生产发展和商品流通扩大的要求,从我国实际出发,多次对银行会计制度进行了整顿和修订,逐步建立了一套适合我国国情的会计制度、记账方法和业务处理办法,适应了银行业务发展的需要。

银行会计学研究银行这个特定部门所反映和监督的会计对象、作用、方法以及组织管理等方面的问题,论述银行各项业务的处理方式和核算程序,通过分析银行业务活动——国民经济活动,考核经济效益,预测经济发展前景,参与宏观经济决策,以充分发挥其社会公共簿记的作用。社会的经济活动,从生产、流通到消费,要经过许许多多环节,经过千千万万个单位,而这些经济往来,都需要通过货币计价、资金清算,都需要银行通过组织货币流通、信贷往来和转账结算各项业务活动来实现。这样,分布在全国各地的银行机构,就像一条纽带,把整个经济活动联系起来,把社会生产、交换、分配、消费的整个过程连接起来,使社会扩大再生产能够不间断地进行,从而达到"调节全国按社会主义生产方式组织起来的经济生活"。由此可见,银行的每一项业务活动,都是经济活动整体中的组成部分,银行办理每一笔款的存贷,每一笔凭证的传递工作质量的好坏,效率的高低,经济效益的大小,对整个国民经济活动都有着直接的、重要的影响。银行应当成为全社会的总会计、总出纳,成为全社会经济活动的总枢纽。

中国会计学会副会长、北京商学院顾问黄肇兴:

(1) 应当在全国尽快统一记账方法。商业部门在1965年推行了"增减记账法",此外,还有几种收付记账法也在推行。全国出现了多种记账方法并存的局面。为了不妨碍国家现代化经济管理技术的推进,我认为最明智的做法是将这些记账方法加速统一于较为先进的记账方法。

(2) 在记账方法上是否有某一部门、某一业务系统独树一帜的必要?我们认为是没有这个必要的。

(3) 关于从外国引进记账方法的问题。几百年来,东西方各国社会经济的发展有了大不相同的变化,会计作为一种经济管理职能,虽在任务、目的、原则标准方面各国有所不同,而在巴乔利的思维和数理逻辑为基础的记账方法方面则基本没有什么变动,这一点值得我们深思。我们呼吁我国记账方法恢复统一的局面,以加速我国经济建设现代化的进程。

中国会计学会副会长、中国人民大学财政系副主任阎达五:

按照我们对会计工作与价值管理、经济效益关系的认识,改革会计工作的指导思想应当是:①改革的目的是满足人们讲求经济效益对会计工作提出的新要求,充分发挥会计工作对实现资金增值的直接影响作用;②在内容方面,强化价值管理的地位,对资金运动的指标体系,以及资金运动的计划、执行、控制管理和考核评价、信息反馈等五个方面,进行总体研究,加以改进;③在步骤上要先明确改革目标,要有总体实施方案,要和其他改革同步进行;④在方法上要允许多方案试点,要体现所有制形式、计划体制、价值分配制度和不同层次经济管理的要求。

提高经济效益，有如下几点：①适应企业"转轨变型"的需要，通过改革，开拓会计工作服务经营、参与决策的新领域；②总结和提高包括资金的筹措、分配、投放、日常调度和收回等有关资金运动的级别、指挥和协调工作；③改进和完善以会计控制为主的内部控制制度；④改进和完善生产经营活动成果的考核评价工作；⑤改进和完善会计信息的反馈系统；⑥改革会计管理工艺、会计管理劳动组织和会计信息处理的技术方法。

中国会计学会常务理事、中国铁道会计学会理事长叶克明：

"十年动乱"时铁路是重灾区。中共十一届三中全会以后，随着全国经济体制改革的发展，铁路财会人员努力破除"大锅饭""铁饭碗"和"完成任务不算账"的思想，把工作重心转移到以提高经济效益为中心的轨道上来，广泛开展"双增双节"活动，1983年客运量比前一年增长6.1%，货运量增长4.5%，运输进款增长13.2%，利润增长35.1%，上缴税利增长35.3%，创造了历史最好水平。我的经验或者体会有三条：一是铁道部始终坚持统一指挥全国铁路运输，维护客货行车"畅通无阻，四通八达"；二是坚持各项行之有效的规章制度；三是执行了中央正确的路线、方针、政策。财会战线也做了许多工作，如清查财产，摸清家底，分灶吃饭，健全经济核算，等等。

面临改革新形势，铁路财会工作要做到以下几点：①加强对运输经济理论和实践的研究，总结新中国成立以来铁路运输财会工作正反两方面经验，探索具有中国特色的社会主义现代化铁路运输财务会计管理的理论和方法；②积极改革现行铁路管理体制，加强铁路运输行业管理和企业管理；③贯彻国务院的指示，积极进行利改税的第二步工作；④划清铁路基建投资责任，凡铁路部门需要的项目，建成后由铁路部门管理；⑤采取一些切实可行的措施，进一步发挥会计工作和会计学会的作用。

中国会计学会常务理事、财政部工交财务司司长陶省隅：

我的建议如下。①财务工作与会计工作密不可分，必须加强联系。目前，从财政部来说，企业财务管理工作和会计管理工作是由两个司分管的，这更需要双方加强联系，密切配合，以便把财务会计工作搞得更好。财务与会计是不可分割的整体，财务上规定的制度，必须靠会计来贯彻落实。同时，地方财政部门和基层财会人员反映的问题，既有财务的，又有会计的，有些问题需要财会部门共同协商解决。今后，在制定企业财务制度，做出财务决策时，要首先与会计部门

> 在新的形势下，是[进一]步重视会计工作，做好会计工作，努力开创新局面，更好地为四化建设服务！
>
> 王丙乾
> 一九八四年八月十九日

国务委员、财政部部长、
中国会计学会会长王丙乾题词

通气，主动与会计管理部门联系，以便把企业财务会计工作做得更好。

② 会计报表要满足经济管理要求，格式和内容要相对稳定。目前，报表每年都变，表外项目越来越多，有的指标计算十分复杂。在新的形势下，报表的内容、格式等，可以适当精简、合并。今后在会计报表的设计上，以满足经济管理要求为前提，在考虑宏观经济管理需要时，要特别注意尽可能地与微观经济管理的要求相结合。要尽可能地做到格式内容稳定，前后期数据可比和简单、明了、有用。

③ 在会计核算和编审工作中要充分利用现代化的计算工具，向会计电算化的方向发展。

中国会计学会常务理事、电子工业会计学会会长贺诚：

我国电子工业从无到有，取得了巨大成就。电子工业的财会工作，随着我国电子工业的发展，从建立到健全，在加强电子工业行业的经济管理工作方面，起着越来越重要的作用，也积累了不少的经验。

从以往的经验和教训来看，搞好电子工业的财会工作，必须抓好以下三个方面：①提高思想认识，充分重视财会工作；②进行财会理论研究，建立具有中国特色、适合中国国情的会计理论方法体系；③加速改革，开拓会计工作更广阔的领域。

中国会计学会常务理事傅泽浩、建材工业会计学会副理事长刘松久、冶金工业部财务司副司长钟礼华、北京市税务局局长左珊、中央财政金融学院会计系主任陈嘉亮、农牧渔业部高级农经师富文业等都做了发言。

国务委员王丙乾为责任会计专题研讨会题词

1988年7月5日至9日，中国会计学会以责任会计为主题，举行了专题研讨会。这次研讨会，既是1988年中国会计学会的年会，也是会计改革研究组成立后举办的第一次会议。国务委员、财政部部长王丙乾为会议题了词，谢明会长做了重要讲话。会后，东北财经大学出版社将会议的有关文件、论文和讲话稿汇总后，编辑出版了《责任会计的理论与实践》一书，作为中国会计学会会计改革研究组在这一阶段的研究成果。

深化会计改革，建立
健全责任会计。

王丙乾
1988.9.60

国务委员、财政部部长王丙乾为《责任会计的理论与实践》一书题的词

中国会计学会的几次年会

中国会计学会组织的会议传统上不称"第几届、第几次全国会员代表大会",而是称年会。在年会中召开理事会会议,逢改选、换届时,则称为"全国会员代表大会"。我作为中国会计学会秘书处的工作人员,从第二届的年会开始,一直参加年会,并负责会议的会务工作,主要是起草领导的讲话稿和编写会议简报。

1985年4月29日至5月7日,中国会计学会在北京召开了1985年的年会。会期比较长,开了8天,主要是由于要研究的内容不止一项,还会里"套会",开了一些"小会",解决了一些其他问题,"年会"只是"一揽子会议"的总称。

1985年年会的规格比较高,主管财政工作的田纪云副总理出席了开幕式并做了重要讲话。段云出席了会议并讲话。著名经济学家骆耕漠出席会议并就经济发展、宏观控制和社会会计(联合国国民经济核算体系)做了讲话。

会议开始的前两天是全体会员大会。谢明就当前经济体制改革形势和财会工作改革的方向做了讲话。杨纪琬报告了两年来会计学会的工作并就本次年会所要讨论的问题做了发言。阎达五向大会介绍了"'七五'科研规划"。大会最后两天,由各组推选代表进行大会发言,交流各组讨论情况。

会议期间,召开了第二届理事会第二次会议,研究了下一届理事会改选办法和有关事项;召开了各部委专业会计学会、研究会负责人座谈会,讨论了各部委专业会计学会科研规划的制订、分工协作等问题;召开了《经济大辞典·会计卷》《中国现代会计手册》《会计学刊》《会计文集》编辑工作会议,商定了一批科研成果的编纂、出版事项。

会议期间,恰逢我国第一部《会计法》开始实施,在这样重要的时刻,齐聚一堂,共商发展我国会计事业大计,大家感到欢欣、受到鼓舞。大家认为,建立具有中国特色的、以提高经济效益为中心的会计理论、方法体系的总体目标,一定能够实现。随着中华民族的第三次腾飞,我国的会计事业必将进入一个新的历史时期。

田纪云副总理说,作为财经战线的一个老兵,能够参加这次会议,感到十分荣幸。他对财经战线的一些老同志,不仅在过去的财政经济工作中做出过重大的贡献,而且现在还十分关心我国的经济建设,在现在的战线上,积极努力,为使我国经济建设沿着正确的方向和轨道发展,把建设搞得更好而日夜操劳,表示崇高的敬意!田纪云还说,我国已经出现了持续、稳定、协调发展的新局面。在大好形势下一度出现的不正之风最近也基本被制止。但是,要改革,在制度上就不可能设计得那么完备,总会存在这样那样的空子,也总会有一些不顾大局的人去钻空子,因此,防止不正之风今后仍然不容忽视。财政部门应当继续把它作为自己的一项重要任务。田纪云还希望财政金融部门从事实际工作和理论工作的同志,注意研究一些新课题:新形势下财政分配领域和范围发生了什么变化;怎样正确处理预算内资金和预算外资金的关系;怎样正确处理财政资金与信贷资金的关系;以及积累和消费的关系;如何综合运用各种经济杠杆和调节手段,在微观搞活、放开的同时加强宏观经济的控制和管理;如何建立社会保障制度等。他要求通过这次学会年会的讨论,在这些问题上提出有益的意见，使财政工作更紧密地为社会主义的四化建设服务，为推进我国经济体制改革服务。

谢明向与会代表提出了四个题目：①资金筹集和横向流动问题；②经济效益和利润分配问题；③核算组织问题；④管理和监督问题。

关于《会计法》的学习、宣传、贯彻，代表们提出要抓好五个方面的工作：①要继续进行有针对性的思想教育，解决执行《会计法》时的一些认识模糊问题；②把它作为一项长期的任务；③领导干部要做守法执法的模范；④会计人员要知法守法，在政策、法律、制度允许的范围内行使自己的权力，履行自己的职责；⑤要抓紧相应的配套工作。

关于会计工作的改革，代表们认为会计工作要"转轨变型"，包括五个方面：一是会计理论观念要转变；二是会计工作着重点的转移；三是会计核算体系的转型；四是会计人才、知识的转化；五是会计手段的转换。

关于建立具有中国特色的会计理论方法体系，这一命题的含义应包括：①以社会主义公有制为基础的多种经济形式并存的会计工作；②有计划的商品经济条件下的会计工作；③多种经营方式下的会计工作；④会计工作中微观与宏观的统一与协调；⑤责权利紧密结合的核算与监督。

中国会计学会1987年年会于当年8月28日至9月4日在北京召开。到会代表共242人。谢明同志在开幕词中指出这次会议的主要议程有：①修改章程；②选举第三届理事会领导成员；③审议第二届理事会报告，讨论第三届理事会工作任务；④讨论会计改革和"双增双节"运动中的财务会计工作；⑤交流会计工作经验；⑥研究落实"七五"期间会计科研项目和计划安排。在这次年会期间举行的第三届理事会第一次会议上，谢明当选为中国会计学会会长。

年会开幕时，迟海滨做了题为"努力发挥会计在加强企业经营管理、提高经济效益中的重要作用"的讲话。杨纪琬代表第二届理事会做了工作报告。会议向全国财会人员发出了倡议书，提出了四点：①深化财会改革，不断提高财会工作水平；②促进"双增双节"，努力提高经济效益；③维护财经纪律，争当遵纪守法的模范；④勤于学习，不断提高业务素质。

在讨论《中国会计学会章程（草）》修改的大会上，湖北财经学院的杨时展教授提出："中国会计学会的办事机构叫'常设办事机构'不妥，应当叫'学会秘书处'。"王世定当场表示反对，说："我在财政科学研究所已经被任命为副所长，是副司级，现在当学会副秘书长，如果叫'秘书处'，那我不就是副处长了吗？"有的代表在会上说："那中共中央的办事机构叫'书记处'，是不是也是'处级'了呢？那个'处'可大呢！"最后修改后的《中国会计学会章程》没有再写"常设办事机构"，而在第十条第三款写道："常务理事会设秘书处，在会长领导下，由秘书长主持秘书处的日常工作。"秘书处是"常务理事会"的办事机构，当然，按《中国会计学会章程》规定，在理事会闭会期间，由常务理事会代行理事会职责，由此推断，秘书处是代表中国会计学会的。其实，在财政部就没有"会计学会"的正式"位置"，《会计研究》编辑部是财政部认可的处级单位，秘书处是什么单位？会计学会是什么单位？人事部门根本就没有它们的"位置"，它们不是"处级"，更不是"司局级"单位，就是一个社团组织，是由民政部认可的，财政部编制上没有"中国会计学会"，更没有"中国会计学会秘书处"。

在这次年会期间，在中国会计学会第三届理事会第一次会议上，我被选为中国会计学会副秘书长，主持中国会计学会秘书处的日常工作。

这次年会最大的特点是明确了两个基本点（坚持四项基本原则，坚持改革开放）统领一切活动的出发点，所通过的一切文件，都遵循了这两个基本点。

经三届一次理事会一致通过，中国会计学会成立了七个研究组：会计电算化研究组，临时召集人为王景新、贺诚、王世定；会计教育改革研究组，临时召集人为葛家澍、傅培英、裘宗舜、魏振雄；会计原则研究组，临时召集人为娄尔行、葛家澍、阎达五；国外会计研究组，临时召集人为黄肇兴、石成岳；企业财务改革研究组，临时召集人为陶省隅、叶克明、潘光；会计改革研究组，临时召集人为魏克发、钟礼华、蒋岗；会计史研究组，临时召集人为李宝震、余秉坚、郭道扬。

会上还宣布，财政部委托中国会计学会筹组中国注册会计师协会，在中国会计学会下成立"中国注册会计师协会筹备组"，由杨纪琬等五人组成。

会议还决定成立"现代中国会计丛书编辑委员会"，由阎达等人筹组。

会议还特邀了"九省""两部"11名会计工作先进代表参加，并由这些代表介绍了实际工作情况，对更好地推动理论与实践结合，起到了极好的作用。

1990年2月21日至24日，中国会计学会1990年年会在湖北省武汉市举行。由于是在春节后不久，天气还比较寒冷，南方又没有暖气。财政部向煤炭部申请了4吨煤炭的指标（那时用煤要有指标的），让年会举行地的湖北武汉紫阳宾馆烧锅炉。由于刚启动，锅炉的热气还不太热，代表们只有冻着，特别是谢部长冷得不行，加了好几床被褥。一直等到会议快要结束时，房间里才有点暖意。年会一共开了4天，3天是在"抗寒"中进行的。

谢明会长在会上做了"总结过去，开拓未来，努力建设具有中国特色的会计理论方法体系"的报告。由于当年是中国会计学会成立10周年，财政部副部长刘仲藜专程从北京赶到武汉，向中国会计学会表示祝贺，同时做了题为"认清形势，振奋精神，促进我国会计事业大发展"的讲话。

谢会长在报告中指出，10年中概括来说，做了6件事：

（1）开展会计理论研究；

（2）推动会计建设和改革；

（3）培训会计专业人才；

（4）促进会计普及教育，组织会计知识大赛；

（5）进行对外合作交流；

（6）加强组织建设。

谢会长满怀激情，还特意介绍了首届会计知识大赛。

谢明会长在回顾10年走过的路程后，总结6个方面的基本经验。

第一，必须坚持正确的政治方向；第二，必须明确划分两种对立的改革开放思想界限；第三，必须贯彻理论联系实际，为现实服务的方针；第四，必须坚持"双百方针"，促进繁荣；第五，必须坚持群众路线，调动一切积极因素；第六，必须坚持办实事、讲效率，创造性地工作。

对下一步的工作，谢明会长提出了两个题目：如何在治理整顿、深化改革中更好地发挥会计工作的作用，为实现五中全会提出的目标而贡献力量；如何建立具有中国特色的、以提高经济效益为中心的会计理论和方法体系。

1992年4月13日至16日，中国会计学会在西安举行第四次全国会员代表大会暨学术讨论会。这是我最后一次参加中国会计学会的年会。会议后，我不再担任中国会计学会副秘书长，但我仍然当选为理事。

由于谢明同志去世，张佑才副部长继任中国会计学会会长。

出席会议的有来自各省、自治区、直辖市、计划单列市会计学会，各全国性专业会计学会，中央机关和国务院有关部、委、办，中国人民解放军后勤部，部分高等院校，会计科研机构，部分全国性总公司、大型企业以及财政部有关部门的会员代表，共128人。张佑才主持开幕式并向大会致辞。时任陕西省副省长徐山林、省顾问委员会委员薛际春出席了开幕式。省电台、日报进行了采访报道。

4月13日下午，选举第四届理事会，165名同志当选为理事。这届理事会在年轻化方面有较大的突破。60岁以下的理事有119名，占全部理事的72%，50岁以下的有38名，占23%。本届理事会还增加了来自基层的10个大型企业的理事，体现了学会更加注重理论与实际的联系。余秉坚出任本届理事会的秘书长。

4月16日，与会代表以"深化会计改革，更好地为发展生产力服务"为中心课题，进行了学术交流。在张佑才作了长篇讲话后，大会胜利结束。

关于五种成本核算的概念

1984年12月19日至25日，中国成本研究会在北京举行年会和第五次理论研讨会，我"奉命"整理杨纪琬在会上的讲话录音。

那时，我住在北京八角村一户农民家。那些年，好像北京特别冷，刚刚入冬，就觉得有些寒意。打开蜂窝煤炉，室内渐渐有些暖意。我炒了从超市买来的腰花，喝了二两二锅头，收拾停当，就开始工作。

时间已是晚上9点，翻了翻20本图书，再听听录音，边整理边构思，五种成本核算的概念逐渐浮上心头，打开一页500字的大格子稿纸，奋笔直书，完成整篇文章时，已经是凌晨1点了。

关于成本核算的改革，应当打破过去单一的以产品成本为核算对象的传统观念，实行五种成本的核算。这五种成本如下。

一、账面成本

账面成本或称法定成本、制度成本、财务成本。它是根据国家财务制度的规定，按法定的程序、方法计算出来的、登记入账的产品实际成本。这是计算利润的重要依据，不能讨价还价，不能打折扣，不能弄虚作假。按制度规定该进成本的，就计算入账；不该进成本的，就不能乱挤乱摊。因为它涉及国家、企业、个人的经济关系、物质利益。分配的原则是由国家确定的，不允许企业各行其是。这个问题关系到要不要严格执行财经纪律问题，而不是什么符不符合成本内涵的理论概念的问题。比如，间接费用不能作为期间费用直接在销售收入中扣除,否则就会影响利润,影响国家税收。因此财务制度上不允许这样做,而不是肯定或否定哪一种成本核算方法的问题。账面成本内容的改革,以国家财务制度的改革为转移。财务制度变了,账面成本核算也跟着变;财务制度没变,账面成本核算就不能变。社会主义国营企业的本质属性,决定了账面成本是成本核算的第一位任务,其他成本都是在账面成本基础上进行调整的。账面成本决定利润,利润决定所得税,三者的口径是一致的。资本主义企业的成本计算则恰好相反,首先按公认会计原则和企业经营管理的需要算一个成本数据入账,并据以确定实际利润,然后按税法的要求进行调整,作为纳税的依据。

二、理论成本

即严格按照 C+V 的含义对账面成本进行调整,在账外另行计算一套符合成本客观标准的理论成本。这里的前提是需要对 C、V 做出明确的解释,甚至可以设想在认识比较一致的前提下,用制度的形式统一规定哪些费用属于 C,哪些费用属于 V,而不能口径不一,更不能搞"求同存异"。计算理论成本的目的,在于确切地知道每种产品的物化劳动和活劳动中必要劳动的耗费水平,从而为制定商品价格、进行宏观决策提供科学的依据。

三、责任成本

责任成本或称控制成本。这是根据企业内部实行经济责任制的需要,以责任为对象,依照干什么、管什么、算什么的原则,按责任归属记录、汇集、分配、整理、计算、传递、报告各种成本信息,把经济责任落实到各部门、各层次和执行人,进行控制和业绩考核的一种成本核算形式。

责任成本与财务成本不同。财务成本一般以产品为成本计算对象,是受益者的成本;责任成本以各种岗位为计算对象,是消费者、责任者的成本。

在实践中实务界一致公认责任成本行之有效,应该是推行企业内部经济责任制的重要内容,是成本核算改革的核心。

所谓责任成本,它必须是事前可以预计(预计责任成本),事中可以控制,事后可以据以进行奖惩的。可控就是有"权",承担责任就是有"责",奖惩就是有"利"。既然是可控的,一切影响成本的外来因素如价格差异等都应在计算时予以剔除(这也是责任成本不同于账面成本的原因之一)。只有这样,才能打破"大锅饭"现象,才能调动职工的积极性。

四、分析成本

所谓分析成本,就是根据企业生产经营活动中,对成本预测、成本决策、成本控制的特定需要,从各种不同的角度,以各种不同的形式,把实际成本进行解剖,重新组合,需要什么就核算什么。核算分析成本,需要事前积累资料,一般要求尽可能地与账面成本核算同步进行。

目前,在很多企业中已经进行了这方面的工作。比如,核算固定成本、变动成本,用于量本利分析;核算质量成本,包括保证质量成本和提高质量成本,用于全面质量管理;核算产品寿命周期成本,用于开发新产品和工程项目的投资决策;等等。还有许多专题成本核算。主要是企业在进行经营决策时,一方面,需要用预测方法来结算某种未来成本;另一方面,有时又必须在相同基础上计算过去的实际成本。根据过去预测未来,这是决策成本的原则。从这个意义上讲,有些分析成本与决策成本是同一事物的两个方面,是互为因果、相辅相成的,在核算内容与计算方法上几乎是一致的。

五、社会成本

社会成本实际上是一种比较成本,即在全社会范围内是可以互相比较的、计算口径、基数、范围一致的成本。它一方面可用于宏观决策;另一方面也可以使企业明确看到降低成本的客观标准。它不是政治经济学上的社会成本,按照劳动创造价值的理论,必须把每个企业所消耗的 C 逐步还原为 C、V、M,这是经济理论上的概念,是不可能用数字计算出来的;也不是像世界银行所需要的那样,在进行成本效益分析时要计算社会成本,它包括在进行某一建设项目时,实际上不需要支付但社会却要承担的损失,如因公害、生态平衡被破坏而发生的损失等;也不是一般讲的社会平均成本。

比如,全能厂和专业厂生产同样的产品,由于中间产品存在自制和外购的区别,全能厂的产品成本一般要低于专业厂产品的成本,同样的产品,其成本在社会范围内就不可比。如果把所有的中间产品无论是自制的还是外购的,都按外购价调整,这样,无论企业生产结构怎样,企业之间的产品成本都可以进行比较了。这对于宏观决策是非常必要的,对于全能厂挖掘降低成本的潜力,同样具有重要意义。

又如,C 的价格因素对成本影响是很大的,由于价格变化,使计算出来的产品成本,前后期无法进行比较。为了看出前后期成本实际耗费水平的变化情况,可以采用不变价格计算耗费,或者把所有的耗费都还原成现价计算。这样,不同时期的产品成本在消除了价格因素的客观影响之后,便可以进行比较了。

这五种成本,实际可以分为两大类:一类是由国家要求计算的;另一类则是为了满足微观或宏观经济管理上某一方面的需要而计算的。

中国会计学会会计教育改革专题研讨会在福建举行

1988 年 7 月 17 日至 21 日,中国会计学会会计教育改革专题研讨会,在福建泉州举行。来自全国综合性大学、财经院校、成人高校、财政部、化工部和出版界的 50 多位会计学教授、专家参加了会议。葛家澍教授主持了这次会议。上海财经大学、中南财经大学、天津财经学院、福建财会干部学院、北京化工干部管理学院在会上介绍了会计教育改革的经验。唐予华、樊行健、汤云为、冯正权等同志分别介绍了苏联、美国和加拿大的会计教育及改革情况。

会议总结了我国会计学科体系改革的经验。会议认为,对会计学科体系和课程设置的正确评价是进行会计教育改革的前提。在新中国成立后,我国全盘照搬了苏联 20 世纪 50 年代的专业课程和教学计划,也培养了大批会计人才,在社会主义经济建设中发挥了不小的作用。但 30 多年来基本上没有大的变动,这套课程体系已经越来越不适应改革、开放和发展商品经济的需要。这套旧的学科体系以"会计原理""工业会计""财务管理"和"经济活动分析"为主干课程,通称"老四门",内容陈旧,理论性不强,重复过多,重点不突出,已越来越不适应有计划的商品经济对会计的要求。我国现实生活中已经解决或正在探索的新课题很难纳入原有的课程体系，也不利于会计人才的培养。

上海财经大学、中南财经大学分别于1981年、1982年开始对旧学科体系进行了教学改革。上海财经大学对"老四门"主干课程作了改革，增加了"审计学"和成本方面的课程，并将"经济活动分析"的内容并入有关的会计学科，设置了"基础会计""财务会计""成本会计""管理会计"和"审计"五门核心课，加上一般专业课及选修专业课，共有15门课程。

中南财经大学设置了"会计原理""企业会计学""企业成本学""企业财务学"和"审计学"5门主干专业课，与指定选修课、任意选修课相互搭配组成新的会计学科体系。

天津财经学院在改革中建立了会计实验室。

北京化工管理干部学院坚持多层次、多规格和多种形式办学，有专业证书班、各种会计短训班到财会大专班、本科班及总会计师班和研究生班。

福建财会管理干部学院有计划、有步骤地把办学重点转移到岗位职务培训；突破单一的培养规格，发挥多方面作用，实行大专学历、相当于大专水平和单科结业三种证书制度。

与会代表一致认为，面对我国经济体制改革提出的新挑战，普通高校的会计教育改革势在必行。关于课程体系的设置，一种意见认为，会计教育应该与经济改革同步，在新旧转换时期，对会计的教改只能是小改小革；另一种意见认为，改革需要一段考验、成熟、完善的过程，课程体系的设置与内容的安排不应过多地考虑目前的师资水平。

讨论中，对主干课程的设置提出了4种方案：

（1）以上海财经大学为典型；

（2）以中南财经大学为典型；

（3）湖南财经学院提出的六门课设置方案；

（4）借鉴国外做法，按纵向组织课程。

会议还讨论了成人高等会计教育问题。

会议还研究了会计电算化教育问题。

中国会计学会年度会计学论文选

中国会计学会秘书处还有一项任务，即每年一次，编选年度"会计学论文选"。1986年以前，是以中国会计学会秘书处和《会计研究》编辑部两家的名义进行选编的。1986年以后，就仅仅以中国会计学会秘书处的名义进行选编。不管是用一家或两家的名义选编，其实都是我一人在选编。仅用中国会计学会秘书处名义选编的，表示文章是从全国相关刊物上选编的，选文来源不仅限于《会计研究》一家杂志。

那个时候，没有网络，也不存在什么"海选"，也没有由各级学会层层推荐。只是在年度终了，由我从全国报纸、杂志选出一些会计学的文章，然后进行比较，确定目录以后，呈杨纪琬审阅，杨纪琬审定后，即交中国财政经济出版社出版。

当时入选的标准有四个。

一是看"官"的大小。"官大"当然"影响力"就大。比如，王丙乾是国务委员，是副国级官员，他的文章具有"全国性"影响；谢明、迟海滨、刘仲藜，是财政部的副部长，是行业的主管部长，他们的文章代表了财政部"官方"的说法，具有较大权威性；魏克发，是会计司司长，他的文章在全国会计行业具有较大影响。

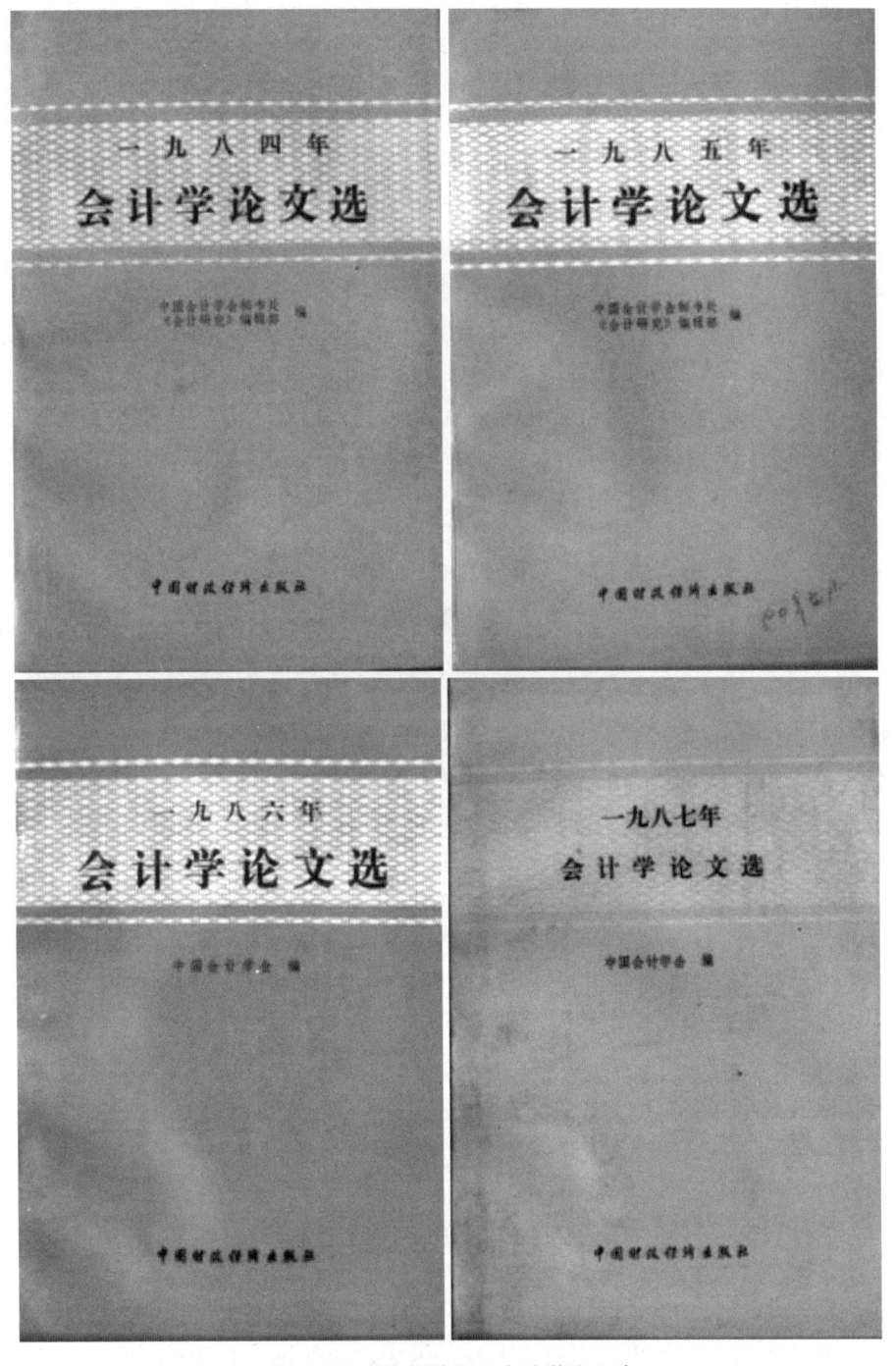

中国会计学会编的部分会计学论文选

二是看学术地位。比如，杨纪琬，当然是会计学术界的"头牌"；娄尔行、葛家澍，也不差上下；再就是阎达五、余绪缨等依次而定。他们的文章，在全国会计学术界具有较大影响。

三是看文章质量。最重要的是文章是否提出了新观点。

四是看地域。看地域是为了适当平衡不同地区的入选数量。

有时候我想在会计学各派之间寻找一些"平衡"，选一些不属于"管理论"学派写的文章，但杨纪琬会反对。他说："百家争鸣，不成一家，不能发表。"当然，有的文章确实不像文章，但有的确实还可以，代表了一派的观点，可杨纪琬不同意，也就不能选上。

中国会计学会烟台年会（1983年）花絮

20世纪，中国会计学会开年会，时间往往较长，大多在一周以上，有时甚至10天以上。同时，会议还要出简报。会议简报组的组长大多是阎达五教授，我是编写简报的"主力"，毛伯林教授大多担任"联络员"角色。因此很多个晚上，我们3个人总会在一起。在一般情况下，阎达五教授总会带些酒来，因为他有心脏病，在家里他的夫人林老师不让他喝酒，所以，学生给他的酒，大多被我们享用了。他夫人非常愿意他带酒到"外面"去，免得在家喝。而毛伯林教授，不知道是什么原因，每次开会都会带一些四川的土特产来，最多的是花生米，并且是炒好了的，这就有了下酒菜。3个人，在我的房间里，一边喝酒，一边吃花生米，一边讨论简报的有关材料，这样时间过得很快，整个晚上也不觉得疲倦，工作效率还挺高，编出来的简报质量也还不错。

在烟台年会期间，1983年5月12日晚，余秉坚交代搞会务的几个博士，让他们把158名理事候选人的名字，按姓氏笔画为序，排出一个名单来，交给大会主席团。几位博士从来没有做过这个工作，从晚上9点搞到第二天早上7点，还没搞完，早饭也没有吃。余秉坚急了，赶紧过来问怎么搞的？博士们回答："太复杂了。"问："是怎么搞的？"答："3个字加在一起，笔画重复的很多！"余秉坚听后只有苦笑，说："来不及了，赶快找一把剪刀来吧！"剪刀到后，余秉坚先把同姓的剪在一起，排了序，再排第二个字，再排第三个字……一个钟头不到就排好了！博士们这时才明白过来："原来中国的按姓氏笔画排是这样排的！难怪我们的几方案都不管用！"9点准时开会，选举终于顺利进行。

还是在烟台会议上，一次开工作人员会议，阎达五介绍他的学生郝荃时说："这是汪建熙现在的夫人。"大家都笑了，阎达五教授很久才明白过来，"现在"这个词用得不妥，他马上补充一句："建熙过去、现在就这么一位夫人。"

在中国会计学会的种种任职

中国成本研究会1980年9月20日成立，它是中国会计学会的团体会员，《会计研究》也是成本研究会的机关刊物。大概是因为这个原因，在1984年12月24日举行中国成本研究会第二届理事会第一次会议上,我被选为理事会的理事。当时的名誉会长是于光远、马洪,会长是许毅,秘书长是王振之,后来王振之退休,由高培勇同志接任,与我打交道比较多的是邵循明同志。我记不清楚大概是新千年的什么时候,我还应邀前去杭州就中国加入WTO问题,给成本研究会做了一次报告,还是有割不断的情缘。2013年10月31日,中国成本研究会换届时,我被聘为高级顾问,我时年76岁,很快就是"80后"了。财政部原副部长张弘力当选为会长,秘书长仍然是高培勇。在中注协会议室见面时,大家感慨不已。30年前,是杨纪琬、许毅结下了中国会计学会与中国成本研究会的情谊,一直延续到今天。

1987年8月28日至30日,中国会计学会在北京举行年会,其间,我被选为副秘书长。同时当选为副秘书长的,还有会计司的副司长余秉坚、财政部财政科学研究所的副所长王世定。当时的名誉会长是王丙乾、段云,谢明在那一届年会上当选为会长,以前他是副会长,王丙乾是会长,那次年会期间,王丙乾转任全国人大常务委员会副委员长,谢明就"转正"为会长了。还有迟海滨、杨纪琬等9人当选为副会长。

在这之前,我一直是《会计研究》编辑部主任,同时还兼管会计学会秘书处的日常工作。杨纪琬是《会计研究》编委会主任,主持中国会计学会的全部工作。中国会计学会秘书处当时不是一个独立的机构,《会计研究》编辑部在财政部人事部门是一个处级单位,也是中国会计学会秘书处的日常办事机构。中注协成立后,中国会计学会与中注协合署办公。后来,中注协从教育学院西城分院搬至玉渊潭望海楼。再后又搬至车公庄中咨大厦,"学会"与"协会"分家,学会重新回到会计司。

1987年中国会计学会年会期间,中国会计学会第三届常务理事会讨论通过,决定成立中国会计学会会计改革研究组,作为中国会计学会的二级组织。会计改革研究组由财政部会计司司长魏克发任组长,冶金工业部财务司司长钟礼华和财政部会计司副司长蒋岗任副组长,我、王军等15人为成员。大概是因为我在《会计研究》编辑部工作,中国会计学会的日常事务都由编辑部办理,所以,我成了会计改革研究组的成员之一。虽然只是"成员"之一,但会计改革研究组的全部工作都是在编辑部完成的。

1987年9月3日,西南财大(当时是四川财院)毛伯林教授发起,要搞一套"会计理论探索丛书",成立了编委会,利用年会的机会,召开了第一次编委会会议。由杨纪琬、娄尔行、葛家澍、阎达五任主编,我被推举为6位副主编之一。这个"副主编"的社会职务,一直延续到今天。很惭愧,我没有能为丛书做出任何贡献,只是挂了个名。

1992年4月13日至16日,在西安举行了中国会计学会第四次全国会员代表大会,这是我在中国会计学会参加的最后一次年会,这时我已奉命调到中国注册会计师协会工作,不再担任中国会计学会副秘书长一职了。在13日下午的会议上,我仍被选为中国会计学会理事,大概是因为过往10年在中国会计学会干活的缘由吧!

《会计学刊》创刊

1985年年底,杨纪琬对我说,《会计研究》是学术性的刊物,主要刊登一些层次较高、权威性较强、理论性更强的文章,较难做到"大众化",能否再办一份面向广大从业人员和大专院校学生的通俗一点的刊物,篇幅可以比《会计研究》的大一些,文章也可以长一些。经财政部党组批准,中国会计学会又创办了一个刊物——《会计学刊》,我同时兼任了两个刊物的编辑部主任,因而不用再增加人员。

经过短期筹备,1986年元月,《会计学刊》问世。

《会计学刊》

为了彰显《会计学刊》的学术地位,我们请了我国两位著名的经济学家为创刊号题词。

一位是薛暮桥,他历任政务院财经委员会秘书长兼私营企业局局长、国家统计局局长、国家计委副主任、全国物价委员会主任、国务院经济研究中心总干事。1955年当选为中国科学院哲学社会科学学部委员。薛暮桥是国务院发展研究中心的前身国务院经济研究中心的创始人,是新中国第一代经济学家。1979年,薛暮桥所著的《中国社会主义经济问题研究》一书,印数近1 000万册,被中宣部指定为干部必读书,成为经济体制改革的启蒙教材,并被译为多国文字。1980年,在为国务院体改办起草的《关于经济体制改革的初步意见》中,他论述了中国社会主义经济的性质只能是生产资料公有制占优势、多种经济成分并存的商品经济。这个初步意见是中国市场取向改革的一个纲领性草案。此后,他对中国社会主义建设的特殊条件和发展阶段,对价值规律、所有制问题、分配与流通制度、商品与市场、货币与价格政策、宏观管理体制、区域经济发展等问题进行了深入的研究,并创建了第一个由经济专家组成的决策咨询机构——国务院经济研究中心,从此经济学家开始参与经济政策的决策过程。1990年,在耄耋之年,面对改革的新动向,他撰写了《社会主义经济理论的若干问题》和《致中共中央常委的信》,在历史重要关头把市场取向改革的认识提升到一个新的高度。薛暮桥为《会计学刊》创刊号题词,对广大财会人员是一个极大鼓舞。

由于薛暮桥在改革开放以后对经济学理论和改革实践的杰出贡献,2005年3月,他获得第一届中国经济学奖。2005年7月22日,中国经济学界泰斗、首届中国经济学奖获得者薛暮桥因病医治无效,在北京辞世,享年101岁。

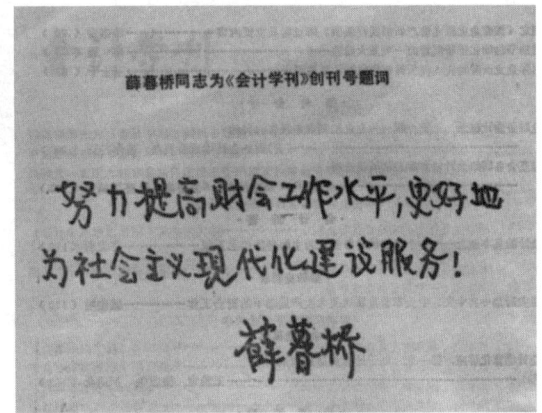

薛暮桥及其为《会计学刊》创刊号题的词

另一位是于光远,他历任中共中央图书馆主任,北京大学图书馆系教授,中共中央宣传部理论宣传处副处长,中国科学院哲学社会科学部委员、常委,科学规划委员会副秘书长,科学技术委员会副主任。他自1941年起从事陕甘宁边区经济的研究工作,后在延安大学财经系任教。1948—1975年在中共中央宣传部工作。1955年被推选为中国科学院哲学社会科学学部的学部委员。1964年任国家科学委员会副主任。1975年以后任国家计划委员会经济研究所所长,中国社会科学院副院长兼马列主义、毛泽东思想研究所所长、国家科委副主任、中共中央顾问委员会委员、中国社会科学院顾问、《中国大百科全书》总编委会副主任。2013年9月26日凌晨3点因病医治无效去世,享年98岁。

于光远为《会计学刊》创刊号的题词,以及他对会计工作、会计人员的高度评价,在全行业广为流传,在经济学界也产生重大影响,为我国会计发展史写下了光辉的一页。

《会计学刊》问世后,深受业内欢迎。《会计学刊》属于大型季刊,专业性较强,篇幅也较大(每期160页,约25万字),创刊当年的发行量就创纪录并达到盈利水平。后来,中宣部指示,一个学会只能办一个刊物,《会计学刊》办了3年,虽然不错,但也只有遵令停刊,《会计研究》则继续办下去。《会计学刊》的创办和运行,给中国会计学会留下了一段难以忘怀的历史。

于光远及其为《会计学刊》题的词

部长们会为每期《会计学刊》写一篇文章

《会计学刊》创刊时,编辑部就与财政部几位部长约定,每期杂志都要由一位部长写一篇文章,从财政部、中国会计学会的角度,号召大家要重视会计、学习会计、掌握会计。

国务委员王丙乾同志带头在"创刊号"发表了一篇题为《为造就一支宏大的适应现代化经济管理需要的财会干部队伍而努力》。他首先开宗名义地指出创办《会计学刊》的目的:"中国会计学会为了系统地辅导全国财会人员和其他经济管理干部学习财会专业知识,组织全国知名会计专家、教授,编辑出版这么一份普及与提高相结合的《会计学刊》。"接着他指出了会计的重要性:"办经济离不开会计,经济越发展,会计越重要。""会计在维护国家财政财务制度、保护社会主义公共财产、加强经济管理、提高经济效益中日益显示出重要的作用。"他号召:"就要如列宁指出的那样'学习、学习、再学习'。"他指出:"在现有的会计人员中,一方面存在年龄老化,知识老化的情况,需要队伍更新、知识更新;另一方面则有上百万人没有经过系统的专门知识训练,如果不加强学习,势必影响整个会计工作的质量,从而影响经济管理工作的前进。努力掌握财会专业知识和现代化经济管理的知识,是财会战线一项刻不容缓的紧迫任务。我希望《会计学刊》能够成为广大财会人员工作和学习的良师益友。"

谢明会长(中国会计学会会长)在文章中强调要发挥会计学会在智力开发中的

作用。他指出:"全国省、自治区、直辖市一级和中央行业一级的会计学会有几十个,会计教学、科研单位有几百个,这些组织和各级会计事务管理机构,应在开发智力、培养人才方面做出应有的贡献。中国会计学会秘书处组织全国知名会计专家、教授,为辅导全国会计和经济管理干部学习会计专业知识,编辑出版这么一份内容较丰富的学习刊物,就是一种尝试。愿所有的会计学会都能发挥'智力库'的作用,团结、组织、推动各位专家、教授,从事会计专业知识的传播,把学会办成进行智力开发的'工作母机'。"

主持财政部日常工作的常务副部长迟海滨强调"企业厂长、经理应该懂会计"。他转述了姚依林副总理在全国会计工作会议上的讲话:"我们希望一切部门和企业的负责同志,自觉地重视会计工作,支持会计工作,学会会计工作。如果企业的领导不懂会计,从长期来看,他就当不了企业的领导。要看清大势所趋,不要由于缺乏知识,因循守旧,而使自己在工作中被淘汰。"迟副部长指出:"有些企业厂长、经理,

---

为造就一支宏大的适应现代化经济管理需要的财会干部队伍而努力

王丙乾

四化建设需要人才,造就一支宏大的经济管理干部队伍是振兴经济的迫切要求。这个任务,在财会战线尤为艰巨和紧迫。中国会计学会为了系统地辅导全国财会人员和其他经济管理干部学习财会专业知识,组织全国知名会计专家、教授,编辑出版这么一份普及与提高相结合的《会计学刊》。

会计是经济管理的重要组成部分。办经济离不开会计,经济越发展,会计越重要。近年来随着经济体制改革的进行,会计在维护国家财政财务制度、保护社会主义公共财产、加强经济管理、提高经济效益中日益显示出重要的作用。同时,经济体制改革也给财会战线提出了许多新课题,需要我们去研究、去探索、去解决。任重而道远。为了在改革中充分发挥财会工作的作用,就要如列宁指出的那样,"学习、学习、再学习"。我希望《会计学刊》能够在这方面发挥应有的作用。

各行各业、各条战线都离不开会计工作。现在全国县以上单位有会计人员二百多万,大家都在努力工作,为四化作贡献。但必须承认,无论就干部的数量和质量来说,都还远远赶不上形势发展的需要。在现有的会计人员中,一方面存在年龄老化、知识老化的情况,需要队伍更新、知识更新;另一方面则有上百万人没有经过系统的专门知识训练,如果不加强学习,势必影响整个会计工作的质量,从而影响经济管理工作的前进。努力掌握财会专业知识和现代化经济管理的知识,是财会战线一项刻不容缓的紧迫任务。我希望《会计学刊》能够成为广大财会人员工作和学习的良师益友。

会计学是一门经济管理科学,现代化经济管理工作须臾离不开会计工作。因此,学习和掌握财会专业知识,不仅会计人员需要,各种经济管理人员,包括企业厂长、经理也都需要。我希望,《会计学刊》也能为这部分同志提供一些服务。

《会计学刊》在"七五"计划的第一年创刊,是一件很有意义的事情,我祝它在造就一支宏大的适应现代化经济管理需要的财会干部队伍的事业中作出贡献。

王丙乾为《会计学刊》写的文章

之所以不重视会计工作,原因之一是对这项工作的重要性缺乏必要了解。认为会计工作不过是算算账①、发发工资、编编报表,这是对会计工作的误解。""这几年来,情况有了很大变化。在经济体制改革中,扩大企业自主权,改变计划体制、财政体制、金融体制、价格体制,发展横向经济联系,活跃商品市场,建立资金市场,要把经济工作转移到以提高经济效益为中心的轨道上来,企业从单纯生产型向经营开拓型转化。在这种形势下,如同姚依林副总理所讲的那样:'如果企业不重视会计工作,那么,这个企业在竞争中必然会失利,企业和职工的物质利益必然会受到影响,这个企业的领导就一定会被淘汰。'会计工作是企业管理信息系统中的重要组成部分,离开

开发智力,培养人才
努力提高会计队伍素质

谢 明

据统计,全国县以上单位有会计人员二百三十万,这是搞好我国经济管理工作的一支重要力量。要使这支队伍能够适应四化建设的需要,头等重要的任务就是学习,特别是对于一百多万没有经过系统专业学习的青年会计人员,通过培训或自学,尽快掌握本职工作的基础知识,尤为重要。对于那些即使有着较长工作经历的中、老年会计人员,在经济体制改革和经济管理现代化新形势下,更新和补充知识刻不容缓,也需要重新学习。总之,全体会计人员和领导财会工作的干部,都需要通过学习,系统地掌握财务会计和经济管理知识,尽快地实现财会工作和会计队伍向科学化的转变。《会计学刊》的创刊,在这方面提供了一个园地,是值得庆贺的。

全国省、自治区、直辖市一级和中央行业一级的会计学会有几十个,会计教学、科研单位有几百个,这些组织和各级会计事务管理机构,应在开发智力、培养人才方面做出应有的贡献。中国会计学会秘书处组织全国知名会计专家、教授,为辅导全国会计和经济管理干部学习会计专业知识,编辑出版这么一份内容较丰富的学习刊物,就是一种尝试。愿所有的会计学会都能发挥"智力库"的作用,团结、组织、推动各位专家、教授,从事会计专业知识的传播,把学会办成进行智力开发的"工作母机"。

全国有近百种会计专业刊物,举办这些刊物的宗旨,就是要传授会计专业知识。应当根据我国经济发展的需要,面对会计干部队伍的具体情况,有计划、有目的地开展这项工作。《会计学刊》在编辑力量、稿源等方面具有较大的优势,应该在辅导专业知识的学习中发挥更大的作用,真正使广大会计人员受到教益。

赵紫阳同志在六届人大四次会议上说,我国目前经济理论工作落后于改革和建设的实践,不善于对丰富的实践作出新的概括,要求理论工作者联系实际,大胆探索。因此,《会计学刊》在大力进行普及性的会计专业知识传授的同时,还应该在探索新的领域、新的知识、新的理论方面进行开拓,兼顾普及与提高。

谢明为《会计学刊》写的文章

---

① 原文为帐。

企业厂长、经理应该懂会计

迟 海 滨

姚依林副总理1980年在全国会计工作会议讲话时指出:"我们希望一切部门和企业的负责同志,自觉地重视会计工作,支持会计工作,学会会计工作。如果企业的领导不懂会计,从长期来看,他就当不了企业的领导。要看清大势所趋,不要由于缺乏知识,因循守旧,而使自己在工作中被淘汰。"①六年来形势的发展,特别是经济体制改革的实践,证明国务院领导同志的讲话,完全符合现代经济管理的客观规律。

马克思在《资本论》里讲过,协作会产生新的生产力,管理是对生产力协作的组织、指挥和控制,组织起来的生产力是一种新的生产力②。从这种意义上讲,管理也是生产力。尤其是现代化的社会大生产,管理在生产力诸因素中,日益成为重要的因素。我们要搞四化,和发达国家比,有两个落后:技术落后,管理落后。要在短期内改变技术落后的状况,难度较大,费时费力,花费也较多;而对管理落后,只要我们肯下功夫,就能较快地收到很好的效果。因此,改善企业经营管理,在我国四化建设中具有更加重大的意义。会计是经济管理的重要组成部分,是对生产"过程的控制和观念总结"③,在企业经营管理中涉及各个环节和一切领域,对提高经济效益具有极其重要的作用。因此,必须重视会计工作。如同姚依林副总理讲的那样:"从我们国家的需要来说,会计工作的重要性完全不低于科学技术。从目前来看,对会计人员的需要,会计人员的缺乏,比科学技术干部更严重。因为摆在我们企业面前的,是怎么样经营,怎么样管理"④。

有些企业厂长、经理,之所以不重视会计工作,原因之一是对这项工作的重要性缺乏必要了解。认为会计工作不过是算算帐、发发工资、编编报表,这是对会计工作的误解。由于过去实行的是指令性计划,产品统购包销,财政统收统支,在"大锅饭"管理体制下,企业只要完成生产任务,不强调经济效益,厂长、经理无需更多地依靠会计,就能应付粗放的管理。这几年来,情况有了很大变化。在经济体制改革中,扩大企业自主权,改变计划体制、财政体制、金融体制、价格体制,发展横向经济联系,活跃商品市场,建立资金市场,要把经济工作转移到以提高经济效益为中心的轨道上来,企业从单纯生产型向经营开拓型转化。在这种形势下,如同姚依林副总理指出的那样:"如果企业不重视会计工作,那么,这个企业在竞争中必然会失利,企业和职工的物质利益必然会受到影响,这个企业的领导就一定会被淘汰。"⑤会计工作是企业管理信息系统中的重要组成部分,离开了会计信息,企业领导的决策将是盲人骑瞎马。会计工作在经济管理中重要作用,已被无数事实所证明。

所以,我希望所有企业的厂长、经理,都能够学习一点财会专业知识,成为这方面的行家。《会计学刊》辟有众多的专栏,能够为企业厂长、经理提供一个较好的会计专业学习园地;也希望《会计学刊》能够更好地为企业厂长、经理以及广大经济管理人员服务。

注:①见《会计研究》1980年第4期。②见马克思《资本论》第一卷,第362页。③马克思《资本论》第二卷,第151页。④⑤同①。

迟海滨为《会计学刊》写的文章

适应四化建设需要
努力发展财会教育事业

陈如龙

四化建设成败的一个重要关键是人才,而解决人才问题的关键在于发展教育。当前,就我们国家的实际状况来说,经济管理人才中财会人才的缺乏尤为突出。因而,努力发展财会教育事业就更为紧迫。

采取多层次、多规格、多种形式办学,实行全日制学校教育和成人教育"两条腿走路",是加速培养财会专业人才的重要途径。

目前,全国设有财会专业的高等院校已达一百五十余所,中等专业学校也有五百余所。这是我们培养财会专业人才的一个重要的基地。如何进一步发挥这些学校的优势,努力提高教学质量,真正做到教育要面向现代化,面向世界,面向未来,培养大批合格的财会专业人才,不仅需要教育部门认真研究,而且需要各部门和学术团体的紧密配合。从今年开始,中国会计学会秘书处组织全国知名会计学教授和会计专家,编辑、出版这份面向高等院校兼顾中等专业学校财会教学的《会计学刊》,为学校财会专业广大师生提供了一个丰富的校外园地,无疑是一件十分有意义的工作。

与全日制学校教育并举的管理干部学院、职工大学、职工中专、函授学校、广播电视大学、夜大学等各种类型的成人教育,近年来也陆续增设了财会专业,这为全国二百三十多万财会干部参加业余学习,开辟了一个更加广阔的学习场所。主管成人财会教育的各部门、各单位,固然应当作出极大的努力,但由于师资、教材、教学经验缺乏等方面的缘故,尤其需要各方面的支持和帮助。《会计学刊》为在职财会人员参加各种类型的成人教育开设了多种专栏,提供多方面的知识和可供参考的资料,对发展成人财会教育,无疑也将作出有益的贡献。

《会计学刊》在全日制学校教育和成人教育两个方面,都能提供较多的服务,希望能够办出自己的特色,使之真正成为广大财会教师和财会工作人员不断获取新的专业知识的一个良好的学习园地。也期待为办刊辛勤工作的各位会计学专家,为发展我国财会教育事业作出更大贡献!

陈如龙为《会计学刊》写的文章

了会计信息,企业领导的决策将是盲人骑瞎马。会计工作在经济管理中的[①]重要作用,已被无数事实所证明。""我希望所有企业的厂长、经理,都能够学习一点财会专业知识,成为这方面的行家。"

分管人事工作的陈如龙副部长在文章中指出:"四化建设成败的一个关键是人才,而解决人才问题的关键在于发展教育。当前,就我们国家的实际情况来说,经济

---

① 原文无"的"字。

管理人才中财会人才的缺乏尤为突出。因而,努力发展财会教育事业就更为紧迫。""中国会计学会秘书处组织全国知名会计学教授和会计专家,编辑、出版这份面向高等院校兼顾中等专业学校财会教学的《会计学刊》,为学校财会专业广大师生提供了一个丰富的校外园地,无疑是一件十分有意义的工作。""《会计学刊》在全日制学校教育和大众教育两个方面,都能提供较多的服务,希望能够办出自己的特色,使之真正成为广大财会教师和财会工作人员不断获取新的专业知识的一个良好的学习园地。"

《会计学刊》是个大课堂

《会计学刊》之所以受到广大读者的热烈欢迎,是因为它的"大众化",这种"大众化"不是说它的文字,而是说它的编辑方针。《会计学刊》针对当时会计人员学历普遍较低,都想弄一张"大学文凭"的愿望,开辟了"会计专业高等教育自学考试指导""电大会计专业学习指导""在职财会干部业务进修"等栏目,由主办单位、主讲老师撰写辅导材料,连续刊登。这部分对那些想通过自学考试拿到大学文凭的人来说,真是"及时雨"。

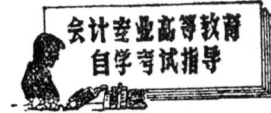

会计专业高等教育自学考试指导专栏介绍《会计学原理》课程自学考试大纲

电大会计专业学习指导专栏介绍《会计理论专题》学习指导

《会计制度设计》学习指导

中央电大主讲教师 李宝震

一、学习目的

会计制度设计是会计学科体系中的一门基础性学科,是高等财经院校会计学专业开设的一门课程,也是中央广播电视大学会计学专业开设的一门课程。它的教学目的是培养学员具有独立设计会计制度的能力。长期以来,我国会计人员都是按照国家财政部门和上级主管部门制定的统一会计制度来设置会计科目和会计帐簿并编制会计报表。随着经济体制改革和

电大会计专业学习指导专栏介绍《会计制度设计》学习指导

会 计 电 算 化 讲 座

王世定 张蒙生 严绍业

第一章 电子计算机基础知识

第一节 电子计算机的应用及其发展

一、什么是电子计算机

人类在漫长的生产斗争实践中,创造了无穷无尽的劳动工具:棍棒、石器、……现代化机器,但这些工具都还只是人的五官和四肢的延伸,它们仅仅只能改善或代替人类的各种体力劳动。随着科学技术的发展,人类又发明了一种工具——电子计算机。电子计算机是能够把信息自动高速存储和加工的一种电子设备,它的出现,大大改观了人类所创造的劳动工具的局限性,它一问世就显示了能把人们从大量繁重的脑力劳动中解放出来的能力。一些由于

会计电算化专栏介绍会计电算化讲座

财政部举办中华会计函授学校

财政部最近就举办中华会计函授学校发出通知。通知指出:为了有计划、有组织地对在职会计人员进行专业知识培训,经征得国家教育委员会同意,财政部决定举办中华会计函授学校。

一、办学的宗旨和原则

中华会计函授学校以培训在职的初级会计专业人才为宗旨。根据在职会计人员量多、面

在职财会干部业务进修专栏介绍财政部中华会计函授学校

《会计学刊》为会计业内的新书开辟了一片新天地

因为《会计学刊》篇幅较大,能够容纳一些比较长的文章,因此,当年会计界的老前辈以及财经出版社的编辑们,每当要出版比较重要的财会新作时,都会先在《会计学刊》上发表相关文章,一是让新作有一个征求意见的过程,二是让业内了解"大师们"在写作上的动向。

比如,厦门大学的葛家澍教授,是我国主张"会计是一个信息系统"的代表人物,他的代表作《会计的基本概念——一个以提供财务信息为主的经济信息系统》就是先在《会计学刊》上分两期发表的;又如,会计司司长魏克发写的《社会主义会计职业道德规范》,是全国会计行业组织职业道德教育的基本教材,也是在《会计学刊》上首先发表的;我的《工业企业会计管理学》是"会计是一种管理活动"观点的代表作,也是在《会计学刊》上首先发表的,杨纪琬和阎达五还分别写了推荐这本书的文章。

还有原中共中央直属机关事务管理局局长陈俊歧写的《延安时期中共中央、中央军委直属机关大生产运动中的财会工作》也是在《会计学刊》上首先发表的,在老同志中引起了巨大反响,不少老同志在看了陈俊歧的回忆录后,纷纷拿起笔来写"往日的旧事"。

因为有了《会计学刊》,会计界的新作就多了一片新天地。

会计的基本概念
一个以提供财务信息为主的经济信息系统

葛 家 澍

[编者按:这是葛家澍教授为经济科学出版社编辑的《会计文库》而写的一本著作,全文十万字。应本刊约请,葛家澍教授以缩写的形式摘编了二万五千余字,在本刊分两期发表]。

什么是会计?这是做好会计工作和学习、研究会计这门科学首先应当弄清楚的一个问题。

会计,作为一个名词,要从字面上去理解它的含义并不困难。但按照字面解释往往不能正确表达一个内容丰富的科学概念。不论从管理经济的手段或是从一门有助于人们管理经济的知识体系来说,会计都有相当悠久的历史。不过,它现在仍很年青。因为它始终随着社会生产的发展而处于不断完善之中,就基本概念来说,我们不仅要了解会计的过去,尤其要了解会计的现在并预计它的未来。这就不是三言两语可以讲清楚的。科学、准确地阐明会计的含义,势必涉及会计的历史、对象、职能、原则、方法等等方面。会计同会计学是有密切的

《会计学刊》介绍葛家澍代表作

社会主义会计职业道德规范

魏 克 发

〔编者按：这是财政部会计事务管理司司长魏克发同志为经济科学出版社撰写的《社会主义会计职业道德》一书中的第二章。分两期在本刊载完。本章论述了会计职业道德的一些基本理论问题，读后很受启迪，特推荐给读者。本书全文约八万字，系《会计文库》丛书之一，将在年内出版。〕

（一）社会主义会计职业道德的涵义

社会主义会计职业道德，是社会主义社会各种职业道德中的一种，是社会主义道德体系的组成部分。

职业，是人们在社会中所承担的一定职责和所从事的专门业务。职业道德，是从事一定职业的人们，在其特定的工作或劳动过程中，所应遵循的、与其特定职业活动相适应的行为规范，是职业中产生的人与人之间关系的行为准则。它既是对本行业人员在职业活动中行为的规定，同时又是行业对社会所负的道德责任与义务。

《会计学刊》介绍魏克发作品

延安时期中共中央、中央军委直属机关大生产运动中的财会工作（续）

陈 俊 岐

二、农副业生产的核算

开展大生产运动，首先是为了能解决机关、部队、学校的吃饭问题。中直机关在发展生产中始终贯彻了"农业第一"的方针，以办农场、菜园和养猪为主，这对保证工作人员的生活起了重要作用。

各单位的农副业生产收入，按年度或收获季节统计上报，为上级机关制定次年的供给标准和生产计划提供依据。产品一般是在机关内部进行供给分配，为了搞好经营管理，也必须进

《会计学刊》发表陈俊岐的文章

愿更多的新作问世
更多的新人成长

杨纪琬

会计管理，是现实经济生活中产生的一个新概念。会计管理学相对传统的会计学而言是一门新兴学科。《工业企业会计管理学》是突破传统会计学的一次尝试。作者从事会计实际工作和理论研究工作多年，论文不少，每有新意。本书是他研究成果的一部分，有些见解可供有志于此者进一步探讨。愿会计学界展开争鸣，有更多的新作问世；愿有更多的新人茁壮成长。

杨纪琬撰文鼓励会计学人

介绍一本新的会计学论著
——《工业企业会计管理学》

阎达五

五年前，杨纪琬教授和我在一篇文章里提出了"会计管理"的概念，经过数年讨论，对多数人而言，使用这个概念比较习惯了；但是如何从管理角度把会计工作写好、写活，把会计学真正写成一门经营管理学，使其以新的面貌置身于管理科学之林，还有许多工作要做。丁平准同志编写这本《工业企业会计管理学》，我认为就是为实现上述目标而做的一种努力。

《会计学刊》介绍阎达五作品

会计管理学概论

丁平准

〔编者按：本文是丁平准同志编著的《工业企业会计管理学》中第一章的前三节。文中对"会计管理"的一些基本理论问题作了阐述，特推荐给读者。全书约40万字，将由中国财政经济出版社出版。〕

第一节 会计管理的性质和特点
一、会计管理的属性

对会计管理属性的认识，是研究会计管理的职能、任务、内容、方法的出发点，也是建立会计管理学理论体系的前提。

《会计学刊》撰文介绍丁平准作品

到《会计学刊》上找老师

为了帮助广大学员在选择博士生导师时有所参考,《会计学刊》特辟了"博士研究生导师介绍"专栏,当时公开介绍博士生导师在我国还是第一次。

我国的会计学博士生导师,第一批为2名,第二批为4名,第三批为8名。《会计学刊》在1996年各期中,介绍了6名博导。他们是:葛家澍、娄尔行、杨纪琬、余绪缨、阎达五、李宝震。这些博导都是我国会计行业的前辈,他们现在全都不在人世间了!真的好想他们。本书将当时的部分介绍收录在此,也是对他们的一种怀念。

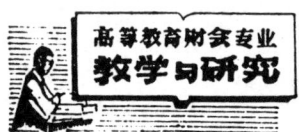

会计学博士研究生导师介绍

上海财经大学娄尔行教授

娄尔行教授是我国著名会计学家。原籍浙江绍兴,1915年生。1937年上海商学院会计系毕业。同年赴美进入密执安大学企业管理研究生院深造,于1939年学成回国。四十多年来,先后在上海商学院、光华大学、上海临时大学、上海财经学院、上海复旦大学等校执教,曾任讲师、副教授、教授以及上海商学院会计系主任等职。现任上海财经学院会计系名誉系主任,并任江西财经学院、天津财经学院、安徽大学、上海对外贸易学院、上海建材学院、上

《会计学刊》介绍娄尔行教授

财政部财政科学研究所杨纪琬教授

杨纪琬教授是一位理论知识渊博、实践经验丰富,对我国会计工作、会计理论建设和会计教育事业作出了重大贡献的著名会计学专家。原籍上海市,1917生。早年就读于上海商学院会计系。学习期间,因学绩优异,被选任为非正式助教,成为著名会计学教授安绍芸的得力助手。1939年毕业后留校任教,同时攻读在职研究生。1942年因才华出众,成绩显著,被提升为教授,年仅26岁。大学毕业直至新中国成立,一直从事教学工作,曾任东吴、之江、

《会计学刊》介绍杨纪琬教授

厦 门 大 学 葛 家 澍 教 授

葛家澍教授是我国著名的会计学家,国务院学位委员会第一批授予有资格招收会计学博士研究生的指导教师。他于1921年出生于江苏省兴化县,1945年毕业于厦门大学商学院会计系,毕业后留校任教至今。1949年评为讲师,1956年升为副教授并担任厦门大学经济系副主任,1978年升为教授,1982年厦门大学成立经济学院,他被任命为经济学院院长。除承担繁

《会计学刊》介绍葛家澍教授

厦门大学余绪缨教授

我国著名会计学者余绪缨教授，1922年出生于江西省清安县，1945年毕业于厦门大学商学院会计系，留校任教后，1951年评为讲师，1956年升为副教授，1978年升为教授，1982年任会计与企业管理系主任，现任该系教授，另兼任厦门大学哲学社会科学学术委员会委员，厦门大学学位委员会委员，中国会计学会理事，福建省会计学会副会长，福建省技术经济与

《会计学刊》介绍余绪缨教授

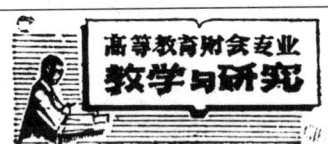

会计学博士研究生导师介绍

中国人民大学阎达五教授

阎达五教授是我国著名的会计学者。原籍山西省祁县，1929年出生。早年就读于私立北平华北文法学院经济系，1949年初进入华北大学（中国人民大学前身）学习，后在该校政治研究室任教。中国人民大学正式成立后，阎教授作为该校会计专业的创始人之一，开始从事会计教学、科研工作至今。现担任中国人民大学财政系副主任，系学术委员会主任，校学术委

《会计学刊》介绍阎达五教授

天津财经学院李宝震教授

李宝震现任天津财经学院教授、财会系名誉系主任。最近，经国务院学位委员会批准为博士研究生指导教师。

李教授原籍江苏崑山，1916年生于天津市。1931年在新学书院毕业后，考入工商学院预科，1933年升入大学本科，攻读会计、财政专业。1936年任审计学助教，1937年获商学士学

《会计学刊》介绍李宝震教授

《会计学刊》"高等教育财会专业教学与研究"栏目资料丰富

《会计学刊》在会计高等教育方面是下了一番功夫的，除了刊登导博士生导师介绍外，还专门开辟了"高等教育财会专业教学与研究"一栏。在开始的第一期，还特意邀请了财政部高教司的同志，介绍部属高等院校（当时财政部直接管理中央财政金融学院、中南财经大学、东北财经大学、上海财经大学、江西财经学院5所高等财经院校）的课程设置情况，以及选登了一些高校研究生入学考试试题。从第三期起，简介了全国设置财会专业的高等院校，不仅简介了相关高校设置的主要课程，还介绍了研究生的导师。将这些资料收录在本书，谨是为了不忘当年的岁月。

1985年招收博士、硕士研究生会计专业入学试题选登

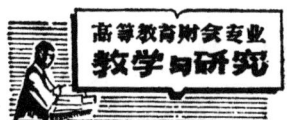

财政部财政科学研究所1985年招收攻读会计学博士学位研究生《管理会计》试题

一、如果要编写一本《管理会计学》教材，要求结合我国的具体情况，应包括那些内容，试列出该书的章节，以表达你的意见。

二、我国国营企业推行内部经济核算制需要具备那些条件？

三、工厂计算净产值的方法。

四、解释下列名词，并简要说明每组各个名词之间的主要区别：

1．沉没成本与过去成本；

厦门大学1985年招收攻读会计学博士学位研究生入学考试试题

（一）

招生专业：会计学　考试课程：高级管理会计学

（30％）一、具有中国特色的管理会计应包括那些主要内容？形成这些特色的主要根源何在？请从理论与实践的结合上进行分析论证；在创建具有中国特色的管理会计历程中，西方资本主义国家的管理会计的原理和方法有那些可供我们吸收或借鉴？为什么？请从理论上较具体的分析说明。

（15％）二、执行性管理会计和以决策性管理会计为主体的现代管理会计在内容与职能作用方面的主要区别何在？请联系社会经济条件进行具体说明。

中国人民大学1982-1986年会计学专业硕士研究生入学试题选登

说明：中国人民大学会计学专业每年招收的攻读硕士学位的研究生含不同的研究方向，具体有：会计理论与方法、工业财务会计、农业财务会计、商业财务会计、国外会计和会计电算化六个研究方向。这里我们将历年考题按不同研究方向分类整理摘编如下：

一、会计理论部分

1．如何理解马克思关于簿记是"对（生产）过程的控制和观念总结"以及它"对公有生产比对资本主义生产更为必要"的论述？

2．试述会计工作在实行经济责任制（或经营责任制）中的作用。

3．会计工作如何为提高经济效益服务？

4．当代的会计可否分为社会主义的和资本主义的？试说明其理由。

5．国营企业第二步利改税制度的主要内容有哪些？为什么说它是增强企业改善经营管

上海财经大学会计学系1984、1985年硕士研究生会计学入学试题

1. 除待摊费用和预提费用外,工业会计中有哪些核算方法体现了权责发生制,举三例说明。

2. 什么是快速折旧,为什么要采用快速折旧,它对国家、对工业企业有什么影响。

3. 某企业生产丙主要产品,要经过第一、第二、第三,三个加工步骤。第一步骤投入A材料10公斤(开始生产时一次投入)可制成甲半成品8公斤(第一步骤未加工完成的在产品重量不折算)。第二步骤将甲半成品继续加工,加工达1/3时,要加B材料,每10公斤甲半成品加B材料1公斤,制成乙半成品10公斤。第三步骤将乙半成品进一步加工,在第三步骤即将完成时加C材料,每10公斤乙半成品,加C材料2公斤,制成丙主要产品10公斤和丁副产品2公斤。该企业不设置半成品仓库,采用平行结转分步法计算产品成本。材料、工资、车间经费等成本项目是分车间计算,企业管理费由厂部汇总,按各车间的加工成本比例分摊。

高等教育财会专业教学与研究专栏介绍高校会计专业研究生入学试题

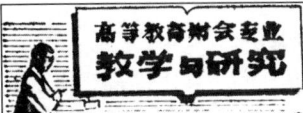

研究生入学试题选登

中南财经大学1986年会计学硕士研究生入学试题

一、论述:对社会主义会计对象认识的有代表性的两种看法是什么?它们的分歧在哪里?(20分)

二、在下列方程式的空白处,给予适当的数值(各式中的原有数和填入数均具有连续性):(5分)

(1) 资金占用　　　= 资金来源
　　　3,560,000　=　3,560,000

(2) 基本业务资产 + 专项资产 = 基本业务资金来源 + 专用基金来源
　　　3,400,000 + _____ = 3,300,000 +

高等教育财会专业教学与研究专栏介绍高校会计专业研究生入学试题

天津财经学院1985年会计学硕士研究生入学考试题

《工业企业财务与分析》考试题

一、名词解释:(20分)

有形损耗和无形损耗　　折旧费用和折旧基金　　流动资金定额和定额流动资金
政策性亏损和经营性亏损　　工业企业财务和工业企业财务管理

高等教育财会专业教学与研究专栏介绍高校会计专业研究生入学试题

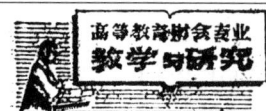

研究生入学试题选登

东北财经大学1985年会计学硕士研究生入学试题

《会计学原理》试题

一、试简述企业单位与预算单位资金运动形式不同的原因（10分）

二、结帐后的余额试算表与结帐前的试算表有什么不同，试简述之（7分）

三、1. 设置备抵调整帐户的作用是什么？它有哪几种类型？试举例说明（8分）

　　2. 结束结算帐户怎样填入期末资金平衡表（10分）

四、1. 根据下列帐户期末余额资料编制期末资金平衡表（5分）

高等教育财会专业教学与研究专栏介绍高校会计专业研究生入学试题

中央财政金融学院1985年会计学硕士研究生入学试题

《会计综合考试》试题

（一）第一组试题：财政与信贷（共25分）

（1）怎样理解财政分配职能的涵义？（4分）

（2）什么是财政管理？（3分）

（3）什么是财政收支包干？（4分）

（4）何谓利用外资？利用外资有哪些形式？（4分）

（5）货币流通与货币符号流通有什么不同？（3分）

（6）说明利息的来源以及制订利息的最高和最低界限？（3分）

（7）何谓外汇？它的具体内容包括什么？（4分）

（二）第二组试题：企业管理（共25分）

高等教育财会专业教学与研究专栏介绍高校会计专业研究生入学试题

西南财经大学1985年会计学硕士研究生入学试题

《会计学原理》试题

一、简要回答以下几组概念，并分别说明两者的区别和联系：（每小题5分共20分）

1. 总分类核算与明细分类核算　　2. 帐面盘存制与实地盘存制　　3. 会计职能与会计作用　　4. 帐户与帐簿

二、试论会计的核算方法体系（25分）

三、试就"帐户的设置和分类"剖析并评议当前并存的几种复式记帐法（25分）

四、以下两种更正错误的作法孰优孰劣？为什么？（15分）

1. 错误记录：车间向仓库领用消耗材料152元，误编记帐凭证为：借企业管理费152元，贷材料152元，并据以登记入帐，结帐时发现，决定编制更正错误的记帐凭证，但会计员甲、乙持不同意见。

高等教育财会专业教学与研究专栏介绍高校会计专业研究生入学试题

怎样写毕业论文

厦门大学 常 勋

从某种意义上说,毕业论文是对整个学习成绩的总考核。如果说,各个学期的课程成绩是对不同学科的学习情况进行的评价;那末,毕业论文的成绩就是一次综合性的评价。平时的学习越扎实,就越能为撰写毕业论文奠定良好的基础,而认真地写好毕业论文,对业已掌握的知识的拓广和深化,又具有积极作用。

撰写毕业论文,依次要通过以下几个环节:选题;搜集和阅读参考文献;写出提纲;完成论文;进行答辩。无论那一个环节,关键都在于发挥自己的主动性,当然也要尊重导师的

高等教育财会教育与研究专栏发表的常勋教授文章

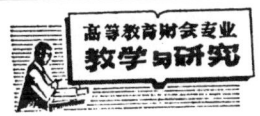

全国设置财会专业的高等院校简介

(资料截止日期:1985年6月30日)

华 北 地 区

中国人民大学 北京市海淀区
主管部门:国家教育委员会
专业名称:财政系财务会计学专业
专业教师:教授2人,副教授18人,讲师8人,助教12人
已毕业学生:硕士研究生11人,研究生班120人,本科生630人
在校学生:硕士研究生15人,研究生班7人,本科生152人
主要专业课:硕士研究生《会计理论与方法》、《经济效果与经济核算》、《财务预测与财务控制》、《成本控制》、《系统设计与分析》、《财务审计》、《效益审计》、《会计理论专题》、《价值管理与社会会计》;本科生《会计学原理》、《工、农、商企业会计学》、《工、农、商企业财务管理学》、《经济活动分析》、《审计学》、《电子计算机会计》、《外国会计》、《财务会计专题》。
硕士导师:赵玉珉、阎达五、阎金锷、王庆成、贺南轩、田沅、温坤、王德升、向萱培宣奉芬、李相国、刘凤钦、王景新、金忠煜、白肇鲁、马英麟、高治宇
学位授予权:硕士、学士

高等教育财会专业教学与研究专栏介绍全国设置财会专业的高校

培养会计学研究生应重视方法论教育

中南财经大学会计专业研究生 陈毓圭 焦跃华

我们是会计专业的研究生,通过一年多的学习,基础理论和专业水平都有了很大的提高,这是我们首先要感谢导师的地方。但统观一年多的教与学,我们仍感到某些不足,主要表现在学校和导师在组织教学中,对会计学研究方法论重视不够。就我们所了解,这类情况,在其它院校会计专业中也是存在的,为此我们不揣冒昧,借《会计学刊》一角,就此谈一点看法,提一点建议,以期对会计专业的同学们有些启发,对导师们也算作是一种反馈。

高等教育财会专业教学与研究专栏介绍研究生培养方法

到《会计学刊》上找资料

《会计学刊》在资料选登栏目中,刊登了"重要财经法规目录""会计学论文摘编""财会论文目录选""财会图书目录"等等。那时没有"百度",更不知道运用电脑搜索,全靠人力。选编这些"文摘""目录",颇费了一番功夫。动员了一大批人力,订阅了不少刊物,才编辑了短短的几页。对于需要寻找这些资料的读者,则如获至宝,爱不释手。

资料选登

重要财经法规目录(一)

(1979年1月至1983年12月)

1. 小型技术措施贷款暂行办法 1979年1月10日财政部发布
2. 关于继继清理职工借欠公款的通知 1979年1月26日财政部发布
3. 关于加强对社会集团购买力控制管理工作的通知 1979年2月6日国务院发布
4. 关于制止滥发奖金和津贴的紧急通知 1979年2月19日国务院发布
5. 关于国营企业固定资产实行有偿调拨的试行办法 1979年6月8日财政部发布
6. 国家计委、国家经委、商业部关于节约用油的通知 1979年6月18日国务院批转
7. 基本建设贷款试行条例 1979年6月19日国务院转发

资料选登专栏介绍财经法规

1985年会计学论文摘编

〔编者按:本栏摘登一定时期我国会计界对会计理论基本问题研究的一些文章中的基本观点,力图反映这段时期会计理论研究的新成果和新动向。欢迎读者推荐,欢迎读者作"文摘"投稿,字数一般不超过五百。〕

经济体制改革给财会工作提出的新问题

谢明同志在中国会计学会1985年年会讲话中指出,经济体制改革的实践,给财会工作提出了许多新问题,比如:

资料选登专栏介绍1985年会计学论文

权威人士解读法规制度

《会计学刊》辟有"法规、制度"一栏,很受在职财会人员及企业和从事经济工作的人群欢迎。高等院校的师生为了科研项目和增加新知识的需要,也很想知道新的

法规等有关信息。为了提高它的权威性,每有新法规出台,编辑部都会请起草者,撰写有关新出台法规的背景、要点以及法规中没有涉及的"背后的话"。比如,程曾泽就是当年制定有关成本管理法规的权威,沙南安就是主管工交企业财务会计制度的制定者,刘瑞英是科技经费的掌控者,冯淑萍是会计制度的制定者,蔡育群是财政部文教司高校学生贷款、助学金的管理者,财政部会计司三处是基本建设会计制度的设计者,陈锡祜是财政部农业财务会计制度专家,胡皓华是商业会计制度的起草者,等等,《会计学刊》都曾邀请他们撰文。

法规、制度专栏发表方培的文章

法规、制度专栏发表的程曾泽的文章

"国外会计"专栏"东西并举"

《会计学刊》辟有"国外会计"专栏,最初是由上海财经大学的知名教授娄尔行主持这一栏目。娄尔行是最早进入"会计博导"行列的四位名教授之一,在会计界享有崇高威望,特别精通西方会计,并且是最早代表我国政府出席"联合国国际会计和报告准则政府间专家工作组"的代表,他最早引进美国财务会计准则委员会的有关信息,通过《会计学刊》为中国会计界打开了了解世界的新窗口;接着业内专家、学者介绍了国际会计准则、国际会计组织等众多的内容。

后来还有经济、财务、会计、翻译各界的知名人士,如陈今池、杜存厚等,翻译了苏联和东欧一些"民主"国家的资料,从而使"国外会计"这一栏目,不完全是西方的东西,也有"东方的东西"的信息,实行了"东西并举"。

国外会计专栏发表娄尔行翻译的文章

国外会计专栏发展杜存厚摘译的文章

陈俊岐与《延安时期中直机关财会工作的回顾》

1983年,我刚到财政部不久,财政部的住房紧张,中共中央直属机关事务管理局的陈俊岐局长说帮助我在毛家湾找一间房子作住处,这样,我就到了他家。在闲聊中,他说起了他参加革命的经过。那是在1942年,他在延安是高小毕业,算个"知识分子",就被叫到中直机关当会计,一直到毛主席进京住在双清园后,他还给毛主席记账。说着说着,他从角落里拿出一包用床单包着的东西,打开一看,是他保留的在延安时期做会计时的一些资料。纸张虽然有些发黄,但翻开第一页,就是毛主席亲笔写的"发给刘伯承军大衣一件",苍劲有力的"毛体"使我眼睛一亮。我对陈俊岐说:"这些都是宝贝,你赶快把它整理出来,是很有价值的。"

之后,我就"摊"上这活了,帮他整理了好几个月,最终写成《延安时期中直机关财会工作的回顾》一文,分两次发表在《会计研究》1983年第六期、1984年第一期,在社会上引起了强烈反响,陈俊岐也因此成了"会计专家",并被补选为中国会计学会理事。

后来,陈俊岐同志根据那些材料,又继续整理了《延安时期中共中央、中央军委直属机关大生产运动中的财会工作》,我把它发表在《会计学刊》上。

《延安时期中直机关财会工作的回顾》一文在《会计研究》上发表后,王首道同志看了大为赞赏。作为老一辈无产阶级革命家、延安大生产运动的亲身参与者,王首道同志感慨万千,他说"这些亲身经历的事情,老同志读起来,格外亲切;新同志读起来,也会受到莫大教育"。王首道同志20世纪50年代曾在我的故乡——湖南省任省长,后任中央顾问委员会常委,为革命做出过重大贡献,在社会上也有较大影响,我们请他为陈俊岐的书作序,他立马应允,欣然命笔,写下了一篇序言,号召大家要"继承优良传统",发扬"延安精神"。在编辑时,我给他的序加了个题目"努力做好四化建设中的财会工作",他表示完全同意。就这样,王首道同志也算给《会计学刊》"投稿了"。

王首道(1906年4月13日至1996年9月13日),湖南浏阳人。原名王芳林,1925年参加革命工作,同年加入共青团,1926年春转为共产党党员。中共第七届中央候补委员、委员(七届七中全会递补),第八届、九届、十届、十一届中央委员,十二大、十三大相继当选为中央顾问委员会委员、常委,中国人民政治协商会议第五届全国委员会副主席。1996年9月13日逝世,享年90岁。王首道的文章给《会计学刊》留下了光辉的一页。

王首道

努力做好四化建设中的财会工作

王首道

[编者按：本刊一、二期曾刊载陈俊岐同志撰写的《延安时期中直机关财会工作的回顾》一书中的第三部分。最近，中共中央顾问委员会常委王首道同志为该书写了序，征得王首道同志同意，现刊于本期首篇，以飨读者，题目是本刊编辑部加的。]

陈俊岐同志撰写的《延安时期中直机关财会工作的回顾》一书，具体反映了延安时期中直机关财会工作的面貌，也反映了党中央、中央军委机关和中央领导同志艰苦朴素的生活。书中所提供的资料，既是中国人民在中国共产党领导下进行艰苦卓绝抗日战争的历史资料的组成部分，也是中国现代革命财会发展史的珍贵史料。作者当年在延安就从事这方面的工作，今天又把这些难忘的往事整理出版，是做了一件很有意义的事情。

"延安精神"是我党、我军的宝贵财富。抗战初期，我曾参加并组织中直机关的大生产运动。回忆当时，不论机关、部队、学校，还是干部、战士，都享受同等的战时供给制待遇。这些经济生活的来源，又主要是依靠大家参加生产劳动而获得的。我们许多干部在延安参加了大生产运动，不仅做到了"自己动手，丰衣足食"，在物质上支持了抗日战争的胜利，而且，学到了马列主义、毛泽东思想，学到了管理财政经济的本领。特别是当时从事后勤财会工作的同志，在组织生产、供给分配和"理财管家"方面起到了重要作用。这本书史料丰富，观点明确，再现了这段历史时期财会工作的生动情景。老同志读起来，格外亲切，新同志读起来，也会受到莫大教益。

我们现在进行社会主义现代化建设，包括物质文明与精神文明建设两个方面。需要继承党的优良传统，需要发扬延安精神。过去的战争年代，财会工作在保证革命战争胜利中起到了重大作用，今天，在现代化的经济建设事业中，财会工作尤其重要。当然，今天的财会工作，担子更重了，内容也更丰富了。但延安时期自力更生、艰苦创业、勤俭节约、克己奉公、严守制度等精神，现在和将来都是应该继承和发扬的。希望做财会工作的同志，认真研究吸取延安时期的宝贵经验，更好地为我国四化建设贡献力量。

王首道在《会计学刊》发表的文章

延安时期中直机关财会工作的回顾

陈 俊 岐

〔编者按：在纪念毛泽东同志诞辰九十周年的时候，我们向读者推荐陈俊岐同志写的这篇回忆录。这是一份很宝贵的会计史料。作者不仅回顾了亲身经历，而且广泛收集了当时的有[关]史料，具体地描述了延安时期财会工作的情况。历史是一面镜子，可给人以启迪和借鉴。[会]计史的研究是我国会计理论研究中的一个薄弱环节，我们应当花大力气研究中国的会计[史]，特别要注意研究老解放区和新中国的会计史。因此，我们希望当年在苏区、解放区从事[财]会工作的老同志，能够把这一段珍贵的史料整理出来，以丰富我国会计史的宝库。〕

财会工作，无论在战争年代，还是在社会主义建设时期，都是整个革命工作的重要组成部[分]。延安时期，在我党、我军、我国革命的历史上，是光辉的一页，这段时期革命根据地的[财]会工作，在中国财会工作发展史上，也占有极其重要的地位。

在党中央、军委和毛泽东、周恩来、刘少奇、朱德、陈云、李富春、杨尚昆等老一辈[无]产阶级革命家的亲切关怀下，根据地的财会工作，无论从财经方针、财会制度还是财会业[务]建设等等方面，都为新中国的财会工作树立了优良的传统，奠定了坚实的基础。在纪念毛[泽]东同志诞辰九十周年的时候，回顾这一段珍贵的历史，倍感亲切，难以忘怀。

抗日战争时期，国民党反动派采取"消极抗日，积极反共"的方针，在1939年到1943年[间]，发动了三次反共高潮。日本侵略者对抗日根据地实行了空前残酷的"三光"政策，多次[进]行了"扫荡"、"围剿"。由于日本侵略军的野蛮进攻和国民党反动派的包围封锁，解放[区]的经济和财政发生了极大的困难，我们党处于异常艰难的境地。党中央和毛泽东同志为了[领]导全党、全军和根据地的人民群众度过这一难关，发动了著名的大生产运动，同时号召各[级]干部要学会做经济工作。在这样的历史条件下，加强财会工作就成为必然的趋势，而且关[系]到革命的成败。因此，从中直机关到边区政府，都拿出了一定的人力、精力来从事财会工[作]，并且初步形成了一个体系，这在当时的情况下，实在是难得的。

按照党中央和毛泽东同志提出的"发展经济，保障供给"的财经工作总方针和"自己动[手]，丰衣足食"的号召，我们的机关、部队、学校不仅肩负着繁重的革命重担，而且还要自[己]动手、发展生产，解决一部或大部经济生活的来源。中直机关的财会工作，遵循着毛泽东[同]志关于"节省每一个铜板，为着战争和革命事业，为着我们的经济建设，是我们的会计制[度]的原则"的教导，从思想建设、队伍建设、业务建设等各个方面都取得了可喜的成就。

当时，主管党中央、军委直属机关财政和后勤工作的部门是中央管理局和军委后勤供给[部]，1942年合并为中央管理局，1945年改称军委供给部。我自1945年起，就在中央管理局从[事财]会计工作。中直机关在财政供给体制上，向陕甘宁边区政府编报预决算，中直、军直各机

《会计学刊》刊登陈俊岐的《延安时期中直机关财会工作的回顾》

延安时期中共中央、中央军委直属机关大生产运动中的财会工作

陈 俊 岐

〔编者按：在"会计史新著"这一栏目中，我们在创刊号上向读者推荐中共中央直属机关事务管理局局长、中国会计学会理事陈俊岐同志的这篇回忆录。它既是中国人民在中国共产党领导下进行艰苦卓绝抗日战争的历史资料的组成部分，也是中国现代会计发展史中的珍贵史料。刊登这篇文章的目的，是想说明在会计史的研究中，应该把中国现代会计史的研究放在头等重要的位置，以及时抢救那些容易流失的珍贵史料。这篇文章，是陈俊岐同志撰写的《延安时期中直机关财会工作的回顾》一书的第三章，题目是编者加的，全书将由中国财经出版社出版。〕

中共中央和中央军委直属机关的财会工作，就其性质来说，本属于经费预算会计，按照常规则主要是经办"领、用、报"各项经费的业务工作。但延安时期除经费会计外，还包括了农业、工业、运输、商业、金融等几乎涉及整个国民经济各个领域的财会工作。这是处于抗日战争中的延安时期这个特定历史条件的产物。为了克服当时财政经济上的严重困难，陕甘宁边区的军民在党中央和毛泽东同志的领导下，开展了轰轰烈烈的大生产运动。自给生产的成果，成为陕甘宁边区财政收入的一条重要渠道，也是保证中直机关财政供给的主要来源。陕甘宁边区和各解放区开展的大生产运动，使我党渡过了极端艰难困苦的时期，为夺取抗日战争的最后胜利，并为解放战争的胜利，奠定了物质基础。同时，财会工作随着经济的发展而相应地发展。这个时期，中直机关（包括军委直属机关）的财会工作，无论在业务建设、理论建设以及人才培养上，都得到了空前的发展。延安大生产中形成的财会工作的许多优良传统，也是我们今天搞好社会主义现代化建设中的财会工作的传家宝；有些财会制度，一直沿用到建国后乃至现在，一大批经济管理干部和财会专业人才，在实践中得到锻炼和提高，新中国建立以后，已成为领导大规模经济建设的骨干力量。

一、大生产运动中中直机关财会工作的发展

1941年皖南事变以前，陕甘宁边区的财政来源主要依靠外援，有的年度达到85.77%。这个时期，财政管理的体制是，中直、军直各机关分别向中央管理局和军委后勤部供给部领取经费和编报预决算，由中央管理局和军委后勤部供给部审核汇总后（1942年中直、军直机关后勤部门合并，财政供给统一管理），向陕甘宁边区财政厅办理预决算。皖南事变以后，由于国民党停发经费，并实行经济封锁，边区的外援全部断绝。当时，仅党中央和军委机关的供给人数就有一万四千多人，又几乎全部集中在延安地区。首脑机关的骡马也比较多，那时一头牲口的草料等开支相当三个人的消耗，中直机关拥有骡马一千三百多头（匹），这就等于增加了近四千人的开支。1941年，边区的全部脱产人员有七万三千多人，约占边区总人口

中国会计学会会计改革研究组召开第一次会议

1988年7月，中国会计学会会计改革研究组在北京平谷召开会计改革研究组第一次会议，会议主要研究了会计改革当前的主要任务，即适应经济体制改革的需要，加速会计体制改革。特别是围绕以提高经济效益为中心、扩大企业自主权、加快会计核算体制改革等问题，进行了认真的讨论。

会议由会计改革研究组组长魏克发主持，谢明副会长参加了会议。杨纪琬副会长兼秘书长参加会议并做了主题讲演。副秘书长、会计改革研究组成员丁平准也参加了会议。

参加会议的人员还有：陈锡祜、陈毓圭、陈元燮、韩淑芳、韩锡贞、蒋岗、蒋增湖、金明慧、李爽、刘捷、刘永福、陆永炜、唐勋、王迪平、王计平、王又庄、徐治怀、阎达五、余秉坚、于玉林、于增彪、钟伯江、周恩成、周舜臣、周晓苏、孙德金、牛佃庆、李中、俞信隶、钟复生、陈元燮、钟礼华等近50人。

中国会计学会会计改革研究组第一次会议参会人员

我国首次会计原则专题理论讨论会在上海举行

中国会计学会会计原则及会计基本理论研究组，于1989年1月7日至12日，在上海金山召开了"会计原则专题理论研讨会"，这是我国第一次举行的会计准则专题理论讨论会。中国会计学会组织了这次会议，会计界的诸多专家、教授和会计制度的制定者参加了这次会议,我作为中国会计学会的副秘书长,参加了这次会议。会议成为我国开始制定会计准则的里程碑。有关的报道,刊登在《会计研究》1989年第二期。

谢明会长致"会计原则专题理论讨论会"的信

〔编者按:中国会计学会会计原则及会计基本理论研究组于1989年元月7日至12日,在上海金山召开了"会计原则专题理论讨论会"。会议收到论文105篇,印发材料16万字,选出优秀论文23篇。会议集中讨论了关于会计原则的概念、性质、作用,与会计制度和会计工作的关系,会计原则的基本内容、制定方法和步骤。对这次会议的有关文件和部分论文,本刊将摘要分期发表。〕

会计原则及会计基本理论研究组,并转参加"会计原则专题理论讨论会"的全体同志:

首先,对这次专题理论讨论会的召开,我表示热烈祝贺!对为研究建立我国会计原则而进行辛勤劳动、并取得了一定科研成果的全体代表表示谢意和问候!

我因有事不能前来参加会议,只得请常务副会长杨纪琬同志参加了。

对于"会计原则及会计基本理论研究组"的活动,我提三点看法,供研究组在进行研究活动时参考。

第一、进行会计原则(或称准则)的研究,是一项很重要的工作。会计原则,既是会计工作的基本依据,也是会计理论研究中的重大课题。我国会计改革、特别是会计制度的改革,主要方向将是制定会计原则,并以此统驭各种会计制度。因此,从理论与实践相结合,从当前会计工作与全面深化改革方向相结合,来研究如何建立具有中国特色的会计原则问题,具有理论探索方面的深远意义和工作实践上的现实意义。希望会计原则及会计基本理论研究组,能在这方面提供智力服务,为我国制定会计原则尽职尽责,成为有关方面制定会计原则的智囊团,当好参谋,出好主意。

第二、经济理论研究要贯彻为当前经济工作服务的方针。会计原则的研究,同样要贯彻为会计改革服务的方针。按照国内外会计专家们的意见,会计原则应当是一个多层次的概念,包括会计要素、会计工作一般原则和会计核算的基本原则等等。从当前会计改革和整个国家的经济体制改革发展的紧迫需要而言,研究制定会计核算的有关基本原则,是当务之急。因此,建议研究组当前和今后一段时期活动的主要内容,围绕制定会计核算原则进行。

第三、为建立具有中国特色的会计原则体系而努力。一方面,为使我国会计与世界各国会计有更多的"共同语言",便于比较、分析、交流,从而为改善投资环境作出努力,因此,在研究制定会计原则时,应该尽可能地吸收商品经济共同规律所决定的、国际通用的一些基本原则。但是,另一方面,世界各国也大多是根据本国家政治的、经济的不同特点而制定了自己的会计原则。即使是对于经过协调而产生的《国际会计标准》,各国也仍然存在不同的理解和解释。中国的目前情况既是社会主义,又是初级阶段;既是商品经济,又是有计划的;既是多种经济成份,又是以公有制为主等等。同时,四十年来,我国在社会主义经济建设中,也积累了丰富的会计工作经验。由于我国存在的这些同其他国家不同的特点,因此,在制定会计原则时,首先要总结我国自己的会计工作、特别是会计制度管理方面的经验,同时借鉴国际上的通用作法,使中国的会计原则成为"以提高经济效益为中心的、具有中国特色的会计理论、方法体系"的重要组成部分。

谢明会长致"会计原则专题理论讨论会"的信

会上，四位会计界的老前辈，做了发言。

杨纪琬在会上提出：

英文 Standard 叫作"准则"，Prineple 叫作"原则"，在西方两者经常混用，在中国最好用"准则"。

理论—法律—准则—制度是4个层次。"准则"在中国具有法律效力。会计理论指导会计准则，会计准则体现会计理论。

会计准则的内容和层次是横向和纵向的关系。内容是横向，指搞一些什么准则。制度按行业分类，准则按经济活动内容分类；纵向是层次，指准则分几级。会计准则可分为基本准则、一般准则、具体业务准则三个层次。

制定会计准则的步骤和方法：先搞企业会计准则，成熟一个、出台一个，兼顾一般和急需，从无到有，从易到难。方法就是"吃拼盘"，不可能是"一揽子"。用会计准则来取代会计制度这个过程将是漫长的。在相当长的时间内将是制度与准则并存。

制定会计准则应注意五个问题：①正确处理会计准则与现行统一会计制度的关系；②正确处理会计准则与财政、财务、税收管理体制的关系；③正确处理会计准则与整个经济体制改革的关系；④正确处理借鉴外国与总结我们自己经验之间的关系；⑤正确处理理论研究与工作实践的关系。

娄尔行教授提出：

一、制定准则的必要性。①改变国家经济管理职能的需要；②企业所有制形式和经营方向多元化的需要；③发展商品经济的需要；④对外开放的需要；⑤会计理论建设的需要。

二、会计准则的性质。会计准则是会计实践的经验总结，是指导会计工作的规范。①会计准则提出对会计信息的质量要求，构成评估会计信息有用程度的标准；②会计准则反映会计计量的规则；③会计准则提供对各种经济业务进行具体会计处理的准绳。

三、会计准则的层次结构。①会计准则要划分为若干层次。②划分层次的标准：ⓐ基本准则，指对会计工作具有普遍指导意义的准则，如应计制或现金准则、原始成本计价准则、划清形成资产的支出和从当期收入中扣除的支出准则、收入和费用相配比准则、可靠性准则、可比性准则、重要性准则等；ⓑ会计要素的确认、计量、编报准则。会计要素可分为六项：资产、负债、净权益、营业收入、费用（成本）和利润；ⓒ具体业务准则，如固定资产及其折旧、存货、应收账款等。③与第二层次准则有关的几个问题：ⓐ是否存在第二层次的会计准则？我们认为存在；ⓑ关于资产，它是一个会计要素，资产一词通俗易懂，必须运用资金才发生资产，计量是会计的核心，资产计价是重大会计问题；ⓒ分清负债与净权益的界线实有必要，一是因为资金供应渠道多元化；二是有利于实施破产法，三是借入资金要支付利息，净权益资金无利息负担；ⓓ用净权益比基金一词要好；ⓔ营业外收支不必分别单独列会计要素。

四、研究思路的选择。有三条思路可供选择：一是先研究会计理论与基本会计准则，然后渐及无形资产、设备租赁、联营、外币兑换等具体准则，由一般到具体；二是由具体到一般；三是一般问题与具体问题齐头并进，交叉进行。

葛家澍教授提出：

一、财务会计准则与会计制度的关系。会计制度只能满足财政部门和企业主管部门的需要，对企业用处很少。随着经济体制改革的深化，改变统得过多过死的企业会计制度已提上议事日程。准则和制度的区别如下。①制度是由财政部门或企业主管部门制定，会计制度的一个显著特点是强制性；准则可以由政府有关部门制定，也可授权民间会计组织制定，准则以指导性为主。②制度的统一性是其另一个特点，准则有较多的灵活性。③制度规定的办法没有选择的余地，准则有较大的可选择性。

二、力求两全其美。既保证会计信息的真实性和有用性，又保证国家财政收入不受影响。首先"财务会计"同"税务会计"脱钩，报表上的"税前利润"和"应税利润"可以是两个不同的数字，再按国家允许的工作量法和直线法加以调整。

三、会计理论、会计原则、会计准则及其相互关系。①广义的理论包括会计思想、会计观点和构成会计原则、准则的基础理论，主要指三个方面：第一，基本假设，主要指会计主体、继续经营、会计分期、以货币为计量单位。还包括以权责发生决定分期收益和期末财务状况；财务会计的最初计量以交换价格为基础，财务会计的计量在许多方面需要估计，因而表现为一个"近似值"；第二，财务会计的目标，应当确定谁是会计信息的使用者和会计信息的使用者需要什么信息，以及财务会计可能提供什么信息？第三，财务会计的要素，是指会计科目体系和会计报表内容的基本框架。②财务会计的原则和准则："原则"和"准则"含义应该有区别。狭义的原则，仅指观察问题、处理问题的准绳；广义的原则包括原理。"准则"，通常指衡量事物的标准、榜样或规范。企业财务会计准则大致可分为两个层次：一是对各项业务的核算过程具有普遍意义的基本准则，二是指导具体业务核算的业务处理准则。基本准则包括会计要素的确认、计量、记录和报告四个方面；具体业务处理准则应结合各种不同的具体经济业务而做出有关会计处理的规范。

四、我国今后会计模式中，财务会计准则所处地位和应起作用的设想。有两种可能：一是以会计制度为核心的会计法规体系与以会计准则为核心的会计原则或会计准则体系同时并存；二是在会计法的指导下，全国的会计核算都要用准则加以规范。即使是第二种，"双轨制"也将是一个必要的过程。

阎达五教授提出：

一、重要意义：①标志我国对企业会计工作的宏观管理方式的重大转变；②将直接影响广大财会人员的思维方式、办事程序和工作习惯；③将促进我国的会计理论研究工作进一步向理论与实践紧密结合的方向发展；④对现行的教学和教学方法将产生巨大的冲击。

二、依据和目的：①现行制度带有浓厚的行业色彩，统得很死，是产品经济的产物，无法适应商品经济条件下的价值管理要求；②企业经营内容和方式多样化，要求执行统一的分行业的制度已不适宜；③现行制度难以适应复杂多变的情况；④现行制度只有处理会计事项的具体规定，缺乏原则指导，难以从总体上把握会计工作的规律。

制定的原则：①用各部门的通用的原则替代分部门的统一会计制度；②给企业的微观管理更多的灵活性；③附带的目的则是为了开展国际交流。

三、指导思想：实践性、国际性、针对性、适用性、规范性、权威性、协调性、相对稳定性、适当预见性、阶段性。

四、名称与范围：按空间可分为宏观、微观、中观；按时间可分为事前、事中、事后，或叫预测决策会计、内部责任会计、对外报告会计；按会计主体可分为营利组织和非营利组织的会计；按所有制可分为全民、集体、私营、个体、中外合资经营企业会计。

五、性质和作用：会计工作规范大体可分为五个方面：理论、法规、制度、惯例和道德。准则属于法规。

六、与财务制度的关系：涉及企业内部的财务问题，可视同会计问题，涉及国家财政、税收的问题，参照国际惯例处理。

七、层次结构：第一部分为基本准则；第二部分为会计报告准则；第三部分为确认、计量、记录准则。

八、表达方式：①准则制定目的和起草过程；②准则正文；③附件。

九、总体模式。

十、关于中国特色。

会议讨论了五个方面的问题。

一、关于会计准则的性质和内容

大家认为，会计准则是规范会计工作的要求，处理会计业务和判断会计信息质量的准绳。会计准则是一个多层次的概念，既包括一般的、基本的、具有广泛指导意义的准则，也包括确认、计量和报告会计要素以及处理具体经济业务的准则。各个会计准则在不同的层次上规范会计工作的不同方面，而相互内在地紧密联系，构成一个严密的科学体系。

二、关于我国建立会计准则的必要性

（1）是加强宏观控制、转变国家经济管理职能的需要；

（2）是深化改革，建立商品经济新秩序的需要；

（3）是实行对外开放、扩大国际交往的需要；

（4）是适应企业经营形式和经营机制变化的需要；

（5）是加强会计理论建设、深化会计教育改革的需要。

三、关于会计准则和会计制度的关系

有两种意见：一种意见认为将来会是两者并存；另一种意见认为在条件成熟时，会计准则应取代会计制度。

四、关于会计准则的研究方法

一种意见认为应当采用归纳法；另一种意见认为应当采用演绎法。

大家认为，在制定会计准则的过程中，应当：第一，从中国国情出发；第二，从会计工作实际出发；第三，从易于执行、易于判断出发。

五、关于近期工作

（1）股份有限公司会计准则：由娄尔行、徐治怀、王文彬、阎达五负责；

（2）会计信息的质量要求准则：由娄尔行、葛家澍负责；

（3）真实性准则：由阎达五、杨树滋负责；

（4）外币业务会计准则：由娄尔行、陶桂榕、王允孚、李成章负责；

（5）以报表补充资料形式揭示物价变动的影响：由阎达五、钟兆修、曹岗、陈元燮负责。

所有负责人，应在当年9月前完成研究工作，提交研究成果。

会议通过了《中国会计学会会计理论研究与准则研究组工作任务的说明》，及其两个附件：附件一，中国会计学会理论与准则研究组形成科研成果的程序和成文格式；附件二，中国会计学会会计理论与会计准则研究组选题方案。

中国会计学会物价变动会计、外汇业务会计问题研讨会

中国会计学会会计原则专题理论讨论会

参加会议的有：娄尔行、葛家澍、阎达五、徐治怀、陶桂榕、杨树滋、钟兆修、丁平准、苏锡嘉、周明德、张为国、包启敏、曹冈、陈信元、陈亚民、陈颖源、陈元燮、陈毓圭、方之龙、郭守贵、韩传模、韩淑芳、金铭糜、李成章、林燕、卢恩健、王迪平、王棣华、王平、王允孚、万寿义、魏明海、吴艳鹏、咸一琳、项有志、张俊瑞、张超、赵明奎、周为熙、周晓苏等五十余人。

中国会计学会科研规划

中国会计学会科研规划,代表了学会的科研方向和科研水平。1985年4月,阎达五教授和我起草了"科研选题计划",并在《会计研究》1985年第四期上公布了讨论稿,公开向业内外征求意见。中国会计学会秘书处根据征求的意见,进行修改后提交中国会计学会1985年年会讨论通过。在此基础上,1987年又起草了"中国会计学会科研规划",在中国会计学会1987年年会上通过,在《会计研究》1987年第六期上发表,并作为正式稿下发,学会7个研究组据此开展科研活动。

1985年的"科研选题计划"共分两部分。

第一部分是"说明",讲了六点。

(1)"科研选题计划"作为中国会计学会提出的发展我国会计理论科研纲要的一个讨论稿。

(2)"科研选题计划"围绕"创立具有中国特色的、以讲求经济效益为中心的会计理论、方法体系"这个总课题的精神,重点探讨"七五"计划期间会计工作所面临的一些重大实际问题。

(3)具有中国特色的含义是:

第一,对中国会计工作实践经验的总结,上升为理论、方法体系;

第二,对传统理论、方法进行改造使之适应新时期需要;

第三,以马克思主义政治经济学为理论基础,吸收现代管理理论形成中国的理论、方法体系。

(4)社会主义经济效益的特点是微观和宏观的统一,目前和长远的统一,价值和使用价值的统一。

(5)会计理论、方法的具体内容,应包括在微观和宏观经济管理中会计工作的基本内容,回答会计的本质和职能;会计工作的任务和作用;会计工作的方法;会计工作的组织;会计学的研究及其学科体系;会计工作发展的规律。

(6)方法、步骤和安排。

第二部分是"选题",包括"甲""乙"两部分。

甲、具有中国特色的会计理论、方法体系研究课题。列了109个课题。

乙、"七五"计划期间重点研究课题。列了51个课题。

1987年提出的"科研规划"主要内容如下。

一、总体目标

坚持四项基本原则,坚持改革开放,贯彻理论联系实际、指导实际、服务实际的精神,创立具有中国特色的、以提高经济效益为中心的会计理论、方法体系。

这个体系应符合下列要求:第一,遵循马克思主义基本原理;第二,适应社会主义经济制度;第三,符合有计划的商品经济规律的要求;第四,有利于促进我国现实的经济管理;第五,有利于加速我国会计工作的现代化。

步骤:第一,"七五"期间对重点课题取得初步成果,并分层次形成若干专著;第二,"八五"期间分科形成系列著作;第三,2000年前,争取总体合成。

二、重点研究课题

重点研究课题分为六个部分：会计改革研究、企业财务研究、会计原理及基本理论研究、会计教育改革研究、会计电算化研究、会计史研究。六个部分共列了50个课题。

三、专题研究组

在中国会计学会秘书处协调下，成立七个专题研究组。
（1）会计改革研究组；
（2）企业财务改革研究组；
（3）会计原理及会计基本理论研究组；
（4）会计教育改革研究组；
（5）会计电算化研究组；
（6）会计史研究组；
（7）国外会计研究组。

四、丛书的编辑和出版

（1）成立"现代中国会计丛书编辑委员会"。编辑方针是：质量第一、内容求新、体现中国特色；
（2）各专业会计学会，在3~5年内形成本行业具有中国特色的会计理论、方法体系。在5年内，一个行业形成一两本专业会计著作；
（3）组织其他有关会计专业书籍的编辑出版工作；
（4）完成《中国现代会计手册》《经济大辞典·会计卷》、年度《会计学论文选》；
（5）办好《会计研究》；
（6）编好《会计学刊》丛书。

五、发现和培养会计科研人才
六、加强科研、情报工作
七、积极开展国际学术交流活动

会计准则（深圳）国际研讨会

作为中国会计学会副秘书长，我于1992年2月26日至28日，参加了在深圳举行的会计准则国际研讨会。这是我国第一次就会计准则举行的国际研讨会。有近百名中外会计专家、会计理论和会计实务工作者参加会议。会议由财政部会计司组织。新华社、中国财经报、深圳特区报和深圳电视台等新闻媒体对研讨会做了专题报道。

财政部副部长张佑才在会上致辞。他指出，这次研讨会是在我国已经开始起草企业会计准则的情况下举办的，目的就是要通过与国际会计界的交流，加强我国与国际会计准则委员会的相互联系和了解，加快我国制定会计准则的进程，促进我国的会计改革。他还说，召开研讨会，不仅有助于我国会计准则的制定，而且有助于国际会计界、国际会计组织加深对我国会计工作的理解，有助于国际会计组织研究和协调各国会计政策。

研讨会着重讨论了如下五个方面的问题。

一、关于中国会计准则的特色

代表们普遍认为，一种重要的经济管理规范，与一定的社会经济制度、经济体制、意识形态和文化传统都有紧密的联系。我国作为以公有制为主体、多种所有制并存的社会主义国家，实行有计划的商品经济体制和计划经济与市场调节相结合的经济运行机制，因而我国的会计工作和会计准则必然具有自己的特色。

娄尔行教授指出：作为决定会计特色重要依据的会计目的，一方面要受会计属性的制约，另一方面要受会计运行期间的社会经济环境的制约，反映一定的社会经济制度、社会政治体制、意识形态以及文化传统。葛家澍教授指出：就中国的具体情况来说，决定中国会计准则的特色的因素，主要有以下几个方面。第一，我国的社会主义经济是以公有制为主体，多种经济成分并存，全民所有制是社会主义经济的骨干力量。从这一点出发，中国的会计准则应主要适用于社会主义公有制经济，重点面向全民所有制企业。第二，我国社会主义企业不采取单一的经营形式，国营大中型企业普遍实行承包制。目前正在推进企业集团形式。股份制可望成为值得推广的另一种形式。我们制定中国的会计准则，应能满足多种经营形式的需要。第三，我国的社会主义经济是有计划的商品经济，计划与市场是我们调节经济不可缺少的两个手段，我们既要加强必要的宏观调控，又要切实把微观搞活。从这一点出发，中国制定的会计准则必须兼顾国家计划管理和提高企业经营管理水平与决策水平的需要。阎达五教授指出：有两个因素使我们不可能全盘引进某一种模式。第一，我们实行的是有计划的商品经济，会计信息既要为投资者服务，也要为计划管理服务；第二，我国的企业是以全民所有制企业为主体的，最大的投资者是国家，会计为投资者服务主要表现为国家即各级政府服务。财政部会计司蒋岗副司长指出：我们制定中国的会计准则，不能离开中国特定的经济体制和经济环境，片面地强调会计准则的一般性，而是要在适应我国经济管理要求的前提下，认真总结我国 40 年会计核算制度建设方面的经验，尽量与国际惯例和国际会计准则相协调。

大家也提出了许多建设性意见：例如，根据中国的实际情况，会计准则应该由政府部门制定；在基本会计假设中，合法合规性应有一定的地位；我国制定会计制度已有多年的实践经验，因此制定会计准则的程序可以以演绎法为主，而不必像一些西方国家，在制定会计准则的初期，主要用归纳法。

国外专家对有关中国会计准则的论点表示理解。他们说：发展中国家有自己的特殊问题。例如，巴布亚新几内亚由于其特殊的经济结构，制定了种植园会计准则；新加坡针对本国劳动力不足的特殊问题，为促进企业更合理地利用人力资源，制定了增值表准则。

二、国际会计准则委员会在协调各国会计准则方面所做的努力及对我们的借鉴意义

在研讨会上，国际会计准则委员会的专家们详细地介绍了国际会计准则委员会作为国家和地区间进行会计准则协调的非政府机构，在协调各国会计准则、建立国际会计准则过程中所做的努力，并介绍了国际会计准则委员会的一些新动态。专家们介绍说,由于经济业务的国际化,协调和改善会计准则比以往更为重要。投资者、企业管理者、政府部门、证券交易机构等,都要求建立国际会计准则,协调和改善各国的会计规范。国际会计准则委员会正是适应这一需要,由一些国家和地区的会计团体发起成立的。国际会计准则委员会并不强制地要求各国会计规范符合国际会计准则,但可以为各国制定符合国际惯例的会计准则提供范例和指导,在全球范围内提高会计准则的可比性,提高会计信息质量。一国会计规范是否适应国际惯例并与国际会计准则相协调,在很大程度上影响一国的投资环境。如果中国采取符合国际会计准则的会计规范,将有助于吸引外商对中国投资。国际会计准则委员会自1973年成立以来,已发布了31号会计准则,国际会计准则委员会及其制定的国际会计准则,普遍受到一些国家会计准则制定机构和国际组织的重视和关注。有些国家,如埃及、印度、肯尼亚、尼日利亚、斯里兰卡等,使用国际会计准则作为其制定本国会计准则的基础;有的国家,如泰国、坦桑尼亚等,要求本国的会计准则在各个主要方面与国际会计准则相符合;有的国家,如马来西亚、新加坡、津巴布韦、巴基斯坦等,直接采用所有国际会计准则作为本国的会计准则。世界银行和亚洲开发银行已要求借款人必须递交符合国际会计准则的财务报表。

与会代表对外国专家的介绍表示了浓厚的兴趣,也强调了中国会计准则与国际会计准则和国际会计惯例协调的可行性。当前,我国的会计核算制度从总体上讲,是与长期实行的高度集中统一的计划产品经济体制相联系的,在某些方面同国际惯例有较多的不一致,也已经不适应发展社会主义有计划商品经济的要求。从大的方面来说,现行会计核算制度按所有制、分部门、分行业制定,各所有制、各行业、各部门之间具体的确认、计量和报告标准存在很大差异,导致各所有制、各部门、各行业之间会计信息不可比、不统一,不利于国家进行宏观综合平衡和企业经济效益的衡量。改革开放以后,出现了新的跨行业、跨部门的经营形式,按原有模式制定会计核算制度与之越来越不相适应。从具体方面来说,资金、成本、利润核算的许多方法不够合理,不利于正确反映企业的财务状况和财务成果,不利于外商了解中国的会计政策和会计制度,也不利于吸引外商投资。

三、关于会计准则与其他经济法规的关系

专家们专门就会计准则与公司法、税法的关系作了国际比较。专家们认为会计准则与它们虽然有相当明显的区别,但从世界性的角度看,三种法规的整体目标也有类似之处。公司法主要定立一般规则,管制公司的成立、股东的权利以及公司行政管理人员和股东的责任,有时也提出一些报告要求;税法的作用是为公司提供一套向有关税务当局缴纳税收应遵循的标准。至于会计准则与税法的关系,目前世界上有两大模式。一种是会计准则以税法为依据的模式,会计准则乃至企业的会计核算必须服从税法的要求,这方面的典型代表是日本、法国和德国。在这些国家,除了合并报表准则以外,会计准则要求通常与税法规定相同。另一种是会计准则与税法相分离的模式,该模式下会计准则独立于税法。这方面的典型代表是美国。与会代表认为,在我国,会计准则与其他财政经济法规之间的关系并不是一个独特现象,会计准则与其他财政经济法规之间并没有不可逾越的鸿沟,它们相互之间也是密切配合的,它们共同规范一个企业的财务活动和经济活动,问题只是如何进行相互之间的协调。

四、关于几个具体问题的讨论

1. 关于稳健原则

关于稳健原则在会计准则中的地位。目前，会计界普遍认为稳健原则在很大程度上反映了市场经济条件下会计对企业经营特征的认识。但对于稳健原则的确切含义及其在会计准则体系中的地位问题，尚未取得共识。经过讨论，大家认为，在市场经济条件下，企业经营活动不可避免地具有不确定性和一定的风险，为了保证企业的正常生产经营，提高企业应对风险能力，增强企业发展的后劲，对一些不确定的收入应不予确认，而对可能发生的费用和损失应予以估价入账，还是可以理解的。从这个意义上来说，制定中国会计准则可以参考在稳健原则前提下所采取的一些具体会计核算办法。稳健原则并不是随处可用的，如果没有节制，有可能成为企业隐瞒利润或调节盈利水平的手段。西方国家的会计准则也不一完全是遵循稳健原则的。

2. 关于实质重于形式

实质重于形式，在西方国家会计准则中占有一定地位，国际会计准则委员会将其作为一项一般原则。代表们认为应当注意这一原则。

3. 关于研究开发费用

专家们认为，应当将研究费用与开发费用区别开来，前者主要是用于科学探索的费用。由于研究项目能否成功一般难以确定，其效益如何更是无法事先确认，因而将计入当期损益；而开发费用主要是指在现有的研究成果的基础上，为将来研究成果投入运用而发生的费用，由于这类费用的效益便于计量，因而通常将其资本化。

五、关于制定中国会计准则的建议

（1）成立会计准则咨询委员会，作为财政部制定和实施会计准则的咨询机构；

（2）尽早发布中国会计准则；

（3）加强与国际会计界的交往和联系，推进国际会计交流，促进我国会计准则制定工作。

会计准则国际研讨会参会人员合影

财政部发出文件通知开展全国首届会计知识大赛

1989年4月20日,财政部发出《关于举办全国首届会计知识大赛的通知》,拉开了全国首届会计知识大赛的序幕,这是我在主持中国会计学会日常工作期间办的一件大事。

会计知识大赛,第一赛程400多万人参加,历时1年。至第二赛程时,全国400多万会计人员、经过25 000多场次层层选拔,产生了各省、自治区、直辖市和解放军、铁道部、中央机关等33个代表队,198名选手和领队、教练,规模之大实属空前。

在大赛进行的一年中,对大规模培训会计人员,发现会计人才,推动各地区、各部门的财会工作,都发挥了积极作用。在全国引起了巨大反响,在中国会计发展史上也留下了浓墨重笔的一页。

大赛的发起者是华人世界社的两位同志:王传东和李成福。我与他们素不相识,他们找上门来,说起组织会计知识大赛一事,我回答说,可能很难,财政部没有钱,也不会为"会计"掏钱。他们说,不要我们出钱,钱他们出,我们只要出面组织。那时,还没有"赞助"一说,只觉得办什么事都需要钱,会计知识大赛涉及面那么广,哪儿来的钱?他们说:"你们负责编书,我们负责卖书,赚的钱搞大赛。"能赚钱吗?能赚那么多钱吗?赚的钱能支持大赛吗?我对这门"生意"没有一点"把握"。但他们的回答都是肯定的:赚钱、赚钱、一定赚钱!既然不向财政部要钱,能在全国开展这次活动,那就干!我向杨纪琬汇报了,向谢明会长报告了,他们听说不要钱可以办这么大的事,就首肯了。王丙乾批示:同意。于是财政部就发出了通知,大赛开始走上"赛道"。

大赛是由华人世界社发起,由中国会计学会组织,还有中央电视台、中央人民广播电台参加。财政部的通知宣布成立"全国会计知识大赛组织委员会",由中国会计学会名誉会长、国务委员兼财政部部长王丙乾任名誉主任,中国会计学会会长谢明、华人世界社社长楚庄、财政部副部长刘仲藜、广电部副部长王枫、中央人民广播电台台长杨正泉、中央电视台台长黄惠群等6人任顾问,杨纪琬任组织委员会主任,我是大赛办公室主任,负责处理大赛的日常工作。因此,大赛的许多日常事务都积在我这里,我成为大赛中"最忙"的一个人。

由于当时的会计制度是分行业的,竞赛的内容就分为9个方面:①会计基础;②工业会计;③商业会计、财务;④行政事业单位会计、财务;⑤基本建设会计、财务;⑥会计法规;⑦财经法规;⑧财务、会计分析;⑨新中国会计发展史。会计法规和财经法规各分两讲。

通知指出:竞赛前,中央人民广播电台在9月和10月间,进行12次专题广播讲座,中央电视台在9月进行两次电视专题辅导。在广播开讲前,将辅导材料12讲由出版社编辑出版,同时编辑出版大赛涉及的法规汇编。按辅导材料所规定的范围,由专家评审委员会编写命题大纲,各级竞赛命题将不超出大纲和辅导材料所规定的范围。

参赛对象包括：①全民所有制单位、县以上大集体单位、乡镇企业局的现职会计人员；②解放军所属会计人员；③大、中专学校会计专业师生及会计科研人员；④会计工作管理人员。

竞赛程序：分为两个赛程，第一赛程是由专家评审委员会统一命题，命题试卷于同年10月在《财务与会计》《会计研究》《会计学刊》上同时发表，开卷测验。收回答卷以后，按得分从中评选出1 000名优秀奖和10 000名纪念奖，发给奖品和纪念品，并在3个刊物上公布优秀奖名单及所在地区。第二赛程是由各省、自治区、直辖市财政厅（局）、会计学会按竞赛大纲组织选拔优秀选手3人组成代表队，铁道部、解放军按系统选拔优秀选手3人组成代表队。所有代表队的选手，都必须从基层单位开始，经过层层选拔产生，不得直接指定。代表队人选产生以后，报组织委员会批准，于1990年4月进京参加复赛、决赛。

大赛第一赛程设优秀奖、纪念奖。第二赛程设一等、二等、三等奖和省级选手奖、组织奖、伯乐奖等。

在第一赛程开始前，中国会计学会名誉会长、大赛名誉主任、国务委员兼部部长王丙乾为之题词："培养会计人才，普及会计知识，宣传会计法制，提高会计工作水平，努力搞好全国首届会计知识大赛。"

国务委员兼财政部部长、中国会计学会名誉会长、全国首届会计知识大赛组织委员会名誉主任王丙乾为全国首届会计知识大赛的题词

财政部领导对全国首届会计知识大赛很重视、很满意

财政部领导对首届会计知识大赛很重视、很满意，评价很高。

财政部党组多次听取了有关大赛的情况汇报。

国务委员兼财政部部长王丙乾同志，十分关心大赛，多次听取了谢明同志关于会计知识大赛进展情况的汇报，在党组会上多次强调要搞好大赛。在历时1年的大赛进程中，作了多达三次的重要讲话。

1990年4月9日，王丙乾同志在京丰宾馆接见了参加复赛、决赛的33个代表队和全体工作人员。在京丰宾馆的球场上，王丙乾即席做了重要讲话。他说："这次大赛是新中国成立40年来的第一次。其规模之大、（参赛者）热情之高、时间之长、影响之广、效果之好，都是空前的。"他着重指出："开展这样一个遍及城乡的全国规模的会计知识大赛，是一件非常有意义的事情。它对于提高会计工作的地位，宣传会计法制，普及会计知识，鼓舞会计人员工作的积极性，交流各方面会计工作经验，提高会计工作水平，都具有重要作用。"他还说："这次大赛，对提

高 900 多万会计大军的思想和业务素质，是一次很好的练兵，是一次大学习、大提高。我希望能够通过这次活动，造成一个培养人才、选拔人才的良好条件，推动我们把会计工作做得比历史上任何时期都好。"讲话之后，王丙乾同志与全体人员合影留念。

1990 年 4 月 14 日晚，全国首届会计知识大赛在中央电视台演播大厅进行决赛时，王丙乾同志再次讲话。他说："这次开展的会计知识大赛活动，是新中国成立以来的第一次。这个活动是非常有意义的。通过这个活动，对于坚持会计工作的社会主义的大方向，提高广大会计人员的业务素质和政治觉悟，普及财会知识，宣传财会制度，增强人们在经济工作中的法制观念，动员全社会各行各业重视和支持会计工作，进一步加强经济管理工作，搞好治理整顿等方面，我想都能起到很好的作用。这次大赛，实际上是会计战线上的一次大练兵、大学习、大提高，它的作用是非常深远的。它必将鼓舞广大会计人员，努力提高自己，学习雷锋精神，全心全意地为人民服务，为社会主义建设、为改革开放，做出更大贡献。"

1990 年 4 月 15 日，在总政歌舞团演出大厅，进行文艺演出。演出最后，他叫他的大秘问我："丙乾同志要讲话，可以吗？"当然可以。于是，在结束时，王丙乾走到台上，就会计知识大赛作了第三次讲话。他说："我在这里讲的会计，是指广义的会计，包括的内容很多。不能把会计理解得过于狭义了。会计工作是为整个国民经济服务的，它对加强国家经济建设，改善人民生活，巩固国防，保持国家长治久安，都具有重要作用。会计工作在党的一个中心、两个基本点的路线指引下，同实现'四化'建设这个大目标是紧紧联系在一起的。我们大家应该重视会计工作，支持会计工作。会计人员应该热爱会计工作，加倍努力，把工作做好。我们各个行业的会计工作做好了，就可以筹集更多的资金，节约更多的开支，支持国家的经济建设、国防建设、文化建设；支持人民生活的改善，支持改革和对外开放，我们的国家才能越来越富强。所以，会计工作虽然是业务工作，但它也包含着许多思想政治工作。它是为政治服务的。"他指出："有人认为，一讲'会计'，就是指财政部门、企业单位的会计，其实不然。我看，会计是指国家的财政和财务管理，包括各个行政事业单位的财务会计管理，各个企业单位和其他所有经济组织所进行的财务管理。会计工作实际上是渗透到了社会生活的各个方面、各个阶层、各个角落。所以说'办经济离不开会计，经济越发展，会计越重要。'"

一件事情，讲了三次话，这在丙乾同志的过去是没有的，不仅反映了他对大赛的兴趣，更反映了他对会计工作的高度重视。过去每年的财政会议上，我们想在他的报告中，加上"会计"两个字也是不容易的，通过会计知识大赛，的确改变了丙乾同志对会计工作的看法，确实把会计工作提到了非常重要的位置。

谢明同志是财政部党组成员，中国会计学会的会长，大赛组委会成员，自始至终参加组织和领导了大赛的各个环节。从历次组委会会议，到第一赛程，到两次组织工作会，再到第二赛程，他几乎是全过程参加了大赛的所有活动。

1989 年 7 月 1 日，在全国首届会计知识大赛第一次组织工作会议开幕时，谢明同志讲话指出：

"一、全国首届会计知识大赛的重要意义

过去,有不少人给中国会计学会提意见,说现在社会上有好多大赛,会计工作很重要,可就是没有会计的大赛。这个意见很对。但由于全国性的大赛,涉及许多事情,我们下不了这个决心。这次,华人世界社给我们以支持和促进,终于把大赛搞起来了。(《华人世界》社)确实是办了一件好事,这也是当前形势发展的需要,也反映了全国900万会计人员的心愿,应该谢谢他们。

财政部在《关于转发举办全国首届会计知识大赛办法的通知》中指出:'举行全国会计知识大赛,是一件有利于培养会计人才、普及会计知识和提高会计工作水平的好事情。对加强经济单位经营管理和提高经济效益,对当前正在进行的治理经济环境、整顿经济秩序具有重要意义。'王部长最近为大赛题词,他号召'培养会计人才,普及会计知识,宣传会计法制,提高会计工作水平,努力搞好全国首届会计知识大赛'。我想,这些就是这次大赛长远和当前现实的重要意义。

就这次大赛本身的特点来说,规模大,(参赛)人数多,影响面广,因而具有更加重要的意义。

第一,规模大。大家知道,会计工作是一项很重要的经济管理工作,涉及各行各业。这次大赛,无论是从包括的内容,还是从参加的人员来讲,涉及的都不只是单一的一个行业,而是包括工业、商业、基本建设、行政事业、机关团体、学校、部队等各个方面,是一次规模很大的名副其实的全社会性的大赛。因而,搞好这次大赛,不仅对推动各行各业的会计工作具有重要意义,而且对提高整个国家的经济管理水平,搞好治理整顿、全面深化改革也是一件十分有意义的事情。

第二,(参赛)人数多。会计人员是经济管理队伍中一支重要的力量,全国有900万会计人员,符合这次大赛参赛条件的(参赛)对象约有450万人。组委会规定的"组织奖"的获得条件之一,是发动的参赛人数达到应参赛人数的50%,这样,也就应该有225万人参赛。据大赛办公室统计的数字,目前,《竞赛命题大纲》订阅数已达到100万份,还不包括各地、各部门自行翻印的数量。与目前已经举办的其他各种大赛相比,会计知识大赛的参赛人数是空前的,即使在全世界,像这样有几百万人参加的大赛也是少有的。因而,组织好这次大赛,对于提高全体会计人员的素质、为四化事业培养一支合格的经济管理人才队伍,具有十分重要的意义。

第三,影响面广。过去,社会上对会计人员、对会计工作不够了解和重视。现在是一次很好的宣传机会。中央人民广播电台将举办长达两个月的讲座,中央电视台除了安排一个月的专题讲座外,还会将大赛决赛实况及专门为大赛组织的专场文艺晚会向全国播放,中央一些新闻单位也表示将进行积极的宣传;加上各地电台、电视台及新闻界对本地区会计知识大赛的报道,《财务与会计》《会计研究》《会计学刊》以及全国上百种财会刊物的配合,必将形成强大的社会舆论。充分利用这一时机,扩大会计工作、会计人员、会计法制在社会上的影响,具有十分重要的意义。

二、搞好大赛中的组织工作

调动数百万会计人员参赛,是一项庞大的系统工程。因此,搞好组织工作,是大赛顺利进行的关键。要抓住这么几条。

第一,领导要重视。这次大赛,由《华人世界》老社社长、全国人大常委会委员楚庄同志积极发起,他也十分关心此次大赛。财政部领导十分重视,王部长亲自做了批示并题字、题词,迟副部长、刘副部长都做了批示和指示,并听取了有关大赛情况的汇报;广播电影电视部大力支持,王枫副部长做了批示,中央人民广播电台台长杨正良同志、中央电视台台长黄惠群同志都参与了大赛的领导工作。应该说大赛领导班子的阵容还是可观的,对推动大赛工作是有利的。从各地、各部门的情况来看,解放军由原总后勤部的一名副部长、铁道部由两位副部长、湖北及宁夏由一名副省长、副主席亲自担任了大赛的主要领导。各地的财政厅、局长也大多是大赛的主要领导,这就为推动大赛健康、顺利地进行,创造了很好的条件,这就是组织上的保证。各级组委会及其办事机构和工作人员,要及时地、经常地向领导同志汇报,争取各级领导的支持。同时,也希望基层的领导支持会计人员参加比赛。

第二,要动员更多的社会力量。参加本次大赛组织工作的,在财政部有中国会计学会和会计事务管理司以及财政杂志社的有关人员;在华人世界社有社会教育部和杂志编辑部以及其他部的有关人员;还有中央人民广播电台和中央电视台的社教部、新闻部,广播电视出版社等方面的同志;中国人民大学、北京经济学院、北京商学院的会计系教授,商业部、财政部、国家税务总局有关单位的经济、财政、财务、税务专家等各方人士。这些工作人员组成了一个强有力的工作班子。解放军原总后勤部还组织了各大军区、各军兵种、军事院校的有关人员及财会专家,贵州、湖北、湖南、吉林、甘肃、宁夏等地,还联合地方电台、电视台及报社、大专院校,组织了大赛工作班子,各地、各部门会计学会都组织了专门的工作班子。有了这样一支广泛的、组织起来的社会力量,大赛的各项组织工作,就能做得更加扎实。我看,动员各方力量,是大赛组织工作中极为重要的一条。

第三,要组织各行各业的会计人员参赛。以地方为主,组织、处理好条块之间的关系。这次大赛,是关于会计基础知识的一次大赛,应该发动各行各业的会计人员都参加。由于长期以来会计工作管理体制和会计学科体系,是按专业设置的,因而各个专业有不同的会计制度、核算方法,这就给这次大赛在内容安排上增加了困难。经过有关专家多次研究,最后确定的命题大纲,是对各行各业会计人员基础知识的基本要求,无论在哪个行业会计工作岗位上,都应该了解和掌握,因此,在组织工作中,应该发动各行各业的会计人员都参加。比如,在企业会计中,仅以工商企业为代表,如银行、邮电、铁路、农场等行业,虽然命题大纲中没有这些行业特有的内容,但基本内容对于各种企业会计来说都是一样的,因此,也应该参赛。需要说明的是,中央各部及其所属单位,应到单位所在地统一参加大赛。这是考虑到复赛、决赛时的工作量,如果30个省、自治区、直辖市,再加上几十个部,这样就有近百个队集中到北京,工作量太大,确实难以进行。只能一个省、自治区、直辖市一个队,加上解放军、铁道部,全国共33个队。最近,中央有些部门提出意见,要求单独组队,看来还是难以办到。

第四,要做好收听、收看广播、电视讲座的组织工作,同时开展一些必要的辅导活动。组织学习,是这次大赛工作的一项重要内容,也是我们通过大赛达到广泛地提高会计人员业务素质的重要途径,竞赛的目的,是为了提高会计队伍素质,推动会计工作发展。因此,要把学习,贯穿到竞赛的全过程,把大赛活动变成一次名副其实的大学习活动,把组织工作的重点放在组织学习上。

第五,要认真做好优秀选手的层层选拔工作。文件规定,一定要层层选拔各级优秀选手,不能直接产生"种子队"。解放军、铁道部、湖北、贵州、宁夏等单位和地区确定,从最基层单位选拔做起,一直到县、团级,地、市、师一级,直到进入全省、全路局、大军区决赛,我看这是标准程序,应该尽可能都这样做。我们组织大赛的目的,是培养人才、广泛地提高会计人员的素质,简单地确定几个选手的做法,就达不到这个目的。"

7月3日,会议闭幕时,谢明同志再次讲话,他说:

"一、这次大赛,对我们财政部及在座的各位同志都是第一次,好多问题对我们来说都很新鲜;对我个人而言,对于这次大赛,也是先当学生,后当顾问。

关于试卷问题。960万平方公里的国土上,几百万参赛人员,一张一张往回收答卷,确实是一项庞大而复杂的组织工作。我们昨天讨论时,有18个省、自治区、直辖市赞成大集中、小集中。上午讨论又有5个地区表示要搞集中。我看,这也解决了一个大问题。即使按县集中,也只有2 000多个县,但相比将200多万张试卷一张张往全国组委会寄,工作量要大大减少。

关于第一赛程的奖励问题,原来规定设优秀奖1 000多,鼓励奖10 000多,如果参赛人员是200万,那只分别占1‰和1%不到,是少了点。经过讨论,吸收大家意见,现在决定分别增到3 000名和30 000名,这个决定,也是符合实际的。

二、大赛现在只是刚刚开始,无论如何不能走过场,一定要把这次大赛搞得成功。

三、回去以后要向领导汇报,各级领导也要给予大力支持。"

最能代表谢明同志对大赛评价的,是他在1990年中国会计学会年会上的讲话。当时,正值中国会计学会成立10周年,谢明同志把全国首届会计知识大赛,作为财政部10年中的工作成果之一,进行了总结。他指出:

"经财政部批准,由中国会计学会、华人世界社、中央人民广播电台、中央电视台联合举办的全国首届会计知识大赛,是一次会计知识大普及、会计人才大学习、会计法制大宣传、会计工作大促进。应该说,这项活动是成功的,成果是巨大的。"谢明同志接着说:"这是一次规模极大的全社会性的大赛。第一赛程发出试卷400万份，收回260万份；第二赛程从基层层层选拔开始，据不完全统计，举办的竞赛场次有6000多场，参赛者、组织者、观赛者逾千万人次。与目前已经举办的其他大赛相比，会计知识大赛的参加人数是空前的，在世界上也是少有的。经过各方面的积极组织、努力工作，各级大赛组织委员会、专家评审委员会胜利地完成了预定任务，达到了预期目的，取得了良好的效果。这次大赛，对社会来说，是一次大宣传。中央电视台、中央人民广播电台不仅作了为期两个月的专题辅导，还多次在新闻节目中做了报道，在国内外造成了较大的影响。各地电视台、广播电台也积极配合，不仅设有专题报道，开辟了专题节目，而且大都在本地区电视台做了决赛场的实况转播。加上中央及地方新闻报刊的宣传报道，可以说这是新中国成立以来在社会上对会计工作、会计知识声势最大的一次宣传。会计的社会地位，通过这次大赛，得到空前提高。据不完全统计，中央各部及中国人民解放军参加这次大赛领导工作的副部长级以上的领导干部，达15人之多；各地参加大赛领导工作的副省级以上的领导干部，达36人之多。各地财政厅（局）长、会计学会会长，大多是大赛的主要领导者。不少地区的市长、市委书记、政协主席，亲临大赛现场指导；还有工会、共青团积极配合。关于这次大赛，大家的一致反映是办了一次效率高、效果好、知识广、时间少、花费少的财会知识培训班，是一次名副其实的全面提高财会人员素质的财会知识大学习、大普及。中国会计学会组织各级专家评审委员会编写了近百本辅导材料。据不完全统计，各地组织的各种辅导报告、专题讲座、强化训练，达6万多场次。特别要指出的是，在这次活动中，一方面是采用多种形式组织辅导力量，发掘了大批人才；另一方面是竞赛内容不限于单纯的会计记账业务，还包含了会计人员所必须具备的财政、税务、经济管理等方面的知识，为我们培养知识面广、素质高的财会人员做出了贡献。大赛正在进行中，许多经验还需进一步总结。我想，有两条基本经验是应该肯定的：第一，这是普及会计教育的好办法；第二，这是向社会宣传、引起社会对会计工作重视的好方法。望各地会计学会，能够在大赛结束后，写出一个很好的总结。"

全国首届会计知识大赛结束至今已快30年了，谁能写出一份像谢明同志说的"一个很好的总结"呢？没有，至今没有！

全国首届会计知识大赛专家评审委员会的命题大纲

为了回味全国首届会计知识大赛的具体情节，我上网搜索了30年前大赛的有关资料。因为年代太久，加之那时还没有"网络"，几乎找不到一丁点信息。最终，功夫不负有心人，终于在一个"角落"，找到一份信息，有位"网民"说他有全国首届会计知识大赛的命题大纲，可谓"奇货可居"，并标价10倍于当年的价格出售。我想，这也是"发财"的一种办法，再隔若干年，这份资料也许成为"出土文物"，那更是价值无比。后来，我从《会计研究》编辑部找到了一份资料，上面就有当年的命题大纲，那是当时在新办公楼503室（现财政部老楼）奋战一周编写出来的。看看那发黄的纸张,回忆当年的情景,真是百感交集。会计啊会计,30年前它是什么样?就是这个样:分行业、分部门,设有许许多多的规定。那次大赛涉及80道题目、65部法律法规、12本书,几百万字,选手们需要背诵、记忆,真难为了他们!

作为历史资料,我把它永存于此,给大家慢慢品尝吧,让我们看看当年的会计是什么样的!

"命题大纲"指出:

> 本大纲系大赛中第一赛程书面试卷及第二赛程进京复赛、决赛命题的规定。所有参赛人员,可按照大纲规定的范围,进行赛前学习;所有组织选拔优秀选手的单位,可按大纲规定的内容,进行层层选拔工作。
>
> 大纲规定的十个方面命题内容,是对参赛的各行各业会计人员所应具备的有关知识的基本规定。包括会计、财务、经济法规三个部分及财务、会计分析和新中国会计发展史的有关知识。在会计有关知识中,除各行各业共同的会计核算基础知识外,专业会计以工商企业、行政事业、基本建设三个方面为代表,其他行业的专业会计知识,考虑到覆盖面较窄,未列入本次大赛范围。
>
> 提纲正文,是学习的重点、要点。中国会计学会将组织有关专家,按大纲规定的内容,在中央人民广播电台、中央电视台进行辅导讲解,并由中国广播电视出版社出版较为详尽的《全国首届会计知识大赛辅导讲座》专著。
>
> 提纲附录所列参考法规、文件、书刊目录,是大纲规定的十个方面命题,能够获得法定的或公认的答案基本依据的资料范围。为方便参赛人员学习,中国会计学会秘书处将精选这一部分主要法规、文件,汇编成《全国首届会计知识大赛重点学习法规文件选编》。

由于规定的两本书是第一、第二赛程的命题范围,当时的发行量,比《毛泽东文选》还要大,真是创了"历史纪录"。

大纲第一部分:会计核算基础知识,包括总论、会计科目、复式记账、会计凭证、会计账簿、会计核算形式、财产清查等八个方面。

第二部分:工业会计、财务,包括固定资产核算与管理、无形资金产核算与管理、货币资金核算与管理、各种借款的核算与管理、材料物资核算与管理、工资核算与管理、成本核算与管理、对外投资核算与管理、销售核算与管理、利润及利润分配核算、专用基金及专用拨款的核算与管理、会计报表。

第三部分:商业会计、财务,包括商品流转核算与管理、批发商品的流转核算、零售商品的流转核算、农副产品的核算、包装物值易耗和物料用品的核算、税金和财务成果的核算、商业会计报表。

第四部分:预算会计,包括预算会计的一般概念、预算会计基本核算方法、预算会计主要会计事务处理原则和方法。

第五部分:基本建设会计、财务,包括建设单位的资金及其运动、基本建设拨款的核算、基本建设单位借款的核算、设备的核算、基本建设支出的核算、基本建设资金冲转的核算、工资价款结算的核算、基本建设项目投资包干的核算。

第六部分：会计法规，包括会计法规的分类、《中华人民共和国会计法》《会计人员职权条例》《会计专业职务试行条例》《会计档案管理办法》《国营企业决算报告编送办法》《注册会计师条例》。

第七部分：财政税收法规，包括十二个方面的内容。

第八部分：经济法规，包括六个法规。

第九部分：财务分析。

第十部分：新中国会计发展史。

附录，列了参考法规和文件，共有 65 部。参考书目，列了 12 本。

全国首届会计知识大赛第一赛程圆满成功

举办全国首届会计知识大赛的消息在各种媒体公布以后，反响强烈。到 1989 年 10 月底，共发出试卷 4 003 512 份，规模之大，在我国当时各类知识竞赛中可谓首屈一指。其中，最多的是江苏省，达到 24 万份，连会计人员极少的西藏也达到 4 000 份。

这里要特别地提到当时负责阅卷的原北京军区和天津大学。

第一赛程的阅卷工作最初是在原北京军区司令部试验站进行的，全站人员为此奋战了 30 多个日日夜夜。每天他们都要用麻袋从邮局抗回好几袋答卷，回到站时马上进行分拣。首先，要将试卷按地区分开，因为印刷版本上的差别，还要将答卷按卷种分开。分拣组每天派专人从邮局拉运邮件，对挂号的还要逐一登记。分拣时，先把邮件一份份剪开，掏出答卷，再打上日期、点份数、分类别，最后按 1 000 份一捆扎好递交给下一道工序。分拣组的战士，遇到由于邮寄保管中破损的答卷，或由于偶尔失误把码剪坏的答卷，都用透明胶纸仔细粘好；有些答卷与信封粘在了一起，他们总是小心翼翼地剥离，保证答卷的完好；有些答卷地址填写不清，他们就找来全国地图和邮政编码手册查对，使分拣无误。在分拣高峰期间，一天收到的答卷多达几十万份，他们就不分昼夜加班干，有些战士连续 4 个星期没有休息。平均每人每天要剪、掏邮件数千次，点数几万份，不少战士手磨出了血泡，破了皮，他们都不急不烦，一直保持高昂的干劲和一丝不苟的工作精神。原计划将试卷用光电机输入电脑进行判卷，但那次大赛答卷纸质量达不到要求，还有的答题和剪裁也不够标准，使用光电输入会造成大量废卷。模板制作组在工程师余昌龙的带领下开动脑筋，克服困难，设想了多种模板制作方案，最后以透明有机玻璃和胶片为材料研制出 40 套判卷模板，从而保证每人每天能够准确无误地判卷两千至三千份。模板判卷是评卷工作的重要环节，关系到每份答卷的命运。试验站进行了周密的组织，从各科室抽调 40 多人组成判卷队伍，并进行了事前培训。判卷组首先对各地区答卷进行抽样试判，确定初选录取分数线，初选录取率为实际录取率的 10 倍。为确保阅卷质量，判卷组专门抽出 4 人进行质量检查。试验站的许多教官，都参加了判卷。录入电脑是阅卷的最后一道工作，优胜的名单就在这里产生。这项工作在计算中心进行。计算中心事先已编好软件程序，并调试成功。录入时，每份答卷的姓名、地址、工作单位、编号和得分都要输入电脑。有的答卷地址、姓名写得潦草难认，操作员就集体"会诊"，力求准确无误。电脑执行程序，自动按答卷成绩择优排序，选出优胜者。

全国首届会计知识大赛第一赛程成绩公布

全国首届会计知识大赛第一赛程已顺利结束。全国共发出试卷400万份，收回试卷260万份，其中有效试卷257万份，其余为废卷。第一赛程奖励包括一等奖和二等奖。一等奖根据"在分数面前人人平等"的原则，择优录取了4545名获奖者；二等奖在分数择优基础上适当照顾地区，录取了33395名获奖者。一等奖人员名单和二等奖各参赛队获奖人数，在《会计研究》1990年第一期和《财务与会计》1990第二期公布；二等奖名单，委托各队以全国组委会名义在当地或行业财会刊物上公布；一、二等奖的奖品与证书，将交各队组委会代发。

全国首届会计知识大赛组织委员会

全国首届会计知识大赛第一赛程一等奖人员名单

以下按参赛代表队将一等奖人员名单予以公布。各参赛队按获奖人数占收回试卷数的比率，从高到低排序；各队获奖人员按照得分，从高到低排序。获奖人员的工作单位或通讯地址，抄送各队组委会，以便分发奖品和证书。由于有些答卷书写不清，个别获奖人员的姓名或工作单位可能有误，请各队组委会自行纠正；如发现非本队的获奖人员，请告全国组委会。

江苏省（3646人）

狄晓春	俞枫	王桂芝	高琴华	王如梅	徐惠娟	肖玲娣	李骥东	钱士新	谢耀平
虞永年	韩宝珍	曹玉华	席芹华	缪美玉	陆泉兴	金建玉	范月琴	俞中兴	路玉娟
徐永高	薛文菊	钱建明	黄佩珠	胡亚芬	钱惠忠	曹剑秋	郁明	吴建华	姚永安
梁宝英	马重平	沈航	谢淼	辛益	诸冠兰	闻春娣	吴文碧	金锡兴	孙巧云
茹爱兰	李洪恩	陶如云	侯菊倩	刘騰	蒋宏云	荁丽清	刘丽玲	王淑华	邱蓓红

全国首届会计知识大赛第一赛程成绩公布

全国首届会计知识大赛第一赛程二等奖分队获奖人数

参赛队	收回试卷数	录取人数	参赛队	收回试卷数	录取人数
北京	10881	83人	湖南	108428	995人
天津	60268	698人	广东	131842	414人
河北	108945	3076人	海南	14285	25人
山西	112484	274人	广西	46062	130人
内蒙	23720	54人	四川	133920	519人
辽宁	177265	799人	贵州	43385	346人
吉林	94736	249人	云南	42944	149人
黑龙江	94377	24人	西藏	5114	17人
上海	106545	5382人	陕西	64944	354人
江苏	252734	9879人	甘肃	48283	426人
浙江	125893	350人	青海	15597	152人
安徽	76044	5603人	宁夏	16418	792人
福建	46988	316人	新疆	59928	488人
江西	56796	157人	解放军	25739	492人
山东	117444	200人	铁道部	65974	302人
河南	123707	493人	中央机关	3583	53人
湖北	142426	101人	合计	2567699	33395人

全国首届会计知识大赛第一赛程二等奖分队获奖人数

后来，答卷实在太多，工作量太大，无法在一个月内完成，大赛组委会又委托天津大学计算中心进行此项工作，确保在一周内完成。天津大学也动员了全部力量，按时、按质、按量地完成了阅卷工作。

真是没想到，有这么多的事情。那时，电脑技术也没有现在发达，遇到的困难就更多了。好在最后终于在规定时间内，保质、保量地完成了全部阅卷工作。真是感谢解放军，感谢天津大学。

给中央电视台陈铎、庞敏上会计课

全国首届会计知识大赛期间，中央电视台决定，由陈铎、庞敏担任全国首届会计知识大赛决赛的主持人。陈铎是"话说长江"节目的主持人，那时已有点"名气"了。庞敏刚从上海调入中央电视台，在演艺界颇有"名气"。他们对会计不熟悉，尤其是面对几百道十分专业的会计题目，他们感到十分陌生，对主持大赛决赛没有把握。经大赛组委会决定，由我给他们补习"会计课"。

在新兴宾馆，我担任"老师"，给这两位主持人上了一周的会计课。虽然他们在电视台已是"名角"，但学起会计来，还是十分认真，在我面前像一个"小学生"似的，边听边记，很是"用功"。除了科目、报表等之外，我还给他们讲了"复式记账"原理"有借必有贷，借贷必相等"，他们对于"借、贷"实在是搞不清，总问"借和贷不是一样吗？借钱、贷款不是一回事吗？"在这么短的时间里，要他们这些"门外汉"搞清几百年前帕乔利发明的"借贷原理"确是有些为难他们了，我也只好作罢。

一次，陈铎要赶到中央人民广播电台录音，为了赶时间，我说："别骑你那破自行车了，我用小车送你。"陈铎说："那回来怎么办？"我说："把你那辆自行车放到小车后备厢里吧。"陈铎说："那就谢谢你了。"我用"别克"载上他那辆破旧

江西省决赛现场

的自行车，赶到复兴门广播电台，保证了他按时录音。不知道今天陈铎还骑那辆自行车吗？那时，真的一切都是那么简朴，可今天一切变化又是那么大！时间过去了近30年啦！

决赛结束后，我给他们送了1 000元，他们都十分感动。如果在今天，这1 000元算什么？可那时，这1 000元代表了900万会计人员的心意，他们十分满意。

为了防止决赛时出现意外，我和陈铎约定了暗号，他在场上遇到什么难题，就给我一个暗号，我会立即前去帮助"解难"，好在这"暗号"在决赛时没有使用。

给中央电视台陈铎、庞敏讲题

全国首届会计知识大赛第二赛程圆满结束

全国首届会计知识大赛第二赛程的复赛在京丰宾馆进行，决赛在中央电视台进行。

1990年4月9日，国务委员兼财政部部长王丙乾在复赛中接见了参加比赛的33个代表队和全体工作人员。接见是在京丰宾馆的操场上进行的，接见时王丙乾与全体参赛选手及工作人员合影，并即席做了重要讲话，他说：

"我与大家见过面。

全国开展会计知识大赛，从去年4月开始到现在，已经1年了。这次大赛是新中国成立40年来的第一次。其规模之大、（参赛者）热情之高、时间之长、影响之广、效果之好，都是空前的。400多万人参赛，经过第一赛程以及第二赛程的层层选拔，现在到了决赛阶段。大家都经过了许许多多的比赛，听谢明同志介绍，现在这132名选手，是经过全国25 000多场次的竞赛选拔出来的，大家都做了很好的准备，我祝大家在决赛中取得好成绩。

开展这样一个遍及城乡的、全国规模的会计知识大赛，是一件非常有意义的事情。它对于提高会计工作的地位，宣传会计法制，普及会计知识，鼓舞会计人员工作的积极性，交流各方面会计工作经验，提高会计工作水平，都具有重要作用。

会计是一项重要的经济管理工作,各行各业都离不开它。在当前的治理整顿中,会计工作尤其重要。从去年到现在,我们党中央开过了四中、五中、六中全会,今年3月,又召开了全国人大七届三次会议。党中央和国务院总结了过去的经验,提出了今年的各项任务。我希望同志们认真学习这些会议文件,领会精神,提高认识,贯彻到实际工作中去,努力完成治理整顿的各项任务。

我要强调一点,我们搞业务工作的,不要忽视政治。小平同志要我们'两手抓',我们在搞好业务工作的同时,要抓精神文明建设。一个中心,两个基本点,什么时候都不能忘记。我们在开展会计工作中,都应该坚持'四项基本原则'、坚持改革开放这个大方向。要把我们的业务工作和整个国家的路线、中心任务结合起来。在服务中心的前提下,做好本职工作,通过做好本职工作,更好地为党的中心工作服务。

会计工作要靠会计人员去做。我们现在有一支900多万人的队伍,这是一支很强的力量。会计是一门科学,是一门重要的经济管理科学。这次大赛,对提高900多万会计大军的思想和业务素质,是一次很好的练兵,是一次大学习、大提高。我希望能够通过这次活动,造成一个培养人才、选拔人才的良好条件,推动我们把会计工作做得比历史上任何时期都好。同时,我们也要研究外国会计工作的发展状态,吸收他们好的经验和做法,把我们传统的、大家创造发展的会计工作,与国外先进的东西结合起来,提高我们的水平,使我们的会计工作在世界上有一个相当的地位。中国是一个具有悠久历史的文明国家,中国的会计工作在世界上也是具有悠久历史的。现在我国有11亿人口,有960万平方公里国土,我们应该对人类有较大贡献。我们有5 000多年的文明历史,加上现代科学技术,在中国共产党的领导下,我们国家一定能一步一步地兴旺发达起来。当前的治理整顿,是为了国民经济的持续、稳定、协调发展。我们的会计工作,一定要在这当中发挥更大作用,我们的会计人员一定要在当中做出更大贡献。会计知识大赛的成果,一定要体现在人员素质的提高和工作质量的提高上。

祝大赛圆满成功!祝大家在竞赛中取得好成绩!"

经过5天紧张的角逐,在复赛中取得优胜的10支队伍进入决赛,他们是:解放军代表队、铁道部代表队、吉林省代表队、中央国家机关代表队、四川省代表队、福建省代表队、山西省代表队、湖北省代表队、江苏省代表队、新疆维吾尔自治区代表队。

决赛于1990年4月14日晚,在中央电视台演播大厅进行,由中央电视台陈铎和庞敏主持。

王丙乾同志做了重要讲话。他说:

"会计工作是一项很重要的经济管理工作,现在,全国有900多万会计人员,这是经济管理工作中一支很重要的队伍。广大会计人员在各级党委和政府领导下,奋发图强、勤奋工作,在加强经济管理,提高各行各业的经济效益,为搞好治理整顿、深化改革、促进国民经济持续、稳定、协调发展中,发挥了很大的作用。我们的会计人员是很辛苦的,成绩也是很大的,给国家、给人民做出了很大的贡献。我们的会计人员，绝大多数是任劳任怨、埋头苦干、默默无闻地工作，做无名英雄。所以，今天，我代表国务院，也代表财政部向全国的会计工作者表示亲切的问候。今天这个大赛的决赛，来的有老一辈的领导同志，有各个部门的领导同志，这说明大家是很重视、支持和关心会计工作的。薄一波同志是我们中华人民共和国成立时的第一任财政部部长，他本来今天要来观看这次大赛决赛的，不巧有事情，刚才给打电话说来不了啦，他让我转达他对大家的问候，祝愿我们这个决赛成功。所以，既然各级领导都很重视和支持我们的会计工作，我就反过来代表广大会计人员向我们的各级领导同志表示诚挚的谢意。

这次开展的会计知识大赛活动，是新中国成立以来的第一次。这个活动是非常有意义的。这个活动，对于坚持会计工作的社会主义的大方向，提高广大会计人员的业务素质和政治觉悟，普及财会知识，宣传财会制度，增强人们在经济工作中的法制观念，动员全社会各行各业重视和支持会计工作，进一步加强经济管理工作，搞好治理整顿等方面，我想都能起到很好的作用。这次大赛，实际上是会计战线上的一次大练兵、大学习、大提高，它的作用是非常深远的。它必将鼓舞广大会计人员，努力提高自己，学习雷锋精神，全心全意地为人民服务，为社会主义建设、为改革开放，做出更大贡献。

祝大赛取得圆满成功！"

李先念和薄一波同志为大赛题的词

经过紧张、热烈的比赛，解放军代表队获得冠军，4名选手流下了激动的泪花，大赛组委会奖励他们4台摩托车，但他们事后都上交给了单位，军委后勤部给他们各记了一等功。这些赛手真是不容易，集训时他们每天要背几百道题目。一位选手对我说："丁秘书长，不能再赛下去了，再赛下去，我们一个个都要变成'疯子'，实在紧张得不行！"辛苦终于得到回报，冠军的奖励对他们是一种莫大的安慰！

我们还是看看决赛的最终成果吧！

全国首届会计知识大赛获奖名单

全国首届会计知识大赛组织委员会

一、复赛、决赛优胜奖

1. 一等奖：
   解放军队，选手：滕华国　王东军　邢文芳　周　诚
2. 二等奖
   铁道部队，选手：余邦利　郭维娟　张玉双　王子光
   吉林队，选手：袁克明　宋敬革　常凤春　刘文清
3. 三等奖
   中央国家机关队，选手：应　唯　尹卫军　张惠军　陈忠明
   四川队，选手：王晓贤　谭　勇　张　杨　孙　辉
   福建队，选手：严信发　余　鸣　罗朝栋　赖逢良
4. 四等奖
   山西队，选手：周静斌　马　珩　房　敏　袁水林
   湖北队，选手：夏成才　刘中强　叶泽明　胡　敏
   江苏队，选手：陈化生　许　政　杨红霞　张雨歌
   新疆队，选手：王　军　殷绍龙　杨全义　郭春亮

二、优秀选手奖（按队别笔划顺序）

上海队，选手：谢秋萍　王育治　葛希群　潘仁官
广东队，选手：赵　刚　梁伟文　王美兰　陈要斌
广西队，选手：陈志全　彭建强　黄复岗　周　勤
山东队，选手：董瑞峰　范丰君　张善朋　齐中新
天津队，选手：刘永立　钱洪树　陈炬先　杨福刚
云南队，选手：王万银　李　洪　吴国芳　孙　平
内蒙古队，选手：李表正　刘新美　唐　勇　邢　斌
甘肃队，选手：杨文丽　石培荣　陈　伟　钱万杰
北京队，选手：钟抢年　唐苏政　苏文静　孙卫崑
宁夏队，选手：刘　政　罗振邦　孙玉玲　吴汉宝
辽宁队，选手：陈士权　张　华　林凤美　李建中
西藏队，选手：刘　希　张利群　葛程荣　扎西央宗
安徽队，选手：王普明　袁敏慧　付卫民　王守四
江西队，选手：曾玉璋　叶兴安　李禄元　胡晓军
青海队，选手：杨柏林　魏廷荣　程雅莉　杨　峰
河北队，选手：刘进文　赵旭东　张虎林　张永刚
河南队，选手：王新有　李建斌　张宗乾　侣洪恩

全国首届会计知识大赛获奖名单（一）

陕西队，选手：张俊瑞　张晓岚　雷田仓　杨跃进
贵州队，选手：魏林斌　周淑琴　杨定荣　杨文涛
浙江队，选手：王　钢　俞方敏　陈　杰　万　强
海南队，选手：陈一华　黄　清　荷克权　陈险峰
黑龙江队，选手：张　弢　王树峰　吕念君　梁秀珍
湖南队，选手：张乾坤　易　佐　周　磊　张树芳

三、优秀组织奖和组织奖（按笔划顺序）

上海、广东、广西、山东、山西、天津、云南、中央国家机关、内蒙古、甘肃、四川、北京、宁夏、辽宁、西藏、吉林、江西、江苏、安徽、青海、河北、河南、陕西、贵州、铁道部、浙江、海南、黑龙江、湖北、湖南、解放军、福建、新疆。

四、优秀组织工作者

全国大赛组织委员会：丁平准、王传东、李成福；**解放军**：王焕章、赵德敬、孙　良；**铁道部**：邵培元、赵洪武、刘文广；**中央国家机关**：赵力生、花　艳、陈　达；**北京**：吕国祥、王全洲、杨　军；**天津**：张柱中、沈福章、张乃珊；**河北**：张振川、赵栓梁、阎静敏；**山西**：江维洲、胡政平、田启宸；**内蒙**：刘　可、徐　平、张爱萍；**辽宁**：郭文秀、白洪亮、李　辉；**吉林**：孙耀廷、赵宝善、吴国敏；**黑龙江**：孙双城、仲长江、张佐民；**上海**：王家晋、贺德川、劳树德；**江苏**：陈国璧、邹虎辰、陈　旭；**浙江**：江基农、郑培君、王洪升；**安徽**：刘　刚、吴　锴、郁少文；**福建**：蒋家有、余世杰、陈　民；**江西**：华　桐、谌模有、潘永珠；**山东**：王子芸、霍传贵、周树森；**河南**：谭恩河、范业骏、齐跃民；**湖北**：陶德雄、郭连东、魏承玉；**湖南**：左光辉、李承德、聂　鑫；**广东**：黄炳均、李根华、陈　坚；**海南**：黎琼珠、刘远晋、周述和；**广西**：张启超、杨志坚、余宝珠；**四川**：张永盛、雷瑶芝、李少琨；**贵州**：李剑宝、王满元、郜敬宇；**云南**：杨祖根、张进楚、陈敏才；**西藏**：多吉才旺、蒋泳松、徐焦富；**陕西**：李振林、雷仲夏、刘思慕；**甘肃**：崔岛嵩、李改英、苟博文；**青海**：彭干材、章文瑾、张根祥；**宁夏**：杨定堃、邹树柏、朱　容；**新疆**：朱芙梅、李传用、瞿幼莲。

五、伯乐奖

解放军代表队选手所在单位：军事经济学院企业财务教研室；空军雷达兵30团财务股；总参工程兵部；北京卫戍区51115部队

铁道部代表队选手所在单位：上海铁路局南昌铁路分局财务科；石家庄铁路运输学院；石家庄铁道学院；铁道部宝鸡工程机械厂

吉林代表队选手所在单位：长春市财政局；吉林会计师事务所；吉林市商业学校；吉林前信食品有限公司

中央国家机关代表队选手所在单位：财政部会计事务管理司；北京航空航天大学；中央财政金融学院；中直管理局财务司

四川代表队选手所在单位：四川南充县氮肥厂；四川达县地区蔬菜水产服务公司；四川渠县商业局；四川平昌县农机厂

福建代表队选手所在单位：福建省粮食厅；福建省供销社农业生产资料公司；；福建三明钢铁厂；福建三明市财政局

山西代表队选手所在单位：山西省建筑工程总公司；山西太原第一毛纺厂；山西太原

全国首届会计知识大赛获奖名单（二）

全国首届会计知识大赛中的西藏代表队

1990年4月9日，在京丰宾馆举行全国首届会计知识大赛复赛，总共有33个代表队在复赛中"抢夺决赛权"。各省、自治区、直辖市，选出最强选手组成了自己的

代表队参加比赛。这些选手都是经过层层选拔的，他们层层过关，打败了许多"对手"才获得"进京"资格。

在全国所有的各种比赛中，西藏代表队总是最当人们所关注的，会计知识大赛也不例外，西藏代表队也是新闻媒体追逐的对象。经过3天复赛，进中央电视台参加决赛的只有10支队伍，23支队伍被淘汰，西藏代表队被"比下来了"。但他们这次很高兴，他们的领队对采访的记者说："我们在这次会计知识大赛取得了好成绩，排名在北京队之前。"就这么一句话，展示了西藏代表队在这次大赛中的成绩，"排在北京队的前面"，他们的确实感到很自豪！

北京队垫底，又是怎么回事呢？原来北京市财政局会计处在事前没有很好地组织，也没有进行层层选拔，指定几名选手参赛，自以为"首都必胜"，结果"骄兵必败""兵败东山"，在复赛还没有结束时，北京的领队就率领选手离开了会场。"此耻必洗"，借全国大赛东风，也借此次反面的教训，他们回去立即举办了"北京首届会计知识大赛"，按照全国大赛的"规定动作"，从头做起，再开始层层选拔，真正把优秀的人才选拔出来。虽然他们派出的代表队在这次全国大赛中失利，但他们决心在下次大赛中取得优秀成绩。同时，北京事后的弥补，也的确起到了大赛的会计知识大普及、会计人员素质的大提高、会计法制的大宣传的作用。北京市的领导接见了参加大赛的选手，对他们说："名次是次要的，大赛的目的一定要达到。"北京通过"事后的补课"，达到了大赛各项目的。

西藏代表队选手发言

沉痛悼念谢明部长

全国首届会计知识大赛决赛的当天晚上（1990年4月14日），谢部长（我们都亲切地这样叫他）十分高兴，因为决赛非常完美。在决赛结束之后，回到京丰宾馆，他还嘱咐中央电视台黄台长要在新闻联播节目中播出大赛的新闻，黄台长亲自拿了胶片去总编室。谢部长还在宾馆跳了一下舞，我嘱咐董晓朝（时任谢部长的秘书），让谢部长早些休息，并叫董晓朝像往常一样，睡在谢部长套间的前厅。后来，董晓朝告诉我，那天谢部长不要他睡那，董晓朝就睡在谢部长的对门。早上，谢部长没像往常那样早起散步，大家用完早餐之后，已近8点，我要晓朝打开谢部长的门看看。打开门一看，谢部长已满嘴白沫，躺在床上昏迷不醒，我们赶紧将他送301医院。经检查，是患突发性脑血栓，经抢救无效。谢部长于1990年4月15日22时51分，心脏停止了跳动，终年71岁。谢部长走了！他看着大赛圆满胜利，笑着走了！我们哭着送别敬爱的谢部长!

1990年4月26日下午,谢明同志遗体告别仪式在八宝山公墓礼堂举行。灵堂里悬挂着"沉痛悼念谢明同志"的黑色横幅,田纪云、宋任穷、陈慕华、王丙乾参加了告别仪式并送了花圈,李先念、姚依林、宋平、薄一波、张劲夫、康世恩、李贵鲜、王任重、方毅、谷牧、李葆华等送了花圈。送别的人群,含着悲痛的泪花,送别我们敬爱的会长——谢明!

谢明,上海人。1938年3月参加八路军,1939年1月加入中国共产党。抗日战争时期,历任一二九师供给学校教员,华北财政经济学校指导员、训育科长、冀鲁豫抗日学院训导科长。解放战争时期,历任大连市财政局局长、旅大行署财政厅副厅长。新中国成立后,历任东北财政部税收金融处副处长,中国人民银行东北区行计划处长,东北财政金融处长,中央财政部经济建设财务司、贸易交通财务司、商业贸易财务司副司长、司长,财政部副部长、顾问。1987年6月经中央批准离休,任财政部特聘顾问。曾当选中国会计学会会长、中国注册会计师协会名誉会长、中华会计函校名誉校长。

谢明同志在抗日战争的艰苦年代,以民族解放事业为己任,以人民利益为最高利益,无私无畏,艰苦奋斗,呕心沥血,为支援战争和壮大革命根据地、培养党的财经干部,做出了积极的贡献。解放战争时期,被调到东北大连新解放区,从事财经工作。他不畏艰险突破敌人严密的封锁,深入发动群众,克服重重困难,积极为部队筹措粮食、布匹、医药、食盐等军需物资,支援前线,为保证解放战争的胜利提供了物资保障。

新中国成立以后,他长期担任地方和中央财经部门的领导职务,参与了新中国财政金融体系的创建工作。他一贯忠于党、忠于社会主义革命事业,具有强烈的革命事业心和政治责任感。他脚踏实地,勤于钻研,经常深入基层,深入实际,调查研究,善于把党的路线、方针、政策同本部门的工作结合起来。发扬党的理论联系实际的优良传统和作风。他以马列主义为指导,从我国国情出发,不断地总结经验,为加强企业财务管理,开辟财源、积累资金,支持国家建设,做出了重要贡献。

回想起来,我与谢部长也有不解之缘。中国注册会计师协会的成立,是谢部长一手操办的。《注册会计师条例》在福建山海宾馆定稿时,他逐字逐句地修改至深夜1点。去国务院汇报《注册会计师条例》的起草工作,是他做的说明。对注册会计师行业,他倾注了很多心血。在我出任中注协秘书长时,每当我遇到什么难处时,我眼前都会浮现出谢部长那亲切的面庞,他总是给我以极大鼓舞和鞭策,我就能勇往直前。

谢明任中国会计学会副会长时,我在会计学会干活,干得还可以,给谢明留下了比较深刻的印象。谢明曾经说过:"老丁这个人干活不错,有能力,有水平,还肯干,会计学会是他当家。财政部每个人都像老丁一样干活,就不错了。"我曾经陪同他去山西,总结了山西会计电算化教育的经验,后来就有了中华会计函校。在湖北开全国会计处长会时,他把我召去为他写会议总结,此后,就有了推广黑龙江省的"会计工作达标升级"的活动。中国会计学会当时成立了7个研究组,一次,一个研究组要到广州开会,我正住院,谢明说:"老丁住院了,广州的会怎么开?"好像没我不行似的。决定举办全国首届会计知识大赛时，谢明提议我当大赛办公室主任。当时财政部的人事司长朱希安，对我也比较欣赏。他对税务局要求《中国税务》刊物和税务学会秘书处设立两个处的人事干部说："你看看会计学会，他们办《会计研究》《会计学刊》，还兼搞会计学会的日常工作，都是老丁一个人在干，他们怎么一个处就行了？财政部如果都像老丁那样干活，可以精简一半。"朱希安1947年8月参加革命工作，曾任县粮库会计、副主任，1952年调财政部工作，历任秘书、科长、副处长、处长，人事教育司副司长、人事司司长等职。在财政部也算"老革命"了。他的态度，对我任职中注协秘书长非常重要。在出任中注协负责人时，他与主管领导谢明同志商量时，都一致给我投了赞成票。

可是，谢部长，你怎么走得那么匆忙！

谢明同志的一生，是革命的一生，为人民服务的一生，为共产主义奋斗不息的一生。

安息吧，谢部长！

全国首届会计知识大赛第二次组织工作会议合影，一排中为谢明

精彩的"金锁银锁"文艺晚会

1990年4月15日，在总政歌舞团演出大厅，为庆祝全国首届会计知识大赛圆满成功，举行了"金锁银锁"文艺晚会。节目大部分是原创的，整台晚会唱的都是"财务会计工作"。演出者是总政歌舞团的歌唱家们。

对于这次晚会的评价，先听听大赛名誉主任、中国会计学会名誉会长、国务委员兼财政部部长王丙乾的讲话吧。他说：

"我讲几点观后感，有4个方面的感想。

第一，看了这次文艺演出，感到非常兴奋，这是我进城40多年来，看到的唯一一台以宣传财务会计为中心内容的文艺演出。这是一次非常成功的演出，非常有意义的高水平的演出，如果要像昨天对会计知识大赛打分那样的话，我看，可以给编导者和每个演员打10分。

第二，我觉得这次演出，不仅是一次文艺演出，而实际上是给大家上了一堂政治思想教育课。晚会各个节目以艺术的形式，批判了错误的东西，宣传了正确的事物，指出了我们应该学习什么、反对什么、防止什么。这种演出是把政治思想教育工作寓于文艺演出之中。较好地解决了政治和艺术的统一，内容和形式的统一。因此，看了演出，不仅是一次艺术上的享受，而且也受到深刻的思想教育。

第三，这几天33个代表队，在北京参加会计知识大赛宣传了会计知识，今天晚上的文艺演出也是宣传会计知识。我看这里讲的会计，是指广义的会计，包括的内容很多。不能把会计理解得过于狭义了。会计工作是为整个国民经济服务的，它对加强国家经济建设，改善人民生活，巩固国防，保持国家长治久安，都具有重要作用。会计工作在党的一个中心、两个基本点的路线指引下，同实现"四化"建设这个大目标是紧紧联系在一起的。我们大家应该重视会计工作，支持会计工作。会计人员应该热爱会计工作，加倍努力，把工作做好。我们各个行业的会计工作做好了，就可以筹集更多的资金，节约更多的开支，支持国家的经济建设、国防建设、文化建设；支持人民生活的改善，支持改革和对外开放，我们的国家才能越来越富强。所以，会计工作虽然是个业务工作，但它也包含着许多思想政治工作。它是为政治服务的。

第四，有人认为，一讲"会计"，就是指财政部门、企业单位的会计。其实不然。我看，会计是指国家的财政和财务管理，各个行政事业单位的财务会计管理，各个企业单位和其他所有经济组织所进行的财务管理。会计工作实际上是渗透到了社会生活的各个方面、各个阶层、各个角落。所以说'办经济离不开会计，经济越发展，会计越重要'。

最后，我要感谢这次文艺晚会的组织者、编导者和演员同志们。不仅你们组织得非常好，而且所有的演员演出的艺术水平都相当高，都非常之热情。台上、台下，大家的心都汇成一片了。因此，我也要感谢观众的积极配合，使这场文艺演出非常生动活泼，非常成功。

我占用了同志们的宝贵时间。谢谢大家。"

晚会取得成功的重要因素之一，是请了焦乃积当晚会的导演。

焦乃积（1931—2005）在演艺界是无人不知的。他1931年12月出生于黑龙江省肇东市，祖籍辽宁省盖县（现盖州市）。1947年入伍，后参加抗美援朝，历任俱乐部主任、师文工队队长，铁道兵政治部文工团歌舞团团长（年仅19岁）及总团副团长。1982年离休，1986年被聘为中央电视台文艺部艺术指导，连续7年担任春节晚会的总体策划和艺术指导，为央视和全国许多电视台组织了80多台大型文艺演出，不间断地创作了90多个标杆式小品，是著名的军旅作家，多次立功和受奖，1988年获得解放军原总政治部颁发的"老有所为精英"奖。他把自己的毕生献给了他所热爱的艺术事业，同时也得到了业内同仁及广大艺术爱好者的认同。当2005年12月9日，听到"老焦……走了……"的噩耗，我心猛地一惊喊起来："不可能！这绝对不可能！"泪影中我仿佛又看到了焦老那高大魁梧的身躯，心中再一次回想起他在艺术事业中那种锲而不舍、大胆探索、勇于创新的敬业精神和"居上位而不骄，在下位而不忧"的美德。

正因为有了焦乃积，晚会才得以聚集像阎维文、宋祖英、毛阿敏、苏红、王钢、董文华等一大批演艺界的精英，他们在焦乃积面前，像小孩似的，是那么听"呼唤"，演出是那么认真、投入、卖劲！焦乃积的一个眼神，他们都能领会。阎维文的一曲《好书记焦裕禄》把迟部长唱得流下激动的泪水（那时还没有号召全国学习焦裕禄），苏红的《会计姑娘》唱得全场乐翻了天，王钢的小品更是让观众笑得直不起腰来，董文华开场的《会计之歌》（领唱、合唱）把大家带入了会计天地——平凡而又伟大，毛阿敏的《希望》更是给人带来了对未来美好的憧憬。

"金锁银锁"文艺晚会

历史总是会给人以惊喜，2008年，在去上海的飞机上，我碰到了阎维文，我对他说："我还欠你一笔钱没给。"阎维文问："什么钱？"我说："18年前全国首届会计知识大赛，你为我们演出，唱的《好书记焦裕禄》，把我们部长的眼泪都唱出来了。"阎维文说："是吗？"那次真的一分钱也没给！但演出得非常精彩。如果放到现在，这些"精英"都变成了"大款"，我们还真给不起这个钱！

焦乃积参加了大赛的全过程，他参加了在广州召开的第二次组织工作会，参加了复赛、决赛全过程，还亲自为晚会写作了一批歌词，这里摘录一些留作历史的纪念。

会计之歌——主题歌

丁平准词　董文华领唱、总政歌舞团合唱

像路边的小草，编织着美丽建设的花环，
像吐丝的春蚕，编织着人生灿烂的画卷。
肩挑时代重任，留下一身清廉。
从东海到高原，从塞北到南海，
财会大军，九百六十万，
在神州大地上默默奉献。

像银河上的一颗小星,默默地闪烁着光焰,
像山涧里的一条小溪,默默地汇集到大海狂澜。
跨过崎岖坎坷,为时代跃马扬鞭。
财会大军,九百六十万,
在九百六十万国土上留下辉煌诗篇。

会计姑娘

焦乃积词　苏红独唱

我是一个会计姑娘,
常常有人对我说短道长,
有人说我丑得叫人讨厌,
有人说我招人喜爱又大方;
有人说我脸上荡漾着春风,
有人说我眼睛里闪烁着寒光;
有人说我工作死板又小气,
有人说我办事灵活又大方。
哎呀呀,朋友!
我是一个会计姑娘,
谁不爱听别人的赞美与夸奖,
谁爱听那些诅咒与诽谤?
只要人民信任我,
那才是星星,那才是月亮,
那才是太阳,太阳,
那才是我心中最高的奖赏!

我是人民一把锁

张士燮词

我是人民一把锁,
我是人民一把锁,
兴国治家离不开我。
有人叫我"财神爷",
也有人叫我"铁公鸡""瓷天鹅",
不管人们怎么说,
我要履行我的职责;
你夜夜在金山海里漫步,
自己却清贫如洗。
啊!山村小会计,山村小会计!
当家乡升起金子般的太阳,
那太阳属于我们大家,也属于你。

天上不会掉元宝
焦乃积词

天上不会掉元宝,地下不会长金币;
金山银山别人有,我们也有一块地。
要想发财不受穷,勒紧腰带长志气;
靠勤俭,靠自立,且莫打肿脸充胖子。
要想和他人比高低,少侃多做务实际;
炎黄子孙盘龙种,顶天立地不受欺。

希 望
焦乃积、王嘉实词　毛阿敏唱

希望不能等待,希望不允许徘徊,
虽然严冬还没有走远,
希望的花朵已在我们心中绽开。
希望不能等待,希望不允许徘徊。
虽然夜空中还闪烁着寒星,
希望的朝霞已被我们呼唤出来。
希望已握在我们手中,希望和春天一起走来。

二、"顶天立地"——在中国注册会计师协会的故事

  为什么用"顶天立地"来概括我在中注协的故事？因为那时做的"梦"就是中国注册会计师要站上世界会计师之巅，所做的事就是把中国的会计师事务所做强、做大，帮他们走出去、走向全世界。脱钩改制、两会联合、法制建设、组建集团、考试培训、做强做大，等等，都是为了一个目标——中国注册会计师一定要攀登世界高峰——顶天立地！
  我们已经落后了整整一个世纪，要奋起直追，要有紧迫感！"哀兵必胜"是自古以来的真理，就是要旗帜鲜明地表明这个方向，不怕人"说三道四"。一定要发扬中华民族勇于攀登的精神，拿出当年在前线浴血奋战的精神和勇气，一句话——镀就镀个光彩照人！
  领导者要"认识自己"，贵有自知之明，知道自己适合做什么，不适合做什么，长处是什么，短处是什么。从而做到自知，明白自己应该走什么样的路，适合干什么，等等，也就是要找准自己的社会角色定位。有远见的领导人能将他们的领导思想转化为未来的蓝图，并为如何达到目标指明方向。有效率的领导对他们的观点身体力行。梦想是在不断地选择和承担责任中逐渐实现的。这是一个艰难的过程，需要勇气、智慧、执着，也需要经受考验，甚至需要经受反复的质疑、一定的偏离和再肯定。攀登世界高峰，就是我们的目标，就是我们日思夜想的梦。我在中注协的1 823个日日夜夜，做的就是这个梦。

当中注协秘书长的第一天

人生十年河东、十年河西，命运的改变自己也难以预料。俗话说，老天爷给你关上一扇门，必然会为你打开另一扇窗。我做人的标准，就是自己不愧对一生，然后努力去服务苍生。

谁能说清，人生是一场喜剧还是一出悲剧呢？如果说是喜剧，可是每个人都得面对生死考验；如果说是悲剧，我们的人生也充满了阳光和希望。

我已经历的80多年的岁月，始终是一种过程，就像冬天里的万物期盼春暖花开。但过程是一种幸福，它让生命里充满最真实的未来。学会享受过程，你会发现生命中每一刻都很精彩。

想开了，就好办。淡泊的人生是一种享受。一个完美的人生，不见得要赚很多的钱，也不见得要有很了不起的成就，在一份简朴平淡的生活中，活得快乐而自在，也是一种上乘的人生境界。

1993年7月27日下午1时，张佑才副部长找我谈话。我翻开当时的日记，记了如下内容。

张佑才副部长说：①根据部党组决定，上午，已经给你的前任说了，两边都免；②任命你为中注协副秘书长（副司级）。某某是会计司负责人、副司长、协会秘书长。党组研究了两次。中组部说可以宣布你任协会副秘书长（副司级），你的会计司副司长一职下一步再说。昨天，张庆阴又去了中组部谈。看来副司长的任命，这次赶不上了，党组还是那个意见；③要整顿协会，使之正常工作；④可以选一批骨干，刘部长同意先进人。设哪些部门，可以以后再研究。人事司把协会当一般社团，我去说了，协会不是一般社团，它有行政职能，任务很重。今后也要向各个部门宣传；⑤要进行财税大检查，要积极组织事务所参加。边整顿、边实践。朱副总理讲了，两家（国务院组织的检查组和会计师事务所）要比赛嘛；⑥要多下去调查研究；⑦两个办公室主任都不行。干部之间要交流一下；⑧学会秘书处划给会计司，这样好处理一些。你把下一步的机构、人员问题考虑一下，提一些要求。党组、几个部长对你是信任的，认为你能干、肯干，有工作能力，有业务水平，有组织能力。我们还将向中组部提。希望你安心，不要再想调动的事了。因为我要出国，所以提前跟你说了，你就开始上任吧。

我表示：①感谢组织的信任；②受命于危难之中，搞好协会难度太大了；③我将鞠躬尽瘁，全身心地投入。接受了党的教育几十年，我的人生价值，就是：工作就是幸福、就是愉快。

就这样，1 823个日日夜夜的风雨兼程，开始了。

当天下午两点，陶省隅、李希文也来了。他们两人表示：一定协助老丁搞好工作。张副部长请他们两位就人选问题多出一些力。张副部长还指示：①要集中力量把会计师事务所的事抓好。请办公厅新闻处联系一下媒体,新闻报道也要报道一下整顿的情况;②主动与下面联系,了解进度、情况。开一些座谈会,开常务理事会或理事会,研究一下怎么整顿;③协会发一个通知,推荐最好的会计师事务所参加财税大检查。边整顿、边参加。在实际中整顿,在实际中比赛一下;④协会全体人员要学习朱副总理指示,进行思想整顿、作风整顿、机构整顿。协会要能战斗,要像朱副总理讲的,要求别人做到的,自己要首先做到;自己做不到的,就不要要求别人;⑤关于协会的人员刘部长已批准,可以先进人,机构以后再说。选好人,成熟一个进一个。要看准人。协会相应的工作制度、职责范围、工作纪律要明确。刘部长已同意法制局的意见,将来协会要担负管理、审批、执法的任务。它不是一般的协会,它具有行政职能。各级协会工作都要加强;⑥请陶、李协助老丁找一些人,充实队伍,和会计司商量一下。协会要赶快运转起来;⑦有些话你们不好说我来说。

8月19日,张副部长出国回来,20日召开协会及会计司处级以上干部会,宣布部党组的决定。张副部长说:

①党组决定,某某任会计司代司长,丁平准任注册会计师协会副秘书长。中组部说财政部行动慢了。年龄到点,原则上都要下。中组部要求干部交流,某某某作干部交流,称调动手续正在办理,办好后再免职。党组建议某某当协会秘书长,建议开常务理事会,完成法定手续以后,党组发正式任命通知;②我分管会计工作3年了,会计工作、注册会计师地位大大提高,发展很快,重要性越来越被人们所认识。成绩也是很突出的。中央很重视。总书记、总理直接管注册会计师,这是从来没有过的。会计司和协会的领导人,带领大家取得了很大成绩。工作任务很重,改革任务艰巨,业务要求很高。大家付出了代价,大家的贡献,可载入史册。3位领导,做了大量的工作,这支队伍是能战斗的。当然,在发展中也出现了大量的问题,在社会上也产生了一些影响。这些是在发展中出的问题,不足为怪。当然,我们有信心,领导批评财政部下功夫不够,责任在我,我尽心尽责不够,你们当家我负责。整个事业的发展是共同的。新班子要继续发扬过去艰苦奋斗的作风,把工作连续搞好;③认真搞好交接工作。我们都是共产党员,年龄不能永存,革命事业心永存。要扶上马,送一程。我们的事业不能中断,工作不能中断。会计司、协会的工作一直是紧张的。要有长期作战思想,共同做好工作。请你们立马上任,迅速熟悉各方面的工作,大家都主动些,一周之内完成。在交接之中,不能影响当前工作。各位处长,都必须到位,主动运转,主动汇报,这是面向全国,一出问题就是全国性的。考试工作要特别到位,考办的同志,要主动到位。全体同志都要安下心来,搞好工作。机构在改革中,有的不安心工作,事还很多,有的司局要撤销、合并,财政部整体机构设置,已报国务院。协会要加强,会计司要加强,内部要充实。刘部长批准了,协会要加人,加40人。有的是要调整的,函校要调整,党组定了以后办。注册会计师培训中心,朱副总理批了,刘部长说要讨论。机构要加强,运行部门要加强。心要安下来,要为事业的发展,人才的培养要花大力气。处长、司长要领会这点,把大家的心拢起来,主动改革;④当前的任务:财政工作会议开了,六号文件发了。朱副总

理的讲话，要认真学习，每个同志都得学。朱副总理的讲话很重要，要充分认识这一讲话对搞好财税工作很重要，鼓舞也很大。要充分认识财会工作的重要。加快财税改革，势在必行，势在早行，财税问题确实很乱，确有不正之风。改革确实有难度，通过学习，要确实做到"约法三章"。在学习中，对今年三大工作：改革、整顿、正常业务都要搞好。也要保护好干部。

就这样，我开始了1 823个日日夜夜风雨兼程的搏斗。

我差一点去了深圳

1992年3月，李德成任深圳市属企业工委书记、市投资管理公司总经理。1993年7月，升任中共深圳市委常委。在小平同志南方谈话发表以后，深圳加快了改革开放的步伐，李德成带着深圳市委组织部部长来到北京，经中央组织部同意，要在中央国家机关各部委挑选一批专业骨干去深圳任职。到财政部，李德成选上了我，他和深圳市委组织部部长找我谈话，要我出任深圳市投资管理公司财务总监，承诺配车、配房，享受局级待遇。后来，张佑才不同意，说："我们要用。"因为财政部不同意，我就没有去成深圳。

李德成后来升任深圳市委副书记、市政府常务副市长、党组副书记、政协主席，如果当时我去了深圳，不知道下半辈子会怎样过？深圳的"水"，可深了！搞得好，也许能"弄个副市长当当"，搞得不好也许"进了监狱"。

人生命运的改变不是每个人可以预料的。

诱惑是把双刃剑，没有诱惑，就不会有动力，而陷于诱惑自然免不了吃苦头。如何驾驭诱惑，取决于很多因素，而智慧与信息至关重要。

看来，没有去深圳是对的。从商、为官，都不是我应走的路！做一名"书虫"，两耳不闻窗外事，天天埋在书堆里，可以省去很多烦恼！

人，最终总是要找马克思报到的！

一个伟大的民族、伟大的时代，一定要有伟大的精神支柱。如果大家只想着挣钱，没有精神追求，缺乏理想信念，那就不会有大出息。

我差一点成为王晓玉的"管家"

王晓玉，美籍华人，后来是刘晓庆的第四任老公。1993年，他在天津开了一家制衣厂，专门为美国及其他一些国家的领袖做宽松的休闲装。他的一句话打动了我，他说："能办工厂，是因为国家照顾，地方支持，应当缴税，多缴税应当高兴，是企业办得好的标志，靠偷税漏税办企业是办不好的。"这句话使我感动，心想，这个"老外"企业家还真是想得开。后来，我知道王晓玉是一个爱国的华侨。他对记者说过："多少年商海经营的艰辛都已经在时光的打磨下风轻云淡了，心中只有一个情结愈系愈牢愈难以释怀啊，就是对祖国的依恋。天南海北、历尽风霜之后积淀下来的是对祖国的感恩与热爱。"他邀我到天津当他的财务总监，并承诺财政部给予我的一切待遇他都照给，并且可能还要多给一点。他说："我请你，不是因为你在财政部工作，也不是因为你认识天津市财政局、税务局的吕局长、张局长，我不要你帮我逃税，我只要你帮我理财。我看中你理财的本事，看中你为人忠厚。"后来，我也没去成。如果去了，是不是有可能成为刘晓庆的"管家"？！

2013年8月，我从网上得知刘晓庆再婚的消息。但网络上的"消息"很吊人胃口，搞得神神秘秘，今天说刘晓庆再婚了，第二天又说她的新任丈夫是"家具大王"，直到第四天才登出王晓玉的照片，我才确定刘晓庆的新任丈夫是我认识的那个王晓玉，是那个曾经邀我去天津的王晓玉。

王晓玉比我小5岁，他1942年出生，老家在安徽合肥。他投资家具行业多年，任广东顺德锡山家具有限公司董事长、总经理。锡山家具专注于高端家具生产，其产品多半出口海外，锡山家具门店已经遍布广东、浙江、上海、山东、天津等地。王晓玉还担任中华海外联谊会理事、中华全国侨联委员、安徽省政协常委等职，还是第十届全国政协委员。其父王剑秋是黄埔军校武汉分校七期毕业生，国民党少将。

王晓玉是刘晓庆第四任老公。美国时间2013年8月20日下午，刘晓庆与William. Xiaoyu W（王晓玉）先生在旧金山ValleyPresbyterian Church教堂，举行了庄严隆重的婚礼。俩人深情携手在牧师面前许下誓言，"互敬互爱，携手同行"，步入了婚姻殿堂。之所以选择这天，是因为20日正是王晓玉与刘晓庆正式注册结婚的周年纪念日。王晓玉自称仰慕刘晓庆多年，如今终于感动芳心"赢得美人归"，因此选择在这一天举行婚礼，也是王晓玉坚持用一场完美、圣洁的婚礼来表达对妻子的爱意。据王晓玉说，他追刘晓庆追了30年！

王晓玉自幼出生在国民党军官家庭，从小被称为"黑五类"的后代。家庭出身带来的伤痛，让他一直遭受人们戴着有色眼镜的目光。回忆这段历史，王晓玉自己写道："毛主席曾到安徽来视察工作，同学们都去欢迎，而我却被命令留在家里炼钢铁。原以为是工作需要，后来才知道是因为我的家庭成分不好。"高中毕业后，王晓玉选择成为一名人民教师。他希望通过教书给自己积累更多的知识和力量，让自己在今后有所成就。王晓玉的奇迹得益于"大字报"的抄写。在"文革"期间，因为毛笔字写得好，写得快，被选为抄写"大字报"的主力。"文化大革命"结束后，王晓玉出国了。在美国半年时间里，王晓玉对美国商业社会进行了考察，并在此基础上写了一篇2 000字的相关报告。回国后，王晓玉这份详尽而务实的报告最终被送到安徽省分管外贸工作的领导手中，他的想法得到了安徽省领导的支持。时至今日，王晓玉依然活跃在安徽政治圈子之内。

1980年6月，王晓玉踏上了自由之都——香港。随后，王晓玉将弟弟从台湾带到顺德投资建立锡山家具厂，由此而"发家"。蹊跷的是，刘晓庆也曾入股家具连锁店。当时还打起了广告噱头，"交1万元订金就可免费乘包机到成都，买2万元家具就可在本月19日与明星刘晓庆共进鸡尾酒会和看烟花"。大概也是"前世姻缘"！

作为全国政协委员，王晓玉也曾有过不少精彩言论，他透露，控制房价不能一味靠打压手段，建议政府采取预售房的形式，引导房价平稳发展。其"两会"提案也曾关注过农民工就业的问题。

据介绍，王晓玉在家里其实也是"火巴耳朵"，什么都听刘晓庆的。2014年5月7日，当《华西都市报》记者谈到联合国有关官员特别授予刘晓庆"联合国中国文化传播推广大使"一事时王晓玉说："推广中国文化是我们共同的责任。能够获得这样的赞誉，我为刘晓庆深感荣耀。对我们来说，作为联合国中国文化传播推广大使，我也深感责任重大。"2014年4月6日，《风华绝代》巡演到旧金山市佛林中心，当晚最大的彩蛋当属刘晓庆新婚不久的丈夫王晓玉。

两次致函香港会计师公会会长翁江培

1990年12月，香港会计师公会会长翁江培新婚，中国注册会计师协会致信祝贺。隔了13天，中国注册会计师协会再次致函香港会计师公会，这次不是"祝贺"，而是悼念翁江培逝世。

翁江培是香港安永会计师事务所高级合伙人，1990年当选香港会计师公会会长，对内地持友好态度。

人们不会忘记，是翁江培充当"中间人"，促成了海峡两岸会计师组织的交往。那是在1990年10月，翁江培主动牵线搭桥，来往于大陆和中国台湾之间，促使大陆和中国台湾两岸会计师组织在香港举行了第一次正式会谈，开启了两岸会计师组织的正式交往。由于中国注册会计师协会与香港会计师公会的友情，在翁江培新婚之际，中国注册会计师协会致信祝贺。

翁江培1990年12月与亚视小姐伍咏薇结婚。伍咏薇，1969年2月24日出生于香港，影视演员、歌手。因1989年参加亚洲小姐竞选，获得"最上镜小姐奖"而进入演艺圈。1990年12月，与比她年长30岁的翁江培结婚。婚后伍咏薇到深圳演出，翁江培从香港专程来到深圳"捧场"，不料当晚翁江培心肌梗死，猝死于深圳，那时他与伍咏薇新婚才13天。中注协又发出唁电，悼念"老朋友"。

伍咏薇对翁江培一往情深，每逢清明，都会去翁江培坟上祭奠，并点上一支翁江培生前喜爱抽的香烟——摩尔，直到香烟烧尽，她才悲切地离开坟地。

传说，翁江培为伍咏薇留下了将近1.7亿港元遗产。但也有人说，翁江培根本没有什么"巨额遗产"，他在香港跑马、在澳门跑狗，输了很多，是个"外强中干"的"负翁"。因为翁江培是在深圳去世，所以领取遗产有许多法定手续要在内地办理，直到2000年，伍咏薇才领到遗产中的900万元（港币），至于翁江培整个遗产到底是多少？无人知晓。

在我的记忆里，有两件事留在我脑海中。

一件事是在香港。1990年10月，我去香港与台湾会计师组织会谈。休息时，翁江培陪同我们去看"赌马"，那时邓小平说了，香港回归后，"马照跑"，所以我们都"大胆"前去"赌马"。翁江培帮我们买了5张票，结果4张中奖。由杨纪琬帮助我们前去"领奖"，因为我们都是"土包子"，不知道跑马的"奖票"怎么个"领法"。至于翁江培，据说当天他赚钱了"好几万块"，下午他又去澳门"跑狗"，又"发了财"。谁知道呢？

另一件事也是在香港。听说夜总会那时是香港安永的"大客户",我很好奇地打听:"对夜总会的小姐,'期末存货'是怎么'盘点'的"?安永的人回答:"去问翁会长吧!"谁去问这事呀!没有回答。

新中国恢复和重建注册会计师制度不能忘记荣老板

恢复和重建新中国注册会计师制度后成立的第一个会计师事务所,"官方"(指当时财政部的会计司)说是上海会计师事务所。但查阅历史资料可以发现不是上海会计师事务所,而是中信公司财务会计咨询部。

新中国恢复和重建注册会计师制度是对外开放的需要。具体来说,是因为有了1979年7月1日全国人大五届二次会议通过的《中外合资经营企业法》,以及国务院1980年9月发布的《外国企业所得税法实施细则》,细则的第20条、36条中规定,外国企业的财务会计报告,要经中国注册的会计师查账并出具报告,方为有效。荣毅仁在参与制定这些法律、法规时,提出了许多建设性意见,包括注册会计师在涉外税收方面的重要作用、外方的投资比例,等等。时任全国人大常委会委员长叶剑英对荣毅仁的建议非常重视,当即报告了小平同志,邓小平说,可采纳荣毅仁的意见。正是这些涉外法律、法规奠定了中国对外开放的基石,引来了大批外资进入中国,形成了对外开放的第一波浪潮,同时引出了涉外企业税收的有关规定,成为新中国恢复和重建注册会计师制度的重要起因。在此,我们不能忘记荣毅仁所做的贡献。

1978年党的十一届三中全会以后,国门开放之初,在邓小平的支持下,1979年10月中国国际信托投资公司(简称中信公司)正式成立,邓小平称它为"中国对外开放的窗口"。邓小平以"三顾茅庐"之礼数,聘请荣毅仁出任中信公司董事长兼总经理。荣毅仁在中信公司内部设立了"财务会计咨询部",其主要职责,不是管理中信公司的内部财务,而是在与外商谈判时,提供财务会计方面的咨询信息,也就是起到注册会计师、会计师事务所的作用。那时,财政部关于"建立会计顾问处"的文件还没有发出,国务院的《注册会计师条例》更没有问世。因此,对会计师事务所,没有统一的名称,不叫事务所,而叫"咨询顾问""咨询公司"。中信公司的"财务会计咨询部",就是后来所称的"会计师事务所",它成立的时间早于财政部文件,更早于上海会计师事务所的成立。

中信公司与老"立信"有着千丝万缕的联系。在中信"财务会计咨询部"中,就有上海立信会计师事务所当年大部分的原班人马。早在20世纪40年代,李文杰就是潘序伦创办的"立信所"的同事。当抗日战争潘序伦远在重庆的时候,李文杰在上海撑着"立信所"的局面,担任代理所长兼主任会计师,主持"立信所"的日常工作。还有季树农、于家来、孙毓斌等多人。这些"立信"的老人,后来都被荣毅仁请进了中信公司"财务会计咨询部"。在中国注册会计师协会还没有成立时,由财政部印发的注册会计师证书,从1号到10号,都发给了中信公司的这批老同志。

荣毅仁作为中华人民共和国的副主席,作为新中国改革开放的带头人,作为外商投资企业相关法律、法规制定的参与者,是新中国恢复和重建注册会计师制度的首创者,是当之无愧的。

中信公司"财务会计咨询部",作为新中国恢复和重建注册会计师制度后成立的第一家会计师事务所,也是客观事实。

总之,我们在研究新中国恢复和重建注册会计师制度时,不能忘记这位卓越的"红色资本家"——荣老板。

台湾之行的故事

1994年1月5日至13日,应台湾和福建两地会计师协会的邀请,我和中注协陶省隅会长作为"嘉宾"去了中国台湾。"风雨兼程"系列图书前几卷谈到了此访的全部经过,这里再说几个故事。

当时,台湾当局还不允许"三通",结果自己吃了大亏。我们到香港就看到很多台湾的大型轮船在倒腾大陆的煤,把煤从大陆的船倒到台湾的船上。台湾发电缺煤,要从大陆买但台湾当局又不允许"三通",所以只好在香港"倒煤",这样一折腾,不仅污染很大,而且成本也大为升高,这不是自讨苦吃吗,真正的倒霉(倒煤)了!

到台湾的第一个晚上,陶省隅会长拿起电话就往家里拨,一打就通,陶会长就跑到我房间,说:"不是说不能'三通'吗?怎么我一拨电话,我老婆就接电话了?"我说:"那是经过'第三地'转接的,两岸没有直接通的电话。"可不是嘛!为什么要让"第三地"来赚这个钱?台湾人平时老骂香港人赚他们的钱,这钱不是台湾当局自己"送"上去的吗!

到了台北,台湾会计师公会的安排也是经过多方的考虑,在参观纪念馆时,只安排"看总理的,不看总统的",因为总理是孙中山,总统是蒋介石。我们都知道这是"主人"煞费苦心的安排。相处几天之后互相更熟悉了,我说:"你们的钞票上小额的印孙中山的头像,大额的印蒋介石的头像,这是不是说总统比总理大?"台湾的朋友回答说:"不是谁大谁小的问题,是一个真假问题。小额的没人造假,大额的有人造假,所以小额的用孙中山先生的头像,大额的用蒋中正先生的头像。"原来台湾人也把老蒋作为弄虚作假的代表人物。后来谈到什么地方物价最贵,我说台湾的物价最贵,"你看,到美国给小费是一美元,合人民币七八块钱;到香港是十块钱港币,合人民币也不到十块钱;在台湾给小费是一百元台币,合人民币三十多块。你看,不是台湾更贵吗?"。台湾的朋友笑着说:"说得对,要不,怎么叫香港是'购物天堂'呢!"

在参观台湾故宫时,看到众多的展品,大多是大陆没有的。因为台湾故宫的展品太多,台湾故宫的面积太小,只能把展品轮流展出,事前公布每月展出展品的计划。看到这一点,我对台湾的朋友说:"看来'统一'只能台湾到大陆去。你看故宫,展品可以用船装到大陆去,可故宫的建筑在大陆,你不能把房子搬到台湾来。"台湾的朋友笑了笑,说:"那是理所当然。"

去日月潭的路上,在山顶有一尊蒋先生的塑像,同行的台湾同道问:"丁先生,你对蒋先生作何评价?"我回答:"此乃历史人物。"到日月潭泛舟湖心,虽然风光不错,但游人太少,显得十分冷清。我问导游:"为何游人这么少?"导游说:"都到大陆去了,大陆有日月潭这样风光的地方,多得很。"

从台北到台南,台湾的三个会计师公会轮流请客,每餐都摆满了海鲜。从垦丁公园去高雄,途中路过一个什么镇,停下吃"特色菜",结果还是海鲜,有一种什么鱼片,一口一块,一块一百元台币,合约三十多元人民币。我就问台湾的朋友,怎么老给我们吃海鲜。台湾的朋友说:"尊贵的客人来了,我们台湾的习惯就是请吃海鲜。"临别时,他们送了我们一箱改良水果——黑珍珠,说是台湾这些年就在"改良"上下了功夫。

到了高雄,会议场所临近一条河,高雄的卓传阵介绍说,过去这里是一条臭水河,那个气味可难闻了。后来,经过几年的改造,臭水河变成了爱河,谈情说爱的都到这河边来了,于是这条河就改名叫"爱河",这是台湾改造环境的一件大事。

在高雄还有一件事:晚上参加卡拉OK,一位据说还是国民党的中央委员的"官员",邀请我与他合唱,他提议唱"血染的风采",我感到很惊奇!那位"官员"见我有些犹豫,就对我说"我知道这首歌里有一句歌词,我们就唱'在我们的国土上',你不用唱'共和国',我也不唱'民国',海峡都是中国嘛"!看来这位"官员"是真正的"国民党",他赞成"两岸是一个中国",反对"一边一国",反对"台独"。晚会上大家都很高兴,从头到结束,都十分和谐。

到了台北,台北市会计师公会要我做一次讲演。我就介绍大陆刚刚通过的《注册会计师法》,说明自今年起,进入注册会计师行列的唯一途径就是考试,考核作废。我在大会上宣布,从今年起,台湾居民可以到大陆去考注册会计师。台湾同行反映说很好,说"大陆说干就干,说没有考核,考核就没有了。台湾至今还有检核,检核那就是走后门"。大会上台湾的同行提了很多问题,我都一一做了回答,大会的时间一延再延,台湾的朋友也不觉得时间过长,只恨太少机会让他们提问。其实,一句话,就是他们想来大陆做生意,不放心,所以要问个明白。

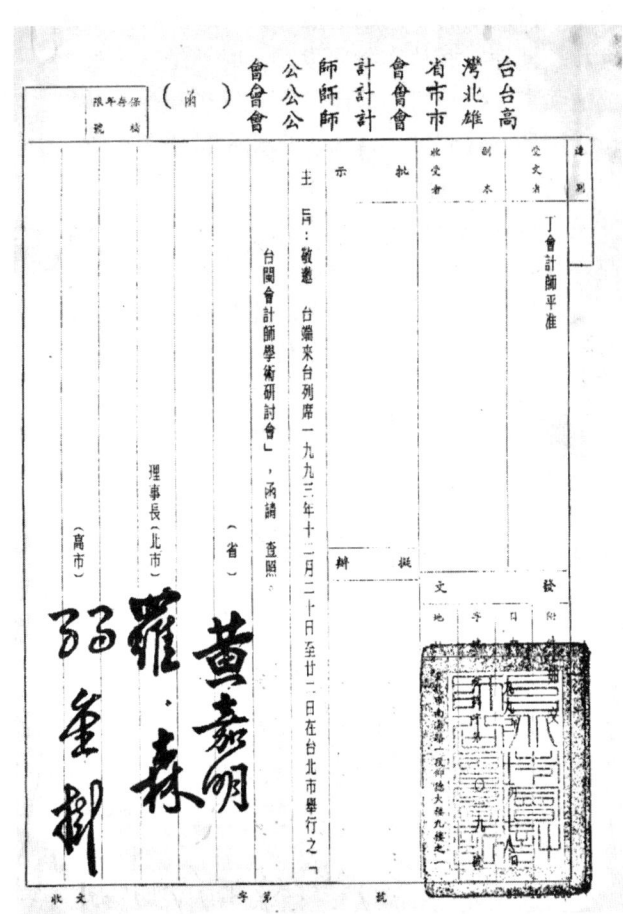

台湾三个会计师公会的邀请函

在台北，还接到郑丁旺的邀请，一打听，郑丁旺是政治大学的校长，我闹不清楚这个"政治大学"是干什么的？心想大概总和"政治"有关，我就婉言谢绝了。

一路上，给我们开车的是一位三十多岁的女司机，我问她："你三十多岁了，怎么还不结婚？"她回答说："台湾男人花心的很多，看清楚再说。"经她这么一说，我才发现，在台湾三十多岁未嫁的单身女孩子很多。

回北京时，依然从台北起飞。在机场，看到一位台湾老兵在吵闹。后来在飞机上他坐在我后面，他给我讲了他自己在台湾发生的一个故事。他说多年前，他在台湾军队服务，信口唱了义勇军进行曲，他不知道那是中华人民共和国的国歌，被当局抓了起来，关了好多年。后来是蒋经国废除了"戡乱救国条例"，他才得以释放。现在是想回大陆看看，还规定要买来回的机票，所以在机场吵了起来。

中办发［1996］17号文件：事业单位改革

1996年8月，中共中央办公厅、国务院办公厅印发《中央机构编制委员会关于事业单位改革若干问题的意见》（以下简称《通知》），指出改革具有复杂性、艰巨性和长期性，要从实际出发，及时总结试点经验，处理好改革、发展和稳定的关系，要加强事业单位机构编制的宏观管理和预算调控，减轻财政负担，建立和实施事业单位登记和管理制度。过去，事业单位主要是在计划经济体制下，建立和发展起来的，与社会主义市场经济体制不适应，政事不分，社会化程度不高，缺乏竞争机制和自我发展、自我约束机制，发展和需要脱节，内设机构臃肿，人员结构不合理，难以担负起自身职责，加重了主管部门的管理负担，不利于政府职能转变。

通知指出，改革的指导思想是政事分开，推进事业单位社会化，建立符合市场经济体制需要的，符合事业单位自身规律的，充满生机与活力的管理体制、运行机制和自我约束机制。

改革的基本思路：确立科学化的总体布局，坚持社会化的发展方向，推行多样化的分类管理，实行制度化的总量控制。

1996年8月13日，注协中心组学习《通知》，参加人员有秘书长、副秘书长及各部门负责人。张庆阴说："给人事司打了电话，他们想听听我们的意见。讲了几点：一、要放权，但事业单位情况不一，不宜搞一刀切；二、行政事业的职能要分开，不能互相交叉，纯属财政职能的归行政；三、从经费来源划分，全额制的人员从严控制，减员10%；四、既要解放思想，又要平衡过渡。对财政部所属的七个协会、学会的改制，方式不一，区别对待；从差额到自收自支。扩大自主权，人员只管到秘书长、副秘书长，其余实行聘任。实行人员聘用制，岗位责任制。""关于分房问题，老人老办法；新人采取有偿分配，内部优惠。放权后，有政策的尽量利用。"

会议商定：给部里写一个报告，说明行政权不能收回，仍然按十条办（财政部的三定方案中给中注协定的十条职责）。朱镕基都讲了，把对会计师、事务所的日常管理任务，交给协会去管。这符合国际通行的原则，我们应当与国际接轨。

中注协的职能

《注册会计师法》的基本精神，是由注册会计师协会代表财政部对注册会计师行业实行管理，而财政部对协会的监督、指导是指由财政部主管部长对中注协实行监督、指导，财政部任何司局对中注协无权监督、指导，任何司局也无权监督、指导注册会计师行业。

1993年8月10日，由李鹏总理签署报请全国人大常委会审议的《注册会计师法（草案）》第四条指出："注册会计师协会依照法律、法规的规定和协会章程及自律准则管理注册会计师和会计师事务所。"这就代表了国务院的意见。1994年8月3日，全国人大法工委在审议时认为，这一款没有实质性内容，可以取消。因此，在正式通过的条文中没有这一款。

1994年6月2日，财政部向国务院报送的文稿中，对中协的具体职能写了4点。8月10日，国务院向全国人大常务委员会提供审议的草案中，对中注协工作内容列了10项。后来全国人大法工委在修改时，认为：第一，财政部授权中注协是财政部内部的事情，不必写进法里；第二，属于协会自律性的职能，也无须用法律来规定，在协会章程中可以规定；第三，在本法其他地方已经明确了的事情不必在协会这一章中再重复；第四，一些无具体内容的条文可以省略。在全国人大常委会审议《注册会计师法（草案）》时，全国人大法工委安建说："现在你们的主要矛盾是与审计署的矛盾，因此，'草案'中关于'注册会计师协会'的有些写法可以改成'财政部'，你们与审计署'吵架'也更有力。至于财政部内部的分工，可由财政部自己去决定，或者按照国务院报请人大常委会的稿子写的来定。"所以，在最后提交全国人大常务委员会表决的稿子中，删去了许多关于"注册会计师"的写法，而改写为"财政部"。因此，有关协会的职能，就如正式文本公布的那样。

1996年6月5日，朱镕基副总理在中国注册会计师全国特别代表大会上的书面讲话中指出："按照法律、法规的规定，把对注册会计师、事务所的日常监督管理任务，交由注册会计师协会去完成。"这是重申了国务院的意见。

1987年7月3日，国务院发布了《注册会计师条例》。1988年11月18日，中国注册会计师协会召开第一次全国会员代表大会，宣告中国注册会计师协会成立。1989年2月20日，财政部发文宣布"批准中国注册会计师协会成立，并作为财政部领导下的一个事业单位"。随着协会在财政部内的"独立"，急需明确协会与会计司的关系。

1992年5月30日，时任财政部副部长刘仲藜亲自起草了"中注协与会计司的分工"七条意见，王丙乾6月22日批示同意。这七条的主要内容是：①批准外国会计师事务所在中国设立常驻代表机构及中外合作会计师事务所的设立、延期、申请内容变更等，已商定由协会作为对外窗口负责办理。②批准注册会计师注册、会计师事务所成立，由协会办理。③协会开展国际会计师团体、外国会计师组织之间的交往活动，以协会名义直接对外联系、发文。④某些外国公司或经济组织，要求财政部门介绍和解答有关外商投资会计制度方面的事项，一般情况下，可实行对等原则。⑤有关注册会计师的法律、条例、制度的制定和解释。制定会计有关方面的法律、条例、制度等立法方面的工作，由会计司负责。在起草拟订过程中，可以根据立法内容，邀请协会参加；有关注册会计师的法律、条例、制度的制定和解释，由协会负责。在起草过程中，可根据立法内容，邀请会计司参加。⑥关于组织全国性注册会计师考试工作，谢明同志已有批示，按谢明同志意见办。⑦协会与会计司的分工，原则上划开了。日常工作中还会遇到一些问题，在意见不一致的时候或一时分不清的时候，鉴于谢明同志是会计学会会长，过去长期领导会计司工作，刘副部长将主动与谢明同志协商，按商定的意见，批给谁办就请那个机构承办。1992年7月1日，财政部党组正式通过了这七条意见。1992年3月8日，中注协搬至北京教育学院西城分院办公，与会计司正式"分家"，独立运行。

中国注册会计师协会与财政部会计司一开始就不是"一元化"领导。1988年11月中注协成立时，杨纪琬是中注协的会长，张德明是中注协的秘书长，魏克发是会计司司长，不存在司长兼秘书长的情况。后来在张德明、陆兵时期，出现过会计司司长兼协会秘书长的情况，但短暂而异常。那时之所以实行"兼任"体制，并不是因为工作上有矛盾——两个部门职能十分清楚，会计司管会计，协会管审计，涉及两个专业、两项工作，"河水不犯井水"。部领导采取"兼任"的措施，主要是为了便于处理"人际关系"。但即使领导是"兼任"的，中注协仍然是独立于会计司，会计司也没有另设机构办理注册会计师的业务。从丁平准时代开始，财政部不再采用"兼任"的办法，这是注册会计师行业体制完善的必然结果。

1995年审计署在与财政部谈"两会"联合时，坚持一条：中注协秘书长绝对不能由会计司司长兼任，否则，在联合后的中注协背后仍有"两个老板操纵"——财政部的会计司、审计署的指导司，行业管理仍处于"多头领导"，"联合"就等于是

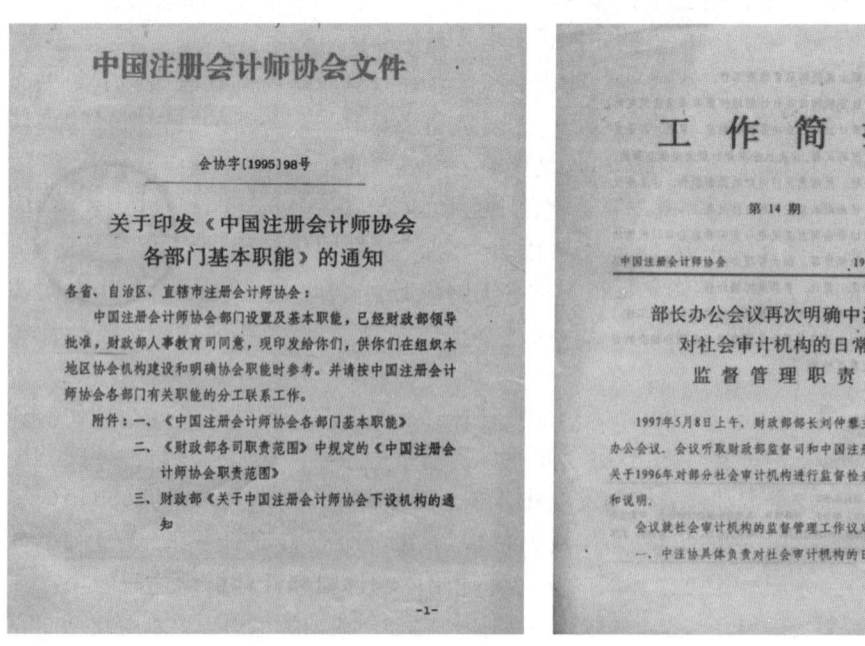

部门说明中注协职责的文件

个空架子。因此，审计署特别强调，对社会审计的日常管理必须全部交由联合后的中国注册会计师协会执行，财政部的会计司与审计署的指导司不再干预。1996年6月中注协全国特别代表大会后，地方"两会"联合时，也遵循了这一原则。地方财政厅（局）会计处长不再兼任注协秘书长，注协的秘书长在财政厅分管厅长的领导下，独立自主地管理注册会计师行业的日常工作，直接对厅党组负责。这种体制，是科学的、有效的，符合法律规定、符合国际惯例、符合中国国情、符合行业实际。

1994年7月1日，财政部"三定"方案规定中注协有十条职责。1995年5月8日，财政部刘仲藜部长主持召开部长办公会议，再次重申协会对注册会计师行业的全面监管。

上海市注册会计师协会成立

1987年4月9日下午，在上海国际俱乐部召开了上海市注册会计师协会成立大会，正式宣告上海市注册会计师协会成立。

上海注协，是根据国务院发布的《注册会计师条例》第五条的规定，经上海市人民政府财贸办公室批准成立的。

顾树桢当选为会长，龚清浩、娄尔行、李鸿寿为顾问，余瑾、郁子冲、顾福佑当选为副会长，顾树桢兼任秘书长。

上海注协当时有上海会计师事务所、上海社会科学院会计师事务所、大华会计师事务所、立信会计师事务所等4家会计师事务所及9个分所、办事处，拥有148名注册会计师。

上海市注册会计师协会成立时间早于中国注册会计师协会的成立时间。

《注册会计师条例（草案）》座谈讨论会在福州举行

财政部于1985年10月25日至11月1日，在福建省福州市召开了《注册会计条例（讨论稿）》座谈讨论会。参加会议的，有全国各大、中城市会计师事务所、部分省市财政厅局的负责同志50余人。

会议讨论了《注册会计师条例（草案）》的起草工作。会议认为，5年来，我国注册会计师的工作成绩突出，有了一支队伍，积累了不少经验，锻炼了一批干部，在涉外经济活动中发挥了积极作用。大家认为，注册会计师是国家批准按照法律规定独立执行会计公证和会计咨询业务的人员，会计师事务所是经国家批准的依法独立承办注册会计师业务的法人组织。随着"对外开放，对内搞活"经济形势的发展，一方面涉外业务还会增加；另一方面对内业务也会逐渐开拓。特别是对内业务，目前步子慢了点，要加快步伐。但不要满足现在的水平。特别是在人员方面，无论数量、质量都还远远跟不上形势的发展。现有的队伍人员老化。一方面要充分利用一些离休、退休的，具有丰富经验和较高业务素质的老同志，聘请他们到事务所工作；另一方面还要请他们带徒弟，争取让每个同志在两三年内能带出两三个接班人。还要抓紧培训工作，可以委托一些大专院校代培，从各个方面多渠道、多层次、多形式地培养人才，为下一步扩大业务创造条件。各地财政部门要加强对注册会计师工作的管理，要有计划、有步骤地进行安排，特别是在开展国内业务方面，要摸索出一些路子来。

会议期间，福建、广东、上海、大连、南京等地会计师事务所和中国国际经济咨询公司、中国财务会计咨询公司等单位的负责人向大会介绍了他们在涉外经济活动中承办验资、查账等项业务工作的经验，以及在开展国内业务方面的一些做法。

根据座谈会讨论的意见，起草小组再次对"草案"进行了修改。

谢明同志自始至终参加了这次会议，并仔细地记录了参会同志所提的意见。会后，谢明同志逐字逐句地对"草案"亲自进行修改，会议的最后一个晚上，谢明同志修改"草案"一直到次日凌晨一点。谢明同志对注册会计师行业这种高度关注、高度重视和细致的工作精神，极大地鼓舞了参加会议的工作人员，大家在福建福州山海党的宾馆，完成了起草《注册会计师条例》（草案）的全部工作。回到北京，由谢明同志参加国务院常务会议，对《注册会计师条例》（草案）做了说明，最后获得通过。中国注册会计师行业终于有了第一部行政法规。

什么叫"确有会计业务专长"

1986年7月3日，国务院发布了《注册会计师条例》，原草案第七条中写了"确有会计业务专长"，在公布时，国务院秘书局给财政部打电话，说"确有会计专长不好掌握，最好能具体一些"。当时主持财政部工作的迟海滨副部长，就给国务院秘书局回电话说："那就加一个'从事财务会计工作二十年以上'吧。"国务院秘书局在公布时，就按照迟海滨副部长的话，在第六条中加了"从事财务会计工作二十年以上"，变成了"具有大专或者相当于大专学历，或者大专同等学力，从事财务会计工作二十年以上，确有会计业务专长的人员，申请担任注册会计师，经考核合格"，可以担任注册会计师。"二十年"就这么来的。

那时，以为20年算不了什么，可现在看来，20年等于一个朝代。一个人的一生，有多少个20年？一个人，大学毕业，再工作20年，那不就是50多岁了吗？20岁一过，青春一晃，时间就这么过去了！

迟副部长一句话，造就了当时经过考核进入注册会计师队伍的，都是"小老头""小老太"的现象。"小老头顶替老老头"就成为注册会计师行业在重建、恢复后的人事体制，退休干部成为当时注册会计师的主力军。

会计理论研究的新领域
——学习《中华人民共和国注册会计师条例》

最近，国务院颁发了《中华人民共和国注册会计师条例》。《中华人民共和国注册会计师条例》的发布，确立了我国注册会计师制度，也为会计理论研究开拓了一个新的领域。学习和贯彻《中华人民共和国注册会计师条例》，我们需要重点了解如下三个方面。

一、注册会计师制度发展的客观必然性

1. 注册会计师制度发展的历史规律

在世界范围内，注册会计师制度是商品经济发展到一定程度阶段以后的产物。作为一种专门的行业，注册会计师行业迄今已有100多年的历史。

产业革命的完成，使英国成为世界近代史上最早确立资本主义生产方式的国家。发达的商品经济，使英国成为注册会计师制度的发祥地。在这以后的100多年时间，资本主义的社会经济生活，发生了两大变化，促进了注册会计师制度在世界范围的发展。

第一，资本所有权和经营管理权逐渐分离。由于资本的积累和集中加速，企业经营达到了前所未有的规模，资本权益持有资本不便于管理，就授权给管理人，出现了"经理者"阶层。在经济活动中，为了防止营私舞弊，以保护投资者的利益，英国政府在1844年颁布了《注册法》，规定公司必须设监察人，负责审查公司账目。当时，监察人在股东中选任。但由于他们多数不懂会计，实际上不起作用。所以，英国政府于1845年又对《注册法》做了修改，规定公司可以聘请执业会计师，代理监察人办理此项工作。于是，执业会计师的业务得到迅速发展，执业会计师成为像律师那样的一种专门职业。以后，这一制度发展到法、德、美、日等所有商品经济发达的国家，成为一种世界范围的职业。各国先后建立和完善了对执业会计师的资格考试、注册登记以及审计准则、会计准则、报告要求、职业道德等工作制度，从而构成了现在在全世界大致相同的注册会计师制度的基本内容。

第二，金融市场的形成，加强了金融资本对产业资本的渗透与控制。出现了多方面利害关系相互交织的复杂情况。例如，银行和企业的借贷关系，公司和公司之间的商业信用关系，投资者中大、小股东之间的权益关系，投资者和经营者的利益关系，联营参加者相互之间的分配关系，等等。各种利害关系人，都十分关心企业的经营状况（包括盈利能力）和财务状况（包括偿债能力）。加上这些公司内部，经常会出现管理混乱、提供的财务报告不实等情况，并不时发生倒闭事件。因此，都要求与企业没有利害关系的、能够保持客观、公正、独立立场的注册会计师，对企业的会计报告和其他财务资料定期进行审查，并报告审查结果，以及办理破产清算等。又由于证券交易所的出现，各个公司的股票都要在交易所发行，实际上是面对整个经济社会，在这种情况下，注册会计师的职责，不再限于对个别企业负责，而是强调其社会鉴证的职能。即使在政府审计具有越来越大的权威以后，也不能取代这种独立的、以第三者的身份执行的查账验证业务。

在我国，注册会计师制度始于1918年。当时，中国的封建经济制度已经解体，商品经济与国际经济往来有了发展，特别是第一次世界大战期间，民族工商业得到迅速发展，商品货币关系成为社会经济生活中的重要因素。适应这种形势的需要，北洋政府农商部在1918年颁发了《会计师暂行章程》，成为我国第一个关于注册会计师制度的规定。嗣后，在1927年，南京国民政府财政部颁布了《注册会计师章程》；1929年，南京国民政府立法院又以立法形式公布了《会计师条例》。在这期间，注册会计师人数逐渐增加，会计师事务所遍及北京、上海、天津、南京、武汉、广州、九江、重庆等工商业集中的城市，并有外国注册会计师来我国执行业务或设立会计师事务所。

中华人民共和国成立初期，注册会计师仍在执行业务。但由于官僚买办资本被没收改造成为社会主义国有经济，民族工商业实行公私合营，注册会计师这一职业也就逐渐从中国经济生活中消失。在这以后相当长的时间里，我国实行的是统一的、无所不包的计划产品经济模式，理论上不承认社会主义经济是商品经济，实践中限制商品经济的发展。以商品经济作为存在必要条件的注册会计师，当然也就失去了从事业务活动的社会条件。党的十一届三中全会以后，拨乱反正，理论上确立了社会主义经济是有计划的商品经济，实践中通过实施"对外开放、对内搞活"方针促进商品经济的发展，特别是大量举办中外合资、合作以及外资企业，于1980年进行了注册会计师制度重建。迄今为止的5年之中，注册会计师已形成一支千余人的队伍，会计师事务所已遍及除西藏以外的各省、自治区、直辖市。逐渐成为我国社会主义经济管理活动中不可忽视的重要力量。

中外注册会计师制度发展历史证明：只要商品经济继续存在和发展，只要经营方式中存在所有权和经营权的分离，只要经济活动中有不同利害关系的各方，只要世界经济交往中商品、货币形式继续存在和发展，注册会计师制度就有它存在和发展的客观必然性。

2. 建立和健全注册会计师制度的现实迫切性

第一，对外开放的需要。党的十一届三中全会以来，我国实行了对外开放政策。1979年7月，五届全国人大二次会议通过并发布了《中华人民共和国中外合资经营企业法》以后，我国对外经济合作、外商来华投资有了较大的发展。截至今年一季度，中外合资经营企业已达2 517家，中外合作经营企业已达4 021家，外资企业已达126家，合同协议外商投资额达167.6亿美元。根据外国投资者、经营者的传统习惯和国际公认做法，他们在投资、经营的每个环节上，都离不开注册会计师的服务。投资前，需要注册会计师为之提供有关信息，以便对投资方式、投资项目做出恰当选择；在投资谈判中，需要注册会计师为之提供咨询和进行可行性研究；投资项目达成协议后，需要注册会计师为之代办申请登记、进行验资并出具证明；项目投产后，需要注册会计师为之查账验证，并出具查账报告，一方面作为在中国境内纳税的依据，另一方面也可据以向母公司或本国董事会报告经营和财务收支情况；合营期满或因经营不善等原因而宣告中止经营或破产时，需要注册会计师为之进行清算，核定资产、债权、债务数额，提出清算方案。我国有关法律也做出了上述业务必须由中国注册会计师执行的规定。5年来，我国注册会计师制度，正是随着对外开放的实行而逐步建立起来的。

"七五"期间，我国将扩大对外开放，更大规模地利用外资。当前世界上大约有8 000亿美元的游资，争取利用一部分来弥补我国建设资金的不足，是有积极意义的；世界上已有100多万项新技术，有选择地进行引进，对于推进我国科技进步、发展新兴产业、改造原有企业，是大有益处的。要更多地吸引外资，就必须创造良好的投资环境。丰富的劳动力、低水平的工资、优惠的税率等投资环境的"硬件"，固然是重要的；但更重要的是其他"软件"，如完善的法制、高效率的工作作风、充满活力的市场机制系统等，注册会计师制度就是众多"软件"中不可缺少的一个。我们必须努力利用国内国外两种资源，积极开展国内国外两个市场，学会组织国内建设和发展对外经济关系两套本领。加强注册会计师制度的建设，正是为了在这两条战线上都取得更大胜利采取的一项重大措施。

会计理论研究的任务，就是要开阔眼界、面向世界，及时了解、掌握、分析、研究执业会计师的发展历史和业务内容变化，国际会计师组织发布的文件，各大国际会计公司业务发展情况以及各国的有关规定，以便从中找出规律性的东西，借以指导我国注册会计师的制度建设和业务发展。

第二，对内搞活的需要。近年来，我国商品经济有了很大发展。企业实现了从生产型向经营开拓型转化，成为相对独立的商品生产、经营者。搞好外部经营，加强内部管理，成为决定企业生存和发展的两个基本条件。因而，要求拥有一批专家的会计师事务所在经营管理上给企业以帮助。5年来，注册会计师受企业委托和有关单位的委托，在帮助改进经营管理，提供管理咨询，设计财务会计制度，培训财务人员等方面，做了大量工作；同时，由于社会经济生活的活跃，各方面经济利益关系的复杂，不少经济组织和司法部门，还委托注册会计师承办了许多鉴别经济业务证据、协助解决经济纠纷的临时鉴证业务。例如，上海、北京规定，500万元以上的投资，要有会计师事务所的可行性研究报告；福建省规定，省属十大国营企业的会计报表，要由注册会计师检查验证；重庆市规定，凡到工商行政管理局登记注册的新办企业，要有注册会计师出具的验资报告；等等。注册会计师在社会经济生活中的作用，越来越为人们所认识。

随着经济体制改革的深入发展，各方面对注册会计师的需要，将更加迫切。

当前，我国正在开拓和建立资金市场，间接融资有很大发展。这几年，企业每年增加的固定资产投资和流动资金总额中，银行信贷资金已占1/3，"六五"期间银行发放的各项贷款总额已达19.033万亿元。这些投放出去的资金，经济效益怎么样？能否按期收回？银行极为关注。面对上百万个企业、上万亿元资金，反映在企业会计报表上的数据是否真实、合法？是否可以据此对企业经营状况和财务状况（包括贷款偿还能力），做出正确判断？同时，银行对商业票据开展承兑、贴现、再贴现业务，商业信用转化为银行信用，银行将承担多大风险？所有这些，都将要求注册会计师在查账方面，发挥更大的作用。

直接融资也正在开展之中。全国城乡居民和个体经济的货币总收入，每年已达2 000多亿元，企业留利加上折旧留用，每年已达600亿元，这些都为直接融资创造了良好条件。集资入股、合资经营、经济联合、发行股票和债券，已在众多地区试行，完善有价证券发行和交易制度，是保证这一活动正常进行的必要条件。与一切商品经济运行发展的客观必然一样，完善注册会计师制度，就成为发展直接融资必不可少的一个重要条件。

横向经济联合的发展，进一步推动了整个经济体制改革不断前进。跨部门、跨地区、跨行业、跨所有制的经济联合体，不属于任何一个地区、一个部门，也不是单一的行业、单一的所有制。联合体的各方面都是不同的利害相关者，都需要通过企业提供的会计报表和财务资料，了解资产状况、经营状况和财务状况，判断其信用能力、技术能力、盈利能力和发展前景，据以做出本身应采取的决策；还有，联营期满或中断时，也需要办理解散清算。因此，也会越来越多地需要注册会计师对联营企业会计报表和财务资料进行检查验证。

多种所有制形式、多种经营方式,正不断涌现。对于有一定规模的集体企业和个体企业,以及大量发展的"预算外"企业,对其向管理机关和其他外部组织提供的报表和财务资料,应当由独立于国家和企业的第三者进行合法性与真实性的审查验证,以便于税务机关考虑纳税是否守法,其他管理机关考虑其经营活动是否正当。

至"七五"期末,绝大多数国营企业将实行自负盈亏。他们与国家的关系简化为纳税者与收税者的关系。在纳税前,需要注册会计师对其会计报表的真实性、合法性进行鉴证,以维护国家利益和企业的合法权益;破产时,也需要由注册会计师参与清算。同时,由于企业资金来源渠道多样化,涉及外部集资者的利益,也将要求有由注册会计师验证的会计报表和财务资料;在企业内部,由于经营方式的变化,会承包或租赁给个人,对于会计报表,委托注册会计师进行独立审计,也是可行的。

国内经济搞得越活,注册会计师工作的领域就越广阔。会计理论研究的任务,就是"深入研究社会主义商品经济运动的内在规律","积极探索发展社会主义商品的各种途径"。注册会计师在世界上100多年的发展历史和我国近年来的实践经验证明,商品经济的存在和发展,是注册会计师存在和发展的前提;商品经济中所有权和经营管理权相分离的经营方式的产生和发展,是注册会计师产生和发展的直接原因;商品经济社会中不同利害相关方复杂的权益结构,是注册会计师社会经济活动中发挥作用的客观条件。我们需要深入研究注册会计师在商品经济运动中产生和发展的客观规律,积极探索注册会计师在商品经济社会发挥作用的各种途径,从而把我国的注册会计师业务推向一个新阶段。

第三,健全法制的需要。国家对企业的管理由直接控制转向以间接控制为主,是经济体制改革的重要内容。健全的法制体系,完善的司法手段,是实施间接控制的重要方面。构成经济法制体系的,无论涉外还是国内的经济法规,都是一个多层次结构的法规群。对于健全注册会计师法制的要求,来自两个方面:一是纵向要求,即作为会计工作的一部分的注册会计师的工作,要服从会计法的法律要求;二是横向要求,即作为经济管理工作一部分的注册会计师的工作,要满足其他经济法规提出的要求。

《中华人民共和国会计法》第二章第二十条规定:"经国务院财政部门或省、自治区、直辖市人民政府的财政部门批准的注册会计师组成的会计师事务所,可以按照国家的有关规定承办查账业务。"这是对注册会计师和会计师事务所的地位及作用在法律上的确认,但还需要有专门的法规做出详尽的规定,才能在实际工作中贯彻实施。《中华人民共和国注册会计师条例》就是对会计法有关这方面规定的完善和具体化,是会计法的配套单项法规。

我国先后颁布的《中外合资经营企业法实施条例》《中外合资经营企业所得税法实施细则》《对侨资企业、外资企业、中外合资经营企业外汇管理施行细则》等涉外经济法规规定由中国注册的会计师进行会计查账验证工作,并出具证明后,其会计报告及有关财务资料方为有效。《中华人民共和国注册会计师条例》就是对其他经济法规有关这方面规定的协调配合,是众多的经济法规群中的一项专门的单项法规。正是法制建设由于这些纵向和横向、涉外和国内的多方面需要,注册会计师制度得以重建和逐步发展,并日臻完善,最终形成了国务院现在颁发的《中华人民共和国注册会计师条例》。

为了在涉外经济活动中，进一步改善投资环境；为了保障经济体制改革的顺利进行和国民经济持续稳步发展，我们还将进一步建设一整套完善的经济立法、司法、监察、反馈的社会主义法制体系，"七五"期间经济立法将加速进行。根据商品经济运行的内在客观规律，一些新的经济法规还将对注册会计师提出更多的要求。

二、注册会计师的性质和特点

在其他国家，注册会计师像律师、医师、工程师一样，属于自由职业，可以单独挂牌执业，也可以合伙组成会计师事务所。会计师事务所不隶属于政府的某一机构，会计查账验证业务也不构成政府审计体系，而是一种独立的审计机构。从事这种独立审计的执业会计师，不是政府雇员，也不是企业管理人员，而是独立于政府和企业之外的第三者。注册会计师这种特有的性质和在社会经济生活中的职能作用，是商品经济运行客观规律所决定的。

和世界各国情况一样，我国的注册会计师也是一种独立的专业，是经国家批准从事法定业务的专业人员。他们所从事的业务，既不同于政府审计，也不同于机关和一般企事业单位的会计专业人员，具有如下特点。

（1）注册会计师既不从事某一个单位记账、算账工作，也不参与经济组织的业务经营和财务收支活动。他的任务是按照有关法律、法规和具有法律效用的文件规定，根据一定的准则、原则和程序，在委托约定的范围内，执行会计查账验证和咨询业务。因而，他们是超脱于各个经济利益关系者之外的第三者，能够保持客观、公正的立场。同时，注册会计师不是某一个单位的行政领导任免的，而是通过国家统一规定的严格考试、考核，并履行注册手续而取得执业资格。注册会计师主要是通过法律承认和得到社会公认，更重要的是通过由其专业水平和业务质量而取得社会信誉的。因而，他们在办理各种业务过程中，能够较少受到有关单位或个人的干涉和干扰，保持较高的独立性。

（2）注册会计师的查账验证，是一种独立审计的职能。它既不同于政府审计，也不同于经济组织的内部审计。由注册会计师组成的会计师事务所，是独立的事业组织。它在经济上"自收自支、独立核算、依法纳税"，不依赖国家和其他任何单位；它在经批准成立以后，需要向当地工商行政管理机关办理登记，领取执照后始得开业，因而它具有独立的法人资格；会计师事务所相互之间，无从属关系；在执行业务中，它既不代表政府，也不代表投资者或经营者任何一方。所以，它与政府审计的职能不能等同，也不能由政府审计代替。

（3）会计查账验证是注册会计师的基本职能。注册会计师执行的会计查账验证业务，具有如下专业特性。

第一，承办有关法律规定的专业业务、非经国家授权机关批准，任何组织或个人都不得从事这方面的专门业务；第二，所出具的报告书具有合法性与真实性的证明作用，但不是对当事者采取的强制纠正措施。注册会计师在执行业务中，须对委托范围的有关事项进行必要的调查，并有权对不真实、不合法的会计报表和财务资料内容拒绝签证。同样，当事者也有权要求注册会计师回避、保密，还可以不同意注册会计师出具的报告书所表述的意见；第三，它对于有法律意义的事实和文件，经过查实验证以后，出具有法律作用的报告书，但报告书不能代替司法部门审理案件，更不是法律上的判定或结论；第四，它对于委托者的既成事实，可以在查实以后予以证明，这种证明可以使委托者获得社会的信任，但这种证明既不是法律的也不是行政活动的性质，而只是证明委托者的有关会计事项的处理，是否符合有关的准则和原则，是否符合财政、财务、税务、会计等行政法规和制度的规定。

（4）注册会计师是一支知识程度很高的专业队伍。较之一般会计人员，无论会计专业方面还是经济管理方面，注册会计师都具有较高素质，在工作能力、实践经验等方面，都是较高层次的专业人员。从目前我国注册会计师队伍的情况来看，不乏谙达财政、财务、税务、审计、会计，通晓国际金融、贸易，具有经营管理、法律、科学技术等多方面知识的专家。因而在开展涉外经济活动、促进国内企业提高经营管理水平、提供智力服务等方面，能够发挥较大的作用。当前，注册会计师业务在世界上的发展趋势，是向经营管理咨询发展。八大国际会计公司的总收入中，管理咨询业务收入的比重，近几年来大幅上升。八大国际会计公司有一大批经济专家、法律专家和"会计界的真正明星"。它们的业务范围，已不限于办理纳税申报和提出查账意见书，而是涉及企业的各个方面，包括向客户提供数据处理、存货管理、投资可行性研究、企业合并、甚至人事问题和个人财务问题的咨询服务。大多数经理和投资者，在做出重要经营决策时，往往要首先听取注册会计师的意见，他们在社会经济生活中产生越来越大的影响。

从我国当前实际情况来看，不少企业特别是中、小型企业的会计人才不足，而且许多经济管理部门高级会计人才也十分缺乏，发挥注册会计师在知识和经验方面的优势，更多地为各种经济组织和管理部门提供咨询服务，是我国商品经济发展中一项十分重要的课题。同时，由于注册会计师的独立地位，在进行可行性研究或其他经济管理咨询时，会比本单位的经营管理人员更加客观、更加实事求是，他不会受单位行政领导意图的干扰，也不会因为盲目追求扩大本单位投资或贷款数额而受个人偏爱的影响。他们所做出的判断和结论，将会更加合理和有更强的科学性。因此，注册会计师执行的会计咨询业务，如同会计查账验证业务一样，都是社会经济生活中不可缺少的，具有同等的重要性。从未来的发展看，会计咨询服务具有更大的发展潜力和更为广阔的工作领域。

由于注册会计师业务的特殊性，各国对注册会计师素质都有很高的要求，取得注册会计师证书一般都须经过严格的考试。国务院这次颁发的《中华人民共和国注册会计师条例》规定，具有大专或者相当于大专的学历，并从事3年以上会计、审计工作的中国公民，可申请参加考试，高级会计师，具有会计实践经验的会计学教授、副教授、研究员、副研究员，以及从事财务会计工作20年以上，确有会计业务专长的人员，申请担任注册会计师，经过考核合格，可予免试。这些规定，既符合我国具体情况，也符合国际惯例，有利于提高和保证我国注册会计师的专业水平、工作质量和社会信誉。

三、会计理论研究的新领域

随着注册会计师业务的发展，会计理论研究在这方面将面临许多新的领域。当前，急需研究的课题有以下几个方面。

1. 基础理论研究

这一块包括注册会计师的性质、特点及其在社会经济生活中的地位和作用；注册会计师工作的内容、对象及其任务；注册会计师产生、发展历史及其规律；等等。

当前，为了使注册会计师在涉外经济活动中，能够更好地履行法定职责，在会计理论上必须加强对审计准则和会计原则的研究。目前，在我国已经颁发的有关涉外会计制度中，规定了一些会计原则、会计政策和会计假定。这些规定，大部分和国际会计准则、惯例基本是一致的。比如，要求会计资料的真实性、准确性、完整性和及时性；采用要责发生制；收入和成本费用要相互配合；按历史成本计价；划分资本支出和收益支出；会计处理方法要前后一致；等等。当然，也有一问些差别。比如，"审慎原则"没有写进制度，而是在实际工作中具体问题具体对待。我们不采用"成本与市价孰低"的存货计价方法，一般也不提取"坏账准备"，而是根据我国国情作了一些变通规定。从总的原则来说，在制定涉外会计制度时，我们已经最大限度地参考了国际公认的会计准则和会计惯例。但由于政治经济制度的不同，我们不可能全盘照搬西方国家的会计原则，即使是西方各国，由于实行不同的会计方法，采用的会计原则也并不完全一致。有时甚至在一国之中，各个企业对会计方法和原则的采用，也有很大的可选择性。各国、各地会计原则不尽一致，是从实际出发导致的正常现象。现在的问题是，我们需要尽快制定一个单行的、集中表达会计原则的文件，以利于注册会计师业务的发展，也有利于增进外国同行对中国会计工作的了解程度。在全国注册会计师协会成立以后，将从事有关这方面的工作，并发展和国际会计师组织以及其他各国会计师的关系。会计理论研究应该在这方面，尽快有所开展。

2. 有关法制的研究

这一块包括注册会计师据以执行业务的有关经济、财政、财务、税务、金融、审计、会计、管理等经济法规，以及有关的民法等。为了更好地开展涉外业务，还需要研究国际组织和世界各国制定的有关法规，以便增加了解并借鉴利用。

注册会计师本身的业务建设，也需要有一套完备的制度和程序。国务院发布的条例只是一个总的规定，需要进一步具体化，制定各项实施办法。比如，人员管理、机构设置、业务标准、工作程序等，逐步形成一套完整的注册会计师工作规范。理论战线的任务，就是要从一般地论证注册会计师制度的必要性，深入到如何建设注册会计师制度、开展注册会计师业务、提高注册会计师工作的质量、效率和效益等等方面的研究，以便宜推动注册会计师业务健康地发展。

3. 有关知识结构的研究

这一块包括注册会计师素质的要求，院、校培养注册会计师人才的目标和专业课程设置，考试、考核的大纲和办法，注册会计师的后续教育和培训，等等。

当前，特别要研究咨询业务的发展对注册会计师知识结构不断提出的新要求。事实已经表明，一些新的科学成就或新的科学管理方法在会计领域中的推广，近年来总是首先从注册会计师从事的业务中开始的。如何提高注册会计师运用新技术、新方法的发展速度和熟练程度，从而推动整个会计工作向现代化方向发展，是会计理论研究战线一项带有战略意义的任务。

4. 有关职业道德的研究

《中华人民共和国注册会计师条例》中有关工作规则的规定，体现了对注册会计师职业道德的基本要求。由于职业道德是注册会计师取得社会信誉的重要条件之一，因而，必须加强对这一问题的理论研究。借鉴国外注册会计师职业道德的一些基本规范是必要的。但我们是社会主义国家，道德又属于上层建筑中思想意识的范畴，注册会计师的职业道德是社会道德的一部分，也是我国精神文明建设的一部分，应该具有中国的特点，即使对适合借鉴的某些规范化要求，也需要做出适合我国国情和社会政治、经济制度要求的具体规定。在全国注册会计师协会成立以后，需要推动制定中国注册会计师的职业道德规范。会计理论也应该研究这方面的基本问题。

理论必须联系实际，经济理论研究尤其要为实际经济工作服务。注册会计师业务已在会计工作领域中开辟了新的阵地，会计理论研究必须紧紧跟上，并很好地为之服务。我们应该努力创造具有中国特色、适合经济体制改革需要的有关注册会计师的理论体系。

（原载《会计研究》1986年第四期）

财政部举行贯彻《注册会计条例》座谈会

1986年7月3日，国务院发布了《中华人民共和国注册会计师条例》（以下简称《注册会计师条例》），8月18日至22日，财政部在哈尔滨举行贯彻《注册会计师条例》座谈会。参加会议的有各省、自治区、直辖市财政厅（局）会计事务管理部门负责人，各经济特区财政局局长以及部分会计师事务所负责人。会议讨论了贯彻《注册会计师条例》的具体措施，注册会计师考试、考核、登记、发证以及注册会计师协会组织等4个办法的讨论稿。迟海滨在会议结束时做了讲话，魏克发司长作了会议小结。

8月21日，《会计研究》编辑部，召开了座谈会，参加座谈的有北京、上海、天津、广州、福州、黑龙江等地10家会计师事务所的主任会计师。座谈会上，大家主要谈了11个方面的问题。

一、注册会计师事业发展的新阶段

杨纪琬在会议上首先发言，他说：

"1980年，财政部发布了《关于建立会计顾问处（即会计师事务所）的暂行规定》，是我国重建注册会计师制度的标志。1986年，国务院发布了《注册会计师条例》，标志我国注册会计师制度的确立，并将成为我国注册会计师事业发展新的起点，具有重大意义。5年来，有四个方面是值得我们总结的。

第一，注册会计师在社会经济活动中的作用，已逐渐被人们所认识。全国各地会计师事务所成立以后，承办了大量的会计查账验证和会计业务，不仅在涉外经济活动中，为发展我国对外经济合作做出了贡献；而且在开拓国内业务方面，也为对内搞活做出了成绩。尽管注册会计师事业还是刚刚起步，但注册会计师在发展商品经济中的不可忽视的作用，已引起社会各界的关注和重视。所以，《注册会计师条例》的第一条，就强调要'充分发挥注册会计师在社会经济活动中的作用'。

第二，经济体制改革的基本方向要符合商品经济发展的要求。因此，经济体制改革愈深入，对注册会计师的社会需求则愈增加。在这种形势下，我们必须广策群力，根据需要和可能，有计划、有步骤地促进注册会计师事业的发展。动员社会各方面的力量，支持这一新生事物的发展。特别是会计学会、高等财经院校、科研单位等人才密集的地方，应该做出更大的贡献。

第三，注册会计师是经国家批准依法独立执行业务的专业人员，在涉外和国内经济活动中具有重要的作用。根据国务院《注册会计师条例》的规定，授权财政机关对注册会计师进行统一管理。几年来，各地财政部门在这方面做了大量工作，也取得了一定的经验，保证了注册会计师事业健康地向前发展。

第四，通过几年实践的锻炼，造成了一批干部，培养了一批人才，特别是在涉外业务中形成了一批通晓中外查账业务和会计效益工作的骨干。正因为我们有了这么一支队伍，注册会计师事业才得以蓬勃发展；也正由于注册会计师事业的兴旺发达，才造就了我们会计界一批精通业务的人才。会计师事务所出工作成果，出实践经验，也出人才、出理论。会计理论工作者应当总结这方面的实际经验，将其上升为理论，从而丰富整个会计理论宝库。国务院的《注册会计师条例》，既是对几年来注册会计师工作实践经验的总结，也是这一方面的一项理论研究成果，当然也是我们今后从事这方面工作的根本依据。"

二、抓紧注册会计师人才培养

上海会计师事务所主任会计师顾福佑说：

"目前，我国注册会计师的情况是，人数不足，青黄不接，知识、才能有待提高。因此，要发展注册会计师事业，不仅要增加注册会计师的数量，更重要的是提高质量，当务之急，在于培育人才。

上海会计师事务所是由新中国成立以前执行过原会计师业务的同志和大专院校毕业、曾经多年从事财务会计工作、经过中外合营企业财务会计专业培训的同志组合成的，以后会不断培养吸收经考核批准的注册会计师来扩大队伍的。这支队伍是通过以老带新，战地练兵，组织理论学习，交流实践经验和出国实习考察等方法来提高战斗力的。我们现有专职和兼职注册会计师41人，5年多来承办了不少业务。

首先，我们提倡自我学习、进修。希望青年、中年同志奋发图强，比较全面、系统地学习、进修，边学边干，准备挑担子，接好班；老年同志也要自强不息，补缺纳新，边干边学，要传、帮、带，做好业务，交好班。其次，建议组织学习、进修。"

三、发挥首都优势，提供一流服务

北京会计师事务所主任会计师刘捷说：

"首都注册会计师具有会计、财务、税务、法律、经济管理以及外语等方面的广泛知识和工作经验，他们保持独立、客观、公正的立场，在对内、对外经济活动中，承担了大量会计查账验证和会计效益业务，他们对开放、搞活（经济）发挥了应有的作用。他们期待着政府部门发布一系列维护注册会计师职业权益，发挥注册会计师公证作用和执行业务时依据的重要法规，以便在适应经济体制改革形势下，在外商投资企业数量将有大幅度增长的投资环境和经营环境中，进一步发挥自己的作用。"

四、必须加强对会计师事务所的统一管理

天津会计师事务所主任会计师郑承起说：

"在迅速发展的经济形势带动下，我国各地注册会计师的工作机构发展是迅速的，仅仅几年工夫，全国已有七八十家会计师事务所和上千名注册会计师，确实形势大好。但是由于发展快，不可避免地存在一些问题，一是机构设置有的不符合规定；二是考核注册会计师的条件有的没有坚持；三是领导管理不统一，权责不清；四是工作质量优劣并存，缺乏规范。这些现象不利于注册会计师业务的健康发展，需要整顿。

为了落实《注册会计师条例》，我认为应当首先做好以下几个方面的工作：

（1）整顿机构。凡是未履行规定报批手续而成立的机构，都应该根据《注册会计师条例》的规定，办理批准手续，未经批准的不得使用会计师事务所和注册会计师的称号，不得办理法律、法规规定的由注册会计师办理的业务。

（2）整顿注册会计师队伍。通过考试和考核，保证注册会计师的素质，对不符合条件的注册会计师，应当注销称号。

（3）加强对会计师事务所的日常监督管理，通过一定形式协调各所之间的工作，确定通用的工作准则和质量要求，在日常管理和具体业务活动中，明确职责权限，保证其独立公正的地位。

（4）采取各种措施，提高现有注册会计师的业务水平和职业道德水平，从而保证会计师事务所的工作质量不断提高。"

五、信守"四信"，把对委托人负责同对国家负责统一起来

立信会计师事务所主任会计师诸尚一说：

"潘序伦先生提出，信以立志，信以守身，信以处事，信以待人，值得我们牢记。这'四信'，在不同的历史和社会条件下，会有不同内容。但'无信则不立'这个原则，我认为在任何历史、社会条件下，都要是值得提倡和遵循的。'信'是诚实，是信用。注册会计师以其独立执行的社会公正立场，既要对国家负责，又要对委托人负责，如果不恪守'四信'，将如何做到报告书内容符合正确性、合法性的要求？将如何做到洁身自好，坚持原则，严格履行和遵守注册会计师的职责和职业道德呢？"

六、充分发挥注册会计师在对外开放中的重要作用

广州会计师事务所主任会计师江燕中说：

"广东是我国对外开放最早的省份,又毗邻港澳,几年来,已发展成为全国引进外资的窗口。注册会计师是国际经济交往不可少的重要媒介。完善的注册会计师制度,是改进投资环境的重要因素。因此,随着对外开放经济合作的日益增多,广东地区的会计师事务所迅速发展起来。

广州会计师事务所是广东省成立最早,开展业务项目最多的事务所。我所有三个特点:一是自收自支、独立核算、依法纳税。今年上半年,还向国家上缴了两万多元的税收。二是充分发挥老会计师的作用,并逐步由老带新,新老结合。三是与兄弟所之间相互支持、竞争,提倡会计师事务所应有我们国家的特色。"

七、为海外侨胞支持祖国四化建设提供优质服务

福建华兴会计师事务所主任会计师杨贡淇说:

"广大海外侨胞热爱祖国,特别是港澳同胞十分关心我省的四化建设,近年来纷纷回到原籍地区进行投资,在福建全省各地建成了大量的侨资企业,兴办了不少中外合资、合作企业及外资企业。他们都要求中国注册会计师为其提供服务,因此,在财政部发出重建会计师事务所制度的通知后不久,我省就成立了福建华兴会计师事务所,为海外侨胞提供优质服务。"

八、发挥黑龙江资源优势,为促进商品经济发展服务

黑龙江省会计师事务所主任会计师旷宇治说:

"黑龙江地处祖国北疆,幅员辽阔,物产丰富,现有土地面积46.9万平方公里,尚有可代开垦荒原5万亩以上,森林面积3亿亩,已探明储量较大的矿产达5 000多种。有闻名于世的大庆油田。在辽阔的土地和纵横起伏山林中,有可供食用药用的植物达1 000多种。正如人们常说的,黑龙江有无数的宝藏,有未开采的原始森林,有满山遍野的大豆高粱,还有美丽富饶的松花江和太阳岛游览胜地,是发展商品经济的物质基础。随着对外开放、对内搞活各项政策的落实,这些优势必将充分显示出来;随着商品经济的进一步发展,对注册会计师业务的社会需求,也必定进一步增加,注册会计师事业在黑龙江省四化建设事业中是大有可为的。"

九、做好培训工作,培训注册会计师队伍

大华会计师事务所主任会计师徐政旦说:

"在我国,注册会计师工作还是一项新的工作。目前这方面的人才不足,经验缺乏,而人才问题尤为突出。我国经批准的注册会计师只有1 000多人,远远不能适应经济发展的需要,而且现有注册会计师有年龄老化,以上海来说,他们的平均年龄已达64岁,可见培养人才,壮大队伍,实乃紧急。

应采取如下多种措施。

（1）要进行多层次的培养，既要从大专院校毕业生中考选人才，进行注册会计师的专业培训，也可以从中专毕业生中进行选拔，进行较长期的培养，提高他们的会计、审计理论水平和实际工作能力，作为注册会计师的后备队伍。

（2）要广开学路，采取多种教学形式（包括函授、电视等教学形式），普及注册会计师业务知识，造就成成千上万具有这方面知识的专业人才，以便于进行考选，择优录用。

（3）对现有的注册会计师要进行有计划的培训。例如，可进行为期两三个月的专业强化教育，组织注册会计师们学习新知识、研究新问题。

注册会计师制度在我国还是一枝初生的蓓蕾，让我们共同扶持，精心灌溉，使它茁壮成长，早日结出丰硕的果实。"

十、注册会计师要在促进会计工作现代化、科学化方面做出贡献

上海社会科学院会计师事务所主任会计师沈如琛说：

"注册会计师业务在世界各发达国家近年来已获得极大的发展，及至80年代的今天，已发展成为集中了最高级的会计学科专家的队伍。作为一个注册会计师，工作和科研是大有可为的。上海社会科学院以它的经济、法律、会计等各种科研人员组成了经济咨询部，为客户提供需要的各种各样的咨询服务。科研单位拥有相当数量有较高水平的会计科研工作者组成的会计师事务所，不仅满足了社会的需要，同时由于获得实践的机会，也得以丰富了科学研究的内容，因此，我们对前来的客户，对于他们需要帮助的业务，不论性质，不问远近，无论是可行性分析、缔结合约、设计会计制度，还是验资、查账、担任常年会计顾问，甚至诉讼案件、经济案件，事无巨细，抱着来者不拒的态度，一律接受。"

十一、在竞争中遵守职业道德，提高服务质量

羊城会计师事务所经理、注册会计师张蔚林说：

"广东省目前已有12家会计师事务所，仅广州市就有4家。由于4家会计师事务所同设在市内，客观上必然存在竞争的因素，这是正常的现象。竞争对于提高服务质量是一种推动，而要提高服务质量，就必须提高从业人员的业务素质，加强职业道德教育。"

财政部错失统一会计市场的良机

1986年7月3日，国务院发布了《中华人民共和国注册会计师条例》（以下简称《注册会计师条例》），在发布《注册会计师条例》的通知中，指出"本条例发布施行后，承办本条例规定的会计查账验证业务的会计师事务所或者其他社会会计、社会审计机构，未向国家授权机关办理批准、登记手续的，应当按照本条例规定办理"。

李适时说："这一段是为了协调 1985 年 8 月国务院印发的《关于审计工作的暂行规定》与《注册会计师条例》的矛盾，明确无论社会会计，或者社会审计，都由财政部门统一管理。"财政部相关领导在研究了这一条款后，认为"这是统一审计事务所的大好时机"。

就在《注册会计师条例》颁布的一个月后，财政部于 1986 年 8 月 18 日至 22 日，在哈尔滨召开贯彻《注册会计师条例》的工作会议。明知审计署在搞"审计事务所"，从事"社会审计"，但财政部没有邀请审计署的同志参加，显得有点"气量太小"。当时主持财政部工作的副部长迟海滨在会议的最后讲话，说要执行"积极、慎重"的方针。会计司司长魏克发在总结时提出，对"社会审计，可以先批几个作试点，步子不宜太大"，要根据"需要和可能"，总的"精神"是要"严一点"。

会后，财政部在做着"等着审计事务所上门办理批准、登记，争取被财政部门承认为合法"的"美梦"。调子太高，以为凭借国务院文件的一句话，就能"稳坐江山"，社会审计从此"归财政部门统一管理了"。来自审计署的董新刚后来对我说："当时，审计署也做好了把事务所移交财政部的准备"。但由于财政部不积极、不主动、不上门找审计署协商，因而错过了"统一会计市场"的大好时机。

财政部"财大气粗"，审计署也有"尚方宝剑"。在财政部哈尔滨会议的"情报"传到审计署以后，审计署决定"你干你的，我干我的"。审计事务所在审计署的"统一部署下"，"甩开《条例》闹革命"，加速度地向前发展了，比会计师事务所发展得还快。根本不要财政部门"审批"，审计部门自己批。这时，财政部门又管不着，只能事后干着急。

1988 年 11 月 30 日，国务院发布了《审计条例》，由国务院总理签发公布实施。"两个条例""打架了"，财政部更是无可奈何。《审计条例》也是总理签发的，也是国务院文件，况且"后法否定前法"这是法律界的基本常识，你又能怎么办！

李适时说，我们尽力了，我们是国务院的一个办事机构，只能在审计署送来《审计条例（草案）》上加了一段话："审计事务所接受委托，承办对外商投资企业的有关查证业务时，依照注册会计师条例的规定执行。"李适时说："要吵架，别吵到老外那，关起门自己吵罢！"其实这段话也没能捆住审计事务所的手脚，在实际活动中，审计事务所对外商企业的审计"照做不误"。

就这样，财、审两家，又"吵"了 10 年，到 1996 年，国务院秘书长罗干出面协调，财政、审计两部门党组书记亲自谈判，才实现了"两会""两师""两所"的联合。

如果 1986 年在哈尔滨会议上，财政部姿态高一点，主动把审计署请来商谈贯彻《注册会计师条例》事项，可能"联合"早在 10 年前就实现了！

《注册会计师法》的起草过程

1992 年 6 月 23 日，国务院召开第 192 次总理办公会议，通过了"要抓紧制定《注册会计师法》"的决定。

1992年9月5日,财政部成立"中华人民共和国注册会计师法起草小组"。张佑才任组长,丁平准负责具体执笔。

1992年年底至1993年年初,起草小组赴美国、加拿大考察。

1993年4月,起草小组正式开始工作。经过十易其稿,于1994年5月8日,向主管该工作的张佑才副部长递交了供财政部审议、讨论的初稿。

1993年5月19日,起草小组召开了在京专家座谈会,进行了第十一次、十二次修改。

1993年6月3日,以"财法字第18号"文报国务院。

1993年7月3日,国务院法制局召开有关部门参加的座谈会。

1993年7月8日,国务院法制局召开有会计师事务所、审计事务所和有关院校教授、专家参加的座谈会。

1993年8月1日,国务院法制局拿出了修改稿。

1993年8月2日和3日,国务院法制局财贸外事司与财政部条法司和中注协的负责同志对修改稿进行讨论。根据讨论的意见修改后,报国务院。

1993年8月10日,李鹏总理签署,以"国函办(1993)115号"文,送全国人大常委会,提请审议。

1993年8月中旬,全国人大法律委员会、法制工作委员会,将《注册会计师法(草案)》发给各省、市和中央有关部委及部分科研所征求意见。

1993年8月23日至30日,全国人大八届三次会议,进行了初步审议。

1993年9月上旬,全国人大法工委邀请国务院和北京市的有关部门、部分会计师事务所及法律专家座谈,邀请"七大"国际会计公司驻京首席代表及日本、中国香港、美国、英国的注册会计师座谈。

1993年10月7日和13日,召开全国人大法律委员会会议。

1993年10月12日,召开全国人大财经委员会会议。

1993年10月23日至31日,第八届全国人大常委会举行第四次会议。会议期间,进行了多次协商,再次修改。

1993年10月31日,八届全国人大常务委员会第四次会议通过。同日,江泽民主席发布13号主席令公布。至此,完成了《中华人民共和国注册会计师法》起草、审议的历史进程。

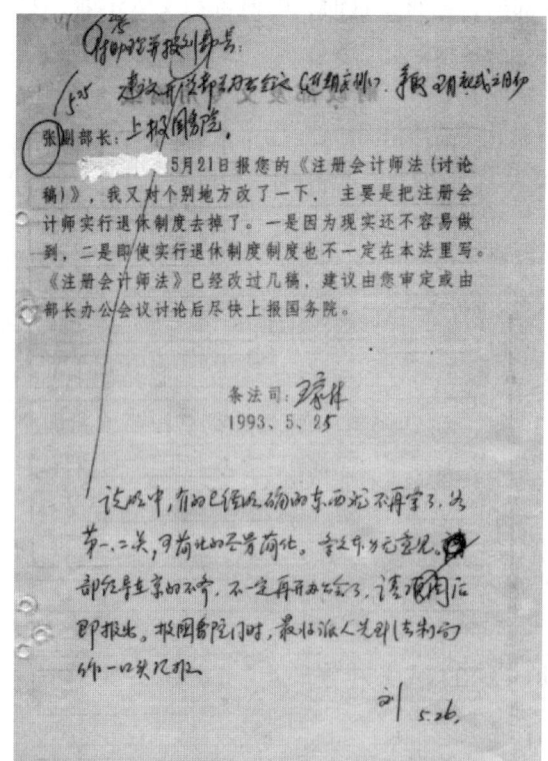

《注册会计师法》起草过程中的意见、建议

专家们对起草《注册会计师法（草案）》的意见

1993年5月19日，中国注册会计师协会与财政部条法司联合召开了有关专家座谈会，对《注册会计师法（草案）》提出了不少建议，对我们现在的工作，或以后制定法律有启迪作用。

一、法是粗一点好还是细一点好

关于这一问题有两种不同的观点。

有的认为应当细一点。全国人大法工委唐见林说："法不是越粗越好。能具体的应该尽可能具体，便于执行。过去有一些法，在制定时只求通过，结果越改越粗，无法贯彻执行。用搞实施细则的办法来补充，一方面影响了法律本身的完整性，另一方面实施细则毕竟是由部门制定的，其权威性大大低于法本身。现在我们通过的一些法律，能详细的则尽可能详尽。除非目前无法写出来。有些法不能写得详细的原因有很多，最重要的一条就是写详细了难于通过。有的是因为领导同志有不同看法，有的是因为部门之间难于协调。我认为，起草法的时候不应该考虑这些。即使粗一些通过时麻烦少一些，但在搞实施细则时，这些麻烦仍旧存在，如果搞得详细些，则会增加贯彻时的难度。与其事后麻烦，不如在通过前多花一点功夫。"

北大杨紫烜说："细一点比粗一点好，有比没有好，快一点比慢一点好。能细则尽量细，要写得细有困难则只好写得粗。我们说要与国际接轨，如果只是几则粗线条，是无法与国际接轨的，人家不知道你的大原则下是一些什么东西。粗一些，可以由财政部做出一些规定来补充，但其权威性将大大低于法本身。起草的同志要向领导和有关部门不厌其烦地作宣传；而领导同志则要善于集中不同意见。起草工作，砍起来好砍，但不该砍的砍掉了实在可惜，同时实际效果并不好。"

人大阎达五说："一个法起码要管好几年。如果简单到不管用，根本不能据以操作，操作起来还是另外一套，那还搞这个法干什么。现在的讨论稿，框架很好，但太原则化。比如，注册会计师注册，没有一个具体规定；关于外国会计师事务所常驻代表机构、办中外合作事务所，没有一个具体规定；对"非营利性组织"没有一个解释；罚款罚外国人为什么那么多，中国的注册会计师罚款也不少，等等，使人不得要领。"

中华、中信、中洲会计师事务所负责人说，注册会计师法是注册会计师据以行动的指南，不能太粗。

财政部原条法司司长胡志新说："法还是写粗一点好。起码在目前，中国的法，还突破不了这一框架。法只能是原则规定，还需另外再拟实施细则。在相当长的一段时间内，还没有办法改变这一方式。写详细了，想要通过确实有困难，这是实际。讨论稿的结构和写法，我基本同意。有些可以简化的地方，还可以简化。当然，有些需要具体的地方，还是应该具体一点。"

二、关于管理体制

证监会汪建熙说："我国面临管理体制的重大变革。整个管理机制要向市场经济逐步过渡。对于注册会计师这个职业，财政部是监管机关，而不应该是管理部门。应该通过《注册会计师法》大幅度地提高注册会计师协会的自主管理。财政部作为行政监管机关管什么？我们认为：①注册会计师协会自律管理规定，应报财政部批准，财政部可以批准或不批准；②注册会计师协会负责人应该报财政部备案，财政部可以否定，但不是由财政部指定；③财政部有权检查协会对有关法规自律性规定执行情况；④财政部有最终的行政处决权；⑤财政部应接受投诉；⑥财政部有权解释本法。提高注册会计师协会的自律性，应更多地发挥注册会计师协会的作用，国际上都这样做，实际上是为了加强中国注册会计师的权威，因为人们看到注册会计师的独立性增强了，而是不是一个官办的形象。所以，如批准注册会计师的注册、批准会计师事务所设立、组织考试等等，都可以直接规定为协会的职能。可以在法律中引进"自律性"组织这一概念。财政部对注册会计师不是"主管"，而是"监管"。真正管理注册会计师的是协会。财政部自己可以搞出这一块相对独立的东西来，以增强注册会计师的独立的性。当然，有许多问题需要研究。比如，会计师事务所是一个什么单位？对现有的会计师事务所应怎样进行改造？怎么逐步脱离"挂靠"？等等。一些规定，也最好能细一点。比如，什么叫'行为人''直接责任人'，外国的会计师既然已经进来，就应该加强管理，怎么管法，应该有那么几条。太原则化无法执行，也不利于事业的发展。"

证监会高西庆说："注册会计师协会与证监会类似，半官半民，这是中国目前的情况。从长远看，它应该是一个自律性组织。哪怕是财政部指派一些官员参加注册会计师协会，它也是一个自律性组织。美国的律师，要在法庭宣誓，但人们一般都认为它是整个司法系统中是比较超脱的。政府部门常常是法院的审查对象。我们国家，把律师规定为国家法律工作者，既然是国家法律工作者，当然要维护国家利益，所以，别人不请中国的律师打官司，因为他们没有一个独立的形象，与国际惯例无法接轨。现在，正在逐步改变。注册会计师的起点原来就比律师高，我们希望现在更上一层，通过制定《注册会计师法》，更加保持它的独立、公正形象，以利于国际交往。"

阎达五说："财政部对注册会计师协会的职责，可以写粗一点，可参考江总书记在中共十四大对政府职能的提法；协会本身的职能可以写具体一点；协会与财政部的关系可以不写，那是内部的事。希望能在会计师事务所这一章写下一条'自主执业，平等竞争'，要在会计师事务所之间引进竞争机制。现在会计师事务所官味太浓，要规定政府部门不能办会计师事务所。"

三、法律责任问题

杨紫烜说：现在的写法，把相当一部分注册会计师和会计师事务所的权利和义务写进了法律责任部分，是否可以分别写进"师"和"所"的有关部分。按照国际通行的办法，把罚则单写。关于处罚，要写得细点，罚款的多少幅度太大，不易掌握，最好不要规定具体数额，一般都写倍数。

中华、中信、中洲事务所负责人指出，罚得太狠，数额太高；另外，"师"和"所"的责任怎么区分，应该明确定义"行为人""直接责任人"。在目前条件下，我国的会计师事务所不可能实行无限责任。

张建智："关于经济赔偿，有的不实证明是委托人自身的责任，他们不提供资料或者提供虚假的资料,以致使注册会计师作了不实的证明,这应该由委托人负连带责任,不能只是注册会计师一个方面的责任。"

> 《中华人民共和国注册会计师法(讨论稿)》
> 征求专家意见座谈会发言纪录整理
> (1993年5月19日)
>
> 为征求有关专家对《中华人民共和国注册会师法(讨论稿)》的意见,根据张副部长的批示,中国注册会计师协会与财政部条法司于1993年5月19日联合召开了有关专家座谈会。参加会议的有:北京大学经济法研究所教授杨紫烜,人民大学会计系教授阎达五,中国证监会首席会计师汪建熙,中国证监会首席律师高西庆,人大法工委经济法室副处长唐见林,最高人民法院经济庭审判员张建智,国务院法制局李建春、郝晓红,财政部法律顾问胡志新,中信会计师事务所副总经理张克,中华会计师事务所主任会计师隋洪瑞,中洲会计师事务所副主任裘傑生,连同注册会计师法起草小组成员共20人。座谈会由会计司司长张德明、条法司司长王家林主持。各专家发言的主要内容如下:
>
> 一、《法》是粗一点好还是细一点好。
>
> **人大法工委唐见林:**《法》不是越粗越好。能具体的应该尽可能具体,便于执行。过去有一些法,只求通过,越改越粗,结果无法贯彻执行。用搞实施细则的办法来补充,一方面是影响了法律本身的完整性,另一方面实施细则毕竟是由部门制定的,其权威性大大低于法本身。现在我们通过的一些法律,能详细的则尽可能详尽。除非目前无法写出来。有些法不能写得详细的原因有很多,最重要的一条原因,就是写详细了难于通过。有的是领导同志
>
> 1

《中华人民共和国注册会计师法(讨论稿)》征求专家意见座谈会发言记录整理
注:正文与记录整理略有差异,编辑时对语句稍作了调整。

关于《注册会计师法》第四十三条

财政部1993年6月2日报送国务院审议的《注册会计师法(草案)》,没有涉及审计事务所及"注册审计师"。国务院在协调时,增写了第五十条,增写的原文是:"本法公布以前的注册审计师、审计事务所,按照国家有关规定取得注册会计师、会计师事务所资格,依照本法规定执行独立审计业务和会计咨询、会计服务业务。具体办法由国务院财政部门会同国务院审计部门根据本法规定的原则另行制订,报国务院批准后执行。"李适时告诉我,这一条是国务院领导同志在北戴河加的,一个字也不能改,连标点符号也不能改,刘仲藜部长在全国人大常委会的说明也要根据这一条来改。

1993年8月10日,国务院提请全国人大常委会审议的议案,关于第五十条的写

法改为:"在审计事务所工作的注册审计师依照本法执行业务、履行义务,其资格认定和对其监督、指导、管理的具体办法由国务院另行规定。"

1993年10月31日,第八届全国人大常委会第四次会议审议通过的正式文本改为第四十三条,文字为:"在审计事务所工作的注册审计师,经认定为具有注册会计师资格的,可以执行本法规定的业务,其资格认定和对其监督、指导、管理的办法由国务院另行规定。"

第八届全国人大常委会第四次会议通过以后,财政部向国务院报送了(93)财会协字第117号文。提出执行第四十三条的意见。第一,《注册会计法》公布以前,经审计机关批准执业的注册审计师,按统一规定的注册会计师条件,直接由审计署统一审查合格后报财政部,财政部作为特例,原则上予以认定,发给注册会计师证书。1993年11月1日以后,按《注册会计师法》第二章的规定办理;第二,对审计事务所也按上述原则一样办理;第三,注册审计师认定为注册会计师、审计事务所变更为会计师事务所以后,按《注册会计师法》规定进行管理。但审计署不接受财政部的这三条,仍然加速批准注册审计师和审计事务所。两部门的对"两师""两所""两会"的矛盾,愈演愈烈。

财政方面说,审计生了个儿子没有取名字,却在《注册会计师法》里第一次有了"法定名字"——注册审计师,过去从来就没有"注册审计师"这一称谓。同时,准备以《注册会计师法》第四十条的规定来限制审计方面。第四十条是:"对未经批准承办本法规定的注册师业务的单位,由省级以上人民政府财政部门责令其停止违法行为,没收违法所得,可并处违法所得一倍以上五倍以下的罚款。"审计方面则极力要推翻第四十条,并解释第四十条并非指的审计事务所。财政方面在全国人大常务委员会议上说过,这一条是针对安达信的,并列举安达信企业咨询公司在湖南违规执行法定审计业务的例子。

因为有了四十三条,财、审两家关于社会审计的争论又持续了2年。

审计准则的权威性从何而来

外国审计准则的权威性来自"社会公认",中国审计准则的权威性来自"政府承认",这是"中国特色"决定的。

我们应当理性地思考这个问题。中国独立审计准则的权威性,应当说来自《注册会计师法》第三十五条的规定:"中国注册会计师协会依法拟订注册会计师执业准则、规则,报国务院财政部门批准后施行。"这里有两个层次:中注协和财政部,中注协的职能定位是"拟订",财政部的职能定位是"批准",因而中国的审计准则具有双重性:既是行业自律标杆又是政府监管的依据。片面强调它是"政部颁发的法规",忽视它也是行业自律的行规,将会削弱它的国际性。从本质上来说,独立审计准则是注册会计师从事审计业务的"行规",如果不遵守这一"行规",你就不要吃这碗饭,并非一定要"政府下令"才去遵守。可在实际活动中,人们往往忽视自律这一方面,而仅仅强调它的强制性。

在《注册会计师法》发布并生效后,国家工商总局自行制定了"验资规则",并向所有的企业和会计师事务所发布，它是为了解决工商登记问题的需要。当我们发现后，找上门去说"理"，说工商管理部门无权制定验资规则，只有中国注册会计师协会才有这种权利和义务，告诉他们"这是《注册会计师法》规定了的"。工商总局的这位同志大为吃惊，说"什么《注册会计师法》？"他竟然不知道《注册会计师法》！经再三解释并给他法的本本以后，他才"如梦初醒"表示要和中注协合作，并尊重中注协的"法定"工作，按照财政部批准的"审计准则——验资准则"的有关规定执行，工商总局的"验资规则"作废。

1992年11月，四川德阳会计师事务所为德阳东方企业贸易公司出具了一份验资报告，验证注册资本为81万元，东方企业贸易公司于1993年向山西太原南郊化工厂购买货物，欠款11.78万元未如期归还，该化工厂向德阳市中级人民法院起诉东方企业贸易公司及第二被告"东方企业总公司"（东方企业贸易公司的主管公司）。德阳市中级人民法院怀疑会计师事务所验资不实，于1994年6月17日通知德阳会计师事务所作为第三被告参加此案审理。1994年7月，德阳市中级人民法院把此案作为调研案件上报四川省高级人民法院，四川省高级人民法院又上报请示最高人民法院。最高人民法院于1996年4月复函（即56号函），明确会计师事务所应承担赔偿责任。德阳市中级人民法院据此做出判决，德阳会计师事务所最终赔偿4.6万元。最高法院的56号函，开创了验资的会计师事务所对客户经营活动产生的法律后果承担赔偿责任的先例。最高法院的56号函在注册会计师行业产生了巨大影响。全国法院几乎都据此判决了涉及注册会计师验资的有关案件。浙江一个会计师事务所，1996年一年之中，就因为验资问题被判罚4次，最后连事务所的桌椅板凳都被法院强制执行。一个事务所被判赔偿金额70多万元，判决书一下，事务所的员工纷纷自找门路，事务所自动解散。有的事务所所长整日忙于打官司，今天参加这个省的开庭，明天又要参加另一个省的审理，所长们人心惶惶。不少事务所，尤其是大的事务所，停止承办验资业务，有些事务所甚至呼吁事务所联合起来抵制验资业务。更引起人们关注的是，已经判决的案件正在起着广泛的示范效应，越来越多的企业、律师、法官正在把注册会计师推上被告席，只要企业的债权收不回来，就追诉注册会计师，有的事务所甚至被列为第十七被告。注册会计师正在沦为任人宰割的"替罪羊"。

1997年12月5日，最高人民法院又发出了［1997］10号函，回答四川省注协的提问，做出了《关于验资单位对多个案件债权人损失应如何承担责任的批复》，讲了三点：①该验资单位应当对公司债务在验资报告不实部分或者在虚假资金证明金额以内，承担民事责任；②验资单位对一个或多个债权人在验资不实部分之内承担责任累计已经达到其应当承担的责任部分限额的，对于公司其他债权人则不再承担赔偿责任；③对于多个债权人，同时要求受偿的，验资单位应当在其出具的被验资单位不实的注册资金、证明金额内，就其应当承担责任的部分按比例分别承担赔偿责任。好像比56号函更有道理。

1998年6月19日，最高人民法院对山东省高级人民法院批复发出了［1998］13号函。该函包括两点：①会计师事务所为企业出具的验资证明，属于依据委托合同实施的民事行为。在1994年1月1日之前为企业出具虚假验资证明，给委托人、其他关系人造成损害的，应当承担相应的民事赔偿责任；②会计师事务所与案件的合同当事人虽然没有直接的法律关系,但鉴于其出具虚假验资证明的行为,损害当事人的合法权益,因此,在民事责任的承担上,应当先由债务人负责清偿,不足部分,再由会计师事务所在其证明余额的范围内承担赔偿责任。

当时,面对如此众多的法律纠纷,中注协将其作为"头等大事"来抓。

1997年9月2日,中注协在杭州召开了"法律责任研讨会"。浙江注协反映:法院"厉害得很,到事务所的第一动作就是查封账户、冻结银行存款,接着直接从银行划走事务所账户的资金,而不论客户是否有财产或是否进行了清偿,反正事务所有钱,先拿走再说。以致在多数案件中,唯一的赔偿人是事务所,而客户却逍遥法外。会议讨论十分激昂。

紧接着,在1998年3月19日,在北京,我们把"被告""原告""法官""律师""会计师"都请来,在良乡开"注册会计师法律责任研讨会"。参加会议的有全国人大法工委、国务院法制局、最高人民法院、财政部、审计署、部分高等院校、《法制日报》《中国财经报》、北京及四川地方法院、部分会计师事务所及有关律师事务所的领导、专家、学者、法律工作者、注册会计师实务工作者及中注协的领导,共60余人参加。会议围绕虚假验资报告的界定标准,验资诉讼的时效性,验资诉讼案中各有关方的责任,事务所赔偿限额的界定,注册会计师协会在虚假验资案中所扮演的角色及所处的位置,事务所被依法撤销、合并、分立或主动申请歇业,其潜在的法律责任由谁继承等十几个问题,展开了深入的讨论。达到了相互沟通的目的,但都很难说服对方。

2007年6月11日,最高人民法院发布了《关于审理涉及会计师事务所在审计业务活动中民事侵权赔偿案件若干规定》,共13条。这是一件令人欣喜的好事,最高人民法院的规定,字里行间渗透了对注册会计师行业的全面、深入、系统的了解和对独立审计准则的准确法律定位。那些早年被"遗忘"了的争论,如今再现,历历在目。当年,"谁也说服不了谁""高院高高在上""公安"权力无边、律师"头头是道"等等,都成往事。人们明白了:只有审计准则,是衡量注册会计师执业是否准确的准绳,任何"官大于准则"的说法都是不科学、不准确的。

2014年修订《注册会计师法》

《中华人民共和国注册会计师法》由中华人民共和国第八届全国人民代表大会常务委员会第四次会议于1993年10月31日通过,自1994年1月1日起施行。2014年8月31日,中华人民共和国第十二届全国人民代表大会常务委员会第十次会议通过修订,第十四号主席令,公布了全国人大常委会关于修改《中华人民共和国注册会计师法》的决定。

《注册会计师法》自1993年10月31日颁布、1994年1月1日施行以来,为确立注册会计师行业在经济社会发展中的重要地位,维护社会公共利益和投资者的合法权益,促进市场经济健康规范发展发挥了重要作用。同时,随着经济改革的日益深化、对外开放的日益扩大和注册会计师行业的日益发展,也迫切需要对《注册会计师法》进行修改完善。财政部一直积极推进《注册会计师法》的修订进程,配合国务院法制机构做了大量调研工作，为适时全面修订《注册会计师法》奠定了一定基础。具体到本次修改工作，主要是贯彻党中央、国务院关于推进简政放权、深化行政审批制度改革的决策部署而开展的，目的是取消不必要或不再适用的行政审批事项，合理下放相关行政审批事项，进一步激发市场活力，同时切实加强事中、事后监管。换言之，本次修改是针对注册会计师行业行政审批事项的"专项修改"，对于完善注册会计师行业管理体制，不断提高注册会计师行业的法治化、规范化、市场化水平必将产生积极影响。

基于前述原因，本次对《注册会计师法》的修改主要有三方面。

一是删除中外合作会计师事务所相关规定。中外合作会计师事务所是特殊历史条件下的产物。截至 2012 年年底，原"四大"中外合作会计师事务所已全部完成本土化转制工作。鉴于中外合作会计师事务所已经退出历史舞台，在《注册会计师法》中删除相关规定是必要的、适当的。

二是取消了对外国会计师事务所在中国内地设立常驻代表机构的审批。20 世纪 90 年代以来，随着改革开放的不断深入和吸引外资力度的不断加大，越来越多的境外会计师事务所希望来华设立常驻代表机构，一方面为境外客户来华投资提供会计、税务等咨询服务，另一方面也为国内有关单位了解外商资信、国际税务等提供咨询服务。1996 年 1 月，财政部印发《境外会计师事务所常驻代表机构管理暂行办法》（财会协字［1996］1 号），健全了财政部对境外会计师事务所常驻代表机构的法制化管理，为扩大对外开放、促进中外经贸合作发挥了积极作用。考虑到境外会计师事务所驻华代表机构只是提供一般的咨询服务，是具有"联络处""办事处"性质的普通机构，加之改革开放新形势下境内外会计师事务所业务合作日益紧密和多元，常驻代表机构的设立申请日渐减少。在新一届政府启动行政审批制度改革后，财政部主动提出取消这一审批事项，本次修改《注册会计师法》，就是在法律上予以确认。今后，境外会计师事务所确需设立驻华代表机构的，或者已设立的驻华代表机构需要延期的，只需到工商登记机关办理相关手续，不再履行财政审批程序。需要强调的是，财政部门将密切关注境外会计师事务所驻华代表机构业务开展情况，如发现其违规承办注册会计师审计业务，将依照《注册会计师法》第四十条的规定做出严肃处理。

三是将会计师事务所的设立审批权下放到省级财政部门。长期以来，除极少数特殊审批事项（含涉外审批项目）由财政部直接审批外，会计师事务所的设立审批一直由省级财政部门负责。按照党的十八届三中全会精神和国务院的部署，今后，除法律有明确规定和国务院做出决定确需保留且由财政部直接审批的事项外，会计师事务所（含其分所）的设立审批等全部下放至省级财政部门。本次修改《注册会计师法》也是在法律形式上对这一改革举措予以确认。

如前所述，本次对《注册会计师法》的修改是基于支持、配合行政审批制度改革的专项修改、局部修改，修改内容虽然不多，但是对于落实简政放权精神，既发挥市场在资源配置中的决定作用，又更好地发挥政府作用具有重要意义和深远影响。下一步，财政部将在全国人大和国务院的正确领导下，继续推动《注册会计师法》的修订进程，研究将会计师事务所组织形式创新、业务范围拓展、内部治理机制、执业行为监管等作为重点内容纳入《注册会计师法》修订范畴,为注册会计师行业健康、规范、可持续发展提供更为强大的法制保障和更为优化的社会环境。

关于制定《注册会计师法实施条例》的研讨会

(1998年10月21日天津蓟县(现为蓟州区)《注册会计师法实施条例》研讨会)

在起草《注册会计师法》时,就考虑到"法"不可能太具体,不可能太细,为便于今后操作,在"法"里面预留了起草"实施条例"的法律依据,在全国人大常委会通过的《注册会计师法》第四十三条中就规定:"国务院可以根据本法制定实施条例。"这就是起草《注册会计师法实施条例》的法律依据。

为了实现这一目标,中注协在1994年1月25日,成立了《注册会计师法实施条例》起草小组,由我担任组长,把起草《注册会计师法实施条例》作为中注协的头等大事,作为推动中注协全部工作的"总纲"。为了制定《注册会计师法实施条例》,我们开了15次秘书长办公会,5次会长办公会,向国务院法制局报告了5次,参加国务院协调会3次,召开了专题研讨会3次,先后易稿18次,可谓不是没有下功夫。但为什么总是"难产"呢?大家总结了起草过中的三个"三字经"。

指导思想上的三点:举棋不定(等会儿再说)、迫不及待(猴急猴急地想立即出台)、边干边看(走一步看一步)。简称:等、看、干。

方法步骤上的三点:一步到位直接改"法";改"法"条件不成熟,还是先起草《注册会计师法实施条例》;改"法"与起草《注册会计师法实施条例》同时并举,简称:急、缓、拣。

主要内容上的三点:师、所、会。

就是这些"三字经",搅得我们在起草《注册会计师法实施条例》过程中,不得"安宁",总是把握不住方向,反反复复没有一个"定稿",这次研讨会讨论江苏起草的稿子,也没有最后定稿,因为形势发展得太快。

在指导思想上,是先修"法"还是先发布《注册会计师法实施条例》。财政部条法司说:不改"法",《条例》就不可能突破"法"的规定内容,但改"法"不是一个简单的过程。《注册会计师法》发布到现在只有5年时光,一部法律只管两三年,那就不叫"法",只是规章制度。但"法"也不是"一举定天下",形势发生了重大变化,"法"也必须随着客观形势的发展变化而进行修改。但我们无法准确地预计形势的发展,所以在修"法"还是起草《注册会计师法实施条例》上举棋不定。这次我们要下定决心,还是先起草《注册会计师法实施条例》。欲速则不达,我们还是要面对现实,选择一条能够尽快达到现实需要的目标的途径。修"法"要通过全国人大,程序很复杂,短期内很难办到,况且"法"出台还只有5年不到,这么短的时间内就要改"法",恐怕很难通过。

现在形势变化最大的还是"师、所、会"。"两师、两所、两会"联合,变成了一师、一所、一会。既然不存在这方面的矛盾,"法"的第四十三条就没有用了,但放在那,又有什么关系呢?何必非要改它?

还有比较大的变化就是事务所的体制、法律形式,从"官办"到民营、合伙,但《注册会计师法》里面也有这些法律形式。所以从现实出发，我还是主张先制定《注册会计师法实施条例》，暂时别谈改"法"，改"法"留待"下回分解"吧。要知道，"法"是我们现在最重要的"底线"，可以说是我们的"生命线"。不少政府部门想"吃掉"我们，之所以"吃"不动，就是因为我们有"法"的保护。在条件不成熟的情况下，千万不要轻易动它！

1995年3月30日，我在怀柔研讨会上总结时说过，出台《注册会计师法实施条例》有三大热点：一是注册会计师行业管理体制，二是会计师事务所的组织形式，三是注册会计师和会计师事务所的法律责任。当前，中注协体制是影响三大热点的关键，因为协会是行业前进的"火车头"。《注册会计师法实施条例》不是《注册会计师法》的简单重复，不是那些申请需要呈报哪些资料、审批需要几天、注册资金需要多少、注册会计师需要几个，等等内容。大的方向性的问题没有弄清，《注册会计师法实施条例》写出来也是"废品"。应该从大处着眼，从细处着手，眼观务虚，下笔实处，虚实结合。

关于中注协的体制。世界各国，对注册会计师行业的管理体制有三种：行业自律、政府直管、政府指导下的行业自律。美国以及相当一部分发达国家是行业自律，亚洲及相当一部分发展中国家是政府通过监督协会指导行业自律，而由政府直管的模式在世界上几乎已经绝迹。《注册会计师法》的取向是"政府指导下的行业自律"，《注册会计师法实施条例》也必须贯彻这一基本取向。

在中国，从目前政府体制来说，各级协会都在各级财政机关之内。对内，财政机关是管理注册会计师行业的行政部门，不必要也不可能在财政内部除协会之外再设置一个与协会平行的行政部门来具体管理注册会计师行业。对外，协会是一个"民间团体"，代表注册会计师行业进行自律管理。至于说"民间组织"必须"民选"，问题在于选举的方法，在中国由5万名注册会计师来直选中注协会长、秘书长，恐怕还办不到。请问在中国目前有哪一个社团组织的领导人是由"会员直选"的？不要用西方的"民主"来套我们中国的民主。由组织上提名推荐或者审查批准，这也是民主。因此，协会既代表政府，又代表行业，这是我们在起草《注册会计师法》时设计行业管理体制的理论和现实基础。注册会计师协会成为既维护国家利益、公众权益又维护注册会计师的行业合法权益的集合体，这就是"中国特色"。

如果要改"法"，那就要把目前的这种运行体制，体现在法律的字里行间。把现在归结到"行政职能"的一些表述，尽可能地归纳到"行业自律"方面来。比如，"批师""批所"，不要把它视之为"行政权力"，而把它视为一种"行业准入"。"批师"是说明他具有执行注册会计师业务的专业知识、专业技能和专业品德，所以由协会批准就行了；"批所"说明它具有执行注册会计师专业的必要构架、专业队伍、经济能力、执业条件，也是一种"行业准入"，所以由协会批准就可以了。有人把"批师"当成吸收一名"官员"，增加了一名"吃皇粮"者，所以要政府"批准"；把"批所"当成国家"设立了一个机构"，所以必须获得"政府认可"，这些都是一种误解。在中国香港也是师和所由香港会计师公会认可就可以了，为什么我们就非要通过"政府批准"？英国工贸大臣对注协的监管也只是每年听取协会的几次报告，难道我国还需要在协会之外另设机构来"管理"注册会计师行业吗？

拟订《条例》，我们要尽最大可能体现市场经济和政府职能转变的要求，尽可能地减少行政职能。在不影响注协自律性质的前提下，可以通过法律授权，将部分行政职能交由注协行使。对于必不可少的行政职能，也要尽可能地简化其程序。同时，要充实、完善注协的自律职能，充分发挥注协的作用。在注册会计师行业管理中，政府的行政管理职能主要体现在两个方面：一是代表国家对注册会计师行业进行行政管理，行使国家公权，主要体现在市场准入、市场监管、行政处罚、法律救济以及对协会的监督、指导等方面；二是代表并维护公众利益，主要体现在有关规章制度的制定及行政执法过程中。而这两方面职能的具体执行，也无须在财政机关内部另设机构，仍然要委托注协办理，由财政机关领导最后把关，审查其执行是否合理、合法。

关于会计师事务所的法律形式。由于这几年，事务所经过体制改革以后，情况发生了很大变化，大多采用了"合伙制"的形式。问题在于合伙制有两种：一般合伙制与有限合伙制。麻烦在于在"最高领导人"那里，一讲"合伙制"，就归结为"一般合伙制"，老讲要"负无限连带责任"。

"一般合伙制"存在"先天不足"，它始终"长不大"。就世界各国经验和理论来说，"有限合伙"（LLP）是会计师事务所最理想的法律形式。但我国当时的合伙法尚未有这方面的规定，需要我们说服和争取。

关于执行上市业务会计师事务所的处罚问题

1996年8月14日，中注协监管部开会商讨对执行上市业务的会计师事务所的处罚问题，我参加了会议。

根据检查结果，上市公司胜利油田上市审计业务是沈阳会计师事务所做的。胜利油田的股本，当时是1∶1.2，后来调为1∶1.3，这就等于缩股了。1993年时，作了股本调整。经调查发现，他们所有的文件都是虚假的。证监会调阅了他们的工作底稿。该会计师事务所没有在报告中披露股本一事，应当给予处罚：警告、暂停执行证券业务2个月，罚款50万元。

根据证监会上市部的检查结果，沈阳会计师事务所存在严重问题，限令其8月10日前回复三个问题，再作处理。

李茂龙报告：惩戒规则正在草拟，需要明确这个规则是财政部的还是注协的。回答："处罚规则是约束性的行政行为，但法律、法规授予协会权力办这些事，协会是受托组织，对违规的会计师事务所和注册会计师进行处罚，因此，可以用协会的名义。"

肖书胜说："我们现在是处于一个关键时期，做得好能起促进作用，做得不好影响太大。"我说："那怎么办？还是解放思想，勇敢一点吧，出了事总是先处罚我。"

总后财务部请示，部队的会计师事务所，与"挂靠单位脱钩怎么搞"？回答：所的会计师事务所都要与挂靠单位脱钩，这是坚定不移的，没有什么特殊。部队怎么搞，由部队自己决定。

在惩戒（会计师事务所、注册会计师）研讨会上的讲话

1996年9月4日，在听取中注协监管部李茂龙的汇报后，在惩戒研讨会上，我做了如下发言。

朱副总理在特代会（中国注册会计师协会全国特别代表大会）上，讲了三点希望：一是对师和所的；二是对协会的；三是对财政部和审计署的。在对协会的要求里，朱副总理讲到各级注册会计师协会应当在统一法律规范、统一执业标准、统一监督管理的基础上，切实履行对注册会计师、会计师事务所的服务、监督、管理、协调职能。朱副总理特别强调：要加强对注册会计师和会计师事务所的业务监督检查，争取在较短时间内，实现注册会计师的执业质量的较大提高。对于违反国家法律、法规，不按照执业标准执行业务和出具报告的注册会计师、会计师事务所，要严格检查、严肃处理。对知法犯法、明知故犯的，协会要取消其资格。在对财政、审计部门的要求中，明确指出，要按照法律规定，把对注册会计师、会计师事务所的日常监督管理的任务，交由注册会计师协会去完成。

在8月8日的会长办公会上，傅芝邺助理在谈到中央关于改革决定时，说"中央感到中介机构很乱，强调一要严格审批，二要强化行业自律"。

所以，我们想抓两件事：一是注册管理委员会，二是惩戒委员会。关于质量，特代会上有一个决议。

我们要有危机感，对那些弄虚作假的，要群起而查之，群起而罚之。现在是群起而攻之，群起而斥之。

注册会计师和会计师事务所，有三种法律责任：行政的、民事的、刑事的。我们是管"行政的"这一块。行政的要授权。根据《注册会计师法》和两会联合的七条意见，由财政部、审计署发文授权中注协办理。既与《注册会计师法》吻合，又照顾了现实。

这样的决定，有利于巩固联合的成果，适应两三年的磨合期的要求，是比较理想的模式；有利于会计市场的协调。仅处罚而言，执行机关已经很多，财政部、证监会、工商总局、国资委，等等。"架"还是要打，权还是要争，法还是要改。打得赢就打，打不赢也要守。守什么？规则讲的范围太宽，我们不是指一切，仅仅是指执业质量和职业道德。

《注册会计师法》起码也要管6年。法律责任只讲第二十条、二十一条。第二十条讲，委托人向注册会计师、事务所"示意""故意"提出一些不合理的要求，注册会计师还出报告，只能说是"串通"。朱副总理讲的"通同作弊"，这是职业道德问题。第二十一条，有"四个明知"，加了一个"按准则办"应当知道而"没有知道"，这里划了一个先知和舞弊的界限。第二十二条没有罚则，全国人大法工委说由其他法律管了，因此还是有处罚的。第十八条，讲"利害关系"要"回避"；第十九条"保密""泄密"……惩戒包不包括这些条？

程序上的技术问题：从投诉、举报开始，到调查、听证，这些是程序性的

规定。

文件写出来了，关键是要行执行。谁去操作？大多是由省级以上财政部门或省级协会去操作，不是由中注协直接操作。所以，在起草时，就要考虑操作者的难处。

要处理好几个关系，要掌握好几条原则。

一是长远和现实：既要从现实出发，又要严格要求。天天受惩戒不好，肆无忌惮也不行。"三大案件"时喊"扫地出门"，但扫不出去，但不"扫"一下也不行。要坚持革命的浪漫主义和革命的现实主义相结合的原则。

二是主观与客观：主观是我们这个行业，客观是我们面临的环境。我们想干的事，可客观环境不具备条件。主观要努力，要争取创造环境；力争能办到的，努力去办，还是要坚持从实际出发的原则。

三是目标和力量：目标定得很高，没有一支队伍，没有很好的组织，等于一纸空文；反之，有了目标，就要努力建设一支队伍，加强监督力量，强化监督组织。总之，要坚持量力而行的原则。

四是重点和一般：主要讲执业质量和职业道德，当前影响质量的重要因素是职业道德。道德中有主观、客观，重点在主观。执行要坚持重要性原则。

五是形式和内容：一般来说，法律重点是讲形式，我想，我们的重点在内容，也许我讲的是外行话。要定性、定量。犯的到底是个什么样的错误？还是要坚持实质重于形式的原则。

六是保护与惩处：惩戒是为了教育，惩戒是为了保护，有一个"饶让原则"。

七是全国和地方：因为具体执行者、办事的都在地方、在省级协会，但全国要统一，分级而有原则。

八是中国和国际：既要与国际接轨，也要注意中国特色。

这次是研究框架，下次要专门研究具体的办法。要提出一些案例，争取用3~5年的时间，建设一套具有中国特色的惩戒体系。

会上北京、福建、深圳等地注协介绍了地方的有关惩戒的情况。

北京注协介绍：去年11月成立了纪律检查委员会，当时研究的主要问题是：①如何处理纪律检查委员会与政府部门的关系；②纪律检查委员会的职责与法规的关系。

深圳注协介绍：70%以上的验资报告是假的，到了非整顿不可的地步。民权会计师事务所出具的27份报告全是假的。压价竞争、搞回扣、搞四六分成。在香港，廉政公署会抓回扣行为者，为什么共产党不抓？关于收费标准，往往因派去谈的人级别不同而不同，很难说，各所项目经理任职标准都不一样，有的所要熬几十年，有的所一两天就升了，对质量好的事务所是不公平的。应该监控的是质量，是职业道德。深圳注协按深圳的立法，可以去银行取证了。1993年下半年以后，注册会计师的执业水平下降了，出现这样的局面，让人很痛心。监管与联合，在磨合期是异常痛苦的。要正确处理这种关系。现在的环境太宽松了，严师（注册会计师）才能出高质量报告。

注册会计师的法律责任
（1996年9月6日在杭州注册会计师法律责任研讨会上的发言提纲）

大家在这次会议上列举了很多实例，说明我们现在面临的法律环境十分严峻。我想讲四点意见。

一、注册会计师行业要增强法律意识。从四川德阳会计师事务所的验资问题开始，注册会计师行业面临一个"诉讼爆炸"的年代，一家又一家会计师事务所被司法部门搞得"焦头烂额"，银行账户被封，钱被划走，合伙人整天忙于应付官司，有的会计师事务所成为第七被告，有的甚至被逼关门，等等。这些事件告诉我们，注册会计师行业不是一个"风平浪静"的行业，验资是一个巨大的风险区，证券市场更是一个高风险的区域。我们现在如果还不清醒，我们这个行业将会埋葬在法律意识薄弱的泥潭里，我们自己将毁灭自己。从已经发生的一些案件来看，主要原因不是由于审计水平不高，更多的是因为职业道德水平低下，想"赚那个钱"，不计后果，不择手段，不懂得保护自己。从现在起，我们要明白，注册会计师行业是一个高风险的行业，你今天做了业务，留下了后患，不知道哪一天会爆发，一旦爆发，后果不堪设想。所以我们在接受一项业务，从事一项业务时，要多考虑一下未来的风险。

二、要勇于承担该承担的法律责任。现在我们有的会计师事务所负责人，平时不好好学习，没有法律知识，缺乏法律意识，一旦产生法律事件，就感到无措手足，不知道该怎么办。我认为，应该勇敢地面对现实，法律是不讲情面的。既然事情已经发生，就要敢于面对。想想是不是自己做错了什么？如果自己真是做错了，就大胆地承认，回避不是办法，躲也是躲不过的。过了初一，还有十五，重要的是要从中吸取教训，"下不为例"。我们不应该与法律对抗，我们不回避自己的责任，该被罚、该上法庭，听凭法官、法律的处置。任何职业，不可能没有风险，只有风险大小的区别和自己应对风险的能力高低的区别。正如德阳会计师事务所，自己写下的字据，只有自己承担后果，不要怪工商局，只能怪自己当初不该写下那样的字据，工商部门不让你做这笔业务，顶多不做而已，也不会给自己、给全行业带来这么多的后患。出了问题，谁也没有想到要怨天尤人，只有老老实实地认错，吸取教训，再也不要去趟那个"雷区"。

三、努力改善执业环境。这需要我们大家一起努力，一家一户力量太小，中注协没有大家的支持，也是"毫无办法"。我们希望大家能够提供更多的证据，拿出有力的证据，我们才好向有关方面反映、向社会呼吁。应当承认，我们的执业环境是比较恶劣的，"七师八所""二十四种资格"，把统一的会计市场分割得七零八落。大家都认为，工商和税务是会计市场中的"两大公害"，这次会上大家也反映了许多这方面的情况，但是没有一家拿出具体的、有力的、直接的证据，到底是哪家工商部门拿了几多回扣？哪家税务机关瓜分了你的业务收入？你得给我一个实实在在的证据，我们一定向有关部门反映，直至向他们的领导机关反映，一直告到中南海都可以，但你要实事求是，要证据确凿。你们害怕，我们没有什么可怕的，就怕你们说假话。

四、司法体制一定要改革。从总体来说，我们的司法机关是清廉的、大公无私的。但不能否认，有的司法机关很"黑"。现在不是流传"大盖帽，吃了被告吃原告"吗，有些地方司法部门，实施"地方保护主义"，到了异地会计师事务所，不分青红皂白就封账、转钱。有的法官不懂法，闹不明白审计准则、会计准则，更不知道有什么《注册会计师法》，验资的责任他分不清，认为"老子天下第一""就我说了算"，最高人民法院9号文的解释更是没道理的。我们一定据理力争，要向全社会呼吁。公正是司法的灵魂，缺乏公正的司法最终要被正义打倒，这也是这些司法部门"自己打倒自己"。

对外开放注册会计师全国统一考试

经国务院港澳办、台办批准，中注协于1994年首次对外开放注册会计师全国统一考试，比司法考试开放得还要早。当时，我任中注协秘书长才一年，具体组织全国注册会计师考试工作也只经历了1993年一届，《注册会计师法》还在这一年开始实施。对外开放注册会计师全国统一考试，对我担任秘书长的生涯来说，是冒了极大的风险。当时，一方面担心没有多少"老外"来报考，"坐冷板凳"不是滋味；另一方面担心我们的考试题目不能达到"国际水平"，别闹出什么笑话。没有经验、缺乏水平，考试能否组织得好？能否得到海外承认？都是未知数。但回过头来想想，这一步迟早是要走的，迟不如早，下定决心这个台阶也就迈上了！1994年4月6日，我以财政部名义，起草下发了《港、澳、台及外国籍公民参加1994年中华人民共和国注册师（CPA）统一考试办法》（以下简称《办法》），门就这样打开了！

文件发布后，结果出乎意料，当年就有500多"老外"报名参加考试，第二年则突破1 000人，第三年更是突破1 500人，报考人数几乎每年都按30%的增长率增长。当然，这些"老外"主要是港、台专业人士，台办、港澳办称之为"境外"人士。而且，港、台报考的人员大多是会计师事务所"合伙人"或者是"高级经理"，这些都是些在港、台地区CPA业内"有头有脸"的上层人士。

《办法》规定，"港、澳、台居民可委托该地区会计师公会组织统一向全国考试委员会办公室报名"。香港地区居民委托香港会计师公会代为报名，中国台湾居民委托台北市会计师公会代为报名。中国台湾有三个会计师公会，他们在讨论是否要前往大陆考试时，三个公会都表示赞成，台北市会计师公会提出："是否应当向'当局'报备？"三个公会的代表为此争论不休，最后没有结论。在快要报名时，台北市的梁再添先生（前台北市会计师公会理事长）以"中华文教基金会"的名义在台湾地区组织了考生的报名及其他的组织工作。结果，中国台湾首次报名的人数达到240多人，比香港的考生还多。中国台湾当时流传一句话"有的事只做不说，有的事只说不做"。大概考试一事属于"只做不说"范围。

《办法》还规定，报考大陆注册会计师考试每门课要交100美元，同时规定由出题老师对他们进行辅导，参加辅导听课的，每门课需交80美元。那时美元对人民币的比价是1:10。加上从台湾经香港到大陆的旅费，他们自己算了一笔账，从报名到接受辅导，再到参加考试，全部费用需要七八万台币，约合人民币30 000元。后来，我们也觉得费用太高了，但文件已经发出，也就没有再改，只是多给了一些钱给承办辅导和考试具体工作的福建、天津注协。

对台湾人来说，既然花了那么多的钱，就应认真地听辅导，考试也应尽力去考。所以，台湾考生读书的气氛很浓，从台湾经香港到考试辅导班、考试考场，在飞机上人人都是在看书；考前半小时，考生们还云集在广场，翻开书本阅读，作"最后冲刺"。还有的考生家属陪同考生一起来到大陆，考生进入考场后，他们都在考场外面等候，即使是酷热的天气，他们也寸步不离。

辅导在福建福州市举行。台湾考生住在西湖大酒店，那是中外合资酒店，价格比较高。中注协去的老师和工作人员则住在省政府招待所——西湖宾馆，价格相对便宜，辅导活动都是在西湖宾馆进行。由于两者只有一步之距，对台湾考生来说也比较方便。辅导每天上午9点开始至12点，中午还可以休息；下午2点开始至5点；晚上则自由活动。从8月1日至7日，紧张而有序，效果还不错。7日晚上，福建省注协做东，举行福建、台湾两地会计师联欢会。台湾朋友唱了一首《爱拼才会赢》，中注协去的工作人员找了一个两地都熟悉的《潇洒走一回》歌曲合唱。台湾的朋友"不高兴"了，花了七八万，最后只是"潇洒走一回"？！但最后考试的结果台湾同道的成绩还不错：1/5的人获得全科通过，2/3的人获得单科合格。在境外500多名考生的4科成绩中，台湾考生有3科是名列前茅，取得第一名。在首次境外考试中，台湾考生创造了两个第一：考试人数第一，考试成绩第一。

当时，把考场设在天津，是考虑接待能力、距离北京较近以及考生方便等因素而定的。500多位境外人士参与的活动，对于当时的财政部、中注协来说，是一次较大的外事活动。香港的考生大多由他们自己在北京的公司开车送他们至天津，没有要求集中住宿。台湾考生则要求有相对集中的住地，而他们住的地方起码要是四星级以上的宾馆，他们一共有200多人，而且离考场不能太远。住地、交通都需要事先仔细安排。天津动员了公安、安全、交通、旅游、餐饮、学校等各方力量进行支援。除了考生，还有中央各大媒体的记者，也要安排住宿。1994年5月14日、8月24日，我先后两次陪同张佑才副部长赴天津考察，在考试前一天，又提前到达天津，直到考试结束。一切都安排得很好。考试结束那天晚上，天津市副市长宴请各国考生并演讲。高雄的卓传阵代表考生讲话，说"进津（京）赶考"是中华民族的优良传统，今天从台湾赶过来参加大陆CPA考试，就是为了体验一下当年进京赶考的滋味，体验中华文化的精华。

在天津考场，开始时为了维护考生的安全，特意设置了武警保卫，但没想到把台湾考生吓倒了，他们看到荷枪实弹的武警就对我说："没想到你们还动用了武装，真让我们感到害怕！"第二天就撤除了这些武警，改为由保安负责安保，台湾考生就没再说什么了。

因为内地和港台考生试卷都一样。命题人员要体现水平，既不能让港台人员得分太高，也不能让他们难看。我对命题人员说："需要出一些有关新知识的题目，体现和国际接轨，如'会计'一科，可出一些关于合并报表、股份制会计等新的东西的题目，这些对港台考生来说不在话下；但也要有'中国特色'，出一些他们不擅长的题目。比如，验资他们就没有。法律方面他们也不是长项。题目既要体现高水平，又要让内地考生'占一点便宜'，这样下来，大家都可以拉平。"最后，到底怎样，我不得而知。实事求是地说，从总体上看，港台人员的专业水平应当是比内地的要高一些，从考试的结果看也是这样。但也出了一些意外。比如，台湾应试人员中，有的教会计的教授居然会计科目不及格，有的审计教授考审计竟然没有及格。香港考生成绩比台湾要差的原因大概是因为大陆文化和台湾文化相通，而香港主要是英国那一套。比如，他们的合伙人，用惯了英语，拿到题目，他们首先将其翻成英文来思考，再用英文回答，再翻成中文，这样来回"折腾"，而台湾考生早就在答题了。

总之，这次"门"开得还可以，可以说是"初战告捷"。

> **中华人民共和国注册会计师（CPA）统一考试办法》的通知**
>
> 1994年4月6日 (94) 财会协字第14号
>
> 各省、自治区、直辖市财政厅（局）注册会计师考试委员会：
>   现将《港澳台居民及外国籍公民参加1994年中华人民共和国注册会计师（CPA）统一考试办法》印发给你们，请遵照执行。
>   附：港澳台居民及外国籍公民参加1994年中华人民共和国注册会计师（CPA）统一考试办法
>
> **港、澳、台居民及外国籍公民参加**
> **1994年中华人民共和国注册会计师（CPA）**
> **统一考试办法**
>
>   一、根据《中华人民共和国注册会计师法》第七条、第八条、第四十四条的规定，制定本办法。
>   二、外国籍公民，按互惠原则，该国法律允许中国公民参加该国注册会计师（或其他相应称谓）考试者，我国政府亦允许该国公民参加我国注册会计师考试。
>   港、澳、台地区居民，可参加中华人民共和国注册会计师统一考试。
>   三、港、澳、台地区居民及外国籍公民申请参加中华人民共和国注册会计师考试须具备如下条件：
>   1. 具有财政部注册会计师考试委员会（以下简称全国考试委员会）认可的境内或境外大专院校毕业的学历；
>   2. 品行端正，未受过刑事处罚；
>   3. 未患精神疾病或其他严重疾病。
>   四、申请报考人员须提供如下有效证明：
>   1. 应考人员所在国及地区合法身份的有效证件；
>   2. 全国考试委员会认可的境内、境外大专院校的有效学历证明；
>   3. 境内、境外会计师团体或会计师事务所、或其他有关单位的推荐函；
>   4. 全国考试委员会指定的医院体格检查健康证明。
>   五、报名：
>   1. 符合本办法第二条、第三条规定的条件，持有本办法第四条规定的有效证明，可申请报名。
>   2. 报名时间：1994年5月3日至6月3日；
>   3. 报名地点：全国考试委员会办公室（北京市车公庄西路32号中咨大厦五楼507室，邮：100044，电话：8415511—2507）；
>   4. 报名方式：可由应试者本人或委托他人前来报名处报名，也可采用信函方式报名。港、澳、台居民可委托该地区会计师公会组织统一向全国考试委员会办公室报名。

财政部关于印发《港澳台居民及外国籍公民参加1994年
中华人民共和国注册会计师（CPA）统一考试办法》的通知

5. 报名者应填写"1994年中国注册会计师全国统一考试港、澳、台居民及外国籍公民报名表",经审查合格后,发给全国考试委员会印制的准考证方可参加考试;

6. 应试人员可申请单科考试,也可申请全科考试;

7. 每科报名费100美元(现钞),于报名时缴纳。

六、考试科目及考试范围:

考试科目分为《会计》、《审计》、《财务管理》、《经济法》。考试内容在考试大纲中规定(《考试大纲》于报名时赠送)。考试用书可于报名时购买。

七、辅导:

考虑到港、澳、台及国外经济制度和法律规定以及注册会计师(CPA)制度上的差异,全国考试委员会将为这部分应试人员在中国境内选择适当的地方,集中举办专门的考前培训班(参加培训班的具体办法,可于报名时向报名处索取)。禁止除考试委员会以外的其他单位举办考试培训班。

参加培训班不是批准考试的必备条件,是否参加考前培训班由应考人员自行决定。

八、考试:

1. 考试方式:闭卷笔试;

2. 考试时间:

1994年9月24日上午,考试《会计》;

1994年9月24日下午,考试《经济法》;

1994年9月25日上午,考试《审计》;

1994年9月25日下午,考试《财务管理》;

每科考试时间为180分钟。

3. 试题全部为中文简体字印刷;

4. 答题应使用中文,可用简体,也可用繁体;

5. 所有港、澳、台居民及外国籍公民应试人员,均集中在天津市由全国考试委员会定的专门考场进行考试(应试人员的入境及在考试地点住、食有关的一切手续和费用均行办理和负担)。

6. 所有参加考试的人员均应遵守全国考试委员会制定的各项考试规则和规定。

九、成绩认定:

由全国考试委员会组织统一阅卷、评分并划定各科合格分数线;单科合格者,发给科合格证;全科合格者,发给全科合格证。成绩不公布,不查分,不查卷。

十、全科合格者,建议中国注册会计师协会考虑可吸收为会员,但不得执行中国注会计师的法定业务。有关执业注册事项,由国家法律、法规另行规定。

十一、在港、澳、台和外国通过注册会计师(或其他相应称谓)资格考试的人员,没有与中国有关方面取得相互承认注册会计师(CPA)资格前,不考虑免试部分科目;不考虑《中华人民共和国注册会计师法》第八条规定的免试部分科目;但可凭相关的有证明,申请参加单科或全科考试。

十二、本办法由注册会计师全国考试委员会解释。

财政部关于印发《港澳台居民及外国籍公民参加1994年
中华人民共和国注册会计师(CPA)统一考试办法》的通知

第一次注册会计师考试全国统一阅卷

1987年公布的《注册会计条例》规定注册会计师入门有两种方式:考核、考试。但在《注册会计师条例》颁布后的3年多里,一直没有组织全国注册会计师考试,仍然实行单一的考核准入制,使得注册会计师队伍老化的状况未有所改变。实施考试,让年轻人进入注册会计师队伍,已是刻不容缓。

1991年,在谢明同志的再三催促下,全国注册会计师行业入门开始实行考试。第一次考试在1991年9月举行。张佑才是主管部长,杨纪琬是考试委员会主任,我是考试办公室主任。

因为没有经验，考虑到阅卷工作量可能会很大，因此确定采取分省阅卷的办法。考试后，中注协把"标准答案"印发各地，并要求各地在规定时间内阅卷完毕。但结果事与愿违，分省阅卷不仅各地集中阅卷老师困难，老师对"标准答案"掌握得并不"标准"，且地方开支较大，"地方保护主义"形形色色，电话"请示"不断。因为种种原因，前后完成的时间不一，不少地区拖了后腿，阅卷进度没能按预定计划时间进行。1991年的考试，直到1993年年底才全部完成，因而1992年考试暂停，注册会计师考试未能继续进行，直到1993年才进行第二次考试。

鉴于此种情况，我向张佑才建议：从1993年起全国统一阅卷。

这时，我刚从美国考察回来，美国的CPA考试虽然是分州举行，但由全国统一命题、统一阅卷。我向张佑才报告了美国CPA阅卷的情况，同时分析了集中阅卷的几大好处：

（1）统一阅卷能够统一标准，对考生公平、公正；
（2）统一阅卷能够保证进度；
（3）统一阅卷能够集中调配阅卷教师；
（4）统一阅卷有利于保密；
（5）统一阅卷能够克服各种"地方主义"；
（6）统一阅卷从总体上说比分散阅卷费用要低。

统一阅卷还有许多其他优点。

……

经考试委员会一致同意，张佑才副部长批准，从1993年注册会计师考试开始，采取全国统一阅卷。

统一阅卷时开始是从财经院校力量较强的省份挑选阅卷对象，后来又"打一枪换一个地方"（换阅卷人和阅卷地），目的是为了保密，但这种"流动阅卷"不利于阅卷队伍的相对稳定，不利于阅卷工作水平的提高。后来就固定在湖北财经学院，并在湖北财经学院建立了"阅卷中心"。至于保密工作，则通过制定严格的阅卷制度来加以保证。事实证明，统一阅卷比全国分散阅卷要好，这个办法，一直延续至今。

教授和我干的不是一样的活

1996年10月29日，我到中南财经大学。上午查看阅卷场地，并看望阅卷老师，向他们表示感谢。下午，应邀向中南财经大学的研究生、教师和CPA专门化方向班的学生做报告，讲参加亚太会计师联合会（CAPA）的情况，主要讲了和台湾极右势力的斗争经过。报告大约持续了两小时，据会计系阎主任统计，报告中，听报告的大学生们自发地鼓掌27次。阎主任说："现在的大学生可不比过去，报告引不起他们的兴趣，中途就溜了，最后剩下没几个人。可你的报告不仅中途没走一个人，连过道上都站满了人。场中还给你自发地鼓了27次掌，这就是评价，真不容易！"校长接着就批评了教授们，说："你们老师怎么不能像丁秘书长那样，怎么就做不出这样的报告?"我笑着说:"那可不一样,我去马来西亚是干活,是工作,讲的那些,是我亲身的经历,没有参加那些活动的人,怎么可能像我那样介绍会议的情况?我和教授们干的不是一样的活,他们是教书,我是打工!"

从那以后,我每年至少要到武汉一次。一方面是查看阅卷进度和质量,另一方面是对阅卷老师表示慰问。中南财经大学趁此聘请我为"客座教授",因而每年免不了要前往中南财大"报告一次"。

固定阅卷的学校,对提高阅卷质量、提高阅卷效率都要有很大好处。当时主管这项工作的是王军,后来是董晓朝,因为他们都是中南财经大学毕业的,为避嫌疑,他们都不就"考试阅卷中心"建在中南财经大学表态,在秘书长办公会上,就由我拍板决定在中南财经大学建立阅卷中心,由财政部拨款200万元,加上他们自己建"学生活动中心"的钱凑在一起,盖了一栋大楼,阅卷中心就在其中。从此,中南财经大学就成为全国CPA考试固定的阅卷中心。

1996年CPA全国统考遇到的问题主要是天灾

1996年11月19日,举行全国注册会计师考试委员会会议。会上,总结了1996年CPA全国统考的情况。大家认为:1996年考试的题目难度和量都没有加大,就是税法的题量大了一点。1996年出考率比1995年低,内地是42.87%,境外是70%,都比前一年低。考试纪律比前一年好,没有泄题现象。虽然考试中有些天灾人祸,但主要是天灾:受海南台风影响考试推迟3天,在珠海暴雨中民警把考生背过被水淹的马路,山西试卷被老鼠啃坏了几包,好在没有遇到什么太大的难处。中南财经大学在阅卷中发生一件"无头案"。

大家一致认定,1996年考试组织工作有效,阅卷工作有效。

台湾参加全科考试的考生有186人,有1个人全科合格,占比约为0.54%。

香港参加全科考试的考生有138人,有1个人全科合格,占比约为0.72%。

境外其他国家和地区的考生参加全科考试的有14人,无人全科合格。

关于对外开放注册会计师考试的相关报道(一)

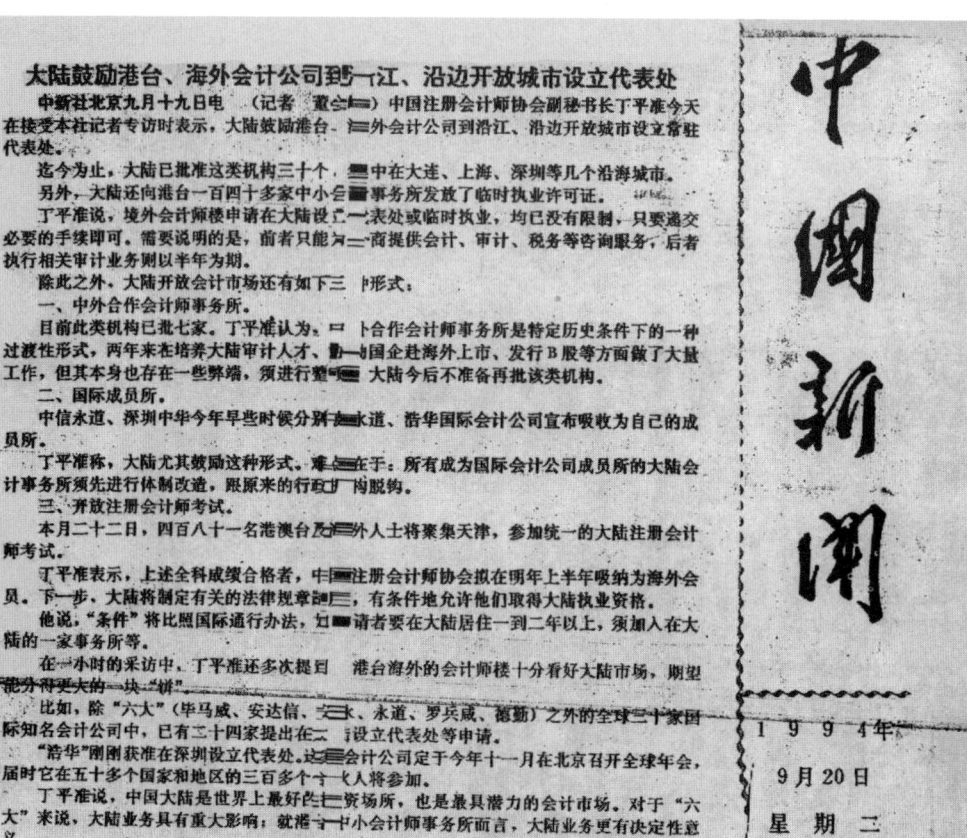

关于对外开放注册会计师考试的相关报道（二）

关于对外开放注册会计师考试的相关报道（三）

关于对外开放注册会计师考试的相关报道（四）

杨纪琬让中国的 CPA 站起来，丁平准让中国的 CPA 富起来

业内流传着这么一句话："杨纪琬让中国的 CPA 站起来，丁平准让中国的 CPA 富起来。""杨纪琬让中国的 CPA 站起来"，是说杨纪琬在新中国重建和恢复注册会计师制度时起的重大作用。"丁平准让中国的 CPA 富起来"，我想这大概是指我对注册会计师行业的体制改革做的贡献。我觉得这是一些"形容词"，更多的是对我在注册会计师行业实施体制改革时的做法的肯定。

美国心理学家马斯洛提出了"需求层次"理论，他把人们的需求分为五个层次：生理、安全、情感、尊重和自我实现。随着注册会计师行业体制改革的深入，注册会计师的"幸福指数"也在不断提升。现在进入这个行业的大部分人的需求，都已提升到了第四、第五个层次，即"尊重和自我实现"的阶段。

在重建和恢复注册会计师行业的初期，注册会计师行业大部分是退休老人。这部分人在退休以后，有了事务所这个平台，在"生理""安全"上得到了满足。他们除了一份退休金以外，还有一份颇丰的、稳定的担任注册会计师的收入；退休以后，离开了原单位，但又有了会计师事务所这个稳定的平台。总的说来，"幸福指数"似乎比退休前还要高一些。

但那个时期，注册会计师制度刚刚建立，会计师事务所还是"国有""官办"企业，年轻人很少，业内大多数人没有把它当成一个事业来做，注册会计师行业在社会上的知名度也不太高。至于收入，还有一个"照顾左邻右舍"的原则，在事务所能拿多少，由挂靠单位领导决定。如果收入太高了，挂靠单位领导会觉得现有的"在岗人员""难以平衡"。至于个人的前途、提拔，更多地取决于挂靠单位。到事务所工作，更多的是一种"安置"。

当时年轻人要进事务所，首选就是"五大"国际会计公司，那里的体制、机制都比较活，收入也比较高，还可以年年升级，直至合伙人。

1996 年开始在注册会计师行业掀起了"脱钩改制"的风暴，1998 年至 1999 年，全行业实现了"民营化"。在深圳举行的事务所体制改革座谈会上，我脱口而出："让国有会计师事务所在我们这个行业断子绝孙，""变国家所有为注册会计师所有，让注册会计师成为会计师事务所的主人。"我对长春电影制片厂的导演解释合伙制时说："你想发财成为百万富翁么，请到合伙会计师事务所里来，这里是天堂；你想被扫地出门、倾家荡产、要你老婆送饭么，请到合伙会计师事务所里来，这里是地狱。"我说，合理合法成为百万富翁，为什么不让他发财？弄虚作假自己出了假报告，要进监狱，只能自己承担法律责任，坐班房自己去，不要找一个后台。

注册会计师行业体制改革以后，体制变了，机制活了，人们的奔头大了。"幸福指数"是一个动态平衡，每天都在发展前进中。事务所的合伙人，现在大概平均每年能拿到 30 万元，好的能达到上百万元。张国俊说，他的年工资能达到 8 位数。8 位数是多少？千万？难以想象。他们收入比改制前都增长了 10 倍、20 倍、甚至几十倍，有的甚至达到几百倍。一个大学生，如果在大四就考了注册会计师，拿到了注册会计师的"本"，那他一进入事务所就是月收入七八千元甚至上万元，干上几年升

到经理级就是一个月几万元,在不到 10 年的时间里,升至合伙人,就是一年几十万元、上百万元。所以,只要你进入这个行业,扎扎实实地干,"生理、安全、情感"这三个阶段的需要,都能够轻而易举地得到满足。云南省注协前秘书长史金生,在他还在职时就"下海"到了一家事务所当主任会计师,他说:"干自己的也许更自由、更真实、更实在。"记得他告诉我,"下海"后,恰逢财政厅"房改",要用钱买住房。厅里大多数干部缺钱,都向银行贷款或者向朋友借钱。史金生"下海"虽然不久,但买房的钱是"赚回来了",他说:"区区 30 万元,算什么。"立马到银行拿现金付了。他非常感叹地说:"要不是老丁指明的事务所改革这条路,我还在财政厅工作,不当这个合伙人,真是拿不出这个钱来!""安居"才能"乐业",干注册会计师这个行业,在改制以后,买房或租房,已经是"小菜一碟"。你看看那些改制后的事务所,特别是那些排行榜上前百家事务所,哪家没有"金璧辉煌"的办公场地!就说"五大",也都是选择当地最繁华地段、最豪华的高级写字楼作为事务所的办公场地。走进去以后,就有一种"安全感"。"注册会计师有钱,会计师事务所有钱",这个说法是事务所改制以后才有的。在这样的环境下工作,能不有"安全感""事业感"吗!

再加上朱镕基说了,这是一个"关系国家前途命运"的行业,是一个"光荣的行业、有权威的行业",进入这个行业能不"光荣""自豪"吗!进入这个行业,人们需求的第四、第五阶段,就能更好地实现。

当然,从事这行业并不是没有风险的,但在改制以后,事务所给每个注册会计师买了"保险"。同时,事务所还总结了一整套识别风险、评估风险、管理风险、应对风险的机制,只要自己扎扎实实地干,就能规避风险。不像"官办"时期"靠后台",现在是"靠自己",有什么可怕的呢!

人们进入会计师事务所以后,都把注册会计师行业当做事业来追求,把个人价值观融合在事务所的发展中,在这样的环境中工作,应当说马斯洛讲的"五个层次"都有了!

会计师事务所是注册会计师的事务所

1998 年 10 月间,江苏一位会计师事务所的所长对我说,在改制中,他遇到一个"难题",就是他的办公室主任不是注册会计师,他想给该办公室主任股份,但不符合规定。他对我说,这位办公室主任跟他十几年了,非常"忠心耿耿",他也离不开那位主任。我对他说:"会计师事务所是注册会计师的事务所,要在事务所当出资人,或拥有股份,那就首先要成为注册会计师。如果大家都可以成为'老板',那事务所的老板首先也应该是你们财政厅的人。过去他们是'老板'这次就是要'革他们的命',开除他们'老板'的'板籍',这次改制就是要打破国家所有。但也不是搞'人人所有',而只能是注册会计师所有。"

在铁道大厦召开的事务所负责人会上,我解释这个问题时说:"不能以'离不开'而把事务所的股份'送'人。你'离不开'的人多着呢。比如,给你开车的司机,他要是不高兴,会把车子开到沟里去;你天天要吃饭,那厨房的大师傅在菜里放点毒,你受得了吗?你'离不开'这些人,但你能把事务所的股份送给那些为你服务的人吗？并不是事务所所有的人都能成为事务所的'老板'，这是由事务所的性质所决定的。事务所是以智力向社会提供服务，是以注册会计师的专业知识向社会提供服务。如果事务所的老板不是注册会计师，那事务所的性质就发生了变化，那就不叫'会计师事务所'，而叫其他什么机构。办公室主任大概主要是为你、为事务所写些文章，或提供某种私人服务，这些事不能体现事务所的本质属性，这些服务是你的'需要'而不是会计师事务所的'需要'。我们规定，会计师事务的出资人必须是注册会计师，'发起人'（合伙人）必须是'资深会计师'，是有道理的，是由这次改制的性质所决定的，不可能改变，要改变这个规定就不用搞这次脱钩改制了。所有制对于每个事务所来说，是生命攸关的大事，不应该轻率改变政策的规定，不应该发展不符合规定的人成为事务所的出资人。会计师事务所是注册会计师的事务所，不是任何人都能成为事务所的'老板'，这也是为你们自己着想，为注册会计师行业发展的长远着想。"

承认注册会计师的劳动也能创造价值

1998年11月间，我对中注协注册部的同志们说："大家都说天津的经验好，好在哪里？好在他们承认注册会计师的劳动也能创造价值。当初办会计师事务所的时候，挂靠单位给了房子、车子以及部分资金用于注册，挂靠单位并不认为这是一种'投资行为'，只是对举办事务所的一种支持。注册时，可能事务所只有50万、100万元的财产，到改制时，事务所有了几百万元、上千万元财产，怎么增的值？是挂靠单位多给了钱吗？没有，挂靠单位给的仍然是最初注册时的那么多。增加的钱是从哪里来的呢？天津市财政局认为是注册会计师劳动创造了新的价值。所以，他们在事务所改制时，把这部分增加的价值，还给注册会计师，作为对事务所的'补偿'，用于购房、购车，发放养老金、退休金，等等，财政局没有'收走'所有的钱，而是把增值的钱用于事务所。我认为，这符合马克思的劳动价值论。一件商品的价值，是由C、V、M三部分构成的，C就是挂靠单位最初支持事务所的价值，但它不能创造新价值，在向社会提供服务当中，它只发生价值的转移；V就是注册会计师的劳动，它能创造新的价值，它能创造M；M就是事务所增加的钱，都是注册会计师劳动创造的。所以，事务所改制时，注册会计师劳动创造的新价值不能由挂靠单位收走。国资局的'理论'就是不承认注册会计师的劳动也能创造价值，他们把挂靠单位的支持说成是一种'投资行为'，所以要把事务所的财产全部收走。我们认为，即使挂靠单位的支持是一种'投资行为'，也应该对新增的部分，进行合理'分配'。注册会计师在事务所拿了工资，但并没有得到新创造的价值的全部，他们只是拿了V，而没有得到M。改制就要对M形成的价值进行重新认定，挂靠单位只能收回他最初支持的部分，在全部价值W中，只能收回C转移的那部分价值。天津方式就是一种认定方式，他们的前提是承认注册会计师的劳动也创造价值，所以他们才在脱钩政策规定中，充分考虑了事务所的这种特殊性。"

"一把手"也要由大家"选举"

1998年，在起草会计师事务所脱钩改制的文件时，发生了一些争论，其中重要的一条是关于事务所的人事权。一种意见认为"国务院说的'五放开'中,关于'人事放开'就是说事务所的人事问题挂靠单位不再管了,完全由事务所自主决定,只管对'一把手'的任免"。另一种意见认为:"挂靠单位管'一把手'的任免,实际上还是没有放开事务所的人事权。因为管住了'一把手'的任免,实际上就是管住了整个事务所的人事权,管住了'一把手',就等于管住了'千军万马',那事务所自己还有什么人事权?挂靠单位对事务所是否满意,主要体现在对'一把手'的态度上。对事务所不满意,就可以把'一把手'撤了;对事务所满意,'一把手'就可以继续当下去。而'一把手'可以任免'二把手''三把手'直到任免事务所的每个人员,那事务所还有什么人事自主权?所以,事务所改制以后,挂靠单位连'一把手'都不要管了,'一把手'也由事务所自己选举,挂靠单位不再干预。"

后来在55号文件中规定:改制的会计师事务所,"一把手"由挂靠单位提名,事务所进行民主选举,以后都由事务所民主选举确定"一把手"。因为在改制时,事务所还没有"头",只能由挂靠单位"提名",这好比由挂靠单位提议一名"召集人",正式选举时选不选他,由事务所大家自主决定,选举结果也不再由挂靠单位"审批",选了谁就是谁,这样,就确保了事务所的"人事自主"。张佑才副部长最后批准了这个文件,所以,在事务所改制时,人事权也应当说是"放开"的。

荣老板绝对不会这样说

1986年11月间,中注协在深圳召开第一次会计师事务所体制改革研讨会。会议开幕时,中注协副秘书长董新钢首先讲话。他在讲话中引用荣毅仁的话,"要把中介机构牢牢地掌握在国家手中"。其意思就是说绝对不能搞民营化,绝对不能搞"私有化",绝对不能搞合伙制。我听了以后,立即找了董新钢,问他的稿子是怎么回事?他说是注册部帮他起草的稿子,他只是照着念。我说,你也不想想,开体制改革研讨会,就是要改变事务所的体制,怎么定出这么个调调?合伙制是全世界通用的模式,为什么不能搞?引用荣老板的话,出自何处?即使有也是片面地引用,荣老板的原意绝对不是这个意思,荣老板对会计师事务所是有很透彻的理解的,他的中信公司财务会计咨询部就是会计师事务所,是新中国的第一家会计师事务所。中信公司是中国对外开放的窗口,绝对是要与国际接轨的。是你们歪曲了荣老板的意思,摘了些只言片语,用荣毅仁副主席来压参会人员。

11月8日,我在研讨会总结会上开门见山地说,会计师事务所改革的对象就是国有会计师事务所。国有会计师事务所的弊端是众所周知的。正因为国有会计师事务所有弊端,因此改革的重点就是国有会计师事务所。正如我国的经济体制改革一样,改革的重点、难点、热点是国有企业。我情绪激动地说,让国有资产在会计师事务所断子绝孙。对于合伙所,我们正确的态度应该是扶持、宽容。它是一个新生事物,代表了我们行业的发展方向。这时,大信所的吴益格在下面举手提问:"那我们怎么办?"我立即回答说:"还其本来面目。"就是搞回合伙所。我在会上指出,现在有一种不好的风气,看会计师事务所往往看"后台",看事务所的挂靠单位;选择事务所也往往看事务所的"后台老板"。如果这样下去,大家都看挂靠单位的权力大小,我们这个事业就会在困难中越陷越深,越走越没有出路。因此,改革的重点,是要制止以至于最后消除那种事务所靠权力经营、靠"后台老板"发财、靠权力占领市场的不正常现象。我说,改革的原则是减轻以至于完全消除国家对事务所承担的经济、法律责任和一切风险。我们现在有一批事务所,名义上为国家的,实为个人的;利益是个人的,风险是国家的。这种体制的本身就是"吃"社会主义。

关于质量,我在会上指出,对合伙所不要有偏见,不要认为连国有会计师事务所都不讲质量、不讲道德,合伙所就更不讲质量了。从体制上说,国有会计师事务所有"靠山",吃大锅饭,只负有限责任,这种体制有可能助长它们不负责任的行为。合伙事务所要负连带责任,要拿自己的妻儿老小、一辈子的荣辱兴衰来"签字"。这种体制决定了合伙所更要重视质量。

我提出了对合伙所的三项政策。第一,合伙所不怕竞争,就怕不公平的竞争。我们在政策上应该给所有的事务所创造一个公平的竞争环境。对合伙所不但不要歧视,而且在政策上应给予支持,实行倾斜;第二,要努力扶持合伙所。对审批程序可以简化些,对时间要求可以缩短些,对执业年龄可以放宽些,要允许合伙所参加执行证券业务的考试;第三,要加快对国有会计师事务所的改革,要使它能吸引人、留住人。人才政策要向合伙所倾斜。

关于产权的概念——对国资局关于事务所产权问题看法的意见
(1996年8月22日与国资局研讨的课题)

会计师事务所改革的关键是产权问题。要把"国有所"变成"民营所",让注册会计师成为会计师事务所的投资主体,这在所有制上是一个根本的变化。如何对待现有事务所的财产?准备与国资局产权司的丁学东谈一次。要弄清产权的概念,这里面有很多学问。

要弄清下面一些概念。

产权的基本内容:包括对资源的使用权、转让权,收入的享用权。

产权的特点:具有排他性、可转让性。

产权的界定:就是把这些权能界定给不同的行动团体。

产权办界定的方法:一是诉诸法律,二是进行交易、商定。

产权关系:在社会经济运行中,由法律界定和法律维护的各经济当事人,对财产权利的关系。

财产权利关系的机制:

一,道德习惯机制;

二,暴力机制;

三,行政机制;

四,法律机制。

财产关系的特点:

一,平等性;

二,明确性;

三，自主性；

四，责任自负性。

财产与所有制是经济运行与经济本质的关系。

国资局发的那个文件有毛病，为什么事务所的一切财产归挂靠单位？马克思的价值论认为商品价值包括C+V+M，挂靠单位只出了C，其余V和M都是注册会计师创造的，不能把注册会计师创造的新价值全部归了挂靠单位，应该承认注册会计师在创造新增价值方面的贡献，在产权归属上，对这一部分新增的价值，我认为应该归属于注册会计师。如果承认这个理论，那资局的观点就值得商榷。不能把一切划归到挂靠单位。

批准六千多名税务代理人员进入注册会计师队伍

1993年10月31日，全国人大常委会第四次会议审议通过了《中华人民共和国注册会计师法》，自1994年1月1日开始实施。这个时候，国家税务总局感到税务代理恐怕"不会长命"了，于是牛立成副局长，找上门来，对我说："把税务代理师中符合条件的转为注册会计师吧。"我向张佑才副部长汇报了这一情况。张副部长认为，与审计署的谈判"无疾而终"，没有结果，吕倍俭还要再当一任审计长，拒绝审计师协会与注册会计师协会联合。张佑才说："审计没有结果，我们先把税务这一块拉过来，然后再与审计署谈。"就这样决定接受税务总局的意见。我与刘副局长又进行了多次协商，最后达成协议，同意部分税务代理人员进入注册会计师行业，并组建会计师事务所。

1993年12月27日，财政部与税务总局联合发文，规定了4条。

（1）对1993年10月31日前成立的挂靠税务机关的中介机构中，具有高级会计师和相关专业的高级职称的人员，从事财务、会计、税务专业20年以上、具有中级以上专业职称的人员，经注册会计师全国统一考试全科合格的人员，以及符合注册会计师全国考试委员会规定的1993年考核条件的人员，由省级税务机关统一审查同意，在1993年12月31日前，报省级财政厅（局）复核批准认定为注册会计师后，报财政部备案。经依法批准认定的注册会计师，由省级以上注册会计师协会发给"中华人民共和国注册会计师证书"，执行注册会计师业务。

（2）有5名以上注册会计师专业人员的、挂靠税务机关的中介机构，由省级税务机关统一审查，经省级财政厅（局）认可，报财政部备案后，成为会计师事务所。

（3）可执行注册会计师业务。（略）

（4）可加入注册会计师协会。（略）

1994年2月26日，税务总局牛副局长和陈君秀同志来中注协商量"转师"中的一些具体问题。双方达成了4条共识。

（1）保证成立的会计师事务所要成为独立法人。全部人员转为注册会计师，成立会计师事务所的，只能挂会计师事务所一块牌子；部分人员组建会计师事务所，则可能有两块牌子；一个单位如果没有5名注册会计师的，可由几个单位抽出合格的人，重新组成会计师事务所，原有的税务咨询机构仍然保留；全部人员不转为注册会计师的，仍是税务咨询机构。

（2）转为会计师事务所与注册会计师应当同时批，但考虑时间紧迫，可先确定注册会计师资格，待会计师事务所建立后再执业，一年内不成立会计师事务所的收回相关人员的注册会计师资格（这就是当时所称的"先有萝卜后挖坑""没有坑的萝卜一年后作废"）。

（3）转为会计师事务所的单位，批准的注册会计师的年龄不受65岁限制。

（4）"转师""建所"时限可延长至1994年2月底。

这次"协商"结果，使税务部门一下子有6 000人成了注册会计师，还有一部分单位成立了会计师事务所，还有的同时挂"两块牌子"。行业内对此种做法反应很大，认为"太宽松"了，无异于"引狼入室"。挂靠税务部门的事务所，与税务行政机关是紧密的"关联方"，他们既有税务机关作后盾，又有注册会计师的牌子，其社会地位远远大于会计师事务所，纳税审计几乎被他们所垄断。业内反映说"这是张佑才和丁平准干的'蠢事'"。

关于挂靠税务机关的中介机构成为会计师事务所的通知

"别人都有一个小本本"

1995年10月27日晚，在京西宾馆，张佑才副部长来到我的房间，对我说："党组前天开会，通过任命你为'两会'联合后注协的秘书长的决议。党组会上大家都说，老丁主持中注协工作成绩很大，没有私心，肯干，你的前两任都肯定这一点。但你的毛病也不少，喜欢乱讲话，太随便了，今后处理问题要慎重一些，要知道，别人都有一个小本本，你讲什么，别人都会记下，到时，就会告你的'状'。要注意，你现在的身份不一样。做一个'社会'的人，不可能没有对立面，搞不好别人来一个'人民来信'，有事没事，查你一下，也是令人讨厌的事情。要注意搞好上下左右的关系。"张佑才语重心长的一番话，好似兄长一般，告诉我"为人之道"。可我真不知道"别人有个小本本",我的"天性"就是这样,有啥说啥,直来直去,不懂"人情世故"。这个毛病不好,但只能慢慢改。

张佑才吩咐我找一下崔会长,商量一下特代会的事情,争取四季度开,不行就明年一季度开。要把协会的班子搞好,把队伍建设好。

"两会"联合后,审计署早已推荐了会长,但财政部迟迟没有推荐秘书长人选。在这之前,我向张佑才副部长写了几次"辞职报告",既没有批准,也没有下文。财政部在全国到处找"联合后的秘书长"人选,选择来选去,还是选了个丁平准。傅助理说:"你别看老丁那一摊,真比联合国还复杂,换了谁我看都玩不转。"但刘仲藜考虑的是"朱镕基总理有话",所以迟迟作不了决定。直到把张佑才陪朱镕基总理出差,在飞机上"解除了朱镕基总理的误会",回来后张佑才向党组报告事情的经过,说"朱镕基总理说误会了,那就算了吧",这样党组会上才做出"由丁平出任联合后的注协秘书长"的决定。真是"好事多磨",事后我才知道其中的种种缘由。

"两会"联合中的三位女将真"厉害"

本文所说的三位女将是指天津市财政局的张玉琦副局长,上海市财政局的向月华处长,江西省财政厅的潘永珠处长。

"两会"联合在中国注册会计师全国特别代表大会召开以后的第一件大事就是把注册审计师转为注册会计师。当时难度较大的是天津、上海、江西三个地方,恰好这三个地方的负责这方面的负责人是三位女将。

一天深夜11点,天津市财政局张玉琦副局长给我电话。她开口就说:"老丁,我这个财政副局长不干了。"我说:"那你去找你们的市长呀。"张说:"找你就行了。"我说:"我没那么大的本事。"张说:"你本事还不大呀?你一个晚上就批了600多个注册审计师转为注册会计师,我辛辛苦苦干了快10年,才批了400多个注册会计师。"我明白了,她是对将注册审计师转为注册会计师不满。我说:"你说天津市有哪位审计师不能转为注册会计师?如果你们天津600位审计师中有100位不符合注册会计师的标准,仍然保留注册审计师的称谓,那么你们天津就仍然有一个注册审计师协会。全国60 000名注册审计师,如果有10 000人不符合注册会计师的标准,那全国就仍然有一个'中国注册审计师协会'。"张玉琦一听,就说:"行了,老丁,我明白了,明天我就给天津市审计局局长发第一号注册会计师证书。"天津的问题就这样解决了。

上海市当时的注册会计师协会秘书长是向月华,她认为给审计师转为注册会计师是对财政方面人员的"不公平"。她说:"审计方面是赶上了好时光,借联合之机,在推迟两年之后仍然可以转为注册会计师,我们上海财政方面在两年前就不让相当一批人通过考核进入注册会计师行列,当执业和非执业会员都不行,为什么我们要给审计方面的人转?"我打了几次电话,不能解决问题。据说,我曾因此被"上海方面"宣布为"不受欢迎的人"。后来,我只有同张佑才副部长一起前往上海。向月华说:"我们没有说你是'不受欢迎的人',你来了,我们很开心,我们照样接待你。但你对财政、审计两方面要一碗水端平。"后来,我和张副部长商量,给上海市财政方面的同志也开一丝"后门",在她们上报的审计转师的人员中,可以加一些财政方面符合条件的人,这样财、审就"平衡"了。财政方面一些人"搭车"与审计转师一起被报上来了。就这样解决了上海的问题。

江西省也是如此。潘永珠是一位很坚持原则的女秘书长,当时会计处有两位同志,都没有被批准为注册会计师非执业会员。后来,其中的一位加入了注册审计师行列,在"转师"中,他就变成了注册会计师,而另一位仍然不能成为注册会计师,潘永珠认为对那位同志"不公平",就坚持不给所有的注册审计师转注册会计师,那位可以从注册审计师转为注册会计师的同志自然也就不能转。我了解情况后,觉得潘永珠的说法有一定的道理,但不能因为一个人而耽误一大批,于是我就同意那位没有获得注册会计师资格的同志,也同时转为注册会计师。这样才解决了江西"转师"的问题。

有人说"这是老丁'釜底抽薪'的办法,注册审计师协会没有注册审计师,还叫什么注册审计师协会?"其实,这种说法有些片面,在审计事务所工作的同志,都非常愿意转为注册会计师,我不过是顺应了潮流,满足了审计方面大多数人的要求。如果大多数审计师不愿意转为注册会计师,那我再怎么"牛",再怎么"骗",也是没有办法的。但如果转为注册会计师后,又不受《注册会计师法》的约束,那监管部门就"对不起了"。后来,财政方面的同志,都理解了这一点,"转师"工作也就比较顺利了。

与审计署关于"两会"联合的系列会谈

1993年2月2日,刘仲藜与吕培俭谈"两会"联合问题,达成"四点协议"。

1993年3月10日,举行四人会谈:财政部刘仲藜、张佑才,审计署吕培俭、罗进新。

1993年3月13日,张佑才副部长上门与吕培俭审计长协商"两会"联合事宜。

1993年3月14日,根据张佑才副部长指示,我起草"两会"联合协议。张佑才副部长在电话中向吕培俭审计长念了全文,吕培俭审计长表示同意。

1993年3月16日,刘仲藜签署联合文稿,等待吕培俭签署。

1993年3月21日,罗进新给刘仲藜电话,转达吕培俭审计长"有不同看法"。

1993年3月24日,张佑才去见吕培俭审计长,表达财政部看法,建议双方再次进行协商。

1993年8月27日,审计署将财政部起草的"两会"联合协议修改稿返回,几乎将协议全盘推翻。

1993年10月20日,我代财政部再次起草"两会"联合协议给审计署。

1993年11月15日,审计署将"两会"联合协议的修改稿返回。

1993年12月4日,张佑才副部长率领我和其他几个人,去审计署商谈"两会"联合问题。

1994年2月18日,双方到中南海假山会议室,参加国务院协调"两会"联合问题会议。

1994年4月20日,双方到中南海开会,落实《注册会计师法》第四十三条问题,即关于"两会"联合的问题。

1994年4月28日,根据李贵鲜国务委员的意见,再次修改"两会"联合协议草稿。

1994年5月9日，双方到中南海开会，研究"两会"联合问题。

1995年3月8日，张佑才副部长指示，为"两会"联合做好准备。

1995年4月3日，张佑才副部长指示，起草"两会"联合文件。

1995年4月至6月，崔建民与财政部进行"穿梭"式的多次商谈。

1995年6月6日，刘仲藜部长批准关于"两会"联合协议，有三点意见：①第一条的写法：CPA行业既然已经交给了联合后的协会，就不要再写财、审两个上行政部门的监督；②审计事务所没有必要挂两块牌子；③建议由崔建民同志当会长。

1995年6月9日，双方到中南海参加国务院协调"两会"联合问题。

1995年6月11~15日，张佑才、丁平准与审计署崔建民、易仁萍多次协商"两会"联合问题。

1995年6月18日，刘仲藜部长、郭振乾审计长签署"两会"联合文件。同日，财政部、审计署发出《关于中国注册会计师协会、中国注册审计师协会实行联合的有关问题的通知》。

1995年8月6日，张佑才副部长向朱副总理汇报，"两会"联合已签署协议；崔建民当会长，丁平准当秘书长。朱副总理说，财政部作了很大让步。

1995年8月14日，张佑才批示，"两会"联合按文件办，按纪要办。以大局为重，以事业为重。

1995年8月30日，张佑才副部长说，"两会"联合问题，他再去审计署说一次。

1995年9月1日，张佑才传达财政部党组决定，提名秘书长人选为丁平准，正式复函审计署。之后审计署两表示同意财政部推荐的秘书长人选。

1995年10月4日，张佑才说，"两会"联合问题，今天晚上在会计会上说。

1995年12月6日，崔建民电话表达：①审计署来中注协的人员，涉及3个处的6个人已进行个别谈话，都表示希望到财政部；②是否考虑挑选两个人准备特别代表大会，包括选举、班子及请中央领导等事项；③成立特别代表大会筹备办公室，人员包括会长及我（丁平准），还有董新刚；④审计署指导司三处在做收尾工作。

1995年12月27日，我（丁平准）向张佑才副部长报告，崔建民明天率审计署8人到中注协上班，张佑才表示欢迎，指示中注协一定要好好安排。

1996年2月9日，我（丁平准）向张佑才副部长报告特别代表大会人事安排、会议筹备、文件起草、审计师转为注册会计师等问题。

1996年1月3日，审计署办公厅以审办发〔1996〕2号文，向各省市审计厅（局）、注册审计师协会、各特派员办事处、驻国务院各部门审计局、解放军审计署发出《社会审计工作联系事项的通知》，指出"今后有关社会审计工作的具体事宜，请同联合后的中国注册会计师协会的常设办事机构联系"。

1996年2月26日，张佑才副部长指示：①特别代表大会的通知，刘仲藜部长已经签发；②关于领导成员的报告，已送刘部长；③关于《中国注册会计师协会章程》的第五点，可与审计方面的人说说；④关于会议的程序，张副部长做了一些修改。

1996年3月6日，张佑才副部长电话通知我：联合问题抓紧进行。

1996年5月11日，张佑才指示：①与崔建民商量一下，增加几位副会长；②上海"转师"问题，做两方面的工作；③有关人员的调动正在办理中。

1996年5月17日，张佑才副部长意见：①关于"转师"现在意见很大，搞不好会影响联合。坚持两条：一是1993年12月31日单位必须报出；二是执业与非执业必须分开。在商谈时，也讲了，1993年12月31日是个"技术处理问题"，不能违反《注册会计师法》。其他条件，"两师"原来批准的标准就不同，只能承认历史。刘部长说，做到两家都有意见，说明我们做对了。财政对自己要严一点好。上海财政方面有意见，财政部门也有一批，他们也是1993年12月31日前报出的，那就批了算了；②3名干部是党组任命的，可以不兼部门职务，分管几个部门；③财务问题。你们的报告没有写清楚，写上除房租专项补助外，自收自支。房租可以几年一次拨给。

1996年5月21日，张佑才副部长来中注协，谈特代会准备的有关事项。

1996年6月5日至7日，在京西宾馆召开"中国注册会计师全国特别代表大会"。

各位领导给特代会的题词如下：

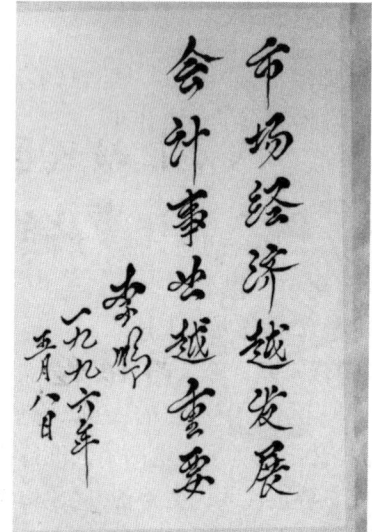

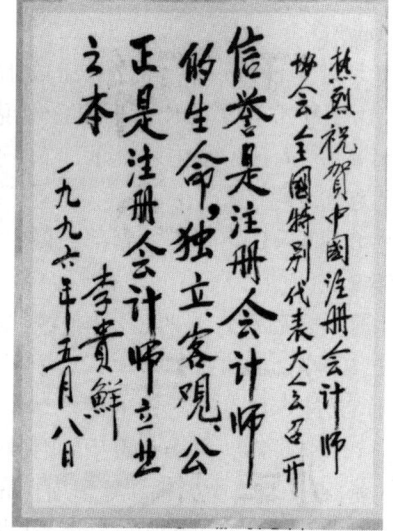

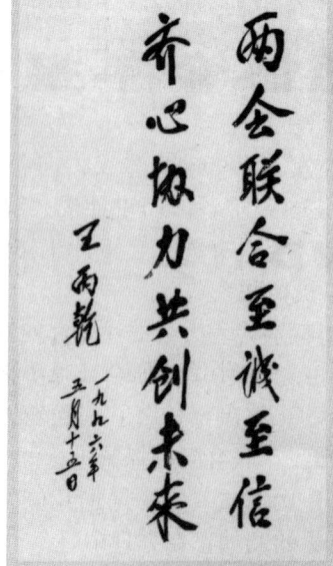

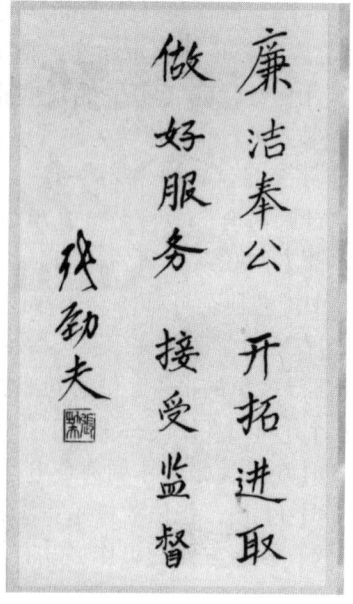

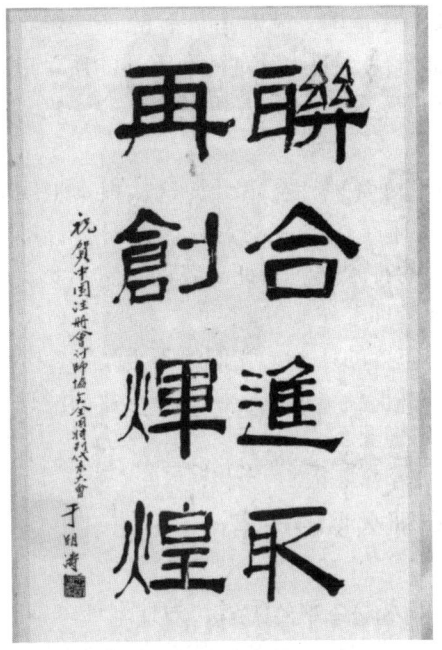
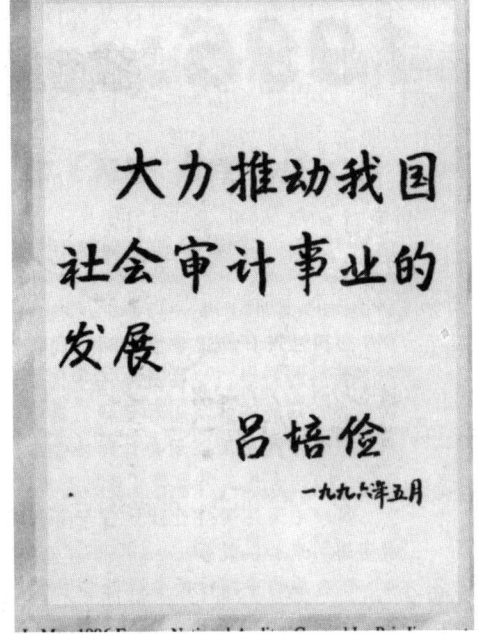
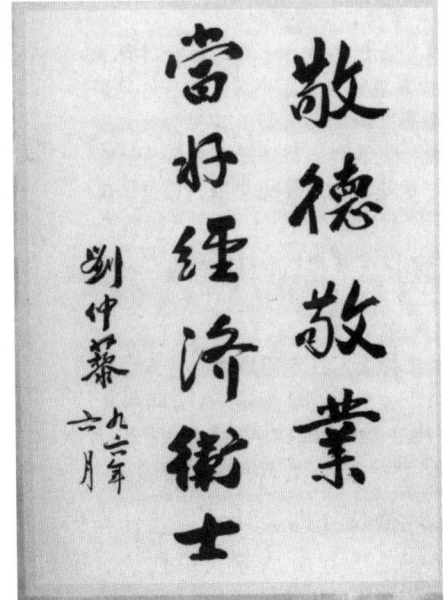
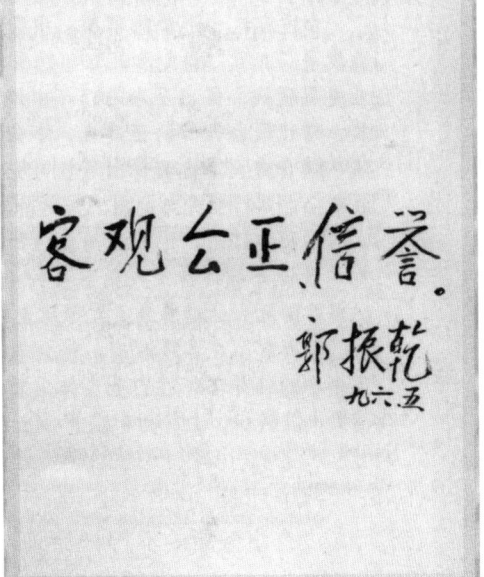

审计署划出对社会审计指导、管理的职能

1998年5月11日，国务院"三定"方案中指出，审计署划出如下职能："法律规定的对社会审计工作的指导、管理、监督职能中的指导和管理职能，交财政部行使。审计机关依法履行对社会审计工作质量的监督职能。"

1998年5月12日，中注协召开全体会议，传达国务院对审计署的"三定"方案中关于对社会审计指导、管理的职能交财政部行使，审计署对社会审计的质量进行监督的指示精神。同时传达了朱总理关于自今年起，取消一年一度的财、税、物价大检查，交由注册师进行日常监督。

国务院的"三定"方案，明确了审计署不再管理社会审计，这从根本上明确了"财审"两家对CPA行业管理的职责，更加加重了中注协的责任。注册会计师承担财、税、物价大检查的任务，加重对国有企业的日常查账验证。我们一定不辜负国务院领导的信任，把注册会计师行业管理的日常管理工作搞好。

进行全行业的清理整顿，这是朱总理亲自布置的任务，我们绝不走过场，要自始至终高标准地搞好。准备马上到苏州开全国秘书长会，汇报、研究全行业的清理整顿工作，最后要向朱总理报告。

为什么联合后协会有那么多的理事

"两会"联合后，注册会计师协会的理事的人数达到237名，为什么这么多？

"两会"联合准备召开特代会。1996年5月27日，召开特代会筹备小组会，对筹备工作所有的细节，一一进行检查和落实。其中关于人事的安排，是由我和崔建民商定，财政部、审计署党组批准的。

关于名誉会长，我们提议由现任财政部部长和审计署审计长担任，原两会的名誉会长"让位"。

关于会长，除了崔建民任会长外，增加几名副会长，由包括税务、国资等部门的负责人担任，以便将来把隶属这些部门的"师"也统一到注册会计师协会来。迟海滨是财政部原主持日常工作的副部长、现全国人大财经委副主任，"委屈"他就任副会长，有利于今后的工作。这样副会长就是迟海滨、罗进新、傅芝纯、张相海、鞠庆琪等5人。

关于理事人选，定了几条原则：原"两会"的理事基本都"转"为新协会的理事，至于能否"转"则基于以下原则：①听取原协会的意见。工作已变动的、双方反映很大的、本人不愿意再担的，不再出任理事；②在理事总额上，适当考虑财、审平衡；双方同意加上若干"特邀人士"。还规定了"四个不行"：下面超额报送不行，财政厅和审计厅两个厅长同时当理事不行，会计处长（即会计处长兼任注协秘书长的）当家不行，没有事务所的不行（原理事有些是事务所从业人员代表，确定名单时部分事务所已取消）。这样"平衡"下来就到了237人。当时想，人多就多一点，赶快联合才是大事。但留下了很多"后遗症"，其中最大的一条是：审计方面厅级干部多，而财政方面因为秘书长大多是原来的会计处长，所以，开起会来，审计方面在干部"级别"上占了优势，说起话来嗓门都大一些。

常务理事人选的确定也颇费"功夫"。除会长、副会长、秘书长及"知名人士"外，以大区为单位，每个大区给两个名额，财、审各一名，而在每个被提名的省里，财政出了常务理事，审计就从另一个省里找。财政方面的由我提名，审计方面的由崔建民提名，分别报财政部和审计署，批准后即为常务理事。最后确定为28名。

还有咨询委员、专门委员会委员等，也是由我和崔建民"关起门"来定的，原则就是"摆平。"

WTO 谈判中中方确定的会计市场准入条件

1994 年 5 月 5 日，外经贸部催促尽快答复西方主要国家对我国服务贸易的准入条件，当时是外经贸部外资司司长易小准具体负责此事。我向张佑才副部长汇报了此事，张副部长说，那就尽快回复吧。后来就起草了《关于西方主要国家对我服务贸易要价单问题的答复函》作为"答复"。

中注协代表财政部参加 WTO 谈判从 1993 年与关贸总协定（GATT）谈判就开始了。记得当时在财政部还闹了个笑话。办公厅接到 GATT 谈判的通知后，一看是"贸易"，就把文件转给了商贸司；商贸司一看是"会计市场"，就转给了会计司；会计司一看是"会计市场开放"，是对外国会计公司进入中国准入的事情，就转给了中注协。这时距离开会的时间仅剩一周了，根本来不及准备，就到日内瓦谈判去了。由于当时我国对外开放的主要概念是"招商引资"，没有资本输出的概念，因此，在谈判时就没有向有关成员"要价"，在服务贸易会计市场谈判中，我们只有"买"，没有"卖"，只有"进货"，没有"出口"，现在看来显然是吃亏了。在谈判中，美国代表提出会计师事务所只能是个体或合伙企业，不能由国家经营，这显然是针对我国的。但这也是好事，有利于"以开放促改革"，这个"条件"促进了我国会计师事务所的体制改革，促进了我国会计师事务所朝"民营化"的方向发展。

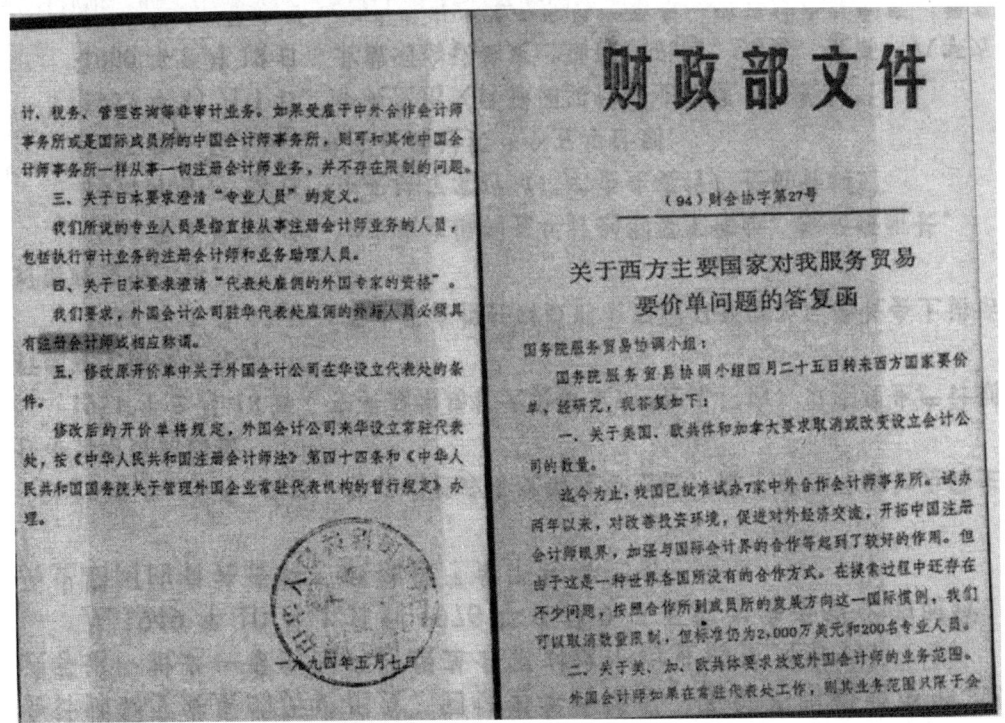

《关于西方主要国家对我服务贸易要价单问题的答复函》

自 1995 年 1 月 1 日起，GATT 成为 WTO。1994 年 5 月财政部的"复函"也就成"明日黄花"。直到 1998 年 10 月，财政部上报国务院服务贸易协调小组会计市场准入条件的最后文本，才算"签字画押"。到 2001 年 12 月 1 日公布 WTO 文本，才知道我们有点"宽过头"，但也来不及"纠正"了。

"中外合作"会计师事务所这种形式不好

1996 年 10 月间，我对中注协外联部的章海贤说：根据多次赴 6 家中外合作会计师事务所的实地调查，现在可以得出结论：中外合作会计师事务所这种形式不好。

第一，这种形式在国际会计公司中是没有先例的。不是他们不愿意，而是没有任何一个国家接受这种形式。法定审计是一个国家的主权，谁也不会轻易送给别人。所以"合作事务所"这种形式在全世界没有，只有中国"独有"，它不符合"国际惯例"。

第二，在中国，不是中外"合作"，而是外方占统治地位，中方只是处于"附属"的地位。在中外合作事务所中，中方是一个"空架子"，没有发言权，没有决策权，连日常的经营管理权都没有。中方只是给外方当"架子"，当傀儡，是外方进入中国的一块招牌。

第三，财政部本身没有带一个好头，财政部一家就办了三家中外合作会计师事务所，又没办好，根本没有被列上财政部的议事日程。外方拿财政部这块大招牌到处招摇撞骗，中方却只派了一个人，自称代表财政部，一个人怎么可能与国际会计公司这样一个大舰队去战斗？后果就是被国际会计公司所吞没。人家利用了你的招牌，你又没得到什么好处，这样的赔本生意，财政部居然能做？其实也就是财政部那几位"老人家"在折腾，财政部本身没有太多过问。

第四，所谓"中外合作"实际上是香港人占领内地市场的一个"护身符"。香港弹丸之地，他们的合伙人有占领市场的"指标"，据说毕马威一个合伙人每年要新增 70 万至 80 万收入的客户，香港市场已经饱和，找不到那么多客户，就跑到内地来，名曰"代表国际"，实际上是代表香港的利益。国际所首先是要照顾他们国际的客户，然而进入中国的"国际"所首先是照顾香港会计师事务所的客户。我们是要与国际合作，不是与香港会计师事务所合作。中外合作现在变成了"与香港合作"，显然这不是我们的初衷。

第五，我们的设想是"用市场换技术"，事实是技术没有学到，市场却完全丢了。可以看看当时的统计数字，6 家中外合作所，占了中国会计市场的十分之二三，而且发展势头很猛、很快，马上就占到"半壁江山"，他们占领，我们失去。中国的会计市场应当是中国的会计师占主导地位，而不应当由老外唱主角。我早就提出：审计水平国际化，审计人员本地化；管理水平国际化，管理主权本地化。还是应当贯彻这个方针，我们不能轻易丢掉中国的会计市场。

怎么办？

第一，加快涉外法规建设。正如迟部长说的，大门打开，门槛筑高。三个文件出台后还要制定一系列的涉外法规，规范中外合作所，规范所有涉外会计市场的行为，保护中国自主的会计市场。

第二，加强对涉外会计师事务所的监管，要他们在中国的国土上遵守中国的法律，不能搞"超国民待遇"。

第三，加强对中方人员的培养，告诉中方的主管部门要加强派往中外合作所人员的力量，不能应付了事，不能丢掉中方的主导地位。

第四，中注协要加强对中外合作事务所的监管，除外联部外，注册部也要参与对中外合作所的监管工作。

第五，立即开展一次对中外合作所的检查，查出问题要果断处理。

要逐步改革会计师事务所的分配制度

1998年11月间，我对注册部的傅依说，现在事务所在改制，未来要逐步、全部走上合伙制的道路。因此，现在就要对合伙所可能发生的一些问题，作未雨绸缪的安排。最近，我看了一些改制后的事务所的分配方案，我觉得我们现在就要指出：不要太重视合伙人的分配，不要把合伙人的分配定得太多，不要把"按资分配"的比例定得太高，还是应该贯彻按劳分配为主的基本原则。合伙人的股份当然应当分配相应的报酬，但比例定得太高，就会影响事务所大多数注册会计师的积极性，也会产生新的"两极分化"，新的合伙人就会变成新的"资产阶级"。我设想，对于合伙人的出资额，可以按银行利息的倍数计算分配比例，可以是银行利息的1倍、2倍，甚至10倍，但绝不可以把事务所的利润全部分给合伙人。如果一家事务所一般的注册会计师只拿1万元，而合伙人却拿10万元、20万元、30万元，差距未免太大，这个事务所一定办得不会太长久。我们现在就要指出，办好会计师事务所要靠全体注册会计师，仅仅靠几个合伙人是办不好事务所的。

还有一个情况，就是我们现在事务所的合伙人，大多是过去政府部门的处长、司长，或者是退休后的处长、司长，改制后摇身一变成了合伙人，还是"首席合伙人"，拿最多的股份，其实那都是依靠权力得来的，过去在政府里，拿几千元，现在拿十万元、百万元，你就心安理得吗？你不觉得多了点吗？所以，我们要引导事务所在分配问题上不要走偏了。过去是国家拿大头，现在是合伙人拿大头，你把原来属于国家的那部分拿走了，注册会计师会有意见。过去是国家拿，他们没得说的，现在合伙人拿，他就会有意见。我们改制是为了促进生产力，解放生产力，如果起的作用是相反的，那就要考虑考虑了。

执行证券业务资格取得方式由考核改为考试

1996年4月，证监会张为国向我建议，把执行证券业务资格的取得方式由考核改为考试。考虑再三，我同意他的建议，改考核为考试，当年就改，立即拟订办法，抓紧进行这项改革。

当时距1992年9月17日财政部与体改委发布的《注册会计师执行股份制试点企业有关业务的暂行规定》，已经快5个年头了，实践证明，考核的方式有许多弊端。

首先，考核的对象是整个事务所，注册会计师个人的"执行证券业务的资格"附带在事务所，没有一种"国家准入"的体制，这就起不到让业务水平较高的注册会计师执行证券业务的作用。实行考试，就是注册会计师个人先取得执行证券业务的资格，然后再规定事务所具有执行证券资格的人数，达到规定人数，事务所才可以取得执行证券业务的资格。

其次，由于考核的对象是整个事务所，注册会计师个人的"执业资格"附带在事务所，这不利于高级人才的流动。具有较高水平的注册会计师，离开了有执行证券业务资格的事务所，他就失去了执行证券业务的机会。所以，人才流动就是一句空话。

再次，考核大多流于形式。事务所按照要求送来各种资料，其工作底稿并不一定是他们平时执业时使用的。证监会、中注协提了意见后，他们拿回去改过，再拿来，再提意见，再改，直到最后令证监会、中注协满意了，就批了。其实，事务所做的是另一套，送来的只是"纸上谈兵"，事务所的整体水平并没有反映在他们送来的资料中。考核流于形式。

最后，考核缺乏明确的标准，容易"拉关系"、走"后门"，而且审批的时间过长，不利于证券市场的迅速发展。考试虽然不尽完美，但总是公平的，能够克服那些不正之风，对提高注册会计师的总体素质有促进作用。

1996年10月14日，我代财政部起草了《关于申请办理注册会计师执行股份制试点企业社会募集公司业务许可证有关事项的通知》；1996年10月28日，财政部考试委员会发布了《关于首届注册会计师证券业务资格考试有关事项的通知》，1997年6月21日，第一次证券资格考试在天津举行，这项改革终于实现。

与美国注册会计师协会会长以色列奥夫会谈

1995年10月30日，在中注协会议室，与前来访问的美国注册会计师协会（AICPA）会长罗伯特·以色列奥夫举行会谈。

在会上，我说："欢迎以罗伯特·以色列奥夫为首的代表团访问中注协。这是AICPA第一次组团访问我们。标志AICPA与CICPA两会之间友好合作新的开始。1993年年初，我们到美国纽约访问了AICPA，之后，财政部会计司也多次访问过AICPA。1995年年初，AICPA的副会长塔兰蒂诺先生访问了北京，但那次他是以'六大'的身份来的。所以，你们AICPA这是第一次正式访问CICPA。"接着，我开玩笑地说道："美国人民是伟大的人民，美利坚合众国是伟大的国家，你们AICPA也是很好的会计师专业组织，但你们有一个'坏毛病'，就是老以'老大'自居，我们多次到美国访问了你们，你们就没有来CICPA访问。"以色列奥夫说："丁先生，你知道是什么原因吗？"我说："不知道！"以色列奥夫说："那就是因为我没有当会长。你看，我一当会长，就率团前来访问你们了！"回答得真是"妙极了"。

会上，我简单地介绍了中国注册会计师行业的发展情况，讲述了中国注册会计师发展史、行业目前的立法状况、协会的职责以及中国会计市场开放的情况。双方商定了可以在下列方面进行合作：交换专业资料、交换会员信息、培训相互人员、在会计市场开放中开展专业合作、在国际会计师组织中相互支持、帮助建立中国的审计准则、两会领导互相定期访问、互派专家举行讲座、联合召开专业研讨会等几个方面。

以色列奥夫说："美国的中、小企业很多，但他们无力远渡重洋来到中国，能不能由两国协会组织一个联合体，帮助这些中小企业到中国来。AICPA 有 700 多名领薪水的工作人员，有 1 600 多名兼职义务工作人员，有 4 400 多家会计师事务所，除了'六大'，大多是一些中小事务所，通过两个协会，把这些中小事务所也组织起来，向中国市场进军。合作并不限于会计师，而在于企业。两会之间，成立一个协会，进行直接合作。由一个稳定的机构，来推动这件事。美国的这些中小企业，都是高新科技企业，我想，介绍给中国，一定会很受欢迎的。美国大部分人，并不了解中国，产生了一些'敌意'，通过这件事，也以沟通两国人民的友谊。中小企业想打开中国的市场，只有依靠会计师和律师，只有依靠两个协会。"

以色列奥夫的建议很好，但以后因为种种原因，没有能够付诸实施。

在中国会计市场开放新闻发布会上的发言

（1996 年 4 月 25 日）

新闻界的各位朋友：

财政部发布了三个关于中国会计市场开放的有关文件，已经印发给大家。我想就中国会计市场开放的有关问题先讲几点意见。

一、所有进入中国会计市场的境外会计师事务所设立的机构，包括常驻代表处、合作所，都是经中国政府批准的、在中国境内设立的机构，应当遵守中国的法律、法规、政策和规定。中国注册会计师协会作为财政部的授权机构，负责这方面的事务管理工作，因此，所有这些境外会计师事务所在中国设立的机构，都应当接受中国注册会计师协会的监督、管理。

二、中国会计市场是对外开放的，不会关门，只会进一步打开大门。我们将继续创造条件，进一步开放会计市场。但与世界其他国家一样，这方面的开放也是有条件、有限制的。我们将努力使这种开放更加制度化、规范化，并增加开放的透明度。

三、在制定有关规定时，既考虑国际惯例，即一些基本原则应与国际惯例接轨，但同时又会考虑中国的具体情况，即必须考虑社会主义经济市场经济体制的要求。

四、在制定有关政策时，应着眼于未来，体现政策上的引导性，体现发展方向。

中国会计市场，在 15 年前就打开了大门。中国的改革开放，不可逆转，中国会计市场的开放同样不会改变。中国是世界最好的投资市场，同时也是最具潜力的会计市场。我们欢迎"六大"和一切国际会计公司来华开展业务，欢迎中国香港、中国台湾、中国澳门会计师界同行来内地开展业务。

我们感谢国际会计公司和一切境外同行，在过去的岁月里与我们的友好合作及给予我们的帮助。今后，我们将继续友好合作，也欢迎你们继续为我们提供帮助。

发布"三个文件"，是为了更好地开放会计市场，让进入中国境内的国际会计公司和境外会计师事务所，能更好地、合法地开展业务，这样既照顾了大家目前利益，也考虑了大家的长远打算。

我国经济体制改革，有两个体系：一是统一开放、竞争有序的体系；二是以间接管理为主的完善的宏观调控体系。还有三个制度：一是产权清晰、权责明确、政企分开、管理科学的现代企业管理制度；二是以按劳分配为主体，效率优先、兼顾公平的分配制度；三是适合中国国情的社会保障制度。

中国会计市场的开放，也不能离开这"两个体系"和"三个制度"，这是我们总的原则。

现在，请大家提问。

会见新加坡财长

1996年10月21日，刘仲藜部长会见新加坡两位财长，刘部长以为他们会谈及注册会计师的事情，就把我叫了一同会见。很巧，新加坡的两位财长都姓胡。

会见安排在人民大会堂北京厅。谈的是有关建设三峡的问题。新加坡财长说，他们有很多钱，可以借给中国建三峡。刘部长说，我们不缺钱，建三峡不用借新加坡的钱。刘部长介绍说：三峡大坝2003年建成，1998年、1999年以后将增大投资。到2008年时26个发电机组将全部装完。德国的西门子、日本的三菱，还有俄罗斯、美国等国，都向中国提出要"帮助我们"。新加坡胡财长说："我是第五次来中国了，第一次是跟随李光耀来的。这些年，中国的经济增长很快，状况很好。通货膨胀率比新加坡还低。"他请刘部长谈谈中国的经济发展状况。之后胡财长说："新元比较坚定，国际收支平衡也比较好。新加坡未来的发展主要在金融业。去上海参加了一个研讨会，欢迎中国企业到新加坡投资，中国的企业也可以到新加坡上市，把新加坡发展成为证券中心。新加坡的银行也在中国发展。人民币也很坚定。什么时候能够自由兑换？"刘部长一一回答了客人的提问。

会谈后在人民大会堂就餐。席间，刘部长说道："我们的丁先生是湖南人，喜欢吃辣椒。"胡财长说："我也很喜欢吃辣椒。"同时参加会见的刘积斌副部长立即给重庆打电话："原定在重庆某某饭店的宴会取消，改吃重庆的火锅。"胡财长表示赞同，可见他们真是能吃辣椒。

后来，在湖北武汉洪山宾馆，又遇到新加坡的这两位财长，他们是从重庆顺长江而下，来到湖北武汉的，虽然我们没有向新加坡借钱，但两位财长还是到了"三峡一游"。

我们的规矩实在太多

1996年11月间，加拿大的林孝仁先生对我说："加拿大总理格罗提安参加亚太经互会路过上海，在上海呆6个小时，可以利用这个机会促成中注协和加拿大会计师协会签订友好合作协议，以提高两国会计师协会的地位。"我们接受了林先生的建议，11月25日，从北京飞到了上海。

到了上海后，在宾馆商量第二天的活动安排。这天最重要的活动是两国总理在下午 5 时举行宴会,招待出席的中加两国的官员和专家,主办单位是加中友好协会。我们在宾馆排了排时间表,参加宴会的中方代表团将在下午 3 点从住地出发,前往李鹏总理的住地,然后加入李鹏总理的车队,4 点出发,5 点到达宴会举行地。我们与加拿大会计师协会的签约仪式准备在下午两点举行,加方已经回复他们的国际贸易部部长一定参加,希望中方也能有一位部长出席。张佑才副部长这时已随总理代表团抵达上海,但不住在一起。下午 2 点以后,从签约地点至宴会场地,至少需要一个钟头。签约的各种活动再简短,也需要半个小时,太匆忙了也不好。左算右算张部长都来不了,本来还可以挤出来时间,为什么加拿大的部长就能来?中国自己的部长反倒不能来?原来张佑才要去参加两国总理的宴会,必须在 3 点以前到达李鹏总理的住地,加入总理车队,才能进入宴会会场,否则,张佑才就不能参加宴会,那是违反"外事纪律的"。所以,那天下午两会签约,中方没有部长出席,我们只能表示歉意。加拿大的部长来了,参加了签约的全过程,然后驱车直往宴会场地,时间宽裕得很。我们无法解释这一"复杂"的过程。

晚上,5 点举行宴会,我们 4 点进入会场。进来就不能出去了,只好在座席上闲谈。我们被安排坐在第七席,距离主桌不算太远。5 时整,两国总理准时登上主席台。加拿大总理格罗提安首先致辞。没有讲稿,大山是翻译,真是"绝配",致辞结束,全场热烈鼓掌。接着李鹏总理讲演。他先拿着一份稿子,走到话筒前,放下稿子,他说:"秘书给我准备了一个稿子,我今天不用讲稿。"就把讲稿放进了口袋。他接着说:"我首先宣布,从加拿大这个项目进口的大型设备,一律免税。"接着他对格罗提安说:"刚才格罗提安总理说到对中国的援助,我认为援助从来就是双向的。你们有了中国的这些项目,也解决了一批加拿大人的就业问题,这不就是中国对你们的援助吗!"李鹏总理整整讲了 40 分钟,会上不时爆发出阵阵笑声、掌声。最后,李鹏总理十分幽默地说:"不行,我还得看一下讲稿。"拿出稿子说:"对了,忘了最重要的,感谢加中友好协会为这次会谈和会议所做的努力、付出的辛勤劳动,对他们表示衷心的感谢!"全场报以热烈的掌声。这是我所听到的李鹏总理最风趣的演说。

与加拿大的友好合作协议,就这样在上海签署了,我们于 11 月 27 日返回北京。

海峡两岸和香港证券交易与管理研讨会

1992 年 8 月 3 日至 5 日,在上海波特曼酒店举行了"海峡两岸和香港证券交易与管理研讨会"。

这次研讨会是由中国注册会计师协会、中国香港会计师公会、中国台湾省会计师公会、台北市会计师公会、高雄市会计师公会联合举办的。参加会议的代表有 300 多人。内地的代表主要来自中央国家机关有关部门和广东、海南、福建、天津、辽宁、浙江、江苏、上海、深圳等地的财政、会计、金融证券交易、资产评估、股份制企业和会计师事务所等方面。来自中国香港、中国台湾会计界、金融界、证券界和实业界的代表 200 余人。亚太会计师联合会会长也出席了研讨会。

会议研讨了如下几个方面的问题。

一、内地股份制企业试点中存在的主要问题

（1）有的企业进行股份制试点的目的只是希望通过发行股票筹借大笔可长期使用的自有资金，而放松了经营机制的转换。

（2）有些企业资产评估不实、不全，未曾评估成本，特别是在内部职工持股的股份制企业中，大多数是按企业账面净资产折股，既未计算土地使用费，也没有考虑企业的无形资产。

（3）有的企业没有实行"股权平等、风险共担、同股同息"的原则，对国家股、法人股和个人股实行不同的股息率，个人股股息率高于国家股和法人股。

（4）有的企业混淆了股权和债权、股票和债券、股息和利息的区别，甚至对个人股实行"保本、保息、保分红"；个别的企业，还把设置内部职工股作为扩大奖励的手段等等，造成了公有资产的流失或对国家股利益的侵占。

（5）社会上也一度出现上市股票供求关系失衡、股票价格波动幅度过大、股票过度投机和股票向少数人集中的现象。

二、关于股份制、股票市场中的政策法律问题

财政部法律顾问胡志新提出：第一，要将已有的股份制试点办法和文件进一步完善，在实践一段时间后，创造条件尽快向国务院行政法规过渡；第二，要抓紧调查论证，完善税收法律规范；第三，加强股票市场管理，严厉打击非法投机。

三、关于证券市场的管理架构

目前世界各国对证券市场的管理，主要有三种类型：一种是政府集中管理，大都由财政部统一管理，如法国、日本。另一种是独立部门管理，即设立证券交易委员会专门管理，如美国。还有一种是证券业自律管理，即由证券业民间组织自我制约和管理。以英国为代表由中央银行管理只是极个别的。

代表们认为，我国的证券业与银行应实行"分业管理"的原则，从国民经济运行机制和宏观经济管理体系管理体系的要求出发，在国务院领导之下，设立相对独立的证券交易管理委员会比较符合国情。这个委员会可以由国家计委、财政部和中国人民银行等部门共同组成。

四、关于上市公司的会计、审计要求

上市公司要求财务报告公开。我们最近发布的《股份制试点企业会计制度》和《外商投资企业会计制度》，以及年内准备颁发的会计准则，打破了按所有制、按部门和按行业规定会计制度的方法，尽量地与国际会计准则接轨，这有利于投资者以共同的"商业语言"进行经济交往，也有利于国营企业改组为股份制企业后财务会计制度的衔接。

企业实行股份制为我国注册会计师开拓了新的业务领域。我国已经有了一支具有一定规模和素质的注册会计师队伍，他们在国家经济建设中发挥了重要作用。在新形势下，注册会计师执行的查账验证和会计咨询方面的业务量大量增加，对注册会计师的要求也越来越高，应当切实加强对会计师事务所的领导，严格注册会计师对股份制企业股票发行和上市交易的财务会计审核，做好财务信息公开工作。

五、股份制企业中的财政管理问题

鼓励企业进行股份制试点，但要限制：

（1）涉及国家安全、国际尖端技术的企业，具有战略意义的稀有金属的开采项目，以及产品必须由国家专卖的企业和行业，不宜进行股份制试点；

（2）国家产业政策重点发展的能源、交通、通信等垄断性较强的行业，可以进行，但公有资产股在这些企业中必须达到控股；

（3）国家限制外商投资或对外商投资的经营期限的产业不宜进行股份制试点。

关于（中注协）对台的方针政策

1996年11月27日，由中共中央对台办召开会议，国际司焦瑞杰司长要中注协代表财政部参加会议。主持会议的是唐树备。

唐树备，1988年任外交部台湾事务办公室主任。1989年任国务院台湾事务办公室副主任。1993年任海峡两岸关系协会常务副会长，政协全国委员会祖国统一联谊委员会副主任。后任中共中央台湾工作办公室副主任。

在这次会上，唐树备是代表中共中央对台办讲话。他说："中央决定，最近要开一个加强与台湾人民联系的专门会。对台工作，寄希望于台湾当局，更寄希望于台湾人民。我们现在的工作，距离中央的要求很远。去年反"台独"，显示了我们的力量。但要台湾接受我们的主张，要靠我们努力工作。在外交上打击它，军事上压住它，经济上扼住它。要真心诚意地拉，要多做民间组织的工作，以民促官。随着香港回归，台湾问题更加突出，加强对台人民工作很重要。有些问题，需要听听大家的意见。所以开这个会。"

在会上，我汇报了台湾会计师组织和中注协与台湾会计师组织交往的情况。台湾有三个会计师公会，外加一个"全联会"。台湾省有800名会计师，高雄市有500名会计师，台北市有1 200名会计师，全台湾共有会计师2 500人左右。他们联系了2 600家左右的企业和投资者。台湾当局要"南下"，台湾的会计师要"西进"。中注协与台湾会计师组织的交往已经有13年。去年经国务院台办批准，成立了"中国注册会计师协会台湾会员联谊会"，它"顶天不立地"，只在中注协内设有办事机构，地方没有"联谊会"的组织和机构。从1993年开始，经香港会计师公会牵线，中注协与台湾会计师组织开始正面接触。从那以后，每年举行一次海峡两岸会计师交流的会议，轮流在大陆和台湾召开。1994年我们去了台湾，1995年台湾来到福建，1996年我们再赴台湾。最近，中注协参加了亚太会计师联合会、国际会计师联合会，台湾会计师组织不太好过，他们有三个"不"：不参加会议、不交会费、不受欢迎。我们还是一如既往，但我们明确表态：不能搞"台独"，不能搞"两个中国"，不能搞"一中一台"。台湾的会计师组织很明白，他们要"做生意"，台商来了，他们不能不来。只要有钱赚，其他都是次要的事情。所以，这两年，他们积极参加大陆注册会计师的统一考试；虽然台湾当局反对，但他们仍然坚持中注协内部成立"台湾会计师联谊会"；他们自己提出："两岸没有统一，会计可以先统一。"台湾会计师组织和会计师还是期盼统一的。

唐树备认为，中注协的这些做法符合中央的要求，希望继续把工作做好，做到家。

中国台湾会计师卓传阵：跟着台商进大陆

卓传阵是第一个获得"大陆注册会计师"资格的台湾会计师，也是在大陆第一次对外开放CPA考试时获得优异成绩（境外考生总成绩第三名）的台湾考生的里的第一名，还是第一个当选中国注册会计师协会理事的台湾会计师，还是第一个和我"吵架"的台湾会计师。

20世纪80年代初，台湾会计师是随着台商进入大陆投资建厂、经商而进入大陆的。当时一些加入了跨国公司的台湾企业或规模较大的台商，大都聘请了已加入当时国际"六大"会计师事务所的台湾会计师事务所来做其在台湾的审计业务，这些客户进入大陆投资建厂、经商，他们仍然希望台湾的会计师事务所为其提供服务，而这些台湾会计师事务所，也借"六大"的招牌与台商同时进入了大陆市场。但在当时，"六大"会计师事务所还不能为在大陆投资的台商们提供最为满意和周到的服务，而台湾的中小企业家所聘请的中小会计师事务所的会计师更是无法应对审计工作，于是企业家们纷纷希望能够直接委托台湾会计师来做企业的审计业务。

由于当时台湾还未与大陆"三通"，所以台商只能以一家在香港注册的"虚拟公司"的名义进入大陆投资，名为"港商"，实为台商。实际上，无论是台商还是台湾会计师当时的行为都属"不合法"的范畴。

1989年年初，在台湾省会计师公会会长王人瑞和台北市会计师公会会长梁再添的率领下，台湾会计师组织和福建省注册会计师协会建立了定期协商合作的关系。而后通过时任香港会计师公会会长翁江培的牵线搭桥，两岸会计师组织于1990年10月在香港举行了第一次正式会谈。那时的卓传阵已经从台湾政治大学会计专业研究生毕业，是台湾会计界一颗冉冉升起的新星。后来，他成为高雄市会计师公会理事长，在台湾三个会计师公会中，他是最年轻的理事长。

记得双方在香港会谈的第一天（1990年10月25日），台湾方面一位年轻的会计师在会议桌旁猛地站起来，指着我们说："你们加入你们的IFAC（国际会计师联合会），为什么非要我们改名？"真是"来势汹汹、杀气腾腾"；我也针锋相对地反驳道："你们早已败北台湾，怎么有资格代表全国。"眼看就要吵起来了，坐在中间的香港会计师公会会长翁江培赶忙说："不谈政治，不谈政治。"把双方都"压"下去了。过后，我一打听，此人叫卓传阵，是高雄市会计师公会的常务理事，我的感觉是"此人真是年轻气盛"。第三天（1990年10月27日）会议结束的当晚，由台湾方面宴请。卓传阵坐在我旁边。酒过三杯，他悄悄地对我说："丁先生，不要生气，我们出来时有分工的，我的角色就是唱黑脸的。其实，只要你们让我们进来，叫什么都可以，叫阿狗、阿猫都行。"原来，那天会上的发言，是"演戏"，演给台湾当局看的。从那以后，我们居然成了好朋友。

20多年的时光，卓传阵早已将大陆当成自己的又一个故乡。他说："在台湾，我是调和联合会计师事务所的资深合伙人，在大陆则是福建福云会计师事务所的董事总经理，这两个所就像是我的两个孩子，哪个都无法割舍。"

谁能代表澳门会计师组织

1994年7月9日，在澳门召开"第三次海峡两岸及香港会计师公会协商会"。

中国注册会计师代表团于7月8日抵达澳门。随即拜会了新华社澳门分社。因为澳门会计师组织在这之前提出了意见，希望今后将"两岸三地"（台湾地区有台湾省、台北市、高雄市三个会计师公会）改为"两岸四地"，即加上澳门，不要把澳门会计师公会放在香港会计师公会的下面。但澳门在当时有好几个"会计师公会"，我们不知道哪个"会计师公会"能够代表澳门会计师界，因而请教澳门新华社。根据澳门新华社的意见，我们最后选择了澳门注册会计师协会，代表澳门地区会计组织参加"三地"的会议。

在7月9日开幕式的那天，我们请澳门经济暨财政司秘书长罗德高及澳门注册会计师协会理事长鲍文辉，作为嘉宾出席了开幕式，并请他们致欢迎词。从这次会议以后，我们两岸会计师组织就把澳门加进去了，都开"四地"的协商会，澳门方面非常高兴。

美国人说，他们考中国的CPA不用中文，行吗

1998年5月21日，美国财政部帮办兰德·萨格在谈到WTO服务贸易市场开放、CPA准入时说："中国的CPA考试太难了，能不能允许美国人考中国的CPA时不用中文？"我回答说："可以！"外经贸部的易小准大吃一惊，怎么可以呢？我接着说："按照WTO对等原则，你们美国应允许中国人考美国的CPA时，也不用英文！"萨格说："那怎么可以？"我说："既然我们允许美国人考中国的CPA不用中文，怎么不可以允许中国人考美国的CPA不用英文？"外经贸部的易小准这时明白了，这是"以子之矛攻子之盾"，对我说："老丁，想不到你还有这一套！"我说："没这一套还和美国佬谈！"

说得那位美国财政部帮办兰德·萨格直摇头，嘴里直说中国的CPA考试太难了！我对他说："我们中国人考美国的CPA用英文，合格率是百分之二十几，你们考中国的CPA用中文，到目前为止，还没有一个美国人通过，单科合格率也仅仅为百分之零点零几。我们中国人会背，你们美国人不太会背，活该！如果我们中国人考美国的CPA用中文，合格率恐怕要过半了！你们AICPA的活，都会被我们抢过来！"

虽然听起来似乎是笑话，但确实发生了。那位美国财政部的帮办，居然能在正式的谈判桌上，提出这样的要求，真叫人啼笑皆非！

国务院领导说：这次会计谈得最好

1998年7月7日，中注协外联部章海贤告诉我，外经贸部易小准说，国务院领导表扬了中注协，说这次WTO服务贸易市场谈判，会计市场开放的谈判谈得

最好。

可不是吗？那完全是遵照中南海会议确定的基本原则谈的，还能有错吗？关键就是老外想把中外合作的形式所无限期地延长下去，他们在中外合作所方面吃了甜头，所以要坚持下去，这种方式在全世界都是没有的。我与美国WTO谈判副代表伦敦·蒂纳谈判时，还批评了她，她怎么没有告我的状？我还"骂"了美国财政部的那位"帮办"，他也没怎么的！看来美国佬是需要教训的，不教训他，他还总以为自己是老大！"五大"在中国也是这样，你不看紧他，他就是"大爷"，你要教训他，他就是孙子。自己都没搞好，怎么能批准他们办分所？老子没当好，就想生儿子？门都没有！

不过话说回来，中外合作所这种形式，是我们中国自己同意的，是几位"老将"搞起来的，财政部自己不争气，怪谁呢！所以，在会谈中，同意美国佬说的：中外合作所的形式可以延长至20世纪末，如果不够，还可以再延长。这个回答他们是满意的。克林顿要来，总要给他一点面子，牺牲会计市场，也是必要的，从大局出发，让一点步，让整个服务贸易市场的谈判能够进行下去，这也是应该的。

有两点底线我是知道的：主权不能让，开放促改革。在谈判中，我始终坚持了这两点。

总理亲自写下《会计工作秩序约法三章》

1995年10月21日，召开全国会计工作会议。会前，财政部会计司代为朱副总理起草了一个讲话稿。朱副总理在外地，接到此稿后，觉得写得不好，于是自己提笔另写了《整顿会计工作秩序约法三章》，交给刘仲藜，公开印发给出席全国会计工作会议的全体代表。朱副总理写的《整顿会计工作秩序约法三章》内容如下。

一、所有的企业、事业单位必须依法建账，并且保证会计工作的秩序和会计信息质量。

二、认真培训和大力提高会计工作者和注册会计师的政治、业务素质、业务能力和职业道德。

三、财政部门要负责从法规、制度、培训、监管等方面加强全国的会计工作，其他主管部门都要加强对基层单位的会计监督。

接到朱副总理亲笔写的"约法三章"后，大家都很感动。一个大国的副总理，日理万机，能够亲笔写下《整顿会计工作秩序约法三章》，可见他对会计工作的重视。

我作为中国注册会计师协会的秘书长，特别注意朱副总理对有关注册会计师问题的指示。朱副总理在"约法三章"中指出："注册会计师对违法违纪行为知情不报或通同作弊的，也要依法追究责任，并且取消注册会计师等资格。""凡是法律规定应当进行的社会审计的业务，必须进行审计。对企业年度会计报表，要逐步实行注册会计师审计制度。财政部门要对注册会计师的审计报告，进行抽查，对抽查结果要严明奖惩。"在参加会议后，我回到中注协组织全体人员多次进行学习，并向全行业传达。

来自中南海的声音

1992年4月末，张佑才副部长去中南海向朱副总理汇报注册会计师的有关情况，朱副总理就注册会计师做了重要讲话。

1992年5月，张佑才副部长陪同朱副总理视察海南省，沿途及在海南朱副总理就注册会计师行业发展又做了许多重要指示。

回来后，张佑才向中注协作了传达。时任张副部长秘书的王军负责整理了此两次谈话的文字，并报送国务院。

不久，国务院即印发了"参阅文件［1992］8号"，其内容与张佑才副部长两次传达的没有多大差别。

1992年5月，我们在四川成都金牛宾馆召开的中国注册会计师全国第二次会员代表大会上，做了传达。

当会议主持者念到"请转达我对大会代表和中国注册会计师事业的支持之意。江泽民总书记、李鹏总理、田纪云副总理都表示对注册会计师事业的支持"时，全场响起热烈欢呼声和经久不息的掌声。

同时，大家对朱副总理高度评价协会的功能，感到高兴。朱副总理说："要重视和支持注册会计师协会的工作。协会是注册会计师自我管理、自我约束的职业组织。凡是有注册会计师制度的国家，都有协会组织，有专人办事。政府授予它权力，对于管理注册会计师和发展注册会计师事业起很重要的作用。"大家感到这是来自中南海的声音，对我们和全行业都是一个巨大的鼓舞，注册会计师事业是大有希望的事业！

上了总理办公会议

1992年6月23日下午，时任国务院总理李鹏，主持召开了192次总理办公会议，专门研究发展注册会计师行业问题。

这件事，对注册会计师行业来说，是空前的。被列进中南海的议事日程，本身对注册会计师全行业来说就是一个极大的喜讯。过去根本想不到我们这个行业，居然能引起党中央、国务院的这般重视。以往，财政部每年开财政工作会议，我们想在王丙乾的报告中加上"会计"两个字，那也是很困难的。没想到，总理办公会议居然会专门研究我们这个行业的发展问题。

为了这次会议，我日夜兼程赶写《关于发展我国注册会计师事业的意见》。国务委员王丙乾在会上做了发言，国务院许多领导也就发展注册会计师行业的问题做了重要讲话。谈到关于财、审两家在社会审计方面的矛盾时，朱副总理说："反正一件事不能两家管，会计查账验证这件事，应该归口财政部管理。审计的范围再研究。"

会后，根据会议录音，对照我的笔记，我整理了会议记录稿，送王丙乾审阅。王丙乾批示：传达至部内司局长级和中注协全体人员。中注协全体人员在听完会议记录稿后，为之欢欣鼓舞，中午到餐馆加餐，以示庆贺。

后来，接到国务院秘书局发来的《会议纪要》，打开一看，其中有一句"会计师事务所与审计事务所都需要发展"的文字,因此,财、审两家又多打了几年的"仗"。刘仲藜说:"这个纪要是罗干批的(罗干时任国务院秘书长),他加了这一句,如果是我,就没有这一句了(当时刘仲藜任国务院副秘书长)。"中注协的人员,在看到会议纪要后,因为这一句,好似泄了气的皮球,知道"与审计署的战",还有得"打头",大家都做好了"长期作战"的准备。但后来,也是罗干对一封人民来信的批示,促进了两部门再次"谈判",促成了"两会的联合"。

后来,在11月24日,又召开了第211次总理办公会议,再次在总理办公会上研究了注册会计师的有关问题。

注册会计师进入市场经济的第一线

中国的注册会计师真正进入市场经济第一线,是从中国证券市场建立以后开始的。1992年8月11日,在朱副总理给李鹏总理关于中国证券市场的信中,提到"我国证券管理体系应当有四个层次"。"第一个层次,是社会监管体系,主要是注册会计师、律师等。他们对公开发行股票的股份公司的招股说明书、财务报告、资产评估报告和法律意见书进行审核、鉴证,并为其所出具的这些报告承担相应的法律责任"。朱副总理在信中还指出:"上述管理体系建立之后,股票、债券发行和交易要过'三关'。第一关就是对发行股票企业的资产评估和财务的严格审核。对于资产评估不实、伪造、漏报企业财务资料,以及会计师事务所与企业串通虚报投资和财务盈亏等违法行为,要严肃处理,违反法律的要追究责任人的法律责任。"

后来在国务院印发的国发〔1992〕68号文"关于进一步加强证券市场宏观管理的通知"中,又再一次强调了注册会计师处于第一关的重要性。注册会计师从此处于证券市场的第一线,其缘由均出自朱副总理之手。

时任财政部部长的项怀诚,参加了朱副总理主持的国务院关于加强证券市场管理的会议,做了详尽的记录,回来后做了传达。

上海石化上市,是经朱副总理批示同意而定的。当时的洪虎是体改委的正部级的副主任,李贵鲜是国务委员兼人民银行行长,他们都是当时证券业务的主管部门领导。

中华会计师事务所参加了上海石化上市的资产评估和审计工作。参与的外方是毕马威国际会计公司。为此事,朱副总理在接到一封人民来信后,批给财政部,措辞极为严厉:其中写道:"我怀疑财政部在管理注册会计师上,下了多少功夫?管得不好不要你们管了!"在京西宾馆,根据张佑才副部长的指示,我代财政部就上海石化上市的资产评估和审计工作向朱副总理写了报告,表示金山石化的资产评估和审计是经过招标后进行的。

朱镕基同志关于注册会计师行业的系列指示

朱镕基同志就注册会计师问题,做了许多重要指示、批示,比较长的,在《风雨兼程——中国注册会计师之路》前五卷中,已经整理,现根据张佑才副部长传达的一些片段，整理如下。

在 1992 年 2 月 1 日接见毕马威全球董事长时，朱镕基提出要财政部拿出十个亿，建三个世界第一流的注册会计师培训中心。

1992 年 6 月 30 日，朱镕基又指示，CPA 培训中心的规模还可以再大一点。

1992 年 8 月 9 日，关于国有企业监管问题，朱镕基说，主要通过税收、注册会计师管企业。

1992 年 8 月 13 日，朱镕基说，国有资产监督分为四个部分的说法不科学，就是两类，其中一类是社会监督，如会计师事务所监督。

1993 年 7 月 23 日，朱镕基在全国财政税务工作会议上说，我们一定要立法，把会计师事务所行业变成一个光荣的行业、有权威的行业。对它要实行严格的法制，弄虚作假要停业、撤销、判刑。注册会计师事业没有搞好，财政改革的任务只能说完成了一半。

1993 年 8 月 9 日，朱镕基签署同意《注册会计师法（草案）》上报全国人大常委会。

1994 年 3 月 9 日，朱镕基在中南海召开 CPA 培训领导小组会。

1994 年 3 月 29 日。在中南海开注册会计师培训领导小组会。朱镕基说，这件事很有搞头，仲藜你当组长，等我退休以后我接你的。CPA 专门化就是在这次会议上定下来的。

1994 年 8 月 12 日，朱镕基在全国财政工作会议上讲话。

1994 年 8 月 24 日，朱镕基指示证券业务可请中外合作会计师事务所做，他们既有中国的会计师，也有外国的会计师，A 股、B 股他们都有签字的会计师。

1994 年 12 月 12 日，朱镕基致信祝贺上海召开的国际会计准则研讨会。

1995 年 2 月 6 日，朱镕基指示：①完善高等财校体制方案；②不把干部水平提高到 CPA 水平不行；③中心要边建设、边培训。师资可以请国际会计公司的，要把安达信的一套吸收进来；④CPA 三个培训中心不单是财政部的，各行业都要经过中心培训，其他部门不要办了。培训的对象不仅是 CPA，还应当包括中央各综合经济管理部门的业务骨干，各大、中型企业的总会计师。今年一定要把基地建设搞好，大家群策群力。我要听一次汇报，然后派人去。搞好了，多少年都会感谢你们的。这个培训基地是全国的，培训对象包括企业、金融界以及其他各方面的。

1995 年 3 月 15 日，在国务院第二会议室，朱镕基听取关于"三个基地"建设进展情况汇报，朱镕基做了重要讲话。会议整理了一份"纪要"，朱镕基批示："送李鹏总理阅示。"

1995 年 3 月 30 日，朱镕基指示，培训注册会计师、发展注册会计师行业，关系国家前途命运。

1995 年 6 月 25 日，朱镕基视察北京注册会计师培训基地选址，并做了重要讲话。

1995 年 8 月 12 日，朱镕基在全国财政工作会议上讲话。

1995 年 10 月 21 日，朱镕基亲笔写下《整顿会计工作秩序约法三章》。

1995 年 11 月 14 日，梁尤能说，朱镕基讲话的精神是他自己的想法。①他对

CPA 培训很关心，他（把这事）看得很重要。他的构思是依托名牌大学，建立董事会，校名问题要研究一下。他点了我的将，就我个人而言，也觉得很突然。既然朱镕基点了名，我不好推辞。我说我都快60岁了，朱镕基说校长可以干到65岁。朱镕基要求很高，所寄希望很大；②选址、教学、师资主要依托清华。朱镕基来看时，我们也没有准备。学校也是作为一个备选的方案，绝对尊重领导小组的决定。朱镕基讲了好长一段话，让领导小组认真研究后，再向朱镕基交代。朱镕基想到一个事印象是很深的，没有妥善交代是过不去的。不要因为地址的选择影响相互之间的关系，清华肯定不会有意见的；③清华过去是以理工为主。CPA专业性很强，与财政部关系这么紧密，怎么办？当然尊重财政部的。我只是提一些建议。教学手段的现代化，清华可以发挥一些作用。财政部是 CPA 行业的行政主管。清华感兴趣的主要是在教学方面。培训中心依托清华来提高 CPA 的声誉，他们是希望通过举办 CPA 培训，让经济学院上一个台阶。我也赞成尽快开展工作。成人培训到底怎么搞？上次提出成立一个筹备小组，要尽快成立起来，对朱镕基讲话要有个交代。

1996年2月18日，朱镕基要刘仲藜找几家会计师事务所做假账的、企业做两本账的典型，要好好揭露，要严肃地整整。

1996年8月16日，朱镕基在北戴河找到刘仲藜，定下先办北京培训中心，从世界银行贷3 000万美元款，其中300万美元用于准则培训。

1996年12月11日，张佑才说，国际会议可请朱镕基讲话，规格可以高一点。

1997年4月8日，我请示张佑才副部长，朱镕基到底来不来？讲话稿写些什么？

1997年4月14日，张佑才问，为什么代起草的朱镕基讲话稿还不送来？要按程序办。

1997年4月15日，张佑才指示，代朱镕基起草的讲话稿要作结构性调整，拿去重新打印、急送。

1997年4月16日，马忠智说，看来朱副总理不会到你们那讲话了，朱副总理对琼民源事件很生气。

1997年4月20日，朱镕基在中注协工作简报上批示，请张佑才同志做扎实工作，清理整顿会计师行业。

1997年7月15日，张佑才说，清理整顿，一天搞一百多个事务所，几万人，一年之内也查完了。要不这样，整个行业都完蛋！朱镕基批评我们，但他是保护我们的。他每个细节都要问，问到事务所时，他没有作声。

1997年9月9日，张佑才说，对股份合作制，朱镕基有不同意见。

1997年11月13日，张佑才说，朱镕基赞成合伙制，股份合作制他不赞成。

1998年3月8日，朱镕基批评国家会计学院的建设给耽误了。

1998年4月2日，财政部给朱镕基总理呈上"关于建立国家会计学院"的报告。

1998年4月8日，朱镕基批示："邦国、家宝、忠禹同志核批。教职员工再精简一些，尽可能利用现有的高校力量。"同日，朱镕基批示三个培训基地基本建设投资由中央财政拨款。

1998年4月28日，在清华大学举行第一期稽查特派员培训班，朱镕基说，中国的会计师不会查账，只会做假账，所以叫他们清理整顿，也不知道搞得怎么样了？那个秘书长是怎么当的？给我撤了！

1998年5月2日，张佑才说，朱镕基总理说，中国的会计公司做假账，会计也做假账。每次都讲没有及早建设国家会计学院是一大失误。

1998年5月4日，张佑才说，如何加快国家会计学院建设？朱总理关于会计有许多重要指示，从成都会议开始，大概有十几万字了。他一贯重视CPA。项部长到任的第一件事，就是抓国家会计学院的建设。朱总理8日到，8日就批了，几位副总理也批了。北京作为重点的重点。总理都批了，特殊事情特殊解决。谁延误了谁负责。

1998年6月22日，朱镕基亲自视察北京会计学院的选址情况。

1998年7月20日，国务院发出批准成立国家会计学院的通知。

1998年9月27日，朱总理指示证监会与财政部联系，要公开处理"红光案"。

1998年12月14日，国务院体制改革办公室向国务院领导报送了《关于会计、审计师事务所体制改革的几点意见》。12月24日，朱总理审阅了该报告并批示："请岚清同志主持研究会计（审计）师事务所体制改革问题，并做出新的补充规定。这是一项十分重要的'基础设施建设'。体改办许多意见是对的，但提到公平竞争问题，要注意，造假账的事务所是无权参加竞争的。国际知名的事务所在世界各国都是占领市场的，对目前中国的情况，并没有什么危险。没有它们的进入，我国的事务所永远达不到国际水平。"12月24日，李岚清副总理在该报告上批示"请财政部牵头提出意见，讨论一次"。1998年12月18日，财政部党组向国务院领导报送了《关于注册会计师行业清理整顿工作汇报》。朱总理审阅了该报告，并批示"请李岚清同志阅"。12月28日，李岚清副总理批示"请财政部一并研究并提出意见"。

1999年1月5日，张佑才传达朱总理批示，肯定财政部、中注协关于事务所体制改革的大方向是正确的。

1999年3月12日，中注协将《工作简报》第2期呈朱总理，朱总理3月13日批示"转吴邦国、温家宝副总理阅"。

1999年3月30日，李岚清写信给项部长：

"关于会计师（审计）事务所体制改革和制止行业作假行为的几点意见已阅，我基本赞成报告的意见，谈两点意见，供参考。

第一，对于当前会计师事务所存在的混乱、作假问题，除了从现行体制的角度分析以外，还需要从机构发展的理论角度来研究。在市场经济中，信誉卓著的会计师事务所建立其优秀品牌需要几十年、上百年的时间，评级公司也与此类似，像穆迪、标准普尔公司也都有很长的历史。同时，在经济转轨国家中，至今还没有培育出真正信誉卓著的会计师事务所、评级公司，主要原因是转轨时间尚短，发展中国家也大致如此。因此，只讲激励机制、收费价格和监管自律尚不够。一家会计师事务所、评级公司只有形成传统，把信誉看得非常崇高和重要时，才会（将从事的工作）看作是一个长期的工作岗位，从而避免短期行为。在我国目前情况下，无论是会计师事务所的管理层还是专业人士，均未建立老牌会计师事务所那样的长期观念，因此短期经济利益的驱动必然促使其在一定程度上违背职业道德和原则。目前金融行业中新成长起来的小金融机构，也存在着由于无传统、无品牌而内部控制、员工敬业松弛的情况。从东欧一些国家的经验看，它们允许国际知名的事务所、评级公司进入国内，但要求其把人员培训放在相当重要的地位，要求其提高国内雇员比例，这种做法能带来两个好处，一是国内雇员的技能和职业道德会逐步培养起来；二是对国内自己的会计师事务所产生了较大的竞争压力，会促使其提高业务水准。随着国内雇员的成长，必然会在国内自己的会计师事务所中发挥重要的作用。因此，需要有更加开放的眼光看待会计师事务所的问题。报告中对会计师事务所建立信誉的长期性、艰巨性似提的不够。

第二，会计师事务所的服务作为一种产品，究竟谁是用户，与市场需求有很大关系。若市场需要高档次质优产品，生产者就会向优质方向发展；若用户需要处理品，生产者就会向假冒伪劣方向发展。在市场经济中，会计师事务所的主要需求者是来自大中型公司的投资人，要么是股东大会指定会计师事务所出审计报告，要么是董事会指定会计师事务所来审计公司财务。这是公司治理结构（corporate governance）的一部分内容。简言之，需求在于股东大会、董事会需要对总经理进行控制，防止总经理权力过大，形成内部人控制现象（insider's control），而其他的需求，如行政规定的办哪些事需要会计师事务所提供报告这类需求则是次要的。目前国有企业缺少必要的公司治理结构，即对总经理的必要制约，加上市公司或主管部门常希望股东分散化，形不成发言权，从而董事长不代表投资人的利益，大权均在总经理或主管部门手中。这种情况下，总经理可能需要会计师事务所的服务就是欺骗股东，或是为应付行政法规的要求，即委托业务的本身缺乏强调真实性的内在动机。由于公司现代企业制度不到位，公司治理结构的概念模糊不清，从而形成内部人控制，市场的需求导致会计师事务所作假也就不奇怪了。因此，从行政角度对作假、监管、自律提出要求是必要的，但从经济学角度看是不够的，还必须强调现代企业制度和公司治理结构。"

(1996年6月5日)

朱镕基（签名）

今天，财政部、审计署隆重召开中国注册会计师协会全国特别代表大会，这是中国注册会计师协会和中国注册审计师协会实现联合后的第一次全国代表大会。我代表党中央、国务院，向大会表示热烈祝贺，并向辛勤工作的全国五万多名注册会计师和十几万从业人员表示亲切的慰问！

大力发展注册会计师事业，对建立社会主义市场经济体制、保障正常的社会经济秩序、维护国家和企业的权益，都起着十分重要的作用。在此，我提出三点希望和要求。

第一，注册会计师、会计师事务所和审计事务所必须切实履行对经济工作的监督职责。凡是法律、法规规定应当进行独立审计的业务，必须依法进行审计。企业的年度会计报表，包括国有企业的年度会计报表，要逐步实行注册会计师审计制度。注册会计师和事务所必须坚持独立、客观、公正的原则，严格按照独立审计准则和其他执业标准的要求规范执业，严格依据国家有关法律、财务会计法规的规定，审查企业的经济活动和相关的会计记录，对于被审计单位存在的各种违法行为以及财务会计信息的疏漏、虚假和错误，要依据独立审计准则的要求坚决予以揭露。违规执业或者通同作弊的，要依法追究责任。

第二，各级注册会计师协会应当在统一法律规范、统一执业标准、统一监督管理的基础上，切实履行对注册会计师、事务所的服务、监督、管理、协调的职能。要大力开展注册会计师培训，提高注册会计师的政治素质、业务能力和职业道德水准。努力培养一批具有国际水平的注册会计师、积极创造条件，加快事务所的合并、联合，建立一批规模大、信誉好、水平高的事务所。要加强对注册会计师和事务所的业务监督检查，争取在较短时间内，注册会计师的执业质量有较大提高。对于违反国家法律、法规，不按照执业标准执行业务和出具报告的注册会计师、事务所，要严格检查，严肃处理，对知法犯法、明知故犯的，协会应取消其执业资格。

第三，财政、审计部门要积极为注册会计师、事务所规范执业创造条件。要提出具体措施，努力改善注册会计师的执业环境。严格禁止任何部门、单位和个人非法干预注册会计师正当执业。严格禁止对注册会计师揭露违法行为施加影响。财政、审计部门要依法对注册会计师协会进行监督、指导。加强注册会计师协会的建设。充分发挥行业协会的自律作用。按照法律规定，把对注册会计师、事务所的日常监督管理任务，交由注册会计师协会去完成。

最后，预祝大会取得圆满成功。

**朱镕基在中国注册会计师协会
全国特别代表大会上的书面讲话**

1999年4月14日，朱镕基在美国麻省理工学院宣布"我们原定目标是在3年内把中央政府机关减少一半，去年我们就做到了。现在政府机关是一个人干两个人的活。今年我们要进行地方政府机构的改革，当然这个任务就比较艰巨了，因为它不是

3.3万人，而是500万人"。这些被精简的政府人员，有相当一部分要到国家会计学院学习。

2001年4月16日，上海国家会计学院建成，朱镕基前往视察，题词"不做假账"作为校训。

2001年10月29日，北京国家会计学院建成，朱镕基视察，题词。

2002年11月19日，朱镕基在香港举行的第十六届世界会计师大会上讲话，再次提到"不做假账"的题词。

朱镕基亲自部署注册会计师行业清理整顿

1997年4月7日，朱镕基副总理在中注协第4期《工作简报》上批示："请张佑才同志做扎实工作，清理整顿会计师行业。"口气十分严厉。因为当时发生了琼民源事件，而琼民源的审计工作中，签字的注册会计师是中华所的，中华所当时挂靠在财政部，因此，朱副总理非常生气。短短的两行字，包括的内容很丰富。批评财政部、中注协的工作"不扎实"，要全行业进行"清理整顿"。在朱镕基的指示下，注册会计行业清理整顿搞了一年多，接着进行体制改革，实行全行业民营化。全部与国家单位脱钩，与国际体制完全接轨，并且加入了国际会计师联合会。

1997年6月6日，中注协召开了部门负责人会议。我在会上说："朱副总理的批示，刚看到时，让人感到心情沉重。经过反复学习、领会，竟然感到'开心'。"从批示文字看，对我们是批评；从朱副总理亲自直接指示注册会计师行业的工作看，也是对我们的支持。批评，是说我们"工作不扎实"，出了一些"乱子"；支持，是指我们这个行业的工作，国务院非常关注，副总理亲自发出号令。注册会计师行业发展中的重大问题的决策，都是是来自中南海，这是我们想也想不到的。大家想想，一份中注协的工作简报，能摆到朱副总理的桌上，已经很不错了，朱副总理还亲自批示，哪个行业能有如此待遇？只有注册会计师行业。这次清理整顿，是未来注册会计师行业发展的导向，关系行业未来的前途命运。非搞不可，非搞好不可。要通过清理整顿，旗帜鲜明地给全行业一个信号：我们提倡什么，反对什么，今后怎么走自己的路。

1998年4月28日，在清华举办的第一期稽查特派员培训班上，朱镕基说，中国的会计师不会查账，只会做假账，所以叫他们清理整顿，也不知道搞得怎么样了，那个秘书长怎么当的？给我撤了！我岂敢怠慢，在项部长的家乡吴县（现已撤销）开全国秘书长会时，我说："我要干货，那些空话、废话统统下去。"中注协经过一年多全行业的清理整顿，最后，报告朱镕基总理：全国29个省、自治区、直辖市，共有会计师事务所5 965家，执业注册会计师56 189人。经检查，自查不合格的有2 800家，占自查数的48%，中注协给予处罚的有1 602家；分支机构3 049家，撤销1 474家；在执业注册会计师中，处罚了2 395人，其中吊销资格的有1 939人；抽查业务报告4 496份，其中认定为不合格的有2 842份；确实是掀起了一次巨大的风暴，清查了种种违法、违规以及不合格的乱象，全行业整体素质得到极大提高。

这完全归功于朱镕基的批示。有人说:"这次是拉大旗作虎皮。"对了,没有朱镕基的批示,清理整顿还不知道要遇到多少阻力。这面大旗,还真"拉"对了!

朱镕基三次题写"不做假账"

朱镕基对自己有过"约法三章":不题词、不剪彩、不批条子,但破例为国家会计学院题写"不做假账"达三次之多。

对做假账,朱镕基恨之入骨,说它已经严重危害市场经济秩序,是经济生活中的"毒瘤"。毒瘤者,癌症也。

2001年4月,上海国家会计学院建成,朱镕基题写的校训是"不做假账"。2001年10月,北京国家会计学院建成,朱镕基题词,开始写的是"诚信为本,操守为重,凡我校友,不做假账"。下午5点,朱镕基的大秘李伟打电话至北京国家会计学院说:"请送回总理题词。"后来改写为:"诚信为本,操守为重,坚持准则,不做假账。"就是把第三句从"凡我校友",改为"坚持准则"。所以,加上在上海写的,朱镕基对"不做假账"前后写了三次,至于讲的,那就更多了。

2002年11月19日,朱镕基在第十六届世界会计师大会开幕式上演讲,再次指出:"我们特别重视会计职业道德建设,加强会计行业的监督管理,要求所有的会计审计人员必须做到'诚信为本,操守为重,坚持准则,不做假账',恪守独立、客观、公正的原则,不屈从和迎合任何压力与不合理的要求,不以职务之便谋取一己之利,不提供虚假会计信息。""我们在北京、上海建立了两个国家会计学院,还有一个厦门国家会计学院正在建设之中。我为这三个国家会计学院题写了校训:'不做假账'。我希望每一个从国家会计学院毕业的学生都要永远牢记这4个字的校训。"

"不做假账"的题词,是发自朱镕基内心的一声大吼!要知道朱镕基不是万能的,朱镕基也会受到许多制约,他想办而又不办不到的事也是不少的。正像精简机构一样,朱镕基砍了一刀后,又死灰复燃,机构更庞大、人员更多了。这次做假账被处罚了,还会有下一次的。朱镕基说它是一个"毒瘤",就会反复发作。所以,诚信教育要反复进行,一定要建设一支高素质、高水平的会计师队伍,这是朱镕基会计思想的核心。

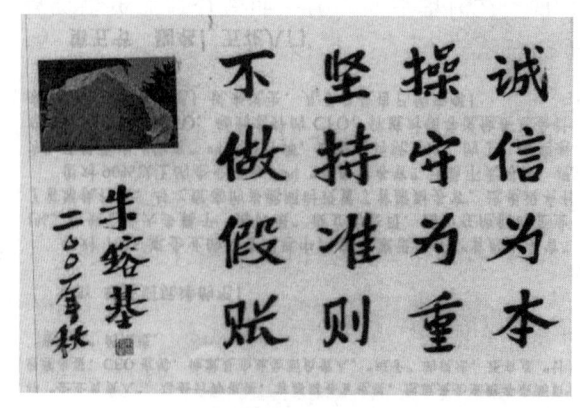

朱镕基的题词

《华尔街日报》的记者乱说

1998年7月6日,中注协在北京召开全国考试工作会议。综合部李杰对我说,美国《华尔街日报》一位记者要采访我,采访的内容主要是中国的CPA为美国大公司提供的服务。我说,这种采访要通过部办公厅新闻处及国际合作司。我请外联部准备一下这方面的资料。外联部收集了如下资料:华振所为美国的花旗银行、百事可乐、通用电器、摩托罗拉提供了服务;华明所为美国苹果电脑、IBM提供服务;中信所为美国享联公司、福特汽车、美国电报电话提供服务;大华所为美国杜邦公司、美国美洲银行提供服务。我把这些材料给了美国《华尔街日报》的那位记者。她还要采访我。

7日中午休息时,我接见了那位记者。谈话的内容就是中国会计市场的对外开放。内容和前一次与美国财政部帮办谈的差不多。我说,我国会计市场,随着注册会计师制度的重建和恢复,20世纪80年代就实施了开放。那时的"八大"国际会公司,就在中国设立了众多的办事处,以后又举办了中外合作会计师事务所,我们还实行了临时执业许可证制度,满足了众多境外中、小会计师事务所来华执行业务的需要。我们会计市场的大门永远是对外开放的,而且会越开越大。当然,我们需要规范开放的正常秩序,需要依法开放。最近我们印发了三个涉外文件,规范外资所的常设办事机构、中外合作事务所以及临时执业。我们在WTO谈判中承诺的条件没有变化,我们欢迎"五大"国际会计公司继续在华执行业务,我们也希望他们能够尽早实现本地化。这无论对我国还是对境外会计公司都是有利的。他们能够降低成本,我们也能让CPA的人才尽快成长。关于中外合作事务所,国际会计公司也认为这是世界其他各国所没有的,要尽快转型,转变为国际成员所。在与美国财政部帮办的谈话中,我也表达了如果"五大"认为在本世纪末,来不及作这种转变,还可以延长5年,5年不够,可以10年,10年还不够,我们还可以谈。我们既要讲开放的速度,也要讲开放的质量。

我觉得我的表达是正确的,也是符合国际惯例的。那位《华尔街日报》的记者,回到美国后,就乱说一通。我们根本就没有限制外国会计公司的进入,也没有限制"五大"的任何行为,是美国记者在乱说。

与关黄陈黄"离婚"

1992年香港新华社记者,采访了香港"关黄陈黄"会计师事务所首席合伙人(在国际上为BDO)陈文裘,谈到他对内地会计师行业发展中的一些问题的看法,后来登在《国内动态清样》上,朱副总理批示:"请鸿儒、道炯、佑才阅。"这里有故事可讲。

在"六大"办起中外合作事务所以后,陈文裘以BDO的名义一再要求要办"中外合作事务所"。后来,他选择了深圳信德会计师事务所,这是一家颇具实力的事务所,主任会计师朱棋珩是我国注册会计师行业中的名人。1994年经财政部批准,成立了"BDO信德"中外合作会计师事务所。BDO当时是排在"六大"之后的一家大型国际会计公司。

朱棋珩当时是很"牛"的。在其他的中外合作所中，是"老外"欺负中国人，而在"BDO信德"却是"中国人欺负老外"，是内地人指挥香港人。在1985年8月7日中注协召开的中外合作所中方负责人会上，朱棋珩慷慨陈词，获得了大家的喝彩。

朱棋珩在会上首先直截了当地指出，目前中国的会计市场管理混乱，与中注协的管理不善有很大关系。现在是到时间了，应当出台一些管理办法，进行实质性管理。要保护本地区、本国的会计市场，这是一个国家的主权问题。"六大"进来3年了，有贡献，也有野心，特别是香港人，他们是要占领市场的，说帮助那只是外交辞令。做生意总是为了赚钱，不赚钱他进来干嘛？中注协作为行业主管机构，要疏导，要加以规范，要有我们自己的"游戏规则"。朱棋珩强烈要求，外方的常驻代表机构要全部撤销。代表处是搞乱中国会计市场的祸根，他们就是利用代表处违法进行审计业务。先把代表机构整顿好，再谈分支机构问题。应撤销代表处，并入合作所，纳入合作所统一管理，到工商行政部门去注销这些办事处。分支机中，没有中方的人不行！

朱棋珩还建议，合作所中的外方，不得单独执行业务。H股、B股，境外投资者委托他们进行的合并、净资产及资信调查，他们做他们的，但审计业务不能做。反正在中国境内所做的一切业务都应当纳入合作所的视野和管理范围之内。还有一个纳税问题，不能钻空子，造成偷漏税收，包括企业所得税和个人所得税。在中外合作所的人，拿的工资得很高，在内地说到香港报税，到香港又说在内地报税。你搞资信调查，也有收入问题，那就同时也有报税问题。说是许多事情要在香港做，我就不信，上市公司的审计业务哪有什么事情要拿到香港去做？不行向联交所问问，最多补几张表而已，又不是要做外勤。上市公司在内地，为什么会在香港还有大量的工作要做？骗人！要划一个度，明确一下，哪些事情确实要在境外做？明确了，就好办了。

在谈到与BDO合作时，朱棋珩说BDO信德3年没有编过损益表。说同工同酬有困难，差距太大，外勤补助太多。有没有一个变通的办法，中外合作所的成本到底怎么算？我们与BDO合作2年，收入只有50万元，谁也不肯把自己的收入放进去。收入放进去了，成本怎么算？双方商量不出一个原则，但又谈不拢。关键是你派什么人来？要与中方商量。说是向你学习，你还不如我，我还得来教你，你凭什么拿这么多钱？合作办一个事务所，要能生存，能赚钱，关键一条是尽快本地化，你香港人拿那么多钱，要在事务所的回报率允许的条件下才可以，事务所要承担一块。承担不了，你就少来人。3年、5年，还负担不起，那这个合作所就别办了！

朱棋珩还说，关于合作所能否办成员所问题，首先要把合作所办好，把合作所变为成员所。要有中国人当合伙人，中注协要有控制，不能乱找一个作为成员所，你们也批，那是官僚主义的做法。中注协不是"官"，是行业的火车头，要为大家服务，要带动大家走向正确的方向。

朱棋珩在会上表示，希望中注协代表财政部采取一点行政手段，加速中方的体制改革。下个"死命令"，在1996年年底前，所有中外合作所的中方，一律要完成体制改革，中方要变为合伙所。国家和事务所花那么多钱把人才培养起来以后，都被

"六大"挖走了,那才是国有资产流失,事务所本身哪有几毛钱?

朱棋珩的慷慨陈词,深得大家的赞同。后来,在朱棋珩的坚持下,中注协与陈文裘多次商谈,终于在1997年6月2日,财政部发文"依法解散柏德豪信德会计师事务所"。这是被解散的第一家中外合作所,也是第一家由中方"炒了外方鱿鱼"的所。而陈文裘自己,也把"关黄陈黄"全部卖给了BDO外方。这时,他再也不讲什么"关黄陈黄"是香港的"大所",再也不讲什么中华民族的利益。由此可见,陈文裘的言论,并没有说出他自己的心里话,而是一种假象。

三、"芝麻开门"——在中国总会计师协会的故事

在我担任中国会计学会副秘书长的时候,中国总会计师研究会作为中国会计学会的下属组织,于1990年5月在鞍钢成立。1994年12月,中国总会计师研究会二届三次常务理事会决定将中国总会计师研究会更名为中国总会计师协会,呈报财政部核准后,报民政部批准登记。1995年10月,民政部批准中国总会计师研究会更名为中国总会计师协会,并颁发了社团登记证书。2002年11月,中国总会计师协会召开第三次全国会员代表大会,标志中国总会计师协会浴火重生。

在总会计师协会20多年的历史中,我与她结下了15年的"不解之缘"。从她的成立,到后来的"浴火重生",我都"身在其中"。

在成立的最初几年,总会计师协会的诸多活动,是沿着中国会计学会的轨迹运行的。在燕化、怀柔的几次研讨会,都是以"如何提高经济效益"为主题。在"浴火重生"的那些岁月,则是为"钱"而奔波。在全国人民代表大会的"呐喊",在境外的多次访问,都是在寻求"生财之道"。引进管理会计,就是要寻找"生财之道",总会计师的一切活动,都是围绕"提高经济效益"的。所以,这里选的"故事",大多就是有关"芝麻开门——寻找发财之路"的。

而我担任总会计师协会秘书长的"梦",就是让总会计师回归到首席财务官(CFO)的位置。然而,这是一个漫长的过程,它需要随着整个经济体制的变化而逐步实现。国资委向全球招聘总会计师,就是"回归"的开始;各级领导班子中包含总会计师的职务,也是总会计师向CFO迈进的标志。我想象,从"总会计师"到"首席财务官",这条路不会太远。

中国总会计师研究会成立

经中国会计学会第三届常务理事会第二次会议讨论通过,并经财政部领导批准,经过一年时间的筹备,中国总会计师研究会于1990年5月26日在鞍钢召开成立大会。

来自鞍钢、一汽、二汽、燕化等特大型企业,平顶山矿务局、沈冶、辽化、南昌飞机制造厂、沈阳飞机制造厂、东北制药厂等大型企业,以及建筑、有色、电子、机械、航天、冶金等行业企业的总会计师;上海、南京、贵州、四川等地区总会计师研究会的代表;铁道、商业、电子、外经贸、机械、兵工、水电、中国人民解放军军需等方面会计学会的代表,共36人出席了成立大会。

因为中国总会计师研究会是中国会计学会的下属组织,我和余秉坚以中国会计学会副秘书长的身份,到鞍钢参加了中国总会计师研究会成立大会。

大会选举产生了中国总会计师研究会第一届理事会,由34名理事组成。在5月26日第一次理事会上,选举产生了由11名成员组成的常务理事会。经常务理事会推荐,理事会一致同意,选举朱德惠同志担任研究会会长,薛任福同志为常务副会长,温庆泉同志为副会长,薛任福兼任秘书长。聘请杨纪琬为名誉会长,叶克明、李一敬、余秉坚、费一平、贺诚、鲍友德、熊崇义等七人为顾问。

大会决定,秘书处为常务理事会办事机构,地址设在北京燕化。

会议期间也有一些花絮。

1990年5月中国总会计师研究会成立大会期间游千山

在鞍钢招待所,我穿的皮凉鞋皮扣坏了,到招待所周边走了一趟,没有一家补鞋的。朱德惠就派一部小车,把我拉到鞍山市区,到处找补鞋的。最后,鞋补好了,我对朱德惠会长说:"补鞋花了两毛钱,车子大概花了两块钱(那时两块钱可多啦),实在划不来。"朱会长笑着说,"没啥,补好了就行"。

会议最后组织了游千山,就是电影里介绍的"会唱歌的石头"的那个山。大家边说边游览,来到了千山,看到一堆石头,当地人介绍说"这就是会唱歌的石头",有人拿另一块石头去碰撞,果真发出嗡嗡的响声,真会唱歌呀!下山到鞍钢疗养院,有人介绍说有一位师傅有"绝活",就是能接连不断地喝下几十瓶啤酒。说着就有人抗来了两箱啤酒,一箱是12瓶,两箱是24瓶,只见这位师傅一瓶接一瓶地不间断地喝下去,旁边有两个人专门为他开瓶,不到半个小时,这位师傅真是接连把二十几瓶啤酒全喝光了,一滴没落,一滴没剩,一分钟没停,大家对这位师傅的"绝活"表演报以热烈的掌声。

总会计师们平时给人的印象比较"呆板",这天大家非常快乐,乐得像孩子!

中国总会计师研究会就是在这种热烈的气氛中成立了。

中国总会计师研究会成立时参会人员的合影

《总会计师条例》的起草过程

1984年10月,党的十二届三中全会做出了《关于经济体制改革的决定》,《会计法(草案)》当时已在人大六届七次会上进行了一审。《会计法(草案)》中有关总会计师的规定,已确定不独立设章,而对总会计师的地位、作用、职责、权限等问题做出了明确规定。制定《总会计师条例》,是现实的迫切需要,也是实施《会计法》的重要配套法规。《中共中央关于体制改革的决定》明确提出企业领导班子由一长（厂长）三总师（总工程师、总经济师、总会计师）和党委书记组成，要把这一体制确立下来，必须有相应的行政法规对其职责权限做出规定。同时，由于经济体制改革的逐步深化和改革开放形势的发展，国务院1963年批转国家经济委员会、财政部的《关于国营工业交通企业设置总会计师的几项规定（草案）》和国务院1978年发布的《会计人员职权条例》中有关总会计师的规定均已不能适应工作发展的要求。出于上述考虑，财政部提出了起草《总会计师条例》的设想，并于1985年5月《会计法》公布实施后，正式开始了《总会计师条例》的起草工作。财政部在起草《总会计师条例》的过程中，认真总结了我国从20世纪50年代以来实行总会计师制度的实践经验，调查研究了实际工作中的有关问题，通过各种会议、研修班等形式，对《总会计师条例》的有关规定进行了认真的讨论，听取了各方面的意见，多次与国务院有关业务主管部门就《总会计师条例》的有关规定进行了协调。由于各方面因素的相互影响和制约，《总会计师条例》的起草、研讨、协调时间近4年。1989年5月经财政部部长办公会议讨论正式将《总会计师条例（草案）》报请国务院审议。国务院法制局对《总会计师条例（草案）》从内容到文字进行了全面认真的研究，进一步听取并协调了国务院各有关部门的意见和建议，对有的条文进行了反复斟酌、推敲、修改，于1990年6月提交国务院常务会议审议。

国务院领导对《总会计师条例（草案）》十分重视，在审议《总会计师条例（草案）》的第74次常务会议上，与会的有关领导同志一致强调会计工作、发挥总会计师的作用、保障总会计师依法独立行使职权，对做好经济工作、加强经济管理的重要作用和意义。会上就总会计师的设置、任免，总会计师的职责、权限，总会计师行使职权的法律保障，以及集体经济组织设置总会计师等问题进行了详细的审议，对有关条文提出了重要的修改意见，并原则通过了《总会计师条例（草案）》。根据国务院常务会议讨论的意见，国务院法制局会同财政部对《总会计师条例（草案）》的有关条文和文字作了最后修改，报请总理签署。1990年12月31日，李鹏总理签发了《总会计师条例》，完成了《总会计师条例》的最后立法手续和程序。我国第一部关于总会计师的行政法规，由此产生。

《总会计师条例》座谈会

1990年12月31日，国务院总理李鹏签发了经国务院第74次常务会议通过的《总会计师条例》。为了学习、宣传、贯彻和实施《总会计师条例》，财政部会计事务管理司、中国总会计师研究会、《财务与会计》编辑部、《会计研究》编辑部于1991年1月25日，在北京召开了《总会计师条例》座谈会。中国会计学会常务副会长杨纪琬、财政部会计事务管理司副司长余秉坚、中国财政杂志社副总编张秉魁、中国会计学会副秘书长丁平准、中国总会计师研究会在京常务理事、《总会计师条例》起草人员和《会计研究》编辑部负责人等22人出席了座谈会。

余秉坚同志首先介绍了《总会计师条例》的起草过程和所需要解决的主要问题。《总会计师条例》从起草到发布，经历了5年多的时间，许多条款经过了认真反复的协商和修改，从上到下集中了许多部门、单位和基层财会工作者的意见和智慧，特别是中央组织部和地方各级党委组织部也有不少同志参加了这项工作。党的组织部门参与行政法规的制定,这在以前是不多见的,从一个侧面说明了《总会计师条例》的重要性。《总会计师条例》主要解决了以下四个问题:

一是总会计师的地位问题,包括现有的副总会计师的问题(第三条和第四条);

二是总会计师的职责权限问题,其中包括总会计师直接组织领导的工作(第七条和第八条)和协助、参与的工作(第九条)两个层次,职责权限主要体现在纠正、违反国家财经法纪行为和财务收支一支笔两个方面;

三是总会计师的任职问题(第十六条),要求具有政治、业务和身体三方面的条件,相对比较严格;

四是《总会计师条例》的适用范围问题,规定集体企业、事业单位参照执行。

大家在发言中,谈了五个方面的问题:

一是《总会计师条例》的发布,是经济战线的一件大事,更是会计界盼望已久的一件大事,意义重大深远;

二是要贯彻执行好《总会计师条例》,必须做好一切准备工作;

三是要尽快加强总会计师队伍的组织建设工作;

四是要严格按照《总会计师条例》的规定,确定总会计师在企业经营管理中的地位和职权;

五是必须努力提高总会计师的素质。

中国总会计师研究会召开资金与经济效益研讨会

1990年11月14日,中国总会计师研究会在北京怀柔召开了资金与经济效益研讨会。中国会计学会会长张佑才参加会议并做了讲话,部分大型企业的总会计师出席了座谈会,我作为中国会计学会副秘书长参加了会议,中国会计学会秘书处的部分工作人员也参加了会议。

会议的主题是资金在提高经济效益的重要作用。

会议讨论了经济效益与经济效果区别,代表们认为,经济效果是从生产建设的技术活动角度考虑的,强调把经济渗透到生产建设活动的技术中去。而经济效益是从生产建设角度考察的,强调把经济分析渗入经济管理体制中去。因此研究经济效益的意义更加广泛。

会议讨论了经济效益的定义,代表们认为,经济效益,是通过商品和劳动的对外交换所取得的社会劳动节约,即以尽量少的劳动耗费取得尽量多的经营成果,或者以同等的劳动耗费取得更多的经营成果。经济效益是资金占用、成本支出与有用生产成果之间的比较。所谓经济效益好,就是资金占用少,成本支出少,有用成果多,就是企业的生产总值同生产成本之间的比例关系,用公式表示:经济效益=生产总值÷生产成本。

会议讨论了提高企业经济效益的重要性,代表们的观点如下。

(1)提高经济效益,有利于增强企业的市场竞争力。

(2)提高经济效益,才能充分利用有限的资源创造更多的社会财富,满足人民日益增长的物质文化需要。

（3）提高经济效益，搞好国有大中型企业，才能增强综合国力，巩固公有制的主体地位，发挥社会主义制度的优越性。

会议讨论了提高企业经济效益的途径，代表们的观点如下。

（1）依靠科技进步，采用先进技术，用现代科学技术武装企业，提高企业职工的科学文化水平和劳动技能，使企业的经济增长方式由粗放型向集约型转变。

（2）采用现代管理方法，提高企业经营管理水平，提高劳动生产率，以最少的消耗，生产出最多的适应市场需求的产品。依靠科技进步，采用现代管理方法提高企业经济效益是价值规律的客观要求。

中国总会计师研究会在燕化召开座谈会

中国总会计师研究会在怀柔召开座谈会

会议讨论了经济效益与经济增长速度的关系。代表们认为：经济效益与经济增长速度之间既有统一的一面，又有不一致的一面。首先，速度和效益是统一的。符合客观实际的经济增长速度本身就标志着良好的经济效益，而良好的经济效益又必然表现为一定的经济增长速度。其次，速度和效益又存在着不一致性，经济增长速度快，经济效益不一定好。因为，经济增长速度是同一指标（产量或产值）在动态上的比较，而经济效益则是资金占用、成本耗费与有用生产成果的比较。经济增长速度快，可能伴随资金占用多、消费大、产品积压、经济效益差。正确处理两者之间的关系必须坚持在提高经济效益的前提下，争取尽可能快的经济增长速度。

吴邦国委员长为中国总会计师协会题词

2002年11月，中国总会计师协会准备召开第三次全国会员代表大会。张佑才会长时任全国人大十届常委、财经委副主任，与吴邦国委员长常有接触。因此，张佑才去信吴邦国委员长，请其给中国总会计师协会第三次全国会员代表大会题词。吴邦国委员长欣然命笔，在张佑才来信的上面，作了长篇批示。经张佑才秘书候俊民整理、剪辑，形成下面的信函文字，在大会印发。

吴邦国委员长对会计、财务管理、总会计师评价很高，他指出："会计是市场经济的基础，财务管理是企业管理的中心环节，总会计师是企业领导班子的重要成员。"但"就全局而言，财务管理仍是企业管理中的薄弱环节，加强这支队伍的建

吴邦国对张佑才信件的长篇批示

设,仍是当务之急,至关重要"。根据委员长的指示,总会计师协会把培训工作放在首要位置。

崔建民说"老丁硬是从棺材里把总会计师协会拉出来了"

崔建民说:"老丁硬是从棺材里把总会计师协会拉出来了!"他对别人是这样说的,后来当着我的面,也是这样说的。

那是在2002年,民政部根据中央指示,对全国性社团进行清理,在"拟撤销"的全国性社团组织名单中,列有"中国总会计师协会",准备过几天就予以公布,公布以后就是"板上钉钉",确定"被撤销"无疑。这时,中国总会计师协会的薛仁福副会长和秘书处的周树廉来找我,说:"民政部已经把中国总会计师协会列入了'拟撤销'的名单之中,需要盖一个带国徽的印章(即部级单位),有了'挂靠'单位,中国总会计师协会就可以'保命'了。"希望我能跟财政部说说。当年,我作为中国会计学会的副秘书长,从中国总会计师协会的成立到它的日常活动,我都曾经参与,对总会计师协会还是有一份感情的。于是,我请张庆荫(财政部原人事司司长、后为中注协党支部书记)去部人事司找俞二牛司长说说。俞司长回答说:"党组根据中央指示,也对挂靠财政部的社团组织进行了清理。当讲到中国总会计师协会时,项部长问了,有没有财政部在职或离退休的人员在中国总会计师协会?我回答,没有。项部长说,没有,那就不要管它了,撤销!"张庆荫对俞二牛说:"你再给项部长说说,财政部抓财政,没有这些大企业的总会计师们支持怎么行?"俞司长找项部长说了,回答是"党组已经作了决定,我们不能自己再找麻烦"!后来,又找了一位非常接近项怀诚的同志,前去说服。项怀诚问:"中国总会计师协会关你什么事?"过后又说:"中国总会计师和财政部倒是关系很密切,考虑考虑再说。"此时,李勇出任财政部部长助理,俞司长又找了李勇,李勇说:"既然党组作了决定,那就按党组决定办吧!"俞司长说:"项部长好像有些想法。"李勇说:"项部长那我去说。"这样,中国总会计师协会找财政部作挂靠看来是没有希望了。

这时,我出任中国西部研究与发展促进会(简称西促会)常务理事、副秘书长兼经济工作委员会主任。西促会由一批长期在中央国家机关和西部各地工作的领导同志发起组建,联合了一批对西部发展问题有研究的专家、学者以及东、中部有志于西部发展的企业家,经中央领导和有关部门批准于1995年10月成立,是全国性社会团体,独立法人。西促会第一任会长是王恩茂。第二任会长是赵延年,他原是中共中央候补委员、国家民委原常务副主任,我向他提出中国总会计师协会挂靠国家民委,他说,"中国总会计师协会,这是一个很好的组织,我们是想要,不知道民委要不要?我试试看"。后来,经赵延年介绍,我去找了国家民委办公厅,他们表示同意接受。拿着国家民委确认的函,我去找了民政部社团管理司,社团管理司回应说:"国家民委管民族事务,怎么管起中国总会计师协会来了?不符合要求。"挂靠国家民委之"梦"作罢,再继续找别人吧!

这时我在财政部人才中心,返聘财政部原国际司司长焦瑞杰为顾问,他说中国科协党组书记张玉台是他在中国科技大学的同学,可以找他试试。我和张佑才副部长去了中国科协，张玉台立即表示接受。中国科协表示接受后，我们又去了民政部，那位"持否定"态度的民政部司长说："科协是管自然科学的，中国总会计师协会属于与社会科学相关的，挂靠科协不合适。"已经是"无路可走"了，第二天，我直接去找主管社团组织的民政部副部长姜力。一进大门，就被拦住了，问我们事先有没有约定。我硬着头皮说，"我们张部长约了姜部长"，不管门卫是否同意，我们就直接闯进了姜副部长的办公室，姜副部长还是很客气地接待了我们。见面后，她也说："科协是管自然科学的，和总会计师不相关。"我说："现在是科技兴国，企业也是科技兴业。总会计师在企业参与决策，当然要和自然科学打交道。会计现在是一种边缘学科，社会科学、自然科学都要与之打交道。总会计师协会挂靠中国科协，体现了科技兴国的总体精神。"大概是出于给张佑才副部长的面子，姜力副部长说："好吧，那就放在科协，不过也只能是委托他们代管。"我说："谢谢姜部长，把我们当一个试点吧！"

就这样，在姜副部长的"恩准"下，中国总会计师协会终于"活"过来了。

这就是崔会长说的"从棺材里把总会计师协会拉了出来"的故事。

接着，总会计师协会筹备第三全国会员代表大会，才算真正"活"过来。

中国总会计师协会申请加入国际财联

2004年5月10日，我和中国总会计师协会副秘书长鞠新华赴巴黎参加国际财联（国际财务总裁协会联合会）理事会，希望解决中国总会计师协会加入国际财联的有关问题。

国际财联副会长是菲律宾的康琦塔，她在菲律宾是德勤国际会计公司的成员，因此，说起来还是"同行"，同是CPA，见面不久就成了"朋友"，她对中国非常友好，希望中国总会计师协会能尽早加入国际财联。后来康琦塔转任会长。

加入国际，还是那个"老"问题，我们进去，台湾方面必须改名，不能搞"两个中国"，也不能是"一中一台"。台湾财务官协会的会长是一位从事化工行业的台湾民营企业家，在大陆浙江一带有他们家的投资，他自己也经常往来于台湾、大陆之间。我们相处之后，很快就熟悉了。我开玩笑地对他说："你要阻挠中国总会计师协会的加入，你就当心你在浙江的'家产'吧！"这位会长说："岂敢，我们立即改名，你说叫什么就是什么。"看来，他并不太在意台湾财务官组织的改名与否，改成什么称谓都可以。就这样，在台湾财务官组织改名为"中国台湾财务官联合会"之后，我们也就正式申请加入国际财务总裁协会联合会。

接着我和鞠新华访问了奥地利和希腊。

奥地利是一个"盛产"音乐的国家。大小施特劳斯都是奥地利人，奥地利人说"贝多芬也是奥地利人"。总之，这是一个"连空气的分子中也飘散着音符"的国度，真是让人着迷。到处是鲜花，到处张贴着举行音乐会的广告。连他们盛产的水晶也是那么晶莹剔透，娇小可爱。再看看希希公主的行宫，脑海里留下了难以忘怀的记忆！

后来到了希腊。希腊是一个保留了很多古文明的国家，奥林匹克运动会的发源地就是希腊。我们参观了希腊的古建筑，也参观了当时即将召开的奥运会新建的场馆。

看到奥运主会场馆还有一角没有完成土建工程，这时距离奥运开幕不到一百天，当时还真有点为他们发急。但希腊人总是"慢腾腾的"，中国的温州人说："我们来帮你们吧。"但遭到希腊当局的拒绝。后来，从电视中看到，奥运会的开幕式非常精彩。有欧盟的援助，他们不怕工期一延再延，到时一定能拿出手。

温州人在那里"很厉害"，"做生意"很精。希腊人中午都要休息，一休就休到下午三四点。因此，中午过了十二点，你在雅典几乎找不到希腊人的餐馆会开门。别着急，到中国餐馆去，那里随时随地都是开着门的，都是温州人在经营。温州人就利用这个时机"抢了生意"，并且他们是很少纳税的。收款机是连着税务部门的，但温州人很少用收款机，中国的游客，吃了饭就给钱，温州人收了钱这就往钱柜里放，根本不用收款机，所以他们不用纳税。之后，税务部门要查，他们隔几个月，就要搬家，到一个新的地方营业。所以，希腊人说：中国人"抢了他们的生意"。

还有一件事，让我难以忘记。都说美国的纽约、日本的东京物价贵，但这次我深深感到欧洲的物价"特贵"。我喝了点酒，在巴黎我自费要了一杯黑牌威士忌，8欧元；到奥地利就是9欧元；到雅典上升到了10欧元。我本想，威士忌产于欧洲，奥地利、希腊都是欧洲国家，他们居然连威士忌也卖得比亚洲还贵，其他什么不贵呀！

当选国际财务总裁协会联合会国际理事

2004年10月，国际财务总裁协会联合会举行理事会和第35届"全球财务官大会"。

10日，在意大的利佛罗伦萨，中国总会计师协会代表团首先参加了理事会。会前，中国总会计师协会申请加入国际财务总裁协会，经国际财联（国际财务总裁协会联合会）理事会同意，中国总会计师协会正式加入了国际财联，所以，才派出代表团到意大利来。在这之前，台湾方面已经同意其财务官组织改名为"中国台湾财务官联合会"，不再使用"中华民国财务官联合会"的称谓。这是中国总会计师协会加入国际财联的先决条件，在巴黎举行的前一次理事会上，台湾方面的代表已经做出了这方面的承诺。

大会之前，举行理事会。在这次会上，我、吴安迪、陈月明三人当选为国际财联理事。

10月11日，在佛罗伦萨皇宫举行全球首席财务官大会。

参加意大利佛罗伦萨第35届"全球财务官大会"的中国总会计师协会代表团，有相关大型企业的老总，如中国电信的吴安迪、国家电网的陈月明、联通的佟吉禄等，还有各地总会计师协会的代表，共20多人。

会上，诺贝尔奖获得者、欧元之父、经济学家蒙代尔做主题报告。会中，蒙代尔在会场上会见了中国总会计师代表团，回答了大家的提问，并合影留念。

大会报告期间，大会主席宣布中途将抽奖以示鼓励。在一次抽奖中，大会主席宣布"中国的邓天林先生中奖"，奖品为一台大型彩电。可惜的是海南的邓天林这时正在卫生间，又不能让别人代替，大会主席念了三次"邓天林"，均无人回应。我向大会主席解释了"邓先生在卫生间"，但按规则，3次呼叫不到，即为"自动弃权"。

意大利报纸的报道

没有办法，中国人也不能为了一台彩电，而破坏大会规矩，大家都为邓天林失去这次获奖机会而感到挽惜。

晚上，东道主意大利财务官协会举行宴会。国际财务总裁协会会长康琦塔邀请我在会上讲话，我表示欢迎大家去北京参加下一届"全球财务官大会"。

在意大利佛罗伦萨参加国际财联理事会议

与国际财联主席合影

在意大利佛罗伦萨大会上

"关于加强中国总会计师体制和机制的建设"的百人提案

张佑才从财政部副部长岗位退下来以后,担任了第十届全国人大常务委员会委员、财经委副主任,同时,中组部同意张佑才出任中国总会计师协会会长。在十届全国人大一次会议期间,张佑才联合甘肃、重庆、西藏等地92名人大代表,提出了"关于加强中国总会计师体制和机制的建设"的议案。这是全国人大"号称""百人提案"的"大提案",为的是要引起大会的注意,并提请有关部门回答。

提案的全文如下。

加强总会计师体制和机制法制化、规范化、市场化建设,是当务之急。

随着市场经济的发展,政府对企业财务工作日益重视。1990年,国务院颁布的《总会计师条例》和1990年修改后的《会计法》以及上海、广东、江苏、广西、云南等地区制定的《国有企业财务总监暂行规定》,都要求国有大中型企业和国有控股企业以及上市公司必须设立总会计师或财务总监,并强调他们是单位行政领导成员,直接对单位主要行政领导人负责。这些规定对维护市场经济秩序、发挥财会专业人员在企业经营决策和管理中的作用产生了积极的影响。本届政府为了促进会计信息真实、完整,在加强会计信息质量监督、改善企业管理和公司治理等方面做了大量艰苦的工作。但就全局而言,财务管理仍是企业管理中的薄弱环节,会计信息质量、公司治理仍不尽如人意,说假话、做假账,已经成为"经济生活中的毒瘤"。特别是随着"银广夏""蓝田股份"等中国上市公司以及美国"安然""世通"等跨国公司假账丑闻浮出水面,企业诚信沦丧和会计信息失真等顽疾,沉重地打击了市场证券市场人气,成为影响跨国和世界市场经济兴衰的通病。由此,企业高管层尤其是CEO、CFO的地位、作用、权限和法律责任引起了人们的高度关注。

近年来,有关部门出台的相关法规和治理措施只把注意力盯在董事长、总经理以及独立董事身上,而忽略了总会计师在公司中的地位、作用,其职业管理和执业规范没有受到应有的重视。一是'没有位',相当一部分企业和单位没有设置总会计师领导职位;二是'不到位',相当多的单位只设副总会计师或者不让其进入领导班子;三是'排末位',在设置总会计师领导职位的企业和单位,不是把总会计师设在董事会决策层,而是设在经理执业层,且排在末位,没有更多发言权。上述情况的后果是:总会计师要么有责无权,要么同流合污,从而加剧了内部人控制和会计造假问题。对这些问题,不尽快采取积极果断的解决办法予以扭转,不仅很难应对入世后的国际市场竞争,而且也难以真正建立国内市场经济体制。

我们认为,各级政府对当前企业财务管理水平、会计信息质量、公司治理结构的实际状况不能估计过高。国家应在实行国有资产管理体制改革和建立现代企业制度中,把总会计师体制和机制建设作为重要内容。为此建议:

(1)加强总会计师相关法律法规建设,明确其在企业单位中的法律地位和管理职能。在修改《公司法》《证券法》《证券交易法》时,增加总会计师相关的条款,明确总会计师由董事会聘任或解聘,对董事会负责,同时明确其相应职权。《会计法》中更应详尽规定这方面的条款。对1990年制订的植根于计划经济体制的《总会计师条例》进行全面修改。发达国家已普遍设置首席财务官

（Chief Financia Offcer，简称 CFO）。典型的 CFO 主要承担外部受托责任，代表出资者实施企业外部资本管理控制，并向董事会和股东负责。美国在一系列大公司财务丑闻发生后，很快由国会通过、布什总统签署发布了《萨班斯和—奥克斯利法案》Sarbanes-Oxley Act），把 CFO 提高到与 CEO 同等重要的法律地位。美国一些州政府也引入 CFO 职位。如《新泽西法典》（LAWSOFNEWJERSEY）第110章对政府 CFO 职位进行了界定，并规定该州各级政府的 CFO 必须根据新泽西颁布的法规注册。

我国在修改上述法律、法规时，建议将'总会计师'改称'首席财务官'（相当于 CFO），以纠正对总会计师只是'记账算账的账房头'的误解。明确首席财务官是企业财务的"最高领导人"，并赋予其相应的权利。

（2）加快国有企业高管人员人事管理体制改革。目前国家有关部门对国有大型企业领导人的管理仅限于董事长、总经理，不包括总会计师，导致总会计师在国有企业领导班子中地位低下，决策和控制作用难以发挥。而在经济全球化的今天，CFO 已经成为与公司董事长、总经理同等重要的角色。为此，建议在国有资产体制改革中加强对董事长和总经理管理的同时，也将总会计师纳入管理范畴。由于总会计师在企业经营管理中的特殊地位和专业上的特殊要求，对总会计师人员的遴选，必须打破人事管理旧体制的束缚，引进和强化'市场原则'的机制。

（3）加快总会计师行业组织建设，建立总会计师资格认证制度，逐步走上职业化、市场化道路。在发达国家，CEO、CFO 已经成为一支专业化的队伍，并由行业协会进行认证和评价，科学地解决了所有者选聘管理者问题。目前，我国对企业高层领导的管理，既缺位又越位。缺位的是没有制定相应的资格认证和行业管理的法律、法规，越位的是部门直接决定国企高管人员，这是我国至今不能形成一支成熟的总会计师队伍的重要根源。为此，建议国家有关部门制定适合中国国情、并与国际接轨的 CFO 资格认证制度，行业协会在法律规范的框架内履行社会中介职能，实现政府职能与社会团体职能的分离。在这样的体制下，就能在较短时间内形成一批合格的 CFO，走上'经理人'职业化、市场化、规范化的道路。因此，建议有关部门，根据市场经济发展和国企改革的要求，采取国际惯例做法，强化对总会计师协会的引导、监督、支持，把对总会计师的行业管理工作，交由总会计师协会去做。

与此同时，政协委员陈箭深也提交了同样的提案至全国政协大会。

由于张佑才同时担任中国总会计师协会会长，总会计师协会当时把这件事作为"头等大事"在抓，但没有达到预想的结果。

国资委答复了这一提案，表示同意提案建议所提意见。只是对总会计师协会的有关建议未予答复。看来"把对总会计师的行业管理工作，交由总会计师协会去做"的提法似乎难以实现。

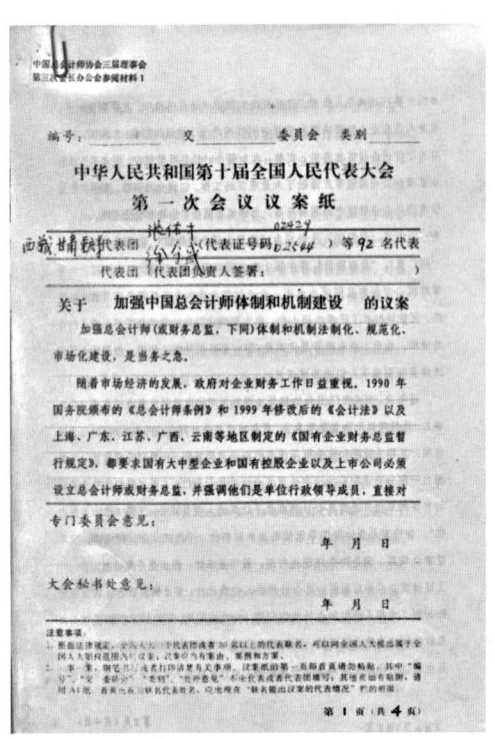

张佑才等人的提案

国资委对张佑才等人提案的答复

关于中国总会计师协会第三届理事会秘书处工作计划的报告

(2002年11月29日)

各位代表、各位理事：

感谢各位对我的信任，选举我为本届理事会的秘书长，我一定按照张会长借用的爱因斯坦的公式那样去干活。

刚才张会长就协会工作方向性的重大问题做了讲话，根据讲话精神，我就秘书处工作的一些具体打算，向各位代表、理事们作一简要汇报。因为印发了材料，我就不照着念了，我讲讲主要内容。

一、加强组织建设

会员是协会活动的基础，发展和扩大协会会员队伍，是协会生存和发展的前提。三届理事会秘书处将把这一工作放在首要位置。按照章程规定，协会会员有团体会员、单位会员、个人会员、准会员四种。当前的重点，是要把团体会员组织好、建设好。团体会员是沟通其他三种会员的重要纽带，只有以团体会员的发展带动后三种会员队伍的建设，我们的队伍才能得到快速、稳步的发展。

根据《中国科协所属全国性学会分支机构、代表机构管理办法》的规定精神，我们草拟了《中国总会计师协会分支机构、代表机构管理办法》(简称《办法》)。"办法"规定，中国总会计师协会与各省级协会的联系，是通过"团体会员"来进行的。本次大会前，只有1/3的省级地区建立了总会计师协会，希望这次大会以后，能有更多的地区尽快把总会计师协会建立起来。

独立的行业协会，以独立的社团法人身份进行活动，须经民政部门批准，这种方式在目前条件下比较困难。所以，多数活动只能以总会所属分会形式来组织，我们在《办法》里把它称为"准团体会员"，可以自成体系，可以相对独立地进行活动。我们希望经国务院批准的大集团公司，都能按系统成立行业分会，如国家电力、石油天然气、石油石化、船舶制造、航天科工、远洋海运、航空、核工业等大型集团公司；另外还可按系统，如电信系统、金融系统、铁路系统、钢铁系统、商业系统、外贸系统、农业系统、文化系统、教育系统等组织分会。根据民政部最近关于全国性社团组织分支机构建设的精神，相对而言，设立分支机构的批准条件比过去较为宽松。可以先把骨干企业、单位的老总组织起来，然后向全行业辐射，逐步向整个行业推进。希望凡是准备成立行业系统分会的，在明年能把步子迈大一点。我们准备在这次大会以后，变更法人登记时，如果有条件成熟的分会，也一起申报上去。

关于设立分支机构应具备的条件和程序，我们在《办法》里做了简单、明确的规定，分会"相对独立"不仅表现在可结合行业特点进行活动，经过批准后还可以刻制印章，可以在银行开设存款账户，但这需要经过一定的审批程序。

总会对分会负有监督、管理、指导和服务的职责。分支机构可以有行政、财务、外事、人事等方面的机构，受挂靠单位的领导。

地区协会和行业分会所发展的会员，都是中国总会计师协会的会员。我们期待，在2003年举行第三届理事会第二次会议的时候，中国总会计师协会，能拥有100名团体会员、1 000 名个人会员、10 000 名准会员。令人感到欣慰的是这次会议有了一个良好的开端，预示着我们计划中的这个目标一定能够实现。

二、搭起专业委员会的构架

专业委员会是理事会活动的一种主要形式，是秘书处开展工作的基地。张会长在讲话中提出准备建立 12 个专业委员会。每个专业委员会由一名副会长牵头，再配上若干常务理事、副秘书长和秘书处的联络人员。它是协会开展各项活动的基础，因此也是协会生命力所在。

根据目前的需要和可能，对各专业会研究的重点课题，初步提出如下建议。

（一）发展战略委员会

重点研究总会计师相关法制、总会计师体制及其应有的机制、总会计师的称谓及其应具备的资质、中国总会计师的历史及其未来的发展、总会计师行业建设、CEO 与 CFO 的关系、总会计师与政府部门、总会计师与市场经济、CFO 面对权利和责任的挑战等重大战略课题。

（二）企业世界化研究委员会

重点研究中国企业如何走向世界、中国企业经营管理如何与世界接轨、国际环境对中国企业的影响、WTO 环境下企业竞争的核心力量、大型企业内部控制体系、员工激励（工薪政策、期权、绩效考核、人身及人寿保险等）、持续发展战略研究、国外经营管理比较、如何提高企业国际竞争力、入世后中国企业发展新方略、怎样在开拓国际发展空间同时防范经济风险、跨国经营（劳务输出、产品输出、资本输出、技术输出、本地化、反"反倾销"等）、市场研究（市场调查、市场定位、价格政策、产品及技术开展策略等）、市场风险研究等重大课题。

（三）上市公司研究委员会

重点研究资本市场运作（收购、反收购、参股、合并等）、投融资体制和机制（银行举债、银团贷款、公司债、私募、公发等）、投资（投资战略分析、投资组合、投资方案评价等）、与国际证券市场接轨、向国际资本市场进军、行业自律与政府监管、资本市场与产业结构优化调整、股权结构（股权分散、股权集中、一股独大、合伙、合资、合作等）、期货市场研究、信息披露、审计委员会、独立董事与 CPA 监督体制和机制等重大课题。

（四）金融企业研究委员会

重点研究结合商业银行、保险、各种基金等有关金融市场、机构、经营管理等方面的财务会计的理论与实践的重大问题。

（五）高新科技企业研究委员会

重点为结合高新科技企业的特点，研究各种新科技、新产业带来的财务会计工作的重大变化，以及与传统产业不同的财务会计理论与实践问题。

（六）农业企业研究委员会

重点为结合农业企业和农业综合开发，研究相关的各种重大财务会计和经营管理等方面的重大课题。

（七）民营企业研究委员会

重点研究如何促进民营企业经营管理走向现代化、科学化、国际化，相应的体制和机制、效率和效益，民营企业在国民经济中如何发挥重要的性作用等重大课题。

（八）事业单位研究委员会

重点研究高校、科研、医药、卫生、传媒、影视等事业单位在体制转型过程中的有关重大课题。

（九）培训教育工作委员会

重点研究如何培养一支高素质的CFO大军，在全行业组织开展培训教育活动。

（十）宣传工作委员会

重点指导、监督、管理好一报、两网、三刊，研究和开展协会的宣传工作。

（十一）青年工作委员会

重点研究协会个人会员、准会员的发展问题，指导中青年会员、准会员科研方向、课题的选定，成果的取得，人才的成长等方面的重大课题。

（十二）财务工作委员会

筹集协会活动经费，指导协会财务工作，审查协会会计核算。

上述12个专业委员会，应根据条件分期、分批逐步成立，按协会章程的有关规定，其负责人和组成人员，由秘书长提名，会长批准。

三、充分发挥专家委员会的作用

专家委员会是一个非常设机构，成员不固定，是一个智囊团。这次大会聘请的是首批高级专家，协会还将根据活动开展情况，再聘请第二批、第三批。在专家委员会里一方面要团结一批老专家，他们是某个领域中的旗帜；另一方面更需要凝聚一批中青年专家，他们是创造新成果的主力军。实行"能人政策"，能者上，弱者下；实施淘汰机制，不断更新人员。这次大会聘请了13位专家，他们是我们这个行业在各个领域中的首席专家，他们是一面旗帜。专家委员会的重点是组织一批中青年专家，即能应对急需攻关事项、具有实施各种高难度运作能力的中、青年杰出人才队伍。明年年底前，此类人才预计达到50名左右。根据"创新成果"，逐步实施"首席专家"制和"专家优选制"。

下个月，北京国家会计学院与中国总会计师协会将联合组织，在北京召开第一届"总会计师论坛"，研讨如何完善我国的总会计师制度，加快《总会计师条例》的修订；从法律和理论上加强对总会计师的地位和职责研究，吸取国际发达国家企业CFO的成功经验；为各企业（集团）的总会计师提供交流和学习的舞台；并对以往的总会计师工作进行回顾和对今后的总会计师制度建设进行展望。论坛将对我国会计、审计、财务管理、证券市场、国企改革等领域的一系列相关问题开展深入的研讨，尤其是针对会计信息在证券市场中的作用、企业内部控制、国际融资等热点问题进行深层次的探讨。今后，这种紧密结合现实的论坛，将每年不断地进行下去。

"论坛"既为专家活动搭了一个舞台，也为滚动式地扩大专家队伍提供了人才资源的源泉。

四、办实事，架起与政府、社会沟通的"桥"

今年打算先做四件事。

第一件，广泛进行调查研究，为修订《总会计师条例》提供充分的信息资料，向政府有关部门转达来自总会计师行业第一线的各种意见、建议，包括两个方面：一是来自总会计师队伍的;二是来自社会其他行业的。分地区、分行业广泛征求意见,行万里、找万人、提万条、万众一心帮助政府部门把《总会计师条例》改好。

第二件,组织开展总会计师资质评价,进行总会计师资质评价的试点。组织百名专家和CFO,从实践到理论、从国内到国际,先出框架,再作调查,形成提纲,征求意见,初步定稿。选择部分地区、部分行业进行试点,用多种媒体公布资质评价结果,供政府有关部门使用人才、任命CFO职务参考。逐步建立我国CFO资格准入制度。

第三件,进行总会计师人才资源的调查。以专业、品德、组织能力、创新能力等为主要条件,将优秀、合格的CFO选编入《CFO目录》,包括总会计师、财务总监、财务部门主要负责人,还包括本会吸收的"准会员",他们应当是未来的CFO接班人,为政府有关部门提供一个"CFO人才资源库"。如果成功,将每年进行一次选编。

第四件,建立财务管理信息平台。在"CACFO.com.cn"网站上,从副会长单位开始,在2003年年底前,把常务理事单位的各种与财务管理相关的信息汇集起来,建立一个信息共享的平台。

五、办好一报、两网、三刊(略)

......

六、进一步搞好培训工作

财务管理是现代企业经营管理的核心,总会计师是企业领导班子中的重要成员。加强对总会计师的培训,对提高企业经营管理水平具有重要作用,是中国总会计师协会的重要职能。各地、各行业总会计师协会及广大会员也有强烈要求。根据朱总理关于强化企业总会计师培训的指示及财政部等六部委发出的"关于开展国有大中型企业总会计师岗位培训的通知"的规定精神,经与国家会计学院商定,并报财政部主管领导批准后,中国总会计师协会拟请各地、各行业总会计师协会及大型企业单位具体组织(由中央有关部门直接组织的培训对象外),将本地区、本行业、本单位国有企业、股份公司及民营企业的总会计师、财务总监、财务部门主要负责人及其后备人员组织起来,由3个国家会计学院统一安排进行培训。

具体做法是,首先由各地、各行业总会计师协会、各理事会员单位具体组织,将拟参加培训人员名单随时报送中国总会计师协会,经中国总会计师协会综合后,凡报名参加学习人员达到40名以上,即交由国家会计学院开班培训,培训时间为1个月。培训内容按六部委文件的统一规定确定。学员学习期满、完成教学计划规定的全部课程,考试成绩合格者予以结业,国家会计学院与学员主管部门共同负责培训情况的考核、评定工作,并建立学员培训档案。学员结业时,由国家会计学院代表财政部、中组部、人事部、国家经贸委、中央企业工委、中央金融工委颁发总会计师岗位培训证书,证书内容如实记载学员学习课程及成绩,证明学员已达到岗前培训的要求,在全国范围具有证明效力。

在培训形式上,可以做到校内校外结合、国内国外结合。

除在校培训外,还准备组织CFO讲师团、CFO远程教育,同时组织CFO系列教材、CFO教学成果汇集等有关工作。

七、完善会员管理系统

根据协会章程第三章有关"会员"的各条规定，本会有团体会员、单位会员、个人会员、准会员四种。前面已经讲了团体会员的有关问题，这里主要讲讲对会员管理的打算。

（1）团体会员中的单位会员、个人会员、准会员统称为"中国总会计协会会员"。

（2）对于港、澳、台方独资企业的财务负责人，采取逐步发展单位会员的办法。根据规定，需经港澳办和台办审查同意，方可成为单位会员。目前暂不吸收个人会员。

（3）关于个人会员：根据中国科协的规定，取得高级职称的以及获得博士、硕士学位的专业人士，可申请成为个人会员。这在我们过去是没有的。其意图是为未来的发展准备人才，我们已经在"会员管理办法"中做出了有关这方面的规定。在个人会员中还有一种"准会员"，取得大学本科学历，即可以申请成为"准会员"。这两点，我们准备先试点，逐步推开，不会一下子搞得太多、太杂、太乱。各地、各行业在发展这方面的个人会员时，一定要事先向总会报告实施方案，经总会同意后，才能开展这方面的组织发展工作。对未经总会同意的申请者，一律不承认是中国总会计师协会的会员，不发会员证。

（4）中国总会计师协会会员证，由总会统一印制，由所批准的地区或行业协会颁发。会员证根据团体会员、单位会员、个人会员、准会员分为四种。对会员实行年检，年检制度另行规定。对年检不通过者，收回会员证。会员退会应向本会提出书面申请，并交回会员证。会员一年不交纳会费或无正当理由不参加本会活动的，视为自动退会。会员如有严重违反本会章程的行为，经理事会或常务理事会表决通过予以除名，并向社会公布。

八、会费管理

会费是协会活动经费的主要来源。相信各位会员能予以支持。根据以往经验，秘书处最大的难处，就是"口袋里没有钱"，没钱就是雇不到人，没人就没法开展工作。有人说CFO协会应当是"富人俱乐部"，可我们是"穷人秘书处"。这符合"老板富，打工穷"的基本道理。现在已经开张，房子是借经济科学出版社的、中注协的，总会计师协会秘书处给不起房租，得到了"三免二减"，感谢经济科学出版社、中注协的无私援助。等3年后过了关，再补交房租。二届秘书处在十分艰难的情况下，维持了12年，账上结余16 167.51元移交给三届秘书处，已经是十分不容易的了。

这次开会，要花点钱。但想立个规矩，以后理事会开会，用会费支出，没钱大家再想办法。当然，大家要问，协会能提供什么样的服务？这是市场经济的基本原则，会计人员的职业习惯是坚持等价原则。这次开会先不收钱，吃饭、住店、公共费用全免。但总是没有"免费的午餐"，最后还是要各位买单的。当然，如果您不满意，不买单，可以先挂国家会计学院账上，实在没有办法，只有留给下一任秘书长去结账。如果大家满意，请把2002年的会费，按民政部核定的标准，即每位单位会员2 000元汇来，请给予我们支持。

九、走向国际

中国总会计师协会将逐步建立与国际财务总裁协会联合会以及美国财务总监协

会、美国管理会计师协会、英国管理会计师特许协会、加拿大注册管理会计师协会等国际和国外管理会计师组织的联系。

十、常设办事机构

我们的常设办事机构是协会秘书处。秘书处要常办事、办常事、事常办。

常办事——秘书处的性质。机器开动了就不能停。秘书处是协会启动的关键,不能开开停停,特设机构可以,常设机构不行。

办常事——秘书处的位置。有个规矩:会长、理事会决议,由秘书处去办,因为它是个工作机构,不是决策机构;常规的事,我们办了;难事、急事有张会长。

事常办——秘书处的态度。有个好态度,只要大家有要求,我们就努力去办。

穷人穷办法,秘书长带头打工,当志愿兵,分文不取,但不能苦了"弟兄们"。

秘书处暂设6个部门。秘书处各部门负责人由秘书长提名,会长批准。实行专职、兼职相结合。

秘书处工作人员采取公开招聘方式,根据工作需要,采取竞争上岗、择优录用的原则,实行透明的激励机制和严格的约束机制,努力把秘书处办成一个高效、运转正常、反应灵敏、服务到位、管理科学、勤政廉洁的常设办事机构。

接待美国管理会计师协会主席夏曼

美国管理会计师协会新任主席夏曼,2005年3月访问中国,经杨继良介绍,夏曼找到了我,要我为他安排中国之行。我认为,管理会计对中国会计界来说,是非常必要的,愿意在中国介绍美国的管理会计,因此,我同意接待,并为夏曼的访问作了精心的安排。在一周之内,夏曼访问了4个综合经济管理部门、7个全国性学术团体。

3月7日,访问了财政部,王军副部长接待了夏曼。夏曼说,希望世界上最大的发达国家——美国,与世界上最大的发展中国家——中国,携起手来,在全球重振管理会计的雄威。王军请美国管理会计师协会为中国培养一万名高级财务管理人才。

3月7日,夏曼还访问了中国会计学会,迟海滨会长接见了夏曼;访问了中国注册会计协会,副秘书长董新刚会见了夏曼。会见双方谈到今后将加强合作。

3月7日,夏曼还访问了北京国家会计学院,陈小悦院长会见了夏曼,谈及双方合作开展对管理会计研究的有关事项。

3月8日,夏曼访问了中国总会计师协会,张佑才会长会见了夏曼。谈及双方合作有关事宜。

3月8日,夏曼访问了商务部,傅自应副部长会见了夏曼。会见时,傅自应提出,请IMA站在公正、客观的立场,对中国企业的成本核算做一次调查,写出报告,说服美国的内阁成员,首先是美国的商务部长。夏曼表示同意。

3月8日,夏曼还访问了中国资产评估协会,协会副秘书长会见了夏曼。

3月9日,夏曼访问了国家税务总局,总局总经济师和税务协会会长李永贵会见了夏曼,双方商谈了今后合作的有关事项。

3月9日,夏曼还访问了审计署,郑莉副审计长会见了夏曼,谈及与内审协会合作事项。

3月10日，夏曼在德宝饭店大会议室，作了"管理会计在全球的新动向"的学术报告。会后，十二所高等院校在中央财大举行座谈会。

短短几天，夏曼访问了所有涉及管理会计的中国综合经济管理部门和全国性学术团体。

财政部王军副部长接见夏曼

中国会计学会会长迟海滨接见夏曼

中国总会计师协会会长张佑才接见夏曼

商务部副部长傅自应接见夏曼

中注协副秘书长董新钢会见夏曼

北京国家会计学院院长陈小悦会见夏曼

国家税务总局总经济师接见夏曼

审计署副审计长郑莉接见夏曼

中国注册税务师协会会长会见夏曼

夏曼在十二所高等院校教授会上做报告

美国管理会计师协会关于中国企业的成本调查

为了应对越来越多的"反倾销"案件，特别是美国的"反倾销"案件，商务部副部长傅自应趁2005年3月美国管理会计师协会主席夏曼来访之机，请美国管理会计师协会站在客观、公正的立场,对中国的企业成本核算进行一次调查,并写出报告。傅自应这一战略目的很明显,是要针对美国对中国不断实施的"反倾销"进行反击;IMA同意进行此次调查,答案也非常明确,那就是中国企业成本核算是真实的。双方目标很明确,这次调查也如期进行。IMA从全球选择了一批成本专家,我则被商务部任命为"中方专家组组长"。其实哪有"专家组",就我一个人。

调查分两次进行。

2006年5月21日,调查了山东鲁泰厂,这是一家专门生产出口衬衣的企业。

2006年5月24日,调查了山东汇金厂,这是一家生产铁制水盖的民营工厂,是与欧盟"反倾销""打官司"胜利了的厂家。

2006年5月26日,调查了山东新华制药厂,这是一家国有大型制药厂。

2006年5月27日,调查了新疆八一钢铁厂,这是一家国有上市公司。

2006年5月29日,调查了江西铜业公司,这是一家大型国有上市有色企业。

因要回北京会见美国IMA新任总裁兼执行官,调查暂时中断。

2006年9月4日,调查一汽集团,这是一家大型上市公司。

2006年9月6日,调查海尔集团,这是一家民营上市公司。

2006年9月19日,调查青岛啤酒集团,这是一家上市公司。

2006年9月12日,调查红豆集团,这是一家民营上市公司。

2006年9月14日,调查TCL集团,这也是一家上市公司。

上述时间,中间有间隔,均为在各厂的持续调查时间。

IMA的劳森整理了一年,终于写出调查报告。2008年7月14日,商务部召开"报告发布会"。美国IMA的成本调查至此告一段落。

美国IMA专家在鲁泰厂调研

美国 IMA 专家在海尔调研

美国 IMA 专家在新华制药厂调研

美国 IMA 专家在一汽集团调研

美国 IMA 专家在青岛啤酒集团调研

三、"芝麻开门"——在中国总会计师协会的故事

美国 IMA 专家在红豆集团调研

美国 IMA 专家在 TCL 集团调研

美国 IMA 专家在八一钢铁厂调研

我与劳森在新疆

美国 IMA 研究部主任劳森博士在新疆

总会计师协会代表团访问美国

2004年1月，我率领中国总会计师协会代表团访问美国。参加代表团访美的有大型企业总会计师、各地总会计协会负责人等二十余人。

赴美期间，1月5日，在纽约访问了美国德勤国际会计公司，合伙人关德铨先生讲了他在"9.11"事件中的经历，同时介绍了美国萨班斯法案特别是404条款的有关内容；6日，访问了美国财务官协会FEI，他们介绍了准备联合美国部分大型企业向国会和政府提出修改萨班斯法案的有关条款的信息。由中国电信资助，我们在纽约宴请了美国财务官协会，该会的会长特意从国外赶回来与我们会面。

在纽约，我们还访问了哥伦比亚大学（Columbia University）。它是世界最具声望的高等学府之一，位于美国纽约市曼哈顿的晨边高地，濒临哈德逊河，在中央公园北面，于1754年成立，是美洲大陆最古老的学院之一，是美国最早进行通才教育的，现在仍保持着美国大学中最严格的核心课程。美国独立战争后为纪念发现美洲大陆的哥伦布而更名为哥伦比亚学院，1896年成为哥伦比亚大学。哥伦比亚大学由3个本科生院和13个研究生院构成。双方商议了合作培训中方人员的有关事项。

我在美国

在纽约,我们渡海参观了自由女神像,但对面的双塔在"9.11"事件中已荡然无存。据说新的世贸大楼正在建造中。

在华盛顿期间,我们访问了美国金融管理师协会AFP。1月8日参观了AFP办公室,9日在AFP会议室进行了会谈。双方谈得很好,10日,双方在我们的住地签署了合作协议。记得我们的住地就在白宫的对面。回国后,美国驻华使馆还来过问此事,问合作进行得怎么样了。后来,我离开了总会计师协会,也就没有再过问此事。

访问美国时留影

访问美国时留影

访问美国时留影

总会计师协会代表团访问日本

2003年10月3日至6日，我率领中国总会计师协会代表团二十余人访问日本财务官协会。因为我在中注协时与日本注协有过交往，访问是通过日本注册会计师协会的引领进行的。在日本，因为注册会计师协会成立比财务官协会早，会员人数比较多，社会影响比较大，财力比较雄厚，与政府的关系也比较密切，因此，中国总会计师协会虽然是首次访问日本，但得到了日本政府以及相关组织的高度重视。

日本通产省的一位副相，首先到会介绍了日本的经济情况。因为他是一位副部级的官员，难免有点"官架子"。在见面时，我讲了我是第四次到日本访问，前两次是以中国注册会计师协会秘书长的身份率团来访，第三次是以财政部人才中心主任的身份率团来访。日本的财务大臣、通产省的官员在我们的几次访问中，都向我们介绍了日本的经济情况。日本会计师公会的会长、秘书长，等松会计公司的合伙人，都是我的老朋友。我到过日本的东京、大板、京都、奈良、广岛、富士山等诸多地方。我讲的日本几位"老朋友"，恰好是这位"副相"的"前辈"，因此，他都"哈依、哈依"地表示非常尊敬，把我也当成"前辈"尊敬。随从人员看到"长官"对中国代表团很尊敬，也都非常热情地做出友好的表示。

日本财务官协会每天都请一位日本专家，给代表团介绍有关方面的知识。

会议期间，中国总会计师协会与日本财务官协会签订了友好合作协议。

离开东京时，中国总会计师协会举行了盛大宴会，日本朋友很愉快地参加了宴请。

访问日本时留影

访问日本时留影

三、"芝麻开门"——在中国总会计师协会的故事

访问日本时留影

第二部分

往　事

这一部分包括两个方面的内容：一是我在《会计研究》编辑部时写的文章；二是我退休以后在各地做报告的文稿。两个部分，时间跨度太大，一部分是 30 多年前在中国会计学会时写的；一部分是退休后写的。但它也反映了我的成长历程，收集于此，既是一种"自我欣赏"，也是给大家看的。

30 多年前的文章，显得有些"老八股"，读起来似乎在读历史，自己也有"似曾相认识"又不相识的感觉。退休后的"报告"里，似乎"牢骚"太多，这反映了当时的时代背景。

无论 30 多年前或退休后的事情，都是往事。"往事越千年""堪回首"，留存在此书中与君共欣赏吧！

一、30多年前写的文章

　　30多年前，我担任《会计研究》编辑部主任，负责编辑《会计研究》，由于职业的缘故，自己也动笔写点文章。有的是以个人的名义写的，有的是与别人合作写的，有的是以"组织"的名义，如"评论员""特邀评论员"等，代表"组织"向业内发出的"号召"。

　　翻开30多年前写的这些，确有"隔世"之感。无论从内容到文风，都留下了"时代的烙印"。现在用不着去改变它，历史就是历史。

（一）以"个人"的名义写的文章

本部分这些文章是 30 年前登在《会计研究》上的文章，大部分是我个人撰写的，有的是与他人合作的。合作者有：会计司副司长余秉坚、我的老师成圣树，以及我的好朋友华裔美国人杨继良。

自己写的当然是"有感而发"。那时言必称"马列"，大概是在乌石山铁矿被"关"起来以后，潜心读"马列"的结果。真的，那时我能背诵马克思的《资本论》第二卷，大概是因为"心无外物"，记忆力特别好。现在就大不如从前了，记忆力大减退，今天能把昨天的事情忘了。

那时写带号召性的文章，是用会计司长的口气，应当说是余秉坚司长的意图。

写西方管理会计的文章，那应当是美国管理会计专家杨继良先生的想法，我不可能有那么宽广的视野。

写理论研究性的文章，多是我与我的老师成圣树合作的，这方面更多的是我的看法。

《会计研究》编辑部的历史回顾

《会计研究》是中国会计学会的"机关刊物"，创办于 1980 年中国会计学会成立时。当时没有专设的"编辑部"，"编辑部"就在中国人民大学财政系里面，由阎达五教授具体负责组织。参加编辑工作的教授有：赵玉珉、阎金鄂、王庆成、贺南轩、田沅、王德升、向萱培、李相国、王景新、白肇鲁、高治宇、刘风钦等十多位，还有一些人，我记不起名字了。这些教授们，教什么课就具体修改哪个方面的稿子，充当《会计研究》的高级编辑人员。当时还聘请了两位女同志（具体名字，我记不清了），负责稿件的登记、传递和一些事务性的工作。稿件在中国人民大学由阎达五教授审阅定稿以后，送财政部会计司，先由余秉坚进行审阅，余秉坚审阅以后，交给杨纪琬审定，杨纪琬审定，即为终审，之后就送印刷厂印刷。杨纪琬当时任会计司司长、中国会计学会副会长兼秘书长、《会计研究》编委会主任、主编。

阎达五教授当时是会计学界知名教授，是新中国第一代马克思主义会计学专家。1980 年中国会计学会成立大会上，与杨纪琬合作首次提出"会计管理"概念，之后出版专著，使"会计管理"从"论"到"学"，创立了一个崭新的会计理论学派，使我国 20 世纪 80 年代的会计理论形成了"管理活动论""信息系统论""会计控制系统论"和"管理科学论""鼎足之势"的空前繁荣局面。在《会计研究》创刊以后，阎达五教授一直担任编委会副主任、副主编，主持《会计研究》运行的全部工作。但他患有心脏病，为了保护阎达五教授，杨纪琬在全国寻找能担负《会计研究》编辑任务的人员，就这样把我找来了。

1983 年我调入财政部后，具体负责《会计研究》的编辑工作，一直干了 10 年。到财政部后，我办的第一件事，就是把《会计研究》编辑部从中国人民大学搬到了财政部。不久，财政部人事司发文，任命我为《会计研究》编辑部副主任（副处级），不久之后又升为主任（正处级），成为《会计研究》历史上的第一任编辑部主任。

《会计研究》正式在财政部"入列"，属于"处级单位"编制，为会计司下属的一个处。我也全身心地投入编辑工作。开始，编辑部没有几个人，就我一个编辑，还有一个70多岁的老太太刘少华负责收发稿件。后来又来了个金明慧，她还兼搞会计学会的会计。那时，还在三里河二区一号，我开始是住在二楼招待所，后来搬到五楼单身宿舍，会计司就在四楼。搬到新楼（现在财政部的老楼）后，《会计研究》编辑部设在五楼503室，与工交司在同一层，会计司在三楼。因为杨纪琬兼职很多，《会计研究》编辑部也就"兼职"甚多。中国会计学会的日常工作也在《会计研究》编辑部处理，我也就成了中国会计学会的"秘书"，还是杨纪琬的"秘书"。他出去说自己是会计司司长，我就是会计司的工作人员；他出去说自己是中国会计学会副会长兼秘书长，我也是中国会计学会的工作人员；他要是以《会计研究》编委会主任、主编身份出面，我就是《会计研究》编辑部主任。

我来到《会计研究》编辑部以后，中国人民大学的老师照旧看稿，两位女同志在中国人民大学和财政部之间跑。后来就我一个人骑单车跑。那时阎达五住在首都师范大学他夫人那里，中国人民大学没有他的房子。后来他有了孙子，我祝贺他。他笑着说："现在这个年代，爷爷是孙子，孙子是爷爷。"因为添了孙子，阎老师家请了个保姆，房子就显得小了些。我问："人大也不给您分配一套房子？"阎老师说："人大是官本位，你今天提了处长，明天就会给你房子。"我说："您是教授呀！"阎老师说："教授有屁用！"接着又开玩笑对我说："现在谁要是给我一套房子，我明天就把教授卖给他！"这些是题外话了！

在我来了之后，《会计研究》的审稿的程序，也有所变化。在中国人民大学各位老师改了以后，仍然由阎达五再看，然后再送财政部，到财政部后由我先看，余秉坚不再看了，我看过后直送杨纪琬，杨纪琬看过后即定稿。

开始，我不知道"规矩"，前一天把看过的稿给杨纪琬，第二天上班他就把稿子往我办公桌上一丢，说："里面有错，再看。"他也不说哪儿有错，我也不敢问，只好从第一个字，再看到第十万个字，整整又看了一天，终于"抓"到杨纪琬说的稿子"错"在哪里，编辑时没有看出来。后来，杨纪琬对我说，这是他的"抽样调查法"，一个晚上，他怎么可能看完十万字？抓到一个"错"处，哪怕只"错"了一个字，他就不再看了，第二天就甩给我。从那以后，我就总是小心翼翼，连一百多字的"小广告"，也要一字一字地看过。

后来，从山西财经学院调来了楼申光，楼申光走了之后，从中央财经学院调来了陈建明。学会这一摊工作，由冯淑萍介绍的王迪平负责，当时总共也就只有4个人。

杨纪琬对《会计研究》的编辑工作还比较满意。1985年中国会计学会年会上，他在报告中说："《会计研究》发行份数一直上升，1984年订户数比1983年增加了10 000份；1985年又比1984年增加了10 000份，在国内拥有大量读者。同时，在国际也享有一定的声誉，成为我国在国际上进行会计学术交流的一个重要窗口。刊物已经比较稳固地形成了自己的特色。近两年，在扩大内容、新增栏目、改进文风上做了一些努力。在团结国内会计界的老专家、发现和培养中、青年作者队伍方面，也做了些工作……"要想得到杨纪琬表扬那可真不容易！得到他在中国会计学会年会的报告里表扬，那更是难上加难！

杨纪琬说的"团结国内的老专家"，那真是心底之话。我能记起来的老一代，大致有：中国人民大学的阎达五、赵玉珉、阎金鄂、王庆成、贺南轩、田源、温坤、王德升、向萱培、李相国、刘风钦、王景新、白肇鲁、高治宇；北京经济学院的王又庄、曹冈；中央财政金融学院的李天民；北京商学院的黄肇兴、刘恩禄、张以宽；天津财经学院的李宝震、管锦康、张柱中、于玉林、羡绪门；辽宁大学的王文元；东北财大的王盛强、谷琪、欧阳清；东北林学院的黄寿宸；上海财大的娄尔行、龚清浩、徐政旦、石人瑾、石成岳；江西财院的裘宗舜、朱谱瑞、成圣树、涂传芬；中南财大的刘丙炎、杨时展、易庭源、朱信诚、郭道扬、方正生；西南财大的雷瑶芝、毛伯林；陕西财经学院的杨宗昌；厦门大学的葛家澍、余绪缨、常勋；等等。还有上海社科院的王文彬、杨继良以及其他的诸如陈今池、陈南生、季树农、陈锡祜、于中一、杜昂、黄菊波、莫启欧、吕众文等老一辈的专家。对于那些"老人家"的稿子，我是从不马虎。改动娄尔行写的稿子，哪怕只是一个标点符号，我都会给娄老师打一个长途电话，那个时候打长途电话，可算是件"大事"了。我知道会计学中有各种流派，对不同意"管理论"的稿件，我都会认真阅读，真有观点的文章，我便在稍做修改后，专门呈送杨纪琬。有时，他会说："百家争鸣，不成一家，文章写得狗屁不通，不登！"文章便被"枪毙"了。但更多的时候他还是听从了我的意见，同意在《会计研究》上发表，使《会计研究》真正能够做到"百花齐放、百家争鸣"。

杨纪琬说的"发现和培养中、青年作者"，我想到那些年月年轻的投稿者，他们是：刘永泽、刘明辉、杨雄胜、林志军、李敬辉、陈毓圭、张为国、陈亚民、汪建熙、丁学东、王军、周首华、王国起、马贤明、黄世忠、龙涛、谢志华、杨有红、张龙平、夏冬林等人，这些人今天都成了中国会计界的栋梁！

在《会计研究》的这10年，真的没有白过。

浅释"过程的控制和观念总结"

马克思关于簿记是对"过程的控制和观念总结"的命题，几乎被所有的会计著作所引用，但迄今为止，对这一命题的解释，大都不确切、不完整。

准确地、完整地领会马克思这一命题的含义，对于我们更好地理解会计的性质、地位、作用、对象、方法等一系列问题，有极大的启迪，对于在四化建设中进一步发挥会计的作用，推动当前经济调整和改革，也将有着重要的现实意义。

为了探索，分别从"过程""控制"和"观念总结"三个侧面加以释义，求教于会计学界。

（一）"过程"——价值形成过程、增值过程

马克思讲的"过程"是指什么？现在大多数会计著作，仅从字面上解释为"生产过程"，并从这里出发阐述，得出"会计是管理生产的工具"的结论。我以为这远未表达马克思的原意，这种摘引只言片语说明重大原理的方法很容易引起人们的误解。

这句话是在《资本论》第二卷第一篇第六章讲的。《资本论》第二卷标题是"资

本的流通过程",但不是单纯的流通过程,而是包括生产过程在内的总过程。"资本流通"是"资本运动"的同义语。运动的形式是循环、周转,而循环、周转是生产和流通的统一。生产过程只不过是价值形态运动的一个通过点。因此,对于马克思讲的簿记所"控制"和"观念总结"的过程,绝不是仅指直接生产过程,而是指包括生产、流通在内的总流通过程。

这句话是在马克思详尽分析了货币资本的循环 G-G'、生产资本 P-P'、商品资本的循环 W-W',并且研究了作为一个整体的产业资本循环过程中连续性和并列性规律之后讲的,因而这个"过程",是指的 $G - W \genfrac{}{}{0pt}{}{A}{PM} \cdots\cdots p \cdots\cdots w' - G'$ 这样一个全过程,而绝不仅仅是指的 $W \genfrac{}{}{0pt}{}{A}{PM} \cdots\cdots p \cdots\cdots w'$ 这样一个直接生产过程,是指的资本运动的全过程。

马克思在《资本论》第一卷第三篇第五章说"商品生产过程必定是劳动过程和价值形成过程的统一",这里有生产过程、劳动过程、价值形成过程,会计是对哪一个过程进行"控制和观念总结"呢?显然,只能是对价值的形成过程进行"控制和观念总结"。

劳动过程是劳动者利用生产资料生产新的使用价值的过程。它的产物是具体劳动的结果,反映的是人和自然的关系,它是属于专门工艺学研究的对象,绝对不会要求会计去"控制和观念总结"炼铁劳动过程中铁矿石是如何变成为铁这样的工艺过程。在商品生产的条件下,对商品生产者而言,劳动过程不过表现为手段,而价值的形成过程才是目的。

从一般意义上说,劳动过程就是物质资料的生产过程,如果不加解释地把会计说成是对生产过程的"控制和观念总结",则会使人误解为劳动过程,从而把会计变成了劳动过程中的某一工序,或成了生产过程的"组成部分",显然这是不妥当的。

作为商品生产的重要特征是价值的形成过程。会计所要控制的正是生产过程的这一方面。

马克思的价值构成学说,是我们理解这一过程的钥匙。

任何一个产品的价值都是由耗费的物化劳动和活劳动按社会必要平均量来计算的,而又都是通过货币这样的一般等价物来表现的,这样的职能,只有会计才能完成。

物化劳动即生产资料的价值,会计所"控制和观念总结"的是它们的价值转移过程,包括劳动资料——主要是固定资产,会计是以折旧的形式来"控制和观念总结";劳动对象——主要是原材料,会计要对实际耗用的价值量进行控制和观念总结。

正如马克思讲的那种"有趣"的现象那样,在生产资料价值的转移过程中,劳动过程和价值形成过程可以不一致。作为劳动资料的固定资产,全部参加劳动过程,部分地参加价值的形成过程;作为劳动对象的原材料,则可能部分地参加劳动过程,全部参加价值的形成过程。因此,会计所控制和总结的价值形成过程必然会和劳动过程不一致。把会计控制和总结的生产过程,等同于人们通常概念中的劳动过程,显然也是错误的。

生产一个产品,既要消耗一定量的生产资料,也要消耗一定量的活劳动。劳动力的使用就是劳动,劳动创造价值。所以,产品的的产值,除了生产资料转移的价值外,还包括所消耗的劳动创造的新价值。所以,会计"控制和观念总结"的价值形成过程的另一方面的重要内容,是活劳动创造新价值的过程。这一部分新价值,在一切商品生产条件下,它都应该分为必要劳动创造的价值和剩余劳动创造的价值两部分。必要劳动价值表现为劳动力的报酬——工资,剩余劳动价值表现为价值的增值——利润,而这对生产者正是商品最为重要的。利润生产和实现过程(这里我们暂不讨论政治经济学界还在热烈争论的"社会主义生产过程可否表现为价值增值过程"的问题),也是会计所要控制和总结的主要过程。

物化劳动是活劳动借以创造新价值的一种手段,对各种物化劳动——生产要素占有的价值的货币表现,是会计上的"资金"(或"资本"),对必要劳动创造的价值的货币表现,则是会计上的成本(C+V),对剩余劳动创造的价值的货币表现,则是会计上的利润和税金(M)。会计正是通过资金、成本、利润和税金等价值形态指标,对价值的形成和增值过程进行控制和总结。马克思讲到会计所作用的全过程,正是这个过程,而绝不是一般的生产过程。

(二)"控制"——价值决定、计价、定价

马克思在这句话的前面指出:"作为处在过程中的价值,无论是在生产领域还是在流通领域的两个阶段,首先只是以计算货币的形态,观念地存在于商品生产或资本主义商品生产者的头脑中。这种运动是由包含商品的定价或计价(估算)在内的簿记来确定和控制的。"这里明确表达了会计控制的内容是价值运动,方法是定价、计价,形式是货币。会计账户,是以货币表示的价值运动的流量的计量器。会计的控制作用,就是通过这些"仪表"及一整套"加工制作"的会计方法,对不停运动的各种价值形态数量的变化,提供各种信号——经济信息。反映价值的占用、价值形态的过渡、价值的耗费、价值的补偿以及价值的增值,从而达到"调节劳动时间""节约劳动时间"的目的。

价值是凝结在商品中的人类一般劳动,而这种劳动量的计算是以社会必要劳动时间为标准的,这就是价值决定,也是会计控制的核心问题。在商品生产条件下,商品价值借以表现的形式是相对价值形态。甲商品的价值需要通过能与作为等价的乙商品相交换表现出来。经过漫长的价值形态发展,最后出现了作为一般等价物的货币,从此,一切商品的价值都通过货币反映出来,即通过价格反映出来。在资本主义制度下,整个社会生产和交换无计划、无政府,因而价格在市场上由于供求影响而盲目波动,不断地与价值背离,而趋于与价值接近,表现为社会必要劳动量,会计就是在不断地对每种商品的计价、定价(估价)中,实行价值决定。

在社会主义制度下,由于实行计划经济,一种商品的价值,不需要通过价值规律自发作用来实现,而可以由人们自觉地按照价值规律关于社会必要劳动量的客观要求,运用会计方法,直接进行价值形式的计算,有计划地加以确定。这样确定的商品价值,便是商品计划价格赖以制定的基础。社会主义计划经济这一条,使得实现商品价值决定的方式发生了根本变化,因而会计的控制作用"比对资本主义更为必要"。

无论是资本主义还是社会主义,只要有商品生产、商品交换,就存在价值决定,就需要凭借会计采用价值形式来计算和表现社会必要劳动量。在社会主义庞大而复杂的国民经济肌体中，成千上万个企业生产出繁多的不同使用价值的产品，表现了社会的分工，但仍然要作为价值发生关系，仍然需要采取统一的价值形式。唯有通过商品价值关系的联系，形成社会上各类有用劳动的总合，把各部门、各个企业联合成一个有机的分工结构和整体的经济运动。所以，社会主义的经济，仍然表现为价值关系运动，表现为有计划的组织起来的价值关系运动。会计的控制，就表现为这种价值运动的计划和组织功能。

根据马克思在《资本论》前后阐述的一贯思想，我们可以领会到会计对经济、对价值运动过程的控制，应该包括微观的控制、宏观的控制、分阶段的控制、全过程的控制。控制的核心问题是确定并表现社会必要劳动量，计算并比较个别劳动量。

对于会计微观控制（在一个企业范围内）、分阶段控制（生产经营的各阶段）、全过程控制（供产销全过程），这在大家是比较熟悉的。需要探讨的是宏观的控制（国民经济的控制）。

马克思曾经预言"在资本主义生产方式消灭以后，……簿记，将比以前任何时候都更重要"。之所以更加重要，就是在于社会簿记对宏观经济的控制。而这方面的重要作用，却常常为人们所忽视。

会计的宏观控制，仍然需要紧紧抓住"社会必要劳动时间"这个契机。马克思在《资本论》中多处提示，社会必要劳动时间这个概念具有两种意义：一种意义是生产每个商品所需要的社会必要劳动时间；另一种意义是生产各类商品，由社会总劳动时间中，按比例分配在各该商品生产部门的社会必要劳动时间。因而会计的控制也表现在这两个方面：单个商品的计价和社会产品的分配及实现。后一种作用，在资本主义社会是无法实现的，各类劳动的分配只能是通过价格波动自发地实现。社会主义由于实行了生产资料公有制，可以建立社会簿记，利用价值规律自觉地安排生产每一类商品所用的劳动量与社会总劳动量，使之能够跟该生产部门的劳动量一致。

所谓国民经济的比例，不仅是各类物资使用价值的比例，而且是社会总产品的价值比例，社会总劳动量中各个部门劳动的比例。我们常常讲到的积累和消费的比例、生产和建设的比例、生产资料和消费资料的比例等等，无一不是价值比例；财政平衡、信贷平衡、进出口平衡等等，无一不是价值的平衡。我国经济工作中长期"左倾"的教训之一，就在于忽视了宏观范围的比例、价值平衡，不承认建立社会簿记的"十分必要"，更谈不上社会簿记对宏观经济的控制。事实证明，离开了社会簿记的调节，只能是主观任意的非社会调节，必定带来重大的比例失调，造成资金浪费，经济混乱。

马克思在《资本论》第三卷详尽地谈到了这个问题："事实上价值规律所影响的不是个别商品或物资，而总是特殊的因分工而互相独立的社会生产领域的总产品；因此，不仅在每个商品上只是使用必要的劳动时间，而且在社会总劳动时间中，也只把必要的社会比例量使用在不同类的商品上。""在这里，社会需要，即社会规模的使用价值，对于社会劳动时间分别用在各个特殊生产领域的份额来说，是有决定意义的。""总的来说，这个特殊部门消耗的社会劳动已经过多，就是说，产品的一部分已经没有用处。因此，只有当全部产品是按必要的比例进行生产时，它们才能卖出去。社会劳动时间可分别用在各个特殊生产领域的份额这个数量界限，不过是整个价值规律进一步发展的表现,虽然必要劳动时间在这里包含着另一种意义。为了满足社会需要,只有这样多的劳动时间才是必要的。在这里,界限是通过使用价值表现出来的。社会在一定生产条件下,只能把它的总劳动时间中这样多的劳动时间用在这样一种产品上。"正因为社会必要劳动量还具有后一种意义,马克思才明确指出,在资本主义生产方式消灭以后,社会生产依然存在的情况下,价值决定仍会在下述意义上起支配作用:劳动时间的调节和社会劳动调节各种类不同生产之间的分配,最后,与此有关的簿记,将比以前任何时候都更重要。由此可见,社会主义会计的"控制"含义,还包含着在国民经济中按比例调节和分配社会劳动的巨大作用。

(三)"观念总结"——价值形式,经济效益

价值的实体——劳动,是抽象的、观念的;而价值的形态——货币,是具体的、现实的。会计借助价值的形态,反映价值的实体,乃是用具体的货币,反映抽象的劳动,因而马克思说是"观念的"。

恩格斯曾经说过:"马克思把存在于事物和关系中的共同内容概括为它们的最一般的思想表现,所以他的抽象只是用思想形式反映出已存于事物中的内容。"(马克思、恩格斯《资本论通信集》,人民出版社 1976 年版,第 448 页)马克思的劳动价值论,正如恩格斯所说,是把商品经济的关系,抽象为思想形式或观念形式的经济范畴。价值,作为经济学范畴,它是商品经济关系的抽象思想形式,它不是商品生产者之间实在的生产关系本身。它是以抽象的形式,把商品生产者之间生产关系的本质内容,用概括、压缩的办法,在简短的语言文字中确立和表现出来了。

价值,反映抽象劳动同具体劳动的关系、个别劳动同社会劳动的关系。具体劳动、个别劳动通过交换实现为抽象劳动、社会劳动时,这样的劳动,就表现为价值。这其中,还存在复杂劳动还原为简单劳动,个别劳动折合为社会平均必要劳动,这些过程都是抽象地、概念地进行的。因而劳动产品的价值形式,是商品生产抽象而又是一般的形式。会计所要反映的正是:个别劳动——社会劳动、具体劳动——抽象劳动、复杂劳动——简单劳动,这样的思想观念形式。用货币表达的价格,只能是观念地反映价值。交换价值和价值,是形式和内容的关系。内容决定形式,形式表现内容,形式再完美,也只是观念地反映内容。货币毕竟不同于劳动,价格只能观念地反映价值。所有这些,就是马克思讲的"观念"这一概念所具有的内容。

"总结"这一词,似乎译法不妥,英文 Synthesis 原意为"综合"。我以为用"综合"一词代替"总结",似乎更能表达马克思的原意。

恩格斯在早年写的《政治经济学批判大纲》一书中提出"价值是生产费用对效用的关系。价值首先是用来解决某种物品是否应该生产的问题,阻止这种物品的效用是否能抵偿生产费用的问题"。这个论断,在马克思主义政治经济学说上,第一次提出了进行经济核算的必要性,提出了经济效益的问题。而这正是马克思讲的"观念综合"的主要内容和目的。对于一切商品生产者来说,都有一个首先从经济效益来"解决某种物品是否应该生产的问题",而经济效益就是"效用"和"费用"之比,这是需要由会计进行"观念综合"才能确定的。

社会主义企业的生产经营过程,依然是一个 G-W-G' 的价值运动、价值增值过程。作为相对独立的商品生产者,其经营的总目标,应该是通过 G 的不断运动、变

化,而获得增值额 g。恩格斯说:"劳动产品超出维持劳动的费用而形成的剩余,以及社会基金和后备基金从这种剩余中形成和积累,过去和现在都要是一切社会的、政治的和智力的继续发展的基础。"如果生产经营的结果,仅仅保持原有的 G,甚至连原有的 G 都不能保持,而产生亏损,那就应该关、停、并、转。

长期以来,会计学把"观念总结"解释为"反映",甚至简单到"记账、算账",连"分析""评价"的含义都排除在外,更谈不到经济效益的综合、比较、指导。

会计学的理论体系,正处于逐步建立和完善的过程中,我希望会计学界和有关部门,能够用马克思政治经济学,特别是《资本论》中阐明的原理,来统一会计学中的名词、概念、术语,以实现这方面的统一化、规范化、科学化。

(原载《会计研究》1982 年第四期)

论会计是经济管理的重要组成部分

会计是经济管理的重要组成部分,这个命题,不仅是需要探索的理论问题,也是亟待解决的现实问题。去年,杨纪琬、阎达五同志发表了《论"会计管理"》一文,深刻阐述了对这个问题的意见,我们表示赞同,拟就会计工作和会计学科的发展,谈几点看法。

一、突破"终极论",重新认识会计

长期以来会计学理论建设进展缓慢,原因是多方面的。《论"会计管理"》一文指出,"除了存在'重实务处理,轻理论研究'这个顽症之外,还与会计理论研究中传统的指导思想不全面有很大关系。由于传统的会计理论把会计看成是与人们管理活动分离的一种独立的提供数据(或信息)的纯技术方法,从而在理论研究中产生了主客体分离,就方法论方法的偏向"。这种偏向之所以能够流传,就是因为"古今中外的会计论著都是这样认识的",以至于四百多年来形成的所谓会计循环理论,"几乎没有任何改变","本世纪初期写的会计教材"可以"一直沿用至今";正是这种认识上的"终极论"严重地阻碍了会计科学的发展,致使现有的会计著作沦为"半拉子会计学"。

对此,我们深有同感。只有突破"终极论",突破离开经济管理"就方法论方法"的传统会计理论的桎梏,进入经济管理的广阔领域,重新给会计下定义,会计的理论建设才会有质的飞跃,会计工作才能适应经济的客观要求,"经济理论研究要为经济建设服务"的方针才能得以贯彻。

会计是经济管理的重要组成部分,是经营管理的核心,是反映、控制经济活动使之达到一定目的的一种能动行为,是有级别、具有管理职能的一种管理活动。会计管理在微观经济中,是企业管理的重要组成部分;在宏观经济中,是国民经济管理的重要组成部分。提出"会计管理"的概念,发展会计的定义,这无论就加速会计理论建设,还是开拓会计工作的广阔领域,都要是十分必要而的。

会计原来是"生产机能的一个附带工作",以后由于生产活动日益复杂,会计才成为独立于生产之外,而又和生产紧密联系的管理活动。这种分离是逐步实现的,是和生产的发展紧密相连的,直接动因是管理的需要。当生产过程中管理者和劳动者尚未分离时，会计的职能和生产的职能是合在一起的；当管理者脱离直接生产过程后，会计的职能也就独立于生产过程之外；当商品生产的管理者需要大规模的经营时，会计的职能在商品经营管理中又成为一个独立的体系——即价值形式的管理体系。会计的职能，无论是以前的不独立，以后的半独立，最后全独立，它都是客观存在的。不独立时，会计的职能是由生产"附带"地执行着；半独立时，相当一部分是由统治者本人直接执行的；完全独立时，也还有一部分要由其他管理者去执行。会计管理并不一定全部由会计人员进行，直到现在也是如此。因此。不仅要从会计人员从事的会计工作去认识会计管理，而且要从会计的全部去认识会计管理。会计职能在实践的全部历史证明，会计管理不仅现在存在，而且在会计诞生那天就存在；随着现代化大生产和整个经济管理的发展，会计管理的地位和作用也将愈来愈重要。

我国很早以前就有"会计"这个名词。在古代，"会计"一词的内容相当丰富，会计的职能相当广泛，会计的任务不单是写写算算，而且直接掌管经济事务，甚至包括了政治上的稽查，具有安邦致富的重要管理内容。"司会"是综合管理，集中监督的职能机构，"会计"不仅具有计算、记录的职能，而且具有管理、考核的职能。

近代会计的发展，大体可以分为三个阶段。

第一，在大工业生产之前和大工业生产初期，会计管理的内容在于保护企业银钱财物的完整和计算出确凿可靠的盈亏数字。从 15 世纪末开始有复式簿记法起，直至 1860 年英国产业革命完成为止，大体上属于这个阶段。

复式簿记创始于资本主义产生在封建制度内的萌芽时期，它是随着企业形式从独资发展到合伙而产生的。合伙人之间自然发生相互监督和盈利分配的问题。复式簿记的根本特点是借贷账户互相牵制和拟人化使用"资产＝负债＋资本"的簿记方程式和以企业为记账主体的概念。会计管理的具体内容就是合伙企业的经济和财产关系。

因为当时企业的规模有限，企业主对生产的管理和决策并不十分复杂。即使是实现工业化最早的英国，在典型的纺织业中，企业家在当时实际上是一个商人。他从市场购进原料，分发给家庭作坊进行单道工序的加工，虽然要记账，载明原料发往何处，但这个账与成本控制和决策无关。他从市场获得了原料价格、加工费价格和出售成品价格的信息，就可以做出购入原料外包加工是否有利可图的判断。甚至到 19 世纪末，创办汽车工业的亨利·福特，当年也还是主要依靠企业的各个部门，把发现的问题摘记在笔记本里的方法来领导企业的。在生产力发展水平较低的阶段，企业的经营管理依靠耳闻目睹完全可以应付裕如。要求会计办的事，无非是管好银钱，用账册控制财产实物，以及提供可靠的盈亏数字供分红利（合伙企业）、分股息（股份公司）使用。这个阶段的管理没什么理论，会计也只停留在记账、算账的簿记阶段。

第二，大工业具有相当规模以后，会计管理工作进一步发展。主要表现在通过成本计算对生产进行监督，进而又通过成本财务计划实行控制和分析。这段时期在资本主义工业发达国家从 1860 年英国产业革命完成以后开始，直到第二次世界大战前结束。

在资本主义国家，股份有限公司这种企业所有制形式的发展，是生产规模扩大的结果。在这种所有制形式下，跟企业有利害关系的集团和个人，远远超过合伙企业，并随着公司规模的扩大而增多。这种发展必然要求从凭证账簿系统、账务事项的处理做到规范化，以保证盈利的计算和报表的反映公正。于是有公证会计师的出现，有会计准则的研究和划一。

下面着重研究一下成本会计和成本财务计划的发展。

当企业从单道工序外包加工转为在企业内部组织多道工序生产时，就需要分部门记录对每个工人支付的费用和他能完成的产量，据以对各个部门或各个工人的工作成绩做出评价并实行控制，这就是早期的成本会计。到20世纪初，已有了比较完善的、适用于各种类型的大工业生产的、以计算产品单位实际成本为中心的分步和分批成本计算法，实际单位成本是制定价格和确定该产品是否具有竞争能力的重要决策依据。这就是马克思说的计价、定价、估价，就是对价值的控制。

当生产规模较大、开始计算实际成本时，还不一定需要有科学的劳动定额和形成书面的成本标准。但当规模更大、工序更复杂时，企业主就不可能依靠经验和观察对工人应达到的生产效率和成本做出估测，并进行控制。这时，被称为"科学之父"的P·泰罗提出了测定工时定额和实行累进计价工资等方法，这是工业管理思想的一大创新。会计管理中也就出现了标准成本。最初是H·埃墨森在1912年提出来的，到了20世纪20年代，有了系统的标准成本计算方法，工时定额和标准成本要求用科学的数据来代替只凭经验的估测。

19世纪时，企业的管理由各个工长来执行。工长揽人事、工艺、生产等各种职能于一身。随着企业规模扩大，这种组织形式又不适应了。埃墨森提出，应仿照19世纪普鲁士军队所创立的参谋长制，在工厂里设立管人事、设备、物料、工艺和记录等各职能的参谋，形成直线—参谋并行（即区域负责制与职能分工制并行）的组织制度。在管理理论中，出现了"系统论"，与此相适应，必须有一套使各种业务职能和各个层次达到目标一致、动作协调，并能对业绩实行考核的会计管理体系，于是又产生了"经营计划"。这套经营计划用货币来表示，称为经营预算。美国麦金西著书宣传预算在财务会计管理中的作用，认为预算应成为安排任务、加强控制和衡量业绩的手段。美国大企业先后建立了经营预算制度。经营预算中包括了用金额表示的销售、物资供应和储备、劳动工资、生产成本、利润等一整套财务成本计划。有了这样一套计划，迫使会计工作从事后记录和事后分析，转为事先计划并根据计划做事中控制和事后分析，会计管理又向前迈进了一大步。

第三，当经济从外延式发展转为内涵式发展时，企业管理的重心逐渐从以发展生产为中心即生产型，转移到以开发市场为中心即经营型。在这个阶段，会计管理又添加了协助管理当局筹划经营，即决策分析的内容。这段时期从第二次世界大战以后开始，直到现在。

第二次世界大战后，资本主义国家通货膨胀率不断上升，利润率下降，迫使企业不得不加倍注意经营管理，从而促使会计工作从单纯记账、报账进而朝着协助管理当局筹划经营的方向发展。外部环境的另一重要变化，是市场控制权的易手。商品市场有个发展过程：先是供不应求，市场掌握在生产者手里；随着生产发展，商品供应增加，市场于是逐渐转移到消费者手里。这种转变在美国发生得最早，大约在20世纪30年代，后被第二次世界大战所打断，到50年代就明朗化了。产品不能保证有销路，生产能力不满负荷，企业就得从外延式发展转入内涵式发展，着眼于改进经营管理，着眼于开发市场。

从企业本身来讲，首先是企业规模的大型化和跨国化对会计工作朝经营管理方向的发展起了促进作用；另一个极其重要的变化是：由于生产规模的扩大和技术进步，引起资本有机构成提高，使企业成本结构发生很大变化，固定成本所占比重不断提高。

由于供过于求，也由于固定费用所占比重不断提高，销售量是否能维持固定开销、是否能保本的问题就成为企业家注意的中心。哥伦比亚大学教授 W·劳腾施特劳赫在1922年提出的"数量—成本—利润分析"，回答了这个问题。1934年，J·威廉斯出版《弹性预算》一书，提出以弹性预算作为考核的依据，实际成本当然也就需要用同一原则来计算。按这个原则，产成品的成本应包含变动成本，固定成本应全部在当期销售收入中开销掉，这就是变动成本计算法。这些年，和管理理论中的信息论相呼应。会计信息，成为经营决策中的重要信息。

随着企业规模的扩大和为了及时对市场需求做出反应，在进一步实行分权化管理的大公司里，同类产品的销售、技术和生产划归一个事业部统一组织，对事业部实行利润考核。于是公司内部不但有成本核算单位，而且有利润核算单位，由此也产生了各单位之间结转产品或半成品的内部价格问题，这些问题和管理理论中的行为科学相结合，就产生了责任会计。

20世纪50年代起企业的投资大量增加，60年代以后，尤其是在70年代，利率因通货膨胀而急剧上升，考虑到利息因素的投资效益分析方法逐得到广泛传播。这一切，都被系统化、理论化，以成本会计（包括标准成本）和经营计划为基础，形成一个体系，称为管理会计，而账务报表那部分工作，称为财务会计。这样，会计管理与管理理论的控制论相呼应，成为企业管理这个大系统中的一个分系统。

以上近代会计发展的历史证明，会计管理从静态发展到动态管理，是伴随着近代工业发展和管理理论完善的结果。会计管理成为经济管理中企业管理的重要组成部分。传统的会计定义之所以不得不修改，就是因为会计工作的内容向前发展了。突破"记账、算账""纯技术方法"的旧的、传统的会计观，已经成为一种潮流。西方普遍把会计分为"财务会计"与"管理会计"两大部分。但是对此也有不同看法，现在已从开始的"分"的趋势，复归到"合"的趋势；但无论是"分"还是"合"，总归在会计一个体系之中。既然会计包括财务会计和管理会计两个分支，那么管理会计的全部内容都是会计的内容，也是顺理成章的。事实上西方国家已经对20世纪40年代传统的、以簿记为基本内容的会计定义做了修改，把管理会计的内容列为会计的内容，会计的定义已经越来越直接带有管理的性质。

二、研究新的问题，改变"半拉子会计学"

全国现有几百万会计人员，对他们在开创社会主义新局面中的要求是什么？全国有近40万个企业，拥有一批高级会计师、会计师，对这些高、中级会计人员提出什么标准，他们才算得上"职称"和"称职"相吻合？全国有37所高等财经院校和300多所中等财会学校，还有各地区、各行业、各单位举办的多种形式的财会培训班，大批人员要接受会计专业知识的训练，这些专业知识应达到什么水平？如果按照现在"半拉子会计学"的要求去学习、去工作、去培训，其结果充其量也只能当"半个明白人"。现实情况表明，会计工作和教学、培训的实践，早已冲破了"半拉子会计学"的旧框框。

任何一个单位的会计部门，不可能是一个单纯的记账、算账部门，起码也是管算合一的管理部门。三中全会以后，企业财会部门更成为综合管理的重要部门。现实生活中，很少有单纯记账、算账的会计部门。我们的调查，也说明了这个问题。例如，萍乡钢铁厂是一个拥有6 000名职工的中型企业，配有会计人员70人、会计师8人。8名会计师没有一名专搞核算工作，而是分别在各个主要生产车间、各条战线和总会计师室从事经济计划、分析、预测、决策工作。其他财会人员也大都是"月底忙三天，平时下车间"。搞什么？搞经济管理工作。又如，江西省冶金厅所属47个企业、事业单位，拥有1 300名财会人员，三中全会以后，厅财务处根据企业会计工作面临的新形势，适时地提出了把会计工作的着重点从记账、算账转向管理，实行会计工作的重点转移。

国务院《会计人员职权条例》颁发以后，相当一部分企业建立了总会计师制度，实践的情况是：这一制度使会计工作人员进入企业经营决策层。总会计师是企业的经济负责人，协助厂长拟定经营决策，组织编制、协调各项经济计划，控制、考核、分析经济效果；总会计师的工作重点是抓决策、抓控制、抓协调、抓分析，是厂长的左右手。如果一个总会计师把自己的日常工作淹没在账簿报表合同之中，那么这个总会计师也只是一个"大财务科长"，总会计师"一支笔"也仅仅起到厂长的"出纳"作用，而成不了管理中决策的"智囊"人物。这样，总会计师制也就形同虚设。这样的总会计师充其量也只能算半个"明白人"。

随着开创社会主义建设新局面，工作着重点的转移，在实践中掀起了一股学习经济管理理论的热潮。会计学已不只是会计人员的必修课，而且也成为广大经济管理人员的必修课。因为会计管理并非全部由会计人员去具体实现，各级管理人员都必须掌握会计管理的程序和方法。会计管理作为一个系统，只有各级领导、各个部门和企业全体职工共同负责，整个会计管理才能有效。因此工作要求各级管理人员都要学习会计管理，而这个学习的主要内容不是记账、算账的方法，而是会计管理的基本概念、理论和技术。据我们了解，去年江西省经委和冶金厅联合举办了一期经营厂长专业训练班，组织厂长们学习财务会计和管理会计，结果证明，他们学习了经济订货量、经济生产量，就明白了产值可以带来利润，但并非产值越高、利润就越大；学习了投资效益分析，设备更新最佳期，就明白了设备充分利用可以降低成本，但并非设备使用寿命越长，成本费用就越低；学习了成本、利润、价格的关系，确定产品质量最佳点，明白了质量高可以带来利润，但并非质量越高，利润越大。他们认为，学了会计管理的这些知识，可以帮助他们从"半个明白人"向"完全明白人"转化。但如果仅仅学一点记账、算账的技术，顶多帮助他们看懂几张报表，结果只是当一个"照章办事，不犯错误"的好干部，而不能同时成为一个善于经营管理的好厂长。

新中国社会主义会计的建立和发展已有30多年的历史，杨纪琬同志总结了"三起两落"的经验教训。这个"起"和"落"主要也是从会计管理的角度讲的。凡是"起"，就是会计管理的地位得到承认，作用得到发挥；凡是"落"，则是会计管理的地位落到"账房先生"的地步：发工资、报差旅费。而在广大财会人员的实际工作中，则早已突破"记账、算账"的传统框框，大大地发展和丰富了会计管理的内容和方法。

当前，我们国家已从长时期的动乱，转入了以四化建设为重点；整个经济发展已从片面追求速度为中心，转向以讲求经济效益为中心；工业企业也从单纯生产型转变为生产经营型。伴随着这三个战略性的转变，会计也必须从单纯的记账、算账，转向以经营管理为重点。现在，在实际经济生活和会计工作中，出现了许多新情况和新问题，传统的会计理论是无法回答的，都需要很好研究。比如，目前我国许多企业需要进行整顿，会计工作如何为整顿服务，本身又如何进行整顿。又如，国家经济体制的改革正在进行，企业的改组和联合，计划经济为主市场调节为辅、基本建设改拨款为贷款、资金的有偿使用、工贸结合的出现，这些都已经直接对会计理论和会计工作产生了很大的影响，使会计工作增添了许多新内容，会计理论研究也增添了许多新课题。再如，企业从单纯生产型向生产经营型转变之后，企业的全部工作转向以提高经济效益为中心，会计工作也就需要把重点放到对经济活动的经济效益的分析、预测、参与决策和实行监督方面来；会计工作如何渗透到生产经营活动的各个环节，揭露矛盾，挖掘潜力，提高经济效益、促进经济发展？会计如何在生财、聚财、理财、用财中发挥作用？会计的理论、方法、形式、手段如何更加完善、更加严密、更加有效率？企业实行经济责任制以后，会计工作如何为之服务等等。所有这些，都需要从理论上加以说明。而这些问题的解决，就可以大大丰富和发展现有的会计理论，改变"半拉子会计学"的状况。

三、加速会计学科的理论建设

形势发展，要求会计科学的理论建设必须加速。围绕"会计是经济管理的重要组成部分"这个中心思想，我们对会计学科理论体系的建设，提出如下意见。

一个体系：会计管理是整个经济管理体系中的一个重要组成部分。就微观来说，它是企业管理系统中的一个分系统；就宏观来说，它是国民经济管理系统中的一个分系统。

二个支柱：以政治经济学为会计理论的支柱，以数学为会计方法的支柱，同时还要结合其他学科有关知识。

三个特点：会计管理具备企业系统管理的三个特点。第一，全面性。强调企业的价值管理是由许多既有分工又互相连接、互相依存的因素组成的统一体，而且是作用于提高经济效益这一共同目标。在管理活动和管理部门上，同样也是垂直和水平分系统的结合，形成会计管理系统和管理阶层；第二，均衡性。企业系统是一个运动的过程，资金也是一个运动的过程，在运动过程中，它不仅要取得与外部环境的动态均衡，而且要取得动态的体内均衡。为了加速资金的循环周转，就要求会计管理的信息流动过程及时、准确而有效，这样就必须制定信息流程，建立信息模型，组织信息更新。分析各种会计管理问题，不仅要有静态观点，更要有动态观点；第三，关联性。会计管理研究和解决问题要注意因果关系。引起企业生产经营经济效益的原因是多方面的，某一单一原因也可能导致多种后果。例如，对某项产品经济效益的决策，不仅要考虑利润大小，还要考虑对企业的技术开发、生产能力的利用、市场竞争的能力等等的影响。因此，会计管理研究和解决问题要按照事物的内在联系，而不要互相割裂。这三个特点，也可表述为连续性、系统性和全面性。

四路大军：这具有两个方面的含义。其一，就一个企业来说，进行会计管理，不能靠会计人员孤军奋战，而应该是领导、会计人员、工程技术人员及全体员工四路大军齐奋战；其二，就会计学理论体系的建设来说，也不能只是会计理论工作者单方面的努力，而应该是财政部门领导者、大专财经院校的教学者、科研机关理论研究者、各行各业会计实际工作者四路大军齐努力。

五项内容：和现代管理科学体系的内容相吻合，会计管理学的内容也应该是异常丰富的。大体包括如下内容。第一，组织论：从系统的观点出发，对会计管理组织进行理论的研究，如会计工作管理体制、会计制度管理体制、会计人员管理体制、会计组织和结构形态、组织原则、组织效率、权力结构、在企业组织中的地位和作用等等；第二，预测论：管理重心在经营，经营重心在决策，决策前提在预测，预测正确在信息，信息渠道主要在会计。会计如何运用科学的方法，根据过去的资料，分析发展的趋势，对未来做出判断或估计，为决策提供可靠的依据；第三，决策论：包括参与决策的限度、内容、方法、步骤和组织形式；第四，控制论："控制和信息的处理分不开。控制论认为，对客观现象实现控制是通过信息的输入、存储、转换、输出（起反馈作用）这样的信息流来实现的"；第五，信息论：包括会计信息的内容，信息搜集、处理和传递。

六种功能：组织、计划、预测、决策、反映、控制。

上述几个方面的意见，其立足点就在于把会计管理的理论纳入企业现代管理论体系之中，建立会计科学的理论体系，还要有三个基本观点：

第一，必须从全局出发，而不能从局部出发——经济效益的观点；

第二，必须从动态出发，而不能立足静态——资金运动的观点；

第三，必须从内在联系出发，而不能互相割裂——资金运动的连续性和并列性统一的观点。

四、对会计管理学科体系的设想

从"会计是经济管理的重要组成部分"的主题出发，可以把会计学称为会计管理学，从而包括传统的"四大块"。这个学科体系应以会计管理理论体系为依据，体现会计学和会计工作的对象、范围和发展方向，体现会计学的科学水平和会计管理工作的水平。近年来，有不少学者、专家就这方面发表了很多很好的意见，这些意见大都突破了传统的记账、算账的范围，而加进了大量的管理方面的内容。比如，上海财经学院会计系教改小组提出了会计学科的体系是：基础会计、财务会计、成本会计、管理会计、比较会计、审计、会计制度设计、会计理论，我们基本赞同这个体系。

在建设会计学科体系中，我们认为会计理论要有中国特色，要具有社会主义本质属性，能符合四化建设的需要，能反映我国经济管理体制的特色，特别是在管理方面，应当眼睛向内，植根于中国国土之中，立足于总结国内的实践经验。当然，也应该同时参考其他国家的做法，实行兼收并蓄，在"拿来"以后，必须"中国化"。

会计和生产力紧密联系。中国和外国都是社会化大生产，这是共性，因此在会计上有许多共同点。但是，中国企业的改组、联合毕竟不同于外国的托拉斯，反映在核算方法、管理方法上也必然不一样。有些东西，西方国家书上写的，并非是他们企业中的现实做的。有的是现实中最先进的，不具有代表性；有的还只是书斋里的设想，没有实际上的价值。因此，"移植"需要有一个消化的过程。

会计还和生产关系紧密联系。中国是社会主义国家，计划经济是社会主义经济的本质特征。会计管理学科体系首先要服从、反映、服务于计划经济体系。资本主义在一个企业内其计划是严密的，但是无论其规模有多大，甚至相当于我国的一个部，也终究是不同性质的计划。资本主义的计划不可能具有完整的宏观性质，而我们的计划必须以宏观为主体。资本主义企业是绝对独立的，而我们的企业只能是相对独立。会计管理的学科体系，必须考虑这些在本质上不同的社会政治因素。

会计还必然和上层建筑紧密相连。我们国家的经济建设必须是全国一盘棋。企业的资金是国家的，企业要对国家负责，国家也有权对企业实行统一管理，企业有义务遵守国家的法律、法令。社会主义国家具有直接管理经济的职能，国营企业是由国家各级领导机关来管理的，因而就有经济手段和行政手段两个方面的管理方式。会计管理不可能回避上层建筑领域中的一些问题，如经济立法、会计立法、全国统一的会计制度等等，也必然构成会计管理学的重要内容。

20多年来，我们在会计管理的实践中，创造了很多很好的经验。比如，班组经济核算、指标层层分解、资金归口管理、内部经济核算以及经济责任制中的多种核算方法。都需要认真总结，从实践上升到理论，纳入会计学科体系之中。"社会簿记"的必要性是社会主义经济性质所决定的，必须建立，教材体系中应该有这方面的内容。比如，如何控制社会资金流量、准确计算国民收入，反映社会经济效果，开展社会经济监督，实行社会经济制约，提供社会经济效益，调解经济纠纷，实行经济仲裁，制定会计法令、制度等，都应成为整个教材体系的有机组成部分。

综上所述，要建立《会计管理》，作为这一门学科体系，我们认为应该研究和解决如下七个方面的问题。

（1）会计是经济管理的重要组成部分，说明传统的会计概念和科学的会计概念的联系和区别；说明历史和现实的实践证明会计是一种管理活动；说明马克思、列宁早已有教导。

（2）会计管理理论和企业现代管理理论的联系：说明系统论、信息论、控制论和会计管理理论的联系；说明会计管理是整个企业管理系统中的一个分系统。

（3）会计学的两大支柱：政治经济学是会计理论支柱，数学是会计方法的支柱。此外，还要说明会计和生产力、生产关系、上层建筑的关系；会计和其他经济管理一样，具有两重属性。

（4）会计管理的任务：应该包括记录、计算、反映经济业务和财务成果；分析、考核财务状况和经济效益；监督、检查财务计划、单位预算和财经纪律的执行；参与编制各项经济、业务计划，参与经营决策。

（5）会计管理内容：包括会计核算、会计监督、会计分析、会计预测、会计控制、会计制度。

（6）会计管理的组织体系：应从会计立法说起，按层次应该是：社会会计组织、国家审计组织、部门会计组织、企业总会计师、企业会计机构和人员。

（7）会计学学科体系：初步设想由八门课程组成：簿记学、会计学、成本会计学、经营管理会计学、会计制度设计学、会计史、比较会计学、审计学。

以上设想，很不成熟，抛砖引玉，希望得到批评指正。

（原载《会计研究》1983年第三期）

立足国内，面向世界，对西方管理会计应做进一步研究

杨纪琬同志提出要努力建设适合中国国情的管理会计，这对于我们进一步提高会计管理工作水平，建立具有中国特色的会计理论方法体系，都具有重大的指导意义。在回顾建国35年会计战线的历史发展过程中，总结一下我们在引进国外会计理论和方法的经验、教训，同样也是十分有益的。

首先应该肯定，在我国会计发展的历史上几次重大的突破，都和引进国外的经验有一定的联系。20世纪初开始引进复式记账法，推动了我国会计工作和理论的科学化；50年代学苏联，对建立我国社会主义公有制、计划经济条件下的会计管理体系和理论体系，起了一定的积极作用；80年代引进西方管理会计，适应了经济体制改革、企业"转轨变形"的新形势，取得了一定的成绩。但在几次引进中，也存在不少问题。其中主要毛病之一，正如杨纪琬同志指出的，一方面没有真正吃透外国的东西，另一方面又没有很好结合中国的国情。

介绍和研究西方管理会计的目的，是要建设适合中国国情的管理会计，从而提高社会主义经济管理水平。这就需要从两个方面做出努力：第一，要系统地总结我国35年来会计管理特别是企业会计管理的实践经验，把零星的、分散的经验，上升到理论，使之条理化、科学化；第二，同时需要面向世界，进一步研究西方管理会计的理论和实务，并结合我们的实践和国情加以探索。本文准备着重讨论后一个方面的问题。

一、西方管理会计研究的两个发展阶段及其问题

管理会计成为一门学问，是20世纪50年代以后在美国开始发展起来的。管理会计的研究，从那时到现在，以1970年为界，大致可分为"传统管理会计"和"高等管理会计"两个阶段。

1. 传统管理会计

作为管理会计基础的一些方法，如保本点分析、弹性预算、变动成本法、标准成本法、回归分析在分离成本中的应用、存货模型、经营预算、投资效益折现法等，实际上都是20世纪二三十年代已经提出来的，只是那时没有得到充分重视罢了。随着生产力的发展和经济竞争的加剧，这些方法得到了广泛运用。现在写进西方管理会计大学教材的基本方法，都不外乎这些。教材的内容成型以后，从60年代以来一直没有什么变化。在50年代和60年代整个时期，美国对管理会计的研究，主要是围绕着现在我们见到的教科书内容进行的。这个阶段称为"传统管理会计"阶段。

管理会计比以前的成本会计增加的内容，主要是决策分析。传统管理会计的决策分析以两大假设为前提：①决策所用的数据不含有不确定性；对于数据是从哪里来的忽略不提，或一笔带过；这些数据都是现成的，不存在为取得这些数据而付出的一定代价。②决策者就是业主，即企业经营者就是所有者。从教科书对经营决策和投资决策的论述中，可以明显地感觉到是资本家本人在那里做决策；在责任会计一章中，虽然提出企业有若干层次和各种中心，而且肯定中心负责人不是业主本人，但在这些教科书中，除了在讨论结算价格时提及利润中心单位与整个公司目标一致性问题外，看不到各中心的负责人有可能做出各种有损于公司整体利益保护自己个人利益的问题，

仿佛他们跟业主总是那么一条心似的。

事实上这两大假设在现实经济生活中是不存在的,因而传统管理会计的这一套方法,在实际运用中有极大的局限性。

2. 高等管理会计

1970年以来,美国管理会计的研究,主要是围绕"不确定性"和"不一条心"的问题来进行的。引入"不确定性"遂有了"风险"概念,他们采用概率论和数理统计的各种方法来反映这个问题;同时还对微积分、线性代数(包括矩阵)等数学方法在会计上的应用,做了大量的探索。为了解决"不一条心"问题,行为科学的许多原理被广泛引入管理会计,尤其是责任会计的研究,"代理人说(Agency Theory)",近年来成为北美(美国和加拿大)研究管理会计的中心课题。他们认为"代理人说"的重要性,比之传统管理会计中"不同决策需要运用不同成本概念"的论述是不相上下的。这就是说,从20世纪70年代以来,西方对管理会计的研究则围绕数学和行为科学在会计中的应用来进行的。为了区别"传统管理会计",他们把这阶段研究的成果称为"高等管理会计"。

第二阶段的研究尽管有一定深度和成就,但同样存在相当大的局限性,主要表现为理论与实践的脱节。关于这个问题,在他们所写的文章中屡有提及。英国曼彻斯特大学高级讲师史开本斯(Bohert Scapens)1983年四季度在美国权威性会计理论杂志《会计评论》上发表了《生产制造业绩考核:管理会计研究的一次新挑战》,也对管理会计研究中的问题和方向提出了新的见解。开普兰是个运筹学专家,素以创导数学在会计上的应用而闻名,现在提出美国管理会计研究应该改弦易辙,特别值得引起注意。

3. 管理会计研究中存在的问题

综合史开本斯和开普兰的意见,管理会计的研究存在以下几个方面的问题。

(1)管理会计介绍的数学方法在实际应用中,有相当大的局限性。开普兰曾多次提到这个问题。在1982年出版的《高等管理会计》*Advanced Management Accounting*和上面提到的那篇文章中,他承认,除了对企业长远期间的成本作数量经济学的分析外,实际应用回归分析于分离固定成本和变动成本的事例为数甚少。在最简单的存货模型中,需要确定每开一张订购单的费用额是极为困难的,许多共同的费用是无法分摊到每次、每批、每件材料或产品中去的。他说,积25年的努力,美国在复杂的库存模型理论方面的研究,在世界占领先地位;不幸的是,事实越来越表明,美国公司并没有把理论上认为最有效的库存管理系统付诸实施。又如,运用统计学"标准差"的原理(即全面质量管理中"控制图"的原理)对成本差异进行控制管理,是70年代以来管理会计的一项发展。但开普兰转述,一些会计学家称"对若干大企业作一般调查中,未曾发现任何一个用统计方法对(成本)差异进行控制的实例","经理人员凭判断来确定控制界线,或看在逐项对照计划与实际数字中确定需要对报表上哪些项目有成本差异做进一步的检查。高深尖端的统计方法,并不见得能取得良好结果"。在上述史开本斯的论文中,转引了英国阿斯顿大学柯次等人在1980年向管理会计研究会议的一份报告书,称根本找不到一个应用"先进"数学方法的单位。

(2)管理会计介绍的管理方法,反映了消极被动的管理态度。传统管理会计的方法以决策所用数据"肯定"为前提，高等管理会计引入了条件变化的不确定性，但这个条件变化主要是指客观的、随机性的变化，并未引入通过主观努力改变客观条件的概念。这种消极被动的管理态度，效果显然不佳。

开普兰在"挑战"一文中引用存货模型的 C 值为例，生动地说明了这个问题。把这个模型用在零件生产计划的安排时，C 值一般指的是"换批"成本，即一种零件每投产一批所需花费的一次性费用，主要是因为更换工夹模具的准备时间引起的费用。每次"换批"成本越高，就不宜小批量频繁投产。美国的传统观念把换批成本（C 值）视为已知数，在这个已知数的前提下来寻求最佳方案。日本人持完全相反的态度，他们"主动出击"，竭力减少换批时间。拿汽车工业来讲，更换一次主要零件的冲压模具所需时间，美国为 6 小时，日本仅 3~4 小时，到 1975 年日立一家工厂只需 3~5 分钟，和美国相差一百多倍，C 值极小，完全可以小批量投产；再配合其他改进计划和高调度工作的措施，使日本工厂有可能朝着"无库存生产"发展，从而在根本上改变了传统的库存模式。

（3）管理会计涉及人员的面狭窄，调动不了更多职工的积极性。开普兰在"挑战"一文中批评管理会计没有提到如何发挥工人积极性的问题，只是局限在"高级经理人员"。管理会计研究上的这种现象，当然是美国企业管理实际情况的一种反映。20 世纪 80 年代初，美国加州大学大内威廉教授调和美国及日本的传统管理方式，提出了"Z 型组织论"，引起了广泛的注意。大内分析美国的传统管理方式是在一个以高度流动性和信奉个人独立自主、个人负责为特点的社会中产生和成长起来的。在美国，企业职工半自动性很大，在任何一个组织都只呆一个短时期。人事变动迅速，因而管理一个机构以个人决策和个人负责为公认形式，不可能形成像日本企业那样一致同意地做出决策和集体负责制。基于这种情况，美国管理会计的责任会计部分，只着重讨论对高级经理人员的考核和奖励问题。大内的"Z 型组织"内容之一，是把美国的个人负责和日本的一致同意后决策结合起来。新的管理模式必然导致管理会计内容的改变。

（4）管理会计已不适应高度发达国家中企业面临的"转轨变型"的变革。托夫勒在《第三浪潮》中指出："第二次浪潮中制造业的特征是长期生产数百万件同一标准的产品。第三次浪潮中制造业的特征与此相反，生产短期的、个别的、和完全定做的产品。"根据两个浪潮的这一比较，稍加联想，就会感到迄今为止的成本会计和管理会计的研究及实务，都要是以长期大量生产同一标准的成熟产品为对象，几乎不涉及新产品问题。管理会计只研究标准化老产品所用的管理方法，这反映了这门学科迄今以适应第二次浪潮的发展需要为内容，显然不能适应第三次浪潮制造业"转轨变型"后经营管理的需要。

4. 管理会计研究工作中指导思想的问题

从现有的资料来看，一部分英美会计学家在管理会计研究工作中，在思想上存在"唯书论"和"闭门造车"的倾向。

（1）唯书论的倾向：对于传统和高级管理会计的理论和方法，在工作中未能得到广泛应用，存在理论与实践脱节的现象，英美会计学家向来直认不讳。但对产生这一现象的解释，却有不同看法。其一是"唯书论"认为管理会计的一些方法都是正确的、好的，问题是实际工作者水平低，知识不足，不会用；其二是"求实论"，承认书本脱离了实际，问题出在理论工作者一方。20世纪70年代以来，在英美会计理论界前一看法占多数，属于"正统"观点，但对此持怀疑态度的呼声正逐渐增加。1982年年底和1983年年初，英国《管理会计》杂志接连发表了三篇文章，不同程度地都提到了这一问题。理论来源于实践并受实践的检验，这是任何一门科学发展所必须遵循的正确道路。对于管理会计这样一门应用性很强的科学，更应根据实际工作的经验来不断修正和充实理论，才能沿着正确的途径向前发展，才会有生命力。但是，西方管理会计，尽管实际做的同书上写的不一样，从20世纪60年代以来，20多年之间，教科书的内容变化不大，可见"唯书论"的倾向十分严重。

（2）闭门造车的倾向：高级管理会计引入的信息不确定性，以及为获得信息所花费的成本与效益进行对比的概念，无疑是非常重要的。"代理人说"牵涉风险、激励、信息等因素以代理人和业主双方行为的影响，这项研究也是很有意义的。但在这些研究中，他们倾向于大量设计出复杂的数学模式。在他们的会计理论刊物上，充斥了列举许多复杂的数学计算式的文章。一些英美会计学家也承认这些文章晦涩难读，不仅实际工作者无法接受，连许多理论工作者也摸不着头脑。这些闭门造车的"研究成果"，实用价值要打上一个很大的问号。

开普兰在文章中用相当的篇幅提到，管理会计的理论工作者，应该"实地访问企业，实际地学习一些有关当代生产制造的业务和做法的知识"，指出："从当前的情况来看，关于有效果和有效率的生产制造方面的知识，先进企业里所有的，要比学者们从研究论文、教科书和（电脑）数据库里所能获得的多。因此，研究工作必须更多地强调对选定的一些企业作实地调查。"强调"只要能对生产制造业务的主要内容有所了解，就能把管理会计系统的作用大大向前推进地一步，并帮助推进企业做生产制造战略的实践"。这些论述，证明美国在管理会计的研究中确实存在闭门造车的情况。

二、西方管理会计在实际运用时需要进一步研究的课题

西方管理会计是生产力高度发展的产物，有许多可以为我所用的内容。但正如上述有局限性，我们在进一步的研究中，要有分析，要注意趋利避害，不能亦步亦趋、照搬照抄。

结合我们的实践和我国的国情，管理会计的一些基本理论和方法，需要进一步研究的课题，下面仅举其大略。

1. 回归分析在分离成本中的应用

对于混合成本的分离，传统的管理会计推荐使用单回归分析的方法；高等管理会计补充了相关系数、标准差、自相关等概念，并进一步引入了复杂回归分析法。

开普兰说"实际应用回归分析于分离固定和变动成本的事例为数甚少"，这是事出有因的。从我们的实践经验来看，它有两方面的不足。

（1）回归分析以掌握大量的、稳定条件下的数据为前提条件，但这个条件是难以提供的。作混合成本分析所用的数据来自会计账册，许多成本费用（尤其是间接费用）不到月终难以汇计出实际发生额的，因此月度是最短的时间间隔期，一年最多提供12对数据。属于混合性质的费用中，有些开支有季节性，月度开支额波动很大，这种波动往往与产量并无任何牵连，有的费用（设备维修费）月度开支额的变化且与产量变化呈反比例关系，用月度开支额作为分析的依据会得出完全错误的结论。如果用年度数据，5年、10年之内，企业内外各方面的条件都会发生重大变化，不稳定条件下的数据，无法应用回归分析。

（2）回归分析结果所反映的规律，并不是成本分析所要求获得的规律。回归分析结果反映的是历史的平均数，是个静态数，不反映企业改进技术、提高效率的趋势。对于回归分析而言，3个月前的数据和30个月前的数据，并没有任何区别。我们知道，分离混合成本，是为了做决策、编计划，要求掌握计划期间的成本规律，如果和3个月前的数据做对比，那么30个月前的数据，几乎毫无价值可言。

这两方面的问题，是应用数理统计方法和其他数学方法所共有的，值得进一步研究。

2. 多产品和不确定条件下的量本利分析

传统管理会计介绍的量本利分析，是以产品单一和条件确定为前提的。但实际经济生活中，除个别企业外，一般工业企业总有多种产品，西方教科书上介绍了一种利用金额表现销售的方法和若干产品搭配构成一个综合单元的方法，这两种变通方法都要是以产品结构不变或即使变化仍不致影响企业综合边际贡献为前提的。在实际经济生活中，能满足这些条件的企业，也为数不多。高等管理会计对这个问题有所论述，值得介绍和研究。

从我国的实际情况来看，应用量本利分析作短期决策时，价格和成本因素基本属于确定性质，在介绍高等管理会计所讨论的不确定条件时，似不妨把不确定条件限于产量一项。这样，就不至于把问题弄得太复杂。引入产量不确定条件后，得出的结论很可能与确定条件下得出的结论完全不同，能更全面地反映客观实际。只要找到简便的计算方法，这项研究是会有实用价值的。

3. 商品定价方法

在市场经济条件下，市场上大量供应的成熟产品，由于价格决定于供求规律，一般企业对这类商品原不存在什么定价问题。但当少数几个制造商，对某种商品的市场能起控制作用时，这些大企业就有可能确定该种商品的定价。如美国通用汽车公司就可以确定自己商品的价值。这种情况和我们某一工业部门可以确定本行业产品价格，极为相似，所以他们的做法有借鉴的价值。

通用汽车公司在1927年确定了一个定价原则——目标成本加资金成本。这套方法沿用至今，在他们来讲是成功的，对我们也有参考价值。

高等管理会计还讨论了新产品的定价政策，虽然国情不同，但我们那些属于"市场调节"性质的产品定价可以参考。

4. 标准成本法

标准成本法属于成本会计范围，传统管理会计包括这一部分。由于我国从20世纪50年代起引入了苏联的定额成本法，人们在思想上常套用定额成本法的概念来看待标准成本法，从而造成一些混乱，因而需要对成本法做一番研究。关于这个问题，戴新民同志有比较透彻的分析，我们表示赞同。

标准成本法把成本计算的目的，从确定产品的实际成本转移到确定部门的成本责任,这是一项重大的改革,动摇了我们一向视为金科玉律的一些成本计算原则。对于推动企业经济责任制,简化无谓的计算工作,都有很大好处。鞍钢等大型企业已在研究推行这个办法。研究阐明这个问题,对于推动成本计算的改革,是很有意义的。

5. 利润中心和内部结算价格

"利润中心"是分权化的产物。美国的柯达公司改组后形成了一千个不同的"利润中心",各个单位负责自己的业务。以事业部为典型组织形式的利润中心与成本中心不同之处,在于它既负责产品的生产,又负责销售,所以它能负利润之责,这就是事业部的业务。它分得的权力是经营决策之权,事业部与工厂不同之处在于后者只依照上级规定的生产计划进行生产,而前者则按市场需求情况自己确定生产计划。简言之,成本中心是个"生产单位",利润中心则是个"经营单位"。比照我们企业从"生产型"转为"生产经营型",对利润中心的实质,就不难理解了。

但是,对那些无销售权的企业内部单位,有无内部利润核算的必要,即有无设置"人为利润中心"的必要,则是需要进一步研究的。

内部结算价格问题,高等管理会计对比各种计价方法,认为以变动成本计价为最好。但从他们实际情况来看,实行这种做法的企业只占50%,且都是小企业;而理论上认为不应赞许在全部成本基础上的计价方法,究竟怎样为好?不能人云亦云,值得进一步研究。

6. 价值分析

即通常讲的价值工程或功能成本分析。我国许多企业近年来在这方面做了许多工作,并且取得了突出的成绩。

但是美国传统或高等管理会计的书籍中,却未曾列入这方面的内容。现在,情况正在发生变化。英国《管理会计》杂志1984年第三期发表了一篇介绍价值分析常识的文章,列为"会计常识"的内容,把价值分析纳入了管理会计。这篇文章强调功能成本分析,而只字未提功能重要性系数分析,这是值得注意的。近年来,我国在介绍价值分析时,往往过多地强调功能重要性系数的评价,仔细推敲一下,那种打分的方法的科学性,似乎欠妥。应该如何正确评价功能,并使之数量化,是有待进一步研究的课题。

7. 投资效益分析

西方教科书推崇的折现方法,从理论上讲颇有道理,但在实际上被书上称为"落后"的回收期法至今仍广泛运用,而"先进"的净现值法、内部报酬率法在实际经济活动中的应用反而相形见绌。这里有许多具体问题需要深入探讨。

对一些重大项目作投资效益分析时,要对今后许多年(往往是20年、30年或更多)整个效用期的成本和收入做出估计,往往是毫无把握。勉强为之,也只能是非常不确定的粗略估计。采用回收期法,只需要估计回收期内的收益,而回收期比效用期一般来说要短得多,估算起来当然有把握得多。而且,对一项投资作效益分析,保证投资及时回收,无疑是决策因素中最重要的一项。我国许多企业还把利息作为各年的一项支出,在此基础上计算回收期,可见采用回收期法不一定无法考虑资金成本因素。

8. 与利润挂钩的报酬制度

责任会计是分权制的产物。在集中化管理时,企业各个组成部分只负成本之责,那时只有成本会计（标准成本）；直到有了利润中心、投资中心，才提出责任会计这个名词。传统管理会计在责任会计这一章中讨论的范围比较窄，只讨论了一般的考核方法。事实上责、权、利三者必须紧密结合，分权负责而不与报酬制度挂钩，必无成效可言。高等管理会计讨论了对经理人员的各种与业绩考核相结合的报酬制度，这些制度对于启发我们的思路是有益的。

业绩如何考核？一般都与年度利润挂钩。这个做法简单易行，但漏洞不少。经理人员可以采取各种手法，牺牲长远利益以增大本期利润数。高等管理会计对此也做了进一步的讨论。我们在工业企业中推行经济责任制也有类似问题，所以也是一个需要深入研究的问题。

9. 数理（定量）方法

高等管理会计的许多组成部分，如成本习性、不确定条件下的决策分析、机会损失和信息经济学、成本差异控制模式、劳务部门和联副产品成本分配等，都涉及数理（定量）方法的应用。

我们认为，数学是一种思维方法、推理方法、表达方法。许多时候，利用数学符号和公式，便于简洁、明确地表达事物之间的关系，这是十分必要的。但西方高等管理会计中对数学方法的应用，似乎钻了牛角尖，有些数学表达方式，不仅没有使问题明确、简洁，反而迂回曲折、扑朔迷离。杨纪琬同志在文章中对此已有精辟的论述，我们完全赞同，这里就不重述。

三、引进西方管理会计时应注意的问题

关于西方管理会计的特点、缺陷，以及如何结合中国的国情，建立具有中国特色的管理会计，杨纪琬同志已经提出了二十多条意见。这些意见在我国管理会计的研究工作和实际工作中得贯彻实施以后，一部具有中国特色的管理会计学，必将早日问世。

我们仅就引进西方管理会计时应注意的问题，补充几点意见。

1. 对外国的东西，要做到兼收并蓄

学习外国采取教条主义的照搬照抄的教训，必须引以为戒。但不等于对国外的发展情况不加研究，对可以借鉴的经验不加以吸收。前段时期着重介绍了美国的传统管理会计，今后还应该介绍美国的高等管理会计。与此同时，还应该研究英国、日本的发展情况。特别值得一提的是，20世纪60年代以来，我们对苏联和东欧在财务成本管理工作方面的发展情况很是隔膜，倒是资本主义国家对此有相当系统的深入研究。从马卡洛夫1982年在欧洲会计协会第五届会议上发表的《苏联会计的特点和问题》一文来看，他们也提出了把间接费用划分为变动与固定两个组成部分、制订新产品成本核算办法、在计算产品成本时考虑消费者特性、在经营决策中利用会计信息等问题。苏联在管理会计方面的发展，很值得我们在意。

2. 要有求实精神，不讳言存在的问题

在推行和应用管理会计中，发现的问题是很多的。现在似乎有一种倾向，即搬来就用，在应用过程中只讲成绩，讳言缺点和问题，这就不利于深入探索。

由于讳言推行西方管理会计中遇到的问题，就容易使人得到一种错误的印象，好像"洋办法"都是万灵药，一用就灵。20世纪50年代学苏联，我们就有过这方面的教训。

不要掠光浮影，不要轻易下结论。

我们对西方管理会计的研究，应该说还只是开了个头，他们现有的一些东西还没有完全弄清楚，何况事物还在不断发展。包括我们在内，对这一问题的研究，绝大部分都是通过书刊资料来进行的，难免以局部代替全局，做出错误的、片面的判断。我们在过去的文章中，也发表过一些不全面的意见，本文也仍可能不乏轻下结论之处。写这篇文章的目的，就是交流不同阶段的认识发展，通过讨论，得出一个比较全面的认识。

（原载《会计研究》1984年第五期）

试论企业成本核算改革的方向

改革企业成本核算，是经济体制改革的要求，是会计改革的重要内容之一，也是四化建设的需要。现行成本核算的理论、对象、内容、方法等等，需要进一步进行新的探索和改革，这一点，会计界的认识，是基本一致的。但改革的方向如何？是在现有成本核算理论和方法的基础上修修补补，比如重新规定成本开支范围，增设几个科目，合并几个成本项目，删减几张成本报表，等等；还是突破旧传统的束缚，开拓新的更加广阔的领域，则需要认真研究、探讨。我们认为，如果不突破现有这一套以事后计算产品实际成本为主要内容的企业成本核算理论和方法体系，企业成本核算的改革就不可能有新的突破。

长期以来，为了服务高度集中的计划经济体制，形成了事后计算产品实际成本为唯一内容的企业成本核算理论和方法，这是僵化的经济体制模式的同步产物。现在，要建立充满生机的社会主义经济体制，进行以增强企业活力为中心环节的城市经济体制改革，对传统的企业成本核算理论和方法，也必须同步进行必要的改革。

过去的企业成本核算，从理论到实际，都要是和"大锅饭"的经济体制相适应的。以产品实际成本为中心的成本核算，既不能很好地满足企业经营管理的需要，也不能在宏观控制方面充分发挥成本应有的作用。浩繁的计量、记录、归集、分配、整理、计算等等，只为获得一个产品实际成本水平，大量的劳动耗于一些作用不大的计算工作。过去我们在成本计算的理论上，过分地强调了"不要失真"，而没有明确地提出服从企业经营管理的需要。其实，成本计算只能是一个"近似值"，"真值"只存在于纯数学之中。至于所谓"厂长成本""橡皮成本"之类的失真，根本就不是成本核算本身的问题。我们认为，现行成本核算方法的改革问题，要从认识水平上加以突破，明确成本核算的根本目的是为了改善企业经营管理，增强竞争能力。只有围绕核算的目的来改革核算的方法，才能把成本核算工作组织领导得更为科学，真正发挥成本核算的作用。

我们总的设想是：企业成本核算应该向经济责任领域发展，向经营决策领域渗透，向技术经济扩张。在搞好和适当改革产品成本核算的同时，逐步开展责任成本核算、经营成本核算、技术成本核算。应该把成本核算工作搞活，使成本核算更好地体现和完成会计管理的职能。应该是既有事后的核算，又有事前、事中的核算；既有对实际已经发生的成本支出的核算；也有对尚未发生而可能发生的成本支出核算；既有以财务收支数据为依据的核算，也有以技术经济有关数据为依据的核算。目的在于以强烈的成本意识和观念，改善企业的生产经营管理，为提高经济效益服务，为搞活企业经济服务。

一、责任成本核算

以产品作为成本核算的唯一对象，以计算产品实际成本为中心汇集、分配、再汇集、再分配物化劳动节和活劳动耗费中V部分的各种成本计算方法，与经济体制改革要求不相适应的突出弊端之一，是分不清生产经营过程中每个环节、每个步骤直至每个人的经济责任，所以把它称为"大锅饭"成本。

随着企业经济责任制的普遍推行，成本核算显然应当向责任成本的方向发展。在一个封闭式管理的企业各车间、各单位内部，其经济责任主要是成本责任。不管由上而下统一规定的成本核算规程如何细致，在经济责任制中发展起来的责任成本核算，总是千差万别，各有千秋。但总体说来，不外下述几个方面。

（一）可控成本

责任成本就是按责任归属归集成本资料、数据，计算责任者的成本，把能够用成本表述的经济责任，落实到分厂、部门、车间、工段、机台，以至班组、个人。原则上是干与管一致，干什么就管什么，管什么就对所管范围内发生的成本负责。因此，责任成本首先是可控成本，可控成本是责任成本核算的基础。

从总体上来说，成本的发生是可以控制的。但为了执行成本控制，并收到实际效果，必须根据权责划分，把一定的成本落实到一定部门或个人的权限范围以内，而该部门或个人能直接操纵的，就是该部门或个人的可控成本；反之，成本的发生，不在一个部门或个人权责范围以内，其发生的多寡，非一个部门或个人所能左右的，则为不可控成本。现在在经济责任制中，加奖、扣奖、计奖的诸条件中，就是以费用支出的可控与不可控划分经济责任范围。

一般认为，可控成本是指：第一，有可能在事前知道发生什么耗费；第二，有可能在事后计量其耗费；第三，有可能在事中发生偏差时加以调节。三者具备，则为可控，缺一则为不可控。

可控与不可控是相对的，这个部门不可控，那个部门则可能可控；在一定期内属于不可控，而从较长的时间则属可控；在较低管理层次不可控，在较高的管理层次又属可控。明确可控的范围和程度，合理解决责任成本的归属问题，从而使责任分工具体化、数量化，才能真正形成一个责任成本分管体系。

（二）责任标准成本

我们在这里讲的责任标准成本，指的是一种事前责任成本，是责任成本核算和考核的前提，即在"目标销售收入-目标利润=目标成本"以后，对目标成本这个总指标的层层分解。

过去，我们有过指标层层分解的经验。在企业经济责任制普遍推行以后，有了进一步的发展。随着指标的越分越细，最后形成了一个纵横交错的责任成本指标体系，正是这个体系的主客观因素，正确评价成本活动的业绩，从而据以对责任者进行奖惩。

问题的关键是：这个标准，不是产品零部件的标准成本，而是责任者从事某些工作耗费水平的标准，是经济责任标准，是一种事前的责任成本。

(三) 责任成本核算

根据可控成本的概念，按照标准责任成本的要求，和企业内部经营管理体制相适应的成本核算制度，叫作责任成本核算制度。根据这种制度进行的核算，叫作责任成本核算。

近几年经济责任制实践经验证明，责任成本制度是企业内部按生产经营组织系统，确定成本责任层次，建立成本责任中心，并按责任归属分解成本责任指标，控制成本耗费，传递、考核、报告成本信息，从而把经济责任落实到各部门、各层组织和执行人，按经营决策所规定的目标，进行事前指标分解、事中行为控制和事后业绩考核的一种内部经济责任制。

责任成本制度的特点是：成本管理活动责任化，责任归属层次化，层次连锁体系化，责任考核数据化，成本报表拟人化。和传统成本相比，责任成本核算的特点如下。

项　　目	传统成本核算	责任成本核算
指导原则	统一成本核算规程	企业自订的责任原则
核算对象	产品、劳务	责任者的经济
核算内容	经济活动结果	责任者的行为过程
信息功能	产品、劳务的成本	差异、例外事项
报告格式	全国统一的成本报表	企业制定、灵活多样
报告目的	主要供上级使用、汇总	主要对内控制、考核
接受报告单位	上级主管部门	企业内部逐级上报
资料汇集方式	受产品、工艺决定	受内部组织体系决定
责任追溯性	不强	强
对下控制	不强	强
监督作用	不强	强

责任成本制度内容大体包括四个方面。

（1）责任归属。即确定责任成本单位。根据企业生产经营管理的组织形式，划分经济责任分层负责制原则，明确各层成本责任，组成一个上下左右纵横连锁的责任成本体系。这部分工作一般包括层次设计、层次联系和层次运用等三个方面的内容。

（2）责任范围。即确定责任成本内容。在经营决策总目标下，按照责任单位的职权范围，生产经营管理活动的内容，确定可以衡量的责任目标和考核范围，实际上是从会计管理的角度形成以经济指标为标志的各种责任中心，从而可以事前制订定额，事中进行控制，事后进行核算和分析。

（3）责任信息。即按责任归属原则形成一套完整的计算、记录和报告的责任成本账务处理原则和程序，提供及时、准确、可靠的经济活动责任成本信息，反映和衡量责任单位的行动是否与预期目标一致，借以考核各有关责任层次在一定期间的成本管理工作和存在问题，使上一级和责任成本者本身明确它的功过，决定奖惩，从而达到按目标控制的目的。

（4）责任分析。即确定责任功过原因，侧重差异分析，实行例外管理原则。在例行之内的数据，不必过问；集中注意力于例外，重点剖析差异，从而实现以绩效评价为中心的目标管理。

责任成本制度的原则就是组织要严密、责任要划清、权责要相当、指标能计量、科目要适应、成本要分类、分摊要客观、价格要合理、报告要简明。

在实行责任成本核算中，对于共同费用的分摊、内部结算价格、结算形式以及责任权利的结合方式，等等，广大财会工作者已经有了丰富的实践创造，问题是需要总结、提高，使之系统化、合理化。

（四）专项成本核算

所谓专项成本核算，我们的含义是指对某项专门支出费用的单独核算。企业经营管理中常常会有某个专门问题需要透彻地加以了解，才能弄清责任在谁和责任大小。这也需要突破囿于产品成本核算的传统观念。

专项成本核算实际上是一种事后的分析成本，但它必须在耗费发生的同时，按核算的目的随时进行记录。比如，我们需要了解在整个生产经营过程中损失、浪费的具体数据，而这些数据在通常的成本核算中，除了废品损失、停工损失有所反映之外，其余都淹没在基本生产、辅助生产、车间经费、企业管理费之中，谁也搞不清整个企业的整个损失、浪费情况。为了堵塞各方面的漏洞，采取针对性的措施，我们认为应当采用适当的方法和手段，专门核算一下企业生产经营活动中纯属损失性的无效耗费。又如，我们需要了解一下智力投资的情况，而这些数据在传统的会计核算中，分散在产品成本支出、营业外支出、留利支出等方面，为了正确判断智力投资的程度及其效益的大小，也可以集中核算一下智力投资的成本。

这里的指导思想是：既然成本核算单位应该为企业经营管理服务，那么就必须从有利于研究改善经营管理的需要出发，进行一些专项成本核算。

二、经营成本核算

城市经济体制改革的中心，是承认企业相对独立的商品生产者地位，给企业以自主经营的权力，增强企业的活力，从而搞活整个国民经济。企业的活力，表现为应变能力、发展能力、开拓能力、竞争能力、盈利能力，集中到一点就是不断提高经济效益的能力，使个别劳动消耗经常保持在社会必要劳动消耗水平之下，成本水平的高低就成为企业活力大小的关键因素。这种把成本水平和企业活力联系起来进行经营决策的活动，可以把它叫做成本经营。成本核算必须向成本经营、即参与经营决策的方向发展。

在有计划的商品经济条件下，企业从封闭状态走向开放状态；从生产型转向经营型；为了开拓市场，开拓新产品，开发技术，以长期大量生产同一标准产品为对象的传统成本核算方法，显然不能适应转轨变型以后企业经营管理的需要。必须开拓能够满足经营决策需要的各种成本核算新的领域。如果说，从单一的产品成本核算变革为产品成本核算与责任成本核算同时并行，还只是一种核算方法的改革，并未越出成本核算的传统观念，那么，经营成本的核算，则是超越成本核算传统观念的一大改革。它不但引起成本核算对象、方法的变化，以及成本核算内涵的加深和外延的扩大，而且必须从时间和空间上建立起大大超越传统的历史成本核算的经营成本核算体系。这个体系，涉及事前、事中、事后的全过程；包括市场、供应、设计、制造各个方面；具有时间价值观念、效率效益观念、市场经营观念。

我们认为，适应商品经济的要求，把西方已有的某些成本概念做适当的改进，引用于经营成本的核算，是完全符合《决定》所阐明的"同时必须吸收和借鉴当今世界各国包括资本主义发达国家的一切反映现代社会化生产规律的先进经营管理方法"的精神的。目前，可以逐步引进和运用下列各种成本观念进行经营成本核算。

（一）边际成本核算

有计划的商品经济，存在着企业间的相互竞争。企业要在竞争中占有优势，在对产量进行决策时，有必要运用边际成本的概念，通过边际的核算，选择产量安排的最佳点，即：当边际成本＝边际收入时，经济效益为最佳。由于在变动成本与产量呈正比例变动时，单位变动成本等于边际成本，因此，对边际成本的核算，一般可认为是对变动成本的核算。

（二）增量成本核算

经过增强企业活力为中心的城市经济体制改革以后，企业有了独立的经营自主权。与此同时，企业为了对自己的盈亏完全负责，必须面对市场、面对客户、面对同行业的竞争，客观条件迫使企业在考虑接受订货、安排生产、确定价格等方面的决策时，不能单纯地用传统的完全成本法分析，而运用增量成本核算的方法，探索固定费用和产量之间的关系，将可以引导企业在生产安排上做出正确的经营决策。由于增量成本主要是核算不同生产能力的利用率引起固定成本的差别大小，因而也可以把它看作是对固定成本控制的核算。

（三）机会成本核算

运用机会成本的概念和核算方法，有助于企业进行经营决策时充分利用自己的资源，这是一种空间成本的概念。机会成本虽然不是实际支出，但确是一种实际存在。当企业有权决定它的资金使用方向时，不考虑机会成本的因素，就是缺乏经济效益的观点。过去，企业没有"机会"可供选择，而在企业有了充分的经营自主权以后，一个尊重价值规律作用的企业家，考虑机会成本是理所当然的。

（四）时间成本核算

"大锅饭""统收统支"的经济体制，使我们的企业没有时间价值的概念。而在商品经济条件下，时间价值、时间成本是一种客观存在。我们在进行经营成本核算中，应该注意的时间成本概念主要如下几项。

（1）重置成本：现在的会计记录，以传统成本核算的历史成本账，对于面向未来的决策，作用不大。重置成本按现行市价估价，在价格体系改革者以后，"随行就市"的时价，对企业经营决策具有重要的意义。成本核算的资料用于决策时，必须具有时间概念。

（2）沉落成本：这也是进行决策需要考虑的经营成本。沉落成本从本质上来说，是一种和决策不相关的成本，因为它是指已经支出不能收回的过去成本。正因为不影响现时的决策，所以在运用成本核算资料时，必须把这部分已经支出而无法收回的成本数据单独计算出来，以使决策能够正确地进行。

（3）现金支出成本：它是和沉落成本相对称的经营成本。可以把现金流转的概念引进到现金支出成本的内涵中来，一方面考虑决策某个项目时，所需要的现金支付量，从而安排财务收支；另一方面可以考虑货币的时间价值，用于这项决策的现金支付，其资金的时间价值是否合算。

（4）资金成本：通常可以用复利的概念来代替资金的时间价值，即资金成本。过去，我们对资金的使用是无代价的，往往造成滥用、浪费、积压，要提高企业经营的经济效益，是应该讲究资金的时间价值，计算资金的使用成本的。其最低限度应达到：①按复利计算的利率水平；②同选定资金利率的平均水平。

上述四个方面是用于经营决策时可以利用的经营成本的有关内容。当然，所有经营成本的计算，离不开以传统的实际成本计算为基础；但传统的成本计算如不加以改造，则不可能适应新形势下企业经营决策的需要。

三、技术成本核算

科学技术现代化，是降低成本的根本出路。成本管理工作必须与技术工作相结合，因而是，成本核算必须渗透到生产技术领域的各个环节中去。我们认为，探索和开展下列几个方面的技术成本核算，对增强企业活力是必需的。

（一）设计成本核算

设计成本核算，是在新产品设计阶段，依据技术、工艺、装备、质量、性能等各方面的各种不同设计方案，计算产品正常投产以后可能达到的不同成本水平。它是对新产品设计进行可行性研究的重要组成部分。核算设计成本的目的，在于论证新产品设计的经济性。设计上的浪费是先天性的，对产品投产后成本水平的影响是长远的、难以挽回的。一般来说，产品按一定设计投产以后的挖潜，远不如从设计上节约挖潜的效益巨大。因而设计成本核算，对企业经济效益的影响，将是战略性的。

（二）功能成本核算

功能成本核算在国外称为价值工程。它实际上是通过一系列的组织活动，用最低的成本耗费，取得产品的必要功能，它的核心是功能成本分析，即：价值＝功能：成本，这个公式，我们把它视为功能成本核算公式，顺过来，是每元成本提供的功能；反过去，是功能单位成本。

功能成本核算的核心在于功能分析，而功能分析的关键，是功能评价，是对技术做经济分析。目前介绍的用强制法（评分法）来计算功能评价系数，缺乏足够科学性，也不完全符合客观实际情况。而以功能评价系数和成本系数之比小于1为选择价值工程对象的流行说法，也未见得准确。因为价值工程对象只是整个物体系统中的一个环节，离开了总系统来孤立地分析一个环节，往往会得出错误的结论。比如，一部机器整个的功能是过剩的，而组成机器的各个零部件的功能也是按比例地过剩，按过剩功能要求的成本已达到最低，且成本比重又和功能比重相同，所以各个零部件的价值系数都会等于1，由此而做出各个零部件无须改进的结论，显然是错误的。事实恰恰相反，而是每一个零部件都需要改进；反之，整个机器系数也等于1，由此也会得出错误的结论。又如，整个机器功能过剩，而组成机器的各个零部件的功能不是按比例的过剩，而成本比重和功能比重相同，各个零部件的价值系数也等于1，由此也会造成失误。因此，这是一个亟待解决的关键问题。价值工程的优点在于把整体化为局部，使降低成本落到了实处，但运用价值系数法来寻找价值工程对象这种方法的缺点，又恰恰是离开了系统的整体观念，从而往往导致错误的判断。虽然如此，功能成本核算，把目标成本分解到各个零部件，最后按功能成本目标进行设计，使事前成本控制成为有效的控制；以产品工艺操作过程为对象，以每一工艺操作过程在产品形成过程中的作用为功能评价系数，再将目标成本分配到各个工艺操作过程，起到了事前控制成本的良好作用；还有的用于按客户要求组织生产，用于安排企业生产组织结构等方面，都收到了良好的效果。

（三）质量成本核算

在这方面已有一些专著和专门论述。我们认为，强调质量成本核算是完全正确的，应当在成本核算理论和方法上填补这一空白。但是试图以质量成本核算代替全部成本核算工作的观点则值得研究。质量成本核算只能是整个成本核算工作的组成部分，或者说是独立于正常成本核算之外的一种专业成本核算，目的在于促进主要产品质量的提高。现实工作问题在于，质量成本混合在一般成本之中，有相当一部分是难分难解的，如果把一切消耗都归属为质量成本，或人为地勉强划出一部分收入为质量收入的做法，不论在理论和实践上都是有缺陷的。

通常的质量成本，一般包括预防成本、鉴定成本、质量损失成本（包括内部和外部质量损失）。质量成本核算的目的则要研究质量成本的性态，寻求质量成本支出的最佳点。

一般说来，产品质量和质量成本是矛盾的，三种质量成本和质量水平的关系又是各不相同的。预防成本和鉴定成本，同产品质量水平是同方向变化；质量损失成本则是相反方向变化，因而需要通过质量成本核算寻求质量成本支出的最佳点。

有的同志提出了会计质量管理的概念，我们赞同。但把质量收入仅仅局限在优质优价上，则远远不够。还应该使用质量成本效益系数的方法（质量成本效益系数＝价格系数＋使用价值系数）进行评价，因为优质优价只反映质量提高使企业得到的好处；质量提高使用户得到好处，是表现在产品的使用价值上的，两者的最佳结合是效益最优，社会主义企业评价质量的标准尤其应如此，因而产品质量的最佳点选择在质量成本效益系数最大点上。

（四）产品寿命周期成本核算

我们这里讲的产品寿命周期成本的概念，不是通常说的产品的"设计成本+制造成本+使用成本"这种寿命成本的概念，不是指一件产品的寿命，而是指一代产品的市场寿命，是一种市场经营的概念。

产品寿命周期和产品成本关系十分密切。一方面，产品寿命周期各个阶段的长短，直接决定产品成本的高低；另一方面，产品成本高低，又对产品寿命各个周期产生很大影响。按照产品寿命周期曲线图来说，成本曲线与产销量曲线是呈相反方向的发展趋势。因而核算产品寿命周期不同阶段的成本水平，对成本经营具有重大作用。

经济学家们通常把产品寿命周期分为投入期、成长期、成熟期、衰退期。产品在投入期，批量小，市场少，单位成本必然较高，因而企业经营者总是力图缩短这个期间。而努力降低成本，可以使新产品的价格能较快地为消费者所接受，反过来又能为缩短投入期，迅速进入成长期、成熟期创造条件。单位产品成本水平核算是具有指导意义的；在产品进入成长期、成熟期以后，则应进行功能成本核算，用来指导改进工艺流程、产品设计，以不断提高产品质量、降低消耗，达到延长成长期、成熟期的目的；产品进入衰退期以后，产、销量下降，单位成本必然升高，企业经营必然进入"量本利分析"中的第二个亏损期，必须采取相应措施，或用新产品代替老产品，或开拓新的市场。形成一个产品开发的梯队体系。

进行产品寿命周期成本核算，可以指导不同时期采取不同的成本策略、技术措施、经营战略，从而使企业具有市场竞争的活力。

我们的设想还很不完善，十分粗糙，只是想冲破长期以来以产品实际成本为唯一核算对象传统观念的束缚，探索一下企业成本核算改革的方向。

（原载《会计研究》1985年第一期）

适应经济体制改革新形势，开拓企业财会工作新路子
——全国企业财务工作会议给会计理论研究的启示

财政部于1985年12月21日至28日，在河北省承德市召开了全国企业财务工作会议。这是继1982年8月在北京召开的全国企业财务工作会议以后，根据经济体制改革形势提出的新课题、新要求，召开的一次部署、研究企业财务会计工作的全国性的专业会议。

财政部副部长迟海滨主持了会议，并在会议开始和结束时就企业财务会计工作面临的形势、任务以及近期财务会计工作的重心等问题作了讲话。

参加会议的，有全国各省、自治区、直辖市以及计划单列各市财政厅（局）主管工、交、商企业财务会计工作的厅（局）长和处长，国务院主管工业、交通、商业的十六个部（总公司）财务司（局）负责人。财政部主管工交财务、商贸财务、会计事务管理等的负责同志，以及新华社、经济日报、《财务与会计》《财政》《会计研究》等新闻单位的代表，应邀在会上作典型经验介绍的五个企业派代表参加了会议。与会代表共180余人。会议的中心议题是：进一步完善企业内部改革，把企业财务会计工作搞上去，促进不断提高经济效益。会议在"七五"计划开始的前夕召开，具有特别重要的意义；会议的贯彻，必将把我国企业财务会计工作推向一个新的水平；企业财务会计工作实践的不断创新和发展，也必将给财会理论研究提供新的课题，创造新的成果。

会议期间，我们从财政部领导和与会同志在大、小会议上的讲话、发言，从会议介绍的先进经验，从各部门、各地区对1986年工作的部署和设想中，受到很大的启示，从中总结出如下几个方面的问题，供会计理论界的同志们参考。

一、企业财务会计工作的新形势

1985年，我国财政收支实现平衡，并略有节余。消灭财政赤字，标志着争取财政经济根本好转的目标已经基本实现。中央领导同志指出，十一届三中全会以来，财政工作是有巨大成绩的。财政经济状况基本好转，有财政部门一份功劳。这是党中央对广大财政干部，包括企业财务会计干部的巨大鼓励，也说明我们的财政工作和企业财务会计工作面临着大好的形势。

十一届三中全会以后，于1982年8月，全国第一次企业财务工作会议在北京举行。那时企业财务会计工作面临的形势是：贯彻"调整、改革、整顿、提高"的八

字方针;开始把一切经济工作转移到以提高经济效益为中心的轨道上来;中共中央、国务院发布《关于国营企业进行全面整顿的决定》,国务院批转了财政部《关于加强国营企业财务会计工作的报告》;首钢等一些企业创造了企业内部经济核算的新鲜经验。在这样的形势下,那次确定企业财务会计工作的首要任务是整顿,同时有条件地进行一些改革。经过3年的艰苦工作,全国5万户预算内工交企业,已整顿验收合格的占95.56%,其中3 000户大、中型骨干企业,只有13户没有验收合格。商业企业、供销合作企业、粮食企业已验收合格的有16.1万户,占企业总户数的97%。整顿的丰硕成果是:企业财务会计工件的正常秩序得到了恢复,财务人员素质有了明显的提高;在整顿的同时,逐步进行了改革,3年走了三步:从实行企业基金制度到实行利润留成制度,又从利润留成制度过渡到第一步利改税,接着又发展到第二步利改税。在企业财务管理体制该如何正确处理国家和企业经济利益关系方面取得了重大突破,长期以来企业吃国家"大锅饭"的局面开始被打破,从而调动了企业的积极性,企业财务会计工作也因此而发生深刻的变化;十二届三中全会以后,改革从农村向城市发展,"对内搞活经济,对外实行开放"成为我国经济工作的总方针,中央要求把财政部办成经营管理部,作为财政工作也是财政经济工作重要组成部分的企业财务会计工作呈现出空前活跃状况,走上了一条开拓创新的道路。微观搞活,国家的宏观控制逐步加强,财务会计的法制建设加快了步伐。1985年1月六届全国人大常务委员会通过了我国第一部《会计法》,当年5月开始在全国施行。在这前后,经国务院批准公布了《国营企业成本管理条例》《国营工业企业固定资产折旧条例》,财政部发布了《中外合资企业会计制度》《会计人员工作条例》以及各项专业会计制度。《会计法》的颁布和实施,使会计工作走上了法制建设的新阶段。可以说,也是新中国成立以来会计工作形势最好的时期之一。

近年来,会计理论研究的空前繁荣,是与财务会计工作的大好形势紧密联系并以财务会计工作的丰富实践为基础的。

目前,我国经济体制改革正在稳步地深入发展。"七五"期间,是全面改革我国经济体制的关键时期。改革的顺利展开需要财力支持;重点建设、技术改造和智力开发需要财力支持;继续改善人民生活,也需要财力支持。而培养财力、扩大财源、理强财力,则有赖于经济体制改革取得有效成果,即真正增强企业的活力。企业财务会计工作的优劣对国家的财政经济状况有着直接的影响,面临十分艰巨的任务。

城市经济体制改革的深入发展,突破了在旧体制下各种经济活动的单一模式,呈现多形式、多渠道、多层次、纵横交错的极其复杂的景象。财政、财务、会计工作,是对经济活动中价值运动的控制,由于经济活动中不确定因素增多,"透明度"降低,财务会计部门对价值运动控制的难度大大增加了。指标、预算、计划数,逐渐从"刚性"变成了"弹性",直接控制的因素逐步减少,效能趋于衰减。在此形势下,企业财务会计工作的重心何在?工作内容、工作方式需作那些转变?宏观控制需要采取那些相应的措施和形式?等等,都要进行探索和研究。新形势、新变化,要求企业财务会计工作从"整顿""打基础",上升到一个更高的层次,达到新的高度。

新形势下的企业财务会计工作面临新的任务,财务会计理论研究也就应该拿出为之服务的新成果。总的题目是:如何在"七五"期间,在"基本上奠定有中国特色、充满生机和活力的社会主义经济体制的基础"之上,形成企业财务会计工作新的管理体制、新的管理内容、新的管理形式、新的管理手段。即奠定具有中国特色的企业财务会计理论、方法体系。

二、搞活企业

增强企业活力,是城市经济体制改革的核心,也是这次会议的中心议题。从企业财务会计工作的角度来说,有两个基本课题需要认真研究:一是什么叫搞活?二是怎样才能搞活?

3年前,国家对所有企业制定了几条具体标准。现在,搞活企业是不是也应该有一定的标准。总的来说,搞活企业就是要使企业成为一个相对独立的商品生产经营者,具有自我改造和自我发展的能力,这和企业财务会计工作密切相关。这次会议介绍经验的沈阳电缆厂,是一个充满活力的大型企业,从他们介绍的经验来看,有这么五条可以称为搞活企业的标准。

第一,有从技术自我改造中求发展的能力。具体表现为四个方面:一是有较强的技术改造能力,拥有足够的资金使固定资产不断得到更新;二是有较强的技术储备能力,拥有一支经过智力开发形成的技术队伍。依靠技术进步和企业内部资源,他们走了一条集约型的内涵扩大再生产之路。

第二,有在竞争中善于应变的能力。具体表现为对市场、对各种经济杠杆变化的灵敏反映和反馈能力、应变能力、适应能力,因而原材料涨价时他们能够自我消化,税率变动时能够适应,竞争受挫时能转败为胜,具有占领国内市场 1/5 并进而有 11 种产品打入国际市场的能力。

第三,有消化不利因素提高赢利的能力。他们连续 3 年不仅做到产量、产值、利润的增长三同步,而且利税增长大于产量、产值的增长,生产经营实现了符合经济规律的良性循环。

第四,有严格的责任制增强内部活力。具体表现为企业的责、权、利紧密结合的企业内部分配原则,并敢于重奖重罚,职工的主人翁地位和物质利益有可靠的保障。

第五,有一个以厂长为首的会经营、精管理、善用人的领导班子。具体表现为厂长的任期目标主要是财务指标,财会工作在企业经营管理中成为中心控制枢纽。

这五条,都和企业财会计工作的改革密切相关。

沈阳电缆厂这个万人大厂改革的经验是成功的,他们探索了一条对搞活大企业具有普遍意义的可供选择之路。大、中型企业虽然只占全国企业总数的 1.45%,但却是国民经济的命脉,是我国经济起飞的基础。大、中型企业固定资产占全国国营企业固定资产总额的 65.4% 上缴利润占全国国营企业的 65.1%。大、中型企业上不去,国民经济就失去支撑力;大、中型企业搞不活,国民经济的生机和活力将受到很大的制约。因此,搞活企业,首先是搞活大、中型企业;会计财务会计工作改革的中心,也应该是把大、中型企业内部蕴藏的潜力充分挖掘出来。

搞活企业离不开内部和外部两个方面。从企业来说,要执行国家的方针政策和国家法律、法规赋予的义务和权利,搞活外部改革,发挥自己的优势和潜力;从宏观来说,要制定符合客观实际的方针政策并完善各种法律、法规和制度。正确进行控制和管理,为企业创造良好外部条件和生产经营环境。与会同志十分关心利改税以后的财政部门和企业主管部门在企业财务会计管理方面如何发挥作用的问题。有的同志提出，在实行完全的利改税以后，财政部门和企业主管部门在企业财务管理工作上传统的"预算工作"相应地向税务部门转移，财政和行业的财务管理职能是否会因此而削弱。大家认为，关键在于适应新形势，端正财政部门和企业主管部门财务会计工作的方向。在当前，至少应该抓好如下三方面的工作：第一，帮助企业加强财务会计管理；第二，创造良好条件把企业搞活；第三，实施正确有效的宏观控制，使之活而不乱。从理论上、总体上、根本上来说，微观和宏观效益是一致的。但在商品经济条件下两者的矛盾难以避免，此长彼消的情况，在实际经济生活中时有发生。仅着眼于微观搞活而偏离控制，造成对宏观的干扰乃至破坏，已引起人们的关注；而宏观决策的失误，造成微观的更加被动和巨额的损失浪费，却没有引起足够的重视。某些部门在财务决策上发生失误，政策上相互矛盾以及办法多变等等，是这2年来基层财会部门在经济体制改革中最为担心的。因此，上述三方面的工作，特别需要在正确、有效的控制上下气力、花功夫。

为搞活企业创造外部条件，可以进一步分为纵向和横向两个方面。例如，企业的纵向关系，是国家对企业的控制。改革的主要方向是变直接控制为间接控制。又如，在财务管理体制方面，从上缴利润到以税代利，就是实现这一转变的重要内容，也是促使企业内部在财务收支控制上由软性向硬性转化的重大改革。但如果改革不配套、不彻底，企业仍不能真正成为独立核算、自负盈亏的经济实体，企业将会对各种间接控制手段、对市场变化不敏感，或对各种经济杠杆的变动做出不恰当的反映，此长彼消，从而导致间接控制失效，被迫回到直接控制为主的老路，企业内部财务收支的控制必将重新从硬性回复到软性，再次躺在国家财政上。这种教训已经有过。正如有的经济学家分析的那样：不能准确地辨识微观运行机制，轻率扳动宏观杠杆，盲目性在所难免，副作用很难预料。没有微观组织的积极反应，单靠宏观调节政策，也是很难驾驭经济系统的运行。因此，如何才能使企业真正活起来，财政部门有关处理国家与企业分配关系的企业财务决策，在企业纵向关系中具是有决定意义的。企业承包的横向关系，主要是市场机制。应该在宏观范围内，为企业生产经营的正确运行创造良好的环境和条件，为企业之间的竞争和竞赛创造良好的环境和条件。通过各种经济杠杆的运用，为企业的活动提供及时而正确的信号，并产生强烈的刺激，促使企业做出适当的反应。再如，建立资金市场，使企业资金能够灵活融通，迅速转移；利用各种经济杠杆，调节企业对资金需求和运用；排除原有财务体制中大量存在的不适当照顾、特殊待遇，以及各种保护后进，"鞭打快牛"的做法，力求使企业间的竞争在平等、合理的条件下展开；等等。

看来，作为价值管理的企业财务会计工作，在搞活企业中，无论从纵向还是横向形成使企业充满活力的外部环境和条件，都有大量的而且要求很高的工作急需去做。

三、企业会计与社会会计

在这次会议的讨论中，财政部领导和会计事务管理方面的与会代表，一致强调要正确认识会计的地位和作用，要突破记账、算账的传统会计观，要把会计工作渗透到经营管理的各个领域、生产技术的各环节，充分发挥会计在生产经营管理中的特有作用，要积极地运用各种现代化的管理方法，进行预测，实施控制，参与决策。随着经济体制改革的深入发展，客观上必将对会计工作提出越来越高的要求，财政部领导同志还指出，加强会计基础工作十分重要。过去几十年我们抓整顿，就是要把基础打扎实，但如果会计工作仅仅满足于单纯地记账、算账，就不能适应形势发展。会计部门要抓经营管理，不能仅仅把会计工作理解为写写算算，那是一种过时的会计观。

我国经济生活中，正在出现从卖方市场向买方市场的变化，企业的生产经营也从资源约束型向需求约束型转化。任何一个企业，都不会既是买主又是卖主。但现实经济生活表明，企业作为买主的主权地位正在上升，而作为卖主的垄断地位正在弱化，这是促使企业面临"转轨变型"巨大压力：在经营方针上，从单纯追求产量、产值、速度，转为追求质量、销售额、利润；市场机制进入企业经营决策领域，财务会计工作出现了一个崭新的工作领域。企业为求生存、争发展，必将迫使企业会计工作随之"转轨变型"。

影响社会经济生活的重大因素是价格体制的改革，它与企业以价值形态反映的经济效益有直接联系。有段时期常常听到"涨价"因素"抵销"经济效益的说法；现在，更多地看到了"自我消化价格因素"的实例。综观全局，价格的"双轨"制，至少起到了双重作用：既刺激了增产，也刺激了节约，这正是价值规律这个"伟大的学校"教育的结果。例如，钢材是紧俏物资，有计划、浮动价和市价。作为生产者，愿意多生产一吨钢材，从而可以通过超产部分的加价获得额外收益；作为消耗者，由于多消耗一吨钢材，需要付出额外的昂贵代价，于是千方百计节约，从而不仅促进企业经济效益提高，而且使社会财富真正节约。当然，这种作用不是无限的，绝不可任意夸大，因涨价而"消化不良"的企业还处处可见。这就要求企业财务会计部门，突破传统的记账、算账的陈旧观念和方法，运用先进的科学技术，精确地计算边际产量，通过边际作用来增强企业的经营活力。

企业办"社会"，这是我国经济生活中的一个特异现象，是企业无力根除的一个"病灶"。中国式的就业制度，是和社会福利、社会保障三位一体的。从而，劳动力资源的优势，在一定场合、一定条件下转化成冗负难减的劣势。扩大劳动就业，成为企业的沉重负担，是企业提高经济效益的抵消因素。田纪云副总理在1985年中国会计学会年会上的讲话中，曾提出要研究社会保障有关问题。有的经济学家也提出进行以建立失业保障为核心的劳动体制改革。一方面承认现有福利待遇，同时把"暗补"变为明补，使社会福利、社会保障和就业脱钩，促使劳动力的流动，从而进一步建立劳动力市场。持这种见解的同志认为，只有这样才能解决消费基金膨胀的问题。河北省已开始这方面的试点，试点单位实行按工资基金总额交纳社会保险税，企业退休人员的工资福利等与企业财务收支脱钩，由社会福利的主管机关发给退休金。其发展前景是社会失业救济金，允许工人失业，同时在一定条件下，保障其基本生活。河北省的试点和某些经济学家的理论，也给人们以启示，在社会福利暂时还不能全面"社会化"的情况下，财务会计工作可以设想作一些改革。例如，把企业为社会举办的一些事业单位单独进行核算，看来就势在必行。职工医院、食堂、托儿所、幼儿园、子弟学校、俱乐部、职工宿舍、离退休人员的工资福利等等社会性的开支，以及某些额外的社会负担，等等，不仅要单独核算，而且要另觅资金来源，从而使企业财务会计真正成为企业生产经营活动的价值形态的管理。

对于企业办"社会"问题，也有一种相反的说法，即：社会为企业服务，企业向社会开放，一业为主，多种经营。例如，企业的车队、机修、医院、食堂、俱乐部、幼儿园、子弟学校、浴室都可以向社会开放，进而发展到独资或联合兴办第三产业，实行独立核算，自负盈亏。目前，某些企业在改革中正在致力于朝此方向发展。从财务会计工作来说，这些事涉及企业留利的分配和使用方向，也涉及企业经营资金的分配和运用。在企业和"社会"目前这种难分难解的状况下，对这一部分财务收支的核算与管理，不能不是企业财务会计工作需要很好研究的内容之一。

企业财务会计工作在经济体制改革中面临的另一个新课题，是横向联合中财务会计问题的处理。企业联合，现在更多的是自上而下的"拉郎配"；但联合的客观要求是按商品经济的发展规律进行"自愿结合"。沈阳电缆厂摸索的以大企业为主体，以名牌产品为龙头，打破所制界限，进行跨行业、跨地区、跨城乡的联合和协作的经验，是一条成功之路。联合企业财务会计问题的处理，显然必须考虑到联合方式、联合范围等的不同而有不同的办法，这是每一个参加联合的企业财务会计部门都需要研究的。至于各主管部门，则需要更多地研究财务会计工作如何在建立城市经济中心方面发挥积极作用。

四、投资与效益

投资问题，过去主要是宏观决策，企业听命于上级安排。经济体制改革以后，折旧留用和税后留利，使企业手中有了一笔相当可观的资金。全国的预算外资金逐年增长，目前已相当于国家预算资金的规模。在这种情况下，如果坚持过去的投资管理体制，过份地限制企业在投资决策方面的自主权，其可能产生的严重后果之一，是迫使企业想方设法使大量资金转化为消费基金，显然这是不明智的。要搞活企业，使企业拥有自我改造、自我发展的能力，重要条件之一，是让企业有自主决定资产的投资方向的适当权力，否则，企业的经营自主权将是缺腿而不完备的。企业进行财务会计管理体制改革，增加企业留用的资金，企业财务会计工作的关键是在两个字上做文章，一是"留"，二是"用"。千方百计使企业的生产经营持续发展，盈利水平不断扩大，从而使提留的资金得到相应的增长；同时，保证提留资金得到合理、节约、有效的运用，既是新形势下企业财务会计工作一项十分重要的内容，也是财会计理论研究的重要课题。

投资决策权下放以后，由于宏观控制缺乏经验，措施不力，以及其他方面的原因，近2年出现了一些不正常的情况。例如，为保持国民经济的综合平衡、协调发展，国家强调压缩固定资产投资。宏观要求紧缩投资，企业反而愈加扩大非生产投资的比例，造成生产性积累相对不足。长此以往，将导致企业生产经营发展受阻，经济效益难以持续增长，从而整个国民经济的发展也必然后劲不足；另外，在纯收入规模既定的条件下，企业自有资金的增加，意味着建设资金的分散和资金拥有量的小型化，如果在宏观上不采取适当的手段进行调节，极易导致整个社会资金使用的分散化。从而出现全国投资总额规模很大，而单位投资规模却很小，一些对国民经济民生有决定意义的、但需大规模投资的工程上不去，或者被迫打"持久战"的现象。企业作为投资决策者，一方面视野有限，另一方面资金拥有量有限，只能选择"短平快"项目，而往往偏重于眼前利益，忽视长远的生存和发展。至于因此而可能导致的国民经济结构轻型化则更难顾及。这种表面上"万马奔腾",实际上不仅互相冲击、排挤,而且"兵无将帅"的状况,不利于国民经济的起飞。更需顾及的,是潜伏着国民经济比例结构、产品结构等等,再度出现不平衡、不协调的危险。企业财务会计管理能够在这方面采取哪些对策,如何与有关的宏观控制协调一致,是急需研究的。例如,企业财务会计在投资管理上如何建立项目决策责任制,就可作为研究的课题之一。有了决策权,不实行严格投资责任制,有可能造成滥用职权。因此,经济学界有人提出要实行企业破产制,经济法研究中心提出要拟定企业破产法。现实经济生活说明,如果企业没有破产之忧,那么无论企业负多大经济责任,对国营企业的经济惩罚或索赔,最后仍会转回到国家财政上,企业及其领导和职工并无切肤之痛。基本建设投资实行拨改贷,是试图建立投资责任制的一种形式,但"形式"终究是"形式",许多企业领导人不管银行利息有多高,也不管你是单利、复利,只要你贷他就敢要,到时如果项目亏本,不仅利息可不付,连本金都可以不还,最后,不是银行背包袱,就是财政给补贴。在这种"形式"下,作为经济杠杆——利息的作用实际上等于零,更难以此控制投资方向。实行项目决策经济责任制,就必须奖惩分明,重奖重罚,直至宣布企业破产,以企业的经济生命承担投资风险。全体职工、包括厂长、书记同时转入待业,领取救济金,按照列宁的说法,情节严重的还要把厂长关进监牢。这种设想,可以使企业投资建立严格的经济责任制。如果这样,企业财务会计工作在投资的可行性研究以及资金的筹措、使用等等方面所负担的工作,以及财务会计工作在投资决策集中的地位,将会发生深刻的变化。

至于投资效益的一些会计方法,在管理会计中已有不少可供借鉴的。问题是要真正与我国经济生活实际相结合。如果针对我国建设周期长"半拉子工程"多的现状,使用投资资金周期法,是否更有利于克服这些弊病。这些都是企业财务会计工作需要探索的。

就部门财务来说,在引导投资方向和提高投资效益方面,也有很多工作可做。比如,将宏观或行业的经济信息及时、准确地传递给企业,提出一些中、长期指导性的固定资产投资规划,制定行业技术改造计划,等等,对企业都有重要意义。

如果进一步展开,还可以这样设想,为了保证最佳经济效益,使投资达到一定规模,可以考虑通过多种渠道开辟资金市场。例如,可以开辟短期融资市场。目前企业间的商业信用,已成为支撑我国经济活动的重要机制,可以在加强宏观控制的基础上加以发展;又如,可以提倡中、长期集资,对一些大跨度的"拼盘项目",实行企业内部集资、企业间集资、社会集资。冶金部把它叫作"一顶轿子几家抬"。当然,集资也必须在宏观控制的基础上进行。固定资产投资的重要课题是微观扩权与宏观控制之间矛盾的正确解决,这是经济体制改革中部门财务会计工作中一个极其重要的课题。

五、企业内部改革与财务会计工作

搞活企业必然促进企业内部经营管理体制的改革。利改税解决了企业吃国家的"大锅饭"问题,但没有解决企业内部吃"大锅饭"的问题。由于改革刚刚起步,正在探索前进,不配套、不完善,各方面产生某些不衔接的现象在所难免。从总体说,企业自负盈亏的原则还只实行了一半。许多企业实际上还是只负盈不负亏。既然对亏损还没有真正承担经济责任,奖金便成了一些企业追求的首要目标。有的企业有生产经营性亏损但照发奖金,有的企业即使因发奖而导致了亏损也不以为意,对某些见利忘义者来说,即使有奖金税也难以控制。"大锅饭"尚未打破,"小锅"又遍地开花,从而导致消费基金急剧膨胀。这种形势提出的一个迫切课题:一方面,必须迅速完善利改税的宏观控制体系;另一方面,必须迅速完成企业内部财务会计体制改革。

搞活企业的内部条件,在于千方百计调动经营者和生产者的积极性。所谓经营者,包括企业内部各级领导。这次会议交流的典型材料证明,活力较强的企业,除了进行设备更新、技术引进、新产品开发以外,更重要的是他们有一批坚持社会主义方向的新型经营者。目前,相当多的企业搞"划小核算单位",使那些具备条件的车间变成专业分厂,并适当给予自主经营的权力,使之成为企业内部的经营者,从而使企业面貌变化很快,经济效益不断提高。事实证明,在社会化大生产条件下,经营单位的规模并不是越大越好。目前,在世界发达国家,经营规模还出现了小型化的趋势。因为,科学技术越发展,社会化程度越高,就意味着社会分工越细;而社会分工越细,也就意味着经营单位规模小型化的特性。一个工厂,不需要也不可能包揽一切,"大而全"必然向"小而专"发展。这就是大、中型企业内部划小核算单位的重要理论依据之一。

但"划小核算单位"也有许多问题值得探讨。会议期间,有的同志提出,会不会因此造成分厂、车间权力过大,增加企业内部之间的矛盾,影响全厂的统一经营。从会计理论角度来说,核算单位一般是指会计主体,就意味着独立核算。显然,分厂、车间的核算是不能独立的,与其叫"核算单位",不如叫"责任单位"或"算账单位"。看来,从严格的科学意义来说,以不提"划小核算单位"为好。有的企业称之为分厂、车间,更切合实际。"划小核算单位"还涉及一些概念的确切含义。例如,"划小"小到什么程度?"放权"对分厂、车间放到什么程度?都难以做出明确的回答。而且,核算单位并不一定是越小越好,放权也不一定放得越多越活。一些单位的实践证明,作为一个自主经营、自负盈亏的企业,起码应该坚持全厂的"六统一",即统一计划调度、统一纳税、统一承担债务、统一在银行开户、统一办理对外事务、统一核算并承担全厂盈亏。

调动生产者的积极性,是搞活企业的内部条件之一。生产者是企业的主体,是物质财富的直接创造者,他们的积极性得不到充分发挥,仅有经营者的积极性将无济于事。为了调动生产者的积极性,要尊重按劳分配规律的客观要求,但绝不可忽视政治思想工作的作用。奖金是有效的,但也不能把它作为唯一模式,在所有单位一律推行;内部承包责任制有一定威力,但也不是"威力无边",它是一种简单的、低级的形式,有待于向高级形式发展。在现代连续生产企业,产品往往是成百上千甚至上万人协调劳动的结果,"包"就难以见效。国外一些企业财权高度集中,并没有妨碍下面各级积极性的发挥;某些企业实行预算控制的办法,也十分有效,这是值得思考的。

在奖金的分配上,我们一些同志强调"及时兑现",似乎可以"立竿见影"。国外企业搞一月一奖的几乎没有,或者半年奖一次,或者一年一奖,对劳动者并不失其刺激作用。如果作深刻的考察，我们的"月月奖"本身就包含了"奖金变补助"的因素。发奖越勤，作用愈减，归根到底奖金毕竟是一种辅助手段，最根本的还是要完善工资制度，在工资体制上体现按劳分配原则。企业财务会计工作应当在这方面开辟自己的工作领域。

六、财务会计工作与现代化管理

我国许多企业科学技术十分落后，但相比之下，管理尤其落后。经济要起飞，管理必须现代化。财务会计管理现代化、电算化固然是一项重要内容，但这也仅仅是手段的现代化。更重要的是管理内容、方式的现代化。沈阳电缆厂提出"向产品质量要效益，向节约原材料消耗要效益，向技术进步要效益、向现代化管理要效益"，大家认为概括得很好。他们运用价值工程、网络技术、投入产出法、目标成本、质量成本等现代化管理方法，也是值得借鉴的。财政部领导在会议结束时的讲话中指出，科学管理确实是不需要花投资就可以提高经济效益的一种重要资源，确实可以引导人们深挖潜力，提高经济效益。从当前情况来看，积极推进这些现代科学管理方法，特别是像价值工程之类的科学管理方法，有着特别重大意义。第一，目前许多产品还是五六十年代的老产品，工艺落后，型号陈旧，剩余功能多；第二，在科学技术进步的条件下，新材料不断涌现，用廉价材料代替老材料，降低产品成本潜力很大。通过价值分析，可以发掘潜力，推动技术革新、工艺改革、产品改型、降低成本、提高经济效益。因此，企业财务会计工作在新的一年里，重要任务之一，是千方百计实现财务会计管理现代化，并进而促进企业经营管理现代化。

原材料消耗过高，是目前我国企业的一个致命弱点。这次会议研究的《国营工交企业原材料、燃料节约奖励试行办法》，就是意图从加强财务管理的角度出发，促使企业的高消耗降下来。这个办法的基本点是：范围放宽，管理从严，关键在于管理从严。实行材料节约奖，鼓励杜绝浪费，而不是再开一个"大锅饭"，更不能"上面有一项政策，下面就有一道口子"，把"节约奖"变相成为增加个人收入的一条渠道。

在过去一段时间里，一部分企业领导只注意了执行系统，忽视了决策系统、参谋系统。一些厂长、经理迷恋于"拍脑袋"想当然家长式的领导方式，因而在经济体制改革深入发展以后，感到力不从心，造成经营指挥上的种种失误。原因之一，就是不重视、不善于运用会计这一参谋部门、发挥会计人员"信息库""思想库"的智囊作用，这是传统的、落后的小农生产习惯方式的痼疾。因此，在新的一年里，向企业领导人提出对财会工作的要求，并把财会管理基本知识作为企业领导人素质构成之一来要求，也是部门财务和上级领导机关的重要工作之一。而企业财务会计工作，也应对企业生产经营活动从平面分析（账面分析），进入立体研究（企业环境分析），汇集情报，预测未来，调查研究，发现问题，议定方案，监督运行。当然，企业财会人员的基本职能是"谋"，企业领导者的经常性工作是"断"，但"谋"中有"断"，"谋"对"断"有决定性的影响。

七、企业财务会计工作与科学技术进步

企业技术进步，是一项具有战略意义的工作。抓得好不好，对实现"七五"战略目标关系极大。技术进步又是培养企业财力、搞活企业财务最根本、最可靠的源

泉。因此，企业财务会计工作应该渗透到科学技术工作领域，促进企业技术进步。

一要从资金使用方向上把好关。要认真执行"坚决把建设重点切实转移到现有企业的技术改造和改建、扩建上来，走内涵为主的扩大再生产的路子"的方针。无论财政部门和主管部门还是企业的财务会计工作，都要在资金安排上有利于促使企业技术进步工作有计划、有重点地开展，争取每年技术改造资金的安排和使用，都能促使企业或在设备改造、或在工艺改革、或在新产品开发等方面有新的进展。

二要发挥财会工作在技术进步方面的监督作用。要促使技术进步围绕提高产品质量和降低消耗两项重要内容展开；对于引进，要和消化结合。财务会计工作要全力支持那种把创新和吸收能力结合起来的技术引进；对于那种单纯依靠先进技术搞现代化的做法，则要依照国家政策和有关规定进行监督和限制；企业财会工作还要有利于技术市场的形成，有利于加快技术成果向生产转移，要坚持实行技术的有偿转让。

三要适合科技成果商品化的新形势，搞好无形资产的核算。现行会计制度尚无这方面完备的规定，需要探索。目前，一般以成果取得过程中消耗的物资、科技人员的报酬，再加上适当的利润作为转让价格。显然，这种计算方法，不利于科学成果的商品化，从而也不利于新技术的推广。于光远同志提出由科技成果买、卖双方根据自己的经济效益、经济利益来协商价格，是有一定道理的。马克思曾经讲到非劳动产品的商品化的价格形成问题，对我们在思考科技成果价格时很有启迪。作为一项科技成果，是一种发明创造，因而"社会必要劳动平均量"的概念对它是不适合的，那种以成本耗费为基础的计价方法也需要商榷。作为一项科技成果，买方，因为可以给企业带来巨大的经济效益，愿意以自己所获得的经济效益为基础，多出钱买它，因而无须去研究对方为取得这项成果而耗费了多少。如果这项成果对买方带不来经济效益，就不会去买它；如果带来经济效益不大，即使卖方耗费了成千上万资金，买方也不会以高价去取得。所以，科技成果的价格，归根到底是转让后实现的经济效益。再联系"名牌货"的名牌可以转让，需要有偿，等等。对于这些无形资产的核算，在鼓励技术进步的新形势下，会计工作应该作相应的改革，会计理论研究无疑也应该将其作为重要课题进行研究。

八、财务会计工作的法制建设

法制建设是完善间接控制体系的重要一环。处理会计事务必须遵守国家的法律、法规和制度，加强财务会计方面的法制建设极为重要。1985年，以《会计法》的通过和实施为标志，会计工作进入法制建设的新阶段。新的一年，财会法制建设任务繁重。

《会计法》是会计工作的根本大法，但仅有根本法还不够，还必须拟定一些单行的、专门性的法规、条例、章程、制度。这方面，几年来已经做了大量的工作，初步形成了一个较为完整的会计法规体系。在新的一年里，将草拟《会计专业职务暂行条例》《注册会计师条例》《总会计师条例》《中外合作经营企业会计制度》等会计法规制度。在实际工作中，最重要的问题是如何坚决实行法治，克服那种"权大于法"，某些人目无法纪的现象。如果说经济杠杆的调节是弹性的，那么经济法规的调节就是刚性的，必须强制执行。无论管理者还是被管理者，都只能在法律允许的范围内行动，严格履行法定的责任、权利和义务。上级主管部门、主管人员，不能滥用权力,甚至以权代法,有法不依,执法不严,违法不究,使法制形同虚设,其恶果比无法更有过之。财会人员必须同各种违法乱纪行为做坚决斗争,上级财务会计部门要为在基层的同志做有力的后盾。我们要研究一套自上而下、自下而上的保证各项法规制度严格执行的监督系统,促进各种财会规章制度能被真正地、完全地、不折不扣地付诸实施。

(原载《会计研究》1986年第一期)

深化会计改革的构思

(1)列宁说:"理论要变为实践,理论要由实践来鼓舞,要由实践来纠正。"检验会计改革理论是否正确,在于它能否满足会计改革实践的需要。3年来,在全国近百家财会杂志上发表了近五千篇有关会计改革的文章,论述了会计改革的必要性、迫切性及改革原则、指导思想,对统一我们对会计改革的认识,起到了积极的作用。但要深化会计改革,仅有一般的议论是不够的。把会计改革中所有的问题,不分层次,不管具体情况,采用"一锅煮"泛泛而谈的方式,也难付诸实施。这就是"当前会计改革理论上讲得多,实务上改得少"的原因之一。因此,深化会计改革的第一步,就是要区别不同层次、不同时期、不同情况,提出具体要求,形成一个在近期、中期和远期逐步实现的总体规划方案。

(2)会计工作是一项重要的经济管理工作,会计学是一门经济管理科学。因此,会计改革必须与经济体制改革同步,探索深化会计改革的途径,必须研究经济体制改革的总体部署。国务院领导在六届人大五次会议《政府工作报告》中指出:"我国的经济体制改革,必须适应在社会主义公有制基础上发展有计划商品经济的要求,以增强企业活力、完善市场体系和健全宏观管理制度为主要内容。实践证明,这个既定的改革方向和总体部署是正确的。我们要充分认识改革的长期性和复杂性,善于根据形势的发展变化,对改革的具体步骤和配套措施及时做出恰当安排。"我体会这段话有三层含义。

第一,改革要适应两个方面的基本要求:一要适应社会主义公有制这个经济基础;二要适应发展有计划商品经济规律的要求。这两点,是改革的基本前提和必须遵循的方向。

第二,改革的主要内容包括三个方面:一是增强企业活力;二是完善市场体系;三是健全宏观管理。这是社会主义有计划商品经济有效运转的三个基本要素,这三个要素的有机结合,就能"基本上奠定有中国特色的、充满生机和活力的社会主义经济体制的基础"。

第三,改革要从实际出发,提出具体步骤、配套措施和恰当安排,这是深化改革的必由之路。

根据报告精神,深化会计改革的思路,可以沿着三个方面发展:第一,健全宏观管理制度——改善宏观会计管理;第二,增强企业活力——建立微观的经营管理会计;第三,完善市场体系——发展为社会服务的注册会计师事业。这个思路,渊源于经济体制改革的总体部署,立足于能够付诸实施。

一、改善宏观的会计管理

(3) 宏观控制，这是社会主义公有制和计划经济的客观要求，也是搞活微观的重要前提。《中共中央关于经济体制改革的决定》指出："就总体来说，我国实行的是计划经济，即有计划的商品经济，而不是那种完全由市场调节的市场经济。"离开社会主义制度、社会主义生产方式，去研究经济体制改革，就会迷失方向。有些人一讲计划经济，就片面强调指令性计划，排斥自觉运用价值规律；同样，有些人一讲商品经济，就片面强调价值规律的自发作用，排斥宏观范围内的有指导的主观能动作用，都是不符合中央《决定》精神的。因此，我国需要有宏观的会计管理，而这也正是具有中国特色的会计管理体系的重要内容，是西方那种完全由市场调节经济和生产资料私有制条件下所没有的，这是讨论问题的基本前提。

(4) 宏观的会计管理，包括两方面的含义：一是指运用会计理论、会计方法，对社会再生产过程中的社会总资金运动的核算与监督，并使之成为整个国民经济核算体系中的一个组成部分；二是指在全国范围内，对会计工作的统一组织、指导和管理，成为整个国家经济管理体系中的一个组成部分。因此，宏观会计管理改革，包括建立国民经济核算和监督体系，以及改善宏观会计管理工作管理，这样两个方面的内容。

(5) 马克思曾经提出过社会会计的概念，并且在魁奈"经济表"的基础上，绘制了一张国民经济核算的"经济表"，还预言，在生产资料公有制条件下，会计将要用劳动尺度，对社会化的生产进行全社会的核算。为我们研究社会会计核算，提供了理论指导。

1939 年，凯恩斯将会计学的平衡原理和复式记账法，引入国民收入统计，在英国首先建立了国民经济核算体系。1953 年，联合国发表了旧 SNA，经过修订、充实、提高，1968 年又发表新 SNA，成为当代西方国家社会会计的基本模式。为我们研究社会会计，提供了可借鉴的资料。但由于西方国家资本主义私有制的先天限制，新 SNA 输入资料的可能性无法得到充分保证；同时，新 SNA 仅是一种编表处理数据和手段，因而一般还不具有控制的职能。所以，SNA 无论从反映，还是从控制来看，都没有达到马克思所说的对社会再生产"过程的控制和观念总结"的高度。我们更需要创立的，是在生产资料公有制条件下，能够对社会主义再生产过程中，社会总资金运动过程进行"控制和观念总结"的社会会计。

我国现行会计核算体系，有一套自下而上的汇总会计报表。但仅仅只有几项综合性的指标，不能反映社会再生产全过程。大家知道，社会总资金的各个组成部分，是按照各自的规律运动着的。从大的过程来分，一部分是处于生产过程中的生产资金运动，一部分是处于流通过程的商业资金运动。当商品从生产部门转移到流通部门以后，生产部门以利、税形式上缴财政，认定价值已经实现；但从整个社会生产过程看，这部分价值并未实现，如果这些商品并不适应社会需要，不仅商业资金运动受滞，而且造成财虚收，这是造成国民收入超分配的原因之一。

货币运动是物资运动的反映。纸币的过量发行，必然导致物价上涨，通货贬值，造成经济生活的不稳定。控制货币量的闸门有三：一是银行，应当根据社会会计核算的经济增长率确定货币增长量；二是财政，应当根据社会会计核算的国民收入确定开支盘子；三是外汇，应当根据社会会计核算的国际收支，管好、用好外汇，保持平衡。

现行会计核算体系，满足不了"控制闸门"的需要。因为它人为地割断了各部分资金的内在联系。我们急需要一套能够反映各部门、各单位资金转移情况，反映种类资金动态的国民经济核算体系。鉴于问题的复杂性，不是会计、财政力所能及的，国务院已经成立了"国民经济统一核算标准领导小组"，并且初步提出了核算体系方案的内容结构。它包括六个部分：一是社会再生产基本条件的核算；二是社会再生产过程及其成果的核算；三是分配与流通的核算；四是国际收支核算；五是反映人民生活满足程度的核算；六是反映经济进行全过程的总体核算。

上述国民经济核算体系，要求从全局出发，以综合平衡核算制度为核心，规定统一的核算范围，核算分类，计算方法，建立相应的专业核算制度。社会会计核算，是国民经济核算的分支和延伸，同时又是国民经济核算的基础。我们一方面需要参与国民经济核算体系的设计、思考；另一方面需要改造我们现有的会计核算体系，尽可能提供国民经济统一核算所需要的各种资料，担负国民经济统一核算中需要由会计核算来承担的任务，同时做好微观核算与宏观核算相衔接的各方面工作。

（6）宏观产品成本的核算与监督，是宏观会计管理的又一重要内容。现有的产品成本核算这一套方法，属于微观成本核算体系，主要用来处理国家和企业间的利益分配。即使是自下而上的逐级成本汇总数、平均数，也不能代表该产品的社会平均成本。比如，同产品，全能厂和专业厂由于中间产品自制和外购的不同，横向之间不具有可比性，"一锅煮"的平均数，也不能代表该产品的社会成本；对于同一物质 C 的耗费水平，由于价格变化，计算出来的产品成本，前后期的纵向对比，也是无法进行的；还有，现在的产品成本耗费，只在一个工厂或某一生产领域的范围内计算，许多社会上的必要耗费（包括以"财政补贴"的形式支出的耗费）、流通领域中的耗费，并没有计算到产品成本中去；至于由于产业结构、产品结构等等宏观经济管理而引起的产品成本变化的数据，在目前的成本核算体系中，更是无法反映。所有这一切，又都是宏观决策时非常必要的，国家为了管理经济有计划按比例的发展，首先要核算 C、V、M 的规模。但为要使 M 计算准确、合理，就必须保证 C、V 计算准确，使其能够真正反映在目前条件下，生产物质耗费和必要劳动耗费水平，从而据以进行正确的宏观决策，指导宏观范围内挖掘降低成本的潜力。为此，必须研究宏观成本计算的口径、基数、范围、程序、方法。比如，可否把所有的中间产品无论自制或外购，均按外购价进行调整，从而保持横向企业间同一产品成本的可比性；可否采用不变价格计算 C 的耗费，或把所有的耗费都还原成现价计算，从而使不同时期的产品成本能够进行纵向对比；可否按照同比例将本应属于产品成本耗费的各种"财政补贴""社会开支"，归属到产品成本中去，从而使目前不完全的产品成本变得更加完全。所有这些，对于宏观制定价格、价格政策，调整产品、产业结构，进行行业技术改造，等等方面，都是十分重要的信息。

（7）宏观会计管理的另一课题，是改革现有的会计管理体制。有的同志建议成立直属国务院的国家会计局，成为宏观会计管理机构，履行诸如综合反映社会总资金运动，从宏观角度评价经济效益，协调宏观经济与微观经济的关系，统一监督各类资金的筹集、分配和使用，保证国家法制的执行，从宏观与微观经济结合上提出扩大经济效益的措施、建议和方案等职能。但这与我国现行情况不相吻合。财政部管理国家财政，中国人民银行管理信贷资金，审计署代表国家监督，国家经委统管经济工作，建设项目由计委确定，各种数目字有国家统计局发布，成立国家会计局管什么？所以，《会计法》规定财政部门管理会计工作，这是符合我国实际情况的。为了加强对宏观会计的管理，可否考虑扩大现有财政部会计事务管理司的职能，将其升格为国家会计局，但仍由财政部领导。这就是说，财政部不仅面对20万（全国财政干部人数），而且要面向200万（全民所有制单位会计人数），管好700万（全国会计人员总数）。财政部田一农副部长最近提出，企业财务由企业会计人员进行管理，而企业财务是国家财政的基础。各单位预算、财务收支第一线的全国几百万会计人员工作的好坏，直接影响国家财政。离开会计工作，财政工作就失去了可靠的基础。因此，一方面财政部门要管好各行各业会计工作；另一方面也要研究如何充分发挥会计工作在组织财政收入、平衡财政收支中的重要作用。这两个方面，既是各级财政部门需要经常注意的，也是改善会计管理的重要课题。

（8）健全法制，实行法治，是经济体制改革的重要内容。1985年我国颁布并实施了《会计法》，这是会计改革的重大成果。以《会计法》为核心，进一步健全和完善会计法制，是加强会计工作宏观管理的重要内容。

应该承认，随着经济的发展，体制的变化，有些会计制度已不适应现实情况，改革这些过时的法规制度，也是改善宏观会计管理的内容之一。1985年以后，根据国务院统一布置，进行了会计法规的清理工作。新中国成立以来，截至1986年6月30日，共颁发了337个会计法规制度，经清理，自动失效、宣布作废和重新修订的有262个，达78%。剩下的大多是有关凭证、账簿、报表等技术性处理的规定。还有一部分是目前正在执行的科目、报表规定，这一部分根据财政部财务制度的变化，几乎年年都有修订、补充。有的同志提出，会计改革要"以会计制度改革为突破口"。这种意见，有失偏颇。因为这方面无"突破"的可能，或者说无"突破"的对象。

需要着力研究的，是如何适应四化发展的需要，进一步完善会计核算、强化会计监督体系，并建立与之相适应的一套完整的会计制度，以保证这个体系高效率地运转。

会计制度的建设，应该有利于搞活微观经济，有利于加强宏观控制，有利于促进社会生产力的发展，有利于巩固社会主义经济基础。要分国家、行业、企业三个层次，实行集中领导、分级管理，实行"上粗下细"的原则。

《会计法》第六条规定，国家统一的会计制度，由国务院财政部门根据本法制定。各省、自治区、直辖市人民政府的财政部门，国务院业务主管部门，中国人民解放军原总后勤部，在同本法和国家统一的会计制度不相抵触的前提下，可以制定本地区、本部门和军队的会计制度或补充规定，报国务院审核批准或者备案。这是解决统一领导和分级管理的法定原则。有人认为，我国的"会计制度定得很死"。如果这是指由财政部制定的统一会计科目、统一报表格式、统一财务指标，那么，这种统一是必要的。至于统的程度，当然需要进一步研究。但也主要视宏观经济发展的需要来确定，不能看一个企业、一个单位是否有用来取舍。因此，现行会计制度管理中的主要矛盾，不是"统和放""繁和简"等问题，而是会计信息不能适应现代化国民经济管理需要的问题。许多涉及发展国民经济决策所需要的数据，会计部门提供不了，或提供了也不及时、不准确、不详尽。因此，会计制度改革的主题，不是"简化报表""取消科目"，而是如何适应现代化的国民经济管理需要，尽快改变会计工作落后的局面。

（9）现在对全民所有制单位会计人员的"双重身份""双重任务"有不少议论。在已发表的文章中，也提出了许多解决这一矛盾的具体建议。比如，由财政部直接管理全国的会计人员，等等。但现实情况无法把200多万全民所有制单位的会计人员都变成"财政驻厂员"。况且，这种做法与扩大企业自主权、搞活企业的改革方向是相悖的。必须找到一种使会计人员既隶属于各经济单位，又能在宏观控制之下的管理方式。

实践是理论的先导。各地会计事务管理部门在实际工作中创造的《会计证管理制度》，提供了对会计人员进行宏观管理的有效形式。

这一办法，是1984年先由河北省财政厅搞起来的，2年之中已发展到全国13个省、自治区、直辖市，涉及全民所有制单位会计人员近100万。财政部正在总结这方面的经验，拟在全国推广。

《会计证管理制度》的主要内容如下。①会计证是会计人员从事会计工作在业务上的资格证书。会计人员"凭证上岗"，无证不得从事会计工作。开户行拒绝受理无证人员办理业务，无证人员不得参加会计专业职务聘任。②会计证由省级财政部门统一管理。所有会计人员都要经过省级财政部门统一组织的考试、考核，合格后才能取得会计证。考试是了解专业知识水平，考核是实地检查工作业绩，包括基础业务工作、遵守财经纪律、参与经营管理、提高经济效益等方面，或按《会计人员工作规则》分岗位考核。对不合格者，应调离会计岗位。③加强日常管理，及时登记业务考核及奖惩记录、违章记录，对严重违章者吊销其证书。定期年检，没通过者，也不能从事会计工作。

这是一种财政部门管理会计工作、会计人员的好方式。同交通部门对司机的执照管理相仿，从业人员既能为本单位服务，又必须遵守国家规定。密切了财政部门和会计人员的关系，增强了会计人员自我约束、提高自我素质的自觉性。最近，国务院领导在谈到成人教育时，提出要对一些专业技术岗位发合格证，并明确提出像医师、律师、会计师、工程师都要发合格证，这既是成人教育的改革，也是劳动制度的改革。我们已经有了13个省的经验和基础，一定能够率先进行这方面的改革。对会计专业工作实行会计证管理制度，无疑会是宏观的会计管理体制改革中的重大突破。

（10）努力培养各层次会计人才，是会计改革的关键。小平同志说过，我国经济体制改革"事情成败的关键就是能不能发现人才，能不能用人才"。我国现有会计6 919 001人，其中全民所有制单位会计有2 358 347人。在这200多万人中，研究生、大学本科、专科生仅有75 137人，占3.19%；中专毕业生405 824人，占17.21%；经过3个月短期培训的有877 587人，占37.21%；未经过系统专业培训的有999 808人，占42.39%。这就是说，有100万人没有经过任何系统的专业训练，有200万人没有中专学历。因而，当务之急是解决这一两百万人的专业知识普及教育问题；在会计专业教育中，当务之急是要着重研究成人教育问题。山西省会计学会

1984年创办了会计函授学校，运用函授、刊授、电化教学和定期面授辅导四结合教学方式，使广大在职会计，能在不脱产的条件下接受中专教育，取得了良好效果。财政部总结了山西的经验，1986年经国家教委批准，创办了"中华会计函授学校"。目前，已有23个省、自治区、直辖市、计划单列市办起了分校。今年将招生654个班、33 350人。设想在几年之内发展到2 000个班，每期招生10万，如果这个规划实现，应该说这是一项宏伟的创举，不仅在中国会计教育史上将写下光辉的篇章，而且在世界会计教育史上也是无与伦比的。

与此同时，高级会计专家的培养，也刻不容缓。如同其他各门科学一样，会计学的发展也需要一批带头人。我们现在高级会计专家匮缺。1983年报财政部评审的高级会计师，全国仅有58名；根据1984年统计，全国高等院校会计学教授、副教授仅205名；全国三个会计科研机构，仅有数名副研究员。这方面的比例，较之发达国家差距很大。且现有高级人员队伍存在年龄老化、知识老化的弱点，培养新一代年轻的、具有现代化经济管理知识的高级会计专家，更属紧迫。应该有一个高级人才培养的规划，并具体落实。

会计教育体系、学科体系、人才结构、知识结构、教育手段、教育方法，等等，都应在宏观范围做出改革的具体规划。

（11）宏观的会计管理，对微观会计工作担负指导任务。从现实情况来说，企业会计既需要改革，也需要整顿。整顿是改革的基础，改革是对整顿提出的更高要求。从现实出发，我们有许多单位会计工作的整顿任务还远未完成。基础工作差，数字不实，监督不力，财经纪律松弛仍普遍存在，需要在宏观范围内采取措施。

黑龙江省1984年在贯彻《会计人员工作规则》过程中，开展了"会计工作抓基础、达标准活动"，对全省十几万会计人员的基础工作分岗位进行了考核，并按一等、二等、三等发证，收到很好效果。结合国务院颁发的企业上等级的规定，总结各地经验，最近，财政部决定在全国开展"抓基础、达标准、上等级，全面提高会计工作水平"活动。这是宏观范围加强会计工作的一项有力措施，必将收到较好效果。

（12）"双增双节"是一项长期战略措施，节约是会计工作的基本原则。由于会计工作和会计人员的特殊地位，应该在"双增双节"运动中做出较大的贡献。河北平泉县（现平原市）财政局，组织会计人员开展"三个一"（一个会计人员，提一条合理化建议，为国家增收节支一千元）活动；四川省财政厅在会计人员中开展"订规划，添措施，作贡献"的活动，要求一般会计人员"献千元"，主办会计"献万元"；哈尔滨市财政局向会计人员发出"人均千元"的号召，等等，这些活动都是有重大意义的。不仅是经济上的增收节支，而且是会计事务管理工作方法上的重大转变。财政部最近总结了这方面的经验，拟在全国推广。

（13）会计电算化，是会计核算手段的重大改革。从宏观会计管理角度出发，这方面需要研究的问题有：①审定会计电算化的原则、步骤、标准、规范、技术、鉴定和管理制度；②审定会计电算化的咨询、鉴定、审查的权威机构和人员；③组织研制或鉴定示范性会计电算化软件；④组织会计电算化人才的培训和交流；⑤制定会计电算化内部控制的基本原则；⑥研究会计电算化以后会计制度、会计组织的改革；⑦协调电算化以后会计与审计、金融、税务等部门的关系。

二、建立微观的经营管理会计

（14）《政府工作报告》中指出："增强企业活力是经济体制改革的中心环节，""要把改革的重点放到完善企业的经营机制上，根据所有权与经营权分开的原则，认真实行多种形式的承包经营责任制，使企业真正成为相对独立的、自主经营、自负盈亏的经济实体，""要逐步走出一条既符合公有制为主体的原则，又使企业具有旺盛活力和生机的、有中国特色的社会主义企业经营管理的路子。"因此，微观会计改革的中心，就是探索在全民所有制企业所有权和经营权分离的条件下，会计工作如何在加强企业经营机制中发挥更大的作用。总的题目，就是建立经营管理会计，强化会计管理职能，实行会计工作着重点的转移。关于这方面的构思，可概括为：微观经营机制组织——总会计师责任制；微观经营机制基础——内部责任会计。

（15）《中共中央关于经济体制改革的决定》（以下简称《决定》）把总会计师制度列为企业领导制度之一，并提出了"维护财经纪律、精打细算、开辟财源"三项任务。我们把它作为微观经营机制中会计组织形式之一。

作为商品生产者，企业的经营管理就是对使用价值和价值的管理。企业"转轨变型"就是以实物管理为主转向以价值管理为主，以价值的生产带动使用价值的生产，以增加剩余产品价值作为企业生产使用价值的内在动力。经营决策的核心是使产出大于投入，获得价值的增值。价值运动的货币表现是资金运动，而这主要是由会计来控制的。因此，在企业中，总会计师处于对价值运动控制的核心地位。企业战略性经营决策中有关价值运动的控制，总会计师的作用是举足轻重的。"广开财源"是经营决策目标之所在，而这正是总会计师的基本职能之一。

与此同时，宏观控制的手段也主要是价值方面的。国家规定的各种财务制度、各种形式的经济监督，实际上是从宏观角度对价值进行管理。《决定》要求总会计师"严格执行财经纪律"，就是要求总会计师正确处理国家、企业、职工三者利益。在这一点上，总会计师在企业最高决策层中负有特别责任。

企业内在的发展能力，集中表现在提高经济效益上。企业经营好，留利增值能力就大。而这又取决于企业生产经营过程中的效率高、消耗省、成本低、质量好、周转快。《决定》要求总会计师"精打细算"，实质上是从另一个角度要求总会计师在生产经营管理中讲求经济效益。精打细算的关键在于过程之前。在企业经营决策最高层中，总会计师应该是善于精打细算的能手。

企业内部经营机制的形成，需要利用经济杠杆。如何运用好工资、奖金、内部结算价格等经济杠杆，调节生产经营，发掘企业内部潜力，调动各方面积极性，总会计师是进行筹划、组织的核心人物。

因而，企业经营机制的形成，将使总会计师承担更大的责任；而总会计师制度的完善，将有助于企业经营机制的加强。

（16）总会计师制度建设的关键是人才问题。根据中央组织部统计，截至1986年年初，全国3 000家骨干企业，配备总会计师的还不足1/5。全国40万个企业，缺额就更多了。因此，加快总会计师人才的培养是关键。

有的同志提出：会计工作不是管理，不参与决策，仅仅提供信息，应由厂长去管理，由厂长去决策。这种说法，有失偏颇。如果把管理说成仅仅是"发号施令"，把决策说成仅仅是"拍板",那企业中从事管理工作的、能够决策的,不是只有厂长一个人了吗?中央《决定》把总会计师列为企业领导班子成员,绝不仅仅是为了提供信息,而是为了更好地发挥总会计师参与经营决策的作用,更好地发挥会计管理在企业经营机制中的作用。总会计师制度的立足点,就是为了在企业全面实行经济责任制,在各个环节、各个领域贯彻经济核算原则,而绝不仅仅是建立一个一个记账、算账、提供信息的"计算中心"。

(17)在企业内部实行全面经济责任制,是微观经营机制的基础,责任会计是实行全面经济责任制的保证。内部经济责任算不清,不能正确分配,奖罚不明,企业内部就没有经营机制。因此,建立和发展责任会计,是企业会计改革的核心。在这方面已有许多文章论述,不再重复。当前,要防止责任会计理论研究的两种倾向:一种是完全从外国模式出发,脱离我国企业经济责任制的现实情况;一种是完全从概念出发,对"一张皮""两张皮"争论不休。现在的主要任务,是要总结30多年特别是近8年来,我国在实行经济责任制过程中,会计工作有哪些创造,有哪些做法,从而总结出适合中国国情的责任会计理论和方法来。比如,外国责任会计理论基础之一是行为科学,我们当然可以借鉴。但我国的"责、权、利统一""国家、企业、职工三者利益结合"等提法,不是更符合中国国情吗!还有"包、保、核""指标分解""报酬挂钩"等等提法,不是外国没有而在我国会计实际工作中广泛运用了的吗。

三、发展为社会服务的注册会计师事业

(18)1986年7月,国务院发布了《注册会计师条例》,标志我国注册会计师事业进入了一个历史发展时期。《注册会计师条例》第一条就强调要"发挥注册会计师在社会经济活动中的作用"。它的社会作用主要是两方面:促进对外开放,促进对内搞活。在对外开放中,它担负"三资"企业查账验证和咨询服务工作,是改善投资环境的重要支持。截至1986年10月底,我国批准和举办的"三资"企业有7 300多家,其中投产营业的有1/3。随着投产经营的"三资"企业增多,几年之内注册会计师的业务将会成倍地增长,现有的注册会计师队伍,远远满足不了对外开放发展的需要。国内金融市场的建立,《企业债券管理暂行条例》规定要有会计师事务所审查并签证的财务报告;跨地区、跨部门、跨所有制的横向联合,要求注册会计师审查财务报告,进行公证;投资可行性研究,需要注册会计师给予咨询服务;经济纠纷,需要注册会计师协助仲裁;还有大量企业财务、税务、金融、会计及经济管理,需要注册会计师提供咨询服务。在改革、开放、搞活的社会经济活动中,注册会计师正发挥着越来越大的作用。注册会计师事业的发展,给会计改革带来了许多新课题。

(19)发展注册会计师事业,当前有四件事情要抓:①加强法制建设。一是抓紧《注册会计师条例》配套制度的制订。已先后颁发了会计师事务所管理、注册会计师考试和考核两个暂行办法,即将颁发注册会计师登记、发证和注册会计师协会组织等暂行办法,还有一批制度正在草拟中;二是抓紧制定各项业务标准,包括验资、查账、清算等方面的程序、报告标准;②加强组织建设,包括整顿、巩固现有事务所和建立发展新事务所;③加强人才培养,包括对现有注册会计师的轮训和新人才的发掘,尽快实行全国首次统考;④开拓业务领域,特别是要开拓国内业务领域。

(20)注册会计师理论研究,在当前要抓住四个方面:①基础理论的研究;②有

关法制的研究；③有关知识的研究；④有关职业道德的研究。

上述20条，只是构思的一个粗线条，对于生动活泼的现实，只能是挂一漏万，仅供参考。

（原载《会计研究》1987年第三期）

（二）以"革命"的名义写的文章

这部分是代表"组织"在《会计研究》上发表的文章。发号召、作布置，往往口气不小，现在我些怀疑，真有那么大的号召力吗？

这些文章更多的是"奉命"写作的。在某一个重要的日子、重要的会议召开之后、重要的政策等下达以后，需要"号召"全国财会人员予以贯彻执行，就在《会计研究》作了"布置"，有的还要专门开会布置。因为是《会计研究》，当然也得讲点"道理"，它的布置不同于会计司开会或"发文件"所做的"工作布置"，这样一来，也就有了"文章"。

贯彻《会计人员工作规则》 扎扎实实做好会计基础工作

为了加强会计基础工作，建立科学的会计核算工作秩序，正确行使国家赋予会计人员的职权，提高会计管理水平，发挥会计在经济建设中的作用，财政部最近颁发了《会计人员工作规则》（以下简称《规则》），并于1984年7月1日起，在全国各企业、事业、机关、团体、部队等一切有会计工作的单位试行。同时，还附发了《工业企业会计人员岗位责任制（参考方案）》，供各部门、各地区参考。这是进一步整顿会计工作秩序，提高会计工作水平，开创会计工作新局面的一件大事。

核算和监督是会计的两大基本职能，核算是基础、是前提，只有把核算工作搞好了，才能谈得上发挥其他方面的作用。"千里之行，始于足下"，没有牢固的会计基础工作，会计的其他工作也是做不好的。《规则》正是从这点出发，对使用会计科目、填制会计凭证、登记会计账簿、编制会计报表、管理会计档案、办理会计交接等方面，做出了明确的规定。它是会计人员进行会计核算时的工作标准，也是近年来全国各部门、各地区广大财会人员关于会计核算规范化讨论的总结。

《规则》所规定的各个方面，还具有极大的针对性。目前，会计工作和加强经济管理、经济效益的要求还很不适应。这一方面是指四化建设的新形势，对会计工作提出了许多新的要求，有许多新的领域等待我们去开拓；另一方面是指在传统的记账、算账领域中，也有许多工作没有做好。比如，一部分单位会计工作秩序仍然比较混乱，制度不全，账目不清楚，数字不真实，反映不确切导致决策失误，监督不严导致损失浪费。《规则》在"使用会计科目"一节中，突出地提出了"材料成本差异""待摊费用""预提费用""产成品""销售""待处理财产盈亏""其他应收应付款"等七个方面，都是针对目前会计核算工作中确实存在的毛病最多的一些问题而做出的规定。在填制凭证、编制报表各节中所做的种种规定，也都是针对性很强的。《规则》所列各点，既是近几年来整顿会计核算工作的经验总结，也是对会计人员今后进行会计核算工作最起码的要求。

会计是一项综合性很强的经济管理工作,涉及面很广。因此,贯彻《规则》所列各点,一方面会计人员自身要加强学习,提高思想和业务素质;另一方面也要取得各级领导、各个方面的配合和广大职工群众的大力支持。在贯彻《规则》的过程中,各单位的领导应该把加强会计基础工作,健全会计工作秩序,作为整顿企业、改善经营管理、提高企业素质的一项重要内容来抓。全体职工要支持和督促财会人员"照章办事",自觉维护财会制度、财经纪律。财会部门和财会人员更应主动争取领导和群众的支持,以便使《规则》的贯彻执行得以顺利进行。

经济责任制是我国经济管理工作中的一项创举,目前正在发展和不断完善之中。《规则》撰写了"建立岗位责任制"一节,并且附发了《工业企业会计人员岗位责任制》的参考方案,这是经济责任制在实践中对会计工作提出的客观要求,也是会计工作实践对经济责任制内容的丰富和发展。和一切经济管理工作一样,会计工作同样也必须要有责任制。切实做到事事有人管,人人有专责,办事有要求,工作有检查。有了明确的岗位责任制,才能实行严明纪律,奖惩得当,才能激发各个岗位上财会人员的积极性,从而为开创会计工作的新局面做出自己应有的贡献。

"岗位责任制"所列13个"岗"的工作内容,都包括核算和监督两个方面。比如,会计主管岗位的职责内容和要求,就包括:组织会计核算,制定并督促执行会计制度,组织编制财务成本计划并将指标分解下达落实,加强对固定资产、流动资金的管理,开展财务成本计划完成情况的分析,参加生产经营会议,参与经营决策,审查经济合同,参与研究会计人员任用和调配,等等;流动资金周转职责内容和要求,就包括:除负责流动资金日常核算、编制流动资金报表以外,还要负责流动资金调度,组织流动资金供应,考核流动资金使用效果,等等。这就是说,任何一个"岗"上的会计人员,一方面既要搞好记账、算账的基本任务;另一方面也要积极参加生产经营管理。核算要有基本功,管理更需要有基本功,参考方案所列13个岗位上会计人员的职责内容和要求,都是会计人员在会计管理工作所应具备的基本功。

贯彻《规则》,是整顿会计工作的一项重要措施。过去已经整顿验收的单位,要对照《规则》的要求进行复查;走过场整顿或仍未进行整顿的单位,要按照《规则》的要求,认真地进行全面整顿。通过贯彻《规则》,把会计基础工作扎扎实实做好,我们的会计工作才能适应经济建设形势发展的要求,达到新的水平,开创新的局面。

(原载《会计研究》1984年第三期)

加强会计职业道德教育　建设高度精神文明队伍

加强会计干部的职业的教育,是反对和抵制精神污染的一项正面教育。会计是经济管理的重要组成部分,会计队伍是一支拥有200多万人的专业大军,在四化建设中担负着极其重要的任务。任何单位都不能没有会计,会计作为一种职业与各行各业有着广泛的联系,会计干部队伍的状况和素质,对于社会主义物质文明和精神文明的建设,对争取社会风气的根本好转,都有重要影响。

在社会主义还存在商品、货币的条件下,人们从事生产、交换、分配、消费活动，还需要通过商品、货币来进行；人们的物质利益，也需要借助商品、货币来取得。这个阶段的道德观，在很大程度上包含了对待商品和货币的态度。由于会计是对商品生产、交换、分配、消费"过程的控制和观念总结"，因而会计职业道德在一定程度上影响各个行业以致整个社会的道德观和道德水平。

例如，在抵制资产阶级思想的侵蚀中，如何引导人们对钱财持正确态度，如何在钱财取舍上划分美与丑的道德标准，就在很大程度上与会计如何管理财务收支有密切联系。这是因为，财务会计制度体现着党和国家的方针、政策，党和国家在政治活动和经济活动中，支持什么，反对什么，发展什么，限制什么，等等，凡是直接或间接涉及"钱"的，都会通过财务会计的有关收支制度、收支标准、收支方式等表现出来。因此，会计上认为是假、丑、恶的，需要约束、抵制，乃至谴责，一般就是党纪、国法所不允许的，社会公德也会对它进行约束、谴责；会计上认为是真、美、善的，而给予支持、赞扬、歌颂的，社会公德也会对它进行支持、赞扬和歌颂。发人深省的是，会计这一道防线一旦被冲破，财务支出大敞口，不讲制度，不讲纪律，不择手段，那么，"一切向钱看"等与社会主义道德风尚格格不入的思想和行为，也就会随之产生。在实际生活中，这方面不乏其例。这就给会计工作提出了一个问题，即如何做到坚持财务制度，把好财务收支这个关口。加强财务会计方面的法制建设自然是重要的，但这只是创造了一个条件，任何制度都是要人来执行的，关键还是要建设一支又红又专的会计干部队伍。从队伍建设来说，加强专业知识培训是重要的，但绝不可忽视加强职业责任、职业纪律和职业道德的教育。提倡和培养高尚的职业道德，也是会计干部自觉地履行职业责任、严格遵守职业纪律的保证。

从会计干部队伍当前的实际情况来看，加强会计职业道德教育，是提高会计人员素质的迫切需要，也是搞好业务建设的重要条件。

十年浩劫对会计工作的破坏是灾难性的。近年来，经过整顿，有了很大进步。但在一些单位里仍然存在边整边犯、前整后乱的情况。年年有财经纪律大检查，可检查出来的问题，未能根本解决，造成损失的金额也未显著减少。如果只是就制度抓制度，不加强思想政治工作，不进行职业道德教育，不重视提高财会干部的素质，势必造成整顿没完没了，违反财经纪律的事也没完没了。因此，无论是恢复性还是建设性的整顿，都必须首先进行思想整顿。而要整顿思想作风，就必须从加强会计职业道德教育入手。

现在有的财会人员之所以不能适应形势发展要求、业务水平低固然是一个因素，但更多的问题是出现在道德品质、思想意识方面。基本建设投资使用的"少、慢、差、费"，财政收入的"跑、冒、滴、漏"，企业资金的"化、挤、冲、摊"，库存物资的"吃、拿、送、损"在一定程度上和会计工作中有法不依、有章不循、管理松弛、核算混乱、监督不力等是分不开的。造成这些情况的原因，主要不是"业务不熟"，而是责任心不强。有的财会人员，工作马虎，得过且过，对损害国家利益的不良倾向不批评、不监督、不报告，忘记了自己的职业责任。少数人为了本单位局部利益，出谋划策，挖社会主义墙脚。个别人从个人主义膨胀，资产阶级思想严重，发展到贪污舞弊、监守自盗，走上犯罪的道路。

凡此种种，并不是"业务不在行"，而是思想"出了格"。对于会计基础理论和专业知识，我们可以通过多种途径进行培训，在不太长的时间内可以逐步解决。可是对于职业道德的培养,却不是仅仅依靠学习班在短期内能够奏效的,何况学习班一般没有这方面的内容。道德修养,是一个潜移默化的过程,必须花力气,坚持不懈地进行这方面的工作。

新中国成立以来,在会计干部队伍中,出现了一批优秀人物,在他们的成长道路中,一个显著的特点,是这些同志自觉地注重职业道德的修养,从而使他们能够在党和群众的支持下,以崇高的会计职业道德为重要的精神支柱,克服重重困难,无私无畏地坚持原则、忠于职守。我们应当宣传模范人物的这种崇高品德,让它在会计干部队伍中发扬光大。如果广大会计干部都具有崇高的会计职业道德,我们的会计工作将会出现一个崭新的局面。

加强会计职业道德教育,也给会计理论研究提出了一个重要课题。目前,在这方面还是一个薄弱环节。我们应当在建立具有中国特色的会计理论方法体系中,开展关于社会主义会计职业道德问题的研究。对于社会主义会计职业道德的本质、特点、规范,会计职业道德教育与会计干部队伍建设的关系,与会计业务建设的关系,与会计法制建设的关系,以及如何加强会计职业道德教育等问题,通过讨论和探索,取得比较一致的认识并付诸实践。

关于会计职业道德规范,目前议论较多,但首先要解决对加强会计职业道德教育重要性的认识问题,把它作为加强会计干部队伍建设的一项重要内容和任务抓起来。

会计职业道德教育,是结合会计的职业特点进行的共产主义道德教育和革命理想主义教育。当前,我们应当把抵制精神污染和加强职业道德教育结合起来,把专业教育和职业道德教育结合起来,把业务建设和思想建设结合起来。一种新的社会风尚和新的职业道德的建立,必须动员各方面的力量,我们要尽可能运用各种媒体工具和宣传形式,大力提倡会计职业道德,抵制资产阶级思想的污染,开展有关会计职业道德的讨论,表彰会计人员中先进人物的先进事迹,用他们的优良品德,去影响、去教育广大会计人员。财会专业学校,必须十分注意培养学生的崇高品德,应该把会计职业道德教育,列为政治课的重要内容,并贯穿于专业课的教学之中。各级会计管理部门,应该把进行会计职业道德教育的工作,作为自己责无旁贷的分内工作。要在各级党组织的统一领导下,同有关部门配合、协作,在进行抵制精神污染的同时,在加强会计人员的职业道德教育方面做认真细致的工作,使之成为社会主义精神文明建设的有机组成部分。我国的会计干部,应当以具有高度精神文明的新风貌,在社会主义的高度物质文明和精神文明建设中做出自己的贡献。

(原载《会计研究》1984年第一期)

《决定》是进行会计改革的指针

党的十二届三中全会通过的《中共中央关于经济体制改革的决定》(以下简称《决定》)是对新中国成立35年来经济建设和近几年城乡经济改革的经验总结,是社会主义建设时期马克思列宁主义与中国实际相结合的光辉典范。《决定》反映了我国四化建设和实际工作发展的客观要求,表达了全国各族人民的共同愿望。读了《决定》,深受教育,倍觉鼓舞。

《决定》从理论和实践上，对城市经济改革进行了全面论证，展示了国民经济全面改革的宏伟蓝图，标志着近百年来中华民族第三次腾飞的开始。《决定》对于城市改革的各条战线、各个方面、各个环节提出了战略设想、方针政策、具体要求，充满了解放思想、实事求是精神。会计工作战线的每一个同志，要认真学习，领会《决定》的精神，并在实际工作中不折不扣地贯彻执行。《决定》明确指出，社会主义的根本任务就是发展社会生产力，就是要使社会财富越来越多地涌现出来；社会主义计划经济是在公有制基础上的有计划的商品经济，要自觉地运用价值规律来制定计划，发挥市场调节和经济杠杆的作用；《决定》对我国在经济管理体制中，应有的计划体制、价格体系、国家和企业的关系、城市的中心作用、企业之间的竞争、建立企业内部经济责任制、贯彻按劳分配原则、发展多种经济形式、扩大内外经济交流等问题，作了深刻的论述，并在政策界限上做了重要的规定。这些都和会计工作有着十分密切的关系，对会计工作的发展将产生深远的影响。我们在研究会计改革的方向、途径、内容、步骤、方法等时，必须把握《决定》的基本点，坚定不移地以《决定》作为行动的指针。

胡耀邦同志指出："经济体制改革面临着复杂和众多的新问题，过去那一套的领导方法、工作方法、工作和规章制度，许多已经不适用了，要探索出一套新的领导方法和工作方法。"要求"各级干部的思想还要来一个很大的解放"。这些，对广大财会干部来说，十分重要。在经济体制改革中，财会工作必然遇到许多新的矛盾和新的课题，我们应当从促进经济体制改革，搞活经济，发展生产力，正确处理国家、集体、个人三者利益关系等这些大前提出发，探索解决矛盾的办法和措施，从而使财会工作在改革中不断前进，适应经济体制改革的要求。

经济体制改革，从总体上讲，是在党和政府的领导下有计划、有步骤、有秩序地进行的；但它同时又是一项极其复杂的、群众性的探索和创新的事业。伴随着经济体制改革而进行的会计改革，也是这样。正因为它是一项探索和创新的事业，就难免发生某些失误或者遇到某种挫折。因此，我们在改革中应当保持清醒的头脑，坚持改革的方向，树立必胜的信念，用实事求是的态度随时注意总结经验、修正错误，以改革者的魄力和勇气去排除干扰，战胜困难。我们深信，在《决定》的指引下，通过全国200多万会计干部的努力探索和创新，会计改革必将适应经济体制改革的要求，取得完全的成功。伴随着会计改革的胜利，创立具有中国特色的会计理论、方法体系的目标，也必将予以实现。

（原载《会计研究》1984年第六期）

把国营企业的成本管理水平大大提高一步

《国营企业成本管理条例》（以下简称《条例》），国务院已予公布实施，这是国营企业成本管理工作加强法制建设的重要一步。《条例》在总结我国30多年成本管理工作经验的基础上，适应全部经济工作转向以提高经济效益为中心的要求，对国营企业成本管理的目标、任务、内容、方法、责任和监督措施都要做了明确规定。毫无疑问，《条例》的贯彻实施，必将大大提高我国国营企业的成本管理水平，促进社会主义现代化建设事业的发展。

厉行节约，降低成本，以尽量少的劳动耗费创造更多的满足社会需求的产品或提供优质的社会服务，是我们党领导社会主义经济建设的一贯方针。成本，既是考核和评价经济效益的一项重要指标，也是反映企业生产、技术、经营、管理水平的一项综合性经济指标。在资本主义制度的激烈竞争条件下，成本的高低在很大程度上决定企业的成败；在我国的计划经济中，成本高低也应当是"择优"的重要的条件和衡量企业是否具有生命力的重要标志。加强成本管理，不仅是财务会计工作的一项重要内容，而且在整个经济管理工作中占有十分重要的地位。

近年来，贯彻执行"调整、改革、整顿、提高"的方针，国营企业的成本管理工作有所恢复和改善，某些企业在工作的深度和广度上还有创新和发展。但也必须看到，成本管理方面存在的问题仍然相当突出，主要表现是：成本开支范围失控、损失浪费很大、成本核算不实、责任不清、监督不力、纪律不严。这些问题，不仅造成资金流失、分散，阻滞国家集中资金的规模和速度，给国民经济的发展带来不利影响，也严重妨碍企业生产经营管理的改善和经济效益的提高。《条例》针对这些情况，首先严格规定了各行业的成本开支范围和成本核算的基本要求和准则，明确哪些费用开支应当计入和怎样计入成本，哪些费用开支不准计入成本；其次规定了成本管理的责任制，明确厂长和有关部门、单位的权责以及进行成本管理的方法、手段；同时，《条例》还规定了成本管理中的监督与制裁办法，为《条例》的贯彻实施严肃了法纪保障。只要我们认真贯彻执行《条例》的各项规定，一些企业成本管理的混乱局面是不难扭转的。

贯彻实施《条例》，是国营企业广大职工群众的共同任务，每一个职工都应当遵守《条例》的各项规定，并有权对违反规定的行为进行监督。各级领导则应当带头遵守和执行《条例》的各项规定，做遵纪守法的模范。广大会计干部处在贯彻执行《条例》的第一线，一定要严格履行国家赋予的职权，克服各种困难和阻力，向一切违反《条例》的行为做不懈的斗争，同时也要研究如何相应地改革有关财务会计制度，改进工作方法和工作作风，做好本职工作。

加强成本管理的理论研究和宣传教育，对《条例》的贯彻实施具有重要意义。我们的成本、会计理论研究工作，应当紧密结合《条例》的贯彻实施，深入实际，调查研究，及时总结实践提供的丰富经验，逐步形成具有中国特色的成本管理理论和方法体系，在提高经济效益、促进现代化建设中做出更大的贡献。

（原载《会计研究》1984年第二期）

社论　节约是会计工作的基本原则
——纪念毛泽东同志九十周年诞辰

伟大的马克思主义者、无产阶级革命家、战略家和理论家毛泽东同志，在中国革命和建设的实践中，一贯十分重视人力、物力和财力的节约，发表了大量关于厉行节约、反对浪费、艰苦奋斗、勤俭建国的论述。这些光辉的论述，是革命军民在各条战线实践经验的总结，是毛泽东思想的重要组成部分，是党的集体智慧的结晶。在纪念毛泽东同志九十周年诞辰的时候，重温毛泽东同志关于节约的理论，我们感到十分亲切。学习和贯彻毛泽东同志这方面的论述，对于我们在新的历史条件下，开创会计工作新局面，有重要的现实意义。

早在第二次国内革命战争时期，毛泽东同志就把浪费同贪污相提并论，认为浪费和贪污一样都是很大的犯罪，并且明确提出："节省每一个铜板为着战争和革命事业，为着我们的经济建设，是我们的会计制度的原则。"在抗日战争和解放战争时期，毛泽东同志又多次指出："任何地方必须十分爱惜人力物力，""必须十分节省地使用我们的人力资源和物质资源，力戒浪费。"要"努力生产，厉行节约，并在生产和节约的基础上，正确地解决财政问题"。新中国成立以后，在社会主义经济建设中，毛泽东同志更加强调节约的原则，一再指出要"勤俭办工厂，勤俭办商店，勤俭办一切国营事业和合作事业，勤俭办一切其他事业，什么事情都应当执行勤俭的原则，这就是节约的原则，节约是社会主义经济的基本原则之一"。强调"要使全体干部和全体人民经常想到我国是一个社会主义的大国，但又是一个经济落后的穷国，这是一个很大的矛盾。要使我国富强起来，需要几十艰苦奋斗的时间，其中包括执行厉行节约、反对浪费这样一个勤俭建国的方针"。

毛泽东同志阐述的这些原则、方针，把马克思关于时间节约的规律的理论具体运用于我国实际，这无论在理论和实践上，对我们当前和今后的社会主义建设仍然是完全适用的。

邓小平同志对于完整地、准确地理解毛泽东思想做出了卓越的贡献。在全面开创社会主义建设新局面的历史时期中，小平同志继承和发展了毛泽东同志关于艰苦奋斗、勤俭节约的思想，他指出："中国搞四个现代化，要老老实实地艰苦创业。我们穷，底子薄，教育、科学、文化都落后，这就决定了我们还要有一个艰苦奋斗的过程。""最大的问题还是杜绝各种浪费，提高劳动生产率，减少不合社会需要的产品和不合质量要求的废品，降低各种成本，提高资金利用率。要使大家懂得，我们的资金来之不易，我们生产出来的东西来之不易，任何浪费都是犯罪。"因此，勤俭节约，无论过去、现在还是将来，都是我们经济工作的根本方针，也是我们会计工作的基本原则。

节约，就是人力、物力、财力的节省。

马克思说："一切节约，归根到底都归结为时间的节约。""时间的节约，以及劳动时间在不同生产部门之间的有计划的分配，在共同生产的基础上仍然是首要的经济规律。这甚至在更加高得多的程度上成为规律。"节约时间规律的根本要求，就是要提高经济效益；而提高经济效益的基本途径之一，就是节约劳动时间。两者有着内在的、本质的联系。

目前，在一部分企业中，生产消耗大，产品成本高，损失浪费严重，增产不增收；有的产品销路不对，质量低劣，积压在仓库里，增产反而减收。在财务管理上，"跑、冒、滴、漏"的现象仍然比较普遍存在，而且有的还十分严重。不少企业账目不清，家底不明，成本不实，利润虚假；有的企业乱挤成本，滥发奖金，甚至截留利润，逃税漏税，损害国家利益。在经营指导思想上，重速度，不重效益；重物质变换，不重消耗补偿。这些状况，必须通过正在进行的企业整顿、经济调整和经济改革工作，彻底改变。

把我国的经济工作彻底转变到以提高经济效益为中心的轨道上来，既要充分运用各种经济手段和进行必要的、有效的行政干预，又要从思想上、理论上提高认识，增强人们的自觉性。在重温毛泽东同志有关节约原则的论述中，正确认识和处理现实经济生活中下列几个方面的关系，是十分重要的。

一、增产和节约的关系

产量的多少是生产成果大小的标志，对经济效益无疑具有重大影响。但并不是产量最高，经济效益就一定最高。问题在于如下几个方面。

第一，产量的增加必须受消耗水平制约。增加的产量＝增加的消耗，除特殊情况外，这种增产是无意义的，它既没有增加社会财富，也没有节约劳动时间；增加的产量小于增加的消耗，这种增产一般来说更是有害无益的，它不是创造社会财富，而是减少社会财富，不是提高经济效益，而是降低经济效益；只有当增加的产量大于增加的消耗时，这种增产才是有意义的。

第二，增加产量仅从一个企业或一个行业来看还是不行的。在一个企业、一个行业中，它的增产可能带来经济效益的增加，但从整个社会看，从生产与流通的统一过程看，却可能没有或有较少的效益。通过企业生产过程，产品被生产出来了，但这个产品如不适合人们的需要，淤积于流通中，不能进入消费，尽管花费在这种产品上的劳动比较少，也都是一种浪费，没有经济效益可言。所以，考察是否节约，不能只从一个企业、一个行业生产过程来看，还必须从整个社会，从生产与流通统一的过程来看。只讲微观节约，不讲宏观节约，成千上万的产品生产出来不能使用，长期堆积在仓库里任其损坏，也是一种很大的浪费。

第三，产量的增加虽高于消耗增高的幅度、小于社会需求量，但它是在多耗费社会资源的情况下取得的，故它受一定时间内社会资源的既定数量所限制，想多生产也不行。同时还应看到，一般来说节约消耗不仅表现为企业的经济效益，而且表现为社会的经济效益。再生产过程，是经济再生产和自然再生产过程的统一。工业企业生产过程，实质上是物质能量转化过程。在整个过程中，每一过程都是以前一生产周期的产品作为生产要素，通过人们的劳动转化为现实的新产品。原料工业是对自然资源的开采，加工工业是对开采的自然资源的加工，归根到底是对自然资源的耗费。马克思曾经说过，工业生产过程不仅受经济再生产过程规律的支配，而且受自然再生产过程规律的支配，"问题不仅仅只是劳动的社会生产率，而且还有由劳动的自然条件决定劳动自然生产率"。因此，节约能源和原材料的消耗，比之生产同等数量的产品，经济效益更大，对于某些并非"取之不尽，用之不竭"的自然资源来说，节约消耗更有重大和深远的意义。应当大力提倡从节约中求增产。在一切生产、生活领域中，力求节约，降低消耗，相对地讲就是增加财富。节约既是用财之道，也是生财之道。

增产与节约的关系，实际上是速度与效益的关系。在速度与效益发生矛盾时，速度必须服从效益。在我们的经济工作中，一定要反对那种只顾追求速度，不管经济效益；只抓生产领域中的盲目增产，不管流通领域中的积压、滞销；只讲一个企业、一个行业产值翻番，不管社会资源的耗费和国民经济各种比例的平衡等错误倾向。我们的四化建设，一定要走速度比较实在，经济效益比较好的新路子，切忌走那种高速度、低效益、得不到实惠的老路子。

二、质量和节约的关系

质量的好坏是使用价值的重要内容,对经济效益无疑也具有重大影响。单纯追求产量,粗制滥造,以十当一,必定造成巨大的浪费;坚持质量标准,精心制作,以一当十,必然是劳动的巨大节约。以质量胜数量,以质量求节约,始终是我们应该坚持的正确方针。当然,我们也不能不惜工本,盲目追求高质量。物美必须以价廉作基础,必须进行质量成本的核算,从经济效益的角度对质量成本进行评价。

在企业经营管理中,要反对那种只从本企业、本部门局部利益出发,片面地追求速度、产量、利润,不顾产品质量,不为用户着想,不从社会整体考虑等错误倾向。必须明确,以粗制滥造、偷工减料、降低产品质量的办法,来减少消耗、降低成本、增加利润,必将造成社会性的浪费,从而使得整个社会的经济效益下降。企业的这种所谓"经济效益",实际上是一种向社会转嫁的巨大浪费,必须坚决制止。

总之,高产、优质必须受低耗的制约,只有高产与低耗的统一,优质与低耗的统一,生产与流通的统一,微观效益与宏观效益的统一,对社会主义现代化建设才会真正有益。

三、重点建设和节约的关系

重点建设是举全国之力来兴办的,它集中了全国人民辛勤劳动积攒的财力物力,只能搞好,不能搞坏。要做到技术新、花钱少、进度快、效果好。要切实做好建设前期工作,严格按建设程序办事。要集中力量打歼灭战,反对齐头并进。对每一项重点建设工程,都要认真进行技术论证。坚决制止各种浪费现象。那种以重点工程为名,不惜工本,敞开花钱的做法,要坚决杜绝。一定要把"重点工程,重点浪费"改变为"重点工程,重点节约"。这是一切重点工程建设者们必须牢固树立的观念。

随着财政、财务体制的逐步改革,一部分企业和地方自行支配的资金多起来了,因此,在抓好重点建设工程的同时,一定要严格控制预算外的固定资产投资。反对那种只看局部,不顾整体,以小挤大,重复建设,破坏国民经济按比例发展的错误倾向。

四、采用新技术和节约的关系

新技术的采用无疑是提高经济效益的重要途径,也是节约人力、物力消耗的根本办法。我们一大批企业,由于设备陈旧、工艺落后,造成能源消耗大、材料消耗多、经济效益低,亟待进行技术改造。但是,我们在进行技术改造时,必须从实际出发,必须以提高经济效益为目标。对于新技术的采用,也必须要有一个经济上的合理界限,既要考虑技术的先进性,又要考虑是否符合节约的原则。有的新技术引进,不顾条件、不计工本、不从中国国情出发,造成的巨大损失,为我们提供了严重的教训。节约劳动耗费是目标,改造技术是手段。没有目标的技术,或技术先进,耗费增加,水涨船高,是没有实际意义、缺乏生命力的。技术离不开经济,技术本身就是经济。马克思主义的基本原理,毛泽东同志的深刻阐述,我国经济建设的实践证明:节约是经济效益的核心,是经济规律的客观要求,是社会主义繁荣昌盛之道路;节约是我们的经济方针,管理目标。节约问题,无所不在;会计工作,与之形影相随。正因为会计和节约有着天然的血缘关系,所以,节约应当成为全部会计工作的一项基本原则。

目前,会计学界正在讨论会计原则问题,提出了如真实性、统一性、政策性、群众性等等，作为会计原则。诚然，这些是会计工作必须遵循的重要原则。毋庸置疑的是，节约原则突出了会计工作的特点和主要任务。如果说会计原则是一个大大小小多层次理论和方法组成的体系，那么节约原则就应该是诸原则中的主干和核心。

对于会计原则的研究，也必须突破记账、算账的传统会计观，进入经济管理的广阔领域，把会计原则的讨论引向新的广度和深度。肯定节约是会计工作的根本任务，是制约全部会计工作的基本原则之一，从而，会计工作必须渗透到生产经营管理的各个环节，参与生产经营管理；必须在搞好事后算账、事后监督的同时，向经济效益——劳动时间的节约的预测和加强财务收支的控制等方面发展，就是顺理成章的了。同时，我们创立具有中国特色的以讲求经济效益为中心的会计理论方法体系，也就可以把节约的理论作为会计理论的核心，把节约的方法研究作为会计方法研究的主要方面。

在节约原则的指导下，我们的会计核算，要如实地反映经济活动，以便据此确定真实可靠、没有"水分"的节约或浪费的数额，并能确定与此相关的责任者应负的责任。因而核算组织、核算体制必须作相应的变革，诸如纵向的分解，横向权责的归口，以及核算指标、核算内容、核算形式等等，都必须作相应的变更。

在节约原则下的指导下，会计监督必须进一步全面加强。过去的会计监督，监督的对象侧重于执行财经纪律和防止贪污盗窃等违法乱纪行为，在时间上侧重于事中控制和事后检查，这些无疑很重要，必须继续做好。但应该看到，为了贯彻节约的原则，会计监督的侧重点也要转变，要突出监督那些最普遍、最突出的各种浪费和损失。为了减少和杜绝损失和浪费，必须加强经济预测工作，加强事前的会计监督。

在节约原则的指导下，会计分析主要应该是挖掘节约潜力，起到会计的反馈作用；会计检查也应该主要检查损失浪费的漏洞所在；会计制度的制约作用、监督作用，也是为了节约；会计人员的恪尽职守，就是要运用国家赋予的权限，达到节约的目的。在节约原则的指导下，会计工作当家理财，要管得宽一点；精打细算，要抠得紧一点；执行制度，要卡得严一点；一心为公，自身要硬一点。

在纪念毛泽东同志九十周年诞辰的时候，我们一方面要重温毛泽东同志有关节约理论的论述，回顾勤俭节约、艰苦朴素的革命传统；另一方面要紧跟时代步伐，适应形势发展，勤于学习，敢于实践，让一厘钱精神在新的历史时期重放光芒，不断把会计工作和会计理论研究的水平推向新的高度。

（原载《会计研究》1983年第六期）

社论　再论节约是财务会计工作的基本原则

3年前，本刊发表了《节约是会计工作的基本原则》的社论，结合中国经济建设和会计工作的实际，以马列主义、毛泽东思想为指导，阐述了这一基本原则的重要意义，主要内容涉及对财会工作和财会理论研究的指导作用。今天，在开展增产节约、增收节支运动中，进一步认识和遵循这一基本原则，尤为重要。

当前，我国经济形势是大好的。超高速的不正常的状况扭转了，过热的"空气"开始下降，国民经济稳定发展已持续8年。但是，在经济生活中还存在着潜伏的不稳定因素。总需求超过总供给，反映在财政上矛盾相当突出。固定资金投资规模过大，财政开支盘子过于膨胀。如果听任这种情况盲目发展下去，那就势必发生严重的不稳定，搞得不好有可能被迫来一次大调整。消除潜伏的不稳定因素的唯一正确的方法，就是压缩"空气"，增产节约，增收节支，在进一步发展社会总供给的同时，着重抑制过大的总需求，使社会总需求与总供给相适应，把整个国民经济建筑在长期稳定发展的基础上，这是今年必须集中力量抓好的一件大事。各级财政部门、所有财会人员，应该在各级党委和政府的领导之下，坚持四项基本原则，坚持改革开放搞活的政策，统一认识，统一行动，克服困难，竭智尽力，为夺取增产节约、增收节支运动的更大成绩，做出新的贡献。

邓小平同志早在1980年就把"艰苦奋斗的创业精神"，列为与正确的政治路线、安定团结的政治局面、一支好的干部队伍等同样重要的、实现四个现代化必须解决的四个问题之一。他还指出："中国搞四个现代化，要老老实实地艰苦创业。我们穷，底子薄，教育、科学、文化都落后，这就决定了我们还要有一个艰苦奋斗的过程；""最大的问题还是要杜绝各种浪费，提高劳动生产率，减少不合社会需要的产品和不合质量要求的废品，降低各种成本，提高资金利用率。要使大家懂得，我们的资金来之不易，我们生产出来的东西来之不易，任何浪费都是犯罪。"因此，勤俭节约，不是权宜之计，也不是为了"渡过难关"，而是我们经济工作中的一项长期的基本方针，也是我们财会工作在任何时候都必须遵循的一条基本原则。

这几年，我国经济建设取得了较大的成就，经济实力有所加强，有些人就产生了一种误解，即我们国家已经很富了，忘记了勤俭建国、艰苦奋斗，在生产领域和消费领域敞开口子花钱，盲目追求高消费，铺张浪费相当严重，不仅使国力难以承受，而且败坏了社会风气。通过开展增产节约、增收节支运动，不仅要恢复和发扬我们党艰苦奋斗的优良传统，而且要为适应有计划商品经济发展的要求，探索出一条新路子，使之成为推动企业改进经营管理、发展社会生产力的强大动力。财会工作、财会理论研究在增产节约、增收节支运动中面临的重要课题，就是如何更有效地贯彻节约原则。

就当前来说，需要着重抓住如下几个方面。

一、努力节约国家建设资金，提高投资的经济效益

要压缩"空气"，坚决贯彻执行"三保三压"的方针，即保国家计划内项目，压国家计划外项目；保生产性建设，压非生产性建设；保国家重点工程，压非国家重点工程。为此，各级财政部门、所有财会人员必须做到如下几点。

第一，提高思想认识。要树立全局观念，办事、花钱要照顾大局，切实防止只顾本地区、本单位的眼前利益而置大局于不顾的现象。

近几年来，在我国960万平方公里的国土上，东南西北到处铺摊子，上下左右都在上项目，齐头并进，规模过大，特别是预算外投资大幅度增长，已经超过了国力的能力，已经到了难以为继的境地。我们做财会工作的同志，必须体恤国情、体恤民情，切切不可头脑再度发热。

情况表明，许多地区、部门和单位，向财政、银行要钱、要贷款的积极性很高，而这些事往往都是通过财会部门、财会人员去办的，因为他们"门路多""人缘熟"，全国性的预算外投资和膨胀，或多或少也有财会部门、财会人员的一份。今年要准备

过紧日子，切实改变要钱胃口很大，花钱大手大脚的不良风气。

第二，严格遵守审批程序，加强会计监督。对于固定资产投资，不论全民还是集体所有制以及中外合资的中方投资，都要纳入部门和地区的固定资产投资计划，都要按规定程序办理批准手续；不论是基本建设还是更新改造投资，都要控制在国家批准的投资规模之内，不得擅自扩大规模、增加投资。

财会人员应该在这方面发挥监督作用，履行《会计法》赋予的法定任务。切不可违章办事，更不应该"出点子"帮他人瞒天过海，要支持说服行政领导人员照章办事。

第三，逐个清理在建项目，统筹利用内资外资安排项目，在量力而行的原则下，办几件实事。

一部分同志对压缩"空气"的方针认识不足，强调本地区、本部门、本单位"情况特殊""基础薄弱""欠账过多"，再压日子就不好过了，要求上级"照顾"；还有的申明他那里"米已下锅""骑在老虎背上下不来"，要求"饶了这一回"。所有这些，反映了思想认识问题还没有很好地解决。我们应该很好地想一想，我国是一个有十几亿人口而经济又不很发达的国家，各地区、各部门、各单位情况各异，发展很不平衡，如果大家都强调自己"特殊"，而不考虑全局，好像挤公共汽车一样，谁也不肯下，结果必然耽误车子的前进，甚至造成危险，自己最终也吃大亏。许多单位的"无米之炊"或"寅吃卯粮"状况就是齐头并进的恶果。这种情况再也不能继续下去了，该下的必须坚决下来。

第四，坚持进行可行性研究，努力提高投资效益。

所有的固定资产投资，都必须坚持在事前进行可行性研究，在得到经济上可行的充分的、科学的论证以后才能上马。而且，这种可行性研究，不仅要考虑单位的经济效益，而且更需要考虑宏观的全局经济效益。有些项目，在一个部门、一个地区、一个单位看来是有效益的，但从全局来看却是没有效益、甚至损害全局利益的，也必须牺牲局部利益，服从全局利益；有些项目即使是国家批准了，但客观条件跟不上，如缺乏原材料、电力供应紧张、交通运输无法配合，等等，就是已经上了马也要坚决停建。我们不能把一大笔资金压在那些建成后长期不能发挥作用的项目上，要有全局观念。

第五，慎重集资，不赶浪潮。

一段时期出现的"集资热"，是预算外投资膨胀的因素之一。有的单位，只想到借钱，不想到还钱；只要有钱就上项目，不管今后能不能还得起这笔钱。今后，企业集资除必须执行有关的批准程序外，更应该在集资前把各笔账算得清清楚楚，并把偿还的措施落到实处。不能只顾眼前，不管将来。

二、大力压缩非生产支出，节省每一元钱经费开支

非生产性开支的盘子越来越大，是财政支出过于膨胀的重要因素之一。压缩各种行政经费、管理费用，是增产节约、增收节支的一项重要内容。

一段时期以来，在一部分单位，奢侈成风，讲排场、比豪华，公费旅游，请客送礼，会议费、招待费、各种补贴越来越高，各种设施都要向现代化看齐，铺张浪费到了相当严重的地步。敞开口子花公款的坏风气、热衷于形式主义的不良风气有所滋长，必须在增产节约、增收节支运动中，尽快把这种风气纠正过来。

第一，要卡紧"人头费"。各行政、事业单位要精兵简政，不得任意扩编，严格控制增设各种临时机构；各企业要大力缩减非生产人员，尽可能减少管理层次。要严格工资基金管理，坚决制止滥发奖金和各种变相补贴。

第二，要少开会、开短会、开小会，努力填平"会海"，大力削减会议经费，严格控制会议开支标准。对那些可开可不开的会议坚决不开。对那些以开会为名，行旅游之实的会议更要坚决制止。要整顿宾馆、饭店、招待所的收费标准，制止乱涨价、乱收费。

第三，要反对形式主义。对于那些剪彩成风、送纪念品成风、这庆那庆成风的现象要坚决制止；对于热衷于搞这样、那样的"一条街"和兴建新的庙宇等行为，要给予降温；企业有权抵制各种不合理的摊派；对那些劳民伤财的事，更不应去攀比、竞赛。

第四，一切开支本着勤俭节约的原则尽可能压缩。继续发扬"一厘钱"精神，"西瓜"要抱，"芝麻"也要抓。要从大处着眼，细处落墨，把各种节约的涓涓细流，汇成增收节支的洪流，支持社会主义四化事业的发展。

三、增产增收，降低消耗，降低成本，努力提高企业经济效益

在企业中，开展增产节约、增收节支运动的重点，一是增产增收，大力调整产品结构，增加适销对路产品，增加财政收入，增加外汇收入；二是节约开支，大力降低物质消耗，降低成本，加速资金周转。企业中的增产和节约、增收与节支，应该围绕一个中心，那就是千方百计提高经济效益。抓住了这个中心，也就抓住了增产节约、增收节支的"龙头"，就能取得显著的效果。

去年以来，我国工业生产速度趋向正常。但由于种种原因，经济效益下降的情况相当普遍和突出。1986年工业生产物耗比1980年上升了2个百分点以上；大中型工业企业资金利润税率比1980年下降了10%。这说明从企业经营现状来看，增产节约、增收节支是大有文章可做、大有潜力可挖的。国家要求全民所有制企业今年物耗降低2%，成本降低2%，流动流动资金占用压缩2%，是能够办得到的。所有企业在"双增双节"运动中，围绕提高经济效益这个中心，要努力抓好如下几个方面。

第一，调整生产结构、产品结构，努力增加适销对路、市场急需的产品，从而实现增产增收。

当前，我国的生产结构、产品结构与市场结构、消费结构之间的矛盾仍然比较突出，这是制约企业经济效益提高的一个重要因素。到去年9月底，全国预算内工业企业的产成品资金高达395亿元，比1985年同期增加了28.4%。产品不对路，生产出来没人要，压在仓库里睡大觉，利润实现不了，财政不能增收，不仅积压了大量资金，而且是一种巨大的浪费。所有财会部门、财会人员，在参与企业经营管理中，一定要树立市场观念，按价值规律办事，坚持以销定产，纠正单纯追求产值、搞虚假的"翻番"的不良倾向。要努力做好市场调查、消费调查，搞好销售预测，并从资金使用安排上实行有效的监督。积极支持新产品的开发和短线产品的生产，控制和制止市场饱和的长线产品的盲目发展。

第二，加强全面质量管理，努力提高产品质量，从质量中求效益。

产品质量低，目前已成为影响企业经济效益、社会经济效益、提高消费者利益的一项重要因素。产品质次价高，是产品积压、成品资金上升的一项重要因素。企业财会部门、财会人员应该在这方面花较大气力。比如，进行质量成本核算，开展质量经济效益管理，支持技术革新和产品升级换代，努力增加名优产品，争取多出好产品，卖个好价钱。一方面满足了市场急需；另一方面优质优价也能增加企业收入，提高经济效益。

第三，努力降低生产中的物耗、能耗，降低产品成本，提高企业素质，向加强管理要效益。

近年来，我国工业企业可比产品成本出现了较大的上升趋势，使企业盈利水平显著下降，亏损大大增加。其中，原材料、燃料、电力、运输等提价幅度较大，提高汇率、利率、调整职工工资等客观固然是成本高升的原因之一，但企业素质差，管理水平低，物耗、能耗上升，是重要的内因。不少企业管理制度不严，消耗定额不齐全、不合理，损失浪费严重。有的企业在实行经济承包责任制中，只包产值、产量、不包质量、消耗，拼设备、拼材料，致使消耗上升。在增产节约、增收节支运动中，各级财会部门、财会人员，应该狠抓节约原材料、降低物耗、能耗的工作，并把降低物耗、能耗作为内部经济责任制的重要指标，积极推行降低物耗、能耗的目标管理责任制，进一步改进和完善降低物耗的奖惩制度和办法，切实整顿各项基础工作，建立健全物耗基层记录和计量，从管理上堵塞一切漏洞。并尽可能推广如价值工程等先进管理方法，开展群众的双革运动，促进物耗、能耗的不断降低。

四、增强法制观念，严肃财经纪律

严肃财经纪律，是增收节支的重要手段。近几年来财务税收大检查情况表明，违犯财经纪律的现象在不少单位时有发生，有些还相当严重。这固然有多种原因，但与这些单位领导干部的作风、财会人员是否坚持和维护财经纪律有很大的关系。必须在这次增产节约、增收节支运动中，严肃财经纪律。

第一，各级领导干部都要增强党性，从国家利益出发，带头执行、自觉遵守国家财经法规和制度，不得强迫财会人员办理违反财经纪律的事情，要积极支持财会部门实行会计监督。

第二，对违反财经纪律的单位和个人，一定要批评教育，严肃处理。情节严重、性质恶劣的要绳之以法，绝不能姑息，绝不能使违法乱纪的单位和个人在经济上得到好处。对于坚持和维护财经纪律、工作成绩显著的会计人员，要表扬或奖励，以扶正祛邪。

第三，财会部门和财会人员，要坚决维护国家财经法规制度的严肃性，要结合自己日常工作，加强检查监督，发现问题，及时处理，对较大的问题，要及时反映。财会人员本身要以身作则，廉洁奉公，带头遵纪守法，绝不执法犯法。

第四，要遵守立法程序，切实改变那种有法不依、随意变通的现象。如果谁都可以自行其事变通财经法规，那国家财政计划的实现就没有保障，就会引起社会经济秩序的混乱。应当承认，随着经济的发展，体制的变化，有的法制已不适应变化了的情况，但要改变法制，必须遵循程序，谁制定的谁来改，谁主管这件事就找谁商量。不能自作主张，不能任意宣布废除或变通法规。

五、深化企业改革，推动会计改革

改革和建设是辩证的统一，改革是为了建设，建设是改革的落脚点。经济能够平稳发展，就能为改革创造良好的条件；也只有在经济平稳发展的条件下，改革才能产生更好的效果。正确的建设方针和正确的改革部署互相结合，互相促进，我们的经济情况就会越来越好。

增产节约、增收节支同改革两者之间也是相互促进不可分离的。一方面，只有开展增产节约、增收节支，促进国民经济持续、稳定、协调地发展，才能为体制改革创造很好的经济环境，促进改革健康顺利进行；另一方面，也只有坚持改革，深化改革，才能增强经济活力，调动群众的积极性，促进增产节约、增收节支运动广泛深入地开展。要把这两个方面很好地结合起来，不要抓了这一头，丢了另一头。压缩"空气"，绝不是压缩改革、开放、搞活的空气。坚持改革、深化改革，是促进增产节约、增收节支运动的根本性措施。

今年改革的中心是增强企业活力，而增强企业活力归根到底是要增强企业的再投入的能力，即增强产品开发与技术装备更新的能力，这是企业生产经营走向良性循环的物质基础。就大多数企业来说，今后主要应该从改革经营形式上找出路，推行多种形式的经营责任制，使企业能够通过挖掘企业内部潜力来增强自我积累、自我发展的能力。

财务会计改革要和深化企业改革同步进行。在当前，就是要把增产节约、增收节支的任务和措施，落实到车间、班组、个人，使之与落实经济责任制、深化企业内部改革结合起来。

所有的改革措施，要有利于增产节约、增收节支运动的开展，需要财政增加支出支持的改革措施的出台，必须慎重。增产节约、增收节支运动的成果，关系到国民经济持续稳定发展方针的贯彻执行，关系到今年乃至以后若干年国民经济的协调、稳定发展，也关系到今后改革全面进行能否取得很好的条件，使之健康、顺利发展。

财会工作，是一切单位收支的总关口，"双增双节"运动能否取得全面胜利，与财会工作关系很大，坚持节约原则，是财会理论和实践在当前以及今后长期中的一个重要课题。

（原载《会计研究》1987年第二期）

重现实经济问题　加强会计理论研究

六届人大四次会议通过的《国民经济和社会发展第七个五年计划》以及政府工作报告，展示了伟大的光辉灿烂的前景，是建设四化的宏伟蓝图。认真学习这两个纲领性文献，对于指导"七五"期间乃至今后更长时间里的会计理论研究，具有重大意义。

政府工作报告指出："目前，我们的经济理论研究工作落后于改革和建设的实践，还不善于对丰富的实践做出新的概括。我们要继续努力坚持理论联系实际的原则，鼓励理论上和实践上的大胆探索和开拓创新精神。"这对我们会计理论战线，同样具有极大的针对性。就是说，第一，要尽快改变会计理论研究落后于会计工作实践的现状；第二，要注意对现实经济问题的研究，大胆探索，开拓创新，多出成果。

当前的现实经济问题，主要是指经济改革中的新问题。"七五"时期是我国经济发展和经济体制改革由旧模式向新模式转换的关键时期。这是一场极其广泛、极其深刻的社会变革，这种变革对不适应生产力发展的固有模式、传统观念和习惯势力，是一个重大的冲击，对于会计的固有传统理论，无疑也是一个重大的冲击。因此，学习这两个文献，首先要认真领会有关经济体制改革的理论、方针、政策，用以指导会计理论研究工作的进行。

一、改革的基本方向和理论基础

总理指出，"改革的基本方向必须符合发展商品经济的要求"，理论和实践的基本任务是"深入研究社会主义商品经济运动的内在规律"，"积极探索发展社会主义商品经济的各种途径"，改革的重要内容是"坚决变革一切不符合这种要求的思想观念和规章制度"。因此，经济体制改革的理论基础，是社会主义商品经济理论。作为经济体制组成部分的会计管理，其改革的理论基础同样也离不开社会主义商品经济理论指导。明确这一点，对于我们进一步探索改革中的会计基本理论问题，是十分重要的。

长期以来，我国的经济体制是一种僵化的产品经济模式。国家对企业管得过多、统得过死，经济管理上的集权化、封闭化和平均主义化的痼疾，窒息了本应是生机勃勃的社会主义商品经济。与此相适应的会计工作，也是一种限于事后算账、报账的"工具"。十二届三中全会提出了社会主义经济是有计划的商品经济，这是对马克思主义的社会主义经济理论的重大发展。理论上的突破，带来了实践上的飞跃。社会主义商品经济理论和实践的发展，要求会计的一些基本观念，也要进行相应的变革。

对"有计划的商品经济"的理解，现在就有相当大的弹性。有的强调"商品经济"一面，有的强调"有计划"一面。对这一问题的理解，就具体化为"放"和"统"的关系。这对会计制度的设计、会计管理体制的设置、会计人员有双重身份、会计工作的服务对象、会计作用的发挥等方面，都将产生重大影响。

对"国营企业"的理解，也有不同见地。有的强调"国家所有"一面，有的强调"自主经营"一面。经济理论界认为，我国国营企业所制的内涵，在经济体制改革中，正发生深刻变化。首先是经营自主权从所有权中分离出来；其次是国营企业内部不断地分化出多种所有制关系。前者如"自有资金"从"国投资金"到"企业内部形成的资金"变化；后者如税后留利的所有权问题，特别是对税后留利用于投资形成的资产的所有权问题，有的认为应该是"企业所有"，因为，如果把这一部分投资形成的生产资料仍等同于原有的国家资金，那一方面是对利改税原则的否定，另一方面也会导致企业把税后留利大部分用于消费；有的则认为应该是"国有"，因为，国营企业的一切财产属于全民所有，把税后留利形成的生产资料说成是企业所有，是对国营企业性质的根本否定。会计理论研究对这些问题是不能回避的。

对"企业决策权"的理解也各有不同。有的提出所有者把决策权委托给不具有所有权的企业，这本身就有可能使企业目标同国家整体目标发生分离。情况不外乎两种：一是企业决策权不能兑现，被各级所有者（主管部门）层层截留；一是企业决策同国家利益发生矛盾，导致宏观失控。在企业内部，基于同样的原因也会发生同样的情况，如果是无条件地层层下放权力，未见得能达到预期效果。问题在于不同层次决策权力范围的划分以及相应的决策后果自负。会计应该在"完善企业行为机制，加强企业的自我约束"方面，发挥更大的作用。

由于实际经济生活内容的发展变化，会计理论中许多传统概念也将发生重大变化。例如，"资金"，过去企业资金由国家拨款，现在基本建设拨改贷，流动资金两项归一，还有企业联营、社会集资、股票、债券、商业信用，等等。企业资金来源渠道多样化，"自有资金"不自有，"专用资金"不专用，"固定资金"不固定，"定额资金"不定额，出现了许多"名不副实"的情况。在"利润"中，有"税前利润""税后利润""联营利润""计税利润"等等，简单把"利润"说成是企业对社会的贡献，已不符合现实情况。因为企业利润远非都是为社会而创造，相当一部分要以各种形式分配给企业和个人。又如，"成本"，有"制造成本""计税成本""决策成本""责任成本"等等，会计上计算的成本，远非仅仅局限在产品制造的历史成本。所有这些观念上的变革，既来自会计工作的实践，又会反过来给予会计工作以极大的影响。

二、搞活企业和严格要求企业

搞活企业是城市经济体制改革的中心。"搞活"的标志是：把企业办成真正的"自主经营、自负盈亏""具有自我积累、自我改造、自我发展的能力"的相应独立的社会主义商品生产者和经营者。这里首先要解决一个认识问题，就是政府工作报告讲的"有些人把改革仅仅看作是给企业放权、减税、让利，这是一种误解"。前些时候，正因为存在这些误解，所以一讲"搞活"，就要求财会部门"松绑"，甚至连财政、财务制度、财经纪律都不要了，这是对搞活企业的误解。企业活力的增强和责任的加重应是同步的。正如政府工作报告指出的，"过去，对这方面讲得不够"，今后要多讲，要讲清楚。只有讲清楚了，才能"充分认识改革的新形势对企业提出的严格的要求"。企业财会部门和会计人员应该清醒地看到，今后企业的生存和发展、企业职工物质利益的增进，将更加取决于企业自身的管理水平高低和经济效益结果的好坏，这不仅是对企业领导、也是对企业财会人员的严峻考验。由于企业经营决策的经济后果都由企业自身负责，因此而产生的亏损国家不再包下来，企业就可能付不出贷款、还不了债务、发不出工资，直至最后宣布破产。在这种形势下，企业财会工作改革的方向，应该是如何在提高企业经营管理水平，取得更好的经济效益方面下功夫，而不是空喊"松绑""放权"。

前段时期，在搞活企业方面，偏重于下放权力和奖励制度，而忽视增强责任和惩罚鞭策，只给动力，不给压力。这样，企业就只能负盈，不必负亏。结果是企业活力并没有真正增强。为强化企业预算，必须实行破产制。国营企业不实行破产制，"铁饭碗"就打不破，"大锅饭"就不能彻底解决。关、停、并、转不等于破产。按照这次人大会通过的《民法通则》，"企业法人被撤销、被宣告破产的，应当由主管机关或者人民法院组织有关机关和有关人员成立清算组织，进行清算"，"全民所有制企业法人以国家授予它经营管理的财产承担民事责任"，"对法人代表可以给予行政处分、罚款，构成犯罪的，依法追究刑事责任"。所以，破产制实际上就是严格的经济责任制。如果企业没有破产之忧，即无论企业负多大经济责任，对国营企业的经济惩罚或索赔，最终仍会转回到国家财政账上，企业及其领导和职工并无切肤之痛。实行破产制，企业生命取决于经营决策，从而也将加重企业财会人员在这方面的责任。

"破产法"正在拟议之中,终将出台。与之配套的破产清算会计处理,当然也是会计理论研究的重要内容。

三、发展横向经济联系推动整个改革

政府工作报告指出:"要通过联系,进一步推动整个改革不断前进。要排除联合的障碍,合理规定联合各方的权益,从政策上支持和从立法上保证企业间各种联合的健康发展。"这也给会计工作带来一系列新问题。

例如,联合企业的资金来源,现在已从有形资产发展到了无形资产,先进技术成果、商标、专利权都可作资金来源用于联营投资。我国会计工作中关于无形资产的核算,无论在理论和实践上,都还属于摸索起步阶段,需要加速。

又如,联营企业的利润分配,是"先税后分"还是"先分后税"。现在,财务上规定"先分后税",以便调动各方面积极性。因此,企业的会计核算,仅"利润"一项就将发生许多变化;有本企业利润,企业分来的利润,分给投资者的利润,本企业分进、分出的实得利润等等。由于联营已出现跨部门、跨地区、跨行业、跨所有制多种形式,它既不属于哪一个主管部门,也不属于哪个地区,会计报表怎么编?要不要编合并报表?如何合并,报给谁?又有全民、又有集体、又有工业、又有商业,怎么汇总?等等,这些都是会计上亟待解决的问题。

再如,为了促进联合,财政、税收体制正在进行改革,逐步使现行的以划分利润为基础的"分灶吃饭",过渡到以划分税种为基础的分组财政制度。这样,企业在照章纳税以后,成为真正独立的经济实体,保证企业按照商品经济的客观规律,有效地发展经济,这在会计指标、会计制度、会计管理上,都会引起一系列深刻变化。

四、社会主义商品市场的丰富内容

社会主义商品市场是一个体系,具有丰富的内容。总理指出,这个市场不仅是商品(包括生产资料)市场,还包括建立资金市场、技术市场和促进劳动力合理流动的一个统一市场。过去国家拨款,是会计核算的主要对象。资金市场建立以后,社会集资、企业融资、发展商业信用、发行股票债券,情况将复杂多样。过去30多年,我国会计核算在这方面可以说是空白点。至于参与这些活动的预测、决策,进行可行性研究,则更需要付出极大努力。

政府工作报告指出:"建立和完善社会主义的市场体系,关键在于进一步改革价格体系和价格管理体系。"现在有三种价格:国家定价、国家指导下的价格和市场调节价格,有时三种价差很大。会计的基本任务之一是计价,产成品、半成品、在产品、库存材料、固定资产等等,都需要计价,而且这些计价都将影响企业成本、利润的计算,影响企业财产的估价。同时,在进行决策可行性研究时,要求财会部门提供排除价格因素的各种数据,会计上如何适应价格改革的形势,及时、准确地反映价格变化的因素,都需要很好地研究。

五、学会两套本领促进对外开放

政府工作报告号召我们要利用国内国外两种资源,开拓国内国外两个市场,学会组织国内建设和发展对外经济关系两套本领。我们现在在涉外经济活动的会计工作方面,本领还差得很远。比如,我们的会计师事务所不足100家,注册会计师不足1 000人。"七五"期间引进外资和进行外经活动的规模,将越来越大。要适应形势发

展的需要，现在的这支队伍就会力不从心了，需要大大加快速度发展。注册会计师的有关制度，也需要尽速建立、健全。我们还需要有成千上万这方面的专家，也需要有无懈可击的法规体系。但现在，我们距离这个目标还相差很远，必须做出极大努力。又如，对"涉外会计"的概念，我们现在概念中的内涵太窄了，仅仅限于涉外会计制度。可不可以把"会计管理"的概念拓展到涉外会计工作领域中来。正如国内企业会计工作不仅限于记账、算账，而要向事前预测、决策，事中控制、监督发展一样，涉外会计也不仅仅是编几张报表，还应涉及对外经济活动的各个领域。事实上，已经有不少会计人员参与了与外商投资企业的谈判工作，进行了不少项目的可行性研究。我们是否可以建立一门投资可行性研究为中心的"涉外会计管理学"，这是可以探讨的。

六、改革的艰巨性、复杂性和渐进性

政府工作报告指出："在我国的改革中，旧体制的消亡，新体制的形成，都只能是逐步的，都需要时间。改革必然是一个渐进的过程。在这个过程中，两种体制同时并存，互相发生作用，新体制的因素在经济运行中日益增多，但还不能立即全部代替旧体制，旧体制的相当部分还不能不在一定的时间内继续存在和运行。这就决定改革中不可避免地会出现种种问题和矛盾复杂的局面。"总理讲的经济体制改革的指导思想，对我们进行会计改革，同样是重要的。会计改革也是一个过程。必须是一步一步地进行，不可能是"一揽子"的改革。不能操之过急，不能一哄而起。必须实事求是。既要开拓创新，又要慎重从事。

改革绝不是对过去一切否定，而是进一步完善和发展。经济体制改革有一个新旧交替的过程，会计改革也存在新旧的过渡，在一段时间里，可能出现双轨乃至多轨制。旧的一套不能完全取消，新的一套还不完全成熟。有的企业仍沿用旧的一套，有的企业则可用新的一套。这不要紧，也不用急，经过一段时间的实践，比较优劣，然后择优而行。先破后立是不行的，只能是先立后破，立字当头，破在其中，才符合规律。

当前的主要任务，是对已经出台的改革措施进行"巩固、消化、补充、改善"。巩固，就是巩固几年来改革的成果，坚持改革方向，坚定改革的信心和决心；消化，就是对已经出台的改革措施，做一些消化工作，解决出现的新问题；补充，就是对改革中一些不完善和不健全的方面进行修补；完善，就是指加强和改善宏观控制。这个"八字"方针，总的精神就是要我们及时发现问题，研究新情况，总结新经验，提出新办法。

关于会计改革，可以说现在是第三次了。第一次是1957年，因为指导思想不明确，结果以失败告终；第二次是1965年，经过20世纪60年代的调整，开始有了一些比较明确的指导思想，也提出了一些好的办法，但刚刚开了个头，就遇到"文化大革命"的冲击夭折了，现在是第三次，有整个经济体制改革的大好形势，有正确的方针政策指引，有明确的指导思想，有科学的态度和方法，这次改革一定能够成功，会计理论研究必将是硕果累累的！

（原载《会计研究》1986年第三期）

二、往事越千年，激动抵万金

　　这一部分主要是我退休后，在各地的报告、讲学、讲演。报告时心情万分激动，报告后又收获"应得报酬"。慷慨激昂之余，收入万金，不免心潮澎湃。中国社会真是个"余热社会"，怎么我在位时，报告得再好，也没有分文收入，退休后动动嘴，就是"个人所得，收入万金"。心里想，在位时，人们常说"干得越多出错越多"，现在想来，这是对的，符合逻辑，不干活当然不会出错。于是我们这个社会，就出现了一大批"无为"的"官员"。

会计人生之旅
——读会计书，走会计路，做会计人，圆会计梦
(2005年10月29日在中央财经大学会计学院的报告)

（按：退休之后，一些大专院校和中央机关单位，邀请我前去做报告。由于退休后时间能够自主安排，同时培养新一代也是自己应尽的义务，所以应约前往。此稿是我在中国矿业大学、江西财经大学、中国人民大学、中央财经大学、西南财经大学、中南财经大学、河北经贸大学等院校以及北京、上海国家会计学院总会计师培训班、主任会计师培训班和中直机关高级会计师培训班报告课上讲的主要内容的综合，每次报告开头的话虽然不一样，但其所涉及的历史事件大多一样，所以就整理在一个稿子中。）

很高兴来到中央财大。1997年我在担任中注协秘书长时来中央财大讲过一次课，讲的是中注协是如何加入亚太会计师联合会的，就是加入CAPA，是如何进行国际斗争的，那属于爱国主义教育。那次不是你们的校长，也不是你们的系主任请我来的，而是当时学生会的"小朋友"——学生会主席把我请来的，这次也是你们的"小朋友"把我召唤来的。

我与中央财大是老朋友了。中央财大在历史上曾经归财政部管，现在与财政部也是紧密的"关联方"。我曾担任过中央财大的兼职教授。20世纪80年代在我担任《会计研究》编辑部主任时，李天民教授是《会计研究》的兼职编辑，他是我国老一辈的管理会计专家，当时他负责审阅有关管理会计的稿件。现在你们的孟焰院长，是新一代的管理会计专家。你们学院还有一位魏振雄教授，我们也是老朋友了。1991年全国第一次CPA考试时，他是会计科目专家命题组的成员，那时杨纪琬教授是考试委员会主任，我是考试办公室主任，杨老称魏教授为"小魏"，我也叫他"小魏"，"小魏"今天在中央财大也应该属于"爷爷辈了"！还有李爽教授，曾经出任过中注协的副秘书长。还有谁？我记不住了，总之，我们是一家人。

人生最最宝贵的是年龄。我今年34公岁，住在晾果厂我家的有三口人，我和我老伴各68岁，老妈妈98岁，合计234岁，234岁，除以3，平均年龄为78岁；我就盼望周六、周日，孙子一来，全家平均年龄就"立竿见影"下降28岁，当然距"年轻化"目标还很远。年龄是分子，人数是分母，今天和大家见面，整个会场一平均，我想我起码应当年轻50岁，分子分母一除，我似乎又回到当年风华正茂的青春岁月。所以，我很高兴应"小朋友"的邀请，第二次来到中央财大，讲讲"会计人生之旅"，从满头青丝，直到两鬓斑白；讲讲我近半个世纪的会计之路。

有同学问我是谁？前天，你们的"小朋友"打电话问我的级别，大概上这个讲台还要报一个级别。我现在没有级别，一介草民。熟悉的面孔不多了，还得来一个自报家门：我是会计战线的一名老兵，在财会战线干了40年。前20年在工矿企业、地方基层，总结下来就4个字：摸爬滚打；后20年在财政部，在会计这个行业当了三个秘书长，总结下来也是4个字：酸甜苦辣。20世纪80年代做了10年的中国会计学会秘书长，90年代做了6年的中国注册会计师协会秘书长，新世纪我退休了，又当

了2年多的中国总会计师协会秘书长。秘书长是打工仔,要干具体活的。副会长好当,就像伊丽莎白女王,发发议论,提提建议即可,是一个"名誉称谓"。秘书长的活是苦差事,秘书长要坐班,下面的人每天干什么还要等我来布置。所以今年我辞去了秘书长职务,就当副会长。说来说去,就是两个字:命苦!在财政部,做会计、查会计、管会计,会计三个行当的秘书长我都干了。所以,今天主要是和大家谈我40年会计职业生涯中的一些体会。

每次报告,我都要先做一个声明:讲诚信,当然要讲真话、讲实话。但有时候讲真话、实话很难,讲实话要吃亏。我是北京国家会计学院的兼职教授,常给大型企业的老总讲课。学院说,大家愿意听我讲,要给我录像,作远程教育,这样西部地区学员可以省一点路费,不用到北京来,就在家乡看录像。我说,饶了我吧!我还有点法律知识,我知道录音、录像上法庭时可以作为旁证材料,那可不行!我的讲课,一律不录音、不录像,就发一个大纲。报告时我会讲一些提纲上没有的话,谁认为还可以,在发的提纲旁边做个记录,万一"不幸"谁要举报,对不起,那不是我的笔迹,是你的笔迹,不能作为证据,查无实据,无从告起。

今天是应"小朋友"之约,尽会计行业一个"老兵"之责,当然应当讲真话、实话。用北京的话说:就放开侃一次。讲讲这40年的会计生涯,讲你们书上没有的,老师也许不会说的。你们学过的那些定义,我估计没有多少条能套得上。

我今年34"公岁",还有1"公年",就是古稀了。剩下的时间不多了,常言道"夕阳无限好,只是近黄昏"。越是这样,我到越觉得时间宝贵。总觉得还有许多事没做,不知道马克思哪天喊我,我就得去了八宝山报到。因此,我把这句话改为:"夕阳无限好,黄昏胜黄金。"每天、每时、每刻,时间对我来说都是十分宝贵的。

朱镕基同志惜墨如金,但对我们这个行业特别关怀,一年之中,曾先后三次写下"不做假账"四个金光闪闪的大字。

中共十六大开过以后,确定朱镕基要交班了,全国人大还没开会,朱镕基还是总理,2002年10月28日,朱镕基带着温家宝到国务院各部委走走。在视察国家统计局时,国家统计局请他题词;他写下了"不出假数"4个大字。有人说,最好请他老人家到中央党校也去做个题词,也是四个字:"不说假话!"做经济工作的,不做假账;做统计工作的,不出假数;当领导的,不说假话。三句话配套成龙,切切实实贯彻执行,那我们的事业肯定兴旺发达!

我们党,有着实事求是的优良传统,同样,也有吹牛、浮夸、说假话的惨痛教训。无论正面、反面的经验或教训,都是我党的宝贵财富。我今天也来一个"实话实说"。

大家要我讲讲会计人生之旅,我分读书、做事、为人、做梦四个部分来讲。

一、读会计书:先讲读书、做学问

马克思说,在科学上没有平坦的大道,只有不畏劳苦沿着陡峭山路攀登的人,才有希望达到光辉的顶点。又说,在科学的入口处,正像在地狱的入口处一样,必须提出这样的要求:这里必须根绝一切犹豫,这里任何怯懦都无济于事。这两段话,相信大家很熟悉。马克思把搞科学比做攀登,叫我们要不畏劳苦;又将科学入口比作地狱的入口,让我们不要犹豫,不要怯懦。我想,搞会计科学当然也应当有这种精神。

先讲会计的定义。从孔夫子到马卡洛夫，我带大家找一找我们的祖师爷是怎么说的。

20世纪50年代毛老爷子接见徐永祚，问他，你们知道你们会计界的老祖宗是谁吗？徐永祚没有思想准备，一下子答不出。毛老爷子就说：孔老夫子嘛！怎么孔子成了我们会计的祖师爷呢？有文字记载，《孟子·下万章》载，孔子尝为委吏，曰"会计当而已矣"。孔夫子当年当过粮管所的所长，而且是管公粮，那当然要记账。进多少、出多少，都要记，而且还不能错。因此孔子是中国历史上第一个给会计下定义的人，孔子曰："会计当而已矣！"什么叫"当"？恰当、适当。账实相符合，记录正确，这是会计的基本职能。所以今天朱镕基同志来了个"不做假账"，是对会计的起码要求，我看也是最高要求，因为做假账是很难做的呀，那要"水平"很高才行。做账，这就是中国对会计最原始的定义。

再看看我们的老祖宗马克思是怎么说的，他说：会计是"观念总结和过程的控制"。

我20世纪50年代，读的是苏联马卡洛夫的书，马卡洛夫号称是马克思主义会计学的鼻祖，阎达五教授是马卡洛夫的"大弟子"。马卡洛夫说："什么叫会计学呢？会计学就是研究会计对象、任务和方法的知识体系。"50年代我们采取的是苏联教学模式，实行课堂提问，一问一答，答对了，5分，就记入学生手册。后来参加工作，仔细想想，这个定义让我感到糊涂。会计学是研究会计对象、任务和方法的知识体系，那么物理学呢？就是研究物理对象、任务和方法的知识体系；化学呢？就是研究化学对象、任务和方法的知识体系；医学呢？当然也是研究医学对象、任务和方法的知识体系。这位马克思主义会计学的鼻祖，给我们玩了一个文字游戏，对于什么叫会计学等于啥也没有说。看来会计这两个老祖宗——"老孔"和"老马"，还是中国的老祖宗"老孔"的定义过得硬。

读书和写字是连在一起的。会计使用最多的字是"账"字。从"巾"字旁到"贝"字旁，这个字到底怎么写才对？1985年第一部《会计法》用的是"巾"字旁的"帐"，为什么？古代皇帝出巡，为了保证安全而专设帐篷起居，一切开支均以每次出巡的"帐蓬"为单位进行记录，这些记录就称为"帐"，就是中国最早的会计记录。因此，会计的"帐"应当是帐蓬的"帐"。中国在西周时就有了"会计"，西周设立的"司会"一职就是会计，是指官方记账先生，当然是正统的。1999年修改《会计法》时，全国人大常务委员会通过的稿子，还是用的"巾"字旁的"帐"。后来在向社会公布时用的却是"贝"字旁的"账"，原因是每部法律在公布前都要请中国文字委员会的专家在文字上把关，不能把字写错了。但这批文字学专家，没有读过会计史，望文生义，觉得会计总是和钱打交道，而贝壳曾经是货币的代表，因此把"帐"改为了"贝"字旁的账。他们可能读懂了甲骨文，但不懂会计学。因此，下次修改《会计法》时，要先给这批文字学专家上一点会计课，请你们给他们去讲讲中国会计史。但法律是这样公布的，你还得这样用。否则，可以说你写错别字。实际上是文字学专家犯了错误，而要我们这些做会计的来承担。没办法，只有如此。但这件事告诉我们，做学问要认真，哪怕是一个字，也要认认真真地去研究。

中南财大的郭道杨教授是举世闻名的会计史专家，他因在20世纪80年代初写了一部《中国会计史稿》而闻名于世,挤进了当时诸如杨纪琬、娄尔行、葛家澍、阎达五等知名的老一辈会计学家之列,是老一辈会计学家中最年轻的专家,今天又是新一代会计专家中的年长者。修改《会计法》他最关心的是会计法中使用频率最高的"账"这个字,他听说要把"巾"旁改为"贝"旁,急坏了,给我打电话,我找了财政部的冯淑萍,她当时是会计司司长,我还找了人大法工委、人大财经委,他们都说还是用的"巾"字旁的"帐",后来没想到公布时却用了"贝"字旁的"账"。公布了的法律是一个字也不能改的,这个错别字一直"法定"地用到现在。

还有一个"丝绸之路"和"唐僧取经"的故事,讲的是会计史。

1985年印度一个会计代表团到中国访问,与江西财大成圣树教授谈会计史。印度会计学家说,唐僧取经从印度把会计知识带到中国来了。成教授说,不对,印度的会计是从中国传过去的,是通过丝绸之路传过去的。谁对?我认为还是成教授说得对。唐僧取经是公元600年左右的事,而且取回的是佛经,与会计不相关,何况根据是《西游记》,唐僧取回的经书最后全翻到河里去了嘛!丝绸之路早于唐僧取经1 000年,那是公元前2世纪一条连接中国和罗马的贸易大道。张骞出使西域,开通了丝绸之路,从长安经河西走廊,经过甘肃,再经新疆南下进入印度。这条横贯欧亚的大陆交通线上运输最多的商品是丝绸,因此被称为"丝绸之路"。做生意,当然要记账、算账,因此,通过丝绸之路,是中国把会计传向了印度。这说明做会计还要研究历史,学点文学。

大家看过莎士比亚的名著《威尼斯商人》吗?说的是一个叫安东尼奥的年轻人,向一个犹太富商夏洛克借了3 000达克特,双方订了个契约:规定安东尼奥到期不还钱,夏洛克可以从安东尼奥身上割下一磅肉。后来到期安东尼奥没有还钱,夏洛克要履行契约,安东尼奥的未婚妻和她的女仆假扮律师,为安东尼奥辩护。同意夏洛克按照契约规定割下安东尼奥的一磅肉,但是割这一磅肉必须严格按照契约执行,就是不能多割也不能少割,不能流一滴血,也不能因此伤害安东尼奥的性命。夏洛克无法做到,只好认输。这就叫契约社会、市场经济。会计就是产生于这样的社会环境。

大家知道意大利的卢卡·帕乔利吗?就是他在1494年创立了复式记账法,他在《算术、几何、比及比例概述》一书中,系统地说明了复式记账法,从而在世界广为流传,揭开了近代会计的历史篇章。马克思称复式记账法是"人类智慧的花朵"。那是因为威尼斯当时已经是一座发达的商业城市。复式记账法一直为全世界会计界用到今天,马克思说它是"人类智慧的花朵"一点也不夸张。会计是世界通用的商业语言,会计学是人类智慧共同的财富。

刚才我们讲了从中国古代到西方古代的会计。现在说近代。大家知道,杨纪琬教授是新中国会计制度的奠基人。杨纪琬的会计观可以概括为他自己说的两句话,"要学会计,先学做人"。古人说:"学然后知不足,然后知因,行然后知难。"杨纪琬说,"只有99分的学生,没有99分的会计","念书时,考试出了10道题,做对了8道,错了2道,得了80分,成绩甲等,很好;可教书、工作就不能这样了。老师教书,讲对80%,错了20%,那就是一个蹩脚的老师;工作写一篇材料,对8条,错2条,那就要误大事"。要牢记古人说的"业精于勤,荒于嬉;行成于思,毁于随","天行健,君子以自强不息""学如不及,犹恐失之"。

我说一段故事：我是1954年参加工作的。一毕业就被分配在江西大余漂塘钨矿，那是20世纪50年代苏联援助的141项重点工程。一位女同志在财务科管总账，要出资产负债表，但借方多一分钱，资产负债表不平，遂查到半夜……她老公是南下干部、党委书记，打仗出身，他不懂资产负债表，更不懂借贷记账法，说："少一分钱，我给你就是了吗！"本来差一分钱，借方再加一分钱，不是差2分钱了吗！真添乱。会计本身就要求要百分之百的准确。差一分钱，轧不平，如果把没轧平的资产负债表交了，那不是蹩脚会计吗？

在会计面前，来不得半点虚假，必须扎扎实实。所以，诚信是我们的基本原则。

再讲讲审计。从accounting到audit，从会计到审计。你们的会计系里有个注册会计师专门化班，知道是怎么来的吗。我当了6年CICPA的秘书长，从1991年开始启动中国CPA考试，当了6年CPA的主考试官，当了10年的全国考试委员，这段历史是从我开始的。

因为朱镕基当了总理，所以中国这几年来会计、注册会计师的社会知名度空前提高。现在想找个好工作，首先要选个好专业，会计就是个不愁找不到工作的好专业。但现在对学历要求越来越高，我认为不能仅看学历，还要看你是不是有本事。初次见面，怎么知道你有没有本事？硕士、博士，没有本事啥也不是。什么叫本事？初次见面，就看你口袋有多少本本。在大四就开始考CPA，考各种专业资格证，到应聘时，亮出注册会计师证、注册评估师证、注册税务师证、注册造价师证，等等，就连驾驶证也构成就业的"本事"之一。

1994年2月1日，朱镕基接见毕马威全球董事长，问他什么叫市场经济，对方回答说：市场经济就是信息经济，而信息有2/3来自会计。朱镕基对刘积斌说，你们财政部拿出10个亿，建3个世界第一流的CPA培训基地。朱镕基交代的事，1个月之内要有回答，要不你等着挨批吧。财政部2月28日，送上报告。3月4日朱镕基批示："仅有书面报告还不行，要成立领导小组，要开会。"3月29日朱镕基主持开了领导小组会。

国家会计学院建成后叫什么名字呢？前面讲了，一会儿叫"基地"，一会儿叫"中心"，朱镕基问刘部长，你们财政部在全国建了多少"中心"？现在"中心"的名称不太好听，一个个都成了"腐败中心"。他老人家说就叫国家会计学院，然后我们就按照他意见写报告，申请成立国家会计学院，当然很快就批了。

国家会计学院是搞在职教育，朱镕基还想到在校教育，说会计师要"后继有人"。在那次CPA培训领导小组会上，朱镕基提出："你们给我办个CPA系。"查遍世界各大学，就没有CPA系。当时国家教委副主任张孝文也是领导小组成员，他脑子灵光，就说："报告朱副总理，我们可以在会计系里办个CPA专门化。"朱镕基说："好，那就搞个CPA专门化！"从此诞生了全世界空前的、当然还没有绝后的CPA专门化。对凡办CPA专门化的，财政部都给予资助，一年2 300万元，各高等院校的会计系都要求"戴帽下达"，资助由中注协直接转拨到这些院校的会计系，以免校方从中克扣。现在看来这些钱也起了一些作用，这些院校的会计系都用这笔钱，办起了"会计实验室"，买了一批计算机，走向了会计电算化。

第一批确定的CPA专门化招生点是有会计学博士点的大学，当时只有6所，财政部写了报告上去，朱镕基批示："可否加西南财大一所。"他那时兼任央行行长，西南财大归央行管，朱镕基说"可否"，那当然只"可"不"否"！所以，第一批CPA专门化试点院校从6所变成了7所；第二批是有会计硕士点的大学，朱镕基一看送去的单子就皱眉头，说，仲藜呀，你尽搞那些名不见经传的财经院校，为什么不可以让那些名牌大学，如北大、清华、复旦、南开等名牌大学，把CPA专门化一炮打响。后来加了这些名牌大学，第一期有的学校没招生，因为没有教会计的老师。现在清华的会计专业很"牛"了！

朱镕基又说到教材，说培养人才要舍得花钱，就从美国引进原文原版，没有教师，可以请美国哈佛大学商学院的教授来上课。可这样的学生招不到呀！大家知道CPA专门化是招大学本科生，到哪里去招懂得看原文原版的英文书的高中毕业生？他们怎么能听得懂美国教授用英语讲的课呀！我知道，朱镕基是希望培养的会计专业人才能一步到位与国际接轨！后来采用编译的方法，分配到相关大学编译。

看看这件事，朱镕基是多么上心，从试点学校到教师、教材，他都要过问，所以我说他是"日理万机而不忘会计"。

再看看其他的材料。

一次开CPA领导小组会，他讲了40多分钟，有三句话激动人心，至我还今铭记在心，全行业也都记住了。他说，会计是市场经济的奠基，培养CPA是千秋大业，改革会计、发展注册会计师事业关系国家前途命运！哇！就差一点没喊会计万岁了！我们这个行业关系国家前途命运，谁敢说！这多伟大呀！你们学会计，是碰上了好年代，我们那个时候可没有这种机遇啊！靠会计这个职业，能找碗饭吃就算不错了！

会计有两大类——财务会计和管理会计，现在是两大类发展不平衡。

今年3月，美国管理会计师协会（IMA）主席夏曼来北京，做了一场报告，说现在在全世界，存在过分重视财务会计和外部的CPA审计，而忽视管理会计的现象。孟焰院长参加了这次报告会。夏曼说："这种现象不仅在美国、在中国、在全世界都是如此。"从理财的角度来说，这种现象有点本末倒置。比如，开一场运动会，运动员投中了5个篮，会计Accounting做记录，说运动员得了10分；注册会计师CPA做审计audit，说运动员的投篮符合运动规则，10分有效；但他们都没有办法帮助运动员提高投篮水平，而这就需要管理会计，需要财务管理。

IMA主席会见时任财政部副部长王军在时说："让世界上最大的发达国家——美国与世界上最大的发展中国家——中国携起手来，在全球重振管理会计的雄威。"王军说："在高级会计师考试的题目中，主要应当考管理会计和财务管理。我们要理财，要发财，要有CFO的英才，""全面小康就是要发财，国家要发财，企业要发财，老百姓要发财，而发财没有一批好的理财人能行吗？现在财政部已经发文，从全国高级会计师里挑选出一批优秀人才，要求他们进行深造。"你们中央财大应当是中国经济战线的黄埔军校，你看你们中央财大出了多少人才！都在中国的经济战线当"头"，你们更应当是"后生可畏"！

下面讲思维方式，而不是对未来会计发展的具体描述。

我曾经兼任了十几所财经院校的教授。有一次中南财大会计系一位硕士研究生，要写毕业论文，他对我说，"丁老师，我读大学本科时，对什么叫会计，很明白，现在读了两年的会计硕士研究生，要写毕业论文了，但对什么叫会计，我却糊涂了"。我说："小伙子，就凭你这句话，可以说明你初步具备了会计硕士研究生的水平。"因为在他读大学本科时，也许只读了葛家澍的一本书，说会计是一个信息系统；也许只读了杨纪琬、阎达五的书，说会计是一种管理活动；也许只读了李宝震的一本书，说会计是一门艺术；也许像我一样，只读了20世纪50年代苏联马卡洛夫的书，说会计是一个工具；等等。由于他在读研究生时，看的书多了，知识面广了，所以他才知道关于会计原来不止一个定义，为什么各位"前辈"各有各的说法？一下子还弄不清楚谁对？因为他知道的东西多了，他才"糊涂"。说明他这2年研究生没有白读，比本科时的知识面更广，这当然是一种进步，所以难得糊涂是对的。从"明白"到"糊涂"是认识上的一次飞跃，知识面更广了才能"糊涂"，"怀疑"就是对现有的结论提出挑战，就是创新；创新就是从"糊涂"再到"明白"，即创造一个自己的说法。这当然需要勇气，同时还需要知识。我认为中国古人郑板桥说"难得糊涂"是充满辩证法的。

现在提倡用右脑思维，但从左脑到右脑，思维需要一个质的飞跃。列宁在回答唯心主义者关于精神是由物质产生的问题时说，亲爱的先生们，总有一天我们能打开人们的大脑让你看到精神是由物质产生的。今天的医学已经能够做到这一点了，能打开人的大脑。大脑皮层是大脑表面的一层灰质，有140亿个左右的神经元，接受神经冲动和联络有关神经，通过脑神经或脊神经将冲动传到身体有关部位，调节各器官、系统的活动。人的大脑皮层左右有所分工。左脑主要用于机械思维、记忆、分析、综合等等；右脑用于形象思维，充满幻想，做梦就是右脑的功能。所有的"异想天开"，所有的创新，都有是从右脑来的。左脑支配右手，右脑支配左手。美国有多位总统、还有许多科学家都是"左撇子"，大概就是右脑发达的缘故吧！我们通常利用左脑更多，一个个都变成"马木留克的兵"，就是马克思在《资本论》中提到的"机械兵"。只会背书，那是不够的。要学会想问题，要多问几个为什么？十六届五中全会不是提倡创新吗？没有右脑，怎么创新？

朱镕基说："大学者非大楼也，乃大师也。"大师总有自己独创的东西，否则当不上大师。牛顿望着苹果落地，发现了万有引力；为什么苹果不朝天上飞，一定要往地下落？按照正常思维，只有神经病才会去想这样的问题；现在牛顿也不"牛"了，神六才"牛"，离开地球引力，苹果真会往天上飞。看来，书本的定义总是灰色的，而生命之树是常青的。一切以时间地点条件变化而发生变化。只有相对真理，没有绝对真理。要创新，要"异想天开"。

伟大的教育家叶圣陶先生曾说教育要给孩子六大解放：一、解放他的头脑，使他能想；二、解放他的双手，使他能干；三、解放他的眼睛，使他能看；四、解放他的嘴，使他能谈；五、解放他的空间，使他能到大自然大社会去取得更丰富的学问；六、解放他的时间，不把他的功课表填满，不逼迫他赶考，不和家长联合起来在功课上夹攻，要给他一些空闲时间消化所学，并且学一点他自己渴望要学的学问，干一点他自己高兴干的事情。

中国大文豪巴金写给外孙女的信上说："我看得很清楚：不要做考分的奴隶、不要做文凭的奴隶。这是教育制度逼着青年走上这一条路的。填鸭式的教育，把孩子们培都养成所谓听话的孩子。"巴老说："要为孩子们着想，培养他们最好的办法是引导和启发，使他们信服，让他们善于开动脑筋，学会自己思考问题。听话的孩子不一定就是好学生，肯动脑筋的孩子总比不动脑筋的好。"

我们常说"年轻有为""后生可畏"。你们学校出了财政部部长、央行行长、审计署审计长、解放军原总后勤部部长，人才好多嘛！中央财大应当成为中国经济战线的黄埔军校，在做学问上出一流的人才，所以我支持学生会的这次行动，我来了，并讲了很多。

世界上许多当代的名家，都曾经学过或接触过会计。我到意大利佛罗伦萨参加世界第15次首席财务官大会时，诺贝尔经济奖获得者、欧元之父蒙代尔，在会上做了"货币与世界经济"的主题演讲。他讲了欧元、亚元及世界货币。那时还没有发生金融海啸。蒙代尔用相当大的篇幅赞扬了中国，给中国四代领导人都送了一句话。特别讲到邓小平的白猫黑猫论。今年3月，我去了江西南昌，看到新建的八一大桥桥头有黑白两只猫，一只黑猫、一只白猫，南昌人告诉我，还是黑猫有本事，它的脚下踩着一只老鼠，这只老鼠嘴里衔着一个钱袋，老鼠在偷钱，被黑猫逮着了，白猫的脚下什么也没有。可以说，白猫没学好会计。黑猫的会计学得不错，它知道内部控制，所以逮住了老鼠！蒙代尔指出，凯恩斯曾经提到过，货币最基本的功能就是作为一个计量单位，作为一个会计单位，成为把现在和未来联系起来的一个纽带，是和实物部门联系的一个纽带。他接着谈到汇率、固定汇率、浮动汇率，讲到亚元的形成远比欧元复杂。当然，会计包括了资金、财务、成本管理，而离开了货币计量，就什么也不要谈了。

基辛格是诺贝尔和平奖获得者。我曾参加上海一个"国际金融服务论坛"，主办单位说他们请到了基辛格，要我也参加。我想，基辛格这位世界顶级政治家，毛主席的朋友，与会计界有什么关系呢？我上网搜索到基辛格传记，其中说到，1933年基辛格全家逃到美国后，1938年基辛格在华盛顿中学毕业时，说他最大的心愿是想当一名会计师。因此，在上海国际会议中心贵宾室我对基辛格说：想不到你年轻时对我们会计师这个行业就情有独钟。基辛格说，岂止如此，我学的就是会计，我很喜欢会计，会计有很大用处。原来，他在中学毕业后上了哈佛，先读经济学，再读哲学、政治学，后来去当兵、从政，等等。经济学当然包括会计学的一些内容。而管理会计与哲学、经济学的关系就更为密切。我送了他一本书，我说，送给你的这本书，是我对我国会计师在20世纪末，与世界会计师界的交往的记录，其中的照片包括法国的德斯坦、希拉克总统，加拿大的格罗提安总理、英国的希思首相，还有你们美国的克林顿，都是你的老朋友。基辛格说，我们这一代人现在的主要任务就是回忆历史。他比我大14岁。这位20世纪最聪明的人，在其人格中，混杂着不可一世的骄傲和不安全感。他本人就是一个复杂矛盾体。基辛格说，他已经写好了自传，但要在他死后5年才能公开。他要告诉世人什么呢？是否还包括一段有关会计的说法呢？但愿如此。

格林斯潘这个人大家应当熟悉，前美国联邦储备委员会主席。这次金融危机，他也承认自己犯了错误。后来，他把会计拿来作垫底。说"公允价值"的会计准则有问题，"两房"打包上市，按公允价值作价，造成巨大泡沫破裂，引发了全球金融危机。

二、走会计路

现在讲第二个部分：走会计路。前面讲读书，现在讲做事，就是走会计路。现在会计有三条路：第一个是会计人员；第二个是注册会计师；第三个是总会计师。就是做会计、查会计、管会计。

先讲做会计。有几个基本概念要首先搞清。可能你们书上没有，不知道老师给你们说了没有。现在做会计、管会计的不知道什么叫会计。我们就先说说会计、财务、财务管理三组概念，它们之间的之争、之分、之别。

1. 从理论上说，有"大会计"观、"小会计"观

当年杨纪琬、阎达五教授是"大会计观"的代表人物，我也算半个。该观点下会计的定义是："会计是管理活动。"20世纪80年代，我担任《会计研究》第一任编辑部主任，干的就是"这个活"。我还写过《会计管理学概论》《工业企业会计管理学》《会计管理新辞典》《社会主义会计理论探索》及有关会计管理的若干书籍和文章，也有好几百万字。在会计界的老前辈，把我算作"管理论"者。从当时的历史背景来说，把会计说成是"管理活动"，是符合时宜的，其客观效果在于提高了会计的地位。因为，当年会计的地位低下，正如阎达五教授所说，会计工作是"雕虫小技"，会计人员只能说是"会计匠"，连借什么、贷什么，都是由财政部的会计制度规定好了的。所以叫"会计匠"，"木匠""铁匠""会计匠"，会计人员充其量也只能算个"高级蓝领"。所以，在当时的历史条件下，把会计纳入"管理活动"，对提升会计人员的地位，强调会计工作的重要性，是十分必要的。

1983年，于光远同志主编《经济大辞典》，分类按学科出各卷，《会计卷》是其中的一卷。《会计卷》编写时遇到的第一个难题就是对第一个词条——"会计"大家无法取得统一的认识。这个会计词条中的"老祖宗"——"会计"要是不解决，下面的"工业会计、商业会计、农业会计"等等都无法写下去。从1983年开始编号，到1991年才出版，争论了8年才写出一个"会计"的词条。那时会计学的博导全国只有6位，对"会计"一词的解释是"百花齐放，六家争鸣"。在陕西咸阳开会讨论时，中南财大的杨时展教授在会上"提醒"会计司司长杨纪琬说："今天是讨论会计辞典，不是决定会计制度。"言下之意不能按"官位"高低来决定"什么是会计"；葛家澍教授宣布："明天下午我到西安做学术报告，题目是'会计是一个信息系统'。"言下之意是不同意"会计是管理活动"的说法。都是年近或年逾花甲的老人了，但对学术问题争论起来，仍然是那么激烈，那么容易动感情！那种对学术的认真、坦诚、执着追求的精神，今天回想起来仍令人为之感动。后来在福州山海宾馆定稿时，非要把各派观点综合进来，"会计"这个词条就成了"四不像"，但几位"老人家"还不罢休，坚持要把自己的观点用小字体印在下面作为备注，再加以详尽说明。可见，当年"做学问"是一件十分认真、十分费脑筋的事情。不像现在，随随便便就有了"新发现""新论著"，就领导了"新潮流"。就好像"超女"一夜成名一样，真有点想不明白。怎么会有那么多"玉米""粉丝"？是这样叫的吗？我在这方面是外行，这些是当代在青年中流行的语言！

到了20世纪末90年代，特别是1998年以后，会计的地位被扭曲了，扭曲到了不适当的地位。会计是"管理活动"的概念被无限地扩大了。特别是在进入市场经

济年代以后，"管理活动"几乎无时不在，无处不有，几乎囊括了一切经济活动。到后来，变成"会计是个筐，什么都往里面装"。国家领导人"日理万机而不忘会计"，逢会就说会计，遇事不离会计。中国证监会首会办的一位女处长说，会计已经发展到"高得下不来了"的"可怕"地步。"大会计观"发展到这种地步，已经走向了它的"反面"，会计被"异化"了。如同马克思说的"异化"一样，资本主义造就了无产阶级，造就了自己的"掘墓人"，这是在资本主义诞生时自己也没想到的。"大会计观"发展到后来的这么"伟大"，也是"大会计观"创始人自己起初没有想到的。

"小会计"观认为会计仅仅限于记账、算账、报账这样的会计循环。葛家澍教授说："会计是一个信息系统。"当年马克思主义会计学的鼻祖——苏联的马克卡洛夫教授说："会计是一个工具。"人们通常理解的会计，就是"账房先生"。

马克思在《资本论》第二卷中对"会计"下的定义是"过程的控制和观念总结"，"控制"什么？"总结"哪些？大、小会计观都可以它为依据进行论证。"打语录"战，是过去常用的论战方法，但并不能真正解决问题。

我认为，会计就是会计，不要任意扩大化。

所以，一说到会计，就要看你持"大会计"观还是"小会计"观。当年我是属于持"大会计"观的。现在似乎闹明白了一点，这种争论，只能是一种"书斋里的学问"，毫无实际意义。在现实中，清清楚楚，明明白白，会计就是记账、算账、报账，财务就是理财。大多数企业只有财务科而没有会计科。会计是一个工具，是为理财服务的。工具有什么可害怕的？卫星上天，火箭不就是工具吗！也很"伟大"！全世界大多数国家的会计准则是"公认会计准则"，是一种"社会公认"，不是政府法规，没有什么"会计法"，只有"会计师法"，讲的是CPA，不是讲企业会计。国际会计准则也只是国际社会的公认记账规矩，还只能"劝说各国执行"，不是国际法。

财政部主办的《财务与会计》杂志，就把"财务"与"会计"分开了。这个"与"，说明两者的关系十分密切，但即使密切到"你中有我，我中有你"，也还是有"你""我"之分。会计与财务起码是并列关系，而不是从属关系。不是财务包括会计，也不是会计包括财务，它们各自都是一门独立的学问，一项独立的工作。"文化大革命"后，1972年要恢复杂志，杂志取什么名？当时曾经引起一场争论。因为会计离不开财务，财务也离不开会计，两者的关系十分密切，但又不是"一家"，财政部最后还是把它们"分家"了，在"财务"和"会计"中加一个"与"。

会计功能的"异化"：会计这些年变化很大，变得有点自己不认得自己了。这些年来会计"发展"太快，有人这样描述：

会计是一门技术→会计是一门学术→会计是一门艺术→会计变成了魔术

香港有人把这种会计取名为"创意会计"，既然有"创意"，那就有着非常丰富的"想象空间"。会计的功能就是这样一步一步被"异化"了。"你想扭亏为盈吗？账面上我就可以帮你实现"扭亏为盈"；距离增发的利润要求还差2 000万元吗？我账面少提八项减值，这2 000万元利润就出来了……像打开潘多拉盒一样，什么魔鬼都出来了，真是"神奇的会计"！这样发展下去真有点令人害怕。我们可千万不能这样！

让会计从"天上"回到"人间"。我深深地感到，现在"会计"的发展"势不可挡"，"扩张"得太厉害，几乎要"囊括一切"。企业要越做越大，才能越做越强，所以才有不断的兼并。而学问似乎是需要越做越细，不断地分化出新的学科，才能攀登高峰。正像分子、原子、中子、核子……不断细分，才能释放出巨大的能量。当一门学科变得"无所不包""无边无际"的时候，它也就会从"顶峰"上跌落下来，变得自己也认不得自己了。当一项工作，变得囊括一切的时候，他一定是什么也做不好，实际就自己陷入了不可自拔的窘境。什么"绿色会计""未来会计"等等新型的"会计学科"不断兴起，把会计搞得"云里雾里"，不知所云。我看还是应该让会计从"天上"回到"人间"。

2. "大财务"与"小财务"

企业总会计师的理财是"小财务"，是真正的企业财务，属于再分配范畴。

财政部的财务管的是国库里的钱，企业财务管的是市场中的钱。两个不同口袋里的钱，有着不同的运动规律。

财政部讲的财务，是"大财务"，本质上是财政，是用行政的权力去执行分配的职能，和大家通常说的企业财务完全不一样。财政部的企业财务司实际上是"企业财政司"，农业财务司实际上是"农业财政司"，金融财务司实际上是"金融财政司"，等等。他们主要处理国家与企业的财务关系，属于初次分配范畴，他不管你那个企业资金是如何运作的，他只负责"切蛋糕"：从国民收入的大蛋糕中切多大一块给你，或者是你要缴多大一块给财政"做蛋糕"。项怀诚说："财政、财政重点在政。"就是用行政的权力去执行分配的职能。给你这么多就是这么多，叫也没用；要你缴这么多就得缴这么多，少了还不行，否则就"绳之以法"。企业总会计师干的那个才叫作真正的企业财务，企业财务属于再分配的范畴。

在目前的体制下，还是大钱管小钱，大财务是小财务的客观环境。

客观活动与主观能动之别：财务是客体，理财是主体。财务是客观活动，理财是主观活动。马克思的《资本论》第二卷里有两个公式，商品流通的公式：W—G—W，资本流通的公式：G—W—G'。后面的G多了一点，就是资本的增值，就是财务活动的最终成果——利润。企业财务就是指企业再生产过程中的资金运动，即企业再生产过程中的财务活动。同时又包含了财务活动中产生的财务关系，即资金运动所体现的企业同各方面的经济关系。

资金是企业再生产过程中运动着的价值。价值是凝结在商品中的社会必要劳动，需要通过交换、以价格围绕价值而上下波动的形式实现。再生产过程不断，价值运动也就不断，体现价值运动的资金运动也就不断。社会必要劳动——抽象劳动是由社会平均水平所决定的，当你耗费的个别劳动低于社会一般劳动时，你就能获得超额利润；反之，你就会亏本。理财就是要降低个别劳动的耗费，用低于社会劳动价值的具体劳动创造同等的一般劳动价值，你就"发财了"，原来的G上面就会多一个点（'），这就是资本对利润的追求，就是理财。

资金运动包括：资金筹集（拨款、借款、发股、发债等等），资金投放和使用，资金收入和分配；财务关系包括：企业与投资者和被投资者之间的财务关系；企业与债权人、债务人、往来客户之间的财务关系；企业与税务机关的关系；企业与内部各单位之间的财务关系；企业与职工之间的财务关系。财务关系体现人与人之间的关系。

财务管理是一种价值管理,理财即财务管理。包括:筹资管理、投资管理、风险管理、资产管理、收入和分配管理。财务管理是一种价值管理。财务管理目标的作用有:导向作用、激励作用、凝聚作用、考核作用。财务管理的总体目标:利润最大化(Profit Maximization),股东财富最大化(Stockholder Wealth),企业价值最大化(Company Value),履行应尽的社会责任(Social Responsibility)。

3. CPA

听说同学们对这方面很感兴趣,我就多讲点。

CPA 面临的蛋糕很大。有市场经济,就需要 CPA,就有 CPA 的市场,就能发财。后面我会讲到它的道路并非一路平坦,而是十分艰难的。我是从这条路上走过来的。当年想为中国的 CPA 开出一条路来,但也力不从心,现在只有靠你们来走了。

CPA 面临的蛋糕很大很大:从世界到中国、到行业,有三个三次重组。这是说我们这个行业大有作为、前途光明。蛋糕很大,也就是说发展的空间很大,赚钱的机会很多。

我们非常有幸生活在两个千年交替之间。上一个千年的后 500 年,17 世纪是欧洲称雄的时代,世界经济、政治中心在欧洲,全球 CPA 的中心也在欧洲,前后经历了近 300 年;从 19 世纪下半叶开始到 20 世纪,造就了世界唯一的超级大国——美国。"9·11"事件以后,世界多极化,虽然美国仍然保持霸权地位,但受到了严峻的挑战。新千年,由于中国的和平崛起,正在改变世界的格局。人们预期 21 世纪亚洲会崛起,中国 27 年来经济保持平均 9% 的年增速,中国正在成为"世界经济发动机之一",世界经济与中国经济同凉热。现在美国佬为什么压迫人民币升值?贸易摩擦之战、世界工厂之说等等,都围绕着中国。中国是世界最大的投资市场、消费市场,也是世界最具潜力、最大的会计市场。一切想发财的国际会计公司老板,都把目光聚焦中国,这也是不可争辩的事实。

中国 CPA 发展的三个阶段、三次飞跃:第一次:20 世纪 80 年代重建,站起来;第二次:90 年代改制,富起来;第三次:21 世纪面对全球,"牛"起来。

现在及未来 CPA 面临的蛋糕有多大?100 亿美元。这是 1992 年在日内瓦参加关贸总协定谈判时外国专家对中国会计市场未来发展的预测。现在推算一下,大概也差不多是这个数。央企重组,中介费 20 亿元;地方国企重组,中介费 50 亿元;新公司上市,中介费 50 亿元;民营企业审计 10 亿元,国有企业、外资企业正常审计 500 亿元。胡锦涛说到 2020 年中国的 GDP 将达到 4 万亿美元,中介机构按万分之二点五的比例推算应当有 100 亿美元,也就是大约 800 亿元人民币,所以蛋糕很大很大,这是从宏观总体来说的情况。

CPA 的三次重组,讲几组数字:①CPA 人数:20 世纪 80 年代 1 000 人,90 年代初 10 000 人,20 世纪末 50 000 人,到 2020 年可能达到 100 000 人,别说 30 万了,不需要那么多;②业务收入:80 年代不足 1 亿元,90 年代中期 50 亿元,90 年代末 100 亿元,到 2020 年可能达到 800 亿元,因为发展的基数越来越大,绝对额肯定越来越大。今年估计能达到 200 亿元。人家说 CPA 行业是"有钱人的俱乐部",也是个人所得税的重点征收对象;③国内事务所数量世界第一,CPA 数量世界第二,但存在"小、乱、差"现象。国内所在自己市场上的份额比重越来越小,国际所的份额比重越来越大，这也说明我们发展的潜力很大。

中国 CPA 组织已经走向世界。中国会计师组织地位日益提高：1996 年 10 月，进入亚太（CAPA），把台湾会计师组织从国际、地区会计师组织中赶出去了，而且一去不复返了，这是中国会计师发展史上的里程碑；1997 年 5 月 CICPA 进入国际 IFAC，10 月在巴黎参加第十五届全球会计师大会；到 90 年代末期，中国会计师行业已经成为亚太的行业中心，亚太会计师联合会第 51 次理事会在上海举行，1997 年"迈向 21 世纪国际研讨会"在北京举行；1997 年 CICPA 成为 CAPA 理事，以后又成为副会长，再就是会长；IFAC 成员、理事；……中国 CPA 正在越来越多地参与国际会计事务的重大活动，具有越来越多的发言权，国际会计事务不能离开中国会计界的参与。

我们 CPA 事业在国内、国际都取得了辉煌的成就，当然我们还面临许多困难。想发财不容易，取得应有的份额很难、很难，这碗饭不好吃。我从四个方面讲讲我个人的感受。

（1）国企是我们的主要服务对象，国企改不好，CPA 也搞不好。

（2）股市是国民经济的晴雨表，现在还没有实现这一点，CPA 不免要做出一些牺牲。

（3）WTO 主要讲国际会计公司。不参与国际竞争，中国的 CPA 始终长不大。

（4）CPA 面临沼泽是指现在的处境不妙。

先讲国企改革。国企改革经历了三个阶段。走了一个"之"字形路，现在进入所有制的改革阶段。产权变动大需要 CPA 来参与，因此国企改革也是 CPA 行业发展的商机。过去这块蛋糕不大，现在是很大很大。产权变动离不开会计师，我估计可以给事务所带来 300 亿元左右的收入。问题在于我们自己的事务所能分到的份额很小很小。为什么？那些大企业的改制、改组的生意都让"四大"做了，我们自己的事务所只能"抓小放大"，不是不想"抓大"，而是抓不着。

专家说"国企改革"提法不妥，应当是"国有资产管理体制改革"，是政府对国企管理体制的改革。哪个国有企业的 CEO、CFO 能自己说我想怎么改？

有几种流行的国企改革理论。

十几万亿国有资产是怎么来的？五个方面：这里是讲前 30 年造就国有资产的班底；目前这 13 万亿国有资产是怎么来的？它是中国政府采取内向挤压式的资本长期积累的结果。主要来自五个渠道：①没收官僚资本；②赎买民族资本；③农村农民；④城市工人、工薪阶层；⑤垄断国家资源。

国家原来与职工约定是低工资，低福利，广就业，保职工有工作、养老和其他福利。现在这个约定的条件变了，国家要给补偿，对职工过去做出的贡献做出补偿。因此国企改制的成本相当一部分要用于对这些职工的补偿。国企重组就是国家用市场合约去跟职工替换社会合约。在这个替换中，国家要首先解除原来的义务，因此需要支付代价来"赎回"自己的义务。这不是国有资产流失，而是"还钱于民"，这是应当的。

市场经济到底有没有姓"社"姓"资"之分？

对什么是"社会主义市场经济"有不同的理解。有的认为，市场经济有"社会主义"性质和"资本主义"性质之分。对此有两种误解。其一，有的认为，"社会主义市场经济"对社会资源配置采取的是计划手段，而"资本主义市场经济"对社会资源配置采取的是市场手段。这种解释又把"市场经济"倒回到传统的计划经济时代；其二，有的认为，"社会主义市场经济"是公有制基础上的市场经济，而资本主义的市场经济是私有制基础上的市场经济。这种解释又把"市场经济"倒回到单一的公有制，把非公有制排除在"社会主义市场经济"之外。这两点都是左的思潮在新时期的继续表现。经济学家董辅礽认为：市场经济就是市场经济，没有什么"社会主义""资本主义"之分。市场经济的对立面是计划经济，而不是社会主义、资本主义。社会主义是一种社会制度，是一种理想，因此，也可以说是一种道德观。董老去年在美国过世了，没有把这方面的理论研究继续下去。我赞成董辅礽教授的说法，他说："社会主义意味着社会公平，而市场经济则意味着高效率，社会主义市场经济就是社会公平加市场效率，两者的结合就是社会主义市场经济。"因此，"社会主义市场经济"也不是社会主义国家所独有的，一些西方国家如果既实现了社会公平、又保持了市场效率，那它也是"社会主义市场经济"；反之，如果原来是"社会主义国家"，它搞市场经济的结果是既没有实现社会公平，也没有求得市场效率，那它的经济也不能称为"社会主义市场经济"。总之，我认为市场经济没有什么社会主义、资本主义之分，不存在姓"资"姓"社"的问题。市场经济就是市场经济，要不你就不要搞市场经济。社会主义市场经济就是效率加公平。

再说股市难。中国的股市是先天不足，后天失调。股票市场真不好管，猛跌下边有意见，猛涨中央政府有意见，担心出事。不涨不跌，所有人都有意见。香港回归前，股市猛涨。一会儿"九七回归"，一会儿十五大，一会儿红筹、蓝筹，股价直冲云霄。朱镕基担心了。《人民日报》在1996年12月16日发表了题为《正确认识当前股票市场》的特约评论员文章，指出对于目前证券市场的严重过度投机和可能造成的风险，要予以高度警惕。1996年年底，朱镕基在中南海警卫团大礼堂给出席全国财政工作会议的人员作报告。他说，这篇文章只想说明一个道理，政府绝不托市。当时是绝密，只有4个人知道。文章发表后，他说他一个礼拜没有睡好觉。文章刊发的当天，股市猛跌，他让公安部部长查一查有多少人跳楼，多少人投江，多少人自杀，回答说没有一个。朱镕基感慨万分。第三天，《人民日报》又发了篇观察员文章，把股市又托了一下。朱镕基那天说，香港报纸说中国股市没有熊市、牛市，只有朱市，损人也不能这么损嘛！吹捧美国的格林斯潘，说格林斯潘一言九鼎。朱镕基说，至此为止，还说我朱某人气量太小！中国的股市真是遇到不少麻烦，注册会计师有时是"帮凶"，有时成了"替罪羊"，处于受苦受难的第一线。关键是上市公司质量不高，"温九条"要搞股权分置，现在又面临千点下破。中国的股是政府市、政策市。中国的ST上市公司"打不死"，不是"英雄救美"，而是"政府救市"。谁穷谁上市，上市为圈钱。CPA敢于做是因为要吃饭。有人说炒股是仅次于贩毒的第二危险职业，CPA是这一危险职业最紧密的关联方。

接着说WTO。加入WTO不是世界大同，而是新的吵架的开始。每次吵架重点都是要维护我们国家的自身利益。当时国务院有个服务贸易谈判协调小组，李岚清、吴仪是组长。吴仪号称铁娘子，与美国佬争。美国佬说我们中国是小偷（知识产权），吴仪说你们美国是强盗（看看你们博物馆，都是从别国抢来的东西）。所以"铁娘子"出了名。

WTO谈判持续了15年，朱镕基总理说"黑头发都谈成了白头发"。为什么会谈得这么久、这么苦、这么难？龙永图说："谈了15年，我们在原则问题上坚持了15年。如果我们什么都答应的话，谈判早就结束了。谈判过程之难，时间之长，正说明我国为维护自身根本利益所付出的巨大努力。如果不理解这点，那就没有真正理解中国入世过程中最后确认的有关条款的核心。"不要以为进入WTO就"世界大同"了，就"没有国界了"。WTO的存在，就是因为各国的情况不同，各自的利益不同，各自的规矩不同。要谈，要斗争，过去、现在、将来都是这样。

中国是一个最具潜力、最大的潜在的会计市场，谁都想来。中注协从1993年起就参加了GATT复关谈判，直到后来的WTO谈判。

1998年3月11日，当时我与美国WTO谈判副代表、总统执行办公厅高级顾问柯里斯·蒂纳·伦德女士谈判中国会计市场开放的准入条件问题。我说了："中国需要WTO，同样WTO也离不开中国。"我讲了会计师行业的"三个85%"。我指出："在进入中国会计市场的国际会计公司组成的中外合作事务所里，中方会计师专业人员占85%以上，中方会计师专业人员所做的工作量占85%以上，而合作所85%以上的收入却进了你们外方合伙人的腰包，最后你们还跑到朱老板那里说中国CPA不行，岂有此理！"说的时候可能我显得有些激动。最后，那位总统顾问说："丁先生，你是一个充满激情的会计师！"我回答说："That is all right！我为什么不爱我的中国，我为什么不爱我的CICPA！"外经贸部的同志说："老丁，说得好！谈判桌上，就是要斗！"

1998年3月24日，美国的"六大"组织了一个代表团来与中注协会谈。我说你们平时都是竞争对手，在占领中国市场方面你们走到一起了，"六大"组成一个代表团，说明利益高于一切。我说，中国欢迎"六大"进入，因此可以让出一部分市场。"六大"进入中国不可能不产生成本，因此，应当努力加速对中国人才的培养，这既是一件双方互利的事情，也是双方需要做出真诚奉献的事情。当时，最大的分歧在于对时间表的认识。"六大"说，我们把本地化的时间表列得太急、太快。我说，问题在于怎么算账。你们的起点是针对一个刚从大学毕业出来的大学生，我们算的是从大学毕业后已经从事了8年、10年的审计工作的人。像张克、葛明，难道他们还需要等8年、10年才能成为合伙人？你们不要相信那些外国的"中国通"，其实他狗屁不通。你们想想，是美国人更了解美国？还是中国人更了解美国？当然是美国人更了解美国。反过来，同样的道理，中国人对中国比美国人更了解，我就不相信"中国问题专家"会是中国以外的外国人。如果20年培养不出一名合格的学生，那么学生固然是笨蛋，我看先生就是"混蛋"，在那里骗人嘛！你怎么带的学生？怎么20年带不出一个毕业生？你在哪里骗学生的钱嘛！第二天，我的讲话，通过"六大"立即在全球传开。有一份《华尔街日报》乱写，说中国拒绝开放会计市场。朱老板批示：怀诚同志阅。阅又怎么了？大不了不当这个秘书长！

1998年5月21日，美国财政部副帮办兰德·萨格访华，又一次商谈中国会计市场开放问题。兰德·萨格说中国CPA考试太难，美国人考中国的CPA合格率太低，希望我们能够允许美国人考中国 CPA 不要用中文而用英文。我回答说，可以，按照 WTO 对等原则，也应该允许中国人考美国的 AICPA 也不用英文！弄得那位美国佬也毫无办法。

这就是 WTO 谈判，为了维护我们国家的主权，维护我们的民族的利益，针锋相对地斗争，寸土不让地斗争！但从 WTO 服务贸易市场会计市场来看，我觉得当年在谈判桌上取得的胜利，在后来 3 年的实践中已被吞食。国际会计公司长驱直入进入中国会计市场，他们不是来举办慈善事业，是要占领市场、要赚取利润。

我们 CPA 面临一片沼泽地。总结为：国企吃不下，股市拔不出，面临沼泽，进退两难，还要被打屁股。前年在总会计师论坛上，我向记者们打的比方就是这个。

CPA 品牌创造的过程很长很长。

"四大"国际会计公司是百年老店，我们国内所没法比，这是一个漫长的发展过程。

"四大"的起源要追溯到 19 世纪，1932 年《财富》杂志首次凸显出"八大"。此后，"四大"及其前身始终占据着美国乃至整个西方会计服务市场的中心与支柱地位，规模迅速扩大，品牌日渐确立，成功地垄断了上市公司审计大部分市场份额。到现在已近百年。

前些日子，美国有一份《鲍曼会计报告》，他预测在 20 年内 X 大将从地球上消失。"四大"是否就是一统天下的代名词？"大"难道就一定意味着"美"？迷信"四大"有着一定的思想文化根源。美国的"X 大"就是世界的"X 大"。"X 大"会计师事务所的择偶舞会既然早已开始，可能会继续将减法做下去，为什么 X 大在 20 年后不复存在？原因很简单：由于无休止地追求业绩增长和规模扩张，这些巨型会计师事务所的内部协调能力已经到了极限，不同企业文化的聚合无法形成协同效应，业务的扩大与公司的统一无法兼顾。至于层出不穷的假账丑闻，更是成了压垮会计师事务所的"骆驼背上的最后一根稻草"。对比恐龙在地球上灭绝的历史可以发现，"四大"走向没落将是外部环境与内部因素联合作用的结果，"四大"称霸的同时，也使自己变成了一个"濒危物种"。

这是一个预言："X 大"合并一个消灭一个，是胜利，也是失败。从"十大"，到"八大""六大""五大""四大"，几个月前，毕马威帮助企业逃税，美国司法部怕"四大"变"三大"，以罚款了却。想想太可怕了，如果变成"三大""二大"，那也就是国际会计公司面临死亡。估计不出 20 年，这个庞然大物，将会从地球上消失！因为：①越大越难控制，不可能不出事，出事后老不处理，也不太可能，尤其是在美国；②大到超出一定规模控制成本将越来越高，根据控制的能级原理，到一定的极限，企业将无法承受成本。

垄断必然导致不正当竞争，成熟的会计服务市场不能接受"赢家通吃"———在美国，"四大"会计师事务所正眼睁睁地看着自己数以百计的客户转投较小的会计师事务所。近期的一项调查显示，2004 发生的 396 起更换会计师事务所的案例中有 2/3 的情况是放弃"四大"而改聘中小事务所。

中国的"四大"主要是香港人在主导。

会计师的灵魂在于他的独立性，而"四大"的特点就是垄断性。"四大"的困扰在于其已经从产品导向变为市场导向。虽然,"四大"不愿放弃"注册会计师"为其带来的传统地位,但他们不再是传统的"会计专卖店",而成为提供多种业务的"百货公司"。他们日益把自己看作商人,这种视角的转变是极其危险的。对于职业会计师而言,职业道德系安身立命之本,而对商人而言,职业道德只是次要问题,是否需要遵循将取决于所接受的指令和面临的环境。

大不是美,小不是美,由小到大才是美。

这也是个预言,不出5年,世道会变化。"四大"在中国"牛"不过5年。随着时间的推移,氛围会一天天好起来。美国已经有几百起更换事务所的案例,其中2/3是把"四大"换掉;中国也会变化的。"四大"最终会自己打败自己!"四大"在中国开始遭受信任危机。从大局看,中国人也在开始转变崇洋媚外观念,包括洋玩意,只要是假就要打。管你几大不几大,管你名牌不名牌。没有免检的事务所。

2004年上市公司中炒"四大"鱿鱼的占1/4强,被炒的104家中有27家是"四大"。

体制改革的任务很重。

朱副总理1997年4月20日批示:"扎实工作,清理整顿会计师行业。"1998年4月28号,他在清华举办的第一期稽查特派员培训班上说,中国的会计师不会查账,只会做假账,所以叫他们清理整顿,也不知道搞得怎么样了,那个秘书长怎么当的?我不敢怠慢,在项部长的家乡吴县(现有撤销)开全国秘书长会时,我说:"我要干货,那些空话、废话统统下去。"回到北京就搞脱钩改制。

关于合伙制,有限合伙制下,合伙是灵魂,有限是外壳。CPA靠的是个人的诚信。1999年全行业完成改制,算是中国的第一个完成全行业改制的,还有很长的路要走。

下面讲CFO,讲总会计师。主要讲定名、定责、定位、定向。

我们认识上的一大误区:在发达国家"财务总监"并不等于"首席财务官"(即中国的总会计师),他只是CFO下属的"总控制师""主计长""司库",类似我们的财务处长、内审处长、会计处长,只是个"中层干部",不进入最高决策层。

翻译上的一大冤案:CFO的全称是Chief Financial Officer,在所有的英文单词中,就是没有"监督""监察"的含义。Controller可翻译成"总控制师",或者"主计长"。英文的直译"财务总监"应当是Finance Director,但它不是"首席财务官",不是企业经营管理的最高决策层,只是"中层干部"。

职能上的混乱:代表所有者的监督是"外监",经营者的监督是"内监",两者相辅相成,但又不能互相替代。这些年在中国、在全世界,过分地重视了"外监",忽视了"内监"。美国的"404条款萨班斯法案"也存在这一偏向。因此需要强调内部财务管理的重要性。

我们需要"记分员",我们更需要"教练",更需要从内部提高效率、效益。

生个儿子取什么名?定名,其实它就是对总会计师的定性、定位、定责的综合反映。生个儿子取什么名?它跟对总会计师的定位有很大关系。

名字只是一个人的代号。但名字又不完全是一个人的"代号",而且还是时代的"代号"。在旧社会有族谱(现在也有),一个人出生后,族谱里就排定了他的辈分,

"族谱"中,老祖宗除了赐予我们姓氏以外,还"横行独断"地给子孙后世留下某字,让同辈人共用。从某种意义上说,这也是"中国特色",是中华文化遗产的一部分。我在家族的族谱里,是"平"字辈,所以才取名为"平准",并不是因为这个名字我才当了会计,这个名字是"老祖宗给的"。我的大哥取名为"平衡",但他是新中国第一代电脑专家。那年普华永道在北京开全球董事会,要求见国务院领导,到了人民大会堂,进门后张部长介绍我给国务院领导,这位领导握我的手非常幽默地对我说:"你叫丁平准,又平又准,还顶平准,难怪是会计专家。"出来后,我很高兴,张部长就对我说:"老丁,你别高兴得太早,在朱镕基那里,你就叫顶不准!是全国做假账的头!"我的妈呀,在不同人的面前,我还有不同的名字!?

由祖宗取名的习俗,现在已经显得过时,赶时代潮流取名又成为一种时尚。新中国建立和20世纪50年代初期,取名"建国""胜利""援朝"的特多。到60年代,"三面红旗飘飘",取名"跃进""公社""红旗"的特多。"文革"时期,取名"卫东""向阳""革胜"的特多。现在是市场经济时代了,取名"富"呀、"贵"呀、"财"呀、"发"呀的特多,有的还要"与国际接轨",得沾点"洋味",有的人把一串英文字母拼凑成自己喜欢的读音的名字,取了个"洋名",别人勉强读得出字音,中国人却悟不来其中的意思,这也是一种"时髦",男的叫大卫,女的叫安妮!取名的变化,反映了时代的变迁。这三拨人,第一拨已经退休;第二拨正当年,是我们的业务骨干;第三拨就是你们,未来的接班人。

"总会计师"这个名字,是"祖辈"定下来的。毛主席时代就有了,邓小平时代继续用着,第三代领导人期间还为之制定了法律,第四代领导人也表示要"高度关注"!我们自己为什么要改掉这个好名字!?但眼下,好些情况"突破"了"老祖宗"的规定:副总经理、财务总监、财务总裁、财务主管、财务经理、财务负责人、首席会计师、首席财务官,等等,先后问世,都突破了"老祖宗"的规定。每个"名字",变化前后都有依据、有道理、有背景。

正名:总会计师。中国总会计师从1952年登上中国经济舞台,那时在苏联援助的141、156项工程的大型企业,就有总会计师,而且是领导班子成员,到现在已走过50年的历程。第一,它已被法律认可;第二:已被"官方"认同;第三:已"被社会约定俗成",要改还很困难。

认识上的一大误区:自1992年中国第一批上市公司诞生以来,这些市场化的企业,大多是国有股"一股独大",所以在本质上它们仍然是"国有企业",至少是带有浓郁的"国企"色彩。但他们的"老板"——所有者或者是所有者的代表,希望这个新生的"儿子"能够"赶上潮流",对上市公司的高层领导使用了"董事长""总经理""总裁"等等称谓,对上市公司最高财务主管没有使用总会计师的称谓,而是使用了"财务总监"的称谓。似乎这样一来这个企业就市场化、国际化了。其实,这是一种误解。在外国,在发达国家,他们企业中的"财务总监"不等于"首席财务官",在一个企业的内部,"财务总监"是"首席财务官"的下属,或称"总控制师"、或称"主计长"、或称"司库",类似我们的内审处长、财务处长、会计处长,他不进企业最高决策层,拿我们中国话来讲,只是个"中层干部"。可这些年由于错误的观念,把财务总监的位置搞错了,提升到"首席财务官"的位置上来了。

我们喜欢讲"与国际接轨",可还不知道洋鬼子是什么,就宣布接轨了,真是见鬼了!

如前所述,近10年来"财务总监"的称谓颇有取代"总会计师"称谓的趋势,其实是翻译上的一大冤案。不知道是从哪来的一个恒等式:总会计师=财务总监=首席财务官(CFO),其实大错特错!把"财务总监"当成"首席财务官",这一错误一直影响到后来建立"现代企业制度"中与"国际接轨"的方向,在企业高管人员中设"财务总监",一家又一家上市公司中的"财务总监"就是这样来的!黄世忠说,把CFO翻成财务总监的人会计肯定不及格,英文一定狗屁不通!

为什么财务总监这些年又这么流行呢?有一个"双重身份"的理论。

改革是要解决政企不分,解决所有者与管理者分离后的权责利不清晰的问题。其中,对所有者来说,监督、监管是一个关键性的环节。因此,国家对国企管理体制的改革以及国有企业经营管理体制的改革,在"监"字上做了不少文章,而且这也确实是一个重要环节。

开始,在1985年第一部《会计法》里,强调会计人员的"双重身份":会计人员既要代表国家维护国家利益,又要代表企业维护企业利益。作为企业总会计师,尤其需要如此。但这种"双重身份"的理论,如同"全民所有制等于没有所有制"一样,谁都具有"双重身份",会计人员要有,总会计师要有,不能说厂长、总经理就可以没有。全中国13亿人民,上至国家主席、总理,下至平民百姓,人人都有"双重身份",既爱国也爱家。在1993年、1999年修改后的《会计法》中取消了这种"双重身份"的说法。

监督是一把高悬的利剑,从所有者的立场来说,突出一个"监"字是十分重要的。监督是一把高悬的利剑,是市场经济必不可少的,是"无赖原则"的具体运用,问题在于怎么用!监督必须是有效的监督,高悬的利剑应当具有强大的威慑力,但现在的监督过于软弱,有的甚至形同虚设,那就没有意义了。财务总监要真监,监督者与被监督者都要落实到人。

有一个内部监督和外部监督的问题。总会计师在企业中履行监督任务,是作为企业领导班子成员,为实现企业经营目标而对各部门、相关人员实施内部监督,或者叫做内部控制,或者直截了当地称之为"内监"。总会计师的重要任务是理财,是运作资本,是面对资本市场进行投资、融资。"内监"也是理财的必要手段。所有者对经营者的监督,是一种外部监督,不是总会计师的职责范围,不符合总会计师的身份,也是总会计师力所不能及的。这里就有一个"总会计师"和"财务总监"在"监督"方面上的区别。由于没搞清概念,就会给现实经济活动带来混乱。财务总监其实是"外监"。

这些年来,围绕"监"字出了不少主意,当然,也是事出有因。

从1998年到1999年第一、第二期稽查特派员开始,实施强化"外监"。当时稽查特派员在华能大厦集中。朱镕基说,香港人说国企改革是朱的最后一招。稽查特派员就简称"朱一招"!实施两期下来不太灵,于是决定修改《公司法》,让"外监"合法化,由中央企业工委派监事会,代表所有者对企业实施监督,其主要任务就是通过查账,发现问题,为考察领导班子提供依据。20世纪80年代就开始了的"会计委派",都是"外监"的范畴,与总会计师的"内监"是两码事。在"外监"中,总会计师也是被监督的对象。

我曾经遇到两个有趣的现象。

其一,曾任第一期稽查特派员的国家税务总局原副局长杨崇春,今年"两会"我看到关于民营企业问题,他也是发言人之一。那年春节我去看望他,他正在写材料。我问他在写什么?他说,我现在有点糊涂,稽查特派员现在要转为监事会,是中共中央派出机构,但考察的领导班子由国务院任命,我不知道给谁写报告,只好写辞职报告。这就是说"外监"可能自己也不知道是代表谁来监督谁!

其二,属于某集团公司的子公司中,出现财务总监和总会计师同时存在的局面。这位财务总监对集团负责,而总会计师对本子公司负责。也就是说,一个企业可以同时出现两个职务:总会计师行使高管人员职责,负责本企业的财务管理、价值管理和风险管理等;财务总监则根据集团授权行使其外部监督职责。不仔细地研究一番,还真会被弄糊涂了。

我想,所有这些混乱的状况,应当尽快扭转。总会计师就是总会计师,财务总监就是财务总监,内监、外监两者最好不要混淆。

凡主要任务属于内部管理的企业中的财务最高负责人,为总会计师。上市公司中履行总会计师职责的财务总监,应一律归位,称之为总会计师。这样,两个名字照旧用,但一看就能使人明白,一个是"内监",一个是"外监";一个是经营管理者,一个是代表所有者。

洋名:首席财务官。"首席财务官"的称谓在中国合适吗?

"首席财务官"是一个"舶来品",名字最能"与国际接轨"。但在中国使用有较大分歧。"务实派"认为不适合中国国情,"教授派"认为"最好不过了"。国资委说在搞试点。

坚决"取缔""副总会计师"!根据多次座谈会调查和问卷调查,有相当一部分企业、单位设置的是副总会计师。这是违反《总会计师条例》的,条例中没有副总会计师这一职务。要么就是中层干部——财务处长、财务部长,要么就是企业、单位领导成员之一的总会计师。当然,有可能"副总会计师"是向总会计师过渡性的人物,是未来总会计师的接班人。但有的就不是这样,因为总经理对财务处长有意见,财务处长不听话,不好使,就来个明升暗降,免去其财务处长,使其没了实权;升其为副总会计师,但不进领导班子,不属于企业决策层,被架空了!这是打击报复的最佳手法!对于这样设置的"副总会计师"应当坚决取缔、制止。

总会计师定位:总会计师是什么?不是什么?

"是什么"是正着说的;"不是什么"是反着说的。

在不同的体制下,总会计师或者CFO有着不同的性质。

在中国是"官"。在中国国有企业,总会计师属于"行政领导职务"。从有这个制度一开始,总会计师就是"班子"成员,属于"领导层",因此他是个"官"。这是中国国有企业中的传统,也是现实,至今还是这样。

现在虽然名义上企业级别取消了,但实际上还是有"级别"的。国有企业的"大大"老总,归中组部管;"大老总"归国资委管;"中老总"归集团公司管;"小老总"属于孙子公司那一级了吧？从上往下推算，到科级？处级？一个集团公司，由国务院直批、直管，那总经理就是正部级，总会计师就是副部级。2002年4月份，中组部在北京国家会计学院办第一期总会计师培训班，参加学习的是中组部直接管理的39名大型国有企业的副总或总会计师，中组部经济干部管理局的领导，领着5名工作人员，在那里"现场考察干部"。学员通讯录上留的电话，大都有"秘书电话"。大家知道，中央各部、委的司局长是没资格配秘书的，副部级以上才能配秘书。就是说参加学习的这些企业领导人，他达到了可以"配秘书的级别"，属于"高干"。我们住的晾果厂，那个院子是"一院两制"，住在院子里的，越往后住的"官"越大。一进大门，站的是拿棍棒的，是保安；到最后面，就是拿枪的，武警，是为了保卫国家领导人。因为那里住了全国人大副委员长、政协副主席，他到了这个级别，就要有拿枪的来保卫，不要还不行，得对首长的安全负责！

去年10月到欧洲参加世界CFO峰会，有一半以上人员坐公务舱，还有几位坐头等舱，这就是"级别"的反映，财政部关于差旅费的规定中就明文规定了司局长坐公务舱，部级领导坐头等舱，机票也反映了国有企业的领导级别！

"红头文件"取消了企业的级别，但在实际中还是存在的。总经理与总会计师有正副级别之分。总会计师在班子里始终是个"副的"，从副科级当起，到副处级、副局级，升到副部级就到顶了。现在不是流行"吃菜要吃素，穿衣要穿布，当官要当副"么？"一把手"不好当呀！那年开注册会计师领导小组会，陪一批领导吃饭，领导们也幽默而轻松地谈到社会流传的这些"笑话"。说到"当官要当副"时，一位领导告诉我，"不对，后面还要加上个括弧，带个拖斗"，我问什么意思？他说："括弧"就是"正部级的副部长，正局级的副局长，正处级的副处长"，待遇上去了，责任较轻，多好哇！不过，如果一位总会计师能这么一直"副"上去，到也"很有福气""官运亨通"嘛！但现在有许多企业是倒过来的，本来总会计师在班子里就是个"副职"，但在"副职"的前面还要加个"副"——副总会计师，这就有点"不伦不类"了，副副（负负）又不给"转正"，让人心里总有点"窝火"。这恰好说明人们还是非常在意这个"正"字，说到底还是有级别的嘛！

这就是国有企业"老总"所处的客观环境，还是"官本位"的体制在作怪。面对这样的社会环境，你想改也改不了！改来改去，改不了"级别"这一点，就只能"总是这样"的"总"，当然，这也是个"总"！所以，观念上的转变极其重要，观念不变，没有"共同语言"，改条例就无从谈起。

在外国是"商"。CEO、CFO在市场经济中属于经理者阶层，他们本质上是商人。老板是商人，CEO、CFO当然也是商人。商人在当代市场经济中很厉害。CEO、CFO在社会上的身价，取决于经商成果的大小，他们的成就也体现在商场中。商场如战场，他们就在"血淋淋"的商场中拼搏。商场生意越大，他就越"牛"！你看，比尔·盖茨来了，国家领导人见，他的生意做到了要在全球反他的"垄断"的份上了，所以他"牛"！当年"五大"国际会计公司的全球董事长来了，要见国家领导人，我的司机问我，"他是多大的官"？我说他是155亿美元（会计公司的年收入）的"官"。在国事活动中，会见外宾，讲对等。国家领导人对国家领导人，总理来了总理见，财长来了财长见。还有另一种，就看你口袋里有多少钱。几百亿、上千亿美元身份的，国家领导人见；几十亿、百把亿美元身价的，部长见；几十万、百把万美元身价的，当年就是我这个中注协秘书长级别的"人物"见。财政部当时的国际司司长焦瑞杰就说了："你老丁见就行了。"他们的"身价"，是由他做的生意大小来确定的。

在市场经济中是"财"。CFO帮助老板发财，自己也发财。用自己头脑里的"才"，去创造现实中的"财"，不能"招财进宝"的CEO、CFO免谈！能创造财富的才能，就是他的身价。所以，他应当是个"自由职业者"，属于经理者阶层。

中国总会计师的"三个不是"与"三个是"。目前，中国国有企业的总会计师有"三个不是"和"三个是"。"是"应当从反面去理解，就是说他本应该"不是这个"，但现实生活中却"是这个"。

（1）他不是会计。他不做会计，但他管会计，不能把管会计的人称为会计。他不是"账房"先生，他也不仅仅是"账房头"。但在现实生活中，在一些部门的规定中，在一些领导人员的心目中，却把他归入"会计人员"一类。

（2）他不是"行政人员"。行政人员给人的形象，大多是干一些签字批条之类的行政事务，他不应当是这样，而应当是专家型的人物，是理财专家。但现在把他归到了"行政领导"人员一类。这种归类，委屈了他的专家身份。总会计师重要的职能是理财，他的专业本领是在资本市场中把企业引向何方，是面对资本市场制定企业发展的战略、策略。应当把"总会计师一支笔"变成"总会计师的一个脑"。一位快要"到点"的总会计师非常幽默地说，"我希望我在任的最后期间，不要再批什么条子了！"在现实生活中，人们总是把总会计师归入"行政人员一类"。这在现实经济生活中似乎是"顺理成章"，但却是对总会计师本质的扭曲。

（3）他不是吃"俸禄"人员，不吃"皇粮"，应当吃"市场经济"的粮。但在现实中又把国有企业的"老总"归到了"吃俸禄"这一类人物中。他的"官位"，他的"年响"，都要由国家来决定，而且拿的钱还算在"国库"的"银子"账上。国有企业的基本特征仍然是"国有""国营"，国家决定了他和他所在企业的"命运"，他不可能离开政府，他不能是"没娘的孩子"，还是得老老实实地在吃"俸禄"。

他应当是什么？是首席财务官，在财务领域，他就是first（第一）；在企业营运中，他是价值工程师，通过价值链控制业务链；也是未来企业建筑师，他不是做今天的事，而是运筹帷幄。现在有第四张表，叫作可持续经营报表，它更重要。我们现在把主要精力放在做昨天的事，记账、算账、报账，那是昨天的事，总会计师的精力主要应放在筹划未来上。

总会计师定向：走向国际，从总会计师真正走向CFO开始。

国际上有个国际财务总裁协会联合会，我们要进去，又要解决一个台湾问题。台湾的财务总裁协会叫"中华民国财务主持人协会"，我们进去它要改名称。它的名称中不能体现两个中国、"一中一台"。我们在巴黎开国际执委会，与国际谈，坚持先接受我们的条件，我们才申请。后来，是我们胜利了，台湾方面改了名，并在"台湾"前面加了"中国"二字。10月在意大利佛罗伦萨开理事会，CICFO被接纳为会员，同时当选为国际理事，我还有个头衔——国际财务总裁协会联合会理事。

国际财联（IAFEI）每年要开一次全球CFO峰会。这次是第35届全球CFO峰会。在峰会期间，中国代表团是最引人注目的代表团。

在出发之前，我向张部长说，我们想争取2007年第38届CFO全球峰会到中国来开，但有两个难题：一是按IAFEI章程规定，要申办全球大会，必须提前5年申请，我们刚入会，没有申请资格；二是开这样的大会，要国务院批准。两项我们没有一项符合。但事在人为，在佛罗伦萨理事会上，要我发言。我讲了一翻客气话：我们加入了国际，也愿意为国际做一点贡献。如果各位愿意，欢迎2007年第38届CFO全球峰会到中国来开。下午，意大利电信总裁、IAFEI主席总结时就说，"OK，2007，北京"。好家伙，中国人想要什么，世界就答应什么。

晚上举行闭幕式。在富丽堂皇的皇宫，像申办奥运会一样，首先由意大利的现任国际财联主席讲话，接着由2005年峰会的东道主菲律宾驻意大利大使讲话，接着放映了一部7分钟的电视片，介绍菲律宾，那算啥，看上去比中央财大的环境还差多了；接着由2005年的轮值主席康琦塔致辞。没有想到，她把我推出来，本来中间还隔了个2006年的东道主南美洲的巴西代表，但她突然说，"我现在向各位介绍一名来自伟大中国的大人物"，我算什么"大人物"，中国当然是伟大的国家，我是个小人物。我只好上去，讲了5分钟，我的英语不行，由核工业集团的一位财务部副部长给我当翻译，他那浑厚的男中音，翻得好极了。我讲点什么呢？CFO全球大会，又是在意大利？我说："在这美好的夜晚，在这富丽堂皇的皇宫，我想说两件事，财富和爱情。我想起意大利两位伟大的人物，一位是600年前的意大利的伟大数学家，卢卡·巴帕奇里，他发明了复式记账法，至今仍然是全世界CFO赖以创造财富的有力工具，愿IAFEI团结全世界的CFO，为人类创造更多的财富，让地球上的人类生活得更美好，这就是发财！"接着我说："我想起700年前文艺复兴时期意大利著名的诗人但丁，他的不朽诗篇《神曲》，是人类宝贵的文化遗产，他是佛罗伦萨人，佛罗伦萨是世界著名的金银珠宝的加工地，那里有座著名的金桥。全世界都到这里来买首饰，包括英国女王。据说但丁年轻时就在这金桥上留下了他美好的初恋，因此，金桥又称爱桥。爱情除了温馨和眷恋，更意味着责任和诚信，而这正是CFO理财的基本品格，愿IAFEI团结全世界的CFO，把IAFEI办成全世界CFO温暖的家，让世界充满爱。也许是上帝的安排，公元前300年，在西方的古罗马，建造了世界七大建筑奇迹之一的斗兽场；几乎与此同时，在东方的中国，公元前300多年，也建造了世界七大建筑奇迹之一的万里长城。期待各位2007年到北京，领略一下神秘的东方文化。我20世纪50年代是学俄文的，但我会说一句英语，I love you（我爱你）。"全场狂呼："07、北京、men丁，I lofu。"把晚会带进了高潮，是中国把全世界的CFO代表们引到一个神秘的境界。他们怎么也没有想到，中国的这个所谓"大人物"，怎么会给他们谈发财、谈爱情！在文艺复兴的古城佛罗伦萨我也浪漫了一回，挺有意思的。

行了，这就是中国CFO的定向：面向全球。

三、做会计人

十六届三中全会通过的《中共中央关于完善社会主义市场经济体制若干问题的决定》的第42条指出，建立健全社会信用体系。形成以道德为支撑、产权为基础、法律为保障的社会信用制度，是建设现代市场体系的必要条件，也是规范市场经济秩序的治本之策。增强全社会的信用意识，政府、企事业单位和个人都要把诚实守信作为基本准则。完全按照法规、特许经营、商业运作、专业服务的方向,加快建设企业和个人信用服务体系。建立信用监督和失信惩戒制度。逐步开放信用服务市场。这告诉我们:讲诚信,首先政府要诚信,老百姓最怕的是政府不诚信。如果政策天天变,就是当官的不诚信;诚信,要以产权为基础。没有钱,谈不到诚信。房地产贷款,购物贷款,没钱他拿什么还?诚信,要以法律做保障,不要让骗子成为一个行业。

上帝对人类是很仁慈的,给我们赖以生存的地球创造了万事万物。自然科学家们警告:时下,地球上的生物每天以近百种的速度从我们身边消失;而社会科学家们关心的是有多少人类优秀文化遗产和文明成果也被人们所轻视和遗忘,其中最重要的一条,就是诚信……有人说,这个世界除了骗子是真的,其他都是假的!

我们需要重建社会信任纽带。

假冒伪劣商品的泛滥,表明商品信誉陷入了危机当中。据国家工商总局统计,每年我国假冒伪劣商品的总产值高达1 300亿元。据不完全统计,目前我国每年订立的合同有40亿份左右,而平均履约率却只有50%,债务纠纷、贷款诈骗、恶意逃债等现象屡见不鲜。四川有个妇女成了央视每年评选的经济风云人物,2003年她向总理讨还民工工资,惊动全国。那年一清算共拖欠民工工资1 000多亿。

我们发展经济的目的只有一个,就是提高人民生活水平,让全体人民富有,不能像旧社会那样仅仅少数人富有,不要让穷者永远穷,要让穷者有翻身机会。均富是社会发展的一种追求和理想。宋楚瑜今年来北京在清华讲演时说到"均富",说台湾经济起飞的一大因素是均富,让人人都有公平机会攀爬社会阶梯,维持公平的教育机会,贫穷就不会变成"世袭",就不会世世代代的穷。一个社会,不能本末倒置,让人民付出许多甚至是以生存为代价与生存环境为代价来发展国家的经济。如果这样,即使国家强大了,人均GDP翻番了,人民能得到多少实惠?

"十五"规划的一个重点:建立和谐社会,解决贫富差距。

诚信是永恒的主题,做假是永存的现象……

诚信教育也要实事求是。不做假账,诚信为本,不是一个早上就能做到的,既不要操之过急,当然也不能无所谓,还是要实事求是,正确对待,与时俱进,积极工作,综合治理,逐步推进。

诚信、道德,归根到底是世界观、人生观、价值观问题,不是在教室里能解决的,也绝非一日之功,是一个潜移默化的过程。它不是会计学,是哲学,是伦理学。今天只讲讲自己的切身体会。

"案例教学"是必要的,但有局限性。

原来每年都要搞《会计法》执法大检查,都会公布一些违反财经制度的案例,项部长前两年,要会计司搞做假一百例,中注协委托厦门大学黄世忠教授搞一本案例,到现在都还没有出来。搞得很艰难。因为其重点在于案例,而各种案例中列举的做假的会计、审计手法都差不多,如利用关联交易、八项减值、非货币交易等等手法,虚增销售收入、虚增利润、虚增资本公积,等等。每个案例,只是换一公司的名字而已。我们需要的是案例后面的东西,为什么他要这么做?作案的思想动机是什么?他小孩去国外留学,需要10万美元;他千不该万不该,养了个"二奶",每个月要花销20万元,所以走上了贪污、受贿的犯罪道路。这是怎么也找不到现成材料的！只有戴上"进口手表"后，由"警察叔叔"去追问。

哈佛的MBA就是以案例教学为主，他也只是给你一个基本的思维框架，智者见智，仁者见仁。如果把诚信教育变成了"查账学"，就没有什么意思了。大家都是"过来人"，做假的不少名堂都是知道的，熟悉得很；如果没有搞过的，从中到反而能学到如何作弊，本来是"不做假账"，结果是到国家会计学院学会了如何做假账？会计学里就没有一门课是讲如何做假账的，学生们都是出来后才学会做假账！

我觉得，我们的未来的接班人，不仅需要智商，更需要情商，情商就是道德。

我们用一些用案例来进行思考。

从建立证券市场开始，在10年中，我国的会计、注册会计师行业经历了三次诚信危机的考验，证券市场也是如此。第一、第二次诚信危机，都是发生在我担任中注协秘书长时期的事情，我是所谓"当事人"，可以谈我的体会。

长城案件：这是一个在中国会计和证券发展史上产生重要作用的一个典型案件，是第一次股灾的标志，是中国会计、注册会计师行业第一次诚信危机产生的标志。其重要结果是促进了《注册会计师法》的诞生！

1993年案发。沈太福非法集资，被查封。他状告李贵鲜行政干预。当时是中诚会计师事务所给出的验资报告。为了10万元的验资费，中诚会计师事务所三个CPA一天就完成了几亿元资产的验资工作。银行存款不核对，库存物资不盘点，应收账款不核对，长期投资不抽查。沈太福把事务所的验资报告印成几百份，四处散发，以稳定购买他的债券的人，里面有长征老干部、抗日、解放战争时期的老干部，有些老干部把离休的养老钱全部买了长城债券。结果一百块钱变成了一块钱，那怎么行？一百多名老干部给中央写信，要组织"行动委员会"，到天安门静坐！那还了得！朱镕基亲自抓这件事！张佑才15次进中南海开会，解决这一问题。科委的一名副部级干部被抓起来了，《人民日报》发表了长篇报道"十亿诈骗案"，并发表了《中诚事务所不忠》的评论员文章，在社会上引起极大震动。中诚会计师事务所是挂靠原机械电子部的，事务所的头是一个抗日的老干部，离休的财务司长，当年驰骋疆场、为建立新中国立下了汗马功劳；在重建和恢复中国注册会计师行业中，也做出过贡献！但就因为这件事，成为阶下囚！念其过去的功劳，对其实行监外执行！

这件事，从反面促进了《注册会计师法》的出台。当时，1993年8月，八届人大三次会议正在审议《注册会计师法》草案，人大代表是各方杰出人物的代表，有英雄、英模、各种冠军，打球的、唱歌的、跳舞的都有，他们懂会计？懂审计？不懂！看了人民日报《十亿诈骗》，一部分人大常委对此十分气愤，纷纷表示："会计师还有这么大的作用？赶快通过法律把他们管好！"8月一审，10月二审就通过了！像英国当年通过"反泡沫法"一样。历史惊人得相似，英国的南海公司案是如此。

这是一个标志性的案件，诚信需要法律来保障。

第二次诚信危机：琼民源案件。琼民源案件是中国股市第二次股灾的标志，也是注册会计师行业第二次诚信危机的标志。朱镕基说它是新中国成立以来最大的证券诈骗案，也是严重的政治事件。琼民源原来是海南的一家农业公司，后来搞房地产，炒到了北京。它利用关联交易做假。1997年3月在"两会"期间，它依仗有"后台"，煽动民工围攻证监会，北京市出动防暴警察，这就成了"严重的政治事件"。还有，财务报告谁审计的？中华所，中华所是谁办的？中华人民共和国财政部！朱总理很生气。1997年4月20日在中注协工作简报上批示："张佑才扎实工作，清理整顿会计师行业。"老人家记性很好，过了1年零8天，1998年4月28日在第一期稽查特派员培训班上说，中国的会计师不会查账，只会做假账。中华所当时是全国最大、最好的事务所，它都出了毛病，中国哪还能有好的注册会计师？因此，也有一定道理。朱镕基说，所以要他们清理整顿，也不知道搞得怎么样了？那个秘书长是怎么当的？我不敢怠慢，马上开全国各地的秘书长会。我说，现在我要干货，什么省委正确领导下、财政厅大力支持下、各方面配合下，该下的通通都给我下去。6 000家事务所，经过清理整顿剩下4 000家？3 000家？CPA开除了多少、关了多少？处罚了多少？那次清理整顿，真的砍了将近一半。

谈到了中华所，那是经过几代人的努力的成果，许老、杨老都为之付出了心血。汪建熙是中华所的第一任总经理。两名签字的注册会计师傅萍兰、董向功，都是优秀的会计师。但受体制问题的限制，最终签了字。她们当时是团中央希望工程聘请的审计师，正在跟香港人打官司。团中央给泽民同志打报告，希望能过些时候处理。两名注册会计师，应该说都是优秀的会计师。下过乡，插过队，30多岁才结婚，结了婚几年还不要孩子，把自己的青春、自己的家庭、自己的爱情，奉献给了注册会计师这个神圣的行业然而却是异常痛苦的事业！

市场经济就是这样无情，诚信有时也是很残酷的！代价十分昂贵！

正是这一事件，引起了全行业的脱钩改制，又是从反面教育、教训了我们！诚信需要体制和机制作保证！

四、圆会计梦

先许个愿吧！祝大家做五个"梦"。开动你的右脑，梦想一定成真：①获得诺贝尔奖；②当中国CPA最杰出的首席合伙人；③当财政部部长；④做中国比尔·盖茨的CFO；⑤未来建立一个的甜蜜美满的家庭。让世界、让家庭充满爱！

结束时我想用几句话概括我们这个行业。

会计是平凡而又伟大的。1989年第一届全国会计知识大赛，要搞一台晚会，要写关于会计的歌曲，于是向全国征文。我们搞会计的，大多不善于形象思维，写出来的词都是数字1、2、3，凭证账簿和报表。后来说我是作家协会的，要我写，我就写了一首《会计之歌》。当年毛阿敏、宋祖英、苏红、阎维民、董文华等参加演出，那时他们都是一班"毛孩子"（年轻），现在都成了"大牌"。毛阿敏第一次税务案发生不久，财政部请她唱歌，她激动得只流泪。董文华唱《会计之歌》，我当时就觉得她把会计的"平凡"和"伟大"唱得"平凡"有余，"伟大"不足，听完以后，倍觉"凄凉"。

我写的歌词是：会计是路边的小草，但它却能编织出人生最美丽的花环；会计是山间小溪，但它却能汇成波涛汹涌的大海；会计斗室的灯光，紧连着人民大会堂的万千灯火！平凡而又伟大！

我们自己应当把自己的本职工作与伟大的全国经济发展紧紧地连在一起！

会计和CPA现在面临的处境不太好，面临一片"沼泽地"；但是，我们既然选择了荷花，就应该"出淤泥而不染"！

应该说，我们已经走出了"沼泽地"，迈向了康庄大道！"冬天过去了，春天还会远吗"？

谢谢！

我愿意与"小朋友"交朋友。

"十一五"规划与企业经营决策
——在澳洲会计师公会午餐会上的讲演
（2005年11月25日）

感谢澳洲会计师公会北京代表处的盛情邀请，章先生是我多年的老朋友，他的邀请我不能拒绝。我在财政部干了20多年，在会计这个行业里当了三个秘书长。20世纪80年代我做了10年的会计学会秘书长，90年代我做了6年的中注协秘书长，新世纪又当了2年的总会计师协会的秘书长。做会计、查会计、管会计的三个行当的秘书长，是名副其实的打工仔。说来说去就是两个字：命苦！现在好了，我就只当CACFO的副会长，不再介入红尘，轻松愉快潇洒一番。章先生和我就是在我任职CICPA协会秘书长那6年间，我痛苦的1 823个日日夜夜结下的情谊。今天章先生请我参加午餐会，本可以美美地吃一餐，但要求我讲几句，还是不得安宁！

我想结合我们这个行业特点，来学习十一五规划，包括：十一五规划与企业经营决策。这是讲中国企业即将面临的客观大环境。国务院以及各部委、各省市都在根据中央关于十一五规划建议做具体规划。十一五规划的主要精神包括：科学发展观、和谐社会、以人为本、转变经济增长方式等等，有六个重点，我讲一点与企业经营决策有关的个人体会，讲一些客观存在的现象。

大家知道，改革开放27年，中国经济发展很快，平均年增长超过9%，经济总量已经在全球举足轻重，已经成为世界经济发动机之一。这个名词过去只属于美国，现在中国也获得了这个称谓。我1997年和章先生去巴黎，参加第15届全球会计师大会，顺便去法国的"老佛爷"，为太太买雪耐尔、金华素，法国人一看我是亚洲人，就问：日本人？NO！大韩民国人？NO！那个时候，他们认为日本人最有钱，韩国人最有钱，根本没有想到中国人。去年5月，时隔7年，我去巴黎参加国际财联（IAFEI）执行委员会，又去了"老佛爷"，法国人见面就问？CHINA？YAS！NOTON！马上就过来一位漂亮的中国导购小姐，带着我一个一个柜台走去，直到最后帮我办完退税手续。欧洲人现在认为，凡是中国去的，都是大款！可我口袋里只有5 000欧元，而且是公款。中国人在世界上的地位与过去不一样啦。中国的经济总量，有一系列震撼世界的数字：GDP世界第六，外汇储备世界第二（到年底可能世界第一），外贸世界第三（十一五规划提出"争取外贸平衡"，不是财政赤字，是愁顺差太多），对外投资世界第七，走出去，中国要在全世界进行收购。这次布什来，为了让他心理平衡，一下子就买了美国40亿美元的飞机，从波音737开始。有人说，中国神六都上了天，为什么不能造大型飞机？我认为能造，这40亿美元给布什吃点甜头。去年元月，我去美国，要给孙子买一双耐克鞋，它的生产地遍布全球，但品牌是美国的，流通权是美国的。在洛杉矶一个很大的直销市场，不是沃尔玛。我问：什么地方的耐克牌最好？回答：CHINA。我神经病呀，跑到美国来买一双"中国制造"的耐克鞋！记得1997年3月，我领着中国审计准则组一帮博导去美国，在纽约请IAFC秘书长吃饭，在纽约五粮液饭店，12个人，全套海鲜，外加两瓶五粮液（每瓶750升，等于三瓶）。最后结账，只花了250美元，这餐饭要是在北京王府井或者长城饭店，起码也得五位数！黄世忠对我说："老丁，以后我们就在中国赚钱，到美国来消费。"哇！这就是当代中国人！前天是感恩节，马上就是圣诞节了，欧洲人说圣诞节是"温州节"，为什么？那些圣诞老人、圣诞树、圣诞礼品都是温州制造的。那年我和章先生去英国，花了24英镑，结果买了个"中国制造"的"英国警察"！所以，现在中国真是"牛"，真的成了"世界工厂"。这两个月中美高层交往频繁，特别是十月份财政部最忙：20国财长会、第17次中美经济联席会，那天我碰到部长，他说，嘴巴都磨起泡了。吵架呀。现在有本钱和老外吵了！美国的布什，把他的全套经济工作班子，包括财长、副财长、证监会主席、经济顾问，连18年没有出过美国大门的格林斯潘都带来了。一方面说明中国经济对美国很重要，要不，他来那么多高层次的人物干什么？另一方面当然他是想大军压阵，压中国。什么问题呢？人民币升值、汇率改革、资本市场开放、外贸顺差，等等。接着国务卿来、国防部长来，最后布什来了。选择在21日，恰好1972年尼克松也是21日来的。外电说中美关系是"三十而立"，33年中美关系的发展曲曲折折，现在他们对中国也有了新思维。我想21日那天布什确实是很累：早上去教堂，上午与胡锦涛会谈，中午和温家宝会谈并用工作午餐。所以，外电报道说，温家宝吟诗，布什喊饿。温家宝只讲了15分钟，最后引用古诗"不畏浮云遮望远，只缘身在最高层"。布什说："你再说下去，估计午饭也就不用吃了。"布什饿了，要吃饭了！开记者会，布什讲了几分钟就想走，走到左边开不开门，走到右边还是开不开门，布什就说了：到中国我找不着门了！可不是吗？中国这些年变化大，连布什都摸不着门。这就是中国对外形象的一个方面。

我今天再说说另一方面，说真话、实话。上个礼拜，网络评选十大说真话、实话的人，第一个人是刚退休的教育部副部长，他痛斥那些高收费的高校，指名批评8个省克扣助学金，高校市场化，教改是失败的！还有卫生部部长高强，也承认医改的种种问题。中国社科院说医改是失败的，把医院办成"高价商店"；谁能肯定国有企业改革哪一条是成功的？前天看《电影百年》，一位老电影家喊了一句："说真话、实话者万岁！"可见说真话难。

为什么十一五规划提出那六个方面？我觉得背后有一大堆实话。

先说和谐社会。讲和谐就是因为存在不和谐，而且不和谐已经很严重了。

联合国开发计划署的一份报告，指出中国目前的基尼系数达到0.45，贫富差距已经突破了合理的限度将影响社会稳定，实际上已经达到0.54，社会可能发生动荡。所以中央强调要正确处理"群体事件"。我那年去沈阳，市长秘书的任务竟然是四点半看哪个门没有静坐的人！

我国现在正处于转型期，社会结构正在发生改变，社会矛盾呈上升趋势，社会冲突日益显性化，给改革和发展带来不和谐和不稳定因素。从现象看，可以说，当前是我国各类社会矛盾比较集中的爆发期。农民失地,城市贫困、劳资纠纷,大学生就业难,群体性上访事件增多、矿难事故频繁、艾滋病发病率上升、毒品泛滥等等,社会领域存在的种种问题,已经开始影响到经济的健康发展。目前就业之难几乎显现在各个行业和各类人群,连寒窗十余载的大学生毕业也求职无门,这种现象在5年前、10年前出现过吗?所以温家宝强调要记住"穷人经济学"!

在最近10年改革中,全国约有6 000万国有和集体企业的职工被替代,4 000万农民失去土地或人均占有土地不足0.3亩;7 000万股民在股市中损失超过1.5万亿元;城市中1.5亿人失去或应得而未得到社会保障,城乡差别达6倍之巨,最富有的10%家庭与最贫穷的10%家庭人均可支配收入差距超过8倍。或者将近有六成城镇居民的人均可支配收入达不到平均水平。全国人均财产性收入增长速度已经是劳动收入增长速度的两倍。也就是说,当一部分人还在努力出卖劳动力换取报酬时,另一部分人已经可以坐享财产带来的收益了,而且前者增长的速度远不及后者。

这些都是我们在考虑改革条件时不得不正视的因素。

亚洲开发银行最近公布的《河北省经济发展战略研究》报告首次提出:"环京津地区有3 798个贫困村、32个贫困县,272.6万贫困人口。"这对京津冀地区的现代化和生态安全会产生一系列负面的影响。文明奥运来了一大堆叫花子!

我兼任西部研究与发展促进会经济工作委员会主任。张佑才部长那年去内蒙古是要解决内蒙古沙化对北京造成沙尘暴的影响。内蒙古自治区主席汇报讲政绩,牲畜存栏数增长多少,治沙绿化多少,等等,说北京的沙尘暴的沙不是他们的,他们搞了多少治沙工程,北京沙尘暴的沙是蒙古国的。张部长说本来想多给点钱,这下什么钱也不好给了!

现在人与自然不和谐。自然条件、自然资源,都是上帝给的,不可再生。为了追求GDP,这一代人掠夺式地消耗,上帝会报复的,子孙后代怎么办!?

人与人不和谐。你就那么有钱,我就这么穷?部门与部门不和谐。中国最大的成本是"摩擦成本"。总会计师、财务人员的大部分时间用于处理人际关系;中央与地方不和谐,中央说"过热",地方说"我热得还不够",你要压房地产,他还在大发展;国与国不和谐,天天闹摩擦,与欧洲、与美国天天吵。WTO并不是世界大同,而是不断地吵架;自由贸易并不自由。

十一五规划在指导思想上有大的变化,原来强调让一部分人先富起来,强调"效率优先",谁有本事谁先发财。十一五规划则更多地强调"公平"。过去几年毛病就出在过分强调"效率优先","兼顾公平"只是在嘴巴上讲讲。政策拉大了贫富差距。十一五要做好"公平"这篇文章。一切政策、改革要以这个为前提。

温家宝强调"穷人经济学",这是建立和谐社会的理论支柱。我们发展经济的目的只有一个:就是提高人民生活水平,要让全体人民富有。

怎么办呢?创造和谐社会的配套政策:一是财税政策。有人认为个人所得税解决人群贫富差距问题,我看实际是解决不了;二是中央与地方的财税体制,不能分灶吃饭,发财的省份拼命去找钱。上周财政部派了一个代表团去德国学习转移支付;三是不能把征税的重点放在生产领域,而要放在消费领域,解决地区差别;四是改革干部考核体制,不要再用GDP、引资、利税多少来考核干部,不要用"钱"来考核干部。

我们派了两批公务员去哈佛培训，一位中国市长，到美国挂职当市长助理，他回来写了篇文章，很有体会。市长是干什么的？不是管企业，而是替社会公众服务的。他们从不去工厂企业。中国的市长不同于美国的市长，离开企业他就没法活。他们需要的是市民们的快乐指数，而不是GDP指数。现在我们也搞最适宜居住的城市评选。

解决问题还是要靠深化改革。但有一条，政府体制改革是一切改革的中心。一些专家认为"国企改革"提法不妥，应当是国有资产管理体制改革，改革的对象是政府，而不是企业。体制改革成败的关键是：向地方收权，往市场放权。

国资委管人、管事、管钱，把你管住了，你怎么改？李荣融说绝不当"老板加婆婆"，但他绝对是"老板加婆婆"。什么都要国资委批，企业不能自己做主。所以，不是国企改革，而管理国企的政府体制改革。现在政府不到位与越位同时存在。该管的不管，不该管的乱管。1998年中央机关改革时朱总理做报告说，中央机关干部的状态是：1/3在干，1/3在看，1/3在捣蛋，所以要精减一半。我当秘书长的时候说过："谁在中注协犯了错误，最严厉的处罚，就是让他来当秘书长。"当秘书长的日子真是"好、难、过"！

国企改革几十年来经历了三个阶段，走了一个"之"字形的路，现在进入所有制的改革。

放权、让利都不解决问题，现在要"变性"。

国有经济通过战略性调整实现"两条腿"走路：主业要做大做强，从目前的161家合并到100家；至于辅业，准备成立资产经营管理公司，增强市场流通性。

再讲讲股市。中国的股市是一个畸形的股市。我们14年，走过了人家40年、200年走过的路，真"牛"！但这条"牛"陷入了沼泽地。大家看过新拍的《这里黎明静悄悄》吗？那个沼泽地是很可怕的！深圳有一个调查，说炒股是仅次于贩毒的第二大危险职业。CFO是这一危险职业最紧密的关联方！

十一五规划提出要转变经济增长方式。把节约资源作为基本国策。从过度依赖外需转变为拉动内需。各项政策都要调整。这些经济增长方式的变革，外国人称它是"颠覆性"的；建设节约型社会，提倡循环经济，不是盲目地追求GDP的增长。这一转变将影响各方面的政策和措施。

我们做的都是亏本的生意。这一代把子孙后代的家底全消耗尽了。出口换回的是美钞，一张张纸，是矿工的血、农民的泪、老百姓的难！中国现在的"牛"，是付出了沉重的代价。很多第一是用倒数第一换来的。贫富差距发展速度世界第一，失业绝对人数世界第一，能耗比例世界第一，事故死亡人数也是世界第一。

大家最近看到，吉化事故造成松花江水污染，哈尔滨市前天零时停止供应自来水，政府下令中小学停课，多数企业也已停产。当地迅速从各地调集饮用水到哈尔滨备用。当地政府已拨出1 500万元用于社区设置供水点，90%以上的哈尔滨市民已经准备了三天到四天的生活用水。针对市民对再度供水是否能保证安全的疑问，省长说："四天之后，第一口水我先喝。"停水以及最近在哈尔滨盛传的地震消息，让很多市民陷入恐慌。由于不少市民纷纷将孩子和老人送到外地"避难"，这几天从哈尔滨开出的火车、飞机出现一票难求的局面。总理温家宝前天主持会议专题研究环保问题。

美国的地理面积和中国差不多，但中国人口是美国的5倍，而美国的地下资源是中国的5倍。上帝就是这样安排的。中国到处是一个大工地，美国什么时候去都是山河依旧，但在科技、在创新等方面，却是大踏步地前进了。美国的资源与中国的国情就是这样，这是上帝安排的。

我们曾以"世界工厂"而骄傲，但那多可怜？可叹？可怕？中国正在为世界上最富有的国家（尤其是美国）提供经济"补贴"，这让中国自身背上了沉重的成本负担，尽管经济增长较快，中国仍然是一个贫穷的发展中国家，人均GDP今年可能超过1 200美元，仅是美国的3%，然而就是这样一个国家，正在为世界上最富裕的国家（尤其是美国）提供"经济补助"，这让中国自身背上了沉重的成本负担。8亿件T恤衫换取一架空中客车，每年要为美国人发放3 000亿美元的补助。温州的鞋，在美国卖100美元，但温州只能拿到10美元，美国佬还在那里说贸易顺差1 000亿元。

招商引资。中国现在不缺钱，你引什么资？为什么把钱给老外去赚？缺乏的资源、高新科技，你可以引进，搞一个宾馆引什么资？利用外资是名，被外资利用是实。有钱给别人赚。有钱还向别人借钱？全球化我们付出了巨大代价。

内需是真正的动力。外国看中的是中国的巨大市场，而我们自己却把市场让给老外。老百姓的口袋没钱，拉动内需是拉不起来的。什么纺织品摩擦、鞋子摩擦，全中国13亿人，如果一人增添一件，现在的纺织品还不够。我们改善了美国人民的生活，为什么自己穷？农民口袋里更没有钱！我们说现在的主要矛盾是：生产过剩和有效需求不足并存。所以胡锦涛同志提出要全面提高对外开放水平，提出"四个着力"。这里有一个对世界资本市场的认识问题。

2003年10月，我率中国总会计师协会代表团访问日本，在经济产业省，JACFO会长（前大藏省副相）及经济产业的官员介绍：日本企业家每天起来关注两件事：一是汇率，二是股价。美国当年压迫日元升值，致使日本经济十年徘徊。今天，美国佬又想利用这个方法来压迫中国，不要上当！

一是关于人民币升值。人民币已经成为世界外汇市场的影子货币；二是如何看待美元从世界货币退出霸主地位。

中国的对外债务60%以上是以美元计价的，拥有的对外债权最大的也是美元。所以，我们储备美元的比例无论如何不可能小于60%。指出这个事实是为了说明：中国不可能将现在以美元为主的外汇储备分散至根据贸易权重测算的一篮子货币。鸡尾酒毕竟还是酒，美元的味不能一下子变成别的味。

美元是什么？是一张花花绿绿的纸。告诉你一个基本概念：谁迷信美元谁上当！这些年与改革开放前或者初期大不一样。那时有张美元多了不得，还不让你持有，只给你外汇券，凭券可以到出国人员服务部，购买别人买不到的商品，家电等等，比一般商店还便宜。现在可不一样。要弄清美元是什么？

金本位的世界货币体系被打乱，纸币美元偷梁换柱，充当了世界货币的角色。

出口顺差越大，引进美国投资越多，虽然获得美元纸币越多，但风险也随之增大。

美元纸币的发行量早已经没有了标尺。如果世界上所有的美元持有者同时按照目前的价格购买美国国内有使用价值的实体商品,那么,就极有可能买下几个、几十个,甚至上百个美国。

美元的泡沫扩张,掩盖了美元的头大、脚轻、腹中空的真实面目。

小孩间最常玩的一个游戏就是叠纸钱换糖块,美国政府也正在玩这个游戏。美国政府歇斯底里维护大国形象,其主要的目的就是为美钞镀金,欺骗全世界。这就是主导美国政治、经济、军事、外交的基本因素。

现在中国、中国香港、中国台湾、日本、韩国、中东诸国等政府的外汇美元储备,以及世界各国民间和企业储备的美元,实际上就是美国的外债。这个数字极其庞大,美国人在世界各国用美元投资和收购建立起来的企业,如果美元支撑不住而大幅度贬值或彻底崩溃,那么美国政府的这些外债也就一笔勾销了。中国和世界各国老百姓用血汗换来的数万亿美元储备和现金或存款,将化为真正的泡沫而打了水漂。美国人开动印刷机印刷些废纸就可以打发中国和世界各国了。到那时,各国政府数年来的心血,数十亿人的劳动,各国有限的环境资源的破坏和消耗,都无偿地奉献给了伟大的美利坚合众国!

与澳洲会计师公会中国区会长

在远洋大厦做报告

澳洲会计师公会中国会员

经济全球化是实力导向，拳头大就厉害；同时也是规则导向，对于相对的弱者而言，规则导向能够带来生意人保护，"关键在于你会不会玩这个游戏"。我们这些人干什么？就是要学会这些游戏规则，真正懂得这些游戏规则。应当了解这些游戏规则出台的背景。我说的就是深层次的大家都看到或感受到了的矛盾。

好了，大家要吃饭了，我也要吃饭了！为快乐干杯！

管理会计在中国[①]

美国管理会计师协会（IMA，the Institute of Management Accountants）是美国会计行业的"老大"，成立最早，影响最大，覆盖面最广。在美国大型企业和银行中，85%的CEO、CFO、财务主管、财务长、银行行长、成本核算师、理财师、企业管理人员都具有CMA资格；同时，IMA还是全球范围最具权威的管理会计职业化组织，得到世界500强的推崇。

2004年岁末，美籍华裔管理会计学者、我20多年的老朋友杨继良先生从美国发来E-mail，并通过电话多次联络，希望我能帮助安排美国管理会计师协会新任总裁兼首席执行官保罗·夏曼（paul Sharman）来华访问。经过多次沟通，终于成行。

2005年3月7日至11日一周之内，保罗·夏曼在北京如同走马灯似地，拜访了财政部、商务部、国资委、国家税务总局、中国证监会、审计署等政府综合经济管理部门，还拜访了中国会计学会、总会计师协会、注册会计师协会、资产评估协会、注册税务师协会、内审协会等与理财相关的全国性社会团体；在京时，还组织了一场面对22所高等院校、科研机构的主要负责人、教授、专家们的专题报告会，与8所高等院校负责人进行了座谈，反响强烈。所到之处，中国政府有关部门领导人和社团组织负责人对管理会计的理解远远超出了保罗·夏曼原先的设想。未来北京之前，他对中国有关管理会计发展的认识可说是一张白纸，甚至保留了一些美国人"固有的偏见"。但北京一周之行，面对迅速发展中的中国，吃惊之余他感到茫然。他多次向我表示："丁先生，你们的国家太神奇了，我不知道下一步该怎么走？看得太多、听得太多，来不及理出一个头绪来！"

在拜访财政部时，夏曼对财政部副部长王军说："让世界最大的发达国家与世界最大的发展中国家，携起手来，在全球重振管理会计的雄威。"王军副部长回答说："我很赞成阁下的意见。面对瞬息万变的资本市场，中国现在最缺的是理财能手，而管理会计是理财的重要手段，希望通过中、美双方的努力，形成一个在中国人才市场上对经过IMA培训的学员成为'抢手货'的局面，成为'知名品牌'。希望双方共同打造成一个国际知名品牌。"当即请IMA为中国培养一万名管理会计人才。

在访问商务部时，傅自应副部长说："美国管理会计师协会（IMA）已有近百年的历史，它对推动美国经济发展起到了重要作用，在世界会计类专业组织中也具有较大的影响力。在全球经济一体化的今天，中国正处在迈向现代化市场经济的进程中。在经济发展和经济体制改革方面取得成就的同时，中国对外开放的程度也不断扩大。

[①] 本文为我为《管理会计在中国——成本计算方法、成本管理实务和财会职能》一书撰写的代序。

我们信守了加入WTO时所做出的各种承诺,不仅进一步开放货物贸易领域,在服务贸易领域也进一步加大开放,包括管理服务业,如会计师事务所等。""当前,中国有50万家外经贸企业,其中很多企业的国际化程度越来越高,需要引进先进的管理理念和经验,做好企业成本核算。相信IMA进入中国,可以帮助中国培养目前我们急需的管理会计师方面的高级管理人才;可以相互交流中美两国有关管理会计方面的经验;可以通过中美双方的共同努力,在全球范围推动管理会计的进一步发展。这不仅对我们两国经济的合作与发展,同时对全球经济的复兴和发展,都是一件有益的事情。"傅自应副部长最后对保罗·夏曼说:"中美两国近年来经济交往日益增多,相互之间的贸易额迅速攀升,我们两国之间的经济具有极大的互补性,并且相互都从中得到了各自的利益。随着中美两国贸易的日益扩大,中国企业进入美国市场也日益增多。但美国方面对中国采取了一些不公平的做法,至今仍然不承认中国的市场经济地位,动不动就对中国的产品进行反倾销,说我们的成本是虚假的,采用经济发达的第三国成本作为比较,这是不公平的。我是长期从事财务会计方面工作的,我十分了解中国的成本计算,我可以负责任地说,今天中国企业的成本计算标准与方法不仅与你们美国没有差距,而且也已经与国际接轨。IMA在1919年成立的时候就是叫作成本管理协会,至今有关成本管理的内容也仍然是管理会计研究的重要方面。因此,我建议保罗·夏曼先生,组织IMA的美国专家来中国考察、论证,独立、客观、公正、实事求是地写出一篇关于中国企业成本管理体制现状的调查报告,然后以中国的实际情况,说服你们的议会议员、内阁成员、特别是说服你们的商务部,不要再采取目前这些不公正、不公平的做法。中国商务部将积极支持并协助实施该项目,我甚至认为你们美国商务部都应当资助这个项目。"

2005年10月17日,IMA与商务部就"中国成本核算及成本管理调查项目"签署了会谈纪要。从此,IMA与商务部开始了长达3年之久的合作,最终,在这个具有战略意义的重大课题上取得了丰富的成果。显然,这首先应归功于商务部的傅自应副部长。

根据达成的协议,IMA在2006年5月15日至6月13日,及8月28日至9月15日,先后两次对中国12家企业的成本核算和成本管理进行了考察。其间,还对400家企业发出了列有52项问题的问卷,收回209份,回收率为52.3%(相比美国的问卷调查,回收率是很高的了)。有了这些实地调查的详尽资料和问卷的客观回答,完全可以对中国企业的成本核算和成本管理做出一个科学的结论,那就是现在发表的这份报告。

我作为这个项目中方专家组组长、IMA资深顾问、商务部特邀专家,自始至终参加了调查的全过程,可以证实这份报告的独立性、真实性、科学性、权威性。

正如夏曼自己所说,在一周内访问了8个政府部门、10个全国性社团组织,这是他在华盛顿也做不到的;也正如劳森自己所说,在2个月内行程2万公里,考察了12家中国经济支柱产业、各个行业、各种所有制、各种经营方式的企业,这在中国、在世界会计组织中,也是创纪录的、空前的!

在这次调查中,IMA获得了几乎是全世界任何组织没有得到过的"特殊关照",连国内的一些名牌大学的教授、专家都很难获得这一机遇。IMA调查组,在两个月中，访问了涉及中国国民经济各大支柱产业的顶级企业，包括国有大型企业、上市公司、民营企业等，获得了中国企业成本核算和成本管理并且属于商业秘密的一手材料，包括海尔、青啤、一汽、鞍钢、江铜、鲁泰、红豆、汇金、TCL、新华制药、八一钢铁、特变电工等12家企业。

调查组所到之处，从集团总部到所属公司、工厂、车间、班组，直至现场，完全向他们敞开。我想，劳森博士那次获得的材料，比他一辈子在其他国家获得的材料总和还要多。劳森博士很敬业，很勤奋，很钻研，从清早吃自助餐他就开始工作。集团汇报，他边听边问，几乎是"打破砂锅问到底"。在现场，他对车间班组的板报特别感兴趣，每到一处，他都要了一整套原始记录表。对现场工人，他不仅耐心地看他们的操作，还与工人直接面谈，也是很多的"为什么"。当讲到成本倒轧，料工费计算，间接费用分配，工效与报酬直接挂钩，产品定价，企业兼并，市场运作等时，劳森都是非常满意的。就报告的要求，又多次与企业沟通。最后，在这份报告中，他们得出的结论是："中国的会计准则与国际准则更加趋同，中国的企业成本核算，直接费用计算是真实的，间接费用分配是合理的，成本管理有许多超过美国的做法。"并且在报告中还明确指出："由于成本计算上的差异，并不能推断出中国产品存在倾销。"

这份报告在中国出版，并向全球发行，应当说在中国和世界管理会计发展史上尚属首次，具有重大的现实意义和深远的历史意义。我很欣慰！因此应邀撰写了这份"写在前面"，让读者了解它的前因后果。当然，由于中西方历史的发展、文化的差异、意识形态的分歧，今后还有许多需要沟通的领域，合作的领域将更加广阔，成果将更加丰富！

薪火相传　开拓创新
（2010年5月16在利安达的讲话）

很高兴与大家见面。黄董事长要我担任利安达的高级顾问，很惭愧，过去没有顾过问过。上次你们第一期合伙人班，黄董事长邀请我参加，因为临时有事没能来，表示歉意，在这次补上吧。

最近，财政部党委决定开展"薪火相传，开拓创新"主题教育活动。中注协陈秘书长率七八位同志到我家，传达了部党委的指示。希望我能给他们"三个一"：一次报告、一篇文章、一套资料。"薪火相传"，才能承前启后。因此，5月4日，我到中注协对全体员工做了一次报告，中注协出了一期简报，廖部长批示："活动开展得很好，扎实有效，丁老讲得也很好，要向他致敬。"部长的过誉之词，使我诚惶诚恐。我只是讲讲走过的路，讲几段故事，与大家一起总结过去，展望未来。我知道大家这次会议主旨是研究国务院56号文件，是开创未来，我想与财政部的活动是相吻合的，因此前来讲讲。我这是第一次给一家事务所讲课，主要是自己退下来了，不再干预"朝政"。但财政部要我讲讲，那就讲吧。

所以，我今天讲的题目就是"薪火相传，开拓创新"。

先声明一点：今天的材料是我自己第一次用"会声会影"软件制作的。这是电

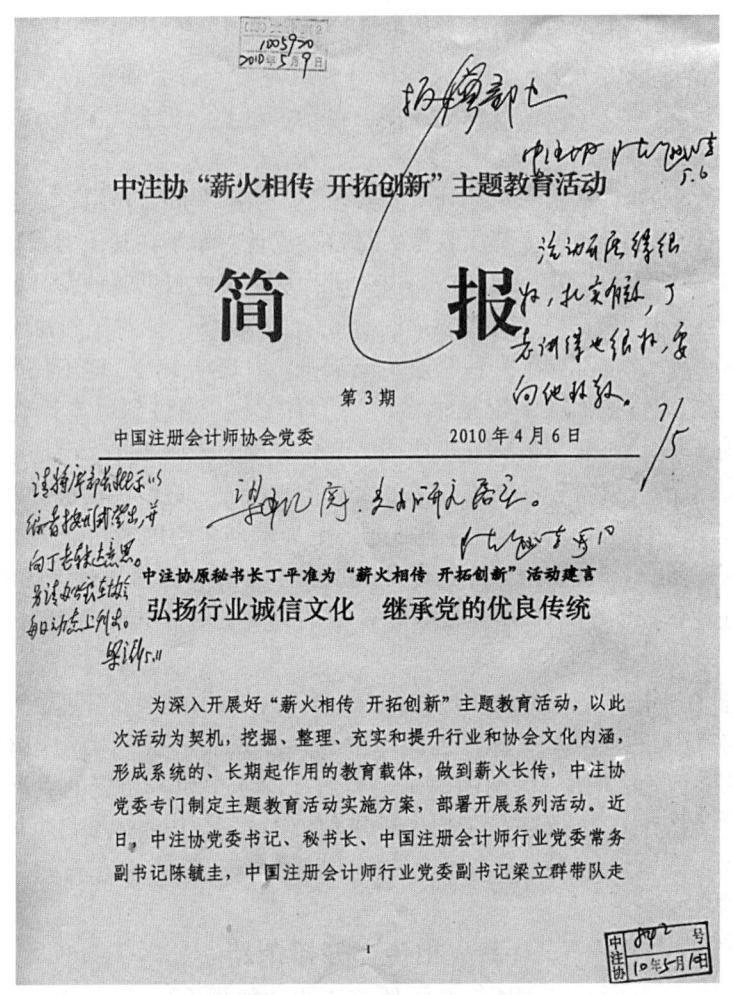

中注协关于"薪火相传　开拓创新"主题教育活动的简报

脑制作中的"高级活",我肯定不高明。我不是学电脑的,今年37公岁了,喜欢搞点新名堂,总想试试。这些日子,我觉得做"会声会影"是一种精神享受,让过去成千上万张照片,一张张动起来了,还可以独自享受喜爱的歌曲,真是人间仙境,其乐无穷!今天的"电视片",分为8个部分,共24分48秒,用了816张照片作原始资料。

在讲之前,我想引用温总理的两段感人至深的话:"我们这个民族,灾难深重,国家太大,问题太多,因此,我们要有忧患意识,要不畏艰险,百折不挠、坚定信心、永远奋斗!"

（放CVD,我的经历,略）

……

我们这个行业,是一个平凡而又伟大的行业,是和整个国家经济的发展、体制的改革紧密连在一起的。朱镕基当了5年副总理、5年总理,整整10年,可以说,我们这个行业,是在朱镕基同志的高度关怀下迅速成长发展起来的,没有朱镕基同志那10年,我们这个行业也许还要等几年,起码在高层领导和广大百姓中,她的社会知名度，不可能有今天那么高！就像当年朱镕基在中央电视台为焦点访谈题词时说的，说他想了一个晚上，才写了那么几句话，所以朱镕基幽默地说，中央电视台欠了他一笔"广告费"！我想，我们就欠得就更多啦！

根据张部长的指示，我整理了将近十万字朱镕基有关注册会计师行业的指示、批示和讲话，在《风雨兼程——中国注册会计师之路（人物卷）》里公开发表，恐怕这是公开出版的有关朱总理讲话的第一本文字材料。我们这个行业，是在党的阳光雨露下成长壮大的。尤其是在朱总理的直接关怀下成长起来的。非常荣幸，黄锦辉同志和利安达入选《风雨兼程——中国注册会计师之路（人物卷）》。一本书是"万古长存"的，所必须质量第一，现在还没装订，大家只能等待。

大家看了上面的资料，其中，大部分在《风雨兼程——中国注册会计师之路（人物卷）》中有，不过没有原有的笔迹。朱镕基同志惜墨如金，但对我们这个行业特别关怀，一年之中，先后三次写下"不做假账"四个金光闪闪的大字。2001年4月，上海国家会计学院建成，院长夏大慰请总理题词作为校训。朱镕基提笔写下了"不做假账"四个大字，说这就是你们的校训！夏院长很为难，推开上海国家会计学院大门，迎面扑来的就是"不做假账"四个大字，不好开门嘛！2001年10月，北京国家会计学院建成，朱镕基也去了，梁尤能说给我们也写几句话吧，别只写四个字，多写一点。朱镕基写了四句话："诚信为本，操守为重，凡我校友，不做假账。"到了下午5点，朱镕基大秘李伟打电话来了，让把总理的题词送回来。为什么？在上海能写，在北京为什么要收回？到晚上新闻联播15分钟，把第三句话改了，改为"遵循准则"，总理身边有许多高参，总理讲话是对全国的，经过国家会计学院培训的不做假账，那没有经国家会计学院培训的就可以做假账啰！所以又改了。到年底，经北京国家会计学院催促，项怀诚去中南海把题词拿回来的。

（DVD……）

高层领导人，都很重视我们这个行业。我们应当为进入这个行业而感到光荣、感到骄傲！

王军同志多次谈到注册会计师要知识面广。我想起温家宝总理在考察商务印书馆和国家图书馆时说，"一个不读书的人、不读书的民族，是没有希望的"。他还有不少动情的话。

（DVD，依法治所/行业法制建设）

法律体系有三个层次：法律—法规—规章。

《注册会计师法》是第一个层次，《注册会计师条例》是第二个层次，审计准则是第三个层次。

制定一部法律，是很费功夫的：起草前要调研，当时是用美国的一笔援助基金做了这件事，跑了8个城市，举行了16次座谈会，参加座谈的有215人次，政府部门有78个，大专院校有28所，会计师事务所有109家，收集意见和建议上万条。这些是他们当时参加座谈会的签到。还有杨纪琬的手书。我担任记录员，并整理成文，发了三期通讯。

起草过程很匆忙。先是到美国、加拿大访问考察，1993年在加拿大过的春节。回来就接到通知，全国人大要通过《注册会计师法》，财政部要限期拿出。朱总理在第192次总理办公会上说了,"你们赶快搞一个《注册会计师法》"。10天时间起草完毕,全国人大常务委员会两审就通过,表决时115票赞成,3票反对,6票弃权,3人未按表决器,乔石委员长宣布:"通过!"1993年10月30日下午3点,是我们行业发展史上的一个重要历史时刻,我们终于有了自己的第一部法律!不容易呀!正是有了这法,我们在许多斗争中,才立于不败之地,才得以"安生"到现在。

《注册会计师法》1994年1月1日生效,过去的一律作废。当时已经是1993年12月下旬了,新的没有,旧的作废,怎么办?一个字:干!在玉渊潭望海楼一个礼拜,起草了6个文件(财政部文件),几乎每天写一个"规定"。

当时中注协的办公室租用的是玉渊潭望海楼。一个礼拜,七天七夜,那时穷,准备了十盒方便面,饿了,就泡方便面;困了,就跑下楼溜溜,透口气。面对八一湖深呼吸一下,中央电视塔刚站起来了,月光下的倒影,景色真是美呀!你们享受不到的,比你们与亲爱的在花前月下漫步,还更令你心旷神怡!回来,接着再干。通宵达旦。实在累了,就把三张沙发连起来,眯一下。想到一点好的,又从梦中醒来,提笔疾书,生怕忘了。科学家说,人的大脑是有分工的,左脑是机械思维、逻辑思维,所以大多数人用右手;右脑是形象思维,是用来做梦的,突发奇想,来自右脑。所以,科学家号召,开发右脑!

事务所的体制,当时国有所是"汪洋大海",每家事务所背后都有一个老板——挂靠单位。怎么办?真是束手无策。当时社会组织有三种形式:一是行政部门,大家反对,不能由政府办;二是企业,它本身是接受监督的单位,也不能办;三就是事业单位了。而事业单位的法律形式,是最为混乱的。所以,很为难。法工委的安建,打破了我们固有的思维,把"挂靠"全去掉,只讲符合"法人五条的就是有限",根本就没有提挂靠单位。它为后来脱钩改制提供了法律依据。

对协会的定性、定位、定责,受部门利益之争而妥协了。对会计咨询、会计服务简化而后来引起争议;在财政部内部也产生了麻烦。我那时,在财政部里面,是"一切权力归协会"。现在"五马分尸",在财政部里,五个司局管这个行业,受苦的还是事务所。

"法"里第一次写进了"民事责任",在这以前是没有的。《注册会计师条例》只有行政责任。山东的注协写信问最高法,1994年1月1日以前的注册会计师民事责任要不要追究?这不是引火烧身嘛!所以,后来注协发了个文,涉及法律问题,要先问过中注协,你一家闯祸,全行业遭殃!就像四川德阳会计师事务所,保证验资少了事务所赔,自己做了承诺,引出了最高法54号函。

《注册会计师法》,二审就通过,速度是相当惊人的。我想,"长城案"从反面起到了很大作用。十亿诈骗案,不仅惊动了朱镕基,更惊动了与劳动人民感情深厚的人大代表,申纪兰老太太也说,注册会计师有那么大的作用?赶快通过法律把他们管起来!

后来的"老三大""新三大"案件更是从反面加深了人们对注册会计师的认识。

接着在1986年发布、实施了第一批审计准则,结束了中国注册会计师行业百年来没有自己审计规矩的历史。现在是与国际接轨了,准确点说:是国际与我们接轨了!美国的那个世界经济的火车头跑不动了,得靠中国!中国是一个负责任的大国!

中国的CPA也应当是世界第一流的！

（DVD：严格入门资格。考试、考核、资格管理有关事情……）

关于行业入门，我们改双轨为单轨，考试是CPA入门的唯一途径。当时还是比较难于决断的。想采取老人老办法，新人新办法。后来写了考试是取得CPA资格的唯一方式，华山一条路，仅此一条路，走与不走，是你自己的选择。就是这样考试成为"法定"途径。考试几年下来，效果不错，影响很大。中注协的CPA考试在全国各行业乃至在世界各国，反映都是不错的，其权威远远高于高考！

《注册会计师法》颁布后，还有一段从考核向考试的逐步过渡期。到1994年上半年，刘仲藜接到一封人民来信，题目是"末班车何时了"。当时党组做了三条决定，其中一条就是考核立即停止。后来，给税务系统转过来6 000多人，"两会"联合时，通过审计又转了60 000多人。

关于"证券资格"事务所的第一份文件是与体改委联合发的，中注协写的是和证监会联合发的第一个文，那是不对的，第一份文件是和体改委联合发的，是我起草的。孙树义那时是体改委生体司司长，李小雪是综合处处长。虽然是联合发文，但管理注册会计师行业的主管部门是财政部，而财政部是全权授予中注协的。证监会首任首席会计师汪建熙与我合作得很不错。批准权不在体改委，而是财政部，只是给他们通通气；一年后证监会介入，叫作"联合批"；张为国上任证监会首席会计师后，建议改考核为考试，我也觉得考试比较公平，采纳了他的意见。1996年开始第一次证券业务资格考试。考生采取分指标的方法，为什么要分考生指标，是崔会长提出的，因为在以往，审计师是禁止从事证券业务的，既然联合了，就要"照顾"一下，所以第一次证券资格考试要"向审计事务所倾斜"，分给审计事务所的考生指标就多一些。

（DVD：讲体制改革）

CPA现在进入了中产阶层，可不能"为富不仁"呀。当时改革的主要阻力，来自挂靠单位，事务所是主办单位小金库的重要来源，所以它不肯脱钩；对在事务所工作的人员来说，还有一个人生道路的选择：做官还是发财？梁再添说的"上帝的故事"，很有意思：有一个人在悬崖的半山腰，抓住了一根枯藤，下面是万丈深渊，掉下去就会粉身碎骨，枯藤吱吱作响，眼看就要掉下去了，他就喊"上帝，救救我呀"！上帝说，"你放手吧"！放还是不放？怎么办？最终还是自己救自己。体制改革就是这样。

在深圳第一次CPA体制改革研讨会上，最后总结时我激动地说了：让国有资产在会计师事务所里断子绝孙……有人说我搞全行业私有化，那时，没有任何中央文件，我的年纪也是半年之内就要卸任了，当时的想法是：我的时间不多了，赶快把要办的急事办完。体制改革就是当务之急，不要说在任期间完成，起码也应该是取得"阶段性胜利"！

大家现在在抢H股的牌。其实应该由市场来选择，不应当由政府审批，但现在什么都是"中国特色"！只有如此！

中国会计市场很大，中国CPA面临的蛋糕很大。就是说有市场经济，就需要CPA，就有CPA的市场，就能发财。但道路并非一路平坦，而是十分艰难的。

我觉得，我们的未来的接班人，不仅需要智商，更需要情商，情商就是道德。

中国管理会计的发展

(2011年7月31日在成都锦程集团的讲话)

同志们、朋友们：

今天，我是以中国会计界的一名老兵和美国管理会计师协会顾问的身份，给各位简要讲讲管理会计在中国的发展以及引进IMA的大致过程，主要是给大家开拓一些思路，提供一些思考。

目前，全党上下都在学习锦涛同志在建党90周年大会上的讲话。这个讲话，对各行各业，都具有重大指导意义。我想引用三段话，作为我们学好管理会计专业知识的指导思想。

三个"永无止境"：实践发展、认识真理、理论创新三个方面；第二段讲到我党在历史上曾经犯过错误，甚至严重挫折，根本原因是脱离了中国的实际。我觉得锦涛同志讲得很实在。

我国正面临五个"不"：不平衡、不协调、不可持续、躲不开、绕不过；怎么办呢：三个面向：面向现代化、面向世界、面向未来。这里是指问题和努力的方向。

这里有八个不：不僵化、不停滞、不动摇、不懈怠、不折腾、不惧怕等，才能不断开辟通往成功的道路。这里八不是指精神，要有"八不精神"，才能达到马克思讲的"光辉的顶点"！

党中央、国务院的领导同志对会计行业从来就十分重视。我这里选些片段，说些点滴。

毛主席在《红色政权为什么能够存在》一文中，讲了苏区的会计原则，即四个字：勤俭节约。到现在也还是我们的会计原则。但随着时代变迁，观念也得变：比如讲穿，过去是新三年、旧三年，缝缝补补又三年，赶上固定资产折旧了，能行吗？我的老岳母帮我管家将近半个世纪。她生于1901年，107岁过世。一直跟随着我。她98岁时还帮我管家，理财观念不断进步，计量单位从一分一分钱提高到一毛一毛，我老伴是一块一块，儿子是十元十元，孙子是一百一百。过年过节给几张"大头票"，还说，爷爷，就这几张？这就是代沟。许多问题是一个历史的发展：我那一百岁的岳母，她没有听过国务院领导的报告，不懂得要拉动内需，要消费，做贡献！所以现在什么豪华、超豪华都出来了！

我有个朋友叫陈俊岐，20世纪80年代是中直事务管理局的局长。1939年他在延安是高小生，算是知识分子，要他当中直机关的会计，负责中共中央和中央军委的会计工作，从那时起，一直到1949年毛主席进北京住在双清园时，还是他负责会计工作。1985年，我去他家，在毛家湾，他拿出一包用被单包着的材料给我看。一打开，哇！毛主席写的条子：发给刘伯承军大衣一件。那时，从前方归来的将士，毛主席见了，很高兴，就发军大衣奖励。哇，又一张：明天有外事，马海德要来，加餐，红烧肉一碗！这些条子，都要记账的呀！

大生产运动后，物质资料相对丰富，延安生活供给条件也随之改善，会计工作得到发展。那时的顺序是"先经预算,再经审计,最后到会计"。事前审计,可以看作是现在的管理会计。记账要使用货币为计量单位,要不,一斤猪肉加一斤牛肉,再加一斤土豆,怎么加呀?南泥湾大生产,库存冬瓜、南瓜、土豆、棉花、被褥、大衣,怎么加呀?而货币也很复杂:市面流通的钱有苏维埃共和国的"苏票"、国民党的"法币"、边区银行发行的"光华券"、陕甘宁边区银行发行的"边币",还有光洋、金条、鸦片,从国民党那缴获过来的鸦片,很贵呀,也是充当一般等价物的货币。最后都要统一化为"边币",才能记账。一次我给央行全国财务工作会议做报告,我说,你们说你们现在的外汇会计复杂,有中直机关当年的会计复杂吗?现在很简单嘛,国家有外汇牌价,卖出价、买进价,用中间价一乘,差额进汇兑损益。延安时期的中直机关的会计工作,多复杂?而环境又多艰苦?那是"把脑袋别在裤腰带上"闹革命!在那样的条件下,毛泽东同志也没提什么"不做假账"!没那份功夫!没那份心思!一切为着革命和战争!

新中国成立后,"一五"计划时期,计划经济体制,但并不是说没有管理会计。那时,企业设有总工程师、总会计师"两总"。总工程师的地位比总会计师要高,因为那时是"技术决定一切";总会计师的主要任务是抓降低成本,也创造了一些成本管理的好方法。比如,班组经济核算,每个工作场地,都挂着一块黑板,上面有料、工、费的定额和当天完成定额的情况,下班后就知道自己是否完成了成本指标,超支就扣,节约就奖,当天兑现。我看,不亚于平衡计分法。还有"两参一改三结合",老一点的同志都知道,毛主席将其总结为《鞍钢宪法》,这也是中国式的管理会计。到十一届三中全会以后,开始对企业财务进行改革,实行利润留成、企业包干,国企有了一点"自留地",要经营好这点自留地,就需要管理会计。那时,有所谓"书记成本""厂长利润"。就是按照书记、厂长的要求去倒算成本、利润;接着搞第一步、第二步利改税,中央与地方实行分税制。企业只要算清多少是国家的,多少是自己的,就行了,而这些都是事前算账。算账就是争利益嘛,CEO、CFO要有一点管理会计的本事,要能够在事前自己算好账,为企业多争得一些利益。这可以说是中国管理会计发展的第二阶段。但在当时的历史条件下,就整体而言,中国的管理会计没成型,没理论,没体系,"摸着石头过河""跟着感觉走",处于原始状态。

我经历了会计体制改革从启动到深入发展的全过程,参与了宏观改革的一些重大事情。

先讲江泽民同志的几个故事。"三个三十万"怎么来的?1991年邹家华当副总理,去新加坡访问,吴作栋对邹家华说,你们中国要搞好财政经济,要有"三个三十万":三十万注册会计师、三十万律师、增加三十万税务人员。邹家华回来后向江泽民汇报了。1992年春,吴作栋来中国访问,又讲了这三个三十万。江泽民同志就要王丙乾同志研究一下。王丙乾要我起草。我调查了这三个行业,当然,重点是会计师行业。所以"三个三十万"在中国是由江泽民提出的。

1997年、1998年亚洲金融危机时,中央为了提高省、部级干部管理宏观经济的综合素质,1998年在中央党校举办了一期以财税专业为主要内容的省部级干部班。江泽民在会上说:每一个高级干部都要学点会计,都要能看懂三张表。从那以后,在全国高级干部中，掀起了一股学会计的热潮。1999年11月26日，中共中央在中南海怀仁堂举办法制讲座，江泽民讲话时又说到三张表，并强调要加强企业内部控制，对重大经营决策、合同管理、担保审核、对外投资、经济纠纷处理等，都要建立健全相应的规章制度，有点近似管理会计了。一次张部长陪江泽民同志考察国有资产的问题，泽民说：佑才呀，你们那个会计恒等式不对嘛，什么资金占用等于资金来源？张佑才说：报告总书记，我们的会计公式现在改过来了，是资产等于负债加所有者权益。江泽民说，对嘛，还一个"所有者权益嘛"！哇，会计问题进了中南海，会计真伟大！江泽民是上海交大学电机的，后来当了总书记、国家主席，管理整个国家，所以他也要学点会计，自己不学，怎么能要求省、部长看懂三张表呢！

其间，朱镕基当然是最重要的人物。他题词"不做假账"，是大家熟知的，这是会计和一切从事经济工作人员的基本职业道德准则。朱镕基说，假医、假药、假酒，害死一个人、一家人、一村人，你们的假会计报告、假审计报告，送你们四个字：祸国殃民！他拍着桌子咬牙切齿地说，假账是现在经济生活中的毒瘤，什么叫毒瘤？就是癌症！他说，都是假数字，叫我怎么决策？决策就要用管理会计。

大家再看吴邦国题词：他讲了会计是基础、财务是中心、总会计师是重要环节；现在的情况是：这支队伍很薄弱，加强培训，当务之急，至关重要。CFO是什么？企业首席财务官、价值工程师、未来企业建筑师。现在外国有了"第四张报表"，叫做"可持续经营报表"。我们现在的主要工作是做过去的工作。2011年做2010年的事。而CFO更重要的是做明天、后天的事，那就是管理会计。

会计是世界通用的商业语言；20世纪，跨国公司寻找市场，需要带着一支舰队，玩的是炮舰政策；21世纪，跨国公司寻找市场，需要带着一支会计师队伍，玩的是游戏规则！

我国的国资委管理着涉及中国命运的国民经济支柱产业的一百多家国有大型企业，他们不仅是管理会计的具体运用者，而且是中国管理会计创新的源泉。国资委是这些企业的"老板"，对中国来说，是一个很重要的部门，号称"小国务院"，IMA进不了这个门，就等于进不了中国市场大门。IMA先后两次登门，杨主任说，我们合作好了，可以使你们的会员人数后面加上几个零。据说现在合作得很好。

在与商务部达成协议后，IMA在2006年8月、10月两次对中国企业的成本核算和成本管理进行了考察。根据协议，IMA获得了几乎是全世界任何组织没有得到过的特殊关照。连国内的一些名牌大学的教授、专家都很羡慕，IMA在两个月中，几乎访问了涉及中国国民经济各大支柱产业的顶级企业，包括国有大型企业、上市公司、民营企业等。获得了中国企业成本核算和成本管理并且属于商业秘密的丰富材料。

所访问的企业，从集团公司到所属工厂、车间、班组，直至所到之处的现场，完全向他们敞开。我想，IMA劳森博士那次所获得的材料比他一辈子在其他国家获得的材料总和还要多。劳森博士很敬业，很勤奋，很钻研，从清早吃自助餐他就开始工作。集团汇报，他边听边问，几乎是"打破砂锅问到底"；在现场，他对车间班组的板报特别感兴趣，每到一处，他都要了一整套原始记录表。对现场工人，他不仅耐心地看他们的操作,还与工人直接面谈,也是问了很多的为什么?当讲到成本倒轧,料、工、费的计算,间接费用的分配,工效与报酬直接挂钩,产品定价,企业兼并,市场运作等时他老问,是谁教你们的?基层会计、工段原始记录员乃至工人,都回答:我们自己搞的,是企业实际运作需要。后来,劳森也就不问了。他们的结论是:中国的企业成本核算,直接费用计算是真实的,间接费用分配是合理的,成本管理有许多超过美国的做法。

这次调查,包括国内外,行程两万,收获甚丰。当然,由于中西方历史的发展、文化的差异、意识形态的分歧,还有许多需要沟通的领域。我想IMA在未来谈到管理会计时,可以把那次的成果包括进去。最近,我看到那次考察的700多页的报告,用中文已经公开出版。

结论:夏曼在一周内访问了8个政府部门、10个全国性社团组织,这是他在华盛顿也做不到的;劳森在2个月内行程2万公里,考察了10个中国经济支柱产业、各个行业、各种所有制、各种经营方式的企业,这在中国、在世界会计组织中,也是创纪录的、空前的。正是从这时起,IMA才算真正进入中国!

……

第七部分:平衡记分卡。为什么要引进IMA?

平衡计分卡包括财务、客户、内部业务流程、学习与成长四个维度,四个维度之间的因果逻辑,连接着企业的长期愿景和短期行动,从而使其成为公司战略的实施工具。卡普兰的成就之一,是超越了现有的会计体系,把无形资产的运用和价值创造放到企业经营中的重要位置上,构建出企业治理的新框架。

卡普兰在《管理会计兴衰史:相关性的遗失》(Relevance Lost: The Rise and Fall of Management Accounting)书中,分析了管理会计存在的两大缺陷:一是成本分摊和利润核算有严重的偏差;二是传统的业绩衡量体系仅仅关注财务指标而没有衡量非财务指标。这本书在管理会计的革新和实践方面有着重要价值,强调管理会计与经营决策以及企业发展战略的关联性,再造了管理会计系统,而且经受了实践的考验,在20年后(2007年)获得了美国会计协会重大贡献著作奖。

卡普兰从作业成本法的角度,勾勒出20世纪90年代会计学从狭义效益分析向价值链优化分析的转变轨迹,提供了如何应用作业成本法使会计职能与企业价值链和价值增值相协调的管理会计新模式,从而带领管理会计回到它偏离了60多年的相关性目标上来。

1998年新华出版社出版的汉译本名为《综合记分卡:一种革命性的评估和管理系统》。详尽地将计分卡的四个维度展开论述,并分析了计分卡如何作为战略管理的基础来操作。这本专著的问世标志着平衡计分卡的成熟,它将计分卡从绩效衡量工具转变为战略实施工具。

战略执行必须遵循的五个原则是:将战略转化为可操作的指令;改变组织以适应战略;使战略成为每一个员工的日常工作;确保将战略转化为一个连续的过程;发动高管层来领导和促进变革。

……

第八部分:硕果累累

这里讲几件事。第一件事情是商务部召开了 IMA 的成本调查评价会，这使 IMA 进入中国得到了一块十分有用的敲门砖。当时商务部的财务司长，现在已是部党组成员、部长助理了。

第二件事情，是教材汉化，我为此也费了好大劲，IMA 研究了 3 年，才办了这件事。只有汉化，才能在中国做到普及。对美国人来说，汉化是一件很困难的事，他们前前后后做了将近 5 年。虽然不能说这套教材是什么高精尖的东西，但它形成了一个体系。有的考生对我说，汉语考试比英文考试要难，如果英文还可以，不妨参加用英文考试。

第三件事情是他们找到了一批优秀的授权培训单位。锦程国际就是 IMA 第一个授权的单位。据了解锦程国际是一个是集教育、人才培养与开发为一体的著名管理培训机构，致力于传播国际领先的管理思想和方法，帮助个人与组织取得持久竞争力。每年有几万人选择培训课程并顺利取得国际资格认证，因此荣获"中国最具实力教育集团"的称号。IMA 进入中国后，锦程集团总部特成立锦程国际财会培训中心，获得首家官方授权，专业从事美国管理会计师认证 CMA 培训。办得很不错，CMA 认证通过率很高。

第四件事就是与国务院人才引进办培训中心签约、与国资委签约，这些都是有战略眼光的开拓性举措。

国资委之所以选择和国家外国专家局一起举办 CMA 资格培训，一个重要的原因是央企对高级管理人员的内在需求。国资委于今年 1 月份发布了《中央企业负责人经营业绩考核暂行办法》，将经济增加值（EVA）作为企业管理人员经营业绩的考核指标。该数值的高低直接考验着中央企业管理者们的战略决策、风险控制、经营管理、成本控制、绩效考评、财务管理等诸多方面的能力。随着 EVA 考核标准的推行，央企客观上需要培养大批高级管理人才。而 CMA 知识体系中有关经济增加值和平衡计分卡等内容，恰恰能够很大程度地满足这样的要求。

CMA 认证包括《商业分析》《管理会计与报告》《战略管理》《商业应用》四门考试课程，其内容几乎涵盖所有 MBA 课程。CMA 证书的价值体现在能全面强化财务管理人员的知识广度和深度，在培养学员具备会计及财务相关领域知识、职业道德的同时，也帮助他们掌握企业风险管理、绩效管理、决策分析、商业需求预测、领导力等"战略层面"的能力。白继迅主任还指出：CMA 的价值在于能为企业创造财富，实现股东财富最大化。CMA 知识体系中有关经济增加值和平衡计分卡等内容，使国资委今年提出的"在中央企业内推行 EVA 考核指标"有很好的理论支撑和实践价值。

国资委、国家外专局选择 CMA 为载体，联合为央企系统地培养管理会计国际化专业人才，无疑是适应全球经济一体化，增强央企人才竞争力，支持央企"走出去"的战略举措。目前，IMA 也在不断地探讨和开展 EVA 在企业中成功和失败的案例，希望可以更好地为中国企业服务。

中国的现实告诉世界，企业尤其是大型企业、金融行业最紧缺的人才是 CFO，是熟悉资本动作、市场营销、国际贸易、金融证券、精通国际经济和法律、熟悉国内国际市场、具有世界眼光和战略决策能力等相关知识的高层次的复合型人才。人才市场未来的发展方向一定会朝着这一轨迹转变,一切有战略眼光的人才市场开拓者,应当看到培养高级财务管理人才不仅是中国,也是世界各国实业界现实而紧迫的要求,这是一个潜在的巨大市场。

CMA资格对中国公司走向国际化有重要的意义。国内不少大型企业和银行将赴美国上市,拥有熟悉美国财务管理的专业人士,将大大加强公司的竞争力。CMA资格在美国以至于全球都是十分权威的,对全球财务管理政策的影响也是巨大的。因而一个企业拥有一批持有CMA资格证书的高级财务管理人员,无论对企业"走出去"还是"引进来"都等于持有了一张很好的通行证。

CMA证书是全球公认的专业资格,得到世界500强企业的推崇,在美国大型企业和银行中,85%的财务总监、财务主管、财务长、CFO、CEO、银行行长、成本核算师、理财师、企业管理人员都具有CMA资格。CMA证书是成为CEO、CFO强有力的敲门砖。目前,在美国CMA持证者的平均年龄是45岁,平均年薪是17.5万美元,全球平均年薪是15.5万美元,是美国年薪最高的财经专业资格之一。在我国,无论国内企业还是外资企业,那些熟悉国际财务规则、英文能力强、具有权威证书,特别是美国权威证书的人,是"最吃香"的人才。不少企业对CMA人才求贤若渴,不惜高薪争聘。在国内工作职位竞争非常激烈的条件下,具有CMA资格的人,面对概率很高的高职高薪虚位以待的机遇,一定会加倍努力去争取的。

因此我最后想说一句:忽视财务管理将危及企业的生存与发展,这不是危言耸听,而是残酷的现实!中国需要大批高级财务管理人才,CMA在中国有广阔前景!

祝大家学习丰收,考试通过,都能拿上一张美国注册管理会计师证书!

在四川做报告

对海尔"人单合一管理会计模式"的评价

2006年10月,我作为商务部与IMA合作的"对中国企业成本核算与管理考察"项目中方专家组组长,第一次到海尔实地考察了两天;之后,专家组成员杨继良先生在美国发表了两篇介绍海尔的文章,与海尔的同行又进行了多次交流;2009年在IMA国际年会上我再次听到海尔财务部同志的相关介绍;2010年在青岛与普华永道合伙人张国俊谈到他与张瑞敏交谈时有关海尔战略发展的一些思路;今天又听了彭佳钧同志的详细介绍。会议的组织者,要我对海尔的"人单合一"做一点评,我感到力不胜任。我觉得仅仅是听一次、看一下,不可能对海尔"人单合一"这一重大创举有深入的了解,因而也不可能做出恰当的评价。但此次会议组织者交给的任务还得完成,用5分钟概括"海尔人"用近10年时间创造的"人单合一",只能是"挂一漏万"。我想用20个字来概括一下我的感想。

一、理念创新

"人单合一"创造了新的企业经营理念。它的基本点是以市场为主,全员要面对市场。

张瑞敏说:"企业资产负债表中的有形资产都不能创造价值,能让资产增值的是人力资源这个无形资产。如果把人力变成资源而不是负债,企业一定充满活力。凡能够永续经营、充满活力的企业,都会发挥人的积极性,而非只重视规章制度。"我说,张瑞敏是真正读懂了资产负债表。马克思说产品的价值 W,等于 C+V+M。C 是生产资料价值的转移,不创造新价值。只有 V,活劳动能够创造新价值,并创造剩余价值 M,那就是利润。我们可以把马克思的公式倒过来说,因为有社会需求,才会有 M,而 M 只有人(V)才能创造。"人单合一"的理念,就是建立在符合经济规律基础上的理念。

我注意到彭佳钧同志发言中用的几个词:海尔把"直销"改为"直消",从"销售"到"消费",这两个销(消)不一样。销售是以厂家为主,我把东西卖了,就完成了任务;消费以客户为主,满足客户消费,才是真正面对市场。海尔把"订单"改为"定单","订单"是以厂家为主,有人订货,我就生产;"定单"是以客户为主,客户的需求,就是"定单",任何人都不可以改变,一切围绕客户的要求进行。海尔从关注价格转为关注价值,张瑞敏说:"应打价值战,不打价格战。"我想,这些都是海尔的理念创新。

关于创新,佛教有句名言:"凡墙都是门。"只要肯创新,凡墙都是门;不创新,门也是墙。事业部制、利润中心等等组织体系,由来已久,根深蒂固。只要有创新理念,什么坚固之"门",都能摧毁,新理念能产生新体制。

二、战略善变

战略是企业的生命线。什么是战略?张瑞敏说:"战略就是想大事、做实事、不出事。战略不同于愿景、价值观,愿景可以几十年不变,战略几年一变,价值观随时随地都在变。"战略观念的改变,并没有改变事实本身,但它改变了人对事实的看法。"人单合一",是唤醒全员创新、全员增值的活动,唤醒全员找到自己的缺失和自己的问题所在。让每个人知道:是什么、为什么、做什么。通过预算知道是什么,通过日清评价知道为什么,通过资源与流程知道做什么。"人单合一",不是用条形码把人和订单挂钩,而是通过面向市场,使每个人对市场负责,以激发每个人对市场负责的潜能,让人人掌握市场资源,实现速度与准确率的统一。"人单合一"是贯穿于企业创造获取和执行订单全过程,是全流程的人单合一。"人单合一"是以资金流为纽带,以全面预算为基础,实现闭环优化的高盈利的全员增值。

张瑞敏说:"美国戴尔以直销模式战胜 IBM,丰田靠联系市场的'三及时'赢得世界三大汽车厂利润的总和。海尔靠的是'人单合一'。"

农业文明征服了饥饿,工业文明征服了空间,信息文明征服了时间,速度成为制胜关键。海尔的"人单合一"战略,就是以信息为依托,直接面对市场,接近用户、满足用户、创造用户,抓住了时间、速度这个关键。海尔实现了从原来的先造产品再找用户转变为先创造用户价值再制造产品,这是海尔战略上的重大变化。

海尔在 27 年间,经历了 4 个战略发展阶段,创造了 6 个全球第一和 5 个全球领先。靠的是"人单合一"战略。他们从个体创新到集成创新，从而能做到对全员原始创新力的提高。

三、组织革命

"自主经营体"是"人单合一"的核心，它简化了管理层级，构建了员工发展与企业发展、实现员工自我价值和增值的一个平台。这个"经营自主体"，拥有人权、分配权及独立核算权。它必须面对市场创造用户价值。员工是自主经营，不是被动经营。员工可以自运转、自驱动、自创新，在市场中以变制变，在变中求自生。张瑞敏说，海尔成功的秘诀是一句话："流程再造，两个转型：一是商业模式的转型，从传统商业到人单合一；二是企业转型，从制造转向服务型、从卖产品转向服务型。"海尔以客户为中心的价值链，才是流程再造的目标。而流程再造在组织上的体现，就是他们"倒三角"的组织形式，他们把70 000多员工分别组织到2 000多个"自主经营体"中，否定了原先的"大事业部制"，这在企业组织体制上是一次革命。过去在管理会计中，有所谓的"利润中心"，海尔以"战略决定组织"的思路，大胆地否定了"诸侯割据"的"利润中心"。海尔又实行战略匹配利益，妥善保持各自主经营体之间的相互协调，从而有助于公司将资源分配到最有增长潜力和盈利能力的部门。

四、文化创新

"订单"就是市场，每个员工都要和市场结合在一起。"人单合一"就是具体模式。每个人都是老板，都是经营者，都是创新的主体，都是CEO。创新的精神，通过"人单合一"植入每个员工心中，实现员工价值与企业价值的统一。文化创新，就是每个员工都能在海尔创造新生活。

彭佳钧介绍中讲到"员工主动抢目标"，这是建立在他们形成的一种新型委托代理关系的文化基础之上的。传统的企业文化理论是：股东是老板，是委托人；经理是管理者，是代理人。现在，他们的委托人是市场的用户，而员工成为代理人。其契约关系，从员工过去是老板的雇员，变成现在是用户的雇员。而这种契约关系是动态的，因为市场用户是动态的。这种理念对在企业长期处于统治地位的委托代理理论，在观念上是一次巨大的"颠覆"。

五、会计革命

"人单合一"最吸引会计界眼球的，是他们的新三张表。"战略损益表"是纲，决定了战略方向；"日清表"承上启下，是对战略落地执行纠偏过程；"人单酬表"是对经营体及其成员承接战略结果的显示。这个会计体系，是会计行业的一大革命。"战略损益表"不同于传统的损益表，仅指能为用户创造价值而获得的收入，如果不能与用户需求挂钩，不能持续创造用户资源，产生了收入也不能计入。"日清表"上接战略损益表，下接人单酬表，包括财务数据、经营人现状，还有一个"161"纠偏。"人单酬表"是激励原则的具体体现。他们在"自主经营体"中也不吃"大锅饭"，还有5个区间：分享区、提成区、挣工资区、亏损区、破产区。经营体成员有权决定整合人才加入，也有权决定不合格人退出并不享有分配权。

我说这已经大大超出传统会计的范畴，也不是管理会计过去的平衡记分卡、ABC法、盈亏平衡点等单项方法的简单应用。我不知道用一句什么话来说，我只觉得这既像会计,又不是会计。可以说这是会计行业的一次综合性的大革命。

建议给予大奖。

2011 年 12 月 28 日

写在前面(2012)
——《中国证券市场 IPO 审核财务问题 100 例》序

编辑和出版《中国证券市场 IPO 审核财务问题 800 例》一书,是一件很有意义的事情!

1992 年 10 月,时任副总理朱镕基兼任国务院证券委主任,朱镕基请刘鸿儒当证监会主席(当时证监会是证券委的办事机构)。刘鸿儒说,证券市场是座"火山",要我去,不外乎是您要找个"替罪羊"。朱镕基说,不用你当"替罪羊",我来当,出了问题我负责!

从那时起到现在,中国证券市场 20 多年发展的事实证明,IPO(Initial Public Offerings 的简称,即首次公开发行股票)是这座"火山"的"熔岩"。"火山口"的几度爆发,引起了证券市场的几番动荡,皆由此而来。人们从正反两方面的经验和教训已深刻认识到,扎扎实实的 IPO,是稳定证券市场的基础!

1992 年 9 月,国务院决定让第一批 9 家企业试点上市,由此启动了中国资本市场的运转。朱镕基当时指示审计业务由中外合作会计师事务所来做,因为中外合作所里既有中方的注册会计师,又有外国的注册会计师,对企业发行 A、B、H 股都比较方便。时任证监会首席会计师的汪建熙对我说,证券市场是注册会计师服务的一个重要领域,仅由中外合作所包揽,有失偏颇,中国的注册会计师一定要进入这一领域。根据汪建熙的建议,我起草了财政部与体改委关于《注册会计师执行股份制试点企业有关业务的暂行规定》的文件,于 1992 年 9 月 17 日发出。接着在 1993 年 2 月 15 日,公布了第一批由财政部、证监会认定的具有执行证券相关业务资格会计师事务所,而其中大部分属于内资事务所。

中国证券市场发展的事实证明,执行证券相关业务,是中国注册会计师行业走向市场的重要标志,执行证券业务资格是会计师事务所的"金字招牌",执行证券业务的收入也成为会计师事务所的重要组成部分。

当时的"试点企业",都是第一次向广大的投资者公开募集资金,并在证券交易所挂牌交易,也就是现在说的 IPO,只不过那时不流行 IPO 这种说法。

2006 年 5 月 17 日,证监会发布了《首次公开发行股票并上市管理办法》。这个文件的公布,也意味着停滞多年的 IPO 重启。2009 年,中国证券市场终于正式重启 IPO,这一年的融资金额达到了 1 879 亿元,2010 年增至 4 783 亿元,2011 年由于全球性的金融危机,国内实施紧缩的金融政策,整体融资金额有所回落,但仍超过 2 500 亿元。这些数据表明,中国证券市场已经成为全球最大的 IPO 市场。

重启 IPO 后,中国证券市场的特点之一,是深圳中小板及创业板成为"造星"的主力,其平均市盈率为 40~50 倍,最高的有 100 多倍。通过 IPO 进入证券市场,各方利益迅猛增加,风险也由此迅猛扩大。社会上"一夜暴富"的"亿万富翁",许多也是通过IPO这架"造富机器""生产"出来的。但从体制上说，它们都是"合法合规"的。当前，倡导"和谐社会"，而通过IPO形成的社会分配不公，也成为不稳定的重要因素之一。严格把关IPO，讲求公平、公正、公开，也就成为社会稳定的重要一环。

由于上述种种原因，IPO在中国证券市场成为万众瞩目的热点。上市公司关注它，中介机构服务它，政府部门监管它，几千万股民盯着它，还有许许多多新闻媒体跟踪它。因为，它是进入证券市场的第一道闸门。打开这个闸门，也许是滚滚而来的财富，让你一夜成为亿万富翁；也许是潘多拉魔盒，让你倾家荡产，终生备受折磨！

企业首次公开发行股票并上市，是一项复杂的系统工程，需要在各方面满足上市规范的要求。而财务数据是IPO的核心数据，它应该是企业价值的真实体现，是保证证券市场稳定运转、真正能够"将改革成果让广大人民分享"的重要基础。因而，审核中的财务问题，不仅直接关系企业IPO"闯关"的成败，而且是关乎"国泰民富"的长远大计。

证券监管部门为确保证券市场平稳、健康、正常运转，为保障投资者尤其是广大中、小股民的切身利益，一直是以审核严格而著称。从程序上来说，一家企业若想上市，除了中介机构、证券监管部门的严格把关外，还可能经过工商、税务、环保、土地、国资、劳动、外管、发改委等不同部门的审查，真可谓"层层把关"。而上市企业在"通关"过程中，必须"脱胎换骨"，才能真正"修炼成佛"，成为上市公司。

证券监管部门通过发布制度、规范程序、严格监管等手段，牢牢把住IPO的闸门。比如，要求申报IPO的企业，必须具备规定的硬性条件：包括净利润总额、现金流量净额、营业收入总额、收入增长率等；必须具备的软性条件：包括主体资格、独立性、规范运行、财务会计合规等。这些基础数据和必备条件，是审核IPO的重要依据。如果上市企业不具备这些数据和条件或与规范有一定差距，就会影响未来证券市场的正常运作，就会导致投资者利益受到损害。又如，在审核程序上，规定了一整套严格的流程：首先，要审核基础数据和必备条件的来源是否可靠，其理论推理过程是否可靠，在工作底稿上反映出的主管单位、相关协会、竞争对手、下游用户、潜在用户是否真实可靠；其次，确定审核目标、拟订审核提纲、进行实地调查；在调研中，还要关注IPO企业定位及其模式、市场格局及其排名、市场成长的空间、企业投资的亮点，从而显现企业能够长期投资的价值。通过一系列的程序，最后肯定其是否符合相关信息披露规范，IPO能否确保募投项目的支撑。证券监管部门之所以如此严格，就是为了防止欺诈上市、利益输送、虚假披露等违法违规行为的发生。在IPO项目上发审委审核之前，IPO企业和中介机构，就会接到证券监管部门一次又一次发来的"书面反馈意见"。根据证券监管部门的"反馈意见"，企业对申报材料不断做出解释、补充、修改等，同时也会根据"反馈意见"立马进行整改，直到监管部门认为"可以上会"后，IPO才算过了"初审的第一关"。在发审会上，各位发审委委员，根据各自的专业判断，对申报企业做出"同意"和"否定"的投票决定。如获通过，还要由证券部门根据宏观经济、证券市场、国际金融资本市场等因素的变化，决定挂牌上市交易时间和速度，"上榜"之后，IPO企业才算真正"过关"。

为什么证券监管部门如此严格？就是因为长期以来，在中国证券市场中，参与各方的"天平"过于向控股股东和原始股东倾斜，成千上万的"散民"则陷入"被剥夺"的"痛苦深渊"之中，这也是中国证券市场长期"熊长牛短"的重要原因之一。证券监管部门通过反复考察拟上市企业的持续盈利能力、独立性、股权存疑、历史沿革及股权转让、公司规范运作、是否包装过度等方面，确保证券市场的公平、公正、公开，从而得到全社会的监督；同时借助必要的行政手段，在企业上市后，适时进行严格监管，实施及时公开信息机制，严处内幕交易，直至采取上市企业退市等强制措施，以加强对市场机制的培育，强化市场机制的约束。

因而，无论拟上市企业、中介机构乃至潜在的投资者，都十分关注证券监管部门的"反馈意见"，因为这些"反馈意见"，对IPO企业往往都是"切中要害"。

对拟上市公司而言，它关注"反馈意见"，是因为它想上市。其原因并不单纯地只是因为要"圈钱"。中国经过30多年改革开放，除了一大批国有企业"长大成材"外（它们并不缺钱，因为国有银行对它们特别宽容，它们是各级政府的"亲儿子"），还有一大批"草根"出身的民营企业已成长为中国经济发展中的中坚力量。这些民营企业，有的已经跻身国家500强，在国际上也颇具影响力和竞争力。它们不仅产业集中度高、企业规模大、经济实力强，而且传统的家族式管理模式已被现代企业管理模式所取代，一个个现代化的民营企业大集团迅速崛起。上市，无疑已成为民营企业进一步发展壮大的必然选择。

当然，企业首次发行上市可以筹集到大量资金，同时上市后拥有再融资的机会，从而为企业进一步发展壮大提供了充足的资金来源，还能推动企业建立规范的经营管理机制，完善公司治理结构，不断提高运行质量。由于企业股票上市必须满足严格的上市标准，并通过监管机构的审核，因此企业成功上市，是对其管理水平、发展前景、盈利能力最有力的证明。企业在取得上市地位后，还有助于提高自身信用状况，增强金融机构对企业的信心，使企业在银行信贷等业务方面获得便利；上市后股票价格的变动，形成对企业业绩的一种市场评价机制；企业上市，成为公众公司，有助于公司更好地承担起更多社会责任。

企业上市后，股票交易的信息通过各种媒介不断向社会发布，能大大增强企业知名度，提高企业市场地位和影响力，有助于企业树立产品品牌形象，扩大市场销售量。

上市企业还可以利用股票期权等方式，实现对员工和管理层的有效激励，有助于公司吸引优秀人才，激发员工创新热情，从而增强企业的发展潜力和后劲。

由此可见，上市对企业自身做强做大和对全社会都具有十分重要的意义和作用。

至于上市时机的选择，主要取决于宏观经济周期的变化和政府政策周期的改变，另外也需要考虑企业自身的筹备情况和资金需求情况。这方面的改革正在进行中，但我想，最终还是应当由市场来决定。

企业上市的过程需要较长的时间，至少需要1年，有的甚至需要几年。是否成功，将会受到很多外在因素限制。因此，许多拟上市的企业都会提前引入相关的法律和财务方面的中介机构和专业人员，分别在法律和财务上对企业进行梳理和规范，确保企业在最佳上市时机到来的时候不会因为自身的原因而延缓上市进程。

对于从事IPO企业上市的中介机构和从业人员来说，执行审核业务，除了能获得较为丰厚的收入外,更主要的是能为社会尽职尽责,还能为本所在市场经济的实战中,培养更多的人才,实现自身品牌的提升。

目前,全国仅有53家会计师事务所取得"证券、期货相关业务许可证"。相对全国7 790家会计师事务所而言,有执行证券业务资格而得以参与IPO审计的份额确实不大。

值得注意的是,对于炙手可热的创业板公司审计项目,在中国境内的"国际四大"会计师事务所似乎颇为"冷淡"。这是为什么呢?其真正原因,除了风险规避的考虑外,"四大"对中国本土中、小型公司IPO业务熟悉程度也不及国内所。创业板公司普遍存在股本规模小、经营风险高、业绩不稳定、抵御外部风险能力较差、公司治理基础相对薄弱等方面的特点。"四大"基本参与的都是金融机构或者大型国有企业等大单项目。由于被审公司规模较大,审计费用丰厚;而且这些"央企"的一举一动,其决策大多来自"最高当局",即使出了问题,也有坚强的"后台"支撑,在"红色保护伞"下,这些央企上市几乎无风险可言。而中小、创业板公司审计难度较大,相对报酬较低,背负风险又高,面对这一高、一低,"四大"觉得不划算。目前,在会计市场中,审计费用的收取跟实际工作量密切相关,大致按照被审公司资产的百分比收费。所以,资产规模越大的公司,审计费用相对越高。而创业板公司,从资产规模上审计费用就比主板公司少得多。而"四大"执行的项目,动辄上亿,为了"蝇头小利"而去冒很大的风险,"四大"是不愿意干的。因而在这方面给国内所留下了很大的空间,但国内所在这一空间中,却相互恶性竞争,忘记了巨大的风险,这不能不引起业内同行的高度注意。

多年来,中国股市一级市场高速扩容的热闹景象与二级市场持续低迷的凄惨现状形成鲜明对比。有人认为,中国股市之所以迟迟不能走出低谷,关键问题之一就是新股发行不断,IPO闸门开得太大、太快,这是一个值得研讨的理论与现实问题。

我们研究IPO中的财务问题,重点在于探讨中介机构对拟上市公司的审计质量。一批拟上市公司上市以后,业绩迅速"变脸",已经成为境内上市公司比较普遍的现象。这些问题的产生,确实在很大程度上与IPO审核不严、中介机构过度包装有关。因此,从源头抓起,把好IPO质量关,是提高上市公司质量的关键。

不少案例证明,在IPO过程中,相关会计师事务所在财务数据加工润色方面,就起了很大作用。许多创业板公司上市后成长性的快速"褪色",令注册会计师的作用遭遇尴尬。实际上,作为IPO审计的会计师事务所,在上市辅导期对公司整体运营情况了解是比较详细的,一般应当是可以准确根据公司的业务形态、收入模式、技术水平、市场前景等,对其成长性和持续经营能力做出独立客观的评判,甚至可以对下一报告期业绩做出较为准确的预测。那么,在上市以后,有的会计师事务所虽然跟公司解除了合作关系,但难免让人怀疑是否存在前期财务报表粉饰的情况。

证监会相关部门负责人多次强调,将加大对保荐业务的监管,加大处罚力度,还要研究制定从事保荐中介业务的监管细则等。证监会对部分IPO企业被否原因进行了披露,主要涉及持续盈利能力、规范运作、财务会计、独立性、主体资格、募集资金运用和信息披露等类问题,而这些都与从事审计业务的会计师事务所相关。

一般来说,审计费用是由事务所与拟上市公司双方协商出来的,收费额度跟实际工作量密切相关，所以资产规模越大的公司审计费用相对较高；此外，还要参考会计师事务所知名度，排名靠前的本土大所因参与上市项目较多、经验丰富，所以收费也相对较高。中介机构作为有着良好信誉的专业机构，本应对上市公司的信息披露进行把关，扮演"经济警察"角色，但实际上，上市公司与中介机构在信息披露系统中的地位和相互关系却是矛盾的，双方过于紧密的委托聘用关系，严重制约了中介机构监督职能的发挥。

在上市的利益链条中，保荐机构、会计师、评估师、律师等收取不菲的中介费，是受益者，也肩负着保证发行人所披露信息真实、准确、充分的重任。然而，这些有着专业能力、又与企业零距离的中介机构往往对企业的造假行为睁一只眼闭一只眼，甚至为其出谋划策，"贡献"造假智慧。所以，许多"造假事件"的背后，往往更多的不是技术问题，而是诚信度问题，因此，加强行业的诚信建设，就成为确保IPO数据真实、可靠的重要前提。当然，资本市场诚信环境的形成，是一个长期的系统工程，惩戒机制的确立与严格执行，更需要全社会的参与和监督。

目前有两种理论，在股市中争论颇多、影响较大。

第一种认为股市低迷与IPO闸门开得太大、太快相关，因此，要提升股指，振兴股市，就要把紧IPO闸门。从理论上说，IPO与股市牛、熊无关。关键在于IPO上市前的审核、监管是否到位。如果每家上市公司经过IPO审核后，能确保其价值是真实的、增长率是持续的，定价是合理的，这样的股票买了以后就能赚钱，为什么不能成熟一个就上市一个？上市越多，投资者赚钱越大。与证监会"闸门"打开的快慢、多少，毫不相干。如果上市公司上一个亏一个，把投资者特别是散民搞得苦不堪言，那就应当一个也不放！还是应当从IPO的真实性、诚信度查起。

第二种认为现在股票发行价太高，跌破票面价值的首发股票相应增多，也归咎于IPO审核不严。其实，这主要是我国目前IPO定价机制存在缺陷。

一般来说，新股的发行价应当显著低于上市首日的收盘价，申购新股的投资者在IPO首日通常能取得较高的超额收益。这种现象，明显有悖于有效市场理论。IPO之所以存在首日高收益，表面上看来要么是新股发行价过低，即一级市场抑价，要么是IPO首日市场过度反应，即二级市场溢价。

从一级市场来看，我国股票发行市场并不是一个完全竞争的市场。朱镕基一开始就是把股票市场定位于解决国有企业改革资金的需要，这种影响至今仍然存在。因此，在中国股市将近20年来，企业股票的发行价一直受到政府的严重干预。同时，从股票供应的总量来说，至今仍然处于供给不足的状况，所以，承销商不存在担心发行失败而有意压价的问题。

从二级市场来看，我国的证券市场并不是一个有效率的市场。经常存在对信息反应过度或不足，如同有的专家所说，我国的证券市场连"赌场"的"水平"都没有达到，而是一个"没有规则的赌场"。我国股票市场散户占大多数，盛行投机之风，包括机构在内，都有"赌一把"的心态，这也影响了股价与企业真实价值的"脱轨"。

一般来说，当股市处于火爆阶段，投资情绪高涨，公司就倾向于股权融资；当股市处于低落阶段，投资者低迷，公司便倾向于债券融资。其综合效应为，当公司通过

IPO募集资金时，市场往往处于上涨行情，这就会很容易引起投资者对新股的前景过于乐观和追捧；此时，二级市场上噪声交易者也相对较多，从而导致市场会高估新股的交易价格。但这种价格的偏离仅仅是短期现象，随着投资者预期的纠正以及套利作用的发挥，长期来看价格会逐渐回归股票的内在价值。所以，股票价格的高低，其实与IPO并无直接关系。

如前所述，全国已有53家会计师事务所取得了证券、期货业务审核资格，其中大信会计师事务所是最早获得财政部、证监会授予的证券期货业务资格的会计师事务所之一，并在2010年12月成为首批获准从事H股企业审计业务试点的内地"八大"会计师事务所之一。自2009年9月中国证券市场重启IPO以来，大信会计师事务所承办了200余家拟上市企业的审计业务，其中已成功过会39家。截至2011年12月31日，大信会计师事务所服务的上市公司客户已达130余家，成为我国CPA行业少数几家承办过百家上市公司客户的证券资格所之一。

大信所在承办拟上市企业申报材料报送证监会后，陆续收到证监会的"书面反馈意见"，各项目组及执业人员认真研究，积极回复证监会反馈意见，帮助企业解决相关财务会计问题，使得上会的多数IPO企业能顺利通过发审委审核并成功发行上市。吴益格董事长总结这几年的经验，提议把多年来承办企业（包括主板、中小板及创业板）上市IPO的相关资料，系统整理成册，供所内今后执行IPO业务时参考。他还希望我能为之"把关"，争取公开出版，扩大社会影响。我觉得这是一件很有意义的事情，我在前面说到的种种想法，都是在阅读了大信所提供的初稿后的一些心得体会。对我来说，参与大信所从事IPO相关资料的整理、审核，是我在IPO这个领域里一次难得的学习机会、提高机会，否则，这一辈子我也不会去研究这些事。我觉得，把它们的一些典型案例公开出版，无论对政府监管部门还是上市公司、拟上市公司，以及众多的券商、CPA行业、律师行业、评估行业，乃至广大投资者，都是一件好事。翻阅大信所整理的这几十万字关于IPO的案例，我觉得它是目前我国有关IPO最详尽、最完整、最切实际的一部著作。

作为大信所党委书记的吴益格，还把组织写作和出版这本书，作为贯彻党的十七届六中全会精神的一项重要举措。他认为，作为一家会计师事务所，在加强业务建设的同时，要加强精神文明和文化建设。通过总结执行业务的经验，将其上升为事务所的精神文化产品，做到专业建设和文化建设两手抓。我很赞同他的说法，并接受作为大信会计丛书总编审的委任。

在出版本书时，我建议：为让读者明白证监会提出这些问题的依据、企业申报材料经常出现的财务问题以及解决办法，便在每个专题中，加写有关这方面介绍。构成了本书骨干的第二部分，共845例，其中多数实例，主要来自中国证监会、巨潮资讯等网站公开披露的信息，真实、准确。为让读者更好地了解中国证券市场IPO基本概况以及企业上市基本流程，加写了第一部分"概述"；又为让读者对IPO有一个全面详尽的了解，列举了一个IPO财务会计申报资料的完整案例，成为本书的第三部分。本书源头是中国证监会的书面反馈意见提出的问题，书的骨干是第二部分的"专题"，因此，书名取为《中国证券市场IPO审核财务问题800例》。

我相信，本书的出版，无论是对证券市场还是对CPA行业乃至对整个中介机构，都将具有重大的现实意义和深远的战略意义。让我们在攀登专业新高峰的同时，也获得 CPA 文化建设方面的丰硕成果。

2012 年元旦

《中国证券市场 IPO 审核财务问题 800 例》"新三版"序

《中国证券市场 IPO 审核财务问题 800 例》（以下简称《800 例》）一书出版以来，受到市场高度认可，尤其是在注会、律师、评估、税务等行业，企业、券商、金融、监管等机构，大专院校相关专业，以及广大股民中，引起了较大反响。有的把它列为最新参考读物、有的把它作为培训教材、有的把它指定为从业人员的必读物。出版社一版、再版，仍供不应求。在书库已是零库存的情况下，订购者的电话、电邮、书信仍源源不断。为此，出版社决定再出版"第三版"，征求作者意见，作者欣然应允，但觉得应根据新形势的变化进行部分改写，最后，决定修改后出版《800 例》"新三版"（即第三版）。

从 2012 年 4 月《800 例》一书问世以来，世界经济、中国经济都发生了巨大变化；中国证券市场以及相关的法律、法规、准则、市场运作规则等也发生了一些变化。

比如，会计准则是会计计量和财务处理的基础，它的发布或修改，都会引起 IPO 的重大变化。2014 年 7 月 29 日，财政部公布了《企业会计准则——基本准则》新修订的公告，其中第四十二条第五项修改为，在公允价值计量下，资产和负债按照市场参与者在计量日发生的有序交易中，出售资产所能收到或者转移负债所需支付的价格计量。这一修改，带来的是对财会、审计、评估乃至证券等行业、专业的各种新的挑战。在证券市场和相关的资本市场上，审计和估值是两项至关重要的工作，在扩展了公允价值计量应用范畴的情况下，两者之间是你中有我，我中有你。审计也可能会把审计准则——利用专家工作丰富起来，而估值和减值测试之类的事项也可进行恰当分工，相互利用成果，从不同层面和不同角度实行对企业价值和资产价值的再认识和反映。根据修改后基本准则的精神，财政部在 2014 年又连续发布、修改了 8 个具体会计准则。所有这些，对 IPO 都将产生重大影响，《800 例》"新三版"也据此进行了相应的修改。

在颁布和修改的 8 个准则中，影响 IPO 的包括：2 号准则《长期股权投资》，修订了长期股权投资的范围；明确规定投资企业采用成本法核算对被投资单位的投资时，投资企业确认投资收益的会计处理，取消了以被投资单位接受投资后产生的累积净利润的分配额为限的规定；投资企业采用权益法核算时应如何确认应享有被投资单位净损益和其他原因导致的净资产变动的份额；投资企业在计算确认应享有或应分担被投资单位的净损益时，与被投资单位之间发生的未实现内部交易损益按照持股比例计算归属于投资企业的部分应当予以抵销；投资企业因追加投资能够对被投资单位实施共同控制或重大影响的，应当改按权益法核算，并视同原持有的股权投资自取得之日起即按照权益法核算的账面价值加上新增投资成本之和作为权益法核算的初始投资成本；投资企业因增加投资或减少投资等原因导致对被投资单位的控制、共同控制或重大影响发生变化的会计处理，长期股权投资核算方法随着以上变化相应在成本法、权益法之间的转换衔接，以及改按 22 号准则核算的衔接规定；等等。9 号准则《职工薪酬》，界定的薪酬更加明确，范围更大，意味着会计规范和监管更严了，企业自主界定和操控的空间缩小了。30 号准则《财务报表列报》，规定本准则适用于个别财务报表和合并财务报表，以及年度财务报表和中期财务报表。合并财务报表的编制和列报，还应遵循《企业会计准则第 33 号——合并财务报表》。现金流量表的编制和列报，还应遵循《企业会计准则第 31 号——现金流量表》。33 号准则《合并财务报表》，重新规定了母公司的合并范围，如果母公司是投资性主体，且不存在为其投资活动提供相关服务的子公司，则不应编制合并财务报表，该母公司以公允价值计量其对所有子公司的投资，且公允价值变动计入当期损益。母公司应统一子公司所采用的会计政策，使子公司采用的会计政策与母公司保持一致。子公司所采用的会计政策与母公司不一致的，应当按照母公司的会计政策对子公司财务报表进行必要的调整，或者要求子公司按照母公司的会计政策另行编报财务报表。同时规定，合并财务报表的合并范围应当以控制为基础予以确定，并对"控制"概念重新加以界定。还增加了特殊交易的会计处理。37 号准则《金融工具列报》，增加了金融工具的分类，补充了金融负债和权益工具、特殊金融工具的区分，增加了金融资产和金融负债的抵销、与金融工具相关的风险披露、金融资产转移的披露等。39 号准则《公允价值计量》，规定衡量公允价值的关键在于以市场为基础的计量，而不是特定主体的计量。因此，在计量公允价值时，企业应当采用当前市场条件下，市场参与者在对资产或负债进行定价时可能采用的最优假设。对于某些资产和负债而言，存在可供利用的市场交易或市场信息，但也有一些资产和负债，则没有可以利用的市场交易或市场信息。在这种情况下，企业计量公允价值时应当采用其他估价技术，并尽可能多地使用相关可观察输入值，尽可能少地使用不可观察输入值。40 号准则《合营安排》，规范了合营安排的认定、分类以及各参与方在合营安排中权益等的会计处理。41 号准则《在其他主体中权益的披露》，明确披露在其他主体中权益的目的是有助于其财务报表的使用者评估企业在其他主体中权益的性质及相关的风险，以及这些权益对企业财务状况、经营业绩和现金流量的影响。所有这些准则，对 IPO 都会产生重大影响。《800 例》"新三版"，根据这些新准则的规定，进行了较大幅度的修改，尤其是重点修改了第二部分。

在证券市场相关法律、法规、以及运作规则等方面，证监会在 2014 年先后颁发了十几项规则和规定。年初发布了《上市公司监管指引第 4 号》和《公开发行证券的公司信息披露编报规则第 21 号》以及《关于加强新股发行监管的措施》等。5 月 9 日，国务院发布了《关于进一步促进资本市场健康发展的若干意见》，根据国务院文件的精神，证监会紧接着发出了《关于进一步推进证券经营机构创新发展的意见》以及《首次公开发行股票并在创业板上市管理办法》，又在年中发布了《非上市公众公司收购管理办法》《非上市公众公司重大资产重组管理办法》和《证券期货违法违规行为举报工作暂行规定》《证券期货市场诚信监督管理暂行办法》《私募投资基金监督管理暂行办法》等等。在年末临近，又发布了《上市公司重大资产重组管理办法》和《关于修改〈上市公司收购管理办法〉的决定》、上市公司并购重组实行并联审批，以及《上市公司股东大会规则（2014年修订）》和《上市公司章程指引（2014年修订）》《股票期权交易试点管理办法（征求意见稿）》及《证券期货经营机构参与股票期权交易试点指引（征求意见稿）》《公司债券发行与交易管理办法（征求意见稿）》；在中央经济工作会议后，又发布了《中国证监会党委认真传达学习中央经济工作会议精神》《中国证监会批准上海国际能源交易中心开展原油期货交易》以及《关于上海国际能源交易中心开展原油期货交易的批复》，还发布了《中国证监会委托上海、深圳证券交易所实施案件调查试点工作规定》《中国证监会取消和调整一批行政审批项目等事项》。《800例》"新三版"，对实例按照这些新规定作了修正。特别是对2014年《公开发行证券的公司信息披露内容与格式准则年度报告的内容与格式》，虽然还是"讨论稿"，但肯定要贯彻实施，因为会计准则发生了变化，上市公司的年度报告显然也要作相应的变更。"准则""规定"总是"抽象"的，广大读者需要的是经济活动中的具体实例。因此，作者在《800例》"新三版"中，对第三部分，几乎作了全面修改。

改革是推动发展一切的动力，证券市场也概莫能外。在证券市场改革中，最为人们关注的重点当属"注册制"。证监会主席肖钢在去年年底召开的2014年全国证券期货监管工作会上表示，"当前，我国已具备了向股票发行注册制过渡的基本条件。但实施还需要一个过程，并且要以《证券法》修改为前提。要抓紧制定过渡期安排"。肖钢还指出，"注册制改革是推进监管转型的重要突破口，牵一发而动全身，必将带动和促进其他方面的改革。目前对于注册制的内涵，大家的看法不尽相同，不同国家和地区的做法也不完全一致。但都有一个共同特点，就是股票发行审核以信息披露为中心，监管部门不对发行人进行价值判断，发行人和中介机构对信息披露的真实性和准确性负责，发行时机、价格由发行人和中介机构根据市场情况决定"。正如肖钢主席所言，注册制是中国证券市场的一场革命，也是中国证券市场改革的必然，而且目前改革的条件也已基本具备。可以设想，注册制的变革，将会重塑中国证券市场的新局面。因此，在写作《800例》"新三版"时，我们把"注册制"作为中国证券市场改革和发展的一个重要指导思想。虽然肖主席说，其准备工作最快也要半年，我们设想，即使是一年或更长一些，也都是"瞬间"之事，不能不从现在就要开始谋划。

注册制并不神秘，也没有固定模式。美国是注册制实施较为典型的国家，其经验值得借鉴。在美国资本市场，证券发行成败的关键不在政府，而在市场。只要如实披露，美国证券交易委员会（SEC）的注册过程就不会构成发行的障碍，真正影响发行的是市场对发行人及其商业模式的认可。与此同时，在美国资本市场发行股票，其披露文件是发行活动的中心，披露质量高是资本市场赖以高效运行的基础。我们认为，注册制是市场化与法制化改革精神的集中体现。中国现行的制度是核准制，由政府对发行人的成长性、盈利能力及投资价值进行实质性判断，并由政府对这一判断行为进行背书（行政审批），这是政府对投资者的"大包大揽"和越俎代庖的行为，与市场化改革精神格格不入。中国特色的IPO"堰塞湖"现象，就是这种体制的必然产物。在注册制条件下，IPO定价将会比照市净率和市盈率标准生成，IPO节奏将会随市场走势而动（是市场涨跌决定IPO节奏，而不是IPO节奏决定市场涨跌）。因此，注册制是一场革命,它不仅可以让 A 股市场旧有的"快牛慢熊"转变为"慢牛短熊"的新格局,还会使"上市难、退市更难"的旧格局转变为"大进大出"的市场新格局。

当然,我们绝不会照搬照抄别人的做法。专家认为,中国版的注册制,还应该强调三大要素。第一,发行审核与上市审核相分离。在发行环节由证监会负责注册审核;在上市环节由证交所独立制定上市标准,并进行上市审核。上市审核不仅是发行审核的必要条件,而且是发行审核的前置条件。如果证交所对上市审核出具否定意见,则发行人无资格进入注册审核。只有证交所对发行人上市审核通过后,才能提交证监会进行注册审核。如果注册成功,也就意味着发行人正式获得 IPO 权。第二,证交所依照自己制定的上市规则进行上市审核,具体审核内容包括财务标准审核及流动性标准审核。不同的上市标准可以划分不同的市场层次或子市场。证监会的审核内容主要是制定并审核 IPO 负面清单,以及对发行人的 IPO 材料及相关公示信息的完整性、真实性、有效性进行严格审查,并形成多轮问讯反馈机制,直至全部疑点解除。第三,注册制应当有两个标志性的底线要求:一是 IPO 定价的市场化;二是 IPO 节奏的市场化。

完善的信息披露和高效的监管,是注册制两大支柱。在 IPO 审核环节,检阅的是发行人及证券中介的诚信意识和法治意识。信息披露的完整性、真实性及有效性,是检验发行人及证券中介诚信意识的重要标志。信息造假是一种证券违法犯罪行为,因此,在信息披露时,发行人及证券中介必须恪守诚信原则,做到心中有法、知法守法,对法律要有一种敬畏感。唯有如此,才能通过行政监管及法律威慑有效地约束发行人及证券中介的行为规范,让其不得不坚守诚信与法治的原则。一旦发现发行人及证券中介信息造假,必须分别让作为自然人和法人的当事人承担连带法律责任。在实行注册制后,证监会的职能也因此而发生重大变化,监管职能会更加突出,对证券违法行为的查处效率和威慑力将日益凸显。拟上市公司信息披露的力度只会加大不会减小,对于信息造假违规的情况,证券监管机构将有更多的时间和精力集中于贯彻、落实法律关于保障证券发行申请文件的真实性、准确性和完整性的规定,严厉惩罚信息造假违规现象。

因此,注册制的实施,将加大会计师事务所及其他中介机构对 IPO 的法律责任,更加凸显 IPO 在整个证券市场中的基础地位。出版《800 例》"新三版",无论对现实还是对未来证券市场的改革和发展,都是一件具有特别重要的意义的事情。

(2015 年元旦)

我爱中粮地产
——在中粮地产股东大会上的讲话

各位股东:

按规定,我要向大家报告 2011 年度履行独立董事的情况,秘书处代为草拟了一个稿子,我完全同意,已经印发给大家了,我就不全文照念了。先说三条:一是我没有缺勤,对于董事会,无论是现场召开的还是通讯的方式,我都全部参加了;二是我没有违规,所有法律、法规、规章、制度的规定,我都切实遵守了,依法履行了作为独立董事应尽的责任；三是我没有偷懒，作为独立董事尤其是作为负责财务会计方面的审计委员会主任，对公司的财务会计工作、报表、数据、会计政策、高管任免、关联交易、担保事项等，我都给予了应有的关注，为维护投资者权益、特别是中小股东的利益，我觉得我是尽责了。

感谢各位股东、董事、高管6年来对我工作的支持、关注，感谢秘书处及有关部门人员6年来的辛勤劳动。这是我向股东大会作的最后一场陈述，接任我的将是当代一流的会计专家孟焰，他是中央财大的教授，中央财大过去是财政部的部属院校，与中注协是一家人。现在他们很多校友，也都在财政部担任要职，还是紧密的"关联方"，相信孟焰教授会比我做得更好。

我和中粮、中粮地产，可以说是有一种"缘份"：在我59岁的时候，根据朱总理的指示，第一批稽查特派员查了中粮，我协助他们工作，参与了审查中粮公司的账目。事隔10年，在我69岁的时候，我担任了中粮地产的独立董事，做了两届，一直到75岁。就是说在我从"70后"向"80后"迈进的时候，我又与中粮地产结了"缘"，真是缘分呀！

我在这里学到了很多，我的感受也很多，也许是命运的安排，我一辈子50年的会计生涯，会在中粮地产画上一个句号，这个句号画得很圆满，我的感受颇深。

去年宁高宁董事长在中粮地产年度总结大会上说过，要借中粮地产这个平台进行整顿，从而使中粮地产进入全国房地产行业前十名。我也曾说过，不当独董当股东。我想，用今年1~4月的独董津贴，再凑一点钱，买10 000股中粮地产的股票，算一名小股东吧。直到实现宁高宁董事长说的中粮地产进入全国房地产行业前十名，我就卖了。我想，这个目标不会太远！许个愿吧，期待在我真正进入"80后"时，这个愿望一定能实现。

6年来，对中粮地产凝聚的感情是深厚的。我不再接任中粮地产的独立董事，但割不断我对中粮地产的感情。中粮地产是一个好企业，有一套好班子，有一支好队伍，我相信中粮地产一定会有一个美好的明天！

告别之词就一句话：我爱中粮地产！

2012年4月23日

张克是条硬汉子
——在中央电视台录制"优秀共产党员张克"时的讲话

我和张克，是20多年的老朋友、老战友、老知己。两个阶段：20世纪80年代、90年代，我担任中注协的秘书长，在那个艰苦的创业年代，我和张克度过了甜酸苦辣的日日夜夜，至今难忘；新世纪，我退休了，留下这段记忆，写了《风雨兼程——中国注册会计师之路（人物卷）》，其中，第一位人物就是张克。我们敞开心扉，昼夜倾心交谈，从事业到人生，我们之间更加默契，有一颗共同跳动的心。

张克是我国注册会计师行业的一员干将、闯将、名将。张克在注册会计师行业里度过了30年，不容易、不简单、不平凡。我将用短暂的几分钟，说说张克的两个方面：做事与为人。

二、往事越千年，激动抵万金

1978年党的十一届三中全会后，我国开始了"两个伟大的转变"。1979年1月，小平同志"三顾茅庐"，请出了荣毅仁，成立了中国国际信托投资公司，荣毅仁出任董事长，他按照市场经济的规律，在公司里，设立了"财务会计咨询部"，从事涉外项目的专业咨询服务，实际上是新中国的第一家会计师事务所，标志着新中国注册会计师制度的重建和恢复。张克就是在这个阶段来到了中信，投身注册会计师行业，开始了他30年的会计师生涯。至今，张克还能记住，他在中信员工的编号是147号。也就是在中信这个大学校里，张克从心底领悟了荣毅仁、经叔平等老一辈的教导。当年，荣毅仁选拔干部的原则是"有本事、想干事、会干事、干成事、不出事"，张克就是这样的人。3年时间就被提拔为处长。1987年中信会计师事务所正式挂牌时，张克被任命为副总经理，经叔平是董事长兼总经理。张克，一个三十来岁的年轻人，团结一帮在财政部首次颁发注册会计师证书时的1~10号的老一辈注册会计师，带着三十来位刚从大学出来的二十几岁的年轻人，没日没夜，埋头苦干，全身心地投入。几年时间，就把中信会计师事务所建设成为中国最有声望的会计师事务所之一。因此，从这个方面来说，张克也是新中国重建和恢复注册会计师行业的骨干之一。这段历史，我们今天也不应该忘记。

1992年年底，在当时的历史条件下，国际会计公司采取"中外合作所"的形式，大举进军中国会计市场。作为中注协的秘书长，我最为头痛的事情之一，就是对中外合作所的监管。这些老外，在中国享受了超国民待遇，还不守规矩，趾高气扬，很不听话。他们口头上讲"合作"，实际上是要找一个"永远也长不大的童养媳"，他们要"奴才"，不要人才。我提出"中外合作所要实行审计水平国际化，审计人才本地化；管理水平国际化，管理主权本地化"，而老外天天干的却是"去中国化"。当时，7家中外合作所中，唯有中信永道比较循规蹈矩，为什么？因为有张克在那。他有中国人的骨气，有中国注册会计师的大智大勇。他开始是担任副总经理，但他掌管行政、审计业务、管理咨询、财务、人事，等等方面的大权，连老外合伙人的工资也是张克在管。外方只负责国际联络、系统技术支持。张克不仅有话语权、决策权，而且几乎是控制了中信永道的一切。正因为张克的努力，中信永道在中国的业务迅猛发展，创造了"六大"在"中国最大，在世界第一"的辉煌业绩。

道路是曲折的，人生也不可能永远是一帆风顺。随着形势的发展、时代的变迁，1998年至1999年，"六大"利用国际合并、国内脱钩改制的时机，用"架空""出国学习""名升暗降"乃至收买中方大老板等等肮脏的手法，对张克实施了"残酷打击"，同时用之极尽的软硬兼施，但无济于事，张克是条硬汉子，有着一颗鲜红的中华民族心。高价收买不成，高压屈服不了，"扫地出门"也为之坦然。他领着60名"铁哥们"，过着账上只有8万块钱"几近断炊的苦日子"。他熬过来了，他支撑住了，而且干得更欢，活得更潇洒。告别由老外统治的"国际"，创建了由中国会计师主导的新"国际"。虽然张克为此付出了沉重的代价，但张克在艰难困苦中走出了一条中国会计师自己创造的辉煌之路。

我想，他永远没有忘记荣老板在中信说的两段名言：发上等愿，结中等缘，享下等福；择高处立，就平处坐，向宽处行，是为中信人。

张克曾对我说过他的性格有三个特点：其一是认真，对工作兢兢业业，力求完美；其二是坚韧，任何事情只要认定了，无论经历再多的波折、阻挠、困惑，都一直勇往直前；其三是勇气，总之一句话，他说他是个劳累命！为事业而劳累，为中华民族会计行业的复兴和振兴而劳累！

中华民族历来具有不畏艰险、百折不挠、自强不息的品格。张克坚定地认为，在挫折中失去的，一定会从不断的拼搏中得到补偿！

张克对我说过："我是把事务所当成一种事业，而不是当成企业来做。我们不是企业家，我们是专业人士。""如果我们把自己一生看成是一场生命的旅途，我们如何活出生命的精彩与自我，就显得格外重要。当生命无法倒退时，唯一的选择，就是前进！"张克后来的辉煌，就不用我在这里说了，一定还会有更多的精彩画面！

张克的经历告诉我们：受一次挫折，对生活的理解就加深一层；不幸一次，对世间的认识就成熟一级。人生瞬间，有机会就要拼，不在乎成功失败与否，要的是结果，享受的是过程。没有坎坷崎岖不叫命运，没有大风大浪不叫人生。该执着的永不怨悔，该舍去的永不牵挂，该珍惜的永不丢弃。人生没有彩排，每天都是现场直播！张克就是这样一个活得很精彩的人，是一个能够在工作、生活中自由自在地挥洒、并勇于选择和承担责任的人。

我想，这就是他的人生观、价值观。

他没有把理想的灯儿遥挂在天上，他每天每日、每时每刻都在用行动的砖去砌盖那希望的城墙！如今，应当说，已经是我们行业中的"万里长城永不倒"！

这就是我心目中的张克！一个优秀的共产党员！一条硬汉子！

写在前面——《美国管理会计师协会管理会计公告》中译本代序

2005年10月，IMA前总裁夏曼访问北京时，我为之"架桥沟通"。一周之内我陪同他拜访了财政部、审计署、商务部、国家税务总局、证监会等政府综合经济管理部门和中国会计学会、总会计师协会、注册会计师协会、资产评估协会、注册税务师协会、内审协会等与理财相关的全国性社会团体。因为，美国管理会计师协会要进入中国，需要取得这些部门和机构的了解和支持。所到之处，中国政府有关部门领导人和社团组织负责人对管理会计的理解远远超出了夏曼原先的设想。

夏曼在会见财政部副部长王军时说："让世界上最大的发达国家与世界最大的发展中国家，携起手来，在全球重振管理会计的雄威。"王部长回答说，"我很赞成阁下的意见。面对瞬息万变的资本市场，中国现在最缺的是理财能手，而管理会计是理财的重要手段"。当即请IMA为中国培养10 000名管理会计人才。王军副部长说："希望通过中、美双方的努力，形成一个在中国人才市场上对经过IMA培训的学员成为'抢手货'的局面，成为'知名品牌'。希望双方共同打造一个国际知名品牌。"

在访问商务部时，傅自应副部长说："当前，中国有50万家经贸企业，其中很多企业的国际化程度越来越高，需要引进当今世界先进的管理经验。相信IMA进入中国，可以帮助我们培养急需的管理会计方面的高级管理人才；可以相互交流中美两国有关管理会计和财务管理方面的经验；可以通过提高中美双方的共同努力，在全球范围推动管理会计和财务管理的进一步发展。这不仅对我们两国经济的合作与发展，同时对全球经济的复兴和发展，都是一件有益的事情。"同时提出："请你们站在独立、客观、公正的立场，对中国企业的成本核算和成本管理做一次调查，写出一份报告，向美国乃至全世界说明中国企业成本核算和管理的真相。"这是一个具有战略意义的重大课题，也是IMA进入中国的一块很好的"敲门砖"。从此，IMA与商务部开始了长达3年之久的合作，组织全球成本专家，考察了12家中国国民经济支柱产业典型企业，并且取得了丰富的成果。

之后，IMA采取了一些切实的步骤，加速推进进入中国。2006年设立了办事机构；实施教材汉化、题库汉化、考试汉化；2009年与国家外国专家局签订了合作协议，取得了中国政府权威部门的认可；2010年与国资委合作，从而获得了庞大的后备学员资源；在全国各大中城市和重点高等院校中认定了几十家培训机构……因此，IMA进入中国的时间虽然短暂，但进程却是迅速的。最具代表意义的，就是其会员人数在几年之中，就急剧增加到五千余人，占IMA全球会员人数近十分之一。

在IMA进入中国的全过程中，北京国家会计学院刘霄仑教授一直是参与者之一。早在2006年他就主持了IMA《管理会计公告》的编译工作。面对36个公告、浩瀚的百万余字，要把它汉化，实属工程巨大，其艰辛可想而知。在刘霄仑教授主持下，历时6年，至今终于翻译审校完成，公开出版。我相信，该公告的汉化版，对中国管理会计理论及实务的发展，将会起到重大的推动作用。对中国管理会计的发展，以及与美国管理会计界的沟通交流，将具有开创性的历史意义。它的问世，不仅在中国会计发展史上是第一次。在全球，它也是第一个、唯一的中文版。这在中国会计、管理会计以及世界会计发展史上，应当属于里程碑意义的事情！

根据《国家中长期人才发展计划纲要》要求，要加快企业经营管理人才职业化、市场化、专业化和国际化，培养造就一大批具有全球战略眼光、市场开拓精神、管理创新能力和社会责任感的优秀人才和一支高水平的企业经营管理人才队伍。并明确到2015年，企业经营管理人才总量达到3 500万人。到2020年达到4 200万人。财政部在《会计行业中长期人才发展规划（2010~2020）》提出着力培养精通财会业务、熟悉市场规则，掌握金融、内部控制、投融资决策、企业并购、价值管理、战略规划、公司治理、会计信息化等相关专业知识，具有国际视野和跨文化交流能力，能参与战略经营和管理决策、把握行业发展趋势，解决复杂经济问题的高层次经营管理人才。明确到2015年，大型企业单位具有国际业务能力的高级会计人才达到3万人，到2020年再增加3万人。所以，在未来10年，管理会计的方法、工具和理念将大兴于中国，CMA在中国的前景十分可观。因而，我相信刘霄仑教授主译的这部《美国管理会计师协会管理会计公告》中译本，不仅具有重大的学术意义、现实意义，也一定会受到广大读者的热烈欢迎，一定会有广阔的市场！

2012年10月

内控与成本优化
——《企业内部控制遵循成本及其优化路径研究》一书代序

翻阅崔松同志的著作《企业内部控制遵循成本及其优化途径研究》书稿，一帧帧往事回忆的画面，不断地浮现在我的眼前……

20 世纪末，中国证券市场接二连三地发生了财务会计报告做假事件，从"老三大"（原野、长城、中水）、"新三大"（红光、东锅、琼民源），直至后来的"银广夏"，不仅振动了中国整个证券市场，而且惊动了"中南海"。从"最高当局"那里发出的一道又一道"金牌"，都未能制止这个"毒瘤"的扩散。在这期间，包括"挂靠"财政部的中国"第一大"所——中华会计师事务在内，都因此受到牵连而先后"坍塌"。也是在那时，中国证监会在"无可奈何"的情况下，发出了十六号文件（即所谓"双重审计"）。但令人遗憾的是这一纸"搞错了对象"的"文件"，不仅没有"治本"，连"标"也没抓到，"短命"的文件，在不到两个月内就草草"收场"。当时，我正担任中国注册会计师协会的秘书长，我也"如履薄冰，如临深渊"，"苦于无策"。嗣后不久，到 21 世纪初，美国发生了轰动世界的"双安事件"（安然公司、安达信会计公司因财务作弊而倒台）以及接二连三的"世通"等大公司一系列财务丑闻的出现，不仅对美国而且对全球资本市场产生了巨大的负面影响。为拯救市场信心，时任美国总统的小布什签署了《萨班斯—奥克斯利法案》（SOX）。我因有"心头之痛"，怀着急迫的心情，开始研究"萨班斯法案"。从此，与"萨班斯法案"有了一份特殊的"缘份"。

2002 年，"萨班斯法案"在美国正式生效。最初 2 年，因执行 404 条款，多方需要付出高昂的成本，从而遭受来自各方面的种种抱怨，尤其是"萨班斯法案"404 条款在美国备受争议。

2004 年 1 月，在担任中国总会计师协会副会长兼秘书长期间，我率领一批由财政部门、企业、会计师事务所等各方面负责人组成的代表团访问美国。在纽约，首先访问了德勤国际会计公司，其合伙人关德铨先生告诉我们，他们在实施"萨班斯法案"后，对公司进行审计时，审计成本支出要多出 600 万美元，审计费用比平常要超出 65% 以上。而对于超过 200 亿美元的公司，其实施萨班斯法案后的成本支出要突破1 000 美元。我笑着对关先生说："羊毛出在羊身上，你还不会向被审计的公司要呀！"关先生无可奈何地对我说："提高审计收费企业是不高兴的，但政府的法令不能不执行。"他们当时的意见是准备向政府提出修改萨班斯法案的建议。

接着我们访问了美国财务经理协会（FEI）。据 FEI 主席介绍，当时他们正对 200 多家企业执行萨班斯法案的情况进行调查，被调查的企业普遍反映，执行"萨班斯法案"使企业成本上升 60% 以上。在收入超过 50 亿美元的企业中，实施 404 条款的平均成本接近 400 万美元，额外的审计费用也超过财务报表费用 60%。由于当年制定"萨班斯法案"时，有关当局曾听取过 FEI 的意见，因而他们认为，现在也"有责任""说服"议会和政府修改"萨班斯法案"。为此，他们还确定在华盛顿的"FEI 政府工作委员会"（专门负责对议员和白宫官员进行"攻关"的部门）"抓紧"反映

"企业的呼声"：修改"萨班斯法案"。

2004年10月，我担任国际CFO组织的理事，出席在佛罗伦萨举行的世界首席财务官协会理事会和会员大会。在大会上，请诺贝尔奖获得者蒙代尔作"货币与世界经济"的主题讲演，在谈到国际资本市场时，也谈及美国"萨班斯法案"404条款内部控制问题，他的看法是：虽然昂贵，但属必要。后来，美国财务官协会主席对我说，美国企业为实施"萨班斯法案"404条款，成本支出平均达460万美元，而通用电器公司则花了高达3 000万美元才完善自己的内部控制系统。

这些信息，使我对实施"萨班斯法案"404条款产生的深刻印象是：耗时、昂贵、要求太高。

2005年3月，美国管理会计师协会（IMA）主席兼总裁夏曼访问北京。我领着他走访了财政部、审计署、商务部、国家税务总局、证监会等8个政府综合经济管理部门和中国会计学会、注册会计师协会、总会计师协会、资产评估协会、注册税务师协会、内审协会等10个与理财相关的全国性社会团体，还组织了一场面对22所高等院校、科研机构的主要负责人、教授、专家们的报告会，与8所高等院校负责人进行了座谈。由于IMA在1919年成立时就叫"成本研究会"，因而他们对与之相关的内部控制成本有独到的见解，也正是在这期间，IMA开始了对美国若干大型企业实施"萨班斯法案"的情况进行调查，得到了不少正面反馈的有关信息。夏曼在财政部会见王军副部长时说："让世界上最大的发达国家与世界最大的发展中国家携起手来，在全球重振管理会计的雄威。"王军回答说："我很赞成阁下的意见。面对瞬息万变的资本市场，中国现在最缺的是理财高手，而管理会计是理财的重要手段，尤其是内部控制是管理会计的重要组成部分，更需要下大力气把它搞好。"王军当即请IMA为中国培养10 000名以搞好内部控制为重要内容的管理会计人才。

在访问商务部时，傅自应副部长说："我知道你们IMA是1919年成立的，那时叫成本研究会，1973年改称管理会计师协会。你们能不能站在独立、客观、公正的立场，对中国企业的成本核算和成本管理做一次调查，写出一份报告，说服你们的议员、内阁成员，中国政府一定大大地奖励你们。"这是一个具有战略意义的重大课题，也是IMA进入中国、了解中国企业成本管理和内部控制情况的开始。接着我陪同他们访问了国资委，约定IMA为建立培训中国央企财务管理高级管理人才项目进行合作。当然，其中重要内容之一是在公司治理中如何加强内部控制。

2005年IMA国际部主任吉姆访问北京，在与全国MPACC教授委秘书长、中国人民大学王化成教授（我国知名成本管理专家）会谈时，也谈到美国的萨班长斯法案，并彼此表示愿意建立友好的合作关系。

在与商务部达成协议后，IMA在2006年5月、10月先后对中国企业的成本核算和成本管理进行了考察。我陪同IMA组织的全球成本管理专家IMA科研部主任劳森博士等，考察了几乎涉及中国国民经济各大支柱产业的顶级企业，包括国有大型企业、上市公司、民营企业等，如海尔、青啤、一汽、鞍钢、江铜、红豆、汇金、TCL、新华制药、八一钢铁、特变电工等，获得了中国企业成本核算和成本管理第一手丰富的材料，美国的专家们，也开始了解中国企业不是没有内部控制，而是很不完善、很不配套，属于起步阶段。

2008年10月，我在上海参加"金融服务国际研讨会"时，会见了为会议做主题讲演的美国前国务卿基辛格。他在谈到美国发生的"金融海啸"时，说到华尔街金融大鳄的贪婪以及华尔街金融业内部控制的松弛，基辛格对内控颇有"成也萧何，败也萧何"之感。

在这之前，我看到FEI在2007年的调查报告，介绍说63%的美国企业在实施"萨班斯法案"404条款后，第二年成本都在下降，由于设计和维护流程的成本接近零，因而整个执行成本下降15%～30%，东北财大出版社方红星社长在2008年给我寄来了IMA编著的《财务报告内部控制与风险管理》一书。书中介绍：IMA通过调研，发现那些实施"萨班斯法案"404条款的企业，存在两方面潜在的成本因素：第一，没有专业组织制定的实务指南，在完成时无法确定什么是有效控制系统，什么是无效控制系统；第二，由于内部和外部审计师或"萨班斯法案"实施团队之间不能相互合作以降低样本规模，因而需要多余的测试。只要挖掘了这两方面的潜力，企业执行"萨班斯法案"404条款的成本就会大大降低。IMA在这本书中，首次提出了实施"萨班斯法案"404条款"成本曲线"的概念。并介绍了美国一些企业在实施"萨班斯法案"404条款时，其第一年、第二年的成本下降了30%～40%。

这就是美国实施萨班斯法案的一个简单浓缩的素描：开始，因成本急剧上升，而遭到来自美国公司包括大公司和小公司利益集团的空前反对和阻挠，而一些相关的社会团体因为与企业有紧密的"关联关系"而为之"奔走呼号"；而后，由于执行成本的不断下降，并带来丰厚的收益以及巨大的社会效益，执行萨斯法案404条款已经成为企业的自觉行动，一些相关的社会团体，也将其列为"重要科研课题"。

他山之石，可供借鉴。2006年7月16日，由财政部王军副部长牵头任主任，证监会原纪委书记李小雪、国资委副主任邵宁担任副主任，以及来自监管部门、实务界、理论界的31位专家学者，成立了"企业内部控制标准委员会"。

2008年6月28日，财政部、审计署、中国保险监督管理委员会、中国银行监督管理委员会、中国证券监督管理委员会五部委联合发布了《企业内部控制基本规范》。

2010年4月15日始，五部委又发布了《企业内部控制应用指引》《企业内部控制评价指引》和《企业内部控制审计指引》。

根据中央关于国有大型企业要"做大、做强、走出去"的要求，中国证券监督管理委员会发文规定，自2011年1月1日起，在境内外同时上市的公司要执行《企业内部控制基本规范》；自2012年1月1日起，在上海证券交易所、深圳证券交易所主板上市公司也要实施《企业内部控制基本规范》。

2012年5月国资委、财政部联合发文，要求央企在2013年全面实施《企业内部控制基本规范》。

种种情况表明，中国政府督促企业实施严格的内部控制的进程正在加速。

但我们只要仔细研究一下中国"企业内部控制标准委员会"发布的有关方面的各种标准，就能发现，其要求已经远远超越了美国财务报告内控的要求和范畴。根据美国实践的经验，在中国更需要研究的有效性以及达到有效性的经济性，更需要将成本概念引入内控理论框架之中。

崔松同志的《企业内部控制遵循成本及其优化途径研究》一书，出色地做好了这方面的工作，也填补了国内科研在这方面的空白。作者将成本概念引入内控理论，提出了内控遵循成本的概念，"不同目的，不同成本"，奠定了多维成本的理论基础。作者探讨了遵循成本各个构成部分与内控质点缺陷的关系，从建设、实施、审计以及监管四个方面提出了企业内部控制遵循成本优化的途径；同时对小型企业内部控制遵循成本巨大的突出问题，提出了降低小企业成本的特殊途径。作者在本书中，对成本与内控的关系概括了六个方面：①提出了内控应遵循成本的概念；②根据全面质量管理的成本构成划分对内控成本进行分类；③寻找中、短期内控成本曲线；④分别从建设、实施、审计、监管四个方面提出优化途径；⑤小企业降低的特殊途径；⑥内控制成本效益分析。具有重大的理论与实践意义。

这本书无论对上市公司管理者，还是对央企高层管理者，以及高校理论工作者、会计师事务所的注册会计师、咨询公司的咨询人员、监管机构的相关人员，都是一本难得的极好读物。为此，特向广大读者推荐。

2012 年 12 月 12 日

会计口述历史
——中国会计视野采访丁平准谈话实录

丁平准：既然答应接受你们的采访，就必须说点东西。小尹，不管你在《中国会计视野》或在上海国家会计学院，我现在面对的是一个"媒体"，有些不适合在"媒体"讲的话，就只能在家里说。我常到上海国家会计学院做报告，大家都是"热烈欢迎"！为什么？因为我会"骂人"，讲别人不肯讲的话，有时有些话说得很直率，快人快语，出口就顾不得那么多了。也许做报告，会赢得大家喜欢。但现在，面对"网络媒体"，能不能那样？希望你们考虑。

尹成彦：我们这个"会计口述历史"和一般的访谈是有区别的，采访的内容发不发、哪些能发，哪些不能发，由您决定。我们希望这次访谈，能把您觉得很重要、想要说的都说出来。我们没有"底线"，"底线"由您自己控制，最终我们也会整理成文稿。

丁平准：但你们《中国会计视野》是一家媒体，而且是网络媒体，你们要把关，宣传方面的政策、网络方面的规矩，你们比我更了解。

尹成彦：我们会的。

曹巧波：丁老，我们就开始吧，分享一下您70多年的会计人生经历。先讲您早年求学的经历，讲一些您在进财政部之前从事财会工作方面的实践经验，这方面在媒体上从来没有公开披露过。

丁平准：我是1954年7月从湖南省立衡阳高级商业学校会统九班毕业的，从那时起，我就走上了会计这条路，有半个多世纪了。

1954年毕业，当时正值第一个五年计划，那时有苏联"老大哥"援建的141项工程，后来发展到156项。当时说支援重工业建设，要从学校挑选一批优秀学员去国家重点建设工程，挑了10名同学，我就是其中的1/10，被分配到江西大庾，叫作大华管理处，江西当时号称"钨都"（挖钨砂）。我在的工程当时是苏联援建的141项重点工程。到了之后先是到了大华管理处，以后这个管理处又分为四个独立的矿山，我就被分到了漂塘钨矿，分到了财务科。

我记得很清楚，那个时候在漂塘钨矿财务科，那段经历对我至今影响很大。在那里，我干过材料会计、成本会计。所以说，我所谓的第一本著作是《材料计划价格目录》。那个时候材料采购按计划核算，所以要搞"材料计划价格目录"，1 000多页，那么厚，那是我的所谓"第一部著作"。材料要分门别类，比如五金、电器、化工、爆破、劳动保护等，类以下再分项，项以下是某种具体材料，而每一具体材料又是很多的，如螺丝钉，要从一分、两分、三分……一直到N分，这样一来，可多着呢！工人领材料，要先填写领料单，价格目录上没有的，你就领不到。那个时候搞的是苏联凭单日记账，采用棋盘式对照，横竖几十个科目，两边合计对上了，就叫作"扎平"了，差一分钱也要查出来，否则就"扎不平"，借贷记账法就是这么科学的东西。"材料采购"叫作四号账，"成本核算"叫作五号账。那个时候年轻，血气方刚，一到搞决算，就把被褥带到办公室里，就在办公室安家了。那时无所谓加班不加班，困了就睡，醒了又干。用的是"老大哥"的计算机，用手摇，正摇是加，反摇是减，到出红字，计算机会响一下，就是负数了。

这一段经历对我的会计人生来讲是很宝贵的，我30年在企业的摸爬滚打，为后来研究会计理论，打下了一个扎实的实践基础。我到漂塘以后，3年就评了省劳动模范，会计能评劳动模范还挺"牛"的。现在回想起来，还是觉得第一个五年计划时期好、一切都很正规，不像现在这么浮躁，假的东西太多了，那时真的不知道什么是假，更不会去作假。

每年我们到当时的主管机关——中南钨矿局去开计划工作会议，当然首先是计划部门给你下达产量任务；然后就是供销部门核定要用的材料，不仅是矿山要用的雷管、炸药、引线要统配，一切材料都要由国家统一分配；最后就是我们财务部门的事，上面给你一个指标，降低多少成本，这是硬指标，然后就倒推利润，你就知道该怎么办了。我学了3年会计，干了3年会计，这3年真是卖命地干。我觉得这3年很实在，它在我的会计生涯中，虽然是个起步，但却是很重要的一步。

不久，就"文化大革命"了，我虽然年纪轻轻，但也受到蛮厉害的冲击。因为我1959年的时候，就是中国作家协会江西分会的会员。1959年建国十周年时，毛主席号召田头诗歌会、牢记阶级斗争写"三史"，我就写了"钨矿工人血泪史"，同时收集了很多钨矿工人的歌谣，等等；后来又是"树旗帜，抓典型"，我又写了报告文学，在《江西日报》整版整版地登着，所以，我就成了作家协会的会员。

"文化大革命"中，红卫兵说作家协会是"裴多菲俱乐部"，中宣部是"阎王殿"，当时我也调到了矿山宣传部，由此而挨批受斗。那时我很小，22岁，写《组织部新来的人》的王蒙比我大，四川的诗人流沙河算是年轻点，也比我大多了，所以我被造反派称为"反革命修正主义苗子""三家村江西分店的小伙计、小喽啰"。但"炮打司令部"的时候，许多党委文件是我起草的，因而跟着"走资派"一起挨批斗。后来发生了"天安门事件"，那个时候在矿山，住的是筒子楼，家里没有自来水,大家都在楼前的一个水龙头下面淘米、洗菜,一个大喇叭就挂在电线杆上。那天高音喇叭里播送了"天安门事件"的处理决定。我边洗菜边自言自语,"没有想到",后来有人"举报"了我,进驻矿山的地委工作组一位姓陈的组长找我"谈话",我说:"我确实没有想到。"那时虽然刚粉碎"四人帮",但仍然是"批邓反右",于是,我被定性为"现行反革命",开除了我的党籍,把我关起来,民兵拿着枪杆子看着我,那个日子也真难熬!

但也给了我一个一辈子难得的好机会。我开始参加工作时好像是拿两百工分(吃"公家"饭的,工资是按工分计算,按每月油盐材柴米的市价报纸公布一工分值多少钱,然后乘工分数,就是工资)。后来1956年工资改革,成本会计按技术标准算,我就拿到78块钱,当时是很高的工资了,别人都只是30块钱左右。那时我20多岁,没有任何负担,20块钱吃伙食,嘴巴都流油,1/3吃,1/3生活用,1/3买书。所以我家里《红楼梦》的各种版本,欧洲文艺复兴、巴尔扎克、大小托尔斯泰等的文艺书多得很,好几柜子。到了"文革"时期,这些都是"毒草",造反派都把它烧了,为此,我伤心透了,但也无可奈何。我个人还买了44本《马克思恩格恩全集》,33本《列宁全集》,13本《斯大林全集》,当然还有《毛主席文选》。这些书不能烧吧,我就天天看马列,真正地"关起门来读书","与外界隔绝,与马列亲密接触",实在是难得的机遇。

被"关起来"以后,我就拿着马克思的《资本论》三卷,从头到尾地"啃",特别是第二卷我几乎能背。商品流通公式W—G—W,资本流通公式G—W—G′。"文化大革命",糟蹋了一代,也造就了一代。对我来说,它造就了我什么呢?过去没有那个时间,也没有那个心情,更没有那个环境,现在好了,关门读书,还有"看门的"。说真话,我确是受益匪浅。马克思的书读起来并不枯燥,里面有许多典故、预言、希腊神话,读进去了就觉得很有趣。读了马克思的,又读列宁的,44卷加33卷,总共77多卷。真的,一辈子也没机会"静心"地读那么多马列的书。

曹巧波:《资本论》第二卷主要内容有哪些?

丁平准:《资本论》第二卷讲资本运动、资本流通,就是后来于光远写的狭义的《政治经济学》,就是资本主义政治经济学。广义的政治经济学从古代一直讲到社会主义,我还没有看到真正说得很通顺的书。马克思在《资本论》里,主要讲商品、货币运动的规律,讲资本运动的规律,这不是正好吗。看了以后,对我影响很大。后来,我在会计学上形成的一些基本观点,应该说得益于"文化大革命"期间把我关起来"啃马克思",真是深深的烙印,心无外物,全是马克思的资本运动:G—W—G′。

后来。我把它作为会计学的理论基础。会计就是要反映资本运动的全过程,会计核算就是核算资本运动的全过程,财务管理也就要管资本的增值,G′加的这一点,增值,就是这么个"玩意儿"。资本运动就是价值运动,会计就是搞这件事的,没有马克思这一套理论做基础,哪里能有什么会计的理论。

曹巧波:丁老,谈谈您下放的故事。

丁平准:"文化大革命"期间,我在1968年被下放到江西永新里田公社九西大队,那时叫"六八五七部队",即1968年下放的"五七"大军。江西程世清("四人帮"在江西的死党）搞的那一套：一个干部带几个知青，到农村一个生产队插队落户。记得在1968年10月1日，胸前挂了一朵大红花，上车围着英雄城——南昌周游一圈，就"挥泪告别英雄城"。毛主席说了"接受贫下中农再教育，很有必要"！毛主席怎么说，我们就怎么做。真的，那时也是满腔热情，流出的是激动的泪水！

我怎么学会抽烟、喝酒的？就是在那个年代"培养"的。"文化大革命"时，我被关起来，说我"反党反社会主义"，要我写检查。我实在是写不出来。我怎么会反党反社会主义呢？我20世纪50年代入党，虽然生在旧社会，但长在红旗下。从懂事起，就唱着"社会主义好，共产党好"，也确实是从心底感到共产党好、社会主义好。我找不到自己为什么会"反党反社会主"？但我又很迷茫找呀找呀找不到，找不到我就抽烟，所以抽烟是"文化大革命"期间我的"副产品"。喝酒是下放以后"贫下中农"再教育的结果。记得1969年在永新县修丰源水库，一天挑泥巴要挑50担，水库堤坝是45度的陡坡，上下两华里，光是走路一天就得走100多里，还要上下坡。一天下来，真是骨头架子都要散了。那时是"大兵团作战"，早上天还没亮就吹号了，赶快起床，拿着一只番薯就啃边跑，月亮上来了才收工回家。一天下来，真是累得不行。同行的老表，就用大碗装着当地的水酒，叫我喝，喝了就睡，真解乏。一个冬天下来，我就学会了喝酒，这也是下放的"收获"。

永新县是贺子珍的家乡，那个时候我也去过塘边，当地老表说贺子珍在塘边和毛主席结婚，就在这里拜堂。我说这件事你们别乱说，现在资料证明，老表说的都是真实的历史故事。那些年，在老革命根据地，我真正地接触了中国社会的最底层，老革命根据地的贫下中农，真是苦啊，可他们很乐观。央视有个调查，叫作"你幸福吗"？你说他们幸福吗？当然幸福！不同的人有不同的幸福观，怎么去做统计呢？这个题目出得本身就不科学。

那时我30岁左右，带着当时在江西很有名的"造反派"：南昌五中"一小撮"5个知青，都是初中生，3个女孩、2个男孩，腰里系着一根红腰带，浑身上下都是"造反派"习气。下放干农活，农民们给他们评的底分是3分、4分，最多5分，因为这些知青要参与农民一起分配，底分当然给得很低。但却给我评了10分的底分，一方面是照顾我，另一方面可能是我还真学到了几下。几乎学会了耙田、犁田等一切农田技术，10分的最高标准就是要把田犁平、耙平，插秧、割稻这些活就不用说了，同时，因为干部不参加他们的分配，因此评多少底分都不会影响他们的收入，无所谓。

那年冬天，我以下放干部的身份去了省冶金厅，在废料堆里，找到了一部报废的手扶拖拉机，我说把这个给我吧，我找车队队长修了一下，就把它从南昌开到了永新里田。我从来就没有开过车，更没有开过手扶拖拉机，看看别人开我就觉得很简单，呼呼摇两下，就走起来了，几百公里的路程，颠颠倒倒，跑跑停停，现在想起来，真有点冒险。有了这部手扶拖拉机，在大队我就办起了运输队，给农民拉煤。接着又办起了养猪场，小女孩居然干起了公猪配种的活；还办了豆腐坊，半夜三更起来磨豆腐；男孩就办起了农具修理厂，学打铁……那时搞得真是火热，贫下中农很欢迎。当然，这一切我都得带头干，因为我是"丁组长"嘛。

2009年3月，我回到阔别40多年的永新县里田镇（当时的公社）九西村（当时的大队），当地的农民还能记着我，喊着"丁组长"，有的还记得我的名字，喊"丁平准"，拉着我的手说"早就想到你应该到北京去当官"，村里村外沿路爆竹轰鸣，分外热闹，我的心情真是非常激动，一下子就回到了那"激情燃烧的岁月"！

什么叫作中国特色？不考虑"一穷二白"，不懂得"穷人经济学"，就不配当经济学家，会计核算也是一笔"糊涂账"。有了那一段经历，我才真正体会到中国最基层劳动人民的生活状况、心理状况，包括他们也有追求。一个中国人、一个中国的经济学者、一个中国的会计学家，如果不懂中国特色，不懂中国国情，不懂中国社会，特别是不懂中国农民，就不是真的经济学家、会计学家！

曹巧波：丁老，谈谈您是怎样进财政部的。

丁平准：我是1983年进财政部的，怎么进的呢？就是前面说的那些，我读了《马克思恩格斯全集》44卷、《列宁全集》33卷，研究了列宁的"经济核算思想"。当时流行的说法是"列宁经济核算思想，就是会计核算加统计核算加业务核算"。我写了一篇文章，叫作《对列宁经济核算思想的探讨》，在文章中，我说60年来人们对列宁经济核算思想以讹传讹，完全搞错了。苏联在十月革命成功以后，实行"战时共产主义"，否定商品、货币、价值规律的作用，实行严格的军事配给供给制。当时除了讲的白军叛乱等外部因素外，错误的经济政策也导致年轻的苏维埃政权面临崩溃的边缘。所以列宁讲，战时共产主义的那些经济政策是错误的，"我们不得不承认我们失败了"。所以，1924年列宁来了一个"新经济政策"，它的核心，就是承认价值规律，恢复商品、货币在经济生活中的作用。列宁说，要用资本主义的办法来建设社会主义，把工厂交给你，你一定要盈利，亏了怎么办？亏了就给我蹲监狱，在监狱里面表现好给你假释。这就是列宁的经济核算思想，强调严格的经济责任，承认商品、货币的作用，承认要尊重价值规律的客观作用。我在这篇文章开头就说联共（布）党史对这一段历史也写错了，"口气"很大。

我把稿子寄到中国人民大学，当时是计划经济，谁敢说商品经济？那是大逆不道！我提出，中国应该搞商品经济加计划经济，谁敢发这篇稿？没人敢发。1981年三中全会前，正开展"实践是检验真理的标准"的大讨论。最后，我把稿子投到《经济研究》，它是中国经济学界最高、最权威的理论刊物，主编是著名经济学家许涤新，他最后拍板，登了，那就OK了。

当时整个社会是计划经济，谁敢提商品经济呢？十一届三中全会的内容最重要的不就是讨论这一点吗。我还提出来，要以价值规律来建设我国会计学的理论体系，我们会计就是要去反映、研究、探索、遵循和利用价值规律。"千规律、万规律，价值规律是第一规律"，这是毛主席说的。后来，毛主席还说"价值规律是一个伟大的学校"。许涤新拍板定了，我的文章在《经济研究》登了，后来《财政研究》也登了，《财政研究》登后没多久，美国一家大学的学报也给登了。那个时候"出口转内销"比较吃香，《人民日报》摘要刊登了我的文章，杨纪琬看到了，说有这么一个人，把他找来，就按照他这套来建立我们中国的会计理论体系。当时，王丙乾是国务委员兼财政部部长，主持日常工作的是迟海滨，在烟台开中国会计学会年会，最后由到会的4位部长拍板，用4个研究生的指标把我从江西冶金厅调到财政部来，就这样我"混进"了财政部。

王宁：丁老，问一个问题，在旧的计划经济体制下，咱们材料管理上不知道有没有这个问题。2004年我参加国资委的清产核资，发现国有企业里还有在计划经济时期产生的库存，在仓库里大量存放着。因为当时是计划经济，他们就想，既然有这个计划，就把商品赶紧买到，因为批一个"采购计划指标"不是那么容易的，结果造成很大的库存积压。一次性采购批量大，以后的设备更新，包括用不上的情况也会有。不知道您那个年代在这个方面怎么样？有这个问题吗？

丁平准：你讲这个呢，是两个问题：一个叫财务会计，财务会计就是讲会计核算，会计核算里材料有计划价格，为什么呢？因为从仓库一直到下面的车间、到班组长，领料的时候要填写领料单，领料单上写的价格是统一的计划价格。20世纪50年代那个时候，有班组经济核算，工人每天操作下来，要核算当天节约、超支多少，根据超支、节约额来计算奖金，并立即兑现，超支扣钱，节约奖钱。毛主席都提到了班组经济核算，后来又总结了"鞍钢宪法"。到现在为止还有"材料采购"和"材料成本差异"这两个科目，那是会计核算的问题。

你刚才说一次买多、买少，那是管理会计，涉及最佳经济批量、最佳采购批量。那个时候我们是短缺经济，什么都缺，生产的东西交给国家，你要什么都问国家要，所以那个年代就有供应部门。那个时候供应科排在财务科前面，所有的一切都是国家统配，企业要什么，就向国家申请，不存在多和少的问题，短缺经济，什么都缺短。现在是"过剩经济"，就是东西太多了，什么都多了，不仅库存材料多了，半成品、产成品更多，卖不出去，要开拓市场。

库存增加，资金周转就慢了，成本就会升高。我们不少企业做不到最佳经济批量，日本丰田汽车生产出来拉到码头上就走了，他的库存等于零。我们能做到吗？这个取决于市场要变成一个买方市场。这些年，金融海啸，国家出口贸易下降，海关报喜不报忧，有人怀疑海关的数字不准确，虚报了，海关哪里有这么多货？

你说的这个就是，从我们会计来讲，就是说不要积压，等等。那个"最佳经济批量"，是给CEO当参谋，按公式算出来的。现在说"中国制造"要变成"中国创造"，"中国制造"简单得很，因为中国劳动力多的是。必须创新，必须改革！

成本核算最主要就是料、工、费嘛，材料是大头，必须用计划价格核算，不管你是先进先出，还是后进后出，你不可能每批都算出实际价格，所以先搞一个计划价格，然后再用材料价格差异调整。会计核算做假账，就是把各种"差异"做一个"蓄水池"，多了放一点，少了抽一点，那就属于做假账。

曹巧波：丁老，再说说您初进财政部的工作经历。

丁平准：当初调我到财政部，目的是为了保护中国第一代马克思主义会计学家阎达五。阎达五那个时候检查出来有心脏病，他是中国第一代马克思主义会计学家，马卡诺夫的弟子，对这样的"宝贝"要加以保护。《会计研究》是中国会计学会的机关刊物，但是编辑部的工作班底一直都放在中国人民大学。考虑到不能把阎老师折腾得那么苦，杨纪琬就到处找人承担编辑部的工作，后来就找到了我。所以，进财政部我的第一件事情就把《会计研究》编辑部从中国人民大学搬到了财政部。当时编委会主任是杨纪琬，副主任是阎达五，我是第一任编辑部主任。

当时《会计研究》是比较权威的，现在也是会计界的权威刊物。我离开多年，对现在的情况不太清楚。作为经济理论、会计理论的顶级刊物、全国重点刊物，是与《经济研究》齐名的，而且会计人多，刊物的发行量比《经济研究》还大。会计学副教授升教授、会计学博士论文等，你的什么什么观点得到社会认可，标志就是你在《会计研究》第几期发表了，那是"挺牛"的。所以，它当时的地位很重要。

当时在会计界主要有四个流派："会计管理论"以杨纪琬为代表，"会计信息论"以葛家澍为代表，"会计艺术论"以李宝震为代表，还有"会计工具论"，苏联马卡诺夫说会计就是个工具，我读的就是马卡诺夫的书。后来，我想其实也没有什么，工具也很伟大，你看"神十"上天，没有火箭那个工具，"神十"也上不去，这个工具多伟大，"圆飞天梦想，壮中华民族雄威"，多重要！说会计是工具也没有贬低会计的作用。当时做学问的老先生都很认真。"文化大革命"以后，初期最初主要的是拨乱反正。比如，会计有没有阶级性？是为无产阶级还是为资产阶级服务？等等。有一次商学院张以宽教授找到我，他是增减记账法的"发明者"，他一见面就讲"李先念主席都批准了"，说增减记账法是无产阶级的，借贷记账法是资产阶级的。我说，现在说这些都没什么意思了。后来，在咸阳开会，娄尔行跟我谈到日本早稻田大学的"三式簿记"，我是第一次听到"三式簿记"这个词，真是开拓了新的思维。

当时《会计研究》涉及的范围，包括成本核算、会计核算、会计准则、经济责任制、管理会计、会计学的理论与方法支柱，如何建立具有中国特色的会计理论体系，等等这么一大堆。另外说"代表作"，那个时候中国会计学会每年要搞一部"论文选"，大多从《会计研究》上选，叫《中国会计论文选》，所谓"代表作"全在那里面。

曹巧波：那个时候有什么入选的标准吗？

丁平准：我认为优秀就优秀，杨纪琬说 OK 就 OK。说实话，那个时候没有什么"海选"，大家投票，就是刚才讲的，我基本上能平衡一些，最后由杨纪琬定。

杨纪琬是"会计管理论"的代表人物，当时也没有形成一个系统的观点，阎达五说得更多一些，我写了《工业企业会计管理学》《会计管理新辞典大全》。在编辑《会计研究》时，杨纪琬常说的一句话："百家争鸣，要成一家，不成一家，就不予刊登。"所以，"被枪毙"的文章，杨纪琬都说"不成一家"。但我要搞点平衡，各派的观点在《会计研究》上都能有所表述。比如，葛家澍、娄尔行、杨时展……都是老一辈了。像娄尔行，那个时候 400 字一页纸，这么大的稿子，拿手写的，工工整整。所以改一个标点符号我都会打长途电话给娄尔行，那个时候打长途电话是很贵的。我很敬佩他做学问的严谨，逗号改分号都要告诉他。

杨纪琬是编委会主任，稿子到我这儿审完以后，送给他看，64 页，10 万字，他下午拿去，第二天一上班，就把稿子往我桌上一扔，只说"错了"两个字，也不说哪里错了，我只得重新从头到尾再看一遍，从第一个字看到第十万个字。以后我就小心了，哪怕只有几十个字的小广告，也得十分小心。我觉得他要求严挺好，培养了我做学问要仔细的精神。

记得第一次与杨纪琬接触是 1983 年在烟台参加中国会计学会年会期间，我当联络员负责华东一片，并负责简报的编写。四川毛柏林负责总联络，他把我写的简报稿送给杨纪琬，杨纪琬拿在手里看了一眼，就说"这个什么字，我一个字都不认识，退回去再写"。我的字那时确实有点"怪怪的",退回来了当然只有重写,用毛笔端端正正地重抄了一遍呈上去,才算通过。到《会计研究》编辑部以后,杨纪琬每次出去老带着我,每次报告后他就对我说:"老丁,你解放思想,把你怎么想的也可以写进去。"所以,我给杨纪琬整理一次录音报告,都会把古今中外的书籍全翻一遍,把现今流行的观点都梳理一次,整出的文章和他原来讲的录音已经是"面目全非"了。那10年,我没有"思想",全贡献给他了。后来在他七十寿辰的时候,我帮助整理出版了第一部杨纪琬著作《社会主义会计理论探索》(也是他一辈子唯一的一部著作),交给他以后,他在每页下端,都写上"丁平准整理",并分给我一半稿费,我要是不拿,他会骂人。那时我与杨纪琬之间的关系确实是很亲密的。

当时还创办了《会计学刊》,是季刊。这个刊物在中国会计史上,也起到过一定作用。比如,它第一次对全中国的会计人员进行了调查,第一次发表了中国的会计从业人员是1 200万这个数字,现在还用这个数字。那个时候,连生产队的会计都算在内。定口径的时候,对什么算会计人员?说不清,百货公司收银员也是"会计"。最后确认,大集体以上企业的会计人员才算会计,生产队的会计不能算。到后来,只有持会计证的人员才算。一千多万人,队伍十分庞大。会计真的是无所不在,无时不在,无处不有。有经济活动就会发生钱的收支,就要记账,就会有会计。

《会计学刊》还刊登了当时中直机关事务管理局局长陈俊岐写的《延安时期中直机关财会工作的回顾》,这篇文章是我帮助他整理的。中直机关是指党中央机关,包括中办、中组部、中宣部、统战部等等。20世纪80年代,除了中南海的事务归他管以外,人民大会堂、钓鱼台也归他管。陈俊岐1945年的时候,在延安高小毕业,当时就算"知识分子"了,要他当会计,给党中央、中央军委记账,就是说给毛主席当会计了。他一直跟着毛主席进北京,到双清园还是他记账。我到他家里,在北京毛家湾那里,他拿着用床单包着的一大包东西给我,打开一看,哇!很多毛主席批示的条子:"发给刘伯承军大衣一件——毛泽东。"那时从前方回来的将士,毛主席高兴了就会批示发给军大衣等等,这个要记账的呀。"明天有外事活动,马海德要来"(中国会计视野注:马海德,医生,阿拉伯裔美国人,1936年和斯诺一起到陕西保安访问,随后自愿留下参加红军,是新中国第一个加入中国国籍的外国人)。老外么,要加餐,"红烧肉一碗",也要记账。南泥湾大生产,自己动手,丰衣足食,南瓜、冬瓜、小米、小麦……什么都有,怎么记账?一只南瓜加上一只冬瓜,一头驴加上一头羊,那叫什么?那个会计难当呀!你必须把它变成货币,而货币又极不统一,光是边币就有好多种,有中华苏维埃时期毛主席的弟弟毛泽覃当财政部部长时印发的中央苏区的货币,还有延安中央根据地和其他边区发行的不同种类的边币,还有国民党的法币,还有金条、光洋,直至鸦片,鸦片也是充当一般等价物的货币,因为它很贵,八路军从国民党那里缴过来,在交易中也能充当"一般等价物——货币"。你要把这些统统折算成延安的边币,然后才能加总。一次央行开全国财务工作会,要我给他们处级以上干部做报告,我就说了陈俊岐的故事,我说那时候比你们现在的外币核算复杂多了。一只南瓜加上一只冬瓜,一元边币加上一元国币,你说是什么东西?可那个时候毛主席没有提"不做假账",条件那么艰苦,经济那么落后,物资那么匮乏,脑袋别在裤腰带上闹革命,想都没想过"要做假账"的事情,毛主席说的:"我们的会计原则,就是节约每一块铜板,为着革命和战争。"这是一段非常有意义的会计发展史!

曹巧波:《会计学刊》的定位、目的是什么?

丁平准:《会计学刊》是一种比《会计研究》更为普及、更为大众化的刊物,也设有理论性的专题。《会计学刊》的文章定位于篇幅比较长,而且比较重要的历史文献等一类。那年,我老伴整理的《中华人民共和国会计大事记》也是连续在《会计学刊》上发表的。她在会计司,就负责这项工作。《会计学刊》还设有会计专业自学高考指导、电大会计专业学习指导、会计干部业务进修、高等教育财会专业教学研究、法规制度介绍、会计工作经验、国外会计、会计电算化、财会文摘、资料选登等十个栏目。1986年创刊,1987年经中宣部核准公开发行,1988年改名为《会计学丛》,1989年再度改回《会计学刊》。《会计学刊》是季刊,每期25万字。主编杨纪琬,副主编阎达五,我是编辑部主任,负责具体干活。后来中宣部规定,一个学会只能办一个刊物,中国会计学会忍痛在1990年把《会计学刊》停了。

曹巧波:你在会计学会秘书处,编辑《会计研究》《会计学刊》,与老一辈会计学家相处得怎么样?

丁平准:我那个时候的年龄在会计界是不上不下,40来岁,杨纪琬、财政部说我"年富力强",40来岁,现在青歌赛选手年龄45岁以下叫"青年",我还能挨上点边。会计司那时是青黄不接,老的同志60多岁、70多岁,小的同志20多、30多,所以冯淑萍一直被叫作"小冯",现在她已是部级干部了;还有沈小南,更年轻一些,她是天津财院分来的,现在是全国社保基金理事会的党组成员,也是部级干部了吧。所以,比较而言,我是个"承上启下"的角色,不算太老,也不年轻,与老一辈相处得很好,与年轻一代相处得也十分融洽。

前面讲了,我的确在实践中摸爬打滚过,你要讲会计核算等,我都亲身做过。财政部那个时候讲会计,就是科目、分录、账簿、报表,会计制度后面附有标准分录500例。一般我不去看那个标准分录,我认为按道理该借什么、该贷什么,就怎么做,如果与财政部的会计制度对不上,那肯定是财政部的分录搞错了,最后研究下来还真是"标准分录不标准"。

在财政部、在会计学会,我的一个任务是为老一辈会计学家服务,另一个任务是培育会计界的新人,或者说两个刊物给年轻的一代提供了一个平台。你们熟悉的杨雄胜、刘明辉、王广明……都是在那时成长起来的,还有你们北京工商学院的杨有红,中央财院的李爽,最早的还有魏振雄,他现在是"老爷爷"辈了。就是说《会计研究》这个平台联系了一批老同志,也培育了一批会计界新的精英,现在一个一个都成长起来了,王军是正部级,汪建熙是证监会第一位"首席"会计师,沈小南是全国社保基金理事会党组成员……这也算《会计研究》的一个历史功劳吧。

王纪平:我问一个问题,刚才提到关于会计本身的争论,有管理活动论、信息系统论、工具论、艺术论,从您研究会计经历来讲,您比较赞成哪种?

丁平准:当时肯定是跟"老板"走,我属于"管理活动"派。杨纪琬当时在会计学会是副会长兼秘书长,我是副秘书长,他每天上午到了十一点半,就对我说:"老丁,有事吗?没有事我走了。"司长问处长有事吗?没事儿就走了!所以,我实际上主持了会计学会的日常工作,前后整整10年。

当时,于光远准备编一本《经济大辞典》,按类分学科,会计是其中的一卷,《经济大辞典·会计卷》第一个词条就是"会计"。在咸阳开会,住在日本援建的彩色显像管厂的招待所,那时是很高级的了。会上为"会计定义"几位老人家争得面红耳赤,情绪都比较激动。杨时展对杨纪琬说:"杨司长,今天是讨论会计辞典,不是讨论会计制度。"意思是并不是"司长"说了算;葛家澍就对杨纪琬说:"今天下午西安会计学会邀请我去做报告,我的题目就是'会计是个信息系统'。"这不是公然向杨纪琬挑战吗?娄尔行比较客气,文质彬彬一点,他肯定是支持管理活动这一派的;阎达五是"管理论"学派中比较活跃的。所以,最后在福州总结写出第一条词条——"会计",然后工业会计、商业会计、外贸会计,等等"子子孙孙"才得以出世。哎呀,很难呀!副秘书长就是干具体活的,这个活怎么干?现在回忆起来,就是说这些老人做学问非常认真,平时朋友是朋友,叫学长叫什么,都很亲热,但一到争论学术问题,真是很"叫针"。现在的学术氛围就大不一样啰!

曹巧波:丁老,在咸阳开会是哪一年?

丁平准:大概是20世纪80年代末期了吧,你可以看看《经济大辞典·会计卷》,会议是在辞典出版两年前举行的。现在我说我们会计界,当然不只是会计界,很多领域都一样,存在一种"浮躁"的状态,3天、3个月就可以发表一篇论文,宣布他创立了一个什么"新学说",什么"绿色会计""生命会计""时间会计""会议会计"……哎哟,他又发明了一个"伟大的会计"。我不以为然,做学问要踏踏实实,不能追求"时髦",换个说法、创造一个新名词,就有了"创世伟业",实在是太"神奇"了!

曹巧波:丁老,在会计学会还有哪些让您难以忘怀的事情?

丁平准:还有就是首届会计知识大赛。当时首届会计知识大赛,财政部、中央电视台、中央人民广播电视台、华人世界社、中国会计学会为主办单位,杨纪琬是主任委员,谢明副部长是高级顾问,当时《华人世界》由全国人大常委会委员楚庄当社长,他是对外友好协会会长楚图南的大儿子,他也是高级顾问,成员还有中央电视台、中央人民广播电台的台长,我是大赛办公室主任。第一赛程有100万会计人员参加,记不清楚最后到底是几百万人参加了。那个时候第一次动用原北京军区用电脑阅卷,答卷很多,我们每天把寄答卷的信用麻袋装着送到原北京军区。他们制定了一个流程,像作战一样,所有阅卷人员都处于实战状态。到最后量实在太大,原北京军区搞不过来,又分一部分到天津大学用电脑阅卷。除了根据电脑阅卷的数据,确定合格人员外,还要据此评定各地、各队获得组织奖的依据,等等。不仅工作量大,而且十分复杂,所有的奖,都要在报纸上公布,如果不公允,那会引起"天下大乱"的,好在工作十分仔细,从头到尾没有出现什么偏差。

然后,第二赛程是选拔赛,全国33个队、500多位选手全部集中在京丰宾馆。当时解放军代表队就誓言一定要夺冠,他们不是凭空说的。军队的会计知识大赛参赛人员,是由各大军区、各军兵种层层选拔出来的。最后在中央电视台举行全军决赛。那天,在演播大厅中,前面坐着几十位将军,每位将军都带了一批随从,那个时候正好是"六四"以后不久,来了那么多"当兵"的,中央电视台有些人员对此比较反感，说："我们又被军管了。"央视很"牛逼"呀，主持人也有点"吊儿郎当"，说："今天财政部也来人了，我们好要钱。"管你来了多少个将军，开始没到10分钟，就停电了，演播厅里一片漆黑。"华人世界社"两个人，一个个皮包里都装着钱，走过去，给管电的塞一百、给管门的塞两百，加起来大概也有四位数了，几千元在那时就是很大的数了。还是钱管用，不久就来电了。接着在京丰宾馆举行全国复赛。那天，在筹委会组织委员会上，解放军原总后勤部蒋副部长说，如果解放军队进入决赛圈，那明天的决赛将请杨主席参加，并且说此事已向"杨办"报告，"杨办"回答说："说如果你们进了决赛圈，杨尚昆主席肯定参加。"晚上开组织委员会，第一个反对的是财政部，谢部长坚持说不能请国家主席，我们是巴不得国家主席能来，那多风光！谢部长说："你们想一想，我们会计一个行业搞知识大赛，要国家主席参加，全国360行，行行都请国家主席，能行吗？我们是360行中的一行，我们搞大赛就叫主席参加，以后别人都可以请主席参加，你们怎么不替杨主席想一想呢！"说得很在理，但解放军原总后勤部的蒋副部长感到为难了，他的报告都打上去了，上面也批了，结果被组委会否定了，蒋部长怎么对"杨办"交代呢？谢部长说，那是他们的事。后来到底怎么"交代"的，我也不便问。

接着，与大赛举办的同时在准备一台晚会，叫作"会计之歌"，后来出了个VCD叫《金锁银锁》。节目大部分是自己创作的，主题歌词是在全国征集的，收到成千上万份，但我们会计不懂得形象思维，只有机械思维，内容基本上都是会计数字一二三，算盘霹霹拍，凭证账簿和报表，作曲者说不行，最后还是叫我写了一首歌词。我的主题意思是：会计平凡而伟大。记得有那么几句："会计像路边的小草，可它能编织出人生最美丽的花环；会计像山间小溪，可它能汇成波涛汹涌的大海……"这首歌是第一个节目，由董文华领唱，当时就觉董文华唱得"伟大不足，平凡有余，听后倍觉凄凉"，这也许是自己的"职业毛病"。晚会请来了每年春节晚会的导演焦乃积，他又请来了宋祖英、阎维文、苏红、毛阿敏、王刚、董文华……这些人在那时还是"初出茅庐"，现在一个一个都是"大腕"了。那时正是毛阿敏是第一次"偷税案"结束不久，财政部请她唱歌，她高兴得直流泪。所有参加演出的，我们一分钱也没有给。2008年10月，一次在去上海的飞机上我看到阎维文，时隔二十多年，大家对往事记忆都比较模糊。我左看右看就是阎维文，就对他说："我曾经请你唱过歌。"坐在头等舱的，都是"有身份"的人，阎维文记不起来了但又不好说啥，我就说起了会计知识大赛的事，说他唱的是《好书记焦裕禄》把我们迟部长的眼泪都唱出来了！我笑着又说："对不起，我还欠了你的演出费，一分钱没给。"回想起那时的社会风气，都颇有同感，现在一些演艺界的"大腕"，出场费动辄几十万元、上百万元，真是"换了人间"！

大赛进行时，京丰宾馆集中了赛手500多人，裕隆饭店集中了演艺界人员500多人，总共1 000多人，我要两边跑。解放军代表队在原北京军区射击场强化集训，我也得去"光顾一下"。解放军可厉害，请了教练，赛手一天要背一两百道题目，背不出来则"军法处置"，解放军"命令如山倒"，不准外出，不准喝酒，不准请假……禁令很多，一位选手新婚也被禁止回家。当然照顾得也是很好，每天晚上给选手按摩、放松，最后解放军队夺到了冠军，3位选手得了3部摩托车，但赛手自己都没拿，全部上交了。解放军那3个赛手对我说："丁秘书长不能再赛了，再赛下去我们就变成'疯子'了！"你想想，部队主要是报账会计，我们比赛的题目大部分是工业企业会计，他们就要背那些过去根本没接触过的东西，实非容易。最后，解放军原总后勤部给了他们"一等功"，具体负责组织工作的会计局长的方局长也从大校升为少将，不简单呀！决赛时，我们请了中央电视台陈铎、庞敏为大赛主持人，在新兴宾馆我给他们上了一个礼拜的会计课。陈铎那个时候比较有名气了，是"话说长江"的主持人，但那时他还是比较"寒酸"，大赛期间他要去中央人民广播电台录音，时间来不及了，我们就开车送他去，把他骑的那辆破旧自行车搁在小车后备厢，把他从电视台拉到广播电台去录音。他们主持会计知识大赛，最后我们给了他1 000块钱，他非常感谢，要是现在给1 000块，人家可能根本看不上眼，也拿不出手。最初，《华人世界》社的两位要把"大赛"变成"大奖赛"，谢部长坚决不同意，说财政部不能搞大奖赛！2013年9月，在武汉一家宾馆，我碰到了庞敏，她去参加电影百花奖，我们两人左看右看，陌生又熟悉，也是20多年不见了。我说："你是庞敏，还是那个样。"她说："老了！"我说："演艺界的人士，永远不会老。"晚上看电视，"百花奖"那场面当然比我们当年的会计知识大赛宏伟多了！

曹巧波：丁老，会计学会还组织了哪些活动？

丁平准：会计学会的会长虽然是迟部长，但实际上是谢部长掌舵。谢明原来是财政部副部长，后来是顾问，他分管会计。迟部长说，谢明同志签了，我就签字。所以会计在财政部主要还是谢部长管。中国会计学会成立了7个专门委员会，我想提一提的是其中的"会计准则委员会"，当时由娄尔行教授牵头。第一次准则会议是在上海开的，第二次会议在深圳开，而且是"国际研讨会"。那个时候对"准则、原则"还有一番争论。娄尔行他每年要参加联合国的政府间会计专家委员会，后来就由杨纪琬自己去了。所以中国对会计准则的研究在20世纪90年代初就开始了，并和国际有所接触。

另外就是其他的一些活动，像成立成本研究会、珠算学会、总会计师研究会等等，这些学会当时都挂在会计学会下面，协调这样一些专业组织的活动，头绪也还是比较多的。那个时候注册会计师协会还没有成立，注册会计师的一些活动都是以会计学会的名义进行的，对外交流也是以会计学会名义。当时对外交流接触比较多的首先是与香港，其次是与澳大利亚、英国、加拿大、美国，等等。中国台湾也有，但不太多。一次，台湾郑丁旺教授来访，我陪同杨纪琬接见。相互客套一番后，杨纪琬就问："你当年的老师是谁？"郑丁旺说是某某，杨纪琬笑着说，他是我的学生。虽然郑丁旺是台湾第一位取得美国会计学博士的人、号称"台湾会计之父"，但杨纪琬这么一说，郑丁旺也自称"晚辈"，并送了我一套（四本）台湾出版的成本管理书籍。我翻开封底一看，哇，好几万块钱呢，虽然新台币与人民币汇率是三比一，换成人民币也是上千元呢！

说起外事，我想起一件有趣的事。1995年10月30日，美国注册会计师协会代表团访问中注协，张部长在钓鱼台宴请美国注册会计师协会的会长罗伯特·以色列奥夫，因为我与他比较熟，我就对罗伯特·以色列奥夫说："美国人民是伟大的人民，美国协会也是一个很好的协会，但你们有一个坏毛病。"罗伯特·以色列奥夫问是什么？我说："我们CICPA每年组团去考察你们美国AICPA，而你们AICPA就不来访问CICPA，总是以老大自居。"罗伯特·以色列奥夫说："丁先生，你知道是什么原因吗？"我说："不知道。"他笑着说："就是因为我没有当会长嘛，你看我一当会长，不就来了吗！"真是幽默。他是一个犹太人，开着一家中型事务所，在纽约帝国大厦办公，在美国他还是颇有名气的。卸任会长后，被授予美国会计师协会终身名誉理事，这个人在美国会计界还是比较有影响的。

尹成彦：丁老，能看看你的书柜吗？我想拍点东西，有些资料可能要借用一下。

丁平准：你看哪些有用你们就拿，可惜的是"文革"中我的"宝贝书"都被烧掉了。搬到北京，在双榆树，小偷又把我放在走廊里的《马克思恩格斯全集》《列宁全集》偷走了，他们当废纸卖了，几毛钱一斤，真让我心痛，那是花了我半辈子心血买的呀！

我在会计学会当副秘书长时，还有一个"兼职"工作，就是"培养"了杨纪琬的文艺兴趣。他喜欢看小说，但他过去只看了《三国演义》《红楼梦》等中国小说。每次出差，他住套间，就要我和他睡一个房间。晚上我就给他讲故事，讲欧洲文艺复兴，讲巴尔扎克，讲雨果，讲《红与黑》中于连那种叛逆精神，讲《静静的顿河》，讲大、小托尔斯泰，讲美国的德莱塞的《嘉里妹妹》……他对这一切都很有兴趣。回来后，我就要会计学会订阅《收获》《当代》《十月》等大型文艺刊物，并规定，"杂志来了，首先给杨司长看"；那时，北京《十月》刊登了邓友梅的《鼻烟壶》，杨纪琬说："这个人将来肯定是中国的巴尔扎克。"我还有另外一个任务，是每年我要给他选择10本美国的畅销小说。他很遵守借书的规矩，看完了就及时还回来，我接到后一看，书底上有杨纪琬的笔迹，写上Page（第几页），翻到他写的那几页，下面有几行还打有水波纹，原来都是关于性的描写。记不清是谁说了一句："杨纪琬也是人嘛！"这是杨纪琬精神世界的另一方面，没有人知道，只有我知道，连他的子女都不知道。他也给我讲20世纪三四十年代他在上海大学和后来教书的一些故事；讲50年代他刚进财政部的一些故事。他说到每周是怎么花半天给方毅上会计课的（方毅时任财政部副部长，分管会计），讲学习苏联老大哥，讲到"待摊费用""预提费用"，他说苏联的科目可长了，什么"现在已经发生的、留待将来起作用的、能够收到效益的款项"，研究了很久，杨纪琬提出就用"待摊费用""预提费用"作为这些费用的科目名称，中国人更能理解，经方毅批准，这两个"中国式"科目才登上"大雅之堂"。这些故事，以后再说吧。

曹巧波：丁老，我们听得津津有味。下面进入最重要的部分，讲讲你在中注协的事吧。

丁平准：好的。关于注册会计师行业建设的一些大事，绝大部分发生在我主持注协工作的那个年代，真是苦哇！秘书长就是"打工仔"，充其量不过就是个"小工头"，会长、副会长好当，就像伊丽莎白女王，出出面就好，干活的还是秘书长。朱镕基做了5年副总理、5年总理，10年都在朱老板的"统治"之下，他对这个行业特别关注、特别感兴趣，那个年代我恰好主持中注协的工作。

先讲第一件事情，当然是立法了。因为有了法，我们这个行业才有立足之地。其实，颁布《注册会计师法》并不是因为我个人有什么特别的本事，我觉得主要还是来自中南海的决策。1992年6月23日，举行第192次总理办公会议，研究注册会计师行业发展问题。会上李鹏问："有没有《注册会计师法》？"朱镕基说："现在有《会计法》，没有《注册会计师法》。"李鹏说："那就搞个《注册会计师法》嘛！"一句话，OK了，国务院会议纪要上没有写，但会上总理、副总理确实说了。

因为中南海有令，财政部马上成立了《注册会计师法》起草小组。当时，国务院法制局老催我们。那时法制局在国务院是一个独立的机构，李适时是财贸外事法规司的副司长，天天催我们早点把《注册会计师法》拿出来。1993年年初，财政部、国务院法制局共同组织了一个代表团，到美国、加拿大考察。回来后，就搜集全世界的注册会计师法，积极做准备工作。在这以前，代表团也奔赴全国各地，做了大量的调查研究工作。

在起草小组中，我是执笔人。当时，中注协从教育学院西城分院（现财政部的新楼地址）搬到了玉渊潭公园里面的望海楼。那时，我刚当秘书长，骑着自行车上班。中南海要求要尽快拿出《注册会计师法》，我就在望海楼里日夜苦战。十天十夜，实在困了，就把四条凳子拼起来睡一下；晚上眼睛睁不开了，就出来围着八一湖转，眺望新建的中央电视台发射塔，活动一下四肢，回到办公室又继续干。饿了就泡一份方便面。那时不觉得苦和累，只想早点把稿子拿出来。

那时用"四通"，而"四通"又不断地变型号，我都得随时适应。所以，我用"四通"打得特别快，可以和办公厅的打字员比赛。

十天十夜，终于拿出了初稿，那可真叫高速度。当时无论是思想准备、知识准备还是有关资料信息准备，都差得很远，只有拼命！我是学会计的，没有搞过法律，更没有起草过什么法律文本。最初，想把所有的写进去，把道德要求和法律要求混在一起了，所以反反复复多次，上不了路。后来，与人大法律专家一起工作，对我的启发很大。一位法律专家举了个例子，说明了道德和法律的区别。比如，随地吐痰那多令人讨厌，但你不能在法律中规定随地吐痰坐几年牢，只能给予道德约束，而不是法律约束，法律规定哪怕是有一个人做不到，你也不能写。法律是道德的底线，你突破了这个底线就犯法了。所以在指导思想上哪些该写进去，哪些不该写进去，真的给我上了很深刻的一课，会计学和法学确实不一样。我在绞尽脑汁的同时，也真是"吃尽了苦头"。

曹巧波：丁老，当时准备的主要参考资料是哪个国家的相关法律？

丁平准：美国、加拿大、日本、德国、法国等国，还有中国台湾、中国香港地区的。我收集了大约两柜子，后来将资料翻成中文，印成了一本册子。当时找翻译挺难的，那时英语人才比较多，法语人才还能找到几个，德语翻译几乎找不到。时间紧，人才缺，但立法的时间不能等，只有"赶着鸭子上架"了。

《注册会计师法》的一大突破是把"合伙制"写了进来。实话实说，我当时对合伙制并没有太多的研究，只是在几次会议上朱镕基都强调"注册会计师负连带无限责任"，我就写了"合伙制"。美国搞了一百多年，最后来了个"有限合伙"，我们的法律专家写《合伙法》时，就说："怎么既有限、又无限，不通！"于是就改成了现在的"特殊的普通合伙"，你说这样就"通"了吗？请问怎么又普通、又特殊呢？世界通用的称谓不用，来一个什么"特殊的普通"，真是古里怪哉。现在的"四大"，过去的"六大""七大""八大",不都是"有限合伙"嘛,就中国来了个"特殊的普通",什么人也看不明白,还要解释一翻,解也解释不清楚,真是闹笑话嘛!不说了,反正是用纳税人的钱,养了一群"宝贝"!

在人大审议《注册会计师法》的时候,发生了"长城案件",《人民日报》登了"十亿诈骗案"的长篇报道。当时,搞长城公司审计的,是挂靠原机械电子部的中诚会计师事务所,《人民日报》又发了一篇《中诚事务所不忠》的文章,在人大常委们中引起了巨大反响,常委们都"大吃一惊",说:"注册会计师还有这么大的作用吗?赶快通过立法把他们管起来。"就是这个案件,从反面加速了《注册会计师法》在人大的审议过程,而立法的宗旨是:"把注册会计师管起来",这就有失偏颇。

前面讲了国务院几次总理办公会议都提到这个事,为了加速《注册会计师法》的立法进度,国务院法制局、人大法工委与中注协多次联合召开了座谈会。到4月份,就完成了三个层次的审稿:中注协—财政部;财政部—国务院;国务院—全国人大,这个过程都很快。当然,每个过程都有改动。我的那个《风雨兼程——中国注册会计师之路(法制卷)》里面,收录了《注册会计师法》的六个稿:中注协的、财政部的、国务院法制局的、国务院的、全国人大法工委的和法律委以及财经委的,最后是送常委们表决的稿。

在起草《注册会计师法》的过程中,我很佩服那些法律专家,他们在很短的时间就从法律专家成了会计、审计专家。他们的概括能力特强,逻辑思维能力特强。在有些方面,对注册会计师的法律地位、作用比我们看得还高、理解得更深刻。只开了几次座谈会,他们就深得要领。记得开"十大"外国会计公司座谈会时,日本德勤Deloitte一个合伙人接到中注协通知后,签证都没来得及办,就到了北京首都机场,可进不了关,最后财政部给外交部打了个电话,特许他过关赶紧进来参加座谈会,可见这个《注册会计师法》的紧急和重要。

《注册会计师法》要写到什么程度,是详细一点还是简短一些?美国法律的特点就是又长、又细,你看他们参议院通过的《移民法》就有800多页。中国的法就是短,尽可能压缩。法律专家告诉我:写得细,争议就会多;写得粗,争议就会少。写得长,就"永远"不会通过。还是他们懂"中国特色",说服了我。但写得太粗也有弱点,后来在这方面我们吃了很大的亏。比如,注册会计师有两种业务:一是法定审计,二是会计咨询和会计服务。原来会计咨询和会计服务项下就写了资产评估、工商登记、纳税筹划等6项业务,法工委安建说:"别写那么多了,你写上帮助办理工商登记,就要与工商局'打架',写上税务咨询就要与税务总局'打架',什么都不写,就不会出现这情况了。你们可以根据国务院的稿继续进行6项咨询服务业务嘛。"所以通过的《注册会计师法》里注册会计师的第二项业务就只剩下"会计服务、会计咨询"一句话,6项具体的业务都没有了。麻烦就出在这里,你看,现在的"七师八所、十几种资格"都出来了,统一的会计市场被各部门分割了,这就是"中国特色"。

在国务院和全国人大协调的时候,我们向全国的注册会计师、会计师事务所、财政厅(局)征求意见,然后国务院就到各个部委、其他各个系统征求意见,到全国人大面就更宽广一些了。这样反反复复以后倒也是很快,1993年8月,国务院法制局李适时告诉我,在北戴河定稿了,加了个第五十条注册审计师的问题,说是国务院领导亲自加的,这一条连标点符号都不许改,刘仲藜在全国人大常务委员会作说明时对这条也不能反对,要和国务院保持一致。我想,写《注册会计师法》和注册审计师毫不相关,为什么硬塞这么一条,当时很不舒服。[中国会计视野注:根据丁先生的《风雨兼程——中国注册会计师之路(法制卷)》第343~345页,1993年8月10日,李鹏总理签发的、国务院报请审议的草案,第五十条:"在审计事务所工作的注册审计师依照本法执行业务、履行义务,其资格认定和对其监督、指导、管理的具体办法由国务院规定。"在最终的版本中,这条为第四十三条:"在审计事务所工作的注册审计师,经认定为具有注册会计师资格的,可以执行本法规定的业务,其资格认定和对其监督、指导、管理的办法由国务院另行规定。"]但是得服从。

1993年8月份全国人大常委会第一次审议,10月份第二次审议,经过两次人大常委会审议就通过了,速度极快。乔石委员长主持会议,宣布《注册会(hui)计师法》通过。委员长说了什么就是什么,中国注册会计师协会里面有两个"会",是段云写的,后面是简写的"会",前面是繁体的会(视野注:中國註冊會計師協會实际上前面是繁写,读hui,后面是简写,读kuai),后来说这是书法家的艺术,到底是"hui",还是"kuai"念不清楚,但法律算是通过了,接着颁发主席令,从1994年1月1日起执行。在中华人民共和国的历史上,第一部《注册会计师法》就这样诞生了。

在中国注册会计师行业发展史上这是一件具有里程碑意义的大事,为注册会计师行业、注册会计师协会取得了法律地位。人事部后来要把组织CPA考试的权限拿去,一会儿通知在成都开什么会,一会儿要我们报什么材料。会计资格考试就属于财政部与人事部两家"共管"的,实际上是人事部权更大。对人事部关于注册会计师考试的种种通知、说法,我在中注协对相关部门说:"别理他,人事部的那些'通知'算什么,我们按全国人大的法律办,他那个'文件'叫作'孙子辈',连国务院的大印都没有,'爷爷'还能听'孙子'的?不理他。"所以,到现在为止,注册会计师考试是独立的,《注册会计师法》里面就写了CPA考试由中注协主持。我们是第一个市场经济的配套法规,比《律师法》还早。

说实话,在起草《注册会计师法》的时候,真没有想到要取消考核,最后还是下狠心,写了考试是注册会计师入门的唯一途径。1985年国务院发布的条例中,写的是考试和考核并举,到《注册会计师法》里面就只有"华山一条路"——考试,取消了考核。考核容易造成走后门,考核会造成队伍老化,因为考核凭资历,引起"混时间吃饭",等等,弊端很多。当然,也写了具有相关专业的高级职称人员可以免试"专长"的一门。比如,即使是阎达五,要当注册会计师也要考试,但可免考一门《会计》,因为他是会计学博导。后来,在执行中"本行专长"这一条也走了样。

对会计师事务所的形式,《注册会计师法》第一次把"合伙制"写为法律规定的一种。那时,真不敢这样写。全国都是汪洋大海的"国有所",委托人在选会计师事务所时,不是选会计师事务所的执业质量,而是选择他背后的挂靠单位,"他爸爸是谁"?是财政部、审计署、财政厅、审计厅,等等,就看后台硬不硬。我在起草时,脑子就有疑问,"合伙制"写不写?写了,即使能通过,也执行不了;不写,"合伙制"可是全世界通行的组织方式。最后,还是写上了,不过是作为最后的一种形式,把"有限责任制"放在第一位。当时脑子里面纠结的是对有限责任的事务所的"挂靠单位"怎么写?挂靠国家政府部门,显然不对,征求意见时大家就反对;挂靠企业,但企业本身就是被监督的;挂靠事业单位,这又是一个法律十分不规范的群体,怎么办呢?到国务院法制局,他们改成了"挂靠非营利性的事业单位",我说这个更糟糕了;到人大法工委,他们改得很好,改为:"符合下列条件者可组成有限责任事务所",什么条件?下面列的就是法人条件,根本没提什么挂靠单位。所以,我说法律专家虽然不是搞我们这一行,但却是比我们高明!就这么一改,为后来的脱钩改制提供了法律依据。

领导们加了一个 43 条(关于注册审计师的条文),也好,就是这一条,为后来财、审"两会"联合奠定了法律基础。过去的"社会审计"人员,没有一个固定的称谓,更没有法定称谓。生了个儿子没有取名,在法律上第一次给他们起名的是《注册会计师法》,第一次在法律上出现了"注册审计师"的称谓。后来,"两会"联合这就是法律基础。

还有一个法律责任问题。1986 年国务院发布的《注册会计师条例》只规定了行政责任,《注册会计师法》第一次引进了民事责任。开始起草时写的罚款是 3 万元,后来汪建熙告诉我证券条例的处罚开始写的也是 3 万元,送到朱镕基那里以后,他在后面加了一个零,变成 30 万元,我也就改为了 30 万元。这个数目对当时的注册会计师个人来说,是很大的了,可以让他倾家荡产。对事务所的罚款从 10 万元加到了 100 万元。到了人大法工委,他们说处罚的罚款,在法上面是没有写具体数额的,只写百分比,于是就改为"处以一倍以上、五倍以下的罚款"。但《注册会计师法》对民事责任没有具体规定,比如经注册会计师审计的企业财务会计报告,使用人受到误导,造成了损失,怎么赔偿?没有写。后来在实际操作中,验资造成的损失,给注册会计师带来了"诉讼爆炸",最高法发了好几个"司法解释",但还是没有说清。后来包括琼民源、银广夏,等等,股民打官司要追究会计师事务所的民事责任,但法院不受理,律师也不敢接受。你要举证,证明你是因为看了审计报告才买的这只股,才受到损失,这确实难以取证。但第一次写进了注册会计师的法律责任,特别是民事责任,自己也觉得应该写。朱镕基也说了,你说他那个审计一笔就收入十万、八万,结果造成了人家十亿、几十亿的损失,你不负责任,能行吗?

至于刑事责任,那是刑法的事,《注册会计师法》不能干预。后来,刑法就"假账"的法律刑事责任问题做了多次修改。

为了明确法律责任,中注协开了几次法律责任研讨会。在良乡那次会议上,我把人大法工委的安建(人大法工委副主任)请来了,把"原告""被告"请来了,会计师、律师都来了,还把北大的法律教授也请来了。当时,在会上争论比较激烈的是关于验资,到底以什么为标准?会计师说以审计准则为标准,会计上认为企业在某一个时点上资金到位了就是到位,钱中午 12 点到了,下午 1 点钟把钱汇出去了,企业说他要买材料、买设备、发工资,等等,这些经营性支出你不能不让他用。至于这一百万,是偷来的、抢来的、骗来的,注册会计师不管这个事,"我又不是警察,我怎知道，银行到账了就是到了。而律师、法院则认为应以"实际"为准，以"事实"为准，而且由于"验资"而成立了公司，这公司又欺骗了别人，注册会计师也要负连带责任，因为没有你这验资，他的公司成立不了，这样在有的地方，注册会计师可以成为第三、第四直至第七、第八"被告"，反正事务所账上有钱，一封账号，钱就划走了。所以，后来，稍为大一点的事务所，不做验资业务，这也是负面影响。最高法的解释，终于同意了中注协的观点，情况才有所好转。

还有审计准则，可以把它纳入注册会计师的法制体系。《注册会计师法》里讲了，审计准则由中国注册会计协会拟订，由财政部发布，所以它具有法律效力。六年中，搞了三批审计准则，每批准则都有三个层次：一般准则、具体准则、审计指南，其中第一个、第二个层次是具有强制性的，"指南"则是指导意义的。

那时事务所老出事，"老三大""新三大"案件（视野注：老三大案："原野公司案""长城机电公司案"和"中国水利国际集团公司案"；新三大案："琼民源案""红光实业案"和"东方锅炉案"），要规范事务所的执业行为，不搞审计准则不行。从某种意义上讲，审计准则是一把双刃剑，既保护会计师，也会伤害会计师。在执业中你要懂得这些规矩，并且要"照此办理"。要懂得这个准则，就要有一批人才，有一些相应的手段，以及拥有相应的信息处理能力，需要一些相应的条件，这就能促进事务所上一个新台阶。

编写审计准则，第一个层次当然是财政部，财政部下面是中注协，中注协下面有一个标准部，然后再是起草委员会，还有中方、外方专家咨询组，最后是起草小组。起草小组是具体干活的。陈建明当时是中注协标准部的副主任，他选的那些人个头都和他一样，黄世忠、刘明辉等人，还有中南财大的张龙平，是个胖子。这批人是我们会计界的精英，现在都是骨干了。这批人对我们制订审计准则应该说是做了奉献的，他们礼拜四、礼拜五来，礼拜六、礼拜天加班，然后还要赶回去上课。到北京，他们自己带电脑，他们自己找资料，开始是住工运招待所，饿了泡方便面。后来，才住进星级宾馆。我答应给他们每人发一部手提电脑，每年组织他们出国考察一次。只是在1997年我带着这一帮12个人去了美国一趟。后来我也卸任了，笔记本电脑到现在还没有"兑现"，所以我说他们是做了贡献的。搞出来的审计准则，应当说质量是很高的，葛家澍评价是"多快好省"，花钱不多，效率很高，质量上乘。

关于准则与国际接轨问题，我觉得最重要的是它要和一个国家的大环境、国家的经济实力相匹配。10年、20年前，我们的经济实力不够强，外汇也没几个钱。温家宝说："没钱也愁，有钱也愁。"1978年改革开放初期，我们的外汇储备才1.67亿美元，1993年1月是201亿美元。那时，出国了，给你外汇券，可以到出国人员服务部去买"三大件"，还有"指标"，那个时候穷，应该说很穷。当一个国家经济不发达，在很穷的时候，你即使是把国际准则的英文本全部拿过来翻成中文，说"我OK了，与国际接轨了"，老外还会说"NO，你那不是国际的"。现在我们的经济实力，是全球的第二位，情况就大不一样了。比如，世界会计中最难解决的题目是"公允价值"，国际会计准则委员会也没有一个标准的说法。我们说："公允价值必须具备三个条件"，国际会计准则委员会说："那就按中国的吧！"为什么？因为我国的经济在世界举足轻重。美国闹金融海啸，最后找来找去，美联储格林斯潘那个老头说，除了华尔街的贪婪以外，会计准则也有问题，"两房"打捆上市，就是按照"公允价值"记账的，投行就按照这个价格卖给大家，结果亏了，怪谁呢？会计的"公允价值"搞错了嘛！现在我们中国的经济实力世界第二，谁都要和我们做生意，谁都想要到中国市场来，你说我账算得不对，那你就不要来嘛。所以会计准则OK了，趋同了，等同了，等效了，反正经济实力是个重要因素。

所以，为什么我说会计紧连着中南海，中南海紧连着全地球。中国现在"抖一抖，地球也发抖"，那个时候你就是"打摆子"也没人理你，穷嘛。所以，我觉得我们会计这个工作，我们审计这个准则，真是和一个国家、民族的命运紧密相连。中国梦，梦到了有一天人民币成了世界货币，把美元当垃圾一样扔了吧，这也是"梦"。包括我们的会计，我们的注册会计师，要在一切场合争取话语权。过去讲要开辟市场，帝国主义必须要带一支舰队，砰！砰！砰！先给你打几炮，把你清王朝打得趴下了，然后你给我赔几万两白银。现在跨国公司出来，他一定带着一批会计师和律师，给你玩"国际游戏规则"。我们中国人吃亏就吃亏在这里。第一，我们过去对国际游戏规则不清楚；第二，在很多国际制订游戏规则的机构我们没有进去，我们没有话语权。当年加入国际会计师联合会，朋友说："丁秘书长，你们在外面吵有什么用？不如进去吵！"你老在外面吵吵嚷嚷，人家管你什么。现在要争取的就是话语权。审计准则、会计准则在国际上其实就是一个话语权，包括娄尔行教授参加联合国政府间会计专家委员会，等等，都是这样。一条会计准则搞下来，77国集团就要吃亏，发达国家就会占便宜，所以77国集团的代表要力争，要努力争取自己的利益。说这个账这么做，77国集团要吃亏，那样做就可以避免许多陷阱。会计准则归根到底是个利益问题，而审计准则则更多的是程序性的问题。

曹巧波：丁老，请您说说执行审计准则跟其他部门协调的有关问题。

丁平准：和各个部门协调，开始接触最多的是工商部门。为什么是工商？因为注册会计师当初的业务，特别是一些中、小事务所大量的业务是验资，而验资必须取得工商部门的认可。不知道是什么原因，有一次中注协与国家工商局商量，工商总局的一位同志居然说："还有什么《注册会计师法》"？他还不知道有《注册会计师法》，所以工商总局搞了个"验资规则"，会计师只能听他的。首先出问题的是四川德阳所，他们在协议书上写道："如果有问题，由本事务所负责赔偿。"结果遭到法院索赔，怎么这么"蠢"呀！后来一问，说是工商局叫他们这么写的，否则不让他们做这笔业务。有什么办法呢？那你就不做，不做又舍不得这个钱。所以，最后浙江法院跑到四川来封了德阳所的银行账户，把钱转走了，业务白做，还要挨处罚。我们跟最高法沟通，最高法说这个问题出在地方的执法上，地方法院有地方保护主义，因为事务所肯定有钱，事务所怎么会没有钱呢！直到1992年12月，最高法院经济审判庭才纠正这一做法。

曹巧波：据说和税务也闹得很厉害？

丁平准：有人说："工商、税务，是社会审计的两大公害"。1993年年末，国家税务总局三位副局长来找我，因为他知道通过《注册会计师法》，税务代理也没法活了。"税务代理"的法律依据连国务院的"条例"也没有，只是税务总局在那里"折腾"。这几位局长考虑到仅仅搞税务代理，不能维持"日常生计"，今后连"饭也吃不饱"。那时,吕培俭当审计长,说:"我在任期间,一定要把财、审合并问题解决了。"财政部部长把文件都签好了,就等着吕培俭签字。谁知道在人代会上又宣布他再任一届审计长,"两师"的联合也就作罢了。张佑才对我说:"先把税务合进来,最后再搞审计。"就这样,我一下子批了6 000多税务师转为注册会计师,还挂靠税务部门,这样一来,税务就有两块牌子:税务代理和注册会计师,那你有什么办法?后来李勇接任秘书长,还成立了"国务院社会经济类中介机构清理整顿办公室",这个机构是国务院的。搞"三师合并",把税务、评估都拿过来。最后到了国务院,李岚清批示:"请人庆同志做好同志们的工作。"金人庆当时是国家税务总局的局长,他说下面的同志想不通。所以岚清副总理批示要他做好下面的工作。据说,现在是越来越厉害了,税务总局发文,把许多原来由注册会计师做的业务,设置了不少"前置条件",注册会计师执行税务审计,你尽管审你的,但没有经注册税务师审,注册会计师的审计报告一律无效。我跟税务总局牛副局长说,我说注册会计师的起源就是税法,你们自己的税法、涉外税法,上面写着"经中华人民共和国注册的会计师审计并出具报告方为有效",这样才有了注册会计师,哪有什么税务审计?纳税审计就是注册会计师的法定业务。可现在,部门权力大于法,把统一的会计市场一个个分割了,连财政部自己都打架:评估进来,进来了又出去。什么叫作评估?评估在外国都叫作"物业测量",叫"测量行"。而中国这个评估就是资产负债一起评,资产负债一起评那你不是会计、审计是什么?一只狗加上一只猫是什么?香港只有房屋、建筑、土建等物业评估,我们审计时可以叫作"利用其他专家的资料"。现在这个中介市场真是乱了套!都是部门利益闹的。

《注册会计师法》通过以后,长春电影制片厂派了一个小组来找我,要为宣传《注册会计师法》服务,我是支持和赞成的。最后,要我来写电视片的解说词,因为那些艺术家不知道怎么入门。比如,什么叫作合伙人?什么叫注册会计师?我说:"那很简单,片头,从茫茫草原,到皑皑白雪;从东海之滨,到朝霞升起;镜头转到天安门城楼,东西长安街车水马龙,红灯亮、绿灯亮,警察叔叔有条不紊地指挥着;再转向深圳证交所、上海证交所,接着点射'市场经济卫士——注册会计师'片头字幕……这不是很好吗!然后,从第一次世界大战结束,中国民族工业的兴起,产生了中国注册会计师问世的经济基础,于是谢霖先生〔视野注:谢霖(1885—1969年)中国的第一位注册会计师,第一个会计师事务所的创办者〕出来了。新中国成立后,虽然停顿了30多年,但现在我们要搞社会主义市场经济,注册会计师不可少。至于什么叫'合伙制',那就借用'北京人在纽约'中的一句话:'这里是天堂,你想发财吗?请到合伙所里来,这里是天堂;你想扫地出门、蹲监牢、叫你老婆送饭吗,请到合伙所里来,这里是地狱'。该发财合理合法,为什么他不可以成为百万富翁?而且要以自己一辈子的荣辱兴衰、用自己的全部家当来考虑是否签这个字。"从理论上来讲,就是这样。所以,最初我批合伙所时,办合伙所的合伙人的老婆也要签字,老婆不签字的报告我不批,最后"扫地出门"的时候,《婚姻法》规定家庭财产夫妻各一半,所以办合伙所的时候合伙人的老婆得签字。那个电视片,后来好像在各个省都放了,起到了普及注册会计师知识的一些作用。

曹巧波:丁老,说说当时注册会计师行业的管理体制。

丁平准：好的。我当秘书长那段时期形成的那套注册会计师行业管理体制，是朱总理"骂"出来的。他对这个行业很关注，很关心。对这方面的指示、批示很多。他逢会就说，什么经济会、金融会、财政会、计划会、粮食改革会、三峡工作会，等等，他说，三峡这么大的工程，花这么多的钱，叫国内会计师查，我不放心，应当叫国际知名会计公司查，不外乎多花一点钱嘛。上面这么重视，下面就不敢怠慢。那个时候财政部宣布由一把手项怀诚管注册会计师，张佑才还只能"协助"。那段时期，下面好多财政厅都由厅长管注册会计师事务。因为中南海天天会问你，你回答不出，那不糟糕嘛。所以，财政部那些副部长到中南海去开会，先要问问注册会计师行业的情况。有的说："今天因为注册会计师我又挨了朱总理一顿骂。"那位副部长说："你还好，我都挨了两次。"又一位抢着说："我都挨了四次。"所以，那些不分管注册会计师的副部长，如果听说是朱镕基主持会议，进中南海之前都先要问问注册会计师怎么样了。张佑才说："朱镕基后来退了，他说'我骂你是支持你，我骂了你，你们财政部党组才会开会，我不骂你党组会开会吗？'"朱总理说的有道理。20世纪80年代王丙乾任财政部部长时，我刚来会计学会，要在财政工作会议王丙乾的报告里面写上"会计"两个字，都争取不到，会计算什么！这会儿，说我们是"朝阳"，那些财务司局是"夕阳"，机构精简、人员分流时，我们是接收人，他们是精简人。所以，注册会计师行业管理在那时就有了较好的基础，我觉得首先是受惠于国务院领导。

曹巧波：丁老，讲讲两会联合的事情吧。

丁平准：两会联合是中国注册会计师体制改革中的一个重大事件。两个部门年年"吵架"，从吕培俭当审计长（视野注：任期1985年3月至1994年）一直吵到最后郭审计长那（视野注：任期1994年5月至1998年），在郭振乾任职的最后几年才解决，整整"吵"了十几年。

1986年7月，国务院发布了《中华人民共和国注册会计师条例》，国务院法制局在发布条例的《通知》中，写了一段话："本条例发布施行后，承办本条例规定的会计查账验证业务会计师事务所或者其他社会会计、社会审计机构，未向国家授权机关办理批准、登记手续的，应当按照本条例规定办理。"意思很清楚，就是针对审计系统的"社会审计"的，规定从事社会审计都要报财政部审批。审计署也准备把"社会审计"这一块交给财政部。1986年9月，财政部在哈尔滨召开贯彻条例会议，出席会议的部长、司长"调子"都很高，说"一定要把紧关口，可以先批几家，然后慢慢来"。是财政部自己坐失"良机"，要不也不会在后来越闹越大。1988年11月，国务院发布了《中华人民共和国审计条例》，其中明确提出"社会审计"由审计机关审批、管理。这样两个条例"打架"了，"两师、两所、两部门"都搞"社会审计"，矛盾也就越来越深。后来，还是一封人民来信启动了两部门的谈判。当时国务院秘书长罗干在信上批示："请两部门党组书记亲自过问一下。"财政部部长刘仲藜主动到审计署协调，之后，从1993年一直谈到1995年。谈判就像"中东穿梭式"一样，一天之中你来我往好几次，但也是"马拉松"式的，没有突破性结果。

在1992年时，几乎就要达成协议了，时任审计长的吕培俭说："在我任审计长期间，一定要解决联合问题。"结果，全国开人代会，联合的稿子都拟好了，财政部这边是刘仲藜签了字，送到吕培俭那，延了几天，他不签。因为在全国人代会上宣布他继续担任审计长,"这个事以后再说吧",又搁了几年。李金华那时是副审计长,在北京开全国注册会计师特代会时我们也聊了聊,他是赞成两会联合的。说大家都是"社会审计",两家做一件事,两个"司令部",各下各的"命令",那还不"打架"吗。1994年郭振乾出任审计长,带来了新的转机。崔建民担任审计署的"首席谈判代表",往来于财政部、审计署之间,经过艰苦的多方协商,终于在1995年6月18日双方签署了关于联合的"七条协议"。

有人说,当时在谈联合时,老丁的第一个"绝招",就是把所有的注册审计师转为注册会计师,"皮之不存,毛将焉附",没有了"注册审计师",还有什么"两会联合"可谈呢!记得天津市财政局张副局长一天深夜11点多给我打电话,说:"老丁,我不当这个财政局长了。"我说:"那你找你们市长,我哪有那么大的权力?"她说:"你没有那么大权利?我干了十几年才批了400多个注册会计师,你一晚上就批了600多个注册会计师。"天津有600多个注册审计师,我批准把他们都转为了注册会计师。我对张局长说:"你们有600多个注册审计师,你说有一两百个不够注册会计师标准,不给他们转,那就意味着在你们天津还有一两百注册审计师,那么天津注册审计师协会还得保留。全国有7万多注册审计师,如果有一两万人不转,那就还有中国注册审计师协会。如果通通转了,注册审计师协会没有注册审计师,能干啥呀!"张局长说:"行了,老丁,我明天就给他们转。"还有上海,上海市财政局会计处长兼秘书长,也提出:"审计部门批的注册审计师,中专毕业、工作2年就可以转师,我们大学毕业还要考试,四五门考试下来要好几年。起点就不一样嘛,我怎么能让他们转。"这叫作没有从大局出发,没有战略思想。大局就是要联合,战略就是"转师"。有人就说:"老丁厉害,这小子釜底抽薪,挖了审计老底。接着来一个清理整顿,你变成注册会计师了,就要按照《注册会计师法》来管你。"其实,审计事务所的同志都很愿意转为注册会计师,做注册审计师时,"就像是后娘养的,证券业务不能做,外资业务不能做,好多业务不能做",他要求生存,最后搞基本建设审计,这个钱好拿,没风险,核减了乙方多少,甲方给你。后来注册会计师也学了这一套,现在的"工程造价部"就是这一套。崔建民(视野注:1990年9月任审计署副审计长,1995年4月卸任,同年12月到中注协工作,1996年6月任中注协第三届会长)讲:"都是你老丁给逼出来的。"所以,"转师"比较顺利,"联合"也就水到渠成。

还有一个与审计署沟通的问题。郭审计长确实很好,他下令撤销了社会审计指导司,并且下发文件:"有关社会审计问题,请和联合后的注册会计师协会联系,他们的电话、他们的地址是……"下面没有兵,上面没有指挥部,联不联合,拉倒。注册税务师也要这么联吗?还保留注册税务师的称呼,税务协会保留了一切职权,就过来一个人当副会长,再过来一个人当副秘书长,办公还在外面,这叫什么"联合"?财、审联合后,崔建民真好,在这一点上,是不能忘记他的历史功劳,"七条"签署以后,就无声无息了。到了年底12月25日,崔建民带了8个人到中注协办公,这才开始了真正的"联合"。

"两会"联合确是艰难,我说过:"海峡两岸都能够谈,为什么我们不能谈呢?"在全国人大审议《注册会计师法》的时候,审计署指导司在贵州开会,发动一批人给人大常委们写信,说搞《注册会计师法》就是企图把注册审计师"扼杀在摇篮里",写得真是凄凄惨惨。全国人大常务委员会讨论时,我在第四组,我说:"你们要是信这个,我可以发动会计界的人写这样的人民来信,你们起码得请5个秘书去拆信,我们有1 200万会计,搞那些小动作没意思。"

当时,"七条"协议"规定"两会联合时财政推选秘书长、审计署推选会长。在湖北开联合大会时,有人在会上举手发言,问"是会长大还是秘书长大"?我说:"当然会长大,会长是部级干部,秘书长是司局级干部。"崔建民抢过话筒说:"老丁那些啰唆的事情,我还懒得管呢。"会长不管日常事务,崔建民是替我解围了。我就此打了一顿"官腔",说:"毛主席教导我们,共产党人就是为人民服务,什么'官'大'官'小,这个命题本身就是错误的。"

1996年6月开全国特别代表大会,朱镕基在外地,写一份书面讲话,国务委员李贵鲜到会讲话。朱镕基在书面讲话的最后一句话是:"把日常管理事务的一切工作交给协会去办。"所以,在财政部是由中注协管理注册会计师的全部事务。

在财政部谁要干预注册会计师的事,我就跟谁吵。人家说,别跟这个老头"吵",这老头到中南海都敢"吵",平时动不动就讲"上党组"!真的,那时在财政部没人跟中注协"争权"。监督司"吵"了一次,结果党组要求监督司"只查企业,通过查企业发现注册会计师有问题,就交协会处理"。后来,在财政部没有其他司局管注册会计师的事,"一切权力归协会",这就是联合后注册会计师行业的管理体制。和外面,包括工商、税务、银行、证监等部门,我的策略是:"打得赢就打,打不赢就守,守不住就吵,吵不赢就骂。"骂了不管用怎么办,那就算了吧!总而言之守住这条线,要为这个行业呐喊!

曹巧波:丁老,事务所的体制改革是一件大事,当时您是怎么想的?

丁平准:事务所的体制改革也是一件难事。那时"国有所"是汪洋大海。当时唯一一家合伙所就是大信会计师事务所。《注册会计师法》实施后,又办了3家合伙所。深圳的那家办了不到两个月就散了,还有福建一家、上海一家。汪洋大海的"国有所"是事务所的主体。那些被挂靠的单位写报告,都说为市场经济服务,但实际上真正原因是两个:第一,安排离退休的老人;第二,依靠事务所可以搞个小金库。报告写得天花乱坠,实际不是那么回事。当时,我们是一个新兴行业、老人在当家;年轻的事业、年老的队伍,与形势发展真是很不适应。全国人大在审议《注册会计师法》时,有一位广东来的常委,看了财政部提供的材料后,就说:"你们的从业人员都是60多岁的,我怀疑你们这支队伍的合法性。他本来能挑100斤,现在退休了,你却叫他挑120斤。他原来在一个企业当总会计师,对这个企业负责,现在退休到了事务所,要对全社会负责,那怎么行呢!?"这位常委是真懂注册会计师这个行业。

那年7月1日,党的生日,我以一个普通共产党的身份,给刘部长写了份报告,我说我们这个行业发展要解决的一个根本问题是体制问题,就是要改变"国有化"。当时,没有任何"文件"根据,我只抓住住房改革说话。我说几万亿的住房,卖给了私人,你们为什么不说"搞私有化"?当时全国会计师事务所的固定资产只有4亿元多一点,就卖给注册会计师,有什么了不起的?!刘仲藜批示:"办法很好,执行起来困难,开理事会研究一下。"

在那个年代，对于事务所的脱钩改制，我的思想矛盾就三个字："吃不准。"那个时候，党中央或者国务院没有发一个文件，包括什么军办企业脱钩、武警办的企业脱钩，那都是会计师事务所脱钩以后的事情，而且他们的脱钩不是所有制的变更，只是由军队移交给地方，或者直接挂到财政。我从1986年就开始搞这件事情，没有红头文件，没有上级指示，事务所又出了那么多事。我觉得所有的根源出在他的"后台"，当时的事务所你别说他挂靠财政部就不犯错误，挂靠的后台越硬事务所越容易犯错误。"琼民源事件"后中华所的"老板"财政部部长刘仲藜去中南海做检讨，中华所所长陆兵都没有资格，因为刘仲藜是挂靠单位的"老板"，挂财政部，就财政部部长去检讨。所以，刘仲藜回来以后就对我说："老丁，你的那些事务所，统统给我脱钩！"丁学东那时是国资局产权司的司长，我和他讨论事务所的产权问题。我说："会计师事务所的产权之所以不断争执，主要在于对注册会计师的劳动认识不够。马克思说了，产品的价值等于C加V加M，C是不变资本，V才创造剩余价值M，注册会计师的劳动就是V，事务所的财富之所不断增长，关键在于注册会计的劳动，而不在于被挂靠单位的支持。"两人争论了半天也没能解决问题。引起行业震动的是深圳，它靠近香港，市场经济发展较快，对注册会计的认识也比内地深刻。他们率先在全市实行注册会计师的行业改革，脱钩改制，改什么制？改成由注册会计师成为会计师事务所的投资主体，并规定谁不改谁就滚出深圳，他们通过人大、市政府，用法律、行政等手段，开创了全行业改革的先例。

刚才说了，小尹，你叫郑学定讲讲（视野注：郑学定先生曾任深圳注协秘书长、深圳市第四、第五届人大代表、深圳市人大计划预算委委员），他是具体的执行者。在深圳以后，接着海南也搞了一个《海南省注册会计师条例》，邓天林（视野注：1949年生，曾任职湖北省财政厅，1990年，经中组部统一调干到海南省财政厅任会计处处长、注协秘书长）找了省委书记做了一个指示，全省行动也很快。后来北京也发文了，把我叫去在动员会上作报告。我倒希望北京也能像深圳那样，规定在北京驻地的会计师事务所，如果谁不改，谁就滚出北京去。我讲完后，底下给我热烈鼓掌。可后来行动很慢，北京不像深圳，水深得很啦！

当时，脱钩改制矛盾的主要方面是政府，是被挂靠单位。事务所办得好的，他有利益，不肯脱；办得不好的，事务所又不肯脱，怕从此失去了依靠。另外，就是一脱钩就变成民营了，"名声"上不好听。我就做了一个先从最好、最大、最重要的所改起的决定，执行证券业务的105家合并以后变成103家，对执行证券业务的会计师事务所，规定在1998年12月31日前，必须脱钩，不脱钩就撤销证券业务资格，就是这样下了死命令。1998年7月发了一个"55号文件"（视野注：丁老所指的应该是财政部于1998年7月3日颁布的《关于印发〈有限责任会计师事务所审批办法〉的通知》财会协字〔1998〕55号），那是脱钩的正式起点，下了死命令。在这之前，上半年没有几家，下半年加速了。到要真要取消他证券执业资格时，省长、副省长、财政厅厅长都焦急了，说："我们省就这一家有执行证券业务资格的，怎么千方百计也得保住。"相关部门盖章就很容易了。

1998年12月31日，我在铁道大厦开会，专讲脱钩改制。那一天，大雪纷飞，零点以前，最后一家广东佛山所的资料送来了，国资局的、财政厅的、税务局的、银行的、工商的等等资料全齐了，脱了，103家执行证券业务的会计师事务所全部脱钩了，剩下就好办了。

脱钩改制有很多具体问题，从1996年开始，真正高潮是1998年，接着就是1999年，所有中央各部委办的事务所都脱了钩，紧接着下半年全部事务所都脱了钩。现在看来是真正脱钩了，虽然那种隐形的藕断丝连的传统关系网还是存在着，但明目张胆的"利益关系"确实不存在了。关于体制改革的详细情况，你们看我写的《风雨兼程——中国注册会计师之路（改革卷）》吧！

曹巧波：丁老，讲讲注册会计师的准入制度吧。

丁平准：曾经一度是考核准入，在国务院颁发的《注册会计师条例》中，写的是考核、考试双轨制，而实际上只有考核，没有考试。应该说，完全结束考核的是在1997年，为什么？1996年"两会"联合，特许一部分注册审计师转为注册会计师，然后各地财政"搭便车"又转了一部分，本来以1994年上半年为准，结束考核，后来有一封人民来信，题目就是"末班车何时了"？刘部长批示：党组决定，立即结束"末班车"，不再审批考核了，统统通过考试入门。所以，从历史发展的总体来说，在中国历史上，应当是自《注册会计师法》1994年1月1日实施后，考试是注册会计师入门的唯一途径。

还有一个"特种资格"（视野注：执行证券、期货相关业务资格）。1992年中国建立了证券市场，朱副总理给李鹏总理写了一封信，按照朱副总理的设想，国务院成立了证委会，证监会是证委会的办事机构，朱副总理叫刘鸿儒当第一届证监会主席，刘鸿儒说："证监会是个火山口，你不外乎是要找一个替罪羊。"朱镕基说："出了事我负责，不要你当替罪羊。"朱镕基规定了进入证券市场的"三大门槛"，其中第一个门槛就是注册会计师的审计，这样就把注册会计师推向了市场经济的第一线。第一批9家企业拟上市，朱镕基叫中外合作事务所做审计，因为中外合作事务所里，既有中国的会计师，又有外国的会计师，A股、B股、H股都能做。汪建熙对我说："老丁，这个事情将来是很重要的，是一块肥肉，不能完全给老外吃掉。"在汪建熙的建议下，1992年9月财政部与体改委联合发文，确定设立注册会计师执行证券期货业务资格。刚开始是以考核认定资格，申请执行证券业务的事务所，把他的审计准则、工作底稿、执业程序，等等，一大堆材料报来，我们一看不行，退回去重新来过。上报的事务所把资料进行修改，再报上来，不断地改，不断地送，到最后认为"完善了"，OK，就行了。其实，那些写的材料，大多是"贴在墙上，看在眼上，手上不一定就是这样"，这当然有它的不合理性。后来，张为国当证监会的首席会计师，他对我说："丁老师，考核不合理，应该改为考试。"我也同意考试，考核真的太啰唆，而且容易造成找后门，考试是硬碰硬的。1996年10月，财政部和证监会联合发文，执行证券期货业务的资格通过考试取得。由于在"两会"联合前，注册审计师是不能执行证券业务的，崔建民对我说："老丁，第一次证券业务考试要对审计要实行倾斜政策。"那时，为了控制考试人数，第一次证券业务资格的考生数是分指标的，接受崔会长的建议，第一次考试指标对原来在审计所多分了一点。1997年6月，在天津举行首次证券资格考试。北京市一个50多岁的老太太，一进考场就晕了，值班人员劝了半天，她也不肯退出考场，说她等了多年才等到今天，我又去做了半天工作后，她才十分难过地退出了考场。后来在青岛考试，也有一个人有心脏病，当场晕倒了，董晓朝在那值班，青岛市通过绿色通道将考生直送医院，经抢救无效，最后呜呼哀哉了。我的意思就是说，证券资格考试确实是比较难的。这个资格，后来成为事务所品牌、创收和聚集人才的一个极其重要的平台。事务所招人，面试官常常首先就问：考试通过了没有？拿了注册会计师证了没有？有证券资格证没有？这个含金量真的太高了。这个资格发展到现在，也变成一个"奇货可居"，大家把它看得太重了！

曹巧波：丁老，讲讲三个国家会计学院创建的故事吧。

丁平准：那是属于队伍建设、人才培训。建立你们三个国家会计学院，是朱老板"钦定"的。国务院成立了注册会计师培训领导小组，由8个部委的领导人员组成，现在就是你们的董事会。领导小组办公室设在中注协，董晓朝当办公室主任，他是副秘书长，我对梁尤能说："你要谁就给你谁，要我这个老头我都得去，可惜我年纪太大了。"

事情还得从1992年说起。那年2月1日，朱镕基接见毕马威全球董事长，当时张佑才出差了，由刘积斌副部长陪同去了紫光阁。最后朱镕基叫刘积斌留下来，对他说："你们财政部拿出10个亿，建3个世界第一流的注册会计师培训基地，你不要舍不得，保证你收回100个亿。"3个国家会计学院就是这么办起来的。我到处选址，北京、上海、东莞我都去了。你们上海，最初上海财经学院说他们在浦东有块地，我们把图纸拿来一看，有一条高压线，切掉了一个大块土地，那时还不知道浦东机场能建得多快，觉得那地太远，交通不便。最后选择你们现在的这个地方，谁知又来一个空中航空管制小组说"前面有条航空线"，结果往后退了200米。这个地方很好呀，没有搬迁，一条小溪，流水潺潺，一片苗圃，距离虹桥机场又近，只有几公里。培训基地建成以后，原来想叫"注册会计师培训中心"，朱镕基说，什么这个中心、那个中心，一个个都变成了腐败中心，叫国家会计学院吧！三个国家会计学院就这样在总理的亲自关心下办起来了。

办国家会计学院，朱镕基真的什么都管。在北京，他不仅亲自去选址，还过问培训用什么教材。朱镕基说："国家会计学院培训的起点要高，教材就用美国的，哈佛的，原文原版。没人能讲？花高价请美国哈佛的教授来讲。"后来朱镕基嫌在职培训人员太少，就建议"搞一个CPA系"，我们查遍全世界就没有注册会计师系，教委副主任张孝文脑子很聪明，清华大学毕业的，上海人，他在会上立即回应，说："报告朱副总理，我们就在会计系里面搞一个CPA专门化。"OK，一句话诞生了CPA专门化。试点时选择了23所高等院校，财政部给了补贴。这些搞试点的会计系主任都说："丁秘书长，你一定要'戴帽'下达，要指定拨到会计系，否则校长、院长会从中'贪污'了。"这些钱，后来都把会计系"武装"起来了，会计系大批计算机就是用这个钱买的。国家会计学院选领导班子，朱镕基也亲自过问。我们上报北京国家会计学院领导班子名单时，陈小悦排在最后，呈到朱镕基那里，他用笔一勾，把陈小悦从最后一个排到了第二位，列在梁尤能之后，变成了第一副，梁尤能一退，陈小悦就当院长了，可惜他英年早逝。

曹巧波：丁老，我看前面可能有一部分漏掉了，就是《注册会计师法》里，您提到关于工商登记的问题，还有审计事务所的问题，当时好像没说。

丁平准：现在补吗？

曹巧波：对，还有六个版本的法律稿。

丁平准：昨天不是讲了吗？

曹巧波：对，这个讲了。里面有讲到跟审计署的矛盾，还有跟工商登记的问题。还有国际会计公司的问题。

丁平准：关于这几个问题，我在《注册会计师法》起草时是挺矛盾的，主要是财、审两家的矛盾。开会协调的时候，全国人大法工委主任就说："财政部张佑才不要发言，审计署崔建民也不要发言，你们一发言，不就吵架吗？"然后，各个部门负责人发言。司法部一位副部长说："你们会计师事务所怎么要搞工商登记？我们律师事务所就不搞工商登记，不工不商，搞什么工商登记呀！"1986年国务院《注册会计师条例》里写了"经批准以后办理工商登记"，我想，对呀，会计师事务所也是非工非商，为什么要办工商登记？全国人大法工委主任当场就把工商登记这一条划了。所以，《注册会计师法》里面没有写工商登记。但事后贯彻时，因为原来的事务所一直从事工商登记业务，又据律师事务所介绍，说律师市场很混乱，有人随便挂一个牌子称什么"法律顾问处"，司法部请工商局介入清理律师市场，工商局说你们都没有在我们这里登记，我们不管你那个市场。我想，会计市场也是个市场，人比律师还多，我们有能力管住会计市场吗？你看，工商多厉害，从工商总局一直到市场挂红袖套的，有什么乱子了，他得管。我们这个会计市场，人家挂个什么牌子，我们又不能去取人家的牌子，工商局去就好办了。所以，后来，中注协既没有肯定也没有否定，虽然《注册会计师法》里取消了，但按照惯例会计师事务所还是继续办理工商登记。

《审计条例》规定审计署有管理"社会审计"的职能。他们有三种审计：政府审计、内部审计、社会审计，对三种审计他们都付诸了很大的精力，对社会审计尤其关注。说实话，李鹏说的，"审计机关比较清廉"，你去查人家，人家反感。所以，他们一定程度上靠审计师事务所的收费补充经济来源。不像财政部门，财大气粗，哪个财政机关会问会计师事务所要钱？没有。所以，审计署力争这一条。国务院召开第192次，第212次总理办公会议，本来一次会议就解决了，结果当时的国务院秘书长罗干在纪要中加了一句话，"会计师事务所、审计事务所要同时发展"，有了这一句，财、审两家又继续"吵"。

曹巧波：下面就是加入国际会计师联合会的问题了。

丁平准：提出加入国际会计师联合会，最早是在1982年，杨纪琬在去澳大利亚的时候，会见了国际会计师联合会的会长，那个时候没有成立中国注册会计师协会，还是以中国会计学会的名义。国际会计师联合会会长就说了："你们是学术团体，IFAC是一个职业团体，你们应该成立协会，成立注册会计师协会。"回来以后，又为什么没有马上成立协会呢？因为这时中央准备召开"十三大"，中央发了一个文件，规定在"十三大"以前，一律不许成立任何社团组织。最后，还是谢部长找到姚依林，说："我们要加入国际，我们要建立市场经济，我们正在搞注册会计师，而且全世界统一的都是用行业协会来管理。"姚依林特批成立中国注册会计师协会，这才有了中注协。中注协成立后，就用协会的名义与国际会计师联合会联系。

加入国际的问题，谈来谈去谈了10年。杨纪琬那个时候没有解决，一个关键问题是什么呢？就是台湾会计师组织的名称问题。CICPA是民间团体，不代表国家主权。台湾的会计师组织，也是民间组织，原来叫作"中华民国会计师公会全国联合会"。如果我们进去，在IFAC里，名称上就成了"两个中国"，或者是"一中一台"，这在政治上是大忌。因此，台湾会计组织必须改名，而且改后的名称中不能有"两个中国"，不能有"一中一台"的含义。国际会计联合会很希望中注协能加入，开了两三次理事会，第一次把台湾会计师组织名称中的"中华民国"去掉，又把其中"全国"两个字去掉。外交部国际司分管这个事，他们说不行，那会变成"一中一台"。最后报请外交部批准，就台湾会计师组织名称问题，我们提出了八个方案：中国台湾、"中华台湾"、中国台北、"中华台北"，有联合、没有联合，等等。另外关于"中国"是用China，还是用Chinese？台湾会把Chinese翻译成"中华"，外交部国际司说那不行，必须是China。恰好一次我在电视里看到WTO谈判的场面，我们的外交部部长桌前放的是China，而台湾代表桌前放的是Chinese。我就问外交部国际司的同志："你们怎么就不退出会场，你们为什么不抗议呢？"外交部国际司的同志说："China、Chinese都是中国，他翻成中华，我们翻成中国，都可以，国际会议都用英文。"据此，我就告诉台湾，你们英文名字用China、Chinese都可以。但外交部国际司那位老兄，真会"叫劲"，还坚持台湾一定要用China，同时还说："亚运会是特例，在会场里可以用'中华'，出了会场，你看我们报纸、电视，都是用中国台湾，从来没有用过中华。"这叫作"里面打战，外面打战，里外都要'打'"。我们把经外交部同意的"八个方案"拿到香港，与国际会计联合会会长商量，把台湾的代表也找来了，我们也去了。去前，外交部国际司说："一定要在中国或中华后面加上一个逗号，再写上'台湾'，这就说明台湾是中国的一部分。"外交部国际司这种意见，老外很不理解，"为什么要加一个逗号"？老外问我，我也无法回答。后来，到外交部国际司一问，我才明白，他们说："这几年我们和台湾打架，就打在这一点上，如香港，Hongkong·China加上这一点，就意味着香港是中国的，你没有看到《香港基本法》就这么写的吗。"反正我不懂英语，不知道这里还有那么多有"学问"。记得最后定下来台湾会计师组织的名称叫作Federation of CPA Association of Chinese Taiwan。最后，还是找到刘华秋，他是原外交部副部长，后来调到中央外办，经刘华秋批准以后，台湾会计师组织在IFAC中的名称才算通过了。

然后，我给国际会计师联合会主席写信，告诉他我们同意的台湾会计师组织的名称，最后由他提交理事会表决通过，并同意中注协加入国际。过去十几年，为什么没能解决呢？这里有国际会计师联合会的"程序"问题。过去，我们提出一个台湾会计师组织的称谓，他们就跑去问台湾，台湾方面肯定也是所谓"外交部"掌权，那绝对是不会答应的，国际会计师联合会就不做决定，问题就僵持下来，所以搁了十几年。1995年4月，国际会计师联合会的会长哈雷拉（Juan Herrera）、秘书长格鲁诺（John Gruner）两个人来北京，谈中注协加入国际的问题。我心里焦急但嘴巴上还说："我们不焦急，等了那么久，我们注册会计师事业不是照样发展得很好。你们国际包括国际会计公司，要进入中国，你们还老求我。过了几年，你们还不解决中注协加入国际的问题，你们的'国际'就应当改名。"哈雷拉说："那起码是不完整的。"我接着说："你们国际会计师联合会太软弱，为什么台湾会计师组织改名，一定要问台湾同意不同意？你们这个程序要改变，你们不需要去问台湾，国际会计师联合会决定怎么改就怎么改，全世界都认为只有一个中国，你们为什么非得那么搞呢？"我表现得很强硬，他们表示接受我的意见，回去以后就改变程序，直接开提名委员会，接着开理事会表决通过，通过以后通知台湾会计师组织，把它名改了，在有关的出版物上也改为"中国台湾会计师公会联合会"。解决了问题，刘仲藜部长就请他们在钓鱼台吃饭。宴会中，他们把中注协加入国际的时间表也列了出来，剩下的只是走"程序"了。虽然问题基本解决了，但在后来纠纷还是很多的。

曹巧波：听说在加入亚太会计师联合会时斗争也十分激烈？

丁平准：是的，那也是令人难以忘怀的一件事。

1995年9月30日晚上，亚太会计师联合会（CAPA）会长孙贵财、北美会计师协会会长林孝仁来到北京，在香格里拉饭店和我谈中注协加入亚太会计师联合会的问题。孙贵财是华裔客家人，但他不会讲中文，大概是他爷爷的爷爷最先到马来西亚去的，到他已是好几代了，他是亚太会计师联合会第一个当会长的华人，很爱国。林孝仁是加拿大会计师公会的，也是亚太会计师联合会理事，他祖宗是梅州还是哪里，他老婆是老上海人，也非常爱国。他们先到台湾，台湾会计师公会会长黄嘉明接待他们，请他们吃了饭。席间孙贵财说："现在国际会计师联合会都决定了，那么你们就要用新改的名称'中国台湾会计师公会联合会'，CICPA准备加入亚太会计师联合会，所以在亚太会计师组织里，你们也得改名。"黄嘉明没正面回答，一个劲地劝酒。孙贵财不会喝酒，在北京他跟我说："丁先生，那天为了你们我豁出来了，一起喝了12瓶XO，真是难受极了，但要说服台湾会计师组织就要喝酒，管他醉不醉。"

那天晚上在香格里拉，研究中注协加入亚太的问题。我说："中国在亚洲，当然要加入亚太了。"但那个时候我们还没有加入国际会计师联合会，加入国际会计师联合会的时间是定在1996年5月份，我们先加入亚太后再加入国际，行不行？他们说："加入亚太也未见得乐观，有11个理事，我们先征求了意见，有好几个不表态，或者表示否定，其中特别令人伤心就是香港会计公会，当征求他们意见时，他们没有投赞成票。"我听了就十分恼火，9月初，孙、林曾给我讲了香港会计公会的态度，我借在深圳组织CPA境外考试的时间，会见了香港会计师公会会长、秘书长，他们赶紧就这个问题进行解释，理由是："我们觉得中国的中注协是很大、很大的，像参加运动会一样，中注协要参加也是参加高级运动会，所以在还没参加国际前就不要先加入亚太。"我说："我们在亚洲，当然要参加CAPA，我们对两个会都写申请，两个会我们都要加入。"香港会计师公会会长、秘书长马上说："那我们支持，回去就表态。"我们猜想，大概是因为香港会计师公会是亚太会计师联合会理事，怕我们进去后他们能不能当理事了。我对他们说，香港与内地是"一国两制"，在CAPA里，中注协加入CAPA后，香港会计师公会仍然是理事，不会被我们挤掉，放这个心好了。

那天晚上，谈了一个非常麻烦的问题——"申请书"的问题。无论亚太或者国际，中注协一直就没有写入会申请。那是奉外交部"指示"，外交部国际司的人说："中注协一申请，国际就一定要批准，不批准你们就不要申请，如果不批准，泱泱大国这个脸皮往哪里搁呢？"我心里有点不愉快，我说你WTO谈了15年都没有进去，泱泱大国，为什么你不说脸皮往哪里搁？我们加入亚太，批不批准当然是个未知数。

可是人家也为难呀，你不写申请怎么讨论批准或者不批准的问题呢？这就像中国古老的哲学问题：是先有鸡还是先有蛋？万一我们申请，到时候又不通过，你说韩国、日本、中国台湾，等等，现在都持反对立场，在他们眼皮子底下进来了一个"庞然大物"，当然他们不愿意。就这样，讨论到晚上12点了，这个时候我想起一个办法：写好申请，放到林先生那，放在"第三者"手里，到时再看，估计能通过就交，估计通不过就不交。所以，我们是1995年10月1日零时写的申请，零时过后我就签了字，填好了所有表格以后，交给"第三者"——加拿大林孝仁这位好朋友手中，第二天他就到马来西亚去开会了。

第十五届亚太会计师大会在马来西亚吉隆坡召开，有1600多人参加。先召开理事会，解决中注协加入亚太问题。林先生要我们3日等他的电话，"静候消息"。我就派中注协办公室主任值班，守着电话，守到半夜也没有电话来。第二天，林先生来了一个电报，那时候中注协还没有Email，电报只有五个字——"有重大进展"，什么意思？这个"重大进展""进"到哪儿了？相信朋友吧，我就对章海贤说："请林先生把我们的申请交了吧。"后来，我们得知在理事会会议上，台湾会计组织对中注协加入亚太会计师联合会是投了赞成票的，而对台湾会计师组织改名的问题则投了反对票。接着孙贵财就邀请我们去吉隆坡，参加亚太会计师大会，并参加竞选下一届理事。

财政部每年有外事计划，这次肯定是"计划外"的，但分管外事的刘积斌副部长立即就批了，批了以后我们赶紧去办签证。章海贤去了马来西亚大使馆，大使非常友好，说"我们和中国是友好的，一定争取在一个礼拜之内帮你们办好"。后天就要开会了，你一个礼拜给我办好，那干脆不要去了。我要章海贤给马来西亚打电话，不知道大会的电话号码，就打给林太太，林太太马上告诉了林先生，林先生找到孙贵财，孙贵财立即找了当时马来西亚的总理马哈蒂尔，马哈蒂尔说中国的代表团一定要请到，并指示驻北京的马来西亚驻华大使馆的大使马上给办理签证，同时又给我们驻马来西亚的大使钱锦昌说，一定要请中国代表团来。章海贤在11点从大使馆回来了，说要等一周。到下午1点多，章海贤又告诉我：说大使馆通知去拿签证。就这样"稀里糊涂"的，拿了签证就上了飞机，飞了6个小时，在傍晚到达了吉隆坡。

中注协当时是仅次于美国，拥有会员最多的、"最大"的会计师组织，派出了"最小"的代表团。我原来在报告中写了3个人，包括副秘书长董晓朝，结果张部长批示："去两个人就行了。"所以，我是团长，章海贤是副团长、工作人员还兼翻译。当时台湾去了300多人，日本大概去了100多人。那时我们国力和现在不一样，在国际活动中我们也没有什么经验。马来西亚当时是"四小虎"，经济很发达。一下飞机，接我们的车就开到旋梯下面，孙贵财亲自来接，我国大使馆也派了两个人来接。我们享受了贵宾待遇，把行李牌交给一个黑人，立马就上车，没有"出关"那一套手续，直接就被拉到酒店参加鸡尾酒会。中国台湾方面的早到了，见面就说："丁秘书长，您好，希望您手下留情。"因为9月份他们刚刚在深圳参加内地的CPA考试，希望我"手下留情"给他们合格通过，显得还很友好。这个时候，章海贤看到中国台湾代表胸前挂的牌牌写的是"中华民国"，还有"青天白日满地红"的标记。那时已经是晚上12点了，回到房间，我就打电话给亚太主席孙贵财，我说："孙先生，中国台湾代表挂的这个牌牌我们是无法接受的。"孙先生解释说："中国台湾代表是 4 日来的，7 日开会，他们提前 3 天就来了，来报到的时候他们用的还是旧的称呼，没有来得及给他们改，我马上就办，明天开幕绝对不许他们戴这个牌牌。"已经是深夜，孙贵财不仅让工作人员重做了胸牌，还亲自到中国台湾代表的住处把牌牌送去。当然叫他们用"五星红旗"他们肯定会不接受，就把国民党的党徽去掉了，剩下一个光板板。台湾代表团中，有一个叫吴国风的，是 KPMG 的，他在光板板上画了一个"青天白日"，那就是他自己的事了。

开预备会的时候，中国台湾代表提出入场式举国旗的问题。孙贵财说："我们和台湾没有外交关系，不能举台湾的旗帜，我们不能违反马来西亚的法律。"中国台湾代表就提议所有的国家都不举国旗，孙贵财回答说："那我们就更犯法了，因为我和那些国家都有外交关系，怎么能不举呢！"第二天，1 600 多人开会，第一排坐的是国际会计师联合会、亚太会计师联合会的会长，还有马来西亚的总理、副总理，第二排左边是各国大使，右边就是我和章海贤，在代表座席中，我们属于 No.1，坐在代表席的第一位，挺"牛逼"的。入场的国旗按照英文字母 ABCD 排列，马来西亚年轻的姑娘穿着鲜艳的民族服装，举着各国的国旗一一入场，进来一个大家就鼓掌。中国的国旗是第五个进场，全场高呼 China、China，五星红旗显得格外鲜艳，我们的钱大使十分高兴地站起来与大家招手，我和章海贤坐在第二排，也站起来向大家招手。国民党的旗帜没有在会场出现，台湾几个代表灰溜溜地退出了会场。钱大使那个时候很高兴，说："我们获得了伟大的胜利，要向国内报告。"

当时，马来西亚这个地方斗争极其复杂，这个时候，台湾所谓"外交部长"刚刚结束秘密访问，接着又积极筹备"接待"达赖喇嘛。我多次去过我们驻马来西亚的大使馆，真的很神秘，里面很大很大，但所有的窗户全用白布密封起来了。说斗争很激烈，就是在马来西亚的内地和台湾之间的斗争。台湾那时还是李登辉"执政"，李登辉没有公开讲"台独"，但是他已经提出了"一边一国"，所以斗争很激烈。

大会开幕式很好，接着要开会员代表大会，选举新一届理事。孙贵财真的很爱国，他想要我们一步到位，马上要增补我们为 CAPA 的理事。CAPA 章程规定，当理事要提前 6 个月申请，我们昨天才入会，怎么申请当理事呢？台湾会计师联合会本来就是理事，6 个月前又提出了请求继任理事的申请。怎么办呢？孙贵财为了我们能当理事，修改了 CAPA 的章程，除了 9 名理事外，再增设两名"特邀理事"，不受提前 6 个月申请的限制了。

在吉隆坡，我们住在皇家宾馆，孙贵财把我们安排在八楼，这是贵宾楼层，戴着红牌牌，吃喝玩乐什么都不要付钱。晚上，我一想，之所以还有那么多的阻力，主要是大家对我们中注协还不了解，因为过去我们没有参加过什么国际活动，我想明天下午开会前，中午举行个招待会，宣传一下中注协。我就给大使馆打电话，说："帮我准备几瓶茅台酒，再准备一点带有长城、国徽标志的具有中国特色的小纪念品。"这不打到好，一打电话，大使馆的人就说："就你们财政部，卡得我们这么死，我们自己买东西都要到街上去，大使馆哪有小卖部？"再翻开会议日程安排表，ACCA 等等组织，人家早就安排好了，请柬都发出去了。凌晨 3 点，我想了想，又找林孝仁，我说了我的想法，他说："丁先生，你这个想法很好，但是来不及了呀！"我跟章海贤两个人，就给财政部国际司打电话，国际司回答"三条指示"："第一，按照外事规矩，你得请示当地使馆；第二，我知道你要找张部长，张部长在廊坊开财政部党代会；第三，等我们找到张部长以后会答复你。"我怎么执行这"三条指示"？我就找钱大使，钱大使说："我是中国驻马来西亚的大使，我可以影响马来西亚，但整个亚太地区加上国际组织有三十多个，我没有那么大的影响力呀！你还是问你的主管部门财政部吧。"这个时候，我对章海贤说，我们只有跳楼了！

参加亚太，去吉隆坡开会，是经财政部三个部长、外交部三个部长，总共有6个部长签字了的，事情非同小可，到底该怎么办？在会员代表大会上，如果台湾继续当选理事，而我们没有选上，我是强烈抗议？退出会场？还是沉默不作声？不知道该怎么办呐！心里在呐喊：上级呀，你在哪里！？

第二天，孙贵财找了几个好朋友，包括加拿大会计师公会的会长，是个女的，四五十岁，见面就抱着亲脸，我还不太习惯。她说："我们战斗在一起，胜利在一起，我们永远支持你。"林先生就更不用说了，叫我们不要担心。下午在地下一层开会员代表大会，按规定应该是属于保密的。他们安排我坐在第一排，让大家都看见。其实这是一种"示威"，中国是个大市场，你们谁要到中国来都要通过我，看你怕不怕。然后，安排了代表发言，安排了马来西亚的一个代表先发言，说我们提议中注协应该出任亚太理事；日本代表马上起来说应该就是台湾地区做理事，中注协才刚进来；然后中国台湾代表当然也强烈反对。孙贵财的计策就是由此引起"两个中国"的公开辩论，在这种场合，谁都不敢说"两个中国"，也不敢说"一中一台"，因为除了中国台湾以外，其他代表的国家都和中国建交了，他们怎么向当地大使馆交代？回去以后怎么向他们的国家交代？孙贵财就是想把这个辩论引导到这个题目上来。加拿大CA的代表说："这是秘密会议，不应该进行公开辩论。"提议就是否结束公开辩论进行投票。第一轮投票结果，大多数赞成结束公开辩论。中国台湾代表吴国风走到我面前，说："丁先生，我们两家都进去，不是很好吗！"好像他们就当了理事似的，我没有理他。

接着孙贵财念了10个候选人的名单，他说："中国台湾会计师组织的名称写错了，我把它划了，我得对历史负责。"我觉得孙贵财有点"强词夺理"，"中华民国会计师公会全国联合会"的名称，昨天才改为"中国台湾会计师公会联合会"，中国台湾6个月以前申请继任理事，当然还是用原来的"称谓"。大家又就是否恢复台湾候选人的资格进行第二轮秘密投票。结果，大多数赞成恢复中国台湾候选人的资格。这时中国台湾的吴国风，走到台前，向大家低下头深深地鞠了一个躬。

临到投票前，中国台湾的吴国风又提出，"中注协加入亚太还没有交会费"，没交会费就没有投票权，孙贵财拿起话筒说"我还没有来得及把账单交给他们，他们不知道交多少会费，怎么交"。这时，马来西亚的一位爱国华侨陈先生，他先后在剑桥、哈佛毕业，在马来西亚会计师公会工作了将近20来年，深谋远虑，走过来对我说"丁先生，你们得发言了，因为马上要投票了"。我问该"怎么讲"？他建议我们说："你们要是赞成中国台湾当理事，就是赞同'两个中国'，就违反了亚太原则，中注协就宣布退出亚太，不参加你们的会了。"这个话能不能说？参加亚太是6个部长批了的，不说又怎么办？我看陈先生那种非常诚挚的、好朋友的态度，这绝对是一种斗争的策略。当即,我就对章海贤说,就按照陈先生讲的说吧,大不了回去蹲监狱。章海贤说,蹲监狱我也有一份。我说,最多你对我好就给我送饭吧。最后他用英语向大会说,要选择中国台湾,我们就退出亚太。当时在会上震动很大,日本人过来了,问:"丁先生,此话当真吗?"韩国人过来了也问,"你们真要这么做吗?"我板起面孔,说:"中国人说话向来算数!"他们摸不着头脑,我也是反正豁出去,就这样了。计票时间90分钟,这90分钟我真如坐针毡。中国台湾代表非常自傲,似乎理所当然地做理事了。90分钟后,孙贵财宣布投票结果,one、two、three、four念到第九个,没中国台湾,投票结果是中国台湾被赶出了理事会,中国台湾的代表当时灰溜溜地跑了。大家都来祝贺中注协,马来西亚电视台通过三颗卫星,向全世界播送亚太大会的新闻。一位记者问我有什么感想,我说:"我为中国人而自豪,为中国的CPA而自豪!"就这么两句。我想,我和章海贤两个人有什么力量?是中国改革开放的伟大形象、伟大成果的力量,是中国会计市场对世界的巨大吸引力,当然还有广大爱国华侨的全力支持。回国后,我给大学生们做报告,我说:"这时,我想到了北京,我住在北京,我就从来没有到天安门看升旗,我不理解外地那么多人为什么到北京一定要到天安门看升旗。在马来西亚这个时候,我看到台上升起的五星红旗,真是热血沸腾。到了国外,才知道什么叫作爱国;看到华侨,才知道他们比我们更有爱国情怀。"

接着就要补选理事,孙贵财也安排了马来西亚代表第一个发言,准备叫香港代表第二个表态,但中国香港代表没有发言,没有表示支持,所以那次会议没有结论,中注协没有当成理事。大会的时间已经大大超过预定时限,马来西亚的国王还在等着代表们参加晚宴。新当选的亚太会计师联合会主席澳大利亚的杰夫里宣布:"留待4月份的韩国会议解决吧。"

1996年的那次亚太会计师大会,确实令人难忘。钱大使高兴极了,说让我汇报,我说我天天给财政部汇报,他说:"不对,要给国务院汇报,这次在马来西亚是外交战线的伟大胜利,挫败了国民党的阴谋。"回来以后,张部长是财政部机关党组书记,说这就是结合业务、结合实际、生动的爱国主义教育!要我到处做报告,讲这件事。的确,在马来西亚那几天,让我真正懂得了什么叫爱国。回到北京,办公桌上的电话响了,这个厅长、那个厅长打来电话,说这个困难、那个困难。我想,你这个财政厅长在你的地盘上都解决不了问题,我还能有什么办法?一回到家里就如临"万丈深渊",一到外面真是觉得我们这个国家还是很伟大的,不仅是在马来西亚,不仅是在亚太,而是在全球。吉隆坡有一半就是华人,孙贵财帮了我们很大的忙。所以,后来我们聘请他为中注协的高级国际顾问。会后不久,他希望中国驻马来西亚大使给他一个多次往返中国的签证,我要章海贤问一下财政部国际司,国际司的同志问:"他是哪一级的干部?"奇了怪了,亚太会长是哪一级干部?国际司说:"如果是部长级,我们可以给外交部报。"我把这一规定如实告诉了孙贵财。孙贵财说:"丁先生,你个人给钱大使写封信,这事就能办。"我想,我算老几,但应老朋友的要求,我就试试看吧。我还真给钱大使写了一封信,说孙贵财在亚太会上为我们出了大力,我们请他当国际顾问,他希望能得到多次往返中国的签证,请帮助解决。孙贵财拿了我的那封信去找钱大使,果然钱大使就批了,孙贵财由此就能多次往返中国。

曹巧波：听说为当选亚太理事，中注协在北京召开的"迈向21世纪"的国际研讨会很成功！

丁平准：是的。1996年10月亚太会计师大会后，我给张佑才写了份签报。张佑才在我的签报上批示："确保汉城会议的胜利。""确保胜利"就是我们一定要当选理事。谁能确保呢？中国的社团组织由政府主管，人家那个社团组织就自己说了算，他不听政府的，真是"自由人的联合体"。怎么确保？孙贵财建议，在汉城会议前3天在北京开一次国际研讨会，27日在北京，30日在韩国汉城开理事会，从北京到汉城不是马上就飞到了吗。

4月27日，我们邀请亚太会计师联合会理事、国际会计师联合会会长及秘书长到北京开"迈向21世纪——中国经济改革与会计市场开放国际研讨会"，上述三个方面的人员进入北京后，所有费用中注协负担，在北京开完会后再到汉城去。

会议获得了国务院批准，这个研讨会规模很大，参加的老外有500人，中国人有500人，是1 000多人参加的大会。老外住长城饭店，中方人员住对面的亮马河饭店，我们钱少嘛。又担心长城饭店服务员虽然会一点英语，但一碰到会计、审计专业方面的问题肯定不行。为了弥补这方面的弱点，我们从21所试点大学的CPA专门化班里，挑了20位漂亮、英语流利还懂得会计、审计专业的学生，然后把他们集合起来，由王丽然带着她们进行了20天的英语强化培训。后来，秘书长办公会议讨论有关准备工作，其中一项就是这批女孩子是否"统一着装"，会上两位副秘书长有不同意见，最后她们说："由丁秘书长拍板吧！"我第一次以秘书长身份"拍板""统一着装"，秘书长拍板"女孩子统一穿裙子！"想起那些事真有点好笑！但那批女孩子的服务，真正成了这次会议的亮点之一。外宾们没有想到，从机场迎接到会场指引，从宴会服务到大会发言安排，从外出游览到会间间歇茶饮，无一不有这批"仙女"的身影。

我们对亚太会计师联合会新选的会长杰夫里作了特别安排。在机场，他不用办"过关"手续就进了贵宾室，女孩子们给他献上簇簇鲜花，接着由警车开道，用大红旗牌轿车把他们送到了长城饭店，路上告诉他："毛主席当年坐的就是这种车。"杰夫里非常高兴。后来游长城、看天安门他都要坐"红旗车"，他说："我在北京当了3天国家元首！"在澳大利亚他不就是一个老百姓吗？一名会计师而已。他夫人提出要到天安门看"钟"，我以为她搞错了，说："北京不是伦敦，没有大本钟。"她解释了半天，我才明白外宾要看天安门摆放的香港回归倒计时的"钟"，我们完全满足了他们的要求。会议期间还举行两场晚会，一场是西方风格的，一场是中华民族的传统风格的。晚会的演员也是一流的，全是历届"金奖获得者"，导演还是焦乃积，演员有蒋大为等。第二场晚会最后是一位国家一级歌唱演员唱《亚洲雄风》，在大家的鼓动下，把我也拉上了台一起演唱，全场欢呼雀跃，相互交融的氛围达到了顶峰。杰夫里的夫人是个大胖子，拥抱着我说："丁先生，你应该晚上上班。"我没搞清楚是什么意思，章海贤说："她说你唱得很好，应当去当歌星，晚上上台唱歌！"这时，我心里想的不是当歌星，而是要当理事！

这个会议确实很成功。当时竞选亚太理事的除了中注协外，还有巴布亚新几内亚的会计师组织，会议还没有开完，他们就表示放弃"竞选"，只剩下我们一家，是唯一的"候选人"，亚太理事其实在北京我们就当上了，用不着到汉城选举了！

各个部委也很支持，会议请了8位部长，包括陈清泰、洪虎、周小川、李剑阁、陈元、刘山再、项怀诚（那时他是国家税务总局局长）等，可惜朱镕基没有来，朱镕基没有来就是因为"琼民源事件"。这些都是中国第一流的"高官"，给大家的信息是最新、最权威的。发言完后，老外的提问非常踊跃，部长们回答得也很精彩。

会议期间，孙贵财自己花钱，租了长城饭店顶层的"总统间"，说要成立亚洲会计师联合会，由中注协当头。我说："现在国内的事情我都管不过来，还管得了整个亚洲的事？"孙贵财说："不要你亲自管，就像中国吃酒席一样的，我们把座位、座椅板凳都摆好，到时候你往主席座位那儿一坐，就行了。"然后，他又帮助策划如何要建立中国的"一大"，他说："为什么老叫鬼老'六大''七大'来当家？我发现你们中注协，现在是世界上协会中最富有、权力最大的协会，你们收1%的会费，这等于是收税，老丁你就可以代表财政部管理整个CPA的一切事务，哇，真的是有钱又有权，世界上没有第二家。"孙贵财让我第一次感到中注协有那么多钱，还有那么大的权！为什么不用这些"钱"和"权"来为中国CPA行业多做一些事情呢？！

曹巧波：汉城会议实现了张部长说的"确保胜利"了？

丁平准：是的，北京会议以后，4月30日到达汉城，会上，中注协顺理成章地当选为理事，大家的发言对中注协真是"一派歌功颂德"。我成为中国第一个当选亚太会计师联合会理事的人。后来是李勇接替了我，并被选为亚太会计师联合会副会长，接着转任亚太会计师联合会会长。应当说，这是中国CPA行业发展史上辉煌的一页！

曹巧波：丁老，讲讲加入国际的事吧。

丁平准：1996年5月8日，在拉丁美洲多米尼加（The Dominican Republic）开国际会计师联合会理事会会议，因为中国与多米尼加没有建立外交关系，所以没有派代表参加会议。即使没有中注协代表参加，国际会计师联合会理事会也表决一致通过了中注协正式加入IFAC。国际会计师联合会会长哈雷拉用信件正式通知我，CICPA以后是IFAC的正式会员。根据国际会计师联合会和国际会计准则委员会之间的协议和章程的规定，当成为IFAC的会员时，就自动成为国际会计准则委员会的成员。我给张部长写了一个签报，意思是"我们不用交两份会费，中注协既然成为国际会计师联合会的成员，当然也就是国际会计准则委员会的成员。按照中国的现状，会计准则仍然归会计司管，审计准则归中注协管。出去开国际会议，关于国际会计师联合会的事，中注协的代表去；关于会计准则的事，会计司去。国际会计准则委员会的中国会员单位是中注协，会计司可以代表中注协，开会回来后会计司该怎么的就怎么的"，时任会计司司长冯淑萍也表示同意。我还提议，中注协增补冯淑萍为常务理事。最后，事情就是这样。

曹巧波：丁老，到了"巴黎会议"了吧。

丁平准：是的。1997年10月，在巴黎举行第15次国际会计师大会，中注协是第一次正式登上国际会计师舞台，我也是作为中国第一个国际会计师大会的首席代表出席了有关的会议。以后又当了国际理事。随着国力的强大、经济的发展，我们在国际舞台上的话语权也越来越多，现在很多国际会议都要在中国开了，这里就不详细说了。

  曹巧波：丁老，能不能讲讲中国台湾问题。

  丁平准：中注协和中国台湾会计组织是好朋友，两岸的会计师也是好朋友。我说过："在国际会计师组织的大家庭里，我们是一家三兄弟（大陆、中国香港、中国台湾）。"我们和台湾会计组织的代表私下和公开谈话是不一样的。他们自己说的，在公开的谈判桌上，他们事前都有分工，谁唱黑脸，谁唱白脸，谁唱红脸，那是"吵"给台湾当局看的。下台以后，就不一样了。因为台商进来了，会计师不来，不是把生意丢掉了吗？所以他们说，你只要让我们进来，叫什么"阿狗、阿猫"都可以，都到了这个程度，就无所谓"政治斗争"了。中国台湾和中国香港会计师公会不太和睦，台湾人说："香港人两边赚钱，这边赚台湾的，那边又赚大陆的，到头来还看不起中国台湾和大陆。"还说："其实在内地的投资，中国台湾应当是第一位，比香港还要多。因为台湾当局不允许台商直接到大陆投资，所以台商都在香港设立一个'柜子里的公司'，然后再转投资到大陆。"我去中国台湾访问时就说："你们不让'三通'，如台湾缺煤，硬要大陆把煤运到香港，再从香港倒船运到中国台湾，那不是你们自己'倒霉'吗？"其实，中国台湾的会计师都反对当局"禁止三通"，他们说过："两岸没统一，让我们会计先统一吧。"我想，应该是在我那个年代，开始建立了两岸会计师专业界的互动的。1994年以后，每年一次两岸会计研讨会成为惯例。尤其在内地的注册会计考试对外开放以后，中国台湾的专业人士都以到大陆"赶考"为荣。由于两岸文化相通，台湾考生的成绩一般都优于香港考生。

  中国台湾有四个会计师组织，台湾省会计师公会、台北市会计师公会、高雄市会计师公会三个地方性的，还有一个"全联会"。我们不与"全联会"打交道，只和三个"地方协会"交往。"全联会"会长"耐不住寂寞"，把名称里的"中华民国"去掉，也和中注协打交道。名片上印的是"台湾会计师公会"，我问国际司的焦端杰（财政部国际司司长），他说："他印的是台湾，又没有印'台湾国'，欢迎来！"这样"全联会"也过来与我们交流。它的会长黄嘉明后来也成了我的好朋友，我去台湾他还替我"担保"（那时台湾当局对大陆赴台人员要求有台湾的人士作担保）。1993年1月，我作为闽台两地会计师交流会的"特邀代表"，第一次赴台访问，也就是在这次，架起了沟通两岸会计师交流的桥梁。我们所到之处，都受到"同道"（台湾称"同行"为"同道"）极其热烈的欢迎。从台北到台南，直到垦丁湾，又从台南回到台北，8天时间，跑遍了台湾全省。也就在那次，我宣布欢迎台湾同行到大陆参加注册会计师考试，他们在极为惊愕的同时，感到十分高兴。1994年第一次对外开放考试时，台湾会计师事务所几乎一半的合伙人都过来"赶考"，而且合格率很高，全科合格人数达到一半，还有很多获得单科合格。他们说："因为台湾当局不允许台商到大陆投资，李登辉要'南下'，台商更愿意'西进'到大陆投资，会计师也跟着'西进'到大陆。"台湾大一点的事务所都参加了"六大"，但在中国台湾他们还是叫自己事务所的名称。他们对"六大"也很有意见，说："'六大'把台商的业务总是排在最后，而且收费也很高。"所以他们一再要求以中国台湾会计师事务所的名义直接与中国台湾的客户做业务。后来,同意给他们发了"临时执业许可证",就可以在一年之内直接到大陆来为台商做审计。1994年中国台湾有60多人考取了大陆的注册会计师资格,1995年1月16日成立了"中国注册会计师协会台湾会员联谊会",因为台湾当局不允许他们在内地设立什么组织,所以这个"联谊会"就设在中注协内。在联谊会成立大会上,全国政协副主席张克辉出席了会议,台湾四个会计师组织的会长都出席了会议。梁再添当选为会长,卓传阵当选为副会长,后来这两位都成了中注协的"特邀理事"。卓传阵在参加大陆考试中取得了第三名的优异成绩,同时还与福建一家事务所举办了合作事务所,所以,他后来成为具有大陆执业资格的第一位台湾的会计师。

那个年代与现在大不一样,台湾当局是李登辉、陈水扁当权,中国台湾的会计师不能公开在大陆活动,否则会违反他们的"戡乱法";我们的国台办也实行"对等原则",不允许台湾会计师事务所在大陆设立机构。虽然有多种限制,但两岸会计师的交流,总是一年比一年多,一年比一年规模大。

曹巧波:讲讲会计市场对外开放的一些情况吧。

丁平准:好的。我想先讲一件事情,中国注册会计师制度的重建和恢复,直接动因是对外开放。过去,老是以1981年1月1日上海会计师事务所的建立为中国注册会计师制度的重建和恢复的标志,建议你们访问张克时,谈谈这件事,就说是我提出的。

其实,重建和恢复注册会计师制度,中信比上海所还早。1979年年初,邓小平"三顾茅庐"把荣毅仁请出来,就是要他搞对外开放。1979年2月,荣毅仁向中央提交了《建议设立国际投资信托公司的一些初步意见》,7月8日国务院正式批准。在中信公司下面,有一个"财务会计咨询部",它不是管中信公司的财务,而是跟着荣毅仁出去谈判,从财务会计方面为项目提供咨询,就像现在的注册会计师一样。所以,真正的中国注册会计师制度的重建和恢复的时间,应该从荣毅仁1979年成立中信公司算起,而不应当以1981年上海会计师事务所成立为标志。而且,当时在中信的李文杰是20世纪40年代潘序伦创建设的"立信所"的"代理所长"(潘序伦当时在重庆),还有季树农、于家来等一批"老立信"都在中信财务会计咨询部,加上荣毅仁在人大对涉外税法的建议,对中国注册会计师制度的重建、恢复起了决定性作用,中国注册会计师制度重建和恢复应当归功于他,而不能是别人。所以,这一段历史应当重写。

中国注册会计师制度的重建和恢复,直接原因是对外开放,而在这同时,国际会计公司就进来了。当初是"十大",后来才是"八大""七大""六大",直到现在的"四大"。当时,国际会计公司只设"常驻代表处",不准做法定审计业务。所以,他们只能为外商进入中国投资、建厂提供咨询服务。

后来,是财政部的几位老同志提出建立中外合作事务所,这在全世界是没有先例的。当时正在进行WTO谈判,最初我们提出外国会计师事务所的"准入条件"是"两个五",即营业规模5 000美元,专业人士500人,这只是针对"七大"而言。在乌拉圭回合谈判时,都说我们的条件太高了,后来修改为"两个二",即营业规模2 000美元,专业人士200人。中国香港、中国台湾有许多中、小事务所,新加坡、马来西亚也是如此。比如，新加坡在苏州搞了工业园，但他们没有一家事务所有那么大的规模。我给他出过主意，说："你们联合起来，那不就超过我们规定的标准了吗？回去以后你们该怎么分就怎么分。"新加坡的会计师主要是搞税务的那一帮人，子公司在境外，母公司在他们境内，每年要做合并报表，对子公司的审计，就需要自己派人来，这样成本就比较高。所以，后来就有了所谓"临时执业许可证"。

这样，会计师事务所对外开放我们就有了"五种方式"：常驻代表处、中外合作事务所、临时执业许可证、国际会计公司成员所，等等。其中，最主要的就是与国际会计公司合作的中外合作事务所。全世界就没有这个形式，我当时的出发点就是要"搞掉它"！

在20世纪80年代的时候，一批老人杨纪琬、许毅、颜泽夔等都是七老八十了，都退下来了，他们积极向党组建议搞试点。原来只准备试点一家，就是毕马威。后来7家国际会计公司都搞了，平衡不了嘛！他找了"对象"，你不能不批。财政部带头，这个头没有带好，成立了三家挂靠财政部的会计师事务所，叫华振、华强、华明，接着就与国际会计公司合作，叫毕马威华振、安永华明、安达信华强，财政部一个部门就搞了三家中外合作所。当时，国际会计公司好比一艘航空母舰，中方呢，财政部向这三家就派了一个人，而且和国际相比，派去出任的中方总经理，在开始时对国际规则应当说是"一窍不通"，因而就是个傀儡。外方宣布她与财政部合作了，好"牛逼"呀！财政部一带头，一个一个都跟着来。永道选来选去，选中了荣老板（国家副主席）的中信公司合作，叫"中信永道"；德勤在上海找了市财政局办的事务所合作，叫"沪江德勤"；最后，香港的BDO选了朱祺珩，叫"BDO信德"。7家中外合作事务所，实际上都是通过香港进入内地的。老外不懂中文，而且香港是中国对外的一个窗口、进入世界的一块跳板。那个时候香港人还有点看不起内地人，所以中外合作所办得并不好。当然，现在形势不一样了，现在是香港人到内地来打工。香港是弹丸之地，香港人进来就是要占领市场。当初，我们的想法就是"以市场换技术"，结果技术没有学到，市场倒丢掉了，我心里很不平静。

我提出的口号是："审计水平国际化，审计人才本地化；管理水平国际化，管理主权本地化。"我主张像世界各国一样，搞"国际成员所"，达到国际水平就可叫国际成员所，叫中国安达信、中国毕马威、中国德勤、中国安永、中国普华，而且必须要中国人当首席合伙人。所里请老外，你拿1 000美金，我拿1 000人民币，可我是老板，你是打工仔。所以，当时我是压制"七大"的。当时中外合作所第一个"离婚"的是朱祺珩那里，所有的"七大"中外合作事务所里面都是老外欺负中国人，更多的是香港人欺负内地人，唯独在朱祺珩那里，他天天骂BDO，他们的首席代表叫做王熙凤。朱祺珩说："你们陈文裘在香港有什么管理经验，都是家族式的管理！"可在香港，陈文裘的业务最大，为什么？因为在港的中资企业都归他审计，他又是全国政协委员（视野注：陈文裘为第六、第七、第八、第九、第十届全国政协委员）号召力大。但在内地，朱祺珩说他"水平太低"，朱祺珩这个小子"真牛"。陈文裘跑到财政部，坚决不"离婚"，说合作得很愉快、很好，朱祺珩跑到财政部说："合作得很不愉快，坚决要'离婚'。"所以第一个被批准"离婚"的中外合作所是朱祺珩那。后来陈文裘把事务所卖给BDO了，最后卖给了德勤。所以，中外合作所这种形式我当时认为是一个"过渡形式",全世界没有,"六大""五大"在中国尝到了甜头。他们找合作者,不是找人才,而是找"奴才",利益最终归他们。所以,后来到越南、到东南亚那些国家,他们也要推行这种合作模式。

当时比较棘手的是安达信,安达信在上海办了一家"企业咨询公司",然后在深圳又办了一家"企业咨询公司"。深圳企业咨询公司跑到湖南涟钢做B股审计,企业咨询公司怎么能做法定审计呢?这违反了《注册会计师法》第50条,我们责令其停止违法活动,并处以其收入的1倍以上5倍以下罚款,开始打算罚他100万元,他的审计报告、收费开的收据都是以"企业咨询公司"名义,这不是抓到证据了吗。他们的负责人很"牛逼",好像什么头衔都有,每半个月就要到北京开一次会,一开会就给我打电话:"丁先生,我们吃个中饭好吗?"这个饭可"难吃"呀,罚不罚她呢?最后闹到朱镕基那里,也没有具体答案。张部长对我说:"老丁,我就不当这个财政部副部长也得罚他,要不这个行业怎么管,'六大'的其他'五大'都在看着。"我说:"那我也不准备当这个秘书长了,罚!"我打电话给他们的负责人:"赶快把罚款交到湖南省财政厅,否则,吊销你们的执照!"厉害!3天以后罚款就交了,并给我打电话,说:"丁先生,我们认罚了,钱也汇去了,请求你在以后的会上,不要再点我们安达信的名了,好吗?"我回答说:"好的,谢谢你对我工作的支持。"你说,闹到朱总理那里去了,他如果硬不交,你也没有办法。中注协开全国秘书长会议,我说:"你们31个省市(直辖市),哪个协会有'洋钱'?没有吧,唯独湖南省注协有40万港币,因为某国际会计公司违规执业,罚了他40万港币,罚没收入归地方财政,湖南财政厅把这40万港币奖励给了湖南注协,左桃英(时任湖南省注协秘书长)真'牛'。今后,你们看到国际会计公司代表处做法定审计,见一个、抓一个、罚一个。"我遵守了我的诺言,我没有点安达信的名,我讲"某国际会计公司",又能怎么的?后来,又是纳税问题,国家税务总局发文,说这两个"咨询公司"放到安达信华强会计师事务所"统一纳税",我一听就不舒服,第一,怎么国家税务总局直接给安达信华强发文呢?第二,你这一纳税,咨询公司执行审计业务就合法化了。这个时候新闻报道,广东省的三陪小姐交税问题引起争论,"小姐"交税后就合法化啦?我到税务总局找到副局长杨崇春,我就说了这个话。杨局长倒也挺好,他说:"老丁,你那个注册行业还是归你们管,我们是从堵塞税源流失角度出发,发的这个文。"我说安达信在深圳、在上海没有执行法定审计业务的机构。后来,我就以财政部名义发了个文件规范此类行为。安达信的负责人,又找了朱总理,提出要撤销财政部这个文件。张部长说:"你告诉她,我们财政部从来没有撤销文件的习惯!"总之,在这方面我得罪了"六大",首先是得罪了安达信。后来,北京国家会计学院陈小悦提起此事,他说了:"难怪最高领导老记住你了!"记不记住,也无所谓了,我退休草民一个,生活得也很安逸!

你们可以访问一下张国俊,他是普华永道的国际合伙人,现在是青岛所的负责人。那天他也是坐在这里跟我聊,他说:"现在我家里就我一个人干活,他们都是花钱,就我一个人赚钱。"我说:"你小子年收入起码也是7位数了吧。"这位"国际合伙人"掰着手指头:个、十、百、千、万、十万、百万,他说:"老丁,可能我是8位数!"天啦,工资8位数,那不是上千万了吗?我写那篇传记,是想说中国还是有人才的。张国俊是湖北一个山村农民的孩子，从湖北财院毕业以后被分到财政部。那时在湖北小山村里，连汽车都没有坐过，现在成为国际会计公司的国际合伙人。当然，这里也有很多故事，我坚持要普华办国际成员所，所以"张陈事务所"成为普华永道在中国的第一个"国际成员所"。我坚决不给中外合作所批分所，我说："'老子'都没有当好，还能允许你生'儿子'？"所以，张国俊和他的老板孙小山到我那，孙小山称"张国俊是我的老板"，我听了很舒服，我也知道实际上的老板是孙小山。外面说张国俊是"儿皇帝"，我想，即使是"儿皇帝"也让他当着，最后总会"弄假成真"！

曹巧波：丁老，听说您在WTO谈判时也是很厉害的？

丁平准：中国加入WTO谈了15年，朱镕基说"白头发都谈成了黑头发"！1993年10月，应关贸总协定总干事邓克尔的邀请，中注协派出代表，代表中国政府参加在日内瓦举行的乌拉圭回合服务贸易谈判。中国是"关贸"（GATT）创始国之一，所以当时我们谈判是"复关"，即恢复我们应有的地位。"复关"还没有谈出个头绪，又成立世界贸易组织（WTO），就是"入世"，从"复关"到"入世"，我主持中注协工作期间，谈了5年。5年间，发生的比较有趣的事情也有几件。

一个是克林顿来华的那一年，应当是1998年。克林顿要来，总要给他一点"见面礼"。在国务院第四会议室开"服务贸易领导小组会议"，当时牵头服务贸易谈判的是外经贸部外资司的司长易小准（后任商业部副部长、正部级的WTO中国代表）。国务院服务贸易谈判领导小组组长是吴仪、李岚清，成员就是相关部委的头。为了准备与美国谈判，中南海会议定了调："先进去再说！"

1998年3月11日，在外经贸部会议室，我跟美国WTO副代表、总统办公厅主任柯里斯·蒂纳·伦德会谈。她代表"六大"提出了许多要求。我说："我们要加入WTO，WTO没有中国加入也没法谈所谓世界贸易；我们欢迎'六大'进来，'六大'进来以后，也不能离开中国。'六大'进入中国后，85%的工作人员是中国的CPA，85%的工作量是中国会计师完成的，最后85%的收入归了'六大'，你们还跑到朱总理那里说中国的会计师没有水平，岂有此理！"一说起来我也很激动。最后蒂钠说："丁先生，你是一个充满激情的会计师。"我回答说："yes! you are right!"我是中国人，为什么我不爱中国的注册会计师！她无可奈何地表示"谢谢你"！

后来，美国财政部来了一个帮办，讲我们的"准入条件"，全世界的会计师都要考试、注册才能准入。美国的会计师到中国执业，也要参加中国CPA的考试。美国人考中国的注册会计师合格率为千分之零点几，而中国人考美国的AICPA，合格率是28%。这位美国财政部帮办就说："丁先生，可不可以允许我们美利坚合众国的公民考中国的CPA不要用中文。"这时易小准以为我会说不可以，我回答说："可以，根据WTO对等原则，你们也应该允许中国的公民考美国的AICPA不用英文。"弄得那位帮办哭笑不得。易小准事后对我说："老丁，你还真有两下子。"我开玩笑说："没两下还敢和美国'鬼子'干！"

接着，"六大"又组织一个代表团来了，谈中外合作事务所的合作期限，我们提出到本世纪末（2000年）终止。"六大"代表说："那不行，中国的市场经济不发达，需要更长的时间中国的CPA才能成长。当个合伙人不容易，没有10年、8年不要想当合伙人,更何况你们的市场经济还是刚刚起步,落后得很。"我说:"你们1981年就进来了,现在我允许你搞到2000年,有20年的时间,你们是'老师',怎么20年在中国还培养不出一个合格的毕业生来?在中外合作所里,没有一个中国人当国际合伙人。学生固然是笨蛋,你们老师也是混蛋,骗钱嘛!"我"骂人"了!第二天《华尔街日报》,歪曲我的意思,说"丁先生拒绝打开中国会计市场的大门",中央的《国外舆论动态》登了这个,朱镕基看了以后批示:"请项、张阅。"没有"骂"我。

曹巧波:丁老,说说您离开中注协以后的事吧。

丁平准:1999年1月8日,张部长到中注协宣布,党组建议(因为秘书长还要经过选举)由李勇同志接替丁平准出任秘书长。我1937年生的,1998年时我都61岁了。朱镕基当总理,首先对中央机关实行改革,人员要精简一半。当时中央机关的副司长55岁就靠边了,正司长57岁就靠边了,我61岁了,已经做好了退休的准备。

当时会计师事务所已经脱钩改制,我说这些人怎么办?谁来管?所以,我给党组写个报告,我说财政部管财,财要靠人去管,而现在市场上起码有一百多万这些"人"在流动,财政部应该管这个事情,所以建议成立财会人才中心。没想到党组第二天就批了,张部长分管,他又兼国资局局长,所以他把这个机构的名称改为"中国财会资产评估人才交流开发中心",16个字,呀,名字够长的了!朱祺珩后来来看我,他说:"就这个名字太啰唆,干脆简称'中国人流中心'。"所以,我又当了2年"中国人流中心"主任。

后来,财政部人事司司长俞二牛来考察人才中心的班子,我对俞司长说:"人才中心是中编办批的,是财政部的司局级事业单位,中注协也是,我在那里过点了,在这里当然也是过点了。"俞二牛说:"是啊"。我给项怀诚部长写了个请求退休的报告,项怀诚批示:"平准同志退休问题,个案处理"。哎呀,还要我处于"水深火热"之中!

人才中心最大的困难就是缺乏人才,财政部党组批得那么快,是为了解决人员分流问题,人才中心是个接受分流人员的单位。王军说:"老丁,我把最好的人才给了你。"我说:"王军,办公厅两个人管档案你都觉得不合格,到我这里却是人才?"人才中心要"自己养活自己",人才中心哪里来的钱呀?穷啊!我在中注协要了400万元,办公厅财务处王军批示给了我200万元,高强管预算司,没给我更多的钱,也是400万元。张部长要我把那1 000万元买国债,这样人才中心那19个人就可以靠利息养活。我哪过过这样的日子?我给李勇建议,我说这个中心就是为CPA服务的,与中注协合并算了,你一起管起来。李勇说:"那你那些人我怎么安排?"他不同意。那个日子真苦,一下子从"地主"变成了"贫雇农",也得活下去。除了收取档案保管费以外,还办培训班、组织出国考察,等等,各个部门开展"创收活动",到后来,居然做到了自给有余。

还有一件事情,是成立人才中心党委。这是由什么事引起的呢?原来岳华所挂靠航天部,李延成是航天部原财务司长,退休后办了岳华会计师事务所。事务所脱钩改制后,2年多了,我问:"李延成,你党的关系在哪里?"他回答说:"在我抽屉里。"

我问："你怎么放在抽屉里？"他说："你叫我转到哪里？转到居民委员会？我还听街道那些老头、老太太管吗？"我说："哎呀，你放你抽屉里2年了，6个月不交党费就要开除党籍啊！"他说："老丁，你别唱这个高调了，我现在是像电视剧里演的一样，我在找，党啊，你在哪里？"一席话使我感慨万端。这时，我看到中组部副部长虞云耀一篇讲话，他在福州，调研如何加强对流动党员的管理。这篇文章给了我启发。人才中心要成立党委，把没人管的党员管起来。经财政部党委批准，人才中心筹备成立党委。16个支部、一百多名党员，我们严格按党章办事，选党委委员费了很大的劲。按照党章规定，选举党委委员，党员人数要过2/3。我安排人才中心的工作人员，拿着票箱，到每个事务所"流动投票"。终于在1999年7月1日，人才中心党委成立。什么标语、口号、表决心等都不搞，那些形式主义的东西没什么用，李勇你干什么活，人才中心党委就起保证作用，你来上第一节党课。1999年7月1日那天，人才中心党委正式成立，财政部办公厅主任王军讲话、在任中注协秘书长李勇讲话，最后我代表人才中心党委讲话。我讲了人才中心党委的"八条"，以后开党的十五大，我看那个政治报告大体上和我讲的"八条"差不多。那个时候，中组部党建办公室还要来总结我们管理流动党员的经验。

可财政部党组有的成员却不是这样看的。人才中心成立半年不到，党组就通知开会，由楼继伟主持，党组成员都参加了。一位部领导说："老丁，你那些党员犯了错误，不能算在财政部党员的数字里。"；又一位部领导说："老丁，听说你还有出国审批权，万一这个人出去跑了，算财政部的吗？"还有一位部领导说："怎么你们开会选在人民大会堂？其他地方不可以开吗？"总共有六条，其实我知道就是"批"张佑才的，但张佑才坐在一边，一言不发。我想，反正我"光头一个"，你"个案处理"我也早该退休了，早日脱离"水深火热"的苦海吧。我"天不怕、地不怕"地发言了。我说："人才中心党委是财政部党委批的，组织关系也挂在财政部党委，为什么不能算在财政部党员人数里头？请问，如果外交部党员犯了错误，财政部党委高兴吗？我说的是中国共产党，你说的是财政部的党！说到出国政审权，这是中央编办批准的人才中心的权力。对不起，我上班的第一件事情就是给一位同志开结婚证明，为什么？因为他的档案在我这里，我可以证明他未婚；为什么到人民大会堂开会？因为我穷，没钱，人民大会堂便宜，星级宾馆我还出不起那个价！至于出国跑掉一个、两个，全国700多万人出去了，跑了几个有什么了不起的？"争论到最后，党组一个问题也没下结论。我找楼继伟，问怎么办？楼继伟说："老丁，观念不同，这些都是思想认识问题，会上没有结论就按照你说的办吧！"最后，到夜里11点多钟了，我给张佑才打电话，问党组没有结论怎么办？张部长说："没有结论，就是伟大的胜利，喝酒去！"这就是人才中心的故事。

尹成彦：后来你怎么又办起了《中华财会网》？

丁平准：我62岁退休了，办《中华财会网》时已经63岁了。《中国财经报》陈清清写了一篇《老丁触网记》，那里面说得很清楚。

20世纪80年代在财政部，我50多岁就开始打四通，打了快20年了。在财政部我是司局长中第一个用四通、第一个用电脑、第一个上网、第一个所谓办网站的。我觉得会计要率先进入网络时代，进入数字化时代。会计本身就是搞数字的，你不走在这个行业前面怎么行呢？可是，小尹你知道，当时在纳斯达克网络股的指数跌得粉身碎骨，点（·）COM这个网络就是烧钱。我就没运气，没碰到一个风险投资者。有一次资产评估国际研讨会，给我当翻译的恰好是清华大学电脑硕士研究生，我对她说，我想搞一个会计网，你给我预算一下大概得多少钱？她说小规模地搞一搞，大概3 000万美元就够了。啊，3 000万美元？我3 000万人民币都没有。后来，还是咬紧牙关试一试。

全国人大常委会副委员长邹家华破例给我题写了网名——《中华财会网》，我亲自下载，亲自写文章，逢有会计、注册会计师行业的"大事"我就会评论一番。那时点击量在财会界还是第一、第二位的，在业内影响还是比较大的。比如"安然事件"、证监会的16号文件、中华事务所的谢幕，等等。尽自己的力量，为中国的会计师呐喊！当时我想，网络是这么好一个工具，总有一天这个网络会变得比电还更重要，电停了可以点一支蜡烛，网络一停一切都完了。"怪老头"老是那么想入非非！一段时间搞得还比较热闹，后来没钱了，我退休以后就是两袖清风，哪来那么多的钱给网络去烧呀？无力支撑！

尹成彦：当时有的事务所赞助你吗？

丁平准：有赞助，我打个电话他们就给我几万元，但我不好意思老打人家电话。钱烧光了，我自己口袋那点养老钱也烧光了，然后只能投靠北京国家会计学院。后来，北京会计学院陈小悦说办网有什么意思，没有一点收入，不要了。没有人帮我烧钱了，只好作罢！不是说我没有兴趣，今天找到这了个词，那就是"一个梦"，一个美好的梦。

尹成彦：后来，您又到了西促会？

丁平准：是的。当时开发西部"闹"得很热闹。西促会是一个社会团体组织，成员里有40多位部级干部，包括在中央工作的部长、副部长以及属于西部12个省直辖市的领导，省委书记、省长、副书记，等等。名声很大，但是很穷。叫我去的是一个民委副主任、中央候补委员、正部级干部，是位回族人，叫赵延年，我认为他是很有才华、很有见地的我党的一位高级干部。后来我快离开时，是退休了的统战部部长黄煌当会长，也是位少数民族干部。那个时候西促会很苦，也在说没钱。当时国务院"西开办"的头是深圳原市长李子彬，国务院西开办副主任（视野注：2000年4月至2006年12月，李子彬任国务院西部地区开发领导小组办公室副主任）。在西促会里面设立了一个经济工作委员会，传闻说，凡挨过朱镕基骂的人，都是很有本事的人，听说财政部有一个丁某人，朱镕基很关注他，老"骂"他，绝对这个人有本事，就叫他来吧。就这样，我就到了西促会当常务理事、副秘书长兼经济工作委员会主席。

北京会计学院陈小悦院长听说我当西促会经济工作委员会主席，就建议我"在西部搞一个中国的拉斯维加斯"，那可是"赌城"呀！人代会肯定不会通过的。陈小悦说："你就找省长、省委书记，省里搞了，上面也只会是睁一只眼闭一只眼，那不就搞起来了。你可以发几十个限制性的证件，越是限制多，去的人也会多。至于投资，肯定会有很多的。"不管怎么说，这也是个"梦"而已。

当了西促会经济工作委员会主席后，我出差的第一站就是贵州。深圳一个民营企业家，赚了第一桶金，很有钱，在贵州用50万元买了一条河50年的使用权，那条河通到织金洞，再往上就是黄果树，一组合就是一条"黄金旅游线"。他希望我帮他搞点钱，修一条从贵阳到那个河的公路，只有十几公里，也只需花几千万。我们从贵阳开车到那河边，上了船，沿途一看，真是美极了。河水清澈透底，没有任何污染，不是"两岸猿声啼不住"，而是等于进了一个植物博物馆，一年四季两岸山茶花、野牡丹、红杜鹃，等等，各种各样的山花都开了，确如进了"世外桃源"；两岸的山峦起伏，就是一个喀斯特地质博物馆；还有无数的山洞，老百姓说着当年"土匪强盗"的传奇故事；沿着河两边居住了16个少数民族，为了吸引客人，游客来了，他们就点一个很大的爆竹，然后敲锣打鼓，又唱又跳，真是原生态。往上就是织金洞，再往上就是黄果树，黄果树已经是很有名的了。他想把从贵阳到那条河边十几公里的三级路面改造成二级路面。我给当时西促会主席赵延年打了个电话，他老婆是央视第四台的主任，我在电话里说"这么好的地方，请您夫人派一个摄影队，做一个宣传片，叫作'回归大自然'"，他夫人说："几年前我就到了那里，找了几个省的摄影队，贵州说'他们接待不起'，没想到贵州这么落后。"我也只有作罢。那条河，常有苗族和其他少数民族的少女脱光了就在那里洗澡，所以当地老百姓给它取名叫"裸洁河"。可当地政府却把它取名为"东风河"，因为他们在河的下游修了个"东风电站"，所以这条河也就命名为"东风河"，真有点"大煞风景"！

后来到织金洞、织金县看了看，他们真的是很穷。我问："你们花了国家财政的哪些钱？"回答说：老少边穷扶贫基金、退耕还林、农业开发等等，连国债的钱都用了。我说，什么钱你都讨到了，还用什么名目"讨钱"呢？交通部也去了一位专家，他在位时是对全国公路编号的专家，他也没有提出什么建议。我说："你搞不到钱就搞一部牛车，弄一个小姑娘，穿上少数民族的服装，赶着牛车，带着旅行者，一路给他唱少数民族的歌，一路给他讲少数民族的故事，比你修一条正规的马路更好，还增加了一个'牛车旅游'项目，游客要的就是'摇摇晃晃'的那个味道嘛！"到了织金洞，我问年收入大概多少，回答说有100多万元。这个洞的管理机构属于县团级，上面有6个部门管着它。县级干部由毕节管理，省里还有旅游局、地质局、园林局等6个厅局管。到了贵阳市，贵州省西促会会长是原来的省委副书记、现任政协主席，他请我吃饭，来了4位财政厅厅长。我说："我当注协秘书长没有来过贵州，当西促会秘书长第一站就来了。今天来了四位财政厅厅长，真担当不起。"省委书记请客，财政厅厅长敢不来吗？席间，我说："原来想把这3个旅游点捏在一块，成立一个旅游集团公司，然后上海的、北京的、韩国的、新加坡的，等等大城市的人都会来旅游，你们最大的特色就是回归大自然。但看了织金洞后，觉得你们不缺钱，最重要的是制度不到位。先把那个织金洞的管理体制改了，把管理'洞'的几个县团级干部撤了，然后请他们竞聘上岗，同等条件下优先照顾。"说的也是一个"梦"！

我想，西部要变革，必须先改制、转观念。不改、不变，西部一辈子都是永远发展不了的。贵州到处是水、煤、电，"西电南送"，一毛钱送到广东，到广东肯定变成一块钱了。西气东输上海，西部由一块钱送到上海，到上海肯定变成十块钱。富的更富，穷的还穷，西部永远发展不了。但他们说：一块钱也是钱，过去连一块钱都没有，现在毕竟有了一块钱嘛！所以，现在讲"城镇化"，不是高楼大厦化，而是

"人"的城镇化，农民工变成城市人，真的，这个转变就难。盖房子容易，食品一条街、服装一条街，那还不容易吗？关键是要让老百姓富起来，让农民富起来！

后来，到内蒙古，母亲河黄河边，有一位民营企业家，把当地的农民都组织起来，他收购农民的玉米，让农民变成工人，他发工资，然后他加工玉米发酵饲料和酒精还是什么，搞得很好，那个村里面每一户至少有一个人是他的工人。后来，还有一个民营企业家要搞西部的物流，请我帮忙。我到财政部农开办帮他们立了项，得到了国家财政补助，都很快发展起来了。在北京国家会计学院，还帮他们培训了一批西部的干部。我个人的乐趣就在帮助别人之中。

尹成彦：听说是你把总会计师协会搞得"起死回生"的？

丁平准："起死回生"这个词是崔建民说的，他说"这个老丁有本事，总会计师协会已经进入棺材了，他硬是从棺材里面把它拽了出来"。那时，民政部对全国的社团组织进行清理，规定凡是挂"中"字号的全国性社团，一定要有一个盖国徽章的挂靠单位。财政部开党组会，项怀诚（时任财政部部长）问："总会计协会有财政部的人吗？"人事司长回答说："没有，在职的、退休的一个也没有。"当时财政部党组决定："该撤的撤、该并的并，新增的一个也不要"。总会计师协会没人"盖章"，民政部就列入了"枪毙"的名单。

总会计师协会的人来找我，因为我当会计学会副秘书长时，总会计师研究会就挂在会计学会下面。我先帮助他们找了国家民委做"挂靠"，我不是在西促会吗，西促会挂靠的就是国家民委，我说服了国家民委同意挂靠，但民政部不同意，说："国家民委是管少数民族的事，你们总会计师协会怎么挂到民委？"不行，民政部不通过。后来，又找了徐匡迪管的中国科协，找了中国科协党组书记张玉台，他表示接受。然后，到民政部，还是不同意，说中国科协是管自然科学的，总会计师是社会科学范畴。我又找了民政部新上任的一位女副部长姜力，我说："现在都讲科技兴国、科技兴业，企业没有科技是不行的，总会计师搞的这个行当是跨自然科学和社会科学之间，属于'边缘科学，交叉科学'。"这位副部长嘿嘿一笑，最后表示接受我的"理论"，同意总会计师协会由中国科协代管，就这样就把总会计师协会"救活了"，民政部在"准备枪毙"的名单里，又把它重新拉了出来。

张佑才生于1941年，2012年免去财政部副部长职务，中组部批准他当总会计师协会会长。他一当会长就说："老丁，你仅仅当副会长不行，还必须副会长兼秘书长。"我说："你'统治'我15年，在职时官比我大，现在退休了，官还比我大吗？"他说："你年纪比我大，我官比你大，所以你还得听我的。"虽然是开玩笑，但确实是他退休后官还是比我大，这就是"中国特色"。没办法，我就当了中国总会计师协会的副会长兼秘书长，秘书长要主持日常工作。我们俩去了后，重新召开代表大会。那时，总会计师协会已经搞得"凄凄惨惨"了，恢复后也没几个人来参加活动，更没有钱。我和张佑才两个人张罗着，也许我们俩还有点号召力，那次代表大会来了近千人，在北京国家会计学院，开得很是热闹。请姜春云、成思危等当顾问，他们还问聘书在哪？设立了每年一次的"中国总会计师论坛"。在法国巴黎打败了中国台湾，中国总会计师协会又加入了国际财务官协会，我还当了国际理事。后来在非典那年，张佑才得了肝癌，我也70多岁了。张部长一生病，我也不想奔波劳累了。我这个人的毛病就是干活不要命,"七十古来希,保命很要紧",我辞去了总会计师协会的一切职务,他们要我当顾问,我也是不顾不问,不参加一切会议,不过问一切活动,从此,真正"脱离红尘"!

当时,我搞总会计师协会只有一个目的,就是想把总会计师真正地变成CFO。他们谈修改《总会计师条例》,我说别改了,《总会计师条例》修改之时就是总会计师消灭之日。人们总把总会计师当"会计",认为总会计师仍然属于"总的账房先生",我说了三个"位","排末位,没有位,不到位"。真正的CFO是什么?是首席财务官,是CEO的左右手。后来我找到国资委,国资委说:"我们正在搞试点。但是,丁老,企业里面CEO都没有,哪来的CFO呢,CEO、CFO、CIO、COO,一大班子呀,非一日之功。"是的,这一切谈何容易!但我一上台就把"中国总会计师协会"的英文简写改成"CICFO",《第一财经报》记者就说"总会计师协会要变脸了"!

尹成彦:听说你和美国管理会计师协会还有点关系?

丁平准:到现在为止,我就保留了这一个"头衔"。2004年7月,美国管理会计师协会(IMA)主席兼首席执行官夏曼要到中国访问,一位原来是上海社科院的管理会计学家杨继良(美籍华人)说:"你要到中国会计界去,非要找到丁平准不可。"当时我认为,时代发展到今天,在会计这个行当里,财务会计是记录财富,管理会计才创造财富,所以对引进美国的管理会计也有兴趣,就接受了杨继良的建议。

美国IMA主席夏曼到北京来了一个礼拜,我安排他访问了八个部、委。接待他的分别是财政部王军(时任财政部副部长)、商务部傅自应(时任商务部副部长)、税务局李永贵(时任税务协会会长)、审计署郑捷(时任副审计长)、中国会计学会迟海滨(时任财政部副部长)、中国总会计师协会张佑才(时任财政部副部长)等,都是部级干部接待他,中国注册会计师协会是董新刚(时任副秘书长),证监会是张为国(时任首席会计师)接待的他。因为搞管理会计就离不开这些部门。王军说:"我们更需要面对信息万变的资本市场,善于理财的高级财务管理人才,希望IMA为我们培养一万名高级财务管理人才!"夏曼说:"让世界上最大的发达国家——美国,和世界上最大的发展中国家——中国,携起手来,在全世界重振管理会计的雄威。"王军很同意这种说法。到商务部,副部长傅自应说:"我是干这一行出身的,我知道你们美国的管理会计师协会,我希望你们站在独立、客观的立场,实事求是地对中国的企业成本核算和成本管理进行一次调查,最后写出报告,说服你们的国会议员,说服你们的内阁成员,首先是你们那个商务部长,中国政府一定会大大地奖励你们。"傅自应虽然出身会计师,但这时他已是"政治家"了,商务部面对一大堆西方的"反倾销",希望"用美国人的话,来堵美国人的嘴"。于是就有了后来的"中国企业成本调查",IMA从世界各国请来了一批成本专家,我担任中方专家组组长。搞了一年多,美国IMA最后的报告结论是:"中国企业成本核算,直接成本计算是真实的,间接费用的分配是合理的,还有许多成本管理的先进经验。"商务部要的就是这句话嘛!我们的企业并没有以低于成本的价格在世界进行"倾销"!就这样,美国IMA聘请我为他们的高级顾问。后来,帮助他们建立了北京代表处,与国务院外国专家局签订了合作协议,与国资委也签订了培训协议,我还帮助IMA选择了一批质量较好的院校和培训机构作为他们的培训点。可以说 IMA 进入中国是我引进的,也算我这辈子干的最后一件大事吧!

尹成彦:作为晚辈,听了丁老这两天讲的"故事",我们很受教育。能否说说你对人生的看法?

丁平准:人的生命是短暂的!中国人见面就说"祝你长命百岁"!一百岁是多少天?36 500 天,我现在已经活了 27 650 多天了吧(76 岁),距离 36 500 天也不太多了,我是 70 后(70 岁)很快向 80 后(80 岁)过渡了!在短暂的生命中,尽自己的力量去做更多的事情。一个人,做事要踏实,做人要老实。就这么走过去吧,广厦千万也只能坐上这一把椅子,钱多了也是身外之物,赤条条来去无牵挂,两袖清风,多好呀!我很贫穷,是个穷老头;可是我也很富有,我这一辈子经历的太多太多,那都是我的财富!我说我绝对是站着死,不会躺着死。因为我是个情绪型的人,到你们那也好,到北京国家会计学院也好,讲起来就会情绪激动,说不定就突然之间脑中风了,马上倒下,马克思说:"你来吧",我就去了!

人应该把一切看得淡薄一点,活着就是为了做事,做事就会给你带来愉快,愉快就是幸福。如果人活 100 岁,大概都可分为三个阶段:30 岁以前在家靠父母,三十而立自己去奋斗,再有 30 年就是退休生涯。人的所谓"兢兢业业""拼命奋斗""辉煌成就"等等,最多也不过就是 10 年左右。真正的辉煌就是那么短暂的一刹那,而这短暂一刹那你要对得起别人,也应当对得起自己。活三四十岁是活,活八九十岁,直至一百岁或者更多,也是活,问题不在于活的时间长短,而在于活的质量!没有质量,活得再长也没有意思!人生真正的辉煌,就是那么短暂的一刹那,而这短暂一刹那你要对得起它!

我十几岁时家里很穷,我积攒了爸妈给我的一个学期的"零用钱",大概是 4 万元钱吧(现在的 4 元钱),在 1953 年过年时,买了本《钢铁是怎样炼成的》,真的,它影响了我一辈子,从少年到青年,直到现在,它会陪伴我直到终生。在我写的"风雨兼程"首卷中,印了保尔·柯察金的一段话:"人生最宝贵的东西是生命,生命于我只有一次。一个人的生命应该是这样度过的:当他回首往事的时候,他不因虚度年华而悔恨,也不因碌碌无为而羞愧!"我一辈子就是这样过的,也把这句话作为我们这次访谈的结束语吧!

尹成彦、曹巧波、王纪平、王宁、沈锋:谢谢丁老!

(本文系根据录音整理 采访时间为2013年5月17日下午、18日)

改制、诚信、创新
—— 2013年6月6日在利安达会上的讲话

大家下午好!

今天我以CPA一名老兵的身份,给大家讲几句。今年我77岁,正是从"70后"向"80后"过渡的"黄金"时期。我见证了利安达从出生到成长的全过程。1993年12月,在台湾饭店举行利安达事务所成立大会,刘山再在会上说:"我们外经贸部又多了个事业单位。"我说:"应当是中国社会又多了一家为市场经济服务的会计师事务所。"刘部长所说的外经贸部,那是利安达的"基因",我说的"社会单位"是指事务所的性质。利安达的创始人傅自应在会上宣布把第一笔审计收入,捐献给湖北老区建一家希望小学,我说:"傅自应,你不仅是位会计、审计专家,还是一位政治家。"可不是吗,后来他当了商务部副部长,现在是江苏省副省长,可不成了政治家吗!对利安达来说,这是一种文化、一种社会责任,要继承下来。

2009年4月29日,在钓鱼台我见证了利安达国际的成立,一个由中国事务所为主导的国际会计公司诞生了,标志着中国CPA走向世界迈进了一大步,这是你们的亮点,要发扬光大!

几度风雨,几度春秋,风风雨雨20年过去了!前天,我问黄锦辉,现在的利安达有多少是当年的员工,回答说几乎不到1/3了!新陈代谢,人员交替,这是事务发展的规律,不足为奇。看到今天那么多的年轻人加盟利安达,我非常高兴!但我想,谁都不可以忘记那坎坷奋斗的过去,就像列宁说的,以革命的名义,回忆过去会给我们增添力量！

我想讲三句话、六个字：改制、诚信、创新。

第一，改制。今天是利安达改为特殊普通合伙制合伙人签署合伙协议的历史时刻。不由得想起15年前的第一次"革命"，那时叫"脱钩"，与外经贸部"脱钩"，是一次所有制的变革，变外经贸部所有为注册会计师所有，变国有为民营，应当说是一次革命；虽然有波折，但很成功，外经贸部收回200万元"本金"，由事务所的注册会计师自己出资，"革命"就成功了！这一次叫"改制"，顺便说说我的看法。全世界通用的称谓是"有限合伙"，在"合伙法"草案征求意见时，法律界有的专家说："怎么又是有限、又是无限？"就把它改为"特殊的普通"，我觉得也不通，我也可以问：怎么又特殊、又普通呢？为什么不与国际通行的称谓一致呢？对既特殊又普通还要解释一翻，费那么大劲做什么？就是有限合伙嘛！有限是外壳，是对事务所这个集体而言；合伙是灵魂、是内涵、体现了CPA行业的特点，是事务所内部的基本体制。这也是一次革命，是合伙人之间利益的调整，也是很艰难的。李克强总理说，触及灵魂容易，触及利益就很难了！今天签协议，就表示你们上了同一条船，要同舟共济，同心协力，当然要利益共享，风险共担，齐心努力把利安达办得更好！记得我曾在九华山庄参加过你们第一次改制方案的讨论会，但后来在改制过程中出了一些波折。所以，我以为，在改制过程中，要把事业摆在第一位，把个人利益摆在第二位。对每位合伙人来说，当你签下这个字的时候，就要牢记这一点。

第二，诚信。中注协说今年是"诚信年"，当然，去年我们这个行业也是诚信的，明年、后年，年年我们都要诚信。诚信是CPA行业的生命线，是永恒的主题。我们的"产品"就是生产"诚信"，通过CPA审计，对企业财务会计报告真实、合法性加以证明，增强报告使用人对企业报告的信任。本来是假的，你却证明是真的，用朱镕基总理的话来说，那就叫作"通同作弊""严惩不怠"。CPA要诚信，做证券业务更要诚信。不要以为证券业务来钱多，那是个"布满地雷的万丈深渊"，搞不好就会"粉身碎骨"！品牌要用诚信去支撑，品牌不是用钱堆起来的！诚然，证券资格是块"金字招牌"，更要加倍珍惜它！今天有部分媒体的同志们参加，我也要呼吁一下，现在CPA是个弱势群体，动不动就"全民共讨之"。20世纪90年代我曾经对一位记者打了个比方：一队CPA，面临一片沼泽地，来了个司令员，下令冲过去，但要求出来后身上不许带点泥！这就是我们CPA行业面临的环境。当然，事后司令员不会被处罚，处罚的还是CPA。经济学家吴敬琏说："中国的证券市场是一个没有规则的赌场。"我看也是这样，中国股市"熊冠全球"，就是证明。我们作为CPA，有一句话要牢记"凭本事吃饭，凭良心做人"。王军说，"人"是最简单的两笔，却是最难写好的字。做人，应当像人字一样，永远向上，而又脚踏实地"，我想可以把它作为我们CPA行业的格言。

第三，创新。利安达国际，是中国的第一家国际会计公司。过去我们常说，"借船出海"。结果是，海没有出成，市场却丢了一大半。利安达在这方面有一个创举。当年，我和外经贸部的易小准，参加WTO服务贸易市场谈判，想的就是如何维护国家的主权利益。谈判中没有实现，利安达在实践中做到了。西方一位哲学家说："苹果落地不会离树太远。"利安达的基因来自外经贸部，所以，它应当距离国际化最近。在这次京交会上,我非常高兴地看到,利安达国际又吸收了新西兰、俄罗斯两个国家的成员所,在全球国际会计公司中排名第二十。应当说成绩尚佳,仅仅5年时间,就取得了这般佳绩,实在可喜可贺!期待积极努力,再创辉煌。习主席提出了"中国梦",那是中华民族的复兴之梦。我们要努力实现中国CPA行业之梦,利安达国际之梦,在不太远的将来,把后面的"零"去了,成为全球"二大",只要我们努力,那不是没有可能的!我想关键在于"创新"二字,希望利安达同仁在这方面积极努力,这是你们的亮点!只要付出,就能收获,梦想就会成真!

按照十八大中央领导的要求,开会不要讲大话、空话,要讲实话、真话,今天这几分钟,我是努力这样做,可能还是没能真正做到。仅仅表达一个老兵的期待和心愿罢了!

谢谢大家!

三个字、三句话、一个梦
——在大信合伙人会议上的讲话

(2013年9月29日)

大家好!

今天开的是合伙人大会。合伙人是事务所的股东,是老板,是决策者,所以合伙人是事务所的灵魂。事务所的水平、整体素质以及事务所未来的发展,都取决于合伙人的水平和素质,所以,大家要集中精力把这个会开好。作为大信成长的见证人,今天我好像回到了家,也就无所顾忌,就讲讲家里的话,大家听听而已,算是个内部讲话吧!

我讲三个字、三句话、一个梦。

一、三个字

十几年前,我当中注协秘书长时,到处讲"形势和任务"。那时,我的口头禅:叫作"形势大好,问题不少,日子还要过",简称"好、难、过"。形势永远是大好的,困难总是存在的,但日子还要过下去,既不能跳楼,完全脱离"红尘","不食人间烟火",也不能过了今天不管明天,还要一天比一天过得更好。当年这三句话,是朱镕基"逼"出来的。今天,我把这三句话转送给大家。

我是看着大信成长的,退休后也写过大信的历史,我是CPA行业的一名老兵,我是伴随着大信一路走来的。因此,从某种意义上讲,也许我比一部分在座的合伙人更了解大信。

先说形势大好。1945年吴英豪创建大信所,到新中国成立初期的50年代,大信所就受到时任湖北省省长、武汉市市长、后任财政部部长、国家主席李先念的关注,特别是大信创建初期,在协助政府收税、支持大军南下等方面,都做出了重大贡献,这是大信所早期对新中国革命所做的贡献。吴益格年轻时在大信会计学校学习,就受到"诚信笃行"校训的熏陶,吴英豪说,光嘴上讲诚信还不够,一定要笃行,要做到,这是办会计师事务所的基本品格。后来,1951年吴益格经考试录取,参加了革命,一直当到国营企业的副厂长。1985年下海,继承先师遗愿,恢复、重建、并发展了大信。从那时走到现在，前后68年，不容易，不简单，不平凡。从历史的波涛中，我们看到了大信发展变化的风雨行程。

形势大好，我认为对大信来说主要表现在以下几个方面。

第一，大信有一个独占鳌头、中华民族品牌第一所的好源头。大信在中国创造了别人所没有的"三个第一"：大信是中国唯一具有连续传承70年历史的民族品牌，可以说是"百年老店"了；大信是新中国第一家合伙会计师事务所；大信是新中国第一家获得执行证券业务资格的民办事务所。我在当秘书长时就说过：大信走过的路，浓缩了中国CPA行业的发展的道路。这是历史的事实，是无法否认的现实存在，大信，用自己的实际行动，撑起了民族精神的脊梁，这是永远起作用的正能量，大家一定要珍惜。

第二，大信有一个天天向上、不断攀登新高峰的好势头。从历史发展的长河来看，68年，特别是改革开放后这28年，大信是年年有进步，步步都上新台阶。重建初期，大信以武汉为根据地，几年时间就步入全国大所的行列；接着又以山东为前沿阵地，开拓了执行证券业务的新局面；1995年进入北京，经过艰苦创业，不仅站稳了脚跟，而且成为行业内领头的前十强。2013年，虽然几经磨难，但依然取得辉煌的业绩，进入了全国前三强。大家都很明白，百强所的排序，排在第一的，是合并后的"两所"，目前有人说它只是"大而不强"；大信所排在第三位，是实实在在的。几个月前，我曾经看到过两篇针对大信的文章：一篇叫作《带病合并》，显然是指大信与中磊的合并，今后还有可能会有人做这方面的文章。从理论上说，几乎所有的合并，包括国际"六大"在内，都是"带病合并"，没"病"它合并干什么！合并的重要原因之一，就是有一方"生病了"，合并就是治病的处方之一。还有一篇文章，说中注协2013年对执行证券业务事务所的检查是"只打苍蝇，不打老虎"，文中具体提到大信就是"老虎"。一位领导同志说："大信既不是苍蝇，也不是老虎，是干具体实务的民营会计师事务所。"什么叫"苍蝇"？什么叫"老虎"？概念都没搞清，就乱带戴帽子、乱打棍子，不屑一顾吧！"苍蝇""老虎"存在于官场，是指为官的贪污腐败！永远向上、勇攀高峰的劲头不能减。

第三，大信有一个逢凶化吉、遇难呈祥的好兆头。28年来大信所经历了多少风雨，遇到了多少坎坷，九九八十一难，有的甚至可能是导致全军覆没的大灾难，但最后都平安无事地度过了。吉人自有天相助，大信的命好！大信所老实，大信人实在，出身苦，根基浅，没靠山，所谓"人轻言微"，一旦有点风吹草动，就只有任人"宰割"。大连有位民营企业家，福布斯排行榜的第一位，他说"中国的民营企业家既不能离官方太远，又不能离官方太近"，这是他的切身体会，我看他是把"中国特色"看透了。老吴曾对我说过：2013年他当了"消防队长"，"三把火"两把火已经灭了，还有"一把火"是否彻底灭了，不知道。四川所应当好好地反思，总所也应当吸取教训。相信上级组织对民族品牌的关怀，相信证监会领导会正确处理。我想，坏事变好事，经过"冬天里的这把火，能够照亮大家的心"。经过这次磨难，大信会吸取许多以往难以获得的经验和教训；同时，我想证监会从此对大信也会有一个新的认识，这些都应当成为大信未来发展中的宝贵财富。大信这一段的经历，比我当年要好得多，当年我当中注协秘书长时，就只有挨骂、受苦、受累的命！没有人来救我，像国际歌中唱的"全靠自己救自己"。所以，大家生活、工作在大信，应该有一种幸福感！

说这些，主要是想给大家鼓劲，希望大家对大信要有信心，信心胜黄金，特别是合伙人的信心，是办好事务所的根本保证，应当对办好大信、对大信的未来充满信心！

再说困难不少。

这里就不说那么多拜年话了，直来直去吧。大信大的难处也有三点。

第一，从内因来说，大信由于这几年迅猛发展，与形势要求相比，整体来讲，还是素质不高，人才匮缺，"草根"那一套没有脱胎换骨，"土枪土炮"还没有换成"洋枪洋炮"。特别是核心领导班子，缺乏长远的战略头脑，缺乏运筹帷幄的雄才大略，缺乏率领一个大型事务所高超的领导艺术，缺乏当断即断处理应急事件的果断魄力，缺乏能够团结四千大军的凝聚力，不少事情证明，大信的审计质量这些年有些堪忧，发展很快，但对分所管理不容乐观，整个事务所信息化建设相对落后，等等。今后特别是要下大力气提高审计质量，不要再出任何情况了，要努力重塑大信在市场的公信力；要不惜一切代价，通过多种渠道，采取多种方式，尽快培养必备的多方面的人才；要认真总结每次波折后的经验教训，要在制度上堵塞各种可能发生的苗头，千里之堤，溃于蚁穴，要防患于未然。

第二，从外因来说，你们在2013年排名第三，不见得到2014年还是第三，也许可能还要靠前，也有可能排后。树大招风，很多事情是防不胜防，并不是所有的人对大信排第三都心悦诚服，不要说出大事，就是小事也可能有人会"小题大做"，搞得你不得安生。如果一家事务所、一批合伙人，整天须要去应付那些"破事"，没有精力去考虑事务所本身的建设问题、市场开拓问题、人才培养问题，等等，而自己又苦于没有能力去应付那些"破事"，你说难过不难过！这些日子就是这么过来的！

第三，从客观环境来说，我们国家正处于转型时期。经济叫作"转型"，企业叫"转换"，事务所嘛，说不清，没人管，摆不上议事日程。行业管理，"五马分尸"；争先创优，一大堆形式主义；谁都可以管，又谁都不在管；有话无处说，有气无处出，有冤无处申；对注册会计师谁都可以喊打，媒体的宣传是"一边倒"，CPA在社会上是属于弱势群体。在这种尴尬的环境下，只有"夹着尾巴做人，摸着心跳做事"，说不上哪一天踩着地雷了，轮着谁谁倒霉，活该！所以，我们要小心小心再小心！不要到处踩地雷！

再说说"日子还得过"。日子有好日子、紧日子、苦日子。

首先，当然要过好日子。看来大信这一年"好日子"不多，即使有好日子，我看你们也不会过。那天偶尔间，老吴跟我说到3月27日，你们广东的高级合伙人李德华在南非受到习近平主席的亲切接见，我在你们《大信通讯》第二期封面上看到了习主席与李德华握手的照片，双方都是满面笑容，确是亲切，在封底照片的下端，我看到习近平说的一句话："希望你们扩大对非投资服务，履行社会责任。"你们不可以采访一下李德华同志吗，或者请他自己写一篇感受。对大信来说，这是一笔财富，没有好好利用。你们可以给新闻界发稿，起码可以要《中国会计报》报道一下，中注协的刊物也应当登在头版头条。还有，你们有多少专业人士当选了人大代表、政协委员？对他们宣传得怎样？在华塑问题上，你们一开始就没有说清，成绩也没有说，挽回了几千万元的损失说得不够，就是说大信的宣传工作做得比较差，所有这些，说明大信不会利用软实力。而这些恰恰是"中国特色"所不能忽视的。有时候软实力比硬实力还更重要。要努力在最短期间，建立一支像样的宣传队伍！

紧日子。要正确处理好市场与利益的位置，不要像追求GDP那样去追求收入的份额。当然，这与有的政策有关。但关键在于自己，你一定要把握好，烂客户坚决不能接，不能为了蝇头小利而闯下大祸，不能只看眼前而不顾长远，不能只顾局部而坑害了全所。你们提出了一个"毫不动摇地坚持管理总部的统一领导"，这很好。现在只强调"做大"，大而不强，不如不大。说是能做证券业务的只有那么几十家，实际上是几百家，只要一合并，什么资格都有了。当年我定的政策就不是这样，强调了做强做大，但在合并时，各种资格不能转移，原来不能做证券业务的，合并后还是不能做，必须自己具备条件才能做，否则叫"卖牌子"。我看还是紧一点好！

苦日子。不是说生活上的苦，而是指工作上的苦。轻轻松松就出一份审计报告，没有那么容易赚的钱！朱镕基当年就说过，搞一份审计报告，收几十万、上百万，不负责任，那行吗？所以他说，对造假的，要罚得他倾家荡产，搞得他身败名裂！我说苦，就是说每一份审计报告、每一笔业务都要下苦功夫，要吃得苦。还有就是办好事务所，不是靠董事长、所长少数一两个人，靠一两个人再有本事也搞不好，要靠大家，特别是要靠全体合伙人。习近平总书记说了："打铁还需自身硬。"希望每个合伙人都能做到"特别能吃苦"，特别能战斗！最近党中央号召搞群众路线教育，提倡批评和自我批评。现在我们干部队伍里有一种不好的现象，有人喜欢当面不说，背后乱说；会议室不说，网络上乱说。有的干部则习惯于当"三匠干部"：热衷于当"弹匠"，空对空，说空话，摆空架子，当清议太平官；满足于当"泥水匠""和稀泥"做"好好先生"，你好我好大家好一团和气；闷头做"木匠"，睁一只眼闭一只眼，明明问题成堆，却视而不见。"三匠干部"既不敢批评不良现象，更不敢自我批评。有的干部嘴上倒是提提意见，但细究起来，却是"批评上司放礼炮，批评同级放哑炮，自我批评放空炮"。我们的合伙人，绝对不能这样。

二、三句话：使命感、危机感、责任感

这三句话也是针对我们合伙人说的。

大信在2013年排名中是第三，就是说，大信已经迈上了到这个台阶，不允许你后退，不进则退，后退是没有出路的。天将降大任于斯人也，大信已经到了这个份上，行业发展的重任，你不挑谁挑！要有一种不可推卸的使命感。

还要有一种特别紧迫的危机感。不要总是觉得自己是胖子，那是虚胖；不要总觉得自己是"不倒翁"，实际是经不起摔打的。要把什么危机都预计到，就像毛主席说的"大不了回井冈山打游击"，你们再回武汉重新创业。当然，不至于那么凄凄惨惨，但确实是应该时时刻刻保持一种危机感，这样应能永远立于不败之地。

第三是责任感。吴老八十几了，小吴也需要众人帮助。要层层落实，要千斤重担众人挑，每位合伙人都要承担一份责任。

三、一个梦：那就是创建自己的国际会计公司

当年在中华所时，张部长想把它搞成"中国一大"，许毅、杨纪琬在全国撒网布

点，陆兵搞起了"中华集团"，汪建熙说："条件不成熟"。后来的琼民源事件，中华所栽了，垮台了，这个"国际梦"破灭了！

1998年下半年，张部长又指示我组建天健所，要从全国CPA队伍中挑选100名精英，一步到位组成合伙所，建立中国自己的"一大"。财政部给予了最优惠的政策，提供了最丰富的资源，我亲自出马为之"奔走呼号"，从南海之滨（厦门）到改革之都（深圳），从北方明珠（大连）到西子湖畔（浙江），秉承张部长的"旨意"加上我自己的梦想，四处讲演，激情高呼："爱国主义+革命热情+专业技术+脚踏实地=中国一大"！这是一个"梦"，一个中国CPA渴望"长大"的"中国梦"。最初网络英文为pccpa，事务所的logo为蓝色PAN-CHINA，就是"中国一大"的意思。一时间，像西湖的明珠，从北到南，一连串的"天健"横空出世，连当时的"六大"也惊呼："中国的'一大'来了"！可惜，一家家建立不久的"天健"，都"东奔西跑"了，散了，唯有浙江天健独擎天健大旗，承继蓝色PAN-CHINA logo，把"天健"这面旗帜扛到今天。上个月，胡少先要我为天健成立30年写点东西，我就写了这段历史。看来什么时候天健能成为中国自己的国际几大，还需要旷日持久的努力。

总想圆这个梦！要为中华民族争口气，为中国的CPA争口气！

这不是一件简单的事情。章海贤对我说，现在要吸收大的境外事务所，恐怕已经不太容易，大多已经加入了其他国际的。国外的华人所一般都做得不太大，没有国际业务他就没有加入国际的要求，吸引力不会太大。

首先要整核现有的资源。从吴英豪说起，武汉所在这方面要多出点力，到图书馆、档案馆，找1945年的旧报纸、杂志、资料，编一本前后传承的"中国特色"的简介。

要整核国内资源，特别是央企在境外的投资，你总要给境外事务所一点回报，要不它加入你这个名不见经传的"国际"干什么。包括已经成功了的民营企业，有境外投资，要配合他们转轨变型，配合国家的政策；

要建立一支能够承担走向国际的队伍，一个能运筹帷幄的工作班子；

要建立巩固的根据地,先把国内的大信搞好、搞扎实,要真正成为核心;

要整核国际资源,如国际组织、美国、加拿大、澳大利亚、东南亚、俄罗斯以及中国港澳台的资源;

聘请国内知名的经济学家、会计学家、法律专家、证券、金融等方面的专家;

让我们共同奋斗,为实现大信国际化的梦想而努力!

尊重史实,情理兼容
——在"中国20世纪会计史研究"丛书第一次编委会上的发言
(2013年11月30日于中山大学)

会议安排给我的题目是《改革开放以来中国会计的突出成果和展望》,这个题目很大,大概是毛老师最初提议写一本"中国会计史",我感到上下五千年不容易写,建议写"会计改革史",也向冯淑萍同志转达了这个意见,她表示赞成。最后毛老师告诉我写"20世纪一百年",大概是个折中吧。这件事我非常感动,毛老师90高龄,还有这个"伟大"的想法,这是他的心愿,我表示支持,十几所高等院校的教授们也十分支持。同时感谢中山大学管理学院,为这次集会所做的周到安排;感谢立信会计出版社,支持出版这套丛书。

在财政部,我从20世纪80年代到90年代直到21世纪初,当了会计行业的三个秘书长:会计学会、注册会计师协会、总会计师协会的秘书长。秘书长是打工仔,是具体办事人,经历了不少的事情。我现在是从"70后"向"80后"过渡,快80岁了,回忆往事,也是一种乐趣。退休后,在东北财大刘明辉的"鼓动"下,把注册会计师行业在我主持工作的那段历史,写了五卷"风雨兼程"的所谓"回忆录"。刚才冯淑萍同志的讲话,站得高,看得远,她是我们会计界的头,很多事情是她亲身经历的,今天又讲了宏观层面,听后很受启发。

我只能讲讲个人的点滴体会,供参考。毛老师要我多讲点,我没准备好,也讲不了什么,针对写会计史,我讲五个方面:时代性、真实性、客观性、可读性、永恒性,供参考。

一、写"史"要紧密结合时代的大背景,才能站得更高

(1) 关于我国会计、审计准则与国际接轨问题。我觉得与国际趋同、等同、等效是一个过程,与国家大背景直接相连。会计是经济工作中的一部分,必然和国家经济实力相匹配。30年前,我们的经济实力不强,外汇也没几个钱。1978年改革开放初期,外汇储备才1.67亿美元,到1993年1月才201亿美元。当一个国家经济不发达、很穷时,你即使是把国际准则的英文本拿过来全部翻成中文,说"我OK了,与国际接轨了",老外还会说"NO,你那不是国际的"。现在,我们的经济国力居全球第二位,情况就大不一样了。比如,世界会计中最难说清的是"公允价值",国际会计准则委员会也没有一个确定的标准说法。我们说:"公允价值必须具备三个条件",国际会计准则委员会说:"那就按中国的吧!"为什么?因为我国的经济在世界举足轻重。美国闹金融海啸,找来找去找到了会计,美联储格林斯潘那个老头说,除了华尔街的贪婪以外,会计准则也有问题,"两房"打捆上市,按照"公允价值"计价,投行就按照这个价格卖给大家,结果亏了,怪谁呢?会计的"公允价值"也搞错了嘛!现在全世界都要和我们做生意,谁都想到中国市场来。你说我的账算得不对,那你就不要来嘛。所以当然也得承认中国的会计准则与世界趋同了,等同了,等效了,审计准则也是这样。

  2002年10月,我到意大利的佛罗伦萨,参加世界首席财务官大会,蒙代尔作"货币与世界经济"的主题报告。他说:"凯恩斯曾经提到过,货币最基本的功能就是作为一个计量单位、一个会计单位,是把现在和未来联系起来的一个纽带,是和实物部门联系的一个纽带"。他是从全球经济活动讲到会计。2008年10月,在上海我参加了一个"国际金融服务论坛",主办单位说他们请到了基辛格,要我也去。我想,基辛格这位世界顶级的政治家,与我们会计有什么关系呢?我上网搜索到基辛格传记,其中说道:1933年基辛格全家从德国逃到美国后,1938年基辛格在华盛顿中学毕业时,说他最大的心愿是想当一名会计师。因此,在上海国际会议中心贵宾室我对基辛格说:"想不到你年轻时对我们会计师这个行业就情有独钟。"基辛格说,岂止如此,我学的就是会计,我很喜欢会计,会计有很大用处。原来,他在中学毕业后上了哈佛,先读经济学,再读哲学、政治学,后来去当兵、从政,等等。经济学里面就有会计嘛!他是从人生道路、从金融危机讲会计。这些大师们讲会计,都离不开大背景。

  (2)关于中国注册会计师的起源,要从第一次世界大战后中国民族工业发展讲起。有了经济基础,注册会计师才有起源的基础。新中国初期还有注册会计师,因为当时有五种经济成分。后来中断了30年,因为国家实行的是统一的无所不包的计划经济,不需要注册会计师,这一段不能不写。过去往往是一句话带过:"因为众所周知的原因。"年轻人不知道这个"众所周知",时间一久就会变成"众所不知"了。这暂停的30年不要回避,要写这些大背景。

  关于新中国注册会计制度的重建和恢复。现在几乎所有的书刊、材料写的都是以1981年1月上海会计师事务所的建立为标志。事实不是这样。重建和恢复注册会计师活动,中信公司比上海所还早。1979年年初,邓小平"三顾茅庐"把荣毅仁请出来,要他搞对外开放。1979年2月,荣毅仁向中央提交了《设立国际投资信托公司的建议》,7月8日国务院批准。在中信公司下面有一个"财务会计咨询部",它不管中信公司的财务,而是跟着荣老板出去谈判,从财务会计方面为项目提供咨询,就是注册会计师的那些作用。所以,中国注册会计师制度重建和恢复的时间,应从荣毅仁1979年成立中信公司算起。而且,20世纪80年代1至10号注册会计师证书都发给了中信。中信的李文杰就是潘序伦创建的"立信所"在40年代的"代理所长"(因为抗战潘序伦在重庆),还有季树农、于家来等一批"老立信"都在中信会计部,加上荣毅仁在人大对涉外税法的建议,对中国注册会计师制度的重建、恢复起了很大作用,所以应当归功于荣毅仁,而不能是别人,他也称得起为"代表人物"。这一段历史应当重写。不唯上、不唯书,要唯实。

  (3)关于会计师事务所的体制改革。1996年启动,1999年结束,高潮是1998年执行证券业务的103家事务所脱钩改制。当时,没有红头文件,也没有国务院领导的指示,而"老三大""新三大"案件又频频发生,我苦恼极了。当时有两件事给我启迪：一是房改，我问：为什么几万亿的国有资产的公房卖给了个人，没人讲搞私有化？那时会计师事务所全国加起来的固定资产也只有4亿多，卖给注册会计师就说是搞私有化？为什么？我给仲藜部长写了个报告，他批示："建议合理，开一次理事会研究。"理事会没开我就干上了：脱离挂靠的国家机关，实行以注册会计师为投资主体的会计师事务所；还有一件事是1997年去法国开第15届全球会计师大会，其间，我和张部长访问法国财政部，法国财政部的人说：私有化是"减轻乃至完全不要国家财政负担"，我很受启迪，"减轻乃至完全不要国家财政负担"，那对国家来说是件好事嘛。回来后，我就下狠心让事务所的所有制来一个彻底变革——"脱钩改制"。丁学东和我讨论产权问题，我用马克思的商品价值等于C+V+M说服他。事务所的V就是注册会计师的劳动，事务所的一切增值都是注册会计师创造的，产权也应该归注册会计师，而不是挂靠单位。写这段历史，不写这些大背景，简单地写多少事务所脱钩了、改制了，就没有什么意思了。

二、写"史"要尊重事实，才能写得真实

（1）关于《注册会计师法》起草和实施。1992年6月23日，举行第192次总理办公会议，研究注册会计师行业发展问题。会上李鹏问："有没有《注册会计师法》？"朱镕基说："现在有《会计法》，没有《注册会计法》。"李鹏说："那就搞个《注册会计法》嘛！"一句话，OK了，会议纪要上没有写，但会议上李鹏总理确实说了。

因为中南海有令，财政部马上成立了《注册会计师法》起草小组。当时，国务院法制局老催我们。那时法制局在国务院是一个独立的机构，李适时是财贸外事法规司的副司长，天天催我们早点把法拿出来。1993年年初，由财政部、国务院法制局共同组织了一个代表团，到美国、加拿大考察。回来后，就搜集全世界的注册会计师法，积极做准备工作。在这以前，也奔赴全国各地，做了大量的调查研究工作。

在起草小组中，我是执笔人。当时，协会从教育学院西城分院（就是现财政部的新楼地址）搬到了玉渊潭公园里面的望海楼。那时，我刚当秘书长，骑着自行车上班。中南海要求尽快拿出《注册会计师法》来，我就在望海楼里日夜苦战。十天十夜，实在困了，就把四条凳子拼起来睡一下；晚上眼睛睁不开了，就出来围着八一湖转，眺望新建的中央电视台发射塔，活动一下四肢，回到办公室又继续干。饿了就泡一份方便面。那时不觉得苦和累，只想早点把稿子拿出来。

十天十夜，终于拿出了初稿，那可真叫高速度。当时无论从思想准备、知识准备，有关资料信息准备都差得很远，只有拼命！我是学会计的，没有搞过法律，更没有起草过什么法律文本。最初，想把所有的写进去，把道德要求和法律要求混在一起了，所以反复多次，上不了路。后来，与人大法律专家一起工作，启发很大。一位法律专家举了个例，说明道德和法律的区别。比如，随地吐痰那多讨厌，但你不能在法律中规定随地吐痰要坐几年牢，只能是道德约束，而不是法律约束。法律的规定，哪怕是一个人做不到，你也不能写。法律是道德的底线，你突破了这个底线就犯法了。所以，在指导思想上哪些该写进去，哪些不该写进去，在起草过程中，给我上了很深刻的一课，会计学和法学确实不一样。我在绞尽脑汁的同时，也真是"吃尽了苦头"。

《注册会计师法》的一大突破是写进了"合伙制"。实话实说，当时对合伙制我并没有太多的研究，只是在几次会议上朱镕基都强调要"注册会计师负无限责任"，我就写上了"合伙制"。美国搞了一百多年，最后来了个"有限合伙"，到现在我们的法律专家写《合伙法》，就说："怎么既有限、又无限，不通！"于是就改成了现在的"特殊的普通合伙"，你说这样就"通"了吗？我觉得没有。请问怎么又普通、又特殊呢？世界通用的称谓不用，来一个什么"特殊的普通"，我闹不明白，觉得真有点古里怪哉。现在的"四大"，过去的"六大""七大""八大"，不都是"有限合伙"嘛，不都叫"国际会计公司"吗？就中国来了个"特殊的普通"，什么人也看不明白，还要解释一翻，但怎么解释也还是解释不清嘛！

在人大常委会审议《注册会计师法（草）》时，发生了"长城案件"，《人民日报》登了《十亿诈骗案》的长篇报道。当时，搞长城公司审计的，是挂靠原机械电子部的中诚会计师事务所，《人民日报》又发了一篇《中诚事务所不忠》的文章，两篇文章在人大常委中引起了极大反响，都大吃一惊，说："注册会计师还有这么大的作用吗？赶快通过立法把他们管起来。"就是这个案件，从反面加速了《注册会计师法》在人大常委会的审议过程。

前面讲了国务院几次总理办公会议都提到这件事，为了加速立法的进度，国务院法制局、人大法工委与中注协多次联合召开了座谈会。到4月份，就完成了三个层次的审稿：从中注协到财政部，从财政部到国务院，从国务院到人大常委，这些过程都是很快的。

在起草法的过程中，我很佩服那些法律专家的本事，他们在很短的时间就从法律专家成为了会计、审计专家。他们的概括能力特强，逻辑思维能力特强。在有些方面，对注册会计师的法律地位、作用比我们站得还高、理解得还更深刻。只要开了几次座谈会，他们就深得要领。记得开"十大"外国会计公司座谈会时，日本德勤Deloitte一个合伙人接到中注协通知后，签证都没来得及办，就到了北京首都机场，可进不了关，最后财政部给外交部打了个电话，特许他过关赶紧进来参加座谈会，可见这个法的紧急和重要。

法应写到什么程度，是详细一点还是简短一些？美国法律特点就是又长、又细，你看他们参议院通过的《移民法》就有800多页。中国的法就是短，尽可能压缩。法律专家告诉我：写得细，争议就会多；写得粗，争议就会少。写得长，你就永远不要通过了。还是他们懂"中国特色"，说服了我。但太粗也有弱点，后来在这方面我们吃了很大的亏。比如，注册会计师有两种业务：一是法定审计，二是会计咨询和会计服务。原来在《注册会计师条例》中对会计咨询和会计服务项下就明明白白写了资产评估、工商登记、纳税筹划等等六项业务。法工委安建说："老丁，别写那么多了，你写上帮助办理工商登记，就要与工商局'打架'，写上税务咨询就要与税务总局'打架'，什么都不写，就不会出现这情况了。你们可以根据国务院的稿继续进行六项咨询服务业务嘛。"所以通过的《注册会计师法》中注册会计师的第二项业务就只剩下"会计服务、会计咨询"一句话，六项具体的业务都没有了。麻烦就出在这里，你看，现在的"七师八所、十几种资格"都出来了，统一的会计市场被部门利益分割了，这就是"中国特色"。

在国务院和人大协调的时候，我们向全国的注册会计师、会计师事务所、财政厅局征求意见，然后国务院就到各个部委、其他各个系统征求意见，到人大面就更宽广一些了。这样反反复复以后倒也是很快，1993年8月，国务院法制局李适时告诉我，说在北戴河定稿了，加了个第50条注册审计师的问题，说是国务院领导亲自加的，这一条连标点符号都不许改，刘仲藜在人大常委做说明时对这条也不能反对，要和国务院保持一致。我想，写《注册会计师法》和注册审计师毫不相关，为什么你在我这里硬塞这么一条，当时很不舒服但是得服从。

1993年8月份人大常委会第一次审议，10月份第二次审议，两次人大常委会就通过了，速度极快。乔石委员长主持，宣布《注册会（hui）计师法》通过。委员长说了什么就是什么，你没看"中国注册会计师协会"的招牌里有两个"会"，是段云写的，后面是简写的"会"，前面是繁体的会，后来说这是书法家的艺术，他，到底是"hui"，还是"kuai"不要管它，法律通过了，接着颁发主席令，从1994年1月1日起执行。在中华人民共和国的历史上，第一部《注册会计师法》就这样诞生了。

这是一件在中国注册会计师行业发展史上具有里程碑意义的大事，为注册会计师行业、注册会计师协会取得了法律地位。人事部后来要把CPA考试主管权限拿去，一会儿通知在成都开什么会，一会儿要我们报什么材料。对人事部的种种通知、说法，我在中注协对相关部门说："别理他，人事部那些算什么，我们按人大的法律办，他那个'文件'叫作'孙子辈'，连国务院的大印都没有，'爷爷'还能听'孙子'的！不理他。"所以，到现在为止，注册会计师考试是独立的，《注册会计师法》里面就写了由中注协主持，那又能怎么的！

（2）关于注册会计师准入问题。过去一直是考核入门。1985年国务院发布的《注册会计师条例》中，写的是考试和考核并举，实际只有考核没有考试。在谢部长催促下，1991年开始举行第一届考试。在起草《注册会计师法》时，说实话，真没有想到要取消考核，准备用10年过渡。最后，还是下狠心，"华山一条路"——考试是注册会计师入门的唯一途径，取消了考核。考核容易造成走后门，造成队伍老化，因为考核凭资历，靠"混时间"，等等，弊端很多。当然，也写了具有相关专业的高级职称人员可以免试"专长"的一门。比如，即使是阎达五要当注册会计师，也要考试，但可免考一门《会计》，因为他是会计学博导。后来，在执行中对"本行业专长"也走了样。下决心写了，本准备通不过，但从审议直到表决，没有一条意见反对这个。当时的注意力，全都集中到财、审两家的矛盾上了。

但对何时结束考核这段历史怎么写？过去长时间一直是考核准入，国务院颁发的《注册会计师条例》中，还是写的考核、考试双轨制。应该说，完全结束考核的时间是1997年，为什么？1996年"两会"联合，特许审计师经考核转了一部分为注册会计师，各地财政在这时"搭便车"又加进来了一部分，考核进来的人数还不少。本来以1994年上半年为准，结束考核，后来有一封人民来信，题目就是《末班车何时了》？刘部长批示：党组决定，立即结束"末班车"，不再考核审批了，统统通过考试入门。所以，从历史发展的总体来说，应当是自《注册会计师法》1994年1月1日实施后，在中国历史上，考试是注册会计师入门的唯一途径。

关于会计师事务所执行证券期货业务执业资格问题。中注协成立20周年的材料中说:"1992年财政部与证监会发出第一个关于注册会计师执行证券期货业务资格的规定。"这个材料写得不对。那时,证券市场是由国务院体改委管,孙树义起草股份制"两个规范意见",还有李小雪,接着搞12个配套文件,其中一个就是"关于注册会计师执行证券期货业务资格的规定",我起草的。这个文件的特点,就是肯定财政部是注册会计师的主管机关,不存在"财政部与证监会共同授予这个资格"的事情,历史事实就是这样。

1992年中国建立了证券市场,朱副总理给李鹏总理写了一封信,按照朱副总理的设想,国务院成立了证委会,证监会是证委会的办事机构,朱副总理叫刘鸿儒当第一届证监会主席,刘鸿儒说:"证监会是个火山口,你不外乎是要找一个替罪羊。"朱镕基说:"出了事我负责,不要你当替罪羊。"朱镕基规定了进入证券市场"三大门槛",其中第一个门槛就是注册会计师的审计,这样就把注册会计师推向了市场经济的第一线。第一批是九家企业拟上市,朱镕基叫中外合作事务所做审计,因为中外合作事务所里,既有中国的会计师,又有外国的会计师,A股、B股、H股都能做。汪建熙对我说:"老丁,这个事情将来是很重要的,是一块肥肉,不能完全给老外吃掉。"在汪建熙的建议下,1992年9月财政部与体改委联合发文,确定设立注册会计师执行证券期货业务资格。开始是考核认定,申请执行证券业务的事务所,把他的审计准则、工作底稿、执业程序,等等,一大堆材料报来,一看不行,退回重新再来。上报的事务所把资料进行修改,再报上来,不断地改,不断地送,到最后认为"完善了",OK,就行了。其实,那些写的材料,大多是"贴在墙上,看在眼上,手上不一定就是这样",这当然有它的不合理。后来,张为国当证监会的首席会计师,他对我说:"丁老师,考核不合理,应该改为考试。"我也同意考试,考核真的太啰唆,而且容易"走后门",考试是硬碰硬的。1996年10月,财政部和证监会联合发文,执行证券期货业务的资格通过考试取得。由于在"两会"联合前,注册审计师是不能执行证券业务的,崔建民对我说:"老丁,第一次证券业务考试对审计要实行倾斜政策。"那时,为了控制考试人数,第一次证券业务资格的考生是分指标的,接受崔会长的建议,第一次考试指标对原来在审计所的多分了一点。1997年6月在天津举行首次证券资格考试,冯淑萍同志也去了。北京市一个50多岁的老太太,一进考场就晕了,值班人员劝了半天,她也不肯退出考场,说她等了多年才等到今天,我又去做了半天工作后,她才十分难过地退出了考场。后来在青岛,也有一名考生原来就有心脏病,考试不到半个钟头,就晕倒了,董晓朝在那值班,青岛市通过绿色通道直送医院,经抢救无效,最后呜呼哀哉了。我的意思就是说证券资格考试确实是比较难的。这个资格,后来成为事务所品牌、创收和聚集人才的一个极其重要的平台。事务所招人,首先就问:考试通过了没有?拿了注册会计师证没有?有证券资格证没有?这个真的含金量太高了。这个资格发展到现在,也变成一个"奇货可居",我觉得大家把它看得太重了!

(3)关于会计师事务所做假问题。在注册会计师队伍中,确实存在少数个别做假问题,但媒体,特别是我们的会计学教授写的案例分析,把责任全推到注册会计师身上,不太妥当。如四川的红光案,是自贡市市长召开"紧急会议"拍板的,并拍着胸脯说"出了问题我负责",资金不到位命令银行出了几十张进账单,注册会计师的工作底稿被下令从 1994 年改成 1992 年，等等，市长命令作假，注册会计师怎么办呢？市长为什么这么做？因为那时证券市场企业上市分指标，省长、市长好不容易抢到上市指标，就"乔太守乱点鸳鸯谱"，"问题出在前三排，根子就在主席台"。市长命令做假，但出了问题市长易地做官，注册会计师就地受罚。另外，说注册会计师"做假账"命题不对，大家知道注册会计是查账，不做账，所以说注册会计师做假账，从理论上是说不通的。上面说了，下面就跟风，这叫不正常！

三、写"史"要用直接资料，才能写得客观

（1）中国注册会计师登上国际会计舞台，是从参加亚太会计师联合会开始的。1996 年 10 月在马来西亚吉隆坡开第 15 届亚太会计师大会，我和章海贤两个人去的。

1996 年 9 月 30 日晚上，亚太会计师联合会会长孙贵财、北美会计师协会会长林孝仁来到北京，在香格里拉饭店和我谈中注协加入亚太会计师联合会的问题。他们两人都是华裔，非常爱国。那天晚上谈到的一个问题是中注协的"申请书"问题。无论是亚太或国际，中注协一直就没写入会申请。那是奉外交部"指示"，外交部国际司的人说："中注协一申请，国际就一定要批准，不批准就不要写申请，如果申请了不批准，泱泱大国的脸皮往哪里搁？"我说你们 WTO 谈了 15 年都没进去，你怎么不说泱泱大国脸皮往哪里搁？我们加入亚太，批不批准当然是个未知数。可是人家也为难呀，你不写申请，怎么讨论批准或者不批准的问题呢？这就是中国古老的哲学问题：先有鸡还是先有蛋？万一我们申请，到时候通不过怎么办？讨论到晚上 12 点，我想了一个办法：写好申请放到林先生那，可能通过就交，可能通不过就不交，到时再看，申请书放在"第三者"加拿大的林先生手里。所以，我们是 1996 年 10 月 1 号零时写的申请。这是第一步。

到了马来西亚，大会开幕式后，开会员代表大会，选举新一届理事。孙贵财想把我们一步到位增补为亚太理事。按章程规定，当理事要提前 6 个月申请，我们昨天才入会，怎么申请呢？台湾本来就是理事，6 个月前又提出了继任申请。怎么办呢？孙贵财就修改 CAPA 的章程，增加两名"特邀理事"，那就不受提前 6 个月申请的限制了。

形势并不太乐观。下午我给财政部国际司打电话，回答三条指示："第一，按照外事规矩，你得请示当地使馆；第二，你要找张部长，他在廊房开财政部党代会；第三，等我们找到张部长以后答复你。"下午就要开会，我怎么执行这"三条指示"？我找钱大使，钱大使说："我是中国驻马来西亚的大使，只能影响马来西亚当局，但整个亚太地区加上国际组织有三十多个，我没有那么大的影响力！你还是问你的主管部门财政部吧。"这时我对章海贤说：只有跳楼了！在会员代表大会上，如果台湾继续当选理事，而我们没有选上，我是强烈抗议？退出会场？还是沉默不作声？不知道该怎么办呐！

那天下午，在地下室开会员代表大会，按规定应该是保密会议。他们安排我坐在第一排，让大家都看见。其实这是一种"示威"，中国会计市场是个大市场，你们谁要到中国来都要通过我，我就坐在这里，我会记住的。然后，安排马来西亚的代表先发言，提议中注协出任亚太理事；日本代表马上起来反对，说应该是台湾做理事，中注协才进来；然后台湾代表当然强烈反对。孙贵财的策略就是想由此引起"两个中国"的公开辩论。在这种场合下，谁都不敢说"两个中国"或"一中一台"，因为其他代表的国家都和中国建交了,他们怎么向当地大使馆交代?回去以后怎么向他们的国家交代?孙贵财就是想把这个辩论引导到这个题目上来。加拿大 CA 的代表说:"这是秘密会议,不应该进行公开辩论。"提议就是否结束公开辩论进行投票。第一轮投票结果,大多数赞成结束公开辩论。台湾的代表吴国风走到我面前说:"丁先生,在亚太理事会里,多一个中国人不好吗?"

接着,介绍候选人,孙贵财念了十个候选人的申请名单后,他说:"台湾把名字写错了,我把它划了,我得对历史负责。"我觉得孙贵财有点"霸蛮","中华民国会计师公会全国联合会"的名称,昨天才改为"中国台湾会计师公会联合会",台湾6个月前申请时当然还是用原来的称谓。大家又就是否恢复台湾候选人的地位,进行第二轮秘密投票。结果,大多数赞成恢复台湾候选人的名单。台湾的吴国风走到最前面,向大家鞠了一个躬,好像他们就要当理事一样。

临到投票选理事前,台湾的吴国风又提出,"中注协加入亚太还没有交会费",没交会费就没有投票权,孙贵财拿起话筒说:"我还没有来得及把账单交给他们,他们不知道交多少会费,怎么交?"这就是外交斗争。这时,马来西亚的一位爱国华侨陈先生,他先后在剑桥、哈佛毕业,考虑问题深谋远虑,走过来对我说"丁先生,你们得发言了"。我问"怎么讲"?他建议我们说:"你们要是赞成台湾,就是赞同'两个中国',就违反了亚太原则,中注协就退出亚太会计师联合会。"这个话能不能说?参加亚太是财政部、外交部6个部长批准了的,不能轻易表这个态呀!不说,又怎么办呢?我看陈先生那种非常诚挚、友好的眼光,想到这绝对是一种斗争的策略。当即,我就对章海贤说,就按照陈先生讲的说吧,大不了回去蹲监狱。章海贤说,蹲监狱我也有一份。我说,你就给我送饭吧。最后,他用英语向大会说了:"要选择台湾,我们就退出亚太。"当时在会上震动很大,日本人过来了,问:"丁先生,此话当真?"韩国人过来了,"你们真要这么做吗"?我板起面孔说:"中国人说话向来算数!"他们摸不着头脑,我反正也是豁出来了。计票时间 90 分钟,这 90 分钟我真如坐针毡。90 分钟后,孙贵财宣布投票结果,one、two、three、four 念到第九个,没有台湾,投票结果是台湾被赶出了理事会,台湾的代表这时灰溜溜地跑了。大家都来祝贺中注协,马来西亚电视台通过三颗卫星,向全世界播送亚太大会的新闻。一位记者问我有什么感想,我只说了一句:"我为中国人而自豪,为中国的 CPA 而自豪!"我想,我和章海贤两个人有什么力量?是中国改革开放的伟大形象、伟大成果的力量,是中国会计市场对世界的巨大吸引力,当然还有广大爱国华侨的全力支持。回国后,张佑才要我到处做报告。在中国人民大学,我对大学生们说:"这时,我想到了北京,我住在北京,我就从来没有到天安门看升国旗。在马来西亚时候,我看到台上飘扬的五星红旗,真是热血沸腾。到了国外,才知道什么叫爱国;看到华侨,才知道他们比我们更有爱国情怀。"这就是加入 CAPA 和 IFAC 的历史。

(2)"两会"联合,是中国注册会计师行业发展史上的一件大事。财、审两个部门为"联合"之事年年"吵架",从吕培俭当审计长一直吵到郭振乾当审计长,从1985年吵到1995年,整整10年。1986年7月,国务院发布了《注册会计师条例》,国务院法制局在发布条例的《通知》中,写了一段话:"本条例发布施行后,承办本条例规定的会计查账验证业务会计师事务所或者其他社会会计、社会审计机构,未向国家授权机关办理批准、登记手续的，应当按照本条例规定办理。"意思很清楚，就是针对审计系统的"社会审计"而来，都要报财政部审批。审计署也准备把"社会审计"这一块交给财政部。1986年9月，财政部在哈尔滨召开贯彻《条例》会议，出席会议的部长、司长"调子"都很高，说"一定要把紧关口，先批几家，然后慢慢来"。是财政部自己坐失"良机"，要不也不会在后来越闹越大。1988年11月，国务院又发布了《审计条例》，其中明确提出"社会审计"由审计机关审批、管理。两个条例"打架"了，两个部门都搞"社会审计"，矛盾也就越来越深。后来，还是一封人民来信启动了两部门的谈判。当时国务院秘书长罗干在信上批示："请两部门党组书记亲自过问一下。"于是刘仲藜到审计署主动上门协调，之后，从1993年一直谈到1995年。谈判就像"中东穿梭式"一样，一天之中你来我往好几次，但也是"马拉松"式的，没有突破性成果。

　　1992年时几乎就要达成协议了，时任审计长的吕培俭说："在我任审计长期间，一定要解决联合问题。"开人代会期间，联合的稿子都拟好了，财政部刘仲藜签了字，送到吕培俭那，延了几天，他不签。因为在人代会上宣布他继续担任审计长，"这个事以后再说吧"。到1994年，郭振乾出任审计长，有了新的转机。崔建民担任审计署的"首席谈判代表"，往来于财政部、审计署之间，经过艰苦协商，终于在1995年6月18日签署了关于联合的"七条协议"。

　　有人说，当时在谈联合时，老丁的一个"绝招"，就是把所有的注册审计师转为注册会计师，"皮之不存，毛将焉附"，没了"注册审计师"，还有什么"注册审计师协会"？"两会联合"就没什么实质性问题可谈了！天津市财政局张玉奇副局长深夜11点多给我打电话，说："老丁，我不当这个财政局长了。"我说："那你找你们市长，我哪有那么大的权力？"她说："你没有那么大权利？我干了十几年才批了400多个注册会计师，你一晚上就批了600多注册会计师！"天津有600多个注册审计师，我批准把他们都转为了注册会计师。我对张局长说"你们有600多注册审计师，你说有一两百个不够注册会计师标准，不给转，那就意味着在你们天津还有一两百个注册审计师，那么天津注册审计师协会还得保留。全国70 000多注册审计师，如果有一两万人不转，那就还有中国注册审计师协会。如果通通转了，注册审计师协会没有注册审计师，那它还能干啥呀！"张局长说："行了，老丁，我明天就给他们转。"

　　还有一件事，郭审计长当年就下令撤销社会审计指导司，并发文："有关社会审计问题，请和联合后的注册会计师协会联系，他们的电话、地址是……。"下面没有兵，上面没有指挥部，联不联合？还有崔建民，不能忘记他的历史功劳，"七条"签署以后，半年多无声无息，有人准备拖黄它。到年底12月25日，崔建民带了审计署的8个人到中注协办公，这才开始了真正的"联合"。

　　当时，"七条"协议"规定"两会联合后的中注协，财政部推秘书长、审计署推会长。秘书长主持日常工作，办公地点设在财政部。在湖北开联合大会时，有人在会上举手发言问"是会长大还是秘书长大"？我说："当然会长大，会长是部级干部，秘书长是司局级干部。"崔建民抢过话筒说："老丁那些啰唆的事情，我还懒得管呢！"崔建民是在替我解围，我就此打了一顿"官腔"，说："毛主席教导我们，共产党人就是为人民服务，什么'官'大'官'小，这个命题本身就是错误的。"

和工商、税务、银行、证监等部门打交道,我的策略是:"打得赢就打,打不赢就守,守不住就吵,吵不赢就骂。"骂了不管用怎么办,那就算了吧!总而言之要为这个行业呐喊!这就是"两会"联合的历史。

(3) 关于"公允价值"。冯淑萍同志在这里,她是亲身经历者。首先公布的会计准则有"公允价值",后来取消了?为什么?有一个"郑百文",利用"公允价值"作假。冯淑萍对我说,她亲自去郑百文看了,桌椅板凳都朝天了,怎么能盈利好几万呢?一元钱的东西可以卖一万元,"公允价值"救了一批 ST 上市公司。朱镕基给河南省省长写了个条:对与郑百文有关人员实施"监视居住",公安厅厅长为难了,"相关人员"分散在郑州全城,"监视居住"做不到,公安厅就把这些人集中到一家宾馆,与外界完全隔绝,等于关了 20 多天禁闭。这是郑州会计师事务所的所长对我说的。因为郑百文事件,财政部下令取消"公允价值","公允价值"成了挽救上市公司 ST 的宝贝,能不取消吗?至于几十名注册会计被软禁 20 多天,则没有几个人知道。我的意思是写这段历史,不要把板子完全打在 CPA 身上!

我说的亲身经历或者是别人的经历,是说写"史"的人,一定要掌握第一手资料。这些资料可以是自己的,也可以是别人讲的,千万不要"道听途说"就写"史",结果就会"死定"了。利用的史料,也应当是被证实了的。现在所谓抢救"史料",就是要趁这些"老人"还没有变成"古人",让他们把宝贵的、真实的东西留下来!我相信葛老师会有很多故事的。

四、要有情节和具体描写,才有可读性

(1) 中外合作所在中国注册会计师发展史上,占据一定地位。其中的安达信在当年是比较难管的。她在上海设立了一家企业咨询公司,后来在深圳又设了一家。她们的深圳企业咨询公司到湖南涟钢做 B 股审计,违反了《注册会计师法》。中注协责令其停止违法活动,没收违法收入,处以一倍以上、五倍以下罚款。当时要罚她一百万港币。安达信的头,有很多光环:港式顾问、非阁守议员,等等。每半个月要到北京开会,到了北京就给我打电话:"丁先生,我们中午吃个饭好吗?"那个饭是不好吃的,要谈罚款问题。最后闹到朱镕基那,张佑才在一次向朱镕基汇报国有资产问题时,讲到了安达信的问题。朱镕基说:"你们看着办。"张部长回来对我说:"不当这个财政部副部长也要罚她,要不,其他五大怎么管。"我就给安达信打电话:"赶快交罚款,要不我就吊销你们的执照。" 3 天就交来了罚款,负责人打电话对我说:"我们认罚了,钱也汇给湖南了,请求在今后的大会,不要点我们安达信的名,好吗?"我说:"谢谢你支持我的工作。"都闹到朱镕基那了,她要是硬不交,我也没有办法。后来,在全国秘书长会上,我说"你们 31 个协会,哪家有洋钱?只有湖南省协会有,某国际会计公司违规执业,罚了她 40 万港币,归湖南注协。今后,你们看到'六大'办事处做审计业务,见一个、罚一个,他们就不敢违法了。"我信守诺言,没有点名说安达信,但大家都明白是说谁。还有,一次国家税务总局直接给安达信华强发文,说安达信上海、深圳两家企业咨询公司纳入安达信华强会计师事务所一起纳税。"我去找了税总的杨崇春,说:"安达信在上海、深圳没有执行法定审计业务的机构,你们把他们的两家企业咨询公司捆在会计师事务所一起纳税,那不是咨询公司执行法定审计也合法化了吗?广东正讨论三陪小姐纳税问题,三陪小姐纳税后就合法化了？"杨局长说："我们是从堵塞税源流失角度出发发的这个文的，注册会计师还是你们管的那一套。"事后，我起草发了个财政部文件，说"安达信在上海、深圳没有执行法定审计业务的机构。"这位负责人又找朱镕基，要财政部撤销这个文件，张佑才说"财政部没有撤销文件的习惯"，我也没有理她。她们在深圳选国际成员所，选了一家深圳注协准备撤销的事务所，做了20笔业务，16笔是错的。郑学定不见她，她就状告郑学定"架子太大"。她们是要选奴才，不是要选人才！很难管呀，你管她，她会找一个管你的人来。太厉害了！这就是历史！

(2) 与美国AICPA的交往也是有一段曲折的历史。1995年10月30日，美国注册会计师协会代表团首次访问中注协，张部长在钓鱼台宴请美国的会长以色列奥夫。因为熟了，我就对以色列奥夫说："美国人民是伟大的人民，美国协会是一个很好的协会，但你们有一个坏毛病，总是以老大自居。我们CICPA每年组团去考察你们美国，而你们AICPA就不来访问CICPA。"以色列奥夫笑着说："丁先生，你知道什么原因吗？就是因为我没有当会长嘛，你看我一当会长，不就来了吗！"真是挺幽默的。他是一个犹太人，开着一家中型事务所，在纽约帝国大厦办公，在美国还是颇有名气的。卸任会长后，被授予美国会计师协会终身名誉理事。从那以后AICPA与CICPA的交往，你来我往就很正常了

(3) 会计市场开放WTO谈判问题。1993年10月，关贸总协定开会，通知到了财政部，办公厅一看就转到商贸司，商贸司一看是会计市场准入，就转到会计司，冯淑萍一看就转给了我，这时离谈判时间只有一周了，根本来不及准备。中注协派章海贤代表中国政府参加在日内瓦举行的乌拉圭回合服务贸易谈判。从"复关GATT"到"入世WTO"，整整谈了5年。其中也有一些值得一书的事情。

克林顿1998年来华，要给他准备一点"见面礼"。在国务院第四会议室开"服务贸易领导小组会议"，当时服务贸易谈判牵头的是外经贸部外资司司长易小准（后任商务部副部长、现在是正部级的WTO中国代表）。国务院服务贸易谈判领导小组组长是吴仪、李岚清。中南海会议对会计市场开放的定调就是"先进去再说，什么条件都答应"！

1998年3月11日，在外经贸部会议室，我跟美国WTO副代表、总统办公厅主任蒂纳·伦德会谈。她代表"六大"提出了许多要求。我说："我们欢迎'六大'进来，'六大'进来以后，也离不开中国。'六大'85%的工作人员是中国的CPA，85%的工作量是中国会计师完成的，最后85%的收入归了'六大'，你们还跑到朱总理那里说中国的会计师没有水平，岂有此理！"三个85%，我说起来也比较激动。最后蒂纳说："丁先生，你是一个充满激情的会计师。"我回答说："yes! you are right!"我是中国人，为什么我不爱中国的CPA！她无可奈何地表示"Thank you"！

后来，美国财政部来了一个帮办，谈"准入条件"。全世界的会计师都要参加当地国的考试、注册才能准入。美国的会计师到中国执业，也要参加中国CPA的考试。美国人考中国的注册会计师其合格率为千分之零点几，而中国人考美国的AICPA，合格率是28%。这位美国财政部帮办就说："丁先生，可不可以允许我们美利坚合众国的公民考中国的CPA不用中文。"易小准以为我会说不可以，我回答说："可以，根据WTO对等原则，你们也应该允许中国的公民考美国的AICPA不用英文。"弄得那

位帮办哭笑不得。易小准事后对我说："老丁，你还真有两下子。"我开玩笑说："没两下还敢和美国'鬼子'干！"

接着，"六大"又组织一个代表团来了，谈中外合作事务所的合作期限，我提出到本世纪末（2000年）终止。"六大"代表说："那不行，中国的市场经济不发达，需要更长的时间。当个合伙人不容易，没有十年、八年不要想，更何况你们的市场经济还刚刚起步，落后得很。"我说："你们1981年就进来了，现在我允许你搞到2000年，有20年的时间，你们是'老师'，怎么20年在中国还培养不出一个合格的毕业生来？在中外合作所里，没有一个中国人当国际合伙人。学生固然是笨蛋，老师也是混蛋，骗钱嘛！"我"骂人"了！第二天《华尔街日报》歪曲我的意思，说"丁先生拒绝打开中国会计市场的大门"，中南海的《国外舆论动态》登了这个，朱镕基看了以后批示："请财政部项、张阅。"没有"骂"我。

这些往事，现在想起来，也很有意思。

五、要情、理、史三相融，才有永恒性

（1）资料证实观点，观点统率资料。但它们之间的关系很难处理。一方面不是剪刀加酱糊，另一方面所谓"观点统率材料"，那就要看是怎样的观点了。胡适说过："历史像一位少女，可以任人打扮。"会计师事务所的脱钩改制，审计署一位司长写了一本书，说"脱钩以后事务所就等于街上卖大白菜的老太太"。我也写了本书，说"君不见那位卖鸡腿的老大爷不是风靡全球吗？我批合伙所是非常慎重的，合伙人的老婆还要签字呢，因为扫地出门家庭财产是夫妻各半"！不同观点统率同一事情，即使是卖大白菜，那和卖鸡腿的肯德基有什么两样呢？观点不同，对于同一事情的评价、褒贬也就会不一样。

（2）对注册会计师案例的分析，有不同观点会得出不同结论。银广厦案中陆兵绝对是位百分之百的布尔什维克，两位签字的会计师绝对是第一流的会计师，闯到枪口上了，当时怨天尤人，但现在历史不能这样写，要客观，要唯实。

（3）写作时间有了一百年，空间有无规定？比如：早已有之的"大会计"与"小会计"之争；就是包不包括财务？关键是写不写管理会计？搞财务的说管理会计属于财务；大会计观则认为管理会计属于会计。

关于会计教育，当然得包括三所国家会计学院。事情还得从1992年说起。那年2月1日，朱镕基接见毕马威全球董事长，当时张佑才出差了，由刘积斌副部长陪着去了紫光阁。最后朱镕基叫刘积斌留下来，对他说："你们财政部拿出10个亿，建三个世界第一流的注册会计师培训基地，你不要舍不得，保证你收回一百个亿。"三个国家会计学院就是这么办起来的。我到处选址，北京、上海、东莞我都去了。上海，最初是上海财经学院说他们在浦东有块地，拿出图纸一看，有一条高压线，切掉了一大块土地，那时还不知道浦东机场能建得多快，距离太远，交通不便。最后选择现在的这个地方，谁知又来了一个空中航空管制小组说"前面有条航线"，结果往后退了200米。这个地方很好呀，没有搬迁，一条小溪，流水潺潺，一片苗圃，距离虹桥机场又近，只有几公里。培训基地建成以后，原来想叫"注册会计师培训中心"，朱镕基说："什么这个中心、那个中心，一个个都变成了腐败中心，叫国家会计学院吧"！三个国家会计学院就这样在总理的亲自关注下办起来了。

办会计学院，朱镕基真的什么都管。在北京，不仅亲自去选址，还过问领导班子的配备、使用的教材、学员的招收，等等。后来朱镕基嫌在职培训人员太少，就提出"搞一个CPA系"，查遍全世界就没有注册会计师系，教委副主任张孝文脑子很聪明，清华大学毕业的，上海人，他在会上立即回应，说："报告朱副总理，就在会计系里面搞一个CPA专门化。"朱镕基说："好，那就搞个CPA专门化。" OK，一句话诞生了全世界没有的CPA专门化。财政部给予资助，一年2 300万元，由中注协直接转拨到这些院校的会计系，这些搞试点的会计系主任都说："丁秘书长，你一定要戴帽下达，要指定拨到会计系，否则校长、院长会从中给截留了。"这些钱，后来都把会计系"武装"起来了，大批计算机就是用这个钱买的。CPA专门化第一批招生点确定为有会计学博士点的大学，当时只有6所院校，写了报告上去，朱镕基批示："可否加西南财大一所。"他那时兼央行行长，西南财大归央行管。朱镕基说可否，那当然只可不否！6所变7所；第二批是有会计硕士点的，朱镕基一看单子就皱眉头，说："仲藜呀，你尽搞那些名不见经传的财经院校，为什么不可以让那些名牌大学，比如北大、清华、复旦、南开等，名牌大学办CPA专门化，就一炮打响。"我是老观念，觉得清华是工程师的摇篮，也没见他摇出几个会计师来嘛？但镕基讲了，那就照办。后来加了这些名牌大学，清华第一期没招生，因为没有老师开课。现在清华会计专业很牛了！朱镕基说："国家会计学院培训的起点要高，教材就用美国的，哈佛的，原文原版。没人讲？花高价请美国哈佛的教授来讲。"他是希望培养的人才能一步到位与国际接轨。可这样高的起点，本科生是很难招的呀！后来还是王军出的主意搞编译，分到各个院校，解决了教材问题。选领导班子，朱镕基也亲自过问。我们上报北京国家会计学院领导班子名单时，陈小悦是排在最后，呈到朱镕基那里，他用笔一勾，把陈小悦从最后一个排到了第二位，列在梁尤能之后，变成了第一副，梁尤能一退，陈小悦就当院长了，可惜他英年早逝。

所以，我说朱镕基是日理万机而不忘会计。

还有关于总会计师写不写？中国会计视野的尹成彦访问我时说："听说是你把总会计师协会搞得'起死回生'的？""起死回生"这个词是崔建民说的，他说"这个老丁有本事，总会计师协会已经进棺材了，他硬是从棺材里面把它拽了出来"。那时，民政部对全国的社团组织进行清理，规定凡挂"中"字号的全国性社团，一定要有一个带盖国徽章的挂靠单位。财政部开党组会，项怀诚问："总会计协会有财政部的人吗？"人事司回答说："在职的、退休一个也没有。"当时财政部党组决定："该撤的撤、该并的并，新增的一个也不要。"总会计师协会没人"盖章"，民政部就把它列入了"枪毙"的名单。

总会计师协会的老周来找我，因为我当会计学会副秘书长时，总会计师研究会就挂职在会计学会下面。我先帮助找了国家民委做"挂靠"，我在西促会当过经济工作委员会主席，西促会挂靠的就是国家民委，我说服了国家民委同意挂靠，但民政部不同意，说："国家民委管少数民族的事，你们总会计师协会怎么挂到民委？"不行，民政部不通过。后来，又找了徐匡迪管的中国科协，找了中国科协党组书记张玉台，他们表示接受。然后，到民政部，还是不同意，说中国科协是管自然科学的，总会计师是社会科学。我又找了民政部新上任的一位女副部长姜力，我对她说："现在都讲科技兴国、科技兴业，企业没有科技是不行的，总会计师搞的这个行当是跨自然科学和社会科学，属于'边缘科学，交叉科学'。"这位部长嘿嘿一笑，最后表示接受我的"理论"，由中国科协代管，就这样就把总会计师协会"救活了"，民政部在"准备枪毙"的名单里，又把它重新拉了出来。

张佑才生于1941年，2012年免去财政部副部长职务，中组部批准他当总会计师协会会长。他一当会长就说："老丁，你仅仅当副会长不行，还必须副会长兼秘书长。"我说："你'统治'我15年，在职时官比我大，现在退休了，官还比我大吗？"他说："你年纪比我大，我官比你大，所以，你还得听我的。"虽然是开玩笑，但他退休后，确实官还是比我大，这就是"中国特色"。没办法，我就当了中国总会计师协会的副会长兼秘书长，秘书长要主持日常工作。我们俩去了后，重新召开代表大会。那时，总会计师协会已经搞得有点"凄凄惨惨"了，恢复后也没几个人来参加活动，更没有钱。我和张佑才两个人张罗着，也许我们两还有点号召力，那次代表会来了1 000多人，在北京国家会计学院，开得很是热闹。请王丙乾、姜春云、成思危等当顾问，他们还问聘书在哪？设立了每年一次的"中国总会计师论坛"。在法国巴黎打败了中国台湾，加入了国际财务官协会，我还当了一届国际理事。后来在非典那年，张佑才得了肝癌，我也70多岁了。张部长一生病，我也不想奔波劳累了。我这个人的毛病就是干活不要命，"七十古来希，保命很要紧"，我辞去了总会计师协会的一切职务，他们要我当顾问，我也是不顾不问。从此，真正脱离红尘！

当时，我搞总会计师协会只有一个目的，就是想把总会计师真正的变成CFO。他们谈修改《总会计师条例》，我说别改了，《总会计师条例》修改之时就是总会计师终结之日。人们总把总会计师当"会计"，仍然把它当"总的账房先生"，我说了三个"位"："排末尾，没有位，不到位"。真正的CFO是什么？是首席财务官，是CEO的左右手。后来我找国资委，国资委的同志说："我们正在搞试点。但是，丁老，企业里面CEO都没有，哪来的CFO呢，CEO、CFO、CIO、COO，一大班子呀，非一日之功。"是的，这一切谈何容易！但我一上台就把"中国总会计师协会"的英文简写改成"CICFO"，《第一财经报》记者就说"总会计协会要变脸了"！我现在还留了一个称谓，那就是美国管理会计协会的高级顾问。不知道我们这套书写不写总会计师？

常说"让历史告诉未来"。告诉什么呢？这就有选择性，哪些才会对今天有帮助？哪些会影响未来？很难预测。写"一百年"，也有很多麻烦。首先是这套书里包括台湾吗？起码要包括香港、澳门吧！如果包括，那又怎么写呢？我对这方面知之甚少，资料也不会太多。如果不写，难道他们不是中国的吗？又会有政治问题。

总之，我是希望这套丛书能万古千秋。所以才谈了这些感想，供各位教授参考。

表一个态，既然叫我做顾问，我会尽力的，请毛老师放心，请大家放心，特别是请写注册会计师这一卷的李相国老师放心！从编辑《会计研究》算起，我们也是老朋友了。

就说这些，谢谢大家！

二、往事越千年，激动抵万金

与中国注册会计师协会会长冯淑萍及广东注协秘书长考察广州大信分所

在《中国 20 世纪会计史研究》丛书第一次编委会上

天行健，君子以自强不息
——贺天健会计师事务所成立三十周年

天健所三十年大庆，谨致热烈祝贺！

在注册会计师行业我是一名"老兵"，天健所三十年的风雨，"我们曾一起走过"。说几件至今让我难以忘怀的事情，共同追思，以勉励未来。

天健所的前身是浙江会计师事务所，成立于 1983 年 12 月，是浙江省和我国成立最早的一批会计师事务所之一，也是我国最早获得证券执业资格的会计师事务所之一。记得 20 世纪 90 年代初，我出任中注协秘书长时，与证监会打交道的第一件事，就是关于尖峰集团的有关事项，证监会首席律师高希庆告诉我执业的是浙江会计师事务所，从此，浙江所在我的记忆中留下了深刻的印象。1994 年中注协开始启动制订审计准则工作，浙江所选派了该所的业务尖子，参与这一系统工程。从 1996 年第一批审计准则颁发，到 1999 年第三批审计准则完成，浙江所成为中注协的"人才库"。在中国证券市场建立后，注册会计师被推向市场经济的第一线，随之而来的严峻考验是法律责任问题，浙江所又培养了诸多法律方面的专业人才。1996 年 9 月，中注协在杭州召开全国第一次法律责任研讨会，浙江所作为"东道主"，为中国注册会计行业研讨法律责任在理论和实践上都做出了重大贡献；1998 年 8 月，中注协与国务院法制局在良乡召开"注册会计师法律责任研讨会"，浙江所的胡少先用行业亲身的实践经验，以说服法律界的诸多朋友，效果颇佳。此后，

二、往事越千年，激动抵万金

在"高法"的若干解释中，均参考了这次研讨会的重要成果。同年，朱总理上任，建立稽查特派员制度，在对第一批稽查特派员培训时，学员抱怨"洋教头"讲得"不得劲"，时任稽查特派员总负责人、人事部副长孙树义提出"西药不行中药补"，我提议让胡少先给稽查特派员"讲一课"，半天工夫，胡少先就让这些部长们面对朱总理"首战必须告捷"的指示，颇有"久旱逢甘雨"的感觉，特派员总署的负责人对我说，听课的部长们记笔记"把手都记酸了，连上卫生间都不肯去"。以此，孙部长在人民大会堂一次会上讲到"中国也有世界级的注册会计师"！浙江所、胡少先为中国注册会计师行业争得了荣誉！讲述这些点滴，是想说，天健所三十年来的第一大成果，是培养了一批人才。"不是一番寒彻骨，怎得梅花扑鼻香"，当年这些参与者，如今都成了天健所的高层领导和业务骨干，也是我国注册会计师行业当之无愧的领军人物。

1998年，中国注册会计师行业发展处于一个关键时刻。证券市场中的"老三大案件""新三大案件"接踵而至，我这个秘书长真是"如履薄冰，如临深渊""度日如年"。咬紧牙关，来了一个"全行业脱钩改制"，接二连三地起草、下发了22号等十几个文件，并规定执行证券业务的大所、骨干所率先进行，使事务所从国家所有变为注册会计师所有，下决心赶走背后的"保姆"，切断与国家机关的"脐带"，让注册会计师真正到市场经济的大潮中去摸爬滚打。其中虽有坎坷、波折，但"路已打通"。当时朱总理对这次脱钩改制的批示是"大方向是正确的"，肯定了改革的成果，从此揭开了中国注册会计师行业发展新的一页。浙江所就是在这一年走上了"自主"之路，从挂靠浙江省财政厅的"浙江会计师事务所"，变成了由胡少先等11名注册会计师发起组成的"浙江天健会计师事务所"。1998年6月24日，浙江所向省财政厅呈报了脱钩改制方案，11月21日省财政厅下文同意成立"浙江天健会计师事务所"，同年12月17日省财政厅党组通过了脱钩改制方案，从人员脱钩、财务脱钩、基金和劳动保险及安置费等四个方面做了具体安排，并下发了文件。按照财政厅批准的文件，到1998年年底，浙江所完成了全部脱钩改制的工作，走上了一条由注册会计自主创业的崭新之路。浙江所的脱钩改制，不能说走得很早，但走得很扎实，没有"后遗症"，没有留下任何"尾巴"，在全国堪称"样榜"。离开"婆婆"以后，他们形成了一套"专注务实、勇于创新、超越自我、追求卓越"的浙江天健所的新风。所以，我认为天健所30年来的第二大成果，是传承并发扬了勇于改革、敢于创新、求真务实、稳步前进的新风。引导了他们从一个"地方所"，发展成为全国会计师事务所的前三名！

1998年3月，"琼民源事件"东窗事发，牵连中华所"全军覆没"。时任财政部主管副部长张佑才在1998年下半年责令我"从全国选拔一百名最优秀的人才，一步到位，实行合伙制，建立中国自己的'一大'"，这就是当年天健所的"源头"。财政部给予了最优惠的政策，提供了最丰富的资源，我亲自出马为之"奔走呼号"，从南海之滨（厦门）到改革之都（深圳），从北方明珠（大连）到西子湖畔（浙江），秉承张部长的"旨意"加上我自己的梦想，四处讲演，激情高呼："爱国主义+革命热情+专业技术+脚踏实地＝中国一大！"这是一个"梦"，一个中国CPA渴望"长大"的"中国梦"。最初网络英文为pccpa，事务所的logo为蓝色PAN-CHINA，就是

"中国一大"的意思。一时间，像西湖的明珠，从北到南，一连串的"天健"横空出世，连当时的"六大"也惊呼："中国的'一大'来了！"可惜，一家家建立不久的"天健"，都"东奔西跑"了，散了！唯有浙江天健独擎天健大旗，承继蓝色 PAN-CHINA logo，把"天健"这面中华民族梦想的大旗扛到了今天，中国 CPA 的"一大"的梦想，正在他们的努力下，一步一步地迈向真实！所以，天健所 30 年的第三大成果，应当是他们创造了中华民族自己的品牌！

"天行健，君子以自强不息"，我相信他们一定能向着中华一流、世界著名的国际化事务所的发展目标挺进！下一个 30 年将会更加辉煌！

民营银行与注册会计师的责任
——在民营银行论坛上的发言

已经过了十二点，应该说下午好！

我是注册会计行业的一名老兵，接到论坛邀请后，我与财政部原主管会计工作的部领导、现全国人大常务委员会委员冯淑萍同志商量，她建议我还是讲讲民营银行与注册会计师的关系。因此，今天我就这个题目，讲讲个人的一些认识。

20 世纪，在我就任中注协秘书长时，正值朱镕基同志出任国务院副总理、总理，在这前后 10 年中，朱镕基同志对注册会计师在市场经济中的地位和作用，做出过许多很高的评价。他曾说过："注册会计师是市场经济的奠基，发展注册会计师事业关系国家前途命运！"在国务院的直接指引下，1998 年执行证券期货的会计师事务所从国有变为民营，1999 年实现了全行业民营化。从那以后，所有会计师事务所均成为注册会计所有、按市场经济运行规律运行的新型经济组织。经过这些年的发展，注册会计师行业已成为我国市场经济中无时不有、无事不在、不可或缺的重要环节。十八届三中全会说市场是决定性的，因此，研究民营银行的建设和健康发展，同样也离不开注册会计师。借用朱镕基同志的话，从某种角度可以说注册会计师是民营银行的奠基，注册会计师关系民营银行的前途命运！

从三个方面看注册会计师在民营银行建立和健康发展中的作用和责任。

一、政府有关部门需要

据统计，2013 年仅工商银行一家净利润就达 2 629.6 亿元，而 2 300 家 A 股上市公司净利润总合仅为 2 406 亿元。一家商业银行的净利润就超过全部上市公司净利润之和，这在世界上是罕见的，金融行业这种宝塔形的结构，也引起高层的关注。这几年，随着利率的市场化，金融领域改革的逐步深入，民营银行的机构准入已成为必然趋势。民营银行的"鲶鱼"效应，正在打破大型国有银行对金融市场的垄断，提高资金的使用效率，倒逼国有商业银行的改革，在一定程度上改变传统的国有银行一统天下的局面。从而形成国有金融与民营金融、大型金融机构与众多中小型金融机构竞争共存的新局面。

现实经济运行中，一方面小微企业严重的融资难、融资贵问题始终得不到根本解决；另一方面大量的信贷资金又流向了房地产和地方融资平台，使得信贷结构严重错配，有鉴于此，国家允许民间资本开设民营银行，从根本上改善小微企业资金难、融资贵问题。

在我国经济活动中，无论是传统银行体系内叫嚷"钱慌"，也无论是市场利率狂飙，民间从不缺钱。马云说："大银行有病，支付宝有药。"民间资金一直在某种程度上补充或替代国有银行的贷款业务。马云还说："阿里巴巴只和政府谈恋爱，但不想结婚。不管阿里巴巴发展有多快，绝不与政府做生意。"民营银行的建立与发展，可以抑制地下金融"秘密恋爱"。将其纳入政府的有效监管范围，并发给正式的"证书"，让其从"偷偷摸摸"的"地下工作者"，转变为在阳光下合法的经营者！中国特色就是这样，马云再"牛"，也还是需要政府的一张"证书"！而对于这张证书的取得，则需要注册会计师这样一个中间的"媒人"。引入注册会计师的社会监督机制，使之阳光化、合法化。

民营银行作为新生事物，应当是改革的象征。金融业改革的关键是要筛选出诚信、有能力的经营者，给投资者提供不同的服务。应当支持带领地方农信社等小型金融机构走出泥潭的领头人，他们在长期的金融实践中具有本乡本土的泥土亲和力，更有基于传统人际交往的风险控制能力，对当地的小微企业与农户服务熟稔于胸，可以弥补中国缺乏社区银行服务地方经济的不足。长期的金融实践已经展现出他们的能力，考验了他们的信用，正是这些人的手使极少数烂泥般的农信社、地方小金融机构重获新生。同时，还应当支持已经成功运用大数据开展联网金融的企业成为银行，让这些企业家成为智能时代的银行家。这样的互联网金融平台应当成为民营新型银行。而这些，都需要注册会计师提供独立、客观、公正的评估、咨询和会计、审计服务。阿里巴巴到美国上市，也离不开会计师事务所的服务，这是世界通行的运作方式。

不能把改革视为"分肥"的机会，银监会对试点的选择，不是计划模式下的指标分配，也不是行政管理下的区域划分，而是对试点方案对象的选优。如同证券市场一样，民营银行的创建和健康发展，需要注册会计师协同作战。

民营银行与国有商业银行都是依法设立的商业银行，适用同等的国民待遇，接受相同的监管管理。银监会主席提出民营银行有四个"突出"的特点。一是突出市场机制的决定作用。民营银行要建立完全由资本说话的公司治理机制，要依法建立董事会、监事会、经营班子和开展业务，独立自主地去经营；二是突出特色化服务、差异化经营。重点是服务中小微企业、服务社区功能等，以完善的多层次的银行业金融服务体系；三是突出风险和收益自担的商业原则。重点是依法做好风险管理控制的损失承担的制度安排，要制定"生前遗嘱"，防止银行经营失败后侵害消费者、存款人和纳税人的合法权益；四是突出股东行为，监督重点是要依据现行的法律和法规，监督银行和股东的关联交易、股东对银行的持续注资能力和它的风险承担能力，防止试点银行成为股东的融资工具。也借用马云的一句话：体制有病，注册会计师有药！这四个"突出"，也需要借助注册会计师的服务。

在中国一些经济发达的地区，民营企业要求组建民营银行的呼声很高。由于监管部门和民营企业之间存在一定的信息不对称，因此，监管部门较难掌握民营企业开办银行的真实动机，很容易出现审核方面的偏差，严重的还可能导致区域金融秩序的混乱。因而需要借助第三者——会计师事务所提供的资料，以便从中选优。

负债经营的特殊性决定了银行的健康发展必须以健全的监管机制为前提。这一点对于民营银行尤为重要。因为民营银行的资本金主要来自民间,其对利润最大化有着更为强烈的追求。在这种情况下,民营银行高风险运作和金融创新的冲动也就更强烈。如果没有健全的监管机制进行有效监管,民营银行往往会因风险问题而陷入失败。借助会计师事务所的社会监督,也是十分必要的。

从1996年民生银行成立算起,中国的民营银行诞生已有18年时间,其间不仅没有新批一家民营银行,连民生银行实质上也是国有化了。银监会近年加快推进民间资本进入金融业的步伐,民营银行的成立也已是大势所趋,但5家、10家远远不够了。民营银行的突出特点是按市场机制自主运作,是其优势所在。但这一优势的发挥,应当以健全的信用环境、发达的金融市场和有效的监管体系为前提。管理层应该对发起企业的资产债务状况进行综合评价与分析,对发起企业的发展前景等进行全面、客观、准确的评估。凡是资产负债比例高、负债规模大的企业,都不应被允许发起组建民营银行。要慎重筛选那些资金实力雄厚的民企,要使新组建的民营银行能守住风险底线。

民营银行主要是股份制的商业银行,所有者与经营者分离。银行经理人掌握经营权,并处于信息优势地位,很可能为自身的利益而去追求高风险、高效益的投资。一旦投资失败,绝大部分损失将由股东来承担,当投资失败超过股东承受能力时,风险就将转嫁给存款人,这样将会产生极坏的社会影响。所以,政府必须加强监管。

总之,从政府角度来讲,无论是对民营银行的事前审批、事后监管乃至事后追查,都可以借助会计师事务所的力量。

二、社会有关方面的需要

借助注册会计师的力量,防止民营银行金融行业风险外溢,满足社会各方面对民营银行相关信息的了解,是民营银行健康发展的重要环节。

对单一上市企业举办民营银行,也以界定这家银行到底是为控股公司本身融资服务还是为小微企业融资服务为准,社会很忌讳民营银行成为创办企业自身的赚钱机器。因此需要通过注册会计师的审计,让社会各方面了解其股权结构和经营状况等方面的状况。

随着贷款利率下限放开,利率市场化的加速,银行的竞争态势也将进一步加强。未来民营银行很可能享受不到之前高利润时代的利好环境,而是面临着竞争更加激烈的市场,上市公司能否保证银行资本充足率,也将面临巨大的挑战。通过注册会计师的审计,可以及时掌握其资本金的真实状况。

民营银行最大的特点,在一个"民"字,即民营、民管,完全由市场机制自主运作,不受国家控制,这既是民营银行的最大优势,也是最大的劣势,缺乏国家政策倾斜或政府机构支持,民营银行经营不善,会出现亏损甚至倒闭,一旦经营破产倒闭,风险就会外溢。所以,民营银行更需要借助会计师事务所的服务,做到信息及时、公开披露,以取信于民。

对民营银行日常监管的目的,主要是防范银行业务经营过程中可能出现的各种风险。按照巴塞尔银行监管委员会《有效银行监管核心原则》的有关规定,可通过现场检查和非现场检查及借助于会计师事务所进行的外部审计来发现、评价和纠正潜在的风险。民营银行也应当为有关监管机构提供完整、真实的财务、会计等相关资料。为此，要完善和统一会计处理方法，防止民营银行在账面上弄虚作假；同时，要加强外部审计，进一步摸清民营银行的风险状况；建立规范的信息披露制度，参照上市公司信息披露要求，民营银行要向社会和监管机构提供详细、真实地反映经营状况的资料，增强银行会计师的地位。

银行是一个高利润行业，因而人们投资办银行的积极性很高。但银行又是一个高风险行业，其负债经营的特性决定了银行必须将"安全性"放在首位，因为银行的破产倒闭导致"多米诺骨牌效应"，会引发社会上一系列连锁反应。这就需要通过注册会计师作为第三者提供足够资料，发挥正能量，适时让社会了解。

三、民营银行自身需要

2012年以后，国有商业银行面临前所未有的多重压力。比如，利率市场化加快推进，银行和非银行的理财产品迅速发展，提升了存款成本，收缩了银行利差；经济增速明显回落，产能过剩治理和经济结构调整导致银行资产质量承受越来越大的压力；非信贷融资的信托、租赁、委托贷款等的迅速发展，分流了商业银行的资产和负债业务；互联网金融迅速崛起，吸走了越来越多的银行活期存款，大幅推升了银行负债成本。在这样的环境下，民营银行批量问世，必将面临更大挑战。

新生民营银行要发放贷款，存款就需要达到一定水平。如果存贷比考核不变，显然压力很大。现有国有银行已经有较好的基础，有网点、客户，包括娴熟地运用各种手段，即使是在这种情况下，正在经营的国有银行做存款业务都非常困难，那么，新生的民营银行要做存款业务难度显然会更大。

经营银行存款定价高到什么水平才能把这批储户留住？无疑对小银行的定价能力又是考验。事实上，虽然小银行的存款利率通常已经比较高，但在存款压力非常大的情况下，又不得不大幅提高存款利率来稳住存款，否则就会面临较大的流动性风险。而小银行定价能力通常较弱，存款利率大幅上升可能压缩息差，带来经营风险。在目前市场上，正在经营的小银行已经遇到类似困难，而新生的民营银行如何在国有大行的夹击中获得生存和发展？如何在经营中做好风险把控？如何打破垄断，在资金、市场、抗风险能力等方面经得住考验，都是民营银行前进路上必须直面的问题。而注册会计师行业，可以帮助协同解决这些难题。

首先要解决好的是人们对民营银行的信赖度，作为一家新成立的银行，在市场获得认可的程度，不可能太高。而一些银行发起人如果是在互联网金融的大佬，完全按照银行监管方式来运作，走向一条被管制的路途，就会被捆住手脚，无法发挥更大的优势。

注册会计师的作用，主要是以第三者的身份，独立、客观、公正地对审计对象的财务状况做出是否真实、合法的评价，从而增强社会公众对企业财务会计报告的可信度。可以说，注册会计师的产品，本身就是诚信。一家成功的上市公司，必然有一家高水平的会计师事务所在协同作战，这在证券市场已经得到证实，在全球资本市场也是认可的。民营银行借助注册会计师的力量，可以增强其在社会上的可信度和提高知名度，这是市场经济规律所决定的。

民营银行的主要客户是中小微企业、需要救助的企业，而这些客户风险都是较高的，需要借助道德和专业都较高的第三者——注册会计师提供的服务，对这些客户的经营状况、资产负债状况、财务状况、偿债能力等，进行详尽的了解，做到事前心中有底，以规避风险。

民营银行最大的问题是股东贷款、失败的民营银行的一个共同特点就是股东一开始就企图通过银行赚钱。民营企业办银行一个很重要的动机，就是希望为企业搭建一个资金平台进行赚钱，监管部门可以利用注册会计师的资料，制止这些行为。

民营银行在选择客户上，可以借助注册会计师的力量，了解客户需求，提供增值服务，力求实现民营银行与客户双赢。会计师事务所提供的内控鉴证、管理咨询、纳税筹划等多元化服务是当前企业快速发展产生的内存需求。会计师事务所应当在通过审计鉴证了解企业财务状况的同时，对企业财会核算、内部控制、市场战略等方面提出改进意见，在民营银行贷款前，把对象企业的财务状况进行调查、对提交项目可行性进行科学分析，利用注册会计师的专业优势和技能，确保贷款对象投资项目开工之后可以达到经营上合规、技术上可行、经济上合理，实现民营银行与客户双赢的目标，从而使民营银行把贷款风险降到最低点。

民营银行最突出的特点就是按市场机制自主运作，不受政府干预，这也是其相比国营银行的优势所在，但这一优势的发挥是以健全的信用环境、发达的金融市场和有效的监管体系为前提的。而现实情况往往与理论假设相去甚远。在生存环境不健全的情况下，民营银行往往会出现这样或那样看到的问题，从而导致失败。综观境内外民营银行的发展历程，民营银行的失败主要集中在市场准入不规范、监管机制不健全、特权集团介入、内部人控制和关联企业贷款五个方面。万一不幸，国有银行有国家财政托底，国有银行是亲儿子，你是后娘养的，破产了，就只有"死路一条"，去蹲监狱吧，叫你老婆送饭。

还有道德风险，应当说，道德风险大小与资本性质没有必然的直接联系，不能"唯成份论"。道德风险的产生主要在于信息的不对称和制度约束的弱化，而不是资本的性质，对民营银行而言，其资本来源和构成的特殊性，决定了民营银行道德风险问题更应引起各方的足够重视。你可以找一个同伴——注册会计师，因为注册会计师也是以诚信执业而在市场经济中生存和发展的。民营银行作为经营货币资金的特殊企业，完全按照市场机制，自主经营、自我约束和自我发展，信用是其生命之源。在当前社会信用缺失，全国性、区域性企业及个人信用体系未建立的情况下，民营银行的经营将面临更大的挑战。为此，借助注册会计师行业的力量，使具有不良信息记录的企业和个人客户远离民营银行。

祝大家发财！并规避风险，安全地发财！我想起20世纪90年代李子彬市长请我和迟部长吃饭时说的一句话：中国的事情急不得，也慢不得。我看民营银行的事情也是这样。让我们为创造具有中国特色的新的金融体系的美好梦想，而携手共进！

2014年6月22日于京西宾馆

（由中国银行业协会和《金融时报》共同主办的"2014首届民营银行论坛"于6月21日至22日在北京召开，我应邀在会上做了发言）

共筑会计梦
——评 AIPI 指数

大家上午好！

主办单位邀请我发言，通知写的是"中国上市公司会计投资者保护指数发布会"，开始我没闹明白，会计是投资者？还是以会计数据为主的指标对投资者的保护？看来，应当是后者。会计还有"保护投资者"的功能？过去没想过，只能是个梦，如今成了现实。所以，今天我讲话的题目就叫《共筑会计梦》。最近有一首歌，叫作《共筑中国梦》，唱响了大江南北，期待我们的 AIPI 指数也能传遍全国！

我是会计行业的一名退役老兵。在财政部，当过中国会计学会、中国注册会计师协会、中国总会计师协会的秘书长，秘书长就是打工仔。在会计这个行当，做会计、查会计、管会计相关的重大事务我都干过。作为过来人，还有一公岁就是"80 后"了，讲点故事吧！

20 世纪 80 年代，我当中国会计学会秘书长。经济学家于光远编撰《经济大词典》，而《会计卷》是其中的一卷。《会计卷》的第一个词条就是"会计"。什么叫"会计"，这是一个既简单又复杂的问题。当时有"南北流派"，娄尔行、杨纪琬、阎达五是"管理活动论"者，葛家澍、杨时展是"信息系统论"者，李宝震是"艺术行为论"者，还有广为流传的苏联马卡洛夫的"工具论"。专家们在咸阳开会，各执一词，我作为做具体工作的，无从下笔。"会计"这个词条不解决，下面的什么"工业会计""商业会计"等等，都无法写。难哪！如果这些老前辈还在世，他们会为 AIPI 指数的问世而惊愕，并为之赞赏，夸奖谢志华、杨有红这些后生可畏！

20 世纪 90 年代，我当中注协秘书长时，正是中国证券市场建立和曲折发展的年代。

记得1992年8月11日，朱副总理给李鹏总理写了封信，说中国证券市场管理体系应当有四个层次。第一个层次是社会监管体系，主要是注册会计师、律师等。他们对公开发行股票的股份公司的招股说明书、财务报告、资产评估报告和法律意见书进行审核、鉴证，并为其所签字的这些报告承担相应的法律责任。第二个层次是交易所。第三个层次是证监会。第四个层次是证委会。他还指出，股票和交易要过"三关"，第一关就是注册会计师和律师："就是要严格对发行股票企业的资产评估和财务审核。对于资产评估不实、伪造、漏报的企业财务资料，以及会计师事务所串通虚报资产和财务盈亏等违法行为，要严肃处理，违反法律的要追究相应责任。"

1992年9月9日，体改委发文批准上海石化上市。同时发布了《企业股份制改组过程中有关会计处理的工作程序》。上证市场龙头股就此诞生，会计工作也进入证券市场。

1992年9月17日，根据朱镕基的指示，我起草，孙树义审议（后来是人事部副部长、稽查特派员的总头），以财政部、国家体改委的名义联合印发了《注册会计师执行股份制试点企业有关业务的暂行规定》，就此，注册会计师进入了资本市场。

1992年10月，朱镕基兼任国务院证委会主任，他要刘鸿儒当证监会主席，当时证监会是证委会的办事机构。刘鸿儒说："证券市场是座火山，要我去，不外乎是您要找个替罪羊。"朱镕基说："不用你当替罪羊，我来当，出了问题我负责！"后来，刘鸿儒当没当"替罪羊"我不知道，CPA真成了"替罪羊"。财政部有人统计，平均一个月，朱镕基要"骂"我一次，那时，我的"日子"真不好过！本来CPA在证券市场就是保护投资者的，却没想到落了个"警察与小偷合谋""通同作弊"的"罪名"。其实，CPA本来就不是"警察"，朱镕基过高地估计了CPA的能量！还是后来姜春云说得比较恰如其分。那年，《会计法》修改后要在中央电视台、广播电台做讲座宣传，请副委员长姜春云做一个开场白。在接见摄制组时，他说："现在社会上有三种医生，会计师是市场经济的医生，律师是法制秩序的医生，还有一个就是人们生活中给你看病的医生。"这个定位，我看比较客观！CPA也不是投资者的保护神！

根据朱镕基的总体设想，国务院在1992年12月17日发出了《关于进一步加强证券市场宏观管理的通知》。从那以后，中国的股市迅速发展。由于"僧多粥少"，管理混乱，股市一个劲地猛涨！

在朱镕基的策划下，1996年12月16日《人民日报》发表了《正确认识当前股票市场》的社论，它在中国证券市场建立初期产生了重大影响。提前两天，12月14日，国务院用电报形式将此文传到各省市、自治区和各部委，提前打招呼，这是极不寻常的举动。文章口气之严厉、用词之尖锐前所未有。记得1997年1月，朱镕基在全国财政工作会议中讲话时说，为了这篇社论，他几天几夜没有睡好觉。社论发表后，股市一泻千里，当天就有610只股票跌停，第二天全线跌停。朱镕基打电话给公安部部长，问有多少人跳楼、上吊、自杀，回答说没有一个。过了3天，一看不行，又把周正庆找来，用《人民日报》评论员的名义写了一篇文章，说他是爱护股市的，中国股市还是光明的，把股市又托了一下。朱镕基在会上说，香港人说，中国股市没有熊市、牛市，只有朱市。这个话就至此为止，别说我朱某人气量太小。这就是说，中国的股市是政府市、政策市。所谓"炒消息"不就是这个意思嘛！所以，

二、往事越千年，激动抵万金

那时我认为对投资者的保护主要是政府的功能！

新世纪初，我出任总会计师协会副会长兼秘书长。从此，又和以内部控制为核心的管理会计结上了缘分。

20世纪末，中国证券市场接二连三地发生了财务会计报告做假事件，从"老三大"（原野、长城、中水）到"新三大"（红光、东锅、琼民源），直至后来的"银广厦"，不仅震动了中国整个证券市场，而且惊动了"中南海"。从"最高当局"那里发出的一道又一道"金牌"，都未能制止这个"毒瘤"的扩散。在这期间，包括"挂靠"财政部的中国"第一大"所——中华会计师事务所在内，都因此受牵连而先后"坍塌"。也是在这时，中国证监会在"无可奈何"的情况下，发出了十六号文件（即所谓"双重审计"）。但令人遗憾的是这一纸"搞错了对象"的"文件"，不仅没有"治本"，连"标"也没抓到，"短命"的文件，只有"尴尬"地在不到两个月内就草草"收场"。当时，我正担任中注协的秘书长，我也"如履薄冰，如临深渊""苦于无策"。嗣后不久，到21世纪初，美国发生了轰动世界的"双安事件"（安然公司、安达信会计公司因财务作弊而倒台）以及接二连三的"世通"等大公司一系列财务丑闻的出现，不仅对美国而且对全球资本市场产生了巨大的负面影响。为拯救市场信心，时任美国总统的老布什签署了《萨班斯—奥克斯利法案》（SOX）。

2002年，萨班斯法案在美国正式生效。最初两年，因执行404条款，多方需要付出高昂的成本，从而遭受来自各方面的种种抱怨，尤其是"萨班斯法案"404条款在美国备受争议。

2004年1月，在我担任中国总会计师协会副会长兼秘书长期间，率领一批由财政、企业、会计师事务所等各方面负责人组成的代表团访问美国。在纽约，首先访问了德勤国际会计公司，其合伙人关德铨先生告诉我，他们在实施"萨班斯法案"后对大公司进行审计时，其每次的审计成本支出要多出600万美元，审计费用比平常要超过65%以上。而对于资产超过200亿美元的公司，其实施"萨班斯法案"后的成本支出要突破1 000万美元。我笑着对关先生说："羊毛出在羊身上，你还不会向被审计的公司要呀！"关先生无可奈何地对我说："提高审计收费企业是不高兴的，但政府的法令不能不执行。"他们当时的意见是准备向政府提出修改"萨班斯法案"的建议。

2004年10月，我担任国际CFO理事，出席在佛罗伦萨举行的世界首席财务官协会理事会和会员大会。诺贝尔奖获得者蒙代尔在大会上作"货币与世界经济"的主题讲演，在谈到国际资本市场时，也谈及美国"萨班斯法案"404条款内部控制问题，他的看法是：虽然昂贵，但属必要。后来，美国首席财务官协会主席对我说，美国企业为实施404条款，平均成本支出达到460万美元，而通用电器公司则花了高达3 000万美元才完善自己的内部控制系统。

这些信息，使我对实施"萨班斯法案"404条款产生的深刻印象是：耗时、昂贵、要求太高。

2005年3月，美国管理会计师协会（IMA）主席兼总裁夏曼访问北京。我领着他走访了财政部、审计署、商务部、国税局、证监会等政府综合经济管理部门和中国会计学会、总会计师协会、注册会计师协会、资产评估协会、注册税务师协会、内审协会等与理财相关的全国性社会团体。由于 IMA 在 1919 年成立时就叫"成本研究会",因而他们对与之相关的内部控制成本有独到的见解,也正是在这期间,IMA 开始了对美国若干大型企业实施萨班斯法案的情况进行了调查,得到了不少正面反馈的有关信息。夏曼在财政部会见王军(党组副书记、副部长、十八届中央候补委员,现任国家税务总局局长)时说:"让世界最大的发达国家与世界最大的发展中国家,携起手来,在全球重整管理会计的雄威。"王部长回答说:"我很赞成阁下的意见。面对瞬息万变的资本市场,中国现在最缺的是理财能手,而管理会计是理财的重要手段,尤其是内部控制是管理会计的重要组成部分,更需要下大力气把它搞好。"王军当即请 IMA 为中国培养 10 000 名以搞好内控为重要内容的管理会计人才。现在管理会计成了气候,楼继伟不也在带头讲管理会计吗!财务会计是记录财富,管理会计是创造财富。当然我们很需要这方面的人才。

在访问商务部时,傅自应副部长(后任江苏省副省长)说:"你们能不能站在独立、客观、公正的立场,对中国企业的成本核算和成本管理做一次调查,写出一份报告,说服你们的议员、内阁成员,首先说服你们的商务部长,中国政府一定大大地奖励你们。"这是一个具有战略意义的重大课题,也是 IMA 进入中国、了解中国企业成本管理和内部控制情况的开始。接着我陪同他们访问了国资委,约定 IMA 为建立培训中国央企财务管理高级人才项目进行合作。当然,其中重要内容之一是在公司治理中如何加强内部控制。

在与商务部达成协议后,IMA 在 2006 年 5 月、10 月先后对中国企业的成本核算和成本管理进行了考察。我陪同 IMA 组织的全球成本管理专家包括 IMA 科研部主任劳森博士等,考察了几乎涉及中国国民经济各大支柱产业的顶级企业,包括国有大型企业、上市公司、民营企业等,如海尔、青啤、一汽、鞍钢、江铜、红豆、汇金、TCL、新华制药、八一钢铁、特变电工等等,获得了中国企业成本核算和成本管理第一手丰富的材料,美国的专家们,也开始了解到中国企业不是没有内部控制,而是不完善、不配套,属于起步阶段。

2008 年 10 月,我在上海参加"金融服务国际研讨会"时,拜会了为会议做主题讲演的美国前国务卿基辛格。他在谈到美国发生的"金融海啸"时,说到华尔街金融大鳄的贪婪以及华尔街金融业内控的松弛,基辛格对内控颇有"成也萧何,败也萧何"之感。

在这之前,我看到 FEI 在 2007 年的调查报告,介绍有 63% 美国企业在实施萨班斯法案 404 条款后,第二年的成本都在下降,由于设计和维护流程的成本接近零支出,因而使整个执行成本下降 15%~30%。

他山之石,可供借鉴。2006 年 7 月 16 日,由财政部王军副部长牵头任主任,证监会原纪委书记李小雪、国资委副主任邵宁担任副主任,成员包括来自监管部门、实务界、理论界的 31 位专家学者,成立了"企业内部控制标准委员会"。2008 年 6 月 28 日,财政部、审计署、保监会、银监会、证监会五部委联合发布了《企业内部控制基本规范》。2010 年 4 月 15 日始,五部委又发布了《企业内部控制应用指引》《企业内部控制评价指引》和《企业内部控制审计指引》。

根据中央关于国有大型企业要"做大、做强、走出去"的要求,中国证监会发文规定，自2011年1月1日起，在境内外同时上市的公司要执行"内控基本规范"；自2012年1月1日起在上海、深圳两地交易所主板上市的公司也要施行；在此基础上，2013年在中小板和创业板上市公司亦需施行。2012年5月国资委、财政部联合发文，要求央企在2013年全面实施。种种情况表明，中国政府，对在企业实施严格的内部控制进程正在加速。大家只要仔细研究一下中国的"企业内部控制标准委员会"发布的几方面的各种标准，就能发现，其要求已经远远超越了美国财务报告内控要求的范畴。

上面讲了我这将近20年的经历，在任三个秘书长的工作中，重点主题之一，就是如何保护投资者的利益，可我没有做得很好。谢志华、杨有红等教授专家们的AICI指数，从横向极大地扩张了会计的内涵和外延，这就能引起社会对会计数据的极大关注。

投资者保护，是当前我国资本市场监管的重中之重。肖钢一上任就说这事。对投资者的保护，包括法律保护、社会规范保护和市场机制保护。会计有其特定的目标和路径，能够发挥基础性作用。会计在提高公司契约有效性、降低代理成本、提升投资效率等方面，有其独特的功能。随着资本市场的发展，盈余管理、虚假会计报告等问题成为侵害投资者利益的重要杀手，正如商学院的教授们所指出的，会计的目标开始由早期的"强调决策有用性的用户需求观"，逐渐演化为"强调透明度的投资者保护观"。

随着资本市场在经济发展中扮演着越来越重要的角色，投资者保护也成为影响和促进资本市场发展的重要因素之一。李克强总理多次强调"要让老百姓分享改革的红利"，就是这个意思。我国资本市场投资者保护体系，如前所述，是在政府主导下发展起来的。当前保护投资者已经成为我国资本市场立法与监管的核心价值取向。经济生活中，上市公司侵犯股东权益的案例频频发生，尤其是侵犯中小股东的现象屡禁不止。说明现有的投资者保护机制，没有起到应有的作用，尤其是对会计在投资者保护中应有的作用，没有引起足够的重视，AICI指数就是在这样的大背景下，应运而生。它的前景应当不可限量。

AIPI指数以会计为切入点，研究对上市公司的投资者保护，更加注重研究过程的合理性。专家们对上市公司公开的信息披露、外部审计、内部控制、管理控制和财务运行五个维度指标，依据设定的理论框架及各要素权重进行分析计算，得出的指数，没有分析原因也没有提出对策，而是专注于分析，这恰恰是它的亮点。通过分析，它能够揭示上市公司财务造假迹象；能够揭示宏观经济环境特征；还对投资者投资决策有支持价值。会计对投资者的保护作用，主要表现为通过定价功能，使投资者能够正确投资，从而取得应有的投资报酬，通过治理功能保证这些应有的报酬不被管理层或者大股东所侵占。促进投资者保护的会计系统，既包括会计信息本身，也包括对会计信息起保证与鉴证作用的外部审计体系、对会计信息与企业经营活动起控制作用的内部控制体系，及对企业成长与增值起支持作用的财务运行体系，离开这些会计及其衍生体系，单纯从法律的角度研究投资者保护问题，是难以从机制上建立完善的投资者保护体系的。

值得关注的是，AICI连续几年的报告提出的一个信号：持股比例越高保护程度越好，投资者保护水平与持股比例呈正向变动关系，即第一大股东持股比例越高，投资者保护水平越高。造成这一现象的主要原因是，不同股权结构的公司治理状况、经营效率存在差别。尤其是股权分置改革后，大股东与中小股东的利益逐渐趋于一致，其掏空动机在逐渐减弱，而提升公司价值，实现与公司价值共同成长的动机很强。相反，持股比例越低，越倾向于采取盈余管理、关联交易等方式从上市公司攫取利益，因而持股比例较低公司的投资者保护水平也较差。他们认为，在中国独特的制度背景与市场背景下，股权越分散，无论是治理效率还是运营效率都会下降，而相对集权的股权结构下，更有利于中小股东利益保护。这些引导，对中小投资者、政府监管部门、上市公司以及金融中介等具有重要的参考价值。AICI指标的各种数据，已经被社会称为"上市公司会计投资者保护的晴雨表"。

最后，我还想讲两个问题：一是公司的环境。二是社会环境，即AIPI的社会效应问题。

公司的环境就是公司治理。我想讲讲阿里巴巴的事。阿里巴巴的IPO是全球网络活动演变历史上一个重要的里程碑。无论是对公司、交易所还是全球的股票市场来说，阿里巴巴的上市都可以说是一个"传奇"。15年的时间，将之打造为全球互联网界市值第二的黄皮肤中国人，一时间成为全球主流媒体的头版头条，整个全球互联网格局因此重写，华人世界为之欢腾雀跃。过去10年，中国和西方的互联网世界在上演着各自的故事，现在它们将融合成一个全球故事——商业模式深深植根于人们的日常生活中。

不过这场资本盛宴对中国本土而言，似乎有太多的遗憾。尽管中国消费者虽然促成了阿里巴巴的成功融资，尽管阿里巴巴登陆纽交所受到许多中国人的庆祝，但阿里的股票却将中国投资客拒之门外。因为国家有限制措施，所以中国大陆的投资者无法直接购买外国股票。中国投资者只能通过所谓的合格境内机构投资者推出的理财计划来间接购买外国的有价证券。同时，人们对于中国是否能够令人满意地培养自己的企业家产生怀疑。有人叹息失去了一个在本国举行可能是世界上最大规模的股票上市活动的机会。中国的企业和证券业监管条例明显滞后于世界潮流，这些条例对于有着多元化资金需求的创业型企业来说是过时和不合适的。中国资本市场对此类企业的态度，注定了企业未来上市之路，也必须离开A股走出去，令绝大多数中国人包括投资者均无法分享企业成长的果实。

我想说说它的公司治理结构。一个企业的运行机制，生存和发展的内在机能及其运行方式，引导和制约企业生产经营决策并与人、财、物相关的各项活动的基本准则及相应制度，是决定企业经营决策行为的内外因素及相互关系的总称。企业运行机制包括产权机制、决策机制、竞争机制、动力机制和风险机制五个主要组成部分。阿里巴巴在美国上市，它是股份公司，却采用了合伙人制的管理方式。其合伙人制并非法律和常规意义上的"普通合伙人"，其对于公司运营并没有直接的管理、决策、执行权，只有看似"神圣"的选举权。我想说的是它有点像我们的会计师事务所的有限合伙制。对公司而言是有限的，对合伙人来说是无限的，它的主要支撑是合伙人的文化和价值观。顺便说一下，我们的法律界，硬要反对"有限合伙"这种世界通行的提法，说"怎么既无限又有限？"不通！那么，特殊的普通舍伙就通了吗？同样的道理,怎么既特殊又普通?狗屁不通!

阿里巴巴的投资者,甚至包括大股东,其利益的维护完全依靠合伙人的契约信守精神。各有关主体订立契约,源于彼此的信任,都相信各方在关键时刻能完全履行契约,能尽全力恪守照顾、保管等附随义务。阿里采用的只是一种看起来民主、创新、开放的方式,最终确保的依然是以马云为主的公司管理层对于这家公司的控制权。阿里的合伙人制度可以保证管理层的控制权,因为上市后合伙人有权提名半数以上董事。当董事会成员人数少于阿里合伙人所提名的简单多数,阿里合伙人有权指定不足的董事会成员,以保证董事会成员中简单多数是由合伙人提名。实质上,阿里合伙人通过上述程序,已控制了公司半数以上的董事。阿里最终放弃中国香港选择美国上市,不仅仅是因为美国有 AB 股制度,而是因为 SEC(美国证监会)接受其合伙人制度而港交所不接受。阿里合伙人实质还是将公司的核心控制权集中在马云等创始合伙人手中,只是更加隐蔽和考究。

深入观察阿里的分析人士相信,其管理制度与上市前相比并不会有本质变化。合伙人制对于阿里好处在于,可以保证其决策的高效,同时对公司员工和管理层有持续的激励作用。但在阿里成为一家公众公司后,公众股东有可能缺乏对管理层和大股东的有效制衡机制。而要想更改关于合伙人的提名权和相关条款,必须在股东大会上得到 95% 的到场股东或委托投票股东的同意。从现在的股权结构来看,这几无可能。

也有许多担忧,需要中国监管层和阿里巴巴们做好充分准备。正如推崇《阿甘正传》的马云的所说:"永远不要放弃。今天很残酷,明天更残酷。后天很美好,太阳会重新升起。"唯其如此,才能让中国延续一个个扣人心弦的"传奇"。

我期待 AIPI 开创中国会计的新纪元,让我们共筑中国的会计梦!

(2014 年 9 月 26 日在北京工商大学的讲话)

为培养一万名高级财务管理人才而努力
——在国务院人才交流中心会议上的讲话

刚才白主任说我和 IMA 打交道有 20 多年了,算一下,大概是有这么久吧。那时我担任中国注册会计师协会的秘书长,到美国访问过 IMA,但那时觉得 IMA 与 CPA 关系不大,没有过多的关注。那时 IMA 的主席叫什么也记不清了。去年,杨继良先生告诉我,说 IMA 的新任主席要访问中国,希望我能接待和安排一下。杨继良先生是中国的美国管理会计学家,也是美国的中国管理会计学家,他是从上海社科院去的美国,后来就在美国定居、成为美国人了。他在美国对 IMA 新任主席夏曼说,你们要进入中国会计界就要找中国的丁老头。就这样夏曼来找我了。受朋友之托,我就为夏曼访问中国进行张罗了。同时,我也深深感到,21 世纪以来,会计界的一个最大的悲哀,就是财务会计淹没了管理会计。我过去也是搞财务会计的,干了二十几年,后来才到中注协,当了秘书长,从记账到查账。我深深入地体会到,财务会计是记账、算账、报账,是事后的记录。国际会计准则委员会,很伟大,但也就是搞了个记账、算账的"国际游戏规矩"。一条会计准则可以吵上几年,吵了 1 年、2 年、若干年，到时定下来，资本市场早已变了，会计准则不过是"时过境迁"。面对千变万化的资本市场，能够迅速地做出决策，OK，成！OK，买！问你的老板，怎么处置？因为CFO要帮助CEO出主意，最后由老板做出决策，而这就是管理会计。财务会计记录财富，管理会计创造财富。所以，当夏曼来的时候，我帮他找了国务院各综合经济管理部门、全国性的经济综合管理协会。帮他找了财政部副部长王军。夏曼说，让世界最大的发达国家——美国与世界最大的发展中国家——中国，携起手来，在全球重振管理会计的雄威。还真有雄心壮志。他谈到了国际组织在全世界的情况，有国际会计师联合会，有国际会计准则委员会，就是没国际管理会计师协会。顺便说说，还是中国人"厉害"，有一个中国人在IMA后面加一个"A"，"IMAA"就成了"国际管理会计师协会"，搞了个美国人当主席，在中国还得到人事部的"资格认证"。IMA得知后，就在美国起诉IMAA，美国那位主席说，IMAA在美国没有开展任何活动，更没有进行什么考试和资格认证，美国都没有搞，不知这位中国人怎么"引进"的。后来，他们要我当他们的"顾问"，说要多少待遇都可以。我能当这个"顾问"吗？在美国，IMAA的官司打败了，美国的司法部门不许IMAA再用这个名称，这位中国人又将IMAA改成了什么？我没有再管闲事了。

王军在接见夏曼时说："我们中国经济界、中国财务会计界走出去，面对经济全球化，我们最缺的人才就是管理会计人才。我希望IMA能够为中国培养10 000名高级财务管理人才。"这10 000名当时也没有说是10 000名持证人员还是10 000名考生？还是10 000名IMA的注册会员？我想，面对1 200万中国会计人员，区区10 000人，算得了什么？所以，我同意刚才白主任说的那几个数字，也就是IMA的培训目标。IMA进入中国是晚了些，英国的ACCA比你们早了10年，在我当中注协秘书长的时候，他们就进来了，但我想他们的后劲肯定不如IMA，因为他们培训的是CPA，CPA方面的人才需求总是有限的，而财务管理人才现在在中国的需求，可以说是"无限"的，需要量太大了。

在中国，我引以为豪的，是我引进了美国的IMA，在这个过程中，杨继良无疑是做了大量的工作，应当说他是立了功的，特别是在IMA教材的汉化方面，杨继良先生做了大量的工作。美国佬对IMA教材汉化是很慎重的，大概是经过2年多，他们才决定教材汉化。这不是一件容易的事，别以为英文翻中文很容易，举个例子吧："银行存款"英文比较啰唆，如果按英文原文直译，则是"在银行沉淀的、将来可以使用的那些钱"，杨继良说，你要是直译，中国人还看不懂，干脆就是"银行存款，不是一目了然了吗"！你以为汉化那么容易？中国人真正通晓英文的，没有几个；同样，美国人真正通晓中文的，更没有几个。中国话多着呢，北京话、上海话、湖南话，还有好多成语，你怎么翻得过来？IMA研究了2年，决定教材汉化，说明他们决心进军中国，没有这个决心，他们是不会搞汉化的。

夏曼那个时候想"打游击"，不请专人，不设机构。没有机构，谁给你办事！我特别佩服林达，她既要说服中国的政府，还要说服美国佬。林达，我真不知道你是MBA硕士研究生，你现在在哪？在长江商学院。你是有功劳的。IMA教材汉化，不容易；建立办事机构不容易，打开国资委的大门不容易。我同IMA的吉姆去国资委时，他不知道国资委就是"小国务院"，还在那里一个劲地讲审计署的内审学会，要国资委和内审学会联系。国资委那位主任说，"大型企业的内审负责人，都是我们任命的"。"你们管教材、教员、教学方案，我们负责给你找学员。你们不就是要发展会员嘛，只要你们把班办好，我保证你们的会员人数在后面要加几个零"。后来国资委发了一个文，要央企来100名CFO学习，结果报名的200人还挡不住。不仅CFO要学，CEO也要学。一把手也要学。什么叫一把手？

一把手就是要管人、管钱，不管人、管钱，你当什么一把手？管钱就要懂管理会计，不懂管理会计，你怎么管钱？你就下台吧！所以，你IMA要在中国打开市场，就要懂得这些。

　　夏曼来中国，他要去商务部，我找了商务部的副部长傅自应。会谈中，傅自应对IMA主席说："我是这个行业出身的（他以前是利安达会计师事务所的主任会计师），你们IMA是1919年成立的，叫成本研究会，1973年改称管理会计师协会。你们能不能站在独立、客观、公正的立场对中国的企业成本核算和成本管理做一次调查，我觉得我们中国的成本核算和成本管理不见得比你们美国差。调查后，写出一份报告，说服你们的议员，说服你们的内阁成员，首先说服你们的商务部长。中国政府一定大大地奖励你们。"这是为了应对反倾销。中国入世后，是世界上面临反倾销案件最多的国家，倾销就是用低于成本价卖产品。涉及成本，实际上是商务部想用美国人的话来堵美国人的嘴。后来，我带着他们去了海尔、一汽、鞍钢、红豆等，其中有大型国有企业、上市公司，有民营企业等等，共10家。每到一处，要什么资料就给什么，问什么问题都予以回答，找谁都可以。劳森说，他在美国都享受不到这样的待遇。后来，商务部开了个研讨会，李荣灿主持，发表了IMA的调研报告，结论是：中国企业成本核算，直接费用是真实的；间接费用的分配是合理的。商务部的傅芝应副部长真是政治家，他就是想用美国人的话来堵美国人的嘴，从而否定美国佬对我们的"反倾销"。IMA是美国最大的会计组织，IMA都说了中国企业成本核算是真实的，你们还搞什么第三国代替？用新加坡的成本来替代中国企业的成本，那当然都变成了"倾销"！IMA这次的成本调研在中国赢得了声誉，得到了进入中国会计教育市场最好的敲门砖。更值得庆幸的是他们找到了外国专家局、中国引进外国专家和资质培训中心这个官方窗口，有这个机构支持，后台很硬嘛！前台就能唱得更好。千里姻缘一线牵，现在你们签约合作是3年的"蜜月期"，但愿这姻缘不仅是3年，应当有十个甚至更多的"蜜月期"，祝愿双方的合作天长地久！

　　还是那句话：培养一万人！

（即席讲话，根据录音整理）
（2015年2月20日）

改革推动发展　法制保障改革

　　支部要我讲讲改革和法制的故事，故事就是往事，随意讲讲，请大家批评指正。
　　改革首先要解放思想并贯彻始终，这是小平同志的一贯倡导。习总书记也一再强调："当前国内外环境发生极为广泛而深刻的变化，我国面临一系列突出矛盾和挑战。要破解发展中面临的难题、化解来自各方面的风险挑战，推动经济社会持续健康发展，别无他途。"他还指出："解放思想是前提、是解放和发展社会生产力、解放和增强社会活动的总开关。没有解放思想，我们党就不可能在'十年动乱'结束不久做出把党和国家工作中心转移到经济建设上来、实行改革开放的历史决策，开启我国发展的历史新时期；没有解放思想，我们党就不可能在实践中不断推进理论创新，有效化解前进道路上的各种风险挑战，把改革开放不断推向前进，始终走在时代前列。解放和发展生产力、解放和增强社会活力，是解放思想的必然结果，也是解放思想的重要基础。"
　　回想30多年前，我国第一次关于解放思想的大讨论，那是在1978年5月，《光明日报》发表了《实践是检验真理的唯一标准》特约评论员文章，这在当时被视为是中国一个重要的政治宣言，接着发展成为一场规模宏大、内涵丰富、现实价值极大和历史意义深远的席卷全国的大讨论、大争论，从而拉开了改革开放的序幕。紧接着在年底召开了中共十一届三中全会，从此中国进入了改革开放的新时代。那时"文革"刚结束，"英明领袖"在"领导"，"两个凡是"占统治地位，解放思想、推翻"两个凡是"就成为改革开放的重要前提。
　　我有幸参加了这一具有伟大历史意义的大讨论。那时，我在江西一个山沟的矿山里刚"解放"。被关在牛棚里时，在接受"批斗"之余，我抽空通读了马克思的《资本论》《列宁全集》1~33卷，目睹"文革"十年，极左路线把中国经济拖向了破产边缘的现实，我产生了一个"离经叛道"的想法：中国的计划经济必须实行与商品经济相结合的体制。1981年我写了篇文章，题目是《对列宁经济核算思想的探讨》。我说，60年来人们对列宁的经济核算思想都搞错了，以讹传讹，流传甚广，连苏联的《联共布党史》对这段历史也写错了。列宁承认在十月革命初期战时共产主义的政策是错误的，其主要错误在于否定商品、货币在社会经济生活中的作用，而采取实物分配供给制，导致年轻的苏维埃经济面临崩溃的危险。从而迫不得已采取了新经济政策，恢复商品、货币在经济生活中的作用。列宁说要用资本主义商品经济管理的那一套做法来发展社会主义经济。列宁坚决、果断地恢复和建立了发展商品经济的体制，并对国有企业的厂长、经理提出了严格的要求：企业必须赚钱，亏本就关进监狱。根据列宁的提示，结合中国的实际，我提出了计划经济要与商品经济结合，要利用价值规律为社会主义经济服务；中国的会计理论也要建立在价值规律的基础上。提出会计学要有"两个支柱"：政治经济学是会计学的理论基础，数学是会计学方法的基础。当时，所有这些观点与"正统"理论"背道而驰"，有点"大逆不道"。文章写出后，没有一家杂志敢发表。后来，我寄给了著名经济学家许涤新，最后由他拍板在《经济研究》上发表了，接着美国一家大学学报进行了转载，之后《人民日报》

也转载了,这下我"小有名气"了!杨纪琬就到处找我这个人,说"就按老丁的那一套来建设中国的会计理论体系"。1983年在烟台召开会计学会、财政学会会议期间。迟海滨、李朋、陈如龙、谢明四位部长决定"把这个人搞到财政部来",用4个研究生指标,把我调进了财政部。我想,这也是财政部在用人政策上的一次思想解放。

后来,我被任命为中注协秘书长。当时财政部实行的是授权协会统一管理全国注册会计师行业,因此秘书长肩上责任重大。我一上任,行业里就发生了"老、新三大案件"。1992年深圳发生了"原野事件",澳籍华人彭建东,利用深圳公信审计事务所、特区会计师事务所两次评估、验资,使原野公司的股权结构发生了根本性变化,国有股从60%下降到1.4%,彭建东分文未出却占股98.6%,进而窃取了董事长职位,并套现500多万元寄往境外。朱镕基知道后,接连发出了三道"金牌":将主犯彭建东移送司法,没收深圳特区事务所全部财产交财政,吊销事务所负责人马昌时注册会计师执照。但这些处罚没什么效果。当时彭建东已是澳大利亚的"公民",法院判了个"驱逐出境";事务所挂靠单位是特区财政局,特区财政局是"老板",没收事务所财产交财政,等于左口袋交给右口袋;注册会计师当时是公务员,彭建东早就不想当这个公务员了,吊销注册会计师执照他正好下海发财。接着又发生了"长城案件",致使挂靠原电子部的中诚事务所总所及13家分所全军覆没,吊销了10名注册会计师资格,两名被追究刑事责任。所长是位抗日干部、原电子部财务司司长,被判刑。这就是当年轰动一时,朱镕基称之为"十亿诈骗案"。之后,又发生了"中水案件",涉及挂靠原纺织部的新华会计师事务所。骗子们利用银行进账单,在一千美元后面加个"万"字,就变成了一千万美元,新华所海南分所的注册会计师"验资"通过,河北省农业银行据此开出了20张、共100亿美元的信用证,朱镕基悉知后,1993年7月指示财政部专案调查,最后是责任会计师进了监狱,海南新华分所撤销。之后,又发生了"新三大案件",从四川的"红光案""东锅案"直到海南的"琼民源案",事件涉及挂靠财政部的中华所,由于注册会计师的虚假审计报告影响深圳证券市场市值18亿元,朱镕基说"它是新中国成立以来最大的证券诈骗案,要严查"。财政部部长刘仲藜是中华所法律上的"老板",多次进中南海检讨,中华所最后也因此而垮台。刘部长从中南海回来后就对我说:"老丁,你的那些事务所统统给我脱钩。"所有这些事情让我深思:为什么事务所会做假?根子是事务所的"挂靠"体制。当时的"国有所"是"汪洋大海",全国3 000多家事务所都挂靠在3 000多个国家单位。在北京除中共中央没办事务所外,几乎所有的部委都办了会计师事务所。申请报告写得冠冕堂皇——支持市场经济,实际是办两件事:一是安排离退休老干部,二是通过办事务所搞点小金库。而企业选事务所不是看执业质量、专业水平,而是看背后的挂靠单位谁的牌子更硬、官更大。出了事,有挂靠单位顶着,事务所不会受到太大的冲击。所以,从根本上解决做假的问题,就必须对事务所的体制进行根本的改革——实行脱钩改制,彻底割断会计师事务所与国家机关的一切联系,在所有制上进行根本的改造,变国家所有为注册会计师所有。当时,长春电影制片厂要拍一部宣传《注册会计师法》的电视片,导演问:"什么是会计师事务所的合伙制?"我说:"借用《北京人在纽约》的一句话:你想成为百万富翁么?请到合伙所里来，这里是天堂！你想倾家荡产、蹲监狱、让老婆送饭吗？请到合伙所里来，这里是地狱！合理合法发财成为百万富翁，为什么不可以！做了假账，扫地出门、坐牢蹲监狱，自己去。"

习总书记说："道虽迩，不行不至。""以问题倒逼改革。问题在哪里，改革就指向哪里。"我们这个行业的改革也是倒逼出来的。当时中央没有一个"红头文件"，搞得好的，挂靠单位不肯脱，搞得不好的，事务所又不愿脱，阻力很大。审计署社会审计指导司司长指责我说："事务所脱钩后，就好比街上卖大白菜的老太太。批准脱钩者不对脱钩者说明这些道理，是不负责任的。"我针锋相对地说："君不见那个风靡全球卖鸡块的老头（肯德基），不是也很风光吗！"朱镕基同志当时对注册会计师评价很高，说"会计是市场经济的基础，培养注册会计师是千秋大业，发展注册会计师关系国家前途命运"。在这个"关系国家前途命运"的大事上，我岂敢轻举妄动，但我心底还是想"动"。1994年7月1日，我以一名共产党员的身份向部党组书记刘仲藜写了封信，建议把全国会计师事务所卖给注册会计师。刘仲藜批示："方向是正确的，步骤怎么走不简单。"1997年10月在部举办司局长学习"十五大"精神大会发言时，我再次提出这一建议。刘仲藜就坐在我身旁，说我的发言很有"创意"。此前，我到国家经委请教，他们回答说："这不是一件简单的事，真要做，可能要发几十个文件。比如，党、工、团问题就要和中组部、全总、团中央联合发文。还有人事、产权、财务、税务、工商等等问题，都要和有关部门联合发文。"这要等到猴年马月？说得我背脊骨都是凉的！但接二连三的"案件"实在是形势逼人。朱镕基在清华举行的第一批稽查特派员培训班时说："中国的注册会计师不会查账，只会做假账！"话都说到这个份上了，这个"毒瘤"是非割不可！我跑了十几个部委，走访了百余家事务所，起草了十几个文件，到1998年经部党组批准，我下了"死命令"：到年底，所有执行证券业务的事务所不脱钩改制，就取消执行证券业务资格，停止执行业务。"1998年12月26日，朱镕基在一份文件上批示："财政部关于注册会计师体制改革的大方向是正确的，应尽快出台实施细则。"朱老板都肯定了，我终于卸下了包袱，去了"乌纱帽"退休也安心。否则我将会是"注册会计师行业私有化的罪魁祸首"，"千刀万剐"也是"死有余骨"。经过几年苦战，1 823个日日夜夜，虽然难熬，但最终完成了全国会计师事务所的体制改革，把全国所有的"国有所"改革成了注册会计师所有的"民营所"，所有的注册会计师都被"赶"到了市场经济的"大海"里，自己去奋斗！这在全国是第一次。正如习总书记说的，我们成功地走出了改革的"最先一公里"。改革促进了注册会计师行业的大发展，全国会计师事务所的年收入，从1993年的8 000万元，上升到了现在的600亿元。

但事务所的体制改革还没有走完"最后一公里"，那就是行业管理体制改革尚未完成。当时执行社会审计业务的有"两个条例"（注册会计师条例、审计条例），分属两家主管（财政部、审计署），还有"两个协会"（注册会计师协会、注册审计师协会）。"两师""两所""两会"天天"吵架"。财政部"财大气粗"，审计署有"尚方宝剑"（总理直管），谁也不让谁。国务院多次协调也没解决。财政部从王丙乾到刘仲藜，审计署从吕培俭到郭振乾，前后谈了十几年。直到1995年6月，两部门终于达成了联合的七条协议，但也只是一纸空文。正如习总书记说的："改革历尽千辛万苦，经过长途跋涉，需要跑完最后一段路程。这一段往往也是改革阻力最大的地方，是实现改革目标最后瓶颈，如果不集中力量加以突破，如果不持之以恒攻坚克难，改革方案和改革政策意图的实现就有可能前功尽弃""如果面对矛盾和难题，老是左顾右盼、观望等待，解决问题始终是'空中楼阁'。在改革大政方针已经确定，有了改革路线图和时间表，就要以巨大的改革锐气勇敢地实施起来，走完'最后一公里'。"当时，我采取了两条措施：在上面搞掉对方的"指挥部"，在下面"挖空基础"，形成"必须联合"的强势。1995年12月28日，审计署由崔建民带领8位人员来到中注协上班，并由财政部统一管理，审计署撤销社会审计指导司，并发文规定"有关社会审计事宜，由联合后的中国注册会计师协会统一管理"。这样，审计方面上面没了指挥部；接着我又敦请各地财政部门尽快办理注册审计师转为注册会计师的工作。当然，实施过程并不是一帆风顺的。天津市财政局张副局长晚上十一点多钟给我打电话说："我不当这个财政局长了。"我说："这个问题你找你们市长，我没这个权力。"她说："你的权力还不大呀！一个晚上就批准了600多注册审计师转为注册会计师。我辛辛苦苦干了10年才批了400多注册会计师！"我明白了，她是对"转师"有意见。我就对她说："你们天津有600多注册审计师，你说有多少不合你的标准？一百？两百？那就不给他们转。全国有60 000多注册审计师，有多少不符合注册会计师的标准？一万？两万？也不给转，那天津就会有个'天津注册审计师协会'，全国也还会有一个'中国注册审计师协会'。如果注册审计师协会没了注册审计师，那将是什么协会？"张副局长听了后立即说："好，明天我第一个就给审计局长发注册会计师证书！"还有上海、江西都不给审计师转注册会计师，我又一一登门拜访说服。这不是"阴谋"，而是"阳谋"。审计署和审计事务所非常积极要求转为"注册会计师"。"转师"这项工作半年时间在全国就完成了。1996年6月5日，在京西宾馆召开了"中国注册会计师协会全国特别代表大会"，李鹏总理发来贺词；朱副总理书面讲话，代表党中央、国务院表示祝贺，强调"把注册会计师行业管理日常业务交由协会统一办理"；李贵鲜国务委员代表国务院到会讲话；《人民日报》及各大报刊在头版头条刊登了这一新闻。会议开得隆重而务实，行业体制改革的"最后一公里"终于走完了。

  这些事实，使我懂得了改革是一个国家、一个民族生存发展之道，当然也是一个行业生存发展之道。鲁迅说过："什么是路？就是从没有路的地方践踏出来的，从只有荆棘的地方开辟出来的。"改革是社会发展的动力，是当今中国人民的使命，也是我们的历史责任。习总书记说："改革开放是决定当代中国命运的关键一招，也是实现'两个一百年'奋斗目标、实现中华民族伟大复兴的关键一招。"我们每个共产党员，都应当有所担当。习总书记指出："在改革进程中因为要破除旧有的利益配置格局与体制惯性，会遇到许多'梗阻'和'拦路虎'。解决矛盾的方法就是在法制下推进改革、在改革中完善法制。他指出："改革如果不讲纪律，就难以成功。"他划了三条硬杠杠：一是改革必须于法有据，不能想干啥就干啥；二是改革不能撒胡椒面，必须集中火力瞄准要害；三是改革不能玩虚的，必须让老百姓看到效果。

  中国注册会计师行业的改革与建设，同样在是法律框架里进行的。在进行改革的同时，我集中力量创建以《注册会计师法》为核心、以审计准则为基础的法制框架。1992年6月30日，第192次总理办公会议专门研究发展注册会计师问题。会上李鹏问："注册会计师有没有立法？"朱副总理说："现在有《会计法》，没有《注册会计师法》。"李鹏说："那就搞个《注册会计师法》嘛！"紧接着财政部就成立了《注册会计师法》起草小组，我是起草"法"的执笔人。1993年年初，与国务院法制局组成考察团，访问了美国、加拿大等国，回来后又搜集了十多个国家以及港、台地区注册会计师的法律文本；马不停蹄地跑遍了全国各大区，走访了一百多家会计师事务所，召开了中央部委十余次座谈会，还请当时的八大国际会计公司的专家做参谋。在做好一切准备工作后，1993年3月开始起草。在玉渊潭公园望海楼宾馆中注协办公室里，我用"四通"打字机，边思考、边打字、边成稿。十天十夜奋战，真不知道是"夜以继日"还是"日以继夜"。饿了泡碗方便面，睁不开眼就跑到八一湖边伸伸腰，实在困了就用四把椅子拼起来当床眯一下。最后经国务院法制局、人大法工委反复修改，8月基本定稿送北戴河。李鹏总理签署后就上人大。人大常委会8月、10月两次审议就通过。新中国第一部《注册会计师法》在1993年10月的最后一天诞生了。它是市场经济的第一部配套法律，比《律师法》还早。应当说，这部"法"在当时还是很超前的。比如，注册会计师入门，国务院原《条例》规定是"双轨制"（考核、考试并举），但实行的一直是单一的考核制。"考核"就是凭资历，熬年头，"考"出来的都是白发苍苍的老头，年轻事业、年老的队伍，"小老头"接替"老老头"，就这样一代一代地接下去，这个行业还有什么奔头？当时我想用10年时间过渡，"消化"老人队伍，以保持队伍"稳定过度"，免得引起全行业振动。但在起草时，咬咬牙写下了考试是注册会计师入门的唯一途径，即使像阎达五这样的博导，也要通过考试，因为他只是会计学的博导，可免试会计一门，其他4门还要考试。中华所上报杨纪琬为执行证券业务的注册会计师，因为文件规定，70岁就不能执行证券业务，所以依法办事就没有批。除此之外，"法"还有许多突破：第一次取消了会计师事务所的"挂靠单位"；第一次把市场经济监督任务赋予了注册会计师；第一次把合伙制形式放在了第一位；第一次启动了注册会计师的民事责任；第一次用法律形式允许境外人士参加中国注册会计师考试；第一次用法律形式对协会进行了定性、定位、定责，等等。这些都为注册会计师行业的健康发展提供了法律保障。时至今日，许多形形色色的"中介机构"垮台或出事，重要原因之一，就是没有法律规范。注册会计师行业一开始就一直走在法制的轨道上，所以才能健康发展。这就是法制保障改革。

就讲这么几件事。谢谢大家！

——2015年5月在支部组织的会议上的发言

80年人生的感悟

党支部开会征求对办好"文化园地"的意见和建议。会上，我提议离退休老人应写点人生哲理、感悟，也许大家更愿看。在这里我抛砖引玉先说点自己80年的"人生感悟"。

二、往事越千年，激动抵万金

　　看到这么一个帖子，描绘人的一生："0岁出场，10岁成长，20岁彷徨，30岁定向，40岁打拼，50岁回望，60岁告老，70岁搓麻，80岁晒太阳，90岁躺床上，100岁挂墙上。"中国《论语》中说："三十而立，四十而不惑，五十而知天命，六十而耳顺，七十而从心所欲不逾矩。"也是对人生全过程的一种描绘。我已超越"从心所欲"而进入"晒太阳"的行列。

　　俗话说，"山中常见千年树，世上难逢百岁人"。因此，人们见面就常说"祝你长命百岁"！算算账，人生这一百年是怎么过的：前30年靠父母、师长（在家成长、学校读书），参加工作得先奋斗一二十年，到头来一辈子最最辉煌也不过只有10年（工作岗位上的顶峰），接着就是退休、养老，等待"马克思召唤"。真正"辉煌"的日子只有一辈子的1/10。回头想想那"10年"的过往，前40年准备，后40年回味，辉煌的10年，酸甜苦辣，百味其中。想来想去，活到现在，总算悟出了一点道理。

　　人的一辈子，从呱呱坠地、到青葱岁月，到"60告老"，到"80晒太阳"，一晃80年过去了，留到现在只有"怀旧"。"怀旧"具有积极的心理力量，它可以让人们在社会关系中找到自我归属感，激发正能量；还可以启动人们的同情心，让人变得更善良，更愿意帮助他人。"怀旧"可以缓解人们的孤独感，感到心理支持，从困难和痛苦中解脱出来。常言道"一回头什么都变了，一转身什么都忘了"。大江大河是由涓涓细流汇聚而成，历史也是由一个个具体事件和人物串联起来的。往事中的"故事"，记载着纯真的回忆，是心灵的净土，回到"故事"中去，往往能为自己提供一些与当年不一样的启发。心灵累了，不妨找点时间、找个机会回到自己的"故事"里去，做个"心灵按摩"。"故事"——简单而温情的两个字，承载着许多记忆。过去的事总让人怀念，想起来心里暖暖的。回味自己这80年，我可以说没有愧对一生，然后自己的努力能够服务苍生。记忆是痛苦，忘却尤其痛苦。沧海桑田，世事难料，许多经历在记忆里会像烟一样渐渐飘散，不留一点痕迹。那些前尘旧事谁还记得呢？大约只有自己记得吧！寂寞是因为思念，痛苦是因为想忘记。

　　我突然强烈地意识到，人实际上是活在自己的内心里。痛苦也好、欢乐也罢，人的内心感觉才是最真实的，而且是难以自我控制的。外在的一切，都是假象，他人对自己以外的人，是永远难以了解、难以把握的。在努力中顺其自然，在顺其自然中努力。一千个辉煌的过去，也不如一个美丽的现在！

　　是人都不想吃亏，但人生在世，有些事真的不必太计较，放宽心态，吃亏是福。并非所有的便宜都值得庆幸，并非所有的幸运都值得高兴，并非所有的痛苦都令人难以忍受，吃亏往往是珍藏在心中的至宝。不懂吃亏，就不能完美地领悟人生；不懂得吃亏，就不会有事业的壮丽辉煌。百年人生，"淡泊"是一种享受。完美的人生，不见得要赚很多的钱，也不见得要有很了不起的成就，在简朴平淡的生活中，活得快乐而自在，是一种上乘的人生境界，不要老想着那"辉煌的10年"！过去的，就让它过去吧！尽情享受今天！印度佛教复兴之父安贝卡说："即使你穷得只剩下一件衣服，也应该洗得干干净净，让自己穿起来有一种尊严。"这就是生活。

2016年8月28日交支部的《文化园地》

在"朱镕基会计思想研讨会"上的发言

"朱镕基会计思想研讨"一个很有意义的题目,但也是一个"高难度""高风险"的课题,当然,搞得好,也可能出一本高水平的书稿。

清华大学和北京国家会计学院应当说是"朱镕基会计思想"的诞生地之一。当年,我作为中注协秘书长,有机会直接感受到朱镕基会计思想的一些重大方面,也是一辈子受益。朱镕基的三句话,在行业内是至今也以难以忘怀:他说,注册会计师事业是市场经济的奠基、培养注册会计师是千秋大业、发展注册会计师关系国家前途命运。对 CPA 的评价,高得不能再高了!当时听了,真是热血沸腾!20 世纪 90 年代 CPA 行业的社会知名度大大地提高,其重要原因之一,就是朱镕基给我们做了大量的"广告"。当然,表扬的时候 CPA 行业差一步就进了天堂,批评的时候也就差一点下了地狱,开口就是:要搞得他倾家荡产、扫地出门、撤职、开除、吊销执照、移送公检法、判刑、坐牢,等等。天堂和地狱一线之隔。在项怀诚当财政部部长时,他就向朱镕基报告,财政部由"一把手"直接管会计和注册会计师协会,张佑才还只是"代管"。全国各地财政厅局也效仿宣布由"一把手"管会计和注册会计师协会。我党的一些高级干部,在那时大都知道 CPA "为何物、何事",因为他们从政治局会议、中央全会以及内参、通报、党中央文件、国务院文件,从报刊、电视、广播,等等,许多渠道,都会时时听到"最高当局"对 CPA 行业的种种说法。财政部的一些并不分管协会的副部长,一接到要到朱镕基主持的中南海开会的通知,就事先都要问我:"最近 CPA 行业有什么大事?"因为朱镕基无论开什么会、听什么汇报,都会讲到 CPA。除了财政会,像计划会、经济会、金融会、粮食会等,连三峡会都会讲到 CPA,一旦讲到 CPA,他就会问财政部的人问题,到时讲不出来,会很难堪的。到底朱镕基会问什么?谁也无法事前知道,去之前,都要就 CPA 的事情准备一番。所以,我感到这个题目很难讲。

朱镕基是缔造中国 CPA 行业一个特殊时代的传奇人物,没有朱镕基当年的格外关注以及他特有的"关注方式",就没有 CPA 行业的今天。没有朱镕基"手执皮鞭"的"执教"和"广而告知"的"宣传",CPA 行业的社会知名度就不可能在短期内提到那样的高度。经过朱镕基从 1991 年至 2002 年 10 年的精心培育、严格要求,无论是对 CPA 行业的正面的评价,还是严厉的鞭策,都给中国 CPA 行业营造了一片发展的"广阔天地",逼着这个行业"上也得上,不上也得上"。在朱镕基营造的氛围中,业内"有志之士",从内心油然而生形成一种时代感、紧迫感、责任感。朱镕基是中国 CPA 辉煌时代的奠基人,业内许多具有里程碑意义的重大改革,都是在朱镕基时代"逼出来的"。当时,我做中注协秘书长,颇有点"背水一战""不成功便成仁"的"悲壮"之感。想想古今中外的政府首脑,没有哪一位会像朱镕基那样深切关注 CPA 行业。1997 年夏天,我曾对各地的秘书长说:朱镕基当总理,对我们来讲是莫大的幸福,因为他对我们这个行业是格外地关爱;但同时也会有莫大的"痛苦",因为他对我们这个行业太了解了,谁也别想蒙他!

朱镕基乃一大国之总理,统领全国之大局,岂能仅限于注册会计师一个"小小的行业",且我作为一个"小人物",不可能谈论什么"朱镕基思想",就只能讲点"故事"。

研究朱镕基会计思想,要先研究朱镕基的为人,文如其人,要研究"朱镕基风格",从朱镕基的讲话、批示等等之中,找到朱镕基会计思想的渊源。我们每次听朱镕基的报告,觉得是一种"享受"。虽然他"骂"人,但挨了"骂",也觉得"心里很畅快"。

今天我是应清华大学于增彪教授之邀,尽会计行业一个"老兵"之责,讲讲"朱镕基会计思想"这个"伟大"的题目,用北京话说叫"侃"一次,讲点"故事"。"故"就是过去,"事"就是事情。"故事"就是实事求是地讲20多年前的一些事,仅供各位专家参考,不可为据。

讨论朱镕基会计思想要首先明确"会计"的概念:通常有"大会计""小会计"之分。朱镕基讲的"会计",肯定是"大会计"。它不仅包括一般意义上的会计工作,他的多次讲话、指示、批示,除了主要是指注册会计师的审计外,还包括企业财务、部分财政、金融、证券市场管理等方面的内容。朱镕基认为的"会计"的边界对我们普通会计人员来说,可以说是"无边界的"。与外国人讲的会计不一样,是"中国式的会计"。外国人讲会计师是指CPA,不是指一般的会计。1997年在巴黎世界会计师大会上,张佑才说中国有1 200多万会计,外国人把它翻译成1 200万CPA,真把老外吓坏了!太多了嘛!真是"一毛钱买十一个,分文不值"!

冯淑萍前年在广州中山大学讲到写中国会计改革史时,说要把吴晓灵、刘鸿如、孙树义、汪建熙等等请来,也就是这个意思,即讲大会计的概念。

这是"两个前提":有风险、无边界。

还有两个源头。

源头之一:朱镕基在清华学的是电机制造专业,但自1951年分配到东北工业部计划处工作以来,到国家计委、经委,一直与宏观经济管理有"不解之缘",并没有和电机制造专业打过交道。1988年2月,朱镕基到上海当市长,也是从事综合经济管理工作。早晨下火车,下午就到市财政局听汇报。朱镕基觉得要是不会理财,这个市长没法当。搞了一年,他感觉到光靠财政还不行,作为上海市市长差不多每天都要碰到金融问题,他又重点转向金融。

那时,朱镕基在上海跟经叔平(国际经济咨询公司董事长)商量,后者跟张晓彬(新技术创业投资公司总经理)商量。张晓彬正在上海搞证券交易研究,当时的方案是在北京设证券交易中心。他们俩听了朱镕基的意见,就把证券交易中心(股票市场)搬到上海。随后,朱镕基又和刘鸿儒(时任国家经济体制改革委员会副主任)商量,刘鸿儒表示愿意亲自到上海来推动这个事情的发展。那时搞证券市场是有风险的,也有很多争议。1990年12月19日,上海证交所开业,证券市场产生了很多会计问题。朱镕基的会计思想更多的是来自金融和资本市场。

小平说"我党高级干部中懂经济的不多,朱镕基是一个真正懂经济的"。我觉得说朱镕基懂经济,主要体现在他读懂了会计、读懂了CPA,他懂得资本市场那一套。朱镕基1991年出任国务院副总理,分管财政经济方面的工作,都一直是与宏观经济管理打交道。

我说的意思是：朱镕基的会计思想是来自他多年工作的实践，不是从天上掉下来的。

常说，从一个国家的领导人是干什么出身的，就可以判断这个国家的发展程度。发展中国家的领导，大多是所谓的"技术官僚"，只有经济发达的国家，才会有会计师、律师、经济专家出身的人担任国家领导。朱镕基虽然学生时期学工，但他一辈子是搞经济"出身"，不属于"技术官僚"，更不是什么"官二代""富二代"，而是搞经济工作一辈子的"科班出身"。我们注册会计师这个行业也是"时来运转"，"碰"上了镕基同志创造的好机遇。

源头之二：1988年朱镕基担任上海市市长时，有一个国际经济顾问团，是他的经济智囊。所以，朱镕基的会计思想是与国际接轨的。

当年，希思是国际经济顾问团中的重要成员。希思是英国前首相，时任安达信国际会计公司高级顾问。朱镕基的会计思想，安达信对他是具有一定影响的。方黄吉雯是一位重要人物，她传递的信息，有些是正确的，但也有许多不正确的东西。后来，培训稽查特派员，是由朱镕基请的安达信的人当老师。朱镕基曾问：总会计师培训要多少时间？答：一周。朱镕基说：太短了，稽查特派员去查，总会计师怎么配合？总会计师在哪里培训？答：在行政学院。朱镕基：安达信有人吗？答：安达信派人来。可见朱镕基对安达信是记挂在心的。北京会计学院上课情况，你们都知道，安达信的人拿10年前的工作底稿给部长们讲，听课的部长们听烦了，一个个"抽烟"、上厕所，都借故溜了号，剩下没几个人听。后来，孙树义要我找两个中国的注册会计师，"西药不行中药补"，为确保"初战告捷"，两位会计师从企业实际出发，讲三张表，指出哪些栏目、哪些项目可能会产生问题，这些部长们赶紧记，连厕所都不肯去上。而方黄吉雯向朱镕基说，他们讲得很好，学员"很欢迎"。正如贡华章说的，安达信是商人，为了占领中国的会计市场，当然只会说安达信好，国内的会计师"只会做假账"，故意贬低内地的会计师，骗了朱镕基。

关于希思，我曾经两次接待她两次。第一次来北京，希思是安达信的顾问，上面指定财政部接待。王丙乾是国务委员兼财政部部长，还在"台上"，而希思是"下台"了的"首相"，政治因素很复杂，王丙乾讲不讲话，由外交部定。我起草中文讲稿，潘小江将讲稿翻成英文。最后，外交部告知：王丙乾不讲话，仅在宴会接见。希思是从上海到北京的，朱镕基在上海当市长。第二次希思仍是安达信顾问，还是一个交响乐团指挥。刘仲藜在中国大饭店宴请，只有两桌，席间也谈到CPA，每次安达信中国负责人都是参加者。希思一直是安达信的顾问，同时也是朱镕基的顾问，朱镕基在上海时是，到了北京后，由于希思是安达信中国负责人，在会计、注册会计师方面当然是又"顾"又"问"。不过"老外"也常常会出些"歪点子"。特别是香港的安达信中国负责人，你要管她，她就找一个"管你的人"来，她很懂"中国式关系"！

朱镕基常讲会计师事务所要实行"合伙制"，要"负无限连带责任"。那是安达信中国负责人讲的概念，是原始的合伙制概念。实际上，现实中的国际会计公司都是"有限合伙制"（LLP），并非"连带无限"。

1997年安达信上海企业咨询公司到湖南连钢做上市审计，咨询公司做法定审计，违反《注册会计师法》，我要处罚它，安达信中国负责人多次求情。最后闹到朱镕基那里。张佑才在一次向朱镕基汇报国有资产问题时，谈到了安达信这事。朱镕基说："你们看着办。"最后还是罚了安达信40万港币。朱镕基并没有批评我们，可见朱镕基是实事求是的。至于安达信中国负责人也没再说什么，只是"请求"我"今后不要再在大会上点安达信的名"，我在全国秘书长会议上只是说"某国际会计公司"，给安达信留了面子。1997年9月，国家税务局直接发文给安达信，说他们在上海及北京的企业咨询公司"由北京安达信会计师事务所统一纳税"。我看了就火了，找了杨崇春，他说："这仅就堵塞税收漏洞出发，你们该怎么管'六大'还是你们的那一套。"财政部发了个文件，说"安达信在上海、深圳没有审计机构，不能从事法定审计业务"。方黄吉雯上书朱镕基"要财政部撤销这个文件"。张佑才说："财政部没有撤销自己文件的做法。"最后，朱镕基没表态，这个文件还是没能"撤销"。

1992年六七月间，上海氯碱厂要上市，同时发行A、B股。先是一家国内会计师事务所做审计，结果是盈利很多。后来因为要发行B股，又请安达信做审计，结果是亏损。朱镕基表扬"境外的会计师水平就是高"。原来这家化工厂，一直在基建期间，即使投产了，也还没有办基建移交生产的手续，按照当时会计政策的规定，基建没移交生产前，是不计提折旧的。你想，化工厂那么多管管道道，境外又是实行快速折旧，计提折旧费当然是笔很大的数额。因此，由盈利变亏损并不是会计水平问题，而是会计政策问题。所以会计制度要改革。但在这件事上，安达信贬低内地的会计师，一方面占领了内地的会计市场，另一方面又在朱镕基那里吹嘘了自己。后来美国的安达信出事，安达信中国负责人给朱镕基写信说"中国的安达信是独立的，与美国安达信无关，中国的安达信干得很好"。这时"连带无限责任"没有了，中国的安达信与美国的安达信没有关系。后来，安达信在全球都卖给了普华永道，安达信中国负责人又给朱镕基写信，说她现在是普华永道的合伙人，再也不讲安达信了。对这种做法，业内都觉得安达信中国负责人应当是"无地自容"！你也不能变得那么快嘛！

1999年搞"诚信教育"，梁校长派我领着一个小组搞调查。这时"双安"事件已经公开。我在深圳，崔建民给我打电话，说朱镕基在听取审计署汇报时讲了"双安"事件，后来看了审计署党组的记录，朱镕基说了"中国的会计师不见得都做假账，外国的会计师也不见得不做假账，'六大'在中国派出来的都是一些毛孩子"。大概如此。朱镕基从"双安"事件以后，也改变了对安达信及整个国际会计公司的看法。

2001年10月29日，朱镕基视察北京国家会计学院。朱镕基走后，秦荣生立马对我说，今天总理又讲到你了。我问是怎么骂的？秦说，没骂，好像想起你来了。看记录，朱镕基见到李勇，问：你接丁平准多久了？答：两年零八个月。李勇接着说，我这个秘书长可能当不得太久。朱镕基问为什么？李勇说：有人说我太狠。朱镕基说，我支持你继续当。当时李勇已是财政部部长助理，财政部党组已经决定陈毓圭接任秘书长，因此，项怀诚听了不高兴，但没办法，朱镕基说话了。后来请楼继伟在适当时向朱镕基报告要换中注协的秘书长。为这事，冯淑萍在中央党校找了一位"能够通天的"老师来问我是怎么回事。我说，向朱镕基报告换中注协秘书长，从我开始已成"惯例"。后来陈小悦问我，"全国省部级干部上千，朱老板不一定记得，怎么能记住你丁平准"？我说"我得罪了六大"，陈小悦说"恐怕不只如此"，我说"六大中我首先得罪了安达信"，陈小悦说"那有可能"。

讲讲应当从哪些方面理解"朱镕基会计思想"？

1. 朱镕基对国家会计学院的建设很重视，体现他对培养会计、注册会计师人才很重视

1992年2月1日下午，朱镕基接见毕马威全球董事长麦当娜。谈话从"是市场经济"开始。麦当娜说市场经济是信息经济，而信息的2/3来自会计，因此，会计师在市场经济中有着特别重要的作用。一说到会计，朱镕基就很来劲。朱镕基：通过几个途径解决会计人才问题。一是在大学里，增加西方会计课程；二是从工厂里招一批有会计经验的，进行半年至一年的培训，再实践2年，再学3年，可以考注册会计师了吧！朱镕基说：对注册会计师要进行大规模的培训，现在就要开始，不能失去机会，财政部要认真抓。朱镕基还强调会计师事务所不仅要成为世界级的，还要本地化。

送走外宾后，朱镕基把陪同去的刘积斌留下，说："你们财政部拿出10个亿，建三个世界第一流的CPA培训基地，保证你们回收不止一百个亿。这是一件大事，要下功夫好好地抓，财政部不要舍不得花钱。我刚才说10个亿，在哪里都能找到10个亿。总书记说要搞30万注册会计师，我还比他说的少。"

刘积斌说：这事由张佑才分管。朱镕基说，你们财政部党组研究一下嘛！朱镕基还说：今后不要再搞财税大检查了。你们那个大检查我知道，我在上海当市长的时候就了解，事先打听好财政部向上海要几个亿，把钱给你们就完事了。那套办法不灵，还是搞美国那一套，让注册会计师去查，要注册会计师签字。做假的，就充公。朱镕基还说，如果不把会计制度改过来，不把注册会计师发展起来，中国的财政就搞不好。1998年5月11日，朱镕基指示，从今年起，取消一年一度的财务、税收、物价大检查，变为会计师事务所的日常监督检查。

朱镕基说，搞市场经济会计很重要。培训注册会计师，在初期，可以请外国教授来讲课。现在在国外，很多中国人都愿意回来，财政部要支持一下，目标是注册会计师的培训。

刘积斌从中南海回来的第二天就向刘仲藜汇报了朱镕基的指示，财政部党组立即开会商讨筹建CPA培训中心问题，并指示中注协着手具体研究。中注协是王军具体负责此事。经过一个月的反复调研，中注协向党组做了汇报。财政部党组在1994年3月1日向朱镕基呈送了报告，仅仅3天，在4日朱镕基就批示："不仅要书面报告，还要成立领导小组，要开会面议。"

1994年3月29日，拟组成领导小组的八个部委的领导（其中有4位中央委员）到中南海开会。会上，朱镕基要刘仲藜当组长，还说"这件事情很有搞头，到我退休时，我来接替你"。

关于国家会计学院的筹建，也发生过一些小插曲。那次领导小组会后，搞了一个纪要，送李鹏总理阅。国务院副秘书长何春霖送去的，李鹏批示：不是商量好了今年不再上大型项目吗？何春霖没敢把李鹏的批示拿给朱镕基，等朱镕基出国回来后，想起了这事，就问，何春霖才把李鹏的批示拿出来。朱镕基批评何春霖说，你为什么不

早说。这事就这样拖了几年。注协的基地部,也就坐了"冷板凳"。

到1998年,朱镕基当总理,这事有了转机。

关于会计学院的名称,也有个由头。那时,建三个培训中心,一会儿叫"基地",一会儿叫"中心",没有一个正式的名称。在一次领导小组会上,朱镕基问刘仲藜:你们财政部在全国有多少中心?现在中心的名称不太好听,好像都是用来接待领导的,最后一个个都变成了腐败中心。朱镕基说:就叫国家会计学院吧!他说是国家会计学院就叫国家会计学院嘛!1998年4月2日,财政部给朱镕基报告成立国家会计学院,在关于领导班子安排上,陈小悦是处级干部,自然排在最后。到朱镕基那里,他大笔一挥,一个箭头,把陈小悦拉到了"第一副",排在梁尤能之后。陈小悦的英语好,是个人才。在梁退后,陈小悦就成了一把手。

成立国家会计学院的报告国务院之所以延到7月20日才批复,拖了3个半月,是因为人事安排问题。院长的级别问题没解决,但会计学院的章子特别大,是副部级的规格,国务院下文明确为"国务院直属事业单位,委托财政部代管,教学依托清华"。后来上海夏大尉提出:"北京是国家会计学院,我们上海和厦门不成为北京的分院了吗?"项怀诚接受上海的意见,在北京的国家会计学院前面加了"北京"二字,这样三个会计学院就"平起平坐"了。朱镕基卸任总理后,三个国家会计学院的地位就大不如从前了。不说和行政学院比,就与上海、延安、井冈山等三个干部学院也不可比,只能是财政部的事业单位,隔总理远着呢!

1998年3月6日,朱镕基批示:国家会计学院建设耽误了,现在看来是个很大的失误。当前要赶快亡羊补牢,满足所提出的一切要求,不能再延误了。朱镕基在特派员培训班上,幽默地说:"刘仲藜搞得我上无片瓦、下无寸土。"就是说刘仲藜在任职期间,没把会计学院建起来。1998年4月28日、5月2日,朱镕基还多次说会计学院没有早建设是一大失误。

国家会计学院搞的是在职教育,朱镕基还想到在校教育,想到要后继有人。在一次CPA培训领导小组会上,朱镕基提出:你们给我办个CPA系。查遍世界各个大学,就没有什么CPA系。当时国家教委副主任张孝文也是领导小组成员,他说,可以在会计系里办个CPA专门化。朱镕基说:好,那就搞个CPA专门化!从此诞生了世界各国大学没有的CPA专门化。财政部给予资助,一年2 300万元,叫作"戴帽下达",由中注协直接转拨到这些院校的会计系,以免校方从中克扣。会计系用这个钱都搞起了会计电算化,这应当归功于朱镕基。

CPA专门化第一批确定招生点为有会计学博士点的大学,当时只有6所,写了报告上去,朱镕基批示:可否加西南财大一所。他那时兼央行行长,西南财大归央行管;朱镕基说可否,当然只可不否!6所变7所;第二批是有会计硕士点的,朱镕基一看单子就皱眉头,说:"仲藜呀,你尽搞那些名不见经传的财经院校,为什么不可以让那些名牌大学,比如北大、清华、复旦、南开等等名牌大学,办CPA专门化一炮打响。"朱镕基讲了,那就照办。后来加了这些名牌大学,真是"一炮打响"!现在清华会计专业很牛了!这个专业一直办到现在,这也是朱镕基对会计行业人才建设的一大贡献。

朱镕基又说到教材,说,培养人才要舍得花钱,就从美国原文原版引进,没有教师，请美国哈佛商学院的教授来上课。他是希望培养的人才能一步到位与国际接轨。可这样的本科生难招呀！所以，我说他是总理，日理万机而不忘会计。从教学、教师、教材他都要亲自过问，有哪个国家总理会这样重视会计人才的培养？!

2001年10月29日，朱镕基视察北京会计学院，有一篇讲话。根据讲话的一些意思，证监会出台了一个"16号文件"，就是业内强烈反对的"双重审计"，还没实施，就"寿终正寝"，这是给朱镕基帮了倒忙。

2. 关于注册会计师立法

1992年6月，张佑才陪同朱镕基赴海南。朱镕基说，扩大开放也需要发展注册会计师事业，它是创造良好投资环境的一个重要软件。我们欢迎外商来华投资，需要世界银行贷款，准备在香港发行B股。许多外国人、香港人来谈的第一条，就是我们的会计制度不行，会计报表他们看不懂，注册会计师制度不健全。他们希望我们向国际会计准则看齐，推行全世界通用的注册会计师查账制度。他们说，会计是全世界通用的商业语言，语言不通，无法做生意。我们应该承认，我国现行的会计制度不符合改革开放的要求，迟早要向国际会计准则靠拢。我们的注册会计师要走向世界，立法是第一步。

1992年6月23日，召开第192次总理办公会议。李鹏问："现在有《注册会计师法》吗？"朱镕基说："有《会计法》，没有《注册会计师法》。"李鹏说那就搞一个《注册会计师法》嘛！还说："所有的企业包括国有企业、联营企业、股份制企业、三资企业、集体企业、私营企业、个体企业，都要先经注册会计师查账，税务机关才能据以课税，要不，我不认你那个账。"

1992年9月5日，财政部成立《注册会计师法》起草小组，我是执笔人。小组是根据李鹏、朱镕基"要搞《注册会计师法》"讲话成立的。

1993年7月23日，朱镕基在财政工作会议上说：一定要立法，把注册会计师变成一个光荣的行业、有权威的行业。对它实行严格的法制，弄虚作假要停业、撤销、判刑。注册会计师不搞好，财政改革的任务只能说完成了一半。

1993年8月9日，朱镕基签署同意上报《注册会计师法》。

1993年8月10日，李鹏签署《注册会计师法（草）》报全国人大。加了第40条，即关于注册审计师的问题，人大法工委说这一条连标点符号都不能改，刘仲藜的"说明"也要根据这一条来改。因为有这个"后患"，财、审两家又吵了3年。加的这一条，与朱镕基当初的建议完全不一样，朱镕基在第192次总理办公会上说："一件事情两家管，不妥，我既不偏向审计署，也不偏向财政部，我的意见，这事还是归财政部管。"直到1998年国务院"三定方案"中，明确把管理社会审计这一条在审计署的职能中去掉，才从根本上解决了这一问题。当然，国务院的"三定方案"，是朱镕基总理亲自审定的。

3. 关于会计工作

朱镕基很关心会计工作，他是从与国际接轨的高度来要求会计行业的。

1994年12月12日，在上海举行"会计准则国际研讨会"。朱镕基写了贺信："欣悉会计准则国际研讨会近日在上海举行，我谨表示热烈祝贺！中国政府历来重视会计工作和会计信息，建立全国统一的、科学的、符合国际惯例的财会制度是对企业科学管理和建立现代企业制度的基础。为了实现建立社会主义市场经济体制的改革目标，我们必须借鉴世界各国发展市场经济的成功经验，包括借鉴会计方面的经验。'执柯伐柯、其则不远'。我希望出席这次研讨会的中外专家加强沟通，互相切磋，为制定中国会计准则畅所欲言，使会计准则国际研讨会获得圆满成功。"所以，中国的会计准则与国际接轨，朱镕基功不可没。

1995年10月21日，召开全国会计工作会议，会前财政部准备了一个材料，朱镕基看后觉得不行，亲自动手，从第一页写到第四页，写下了"会计工作约法三章"。当时看到手稿，真很感动，请问有哪位国家领导人对会计工作会这么重视？唯有朱镕基。朱镕基为全国会计工作会议写下"约法三章"：①所有企业、事业单位必须依法建账，并且保证会计工作的秩序和会计信息质量；②认真培训和大力提高会计工作者和注册会计师的政治业务素质、业务能力和职业道德；③财政部门要负责从法规、制度、培训、监督等方面加强全国的会计工作，其他主管部门都要加强对基层单位的会计监督。

1998年世界金融危机时，党中央发出"每个高级干部都要学点会计，都要能看懂三张表"的号召，这在过去是没有的，应当说是朱镕基会计思想在中央政治局的重大影响的结果。为提高我党高级干部管理宏观经济的综合素质，1998年在中央党校办了一期省部级干部研讨班，专门研讨财税。江泽民提出：每个高级干部都要学点会计，要能看懂三张表，江泽民还就资产负债表的内容作了一番讲解。后来他对张佑才说："你们那个资金占用＝资金来源的会计恒等式不对吧？"张佑才说："我们现在改为：资产＝负债＋所有者权益。"江泽民说："对嘛，还有个所有者权益嘛！"朱镕基在培训期间，作了经济形势的报告。

4. 对外谈判WTO服务贸易会计市场开放问题

朱镕基说，WTO谈判从黑头发谈到了白头发，为什么还要一直坚持？朱镕基有一个指导思想，就是想用对外开放促国内改革。国内改革往往阻力很大，朱镕基就想对外开放——引进国际游戏规则，来改变国内的既得利益者。在会计方面，他更是要引进国际规则来改变国内会计不合理的制度。

朱镕基一直是WTO谈判的主推手。会计市场开放是服务贸易谈判中的重要项目。中央服务贸易谈判领导小组的组长是吴仪和李岚清，具体的是外经贸部国际司司长易小准。后台，当然还是朱镕基。

那年，克林顿要来中国，总要给点"见面礼"。朱镕基对会计市场谈判的指示是"满足外方的一切要求"，我得到的指示是"先混进去再说"。当时争论的主要问题是要不要结束中外合作事务所这种合作形式，我是想立即结束，外方是想无限期延长。美国来了个WTO副代表、总统办公厅顾问伦敦·蒂纳，后来又来了个财政部的帮办。在会谈中，美国财政部那位老兄提出：能否允许美国人考中国的CPA不用中文，易小准（时为外经贸部国际司司长，现为WTO中国首席代表，正部级）以为我回答不可以，但我回答可以。我说："根据WTO对等原则，美国也应当允许中国人考美国的AICPA不用英文。"美国佬说"NO"，那我也回答美国人"NO"。易小准说："老丁，你还真有一套。"我说："没这一套，还能和美国鬼谈！"至于中外合作所的期限，因为早有"指示"，同意延长至世纪末，不够还可以延长。朱镕基对这次谈判进行了表扬，说"会计领域谈得不错"。还能错吗？都是根据"指示"谈的。中国会计市场与国际接轨，朱镕基是先行者。

5. 关于稽查特派员

1998年国企改革进入攻关阶段。香港报纸说，向国企派出稽查特派员，是朱镕基对国企改革的"最后一招"，因此简称"朱一招"（这是朱镕基自己说的）。国务院还专门印发了《稽查特派员条例》，很是重视。1998年4月28日，在清华办第一期稽查特派员培训班，朱镕基讲话，说："中国的会计师不会查账，只会做假账，所以叫他们清理整顿，也不知道搞得怎么样了，那个秘书长怎么当的？给我撤了！"我不敢怠慢，马上到吴县（现已撤销）开全国秘书长会。在会上我说，我要干货，就给我说开除了多少会计师，关了多少家事务所，空话、废话统统下去，我要给朱镕基报账。

1998年6月2日，张佑才对我说：稽查特派员查账，这事是朱总理布置的。孙树义请你，是对中国CPA的信任，你要亲自出马，一定要把这事搞好。总理强调稽查特派员不要走过场，要确保初战告捷。直属经贸委的500家大型企业，要一家一家查，然后再确定第一批、第二批，按照朱镕基的布置，从初战胜利到全部查完，那将是一个很大的会计工程。

1998年7月15日至25日，我从全国会计师事务所抽调22名注册会计师协助稽查特派员工作。安达信在此之前向朱总理"求战"，朱总理也表示赞同。孙树义不赞成，一是安达信水平太低，二是这些大型国有企业涉及国家经济机密，境外机构不宜参加。宋德福做了大量工作。但此事涉及总理，只能秘密地进行。

整整搞了10天，中注协出人、出钱，每位稽查特派员都配了一名注册会计师，帮助看企业送来的账表。我是孙树义的总顾问，帮助孙部长汇总。最后，给朱镕基写报告，朱镕基表扬说："搞得不错。"确保"初战告捷"。这也是朱镕基会计思想的重要组成部分。

6. 关于注册会计行业清理整顿

朱镕基对于中国注册会计师行业的标准是与国际接轨。所以，他这个行业要求很高。出了些事，朱镕基是有点"恨铁不成钢"的想法，其实他对注册会计师这个行业是很关爱的。

1992年2月末，朱镕基在接见财政部、中注协负责人时指出：注册会计师经过考试后由国家认可，有一套严格的管理制度；注册会计师事业发展的快慢与好坏，直接影响着政府职能的转变和企业经营机制转换；要建立健全对经济活动和企业经营的社会监督制度，离不开注册会计师的工作；不发展注册会计师制度，转变政府职能，促进改革开放，是很难实现的；要首先抓紧注册会计师的立法工作。

对如何搞好注册会计师工作，朱镕基说，我的意见是：第一，要搞好培训，搞好注册会计师队伍建设，提高注册会计师素质；第二，要加强政府特别是财政部门对注册会计师的管理和监督，要严格要求，有一套办法和制度，注册会计师的资格要经国家认可；第三，要加快会计制度改革，使之适应改革开放的需要。注册会计师要对改革我国的会计制度做出努力；第四，要加强注册会计师的责任，包括法律责任、经济责任；第五，在股份制发展中，要充分发挥注册会计师的作用。

朱镕基还说：要重视和支持注册会计师协会的工作，协会是注册会计师自我管理、自我约束的职业组织。凡是有注册会计师制度的国家，都有协会组织，有专人办事。政府授予它权力。对于管理注册会计师和发展注册会计师事业会起很重要的作用。江泽民总书记、李鹏总理、田纪云副总理都表示对注册会计师事业的支持。

1997年4月17日，马忠智告诉我，明天上午9点到证监会开会。说朱镕基对琼民源事情很生气，可能不会出席你们的"迈向21世纪国际研讨会"。

1997年4月20日，朱镕基批示："请张佑才同志扎实工作整顿会计师行业。"这话是很重的，意思是我们工作不扎实。

在朱镕基的指示下，注册会计行业清理整顿搞了一年多，接着进行体制改革，实行全行业民营化。与国家单位全部脱钩，与国际体制完全接轨，并且加入了国际会计师联合会。

1998年11月24日，财政部党组开会，听取中注协清理整顿注册会计师行业情况，并上报朱总理。项怀诚在报告最后一页写上："丁平准同志退休，由李勇同志接任秘书长，李勇同志系世界银行前执行董事。"

1999年1月5日，张佑才传达国务院体改办"关于会计、审计事务体制改革的几点意见"，朱总理、李岚清副总理批示，肯定财政部、中注协对注册会计师行业改革的大方向是正确的。这是在朱镕基直接领导下注册会计行业的一次重大革命。

7. 转变政府职能

1992年6月23日，朱镕基在第192次总理办公会议上说：注册会计师是一个非常重要的问题。是转变政府职能、特别是财政部转变职能的一个重要问题。不发展注册会计师事业，财政职能就难以转变。同时，我们改革的目标，就是要使我们国家的经济与世界经济接轨，没有注册会计师这个行业，就没有与世界经济接轨。要开放，就要发展注册会计师事业。注册会计师事业发展得快慢与好坏，直接影响着政府职能和企业经营机制的转换。要建立健全对经济活动的监督制度，离不开注册会计师的工作。不发展注册会计师制度，转变政府职能、促进改革开放是很难实现的。

1992年8月间，朱镕基谈国有资产监督条例问题指出：4万多户国有工业企业怎么监管？要分类管理。财政部也要监督管理，主要通过税收、会计师事务所去管企业，对偷税漏税的要重罚。8月13日，朱镕基说：国有资产监督机构分为四类的说法不科学。就是两类：一是社会监督，如会计师事务所，是一种职业机构，不是一种权力机构。政府行政机关委托机构的监督和政府直接监督应当不是一回事。

从财政部来说，在朱镕基年代，废除了多年的财务、税收、物价大检查；撤销了财政驻厂员；各大型国有企业不再由财政部审批决算。相应的财政职能不少转为了注册会计师的社会监督，减少了政府的直接干预。

8. 转变企业经营机制

朱镕基抓注册会计师，是着眼于转变企业经营机制。

1992年1月10日，在制定转换企业经营机制的会上，朱镕基说：制定条例要把重点放在划分责权方面。国家把管理权授予企业了，企业应该向国家承担什么责任，条例都要有明确规定。总是完不成任务，厂长就应该下台，不能容忍企业连年处于亏损状况。亏损第一年要黄牌警告，第二年要"以观后效"，如果继续亏损，那就对不起，再好的厂长也要请他"另谋高就"了，这就是责。既给了他这个责，就要给他相应的权力。也就是说，政府各部门只能对他进行监督。我们的责任就是监督他不能把国家财产给吃掉了，他承担的任务要完成。至于他怎样完成任务，我们在微观上就不干预，但要有宏观调控，那就是要通过国家法律、政策以及国家宏观指导和间接调控来实施监督。企业的发展规划、经营决策，你都要去干预，那不行。现行的许多制度，甚至项目的审批制度，都要逐步进行改革。如果企业建立了自我约束的投资机制，银行也建立了一个贷款风险机制，银行也有经济责任，不再把风险转嫁给国家，都有了约束机制，层层审批就没有必要了。对企业怎样进行监督，可以考虑一些组织形式，比如有些资本主义国家的国有企业的监事会可以借鉴。我想我们的大型企业是不是也应该有这么一个监督机制。实际上真正的财务账目，是委托会计师事务所、会计公司来审的。据了解，国外的会计公司是厉害的，比财政部门的一些驻厂专员要厉害得多，是按法律办事，不是按个人意志办事的。会计公司如果营私舞弊，要受到严厉的惩罚。一年前，一个国家的一个大会计公司，因为一桩舞弊案子，被宣布破产。破产采取扫地出门的办法，会计公司所有合伙人的财产全部上缴，只留给他们一部小汽车。所以，会计公司要承担法律责任的，不能营私舞弊。公司的财务报告只要会计公司签字，哪些能打入成本，哪些不能打入成本，就定了。财政部门就根据这个来审定企业是否偷税漏税，如有漏税或其他侵吞国家财产的行为，构成犯法，你就得被罚款、坐牢，我们是不是也可以采取这样的方式。在厂长任期内进行审计。如果等任期满了以后再去审计，厂子都搞垮了，几千万、上亿元都"黄"掉了，再撤他的职，还有什么用呢？每年都应该对每一个大型企业以及部分中型企业进行审计，检查他们的资产负债表和损益计算书。当然。这就要现有的企业会计制度，使之规范。同时，要加强会计师事务所、会计公司的建设和管理。现在有许多地方在进行股份制企业试点和公开发行股票，但是又没有改革会计制度和经过合格的会计公司进行审计，这是不能得到社会承认和保障公众利益的。

1992年国阅8号文：朱镕基说，大力发展注册会计师事业，是深化改革、扩大开放的需要。深化改革的一项重要内容，就是要转换企业经营机制。过去，学苏联的办法，国有企业完全是由政府直接管理，直接监督，造成企业完全依赖国家。现在还抱着这种方式不放是不行了。国有企业也需要注册会计师实行社会监督。当前，我们的国有企业的一个很大问题，是没有成为一个有机体，不能自主经营，无法自负盈亏。资本家办企业的机制，就是追求利润。我们的国有企业不一样，不管经营好坏，厂长照样当。盈利了，大家发奖金，亏损了，也照样发奖金，没有钱向银行借，反正风险国家担。这样下去不行，我们要建立企业的经营机制。

上海国有企业都有一个财政驻厂员，监督企业的财务成本，这是20世纪50年代上海的一项发明，起了很好作用。现在改革深化了，企业的成本开支都要由他核定，实际上又管不过来。根据世界各国通行的办法，除行政办法外，应逐步发展由会计师事务所的会计师来检查。

朱镕基说：我到西方一些资本主义国家去，问过许多公司的老板，他们说最怕的不是政府，而是会计公司的会计师。美国的IBM公司老板对我说，管我们的是会计公司的会计师，我们的财务报表都要经他们审计。他们愿意花钱请会计公司的会计师来挑毛病。香港地区和西方国家有关人士谈到注册会计师重要性时指出，会计师和律师是不拿国家工资的"经济警察"。他们的政府不直接管企业，只制定一些法律、规定，企业按这些规定自己管理财务会计。管得对不对，符不符合政府规定，有没有弄虚作假，委托注册会计师去查。会计公司是一个社会性的为经济管理服务的行业，注册会计师要经过考试后由国家认可，有一套严格的管理制度，他不敢作伪证，作伪证要负法律和经济上的责任。对他们的处罚也是很严厉的。资本家经营企业没有搞好，就破产、跳楼，会计师违法、作伪证，要负无限责任，不仅要罚会计师个人，还要罚会计公司、会计公司的合伙人，罚到最后只剩下一辆小车。一个信誉扫地的会计师再难重整旗鼓。不仅要罚款，有的严重违法的还要坐牢。所以，这种机制约束会计公司作伪证。

9. 证券市场与注册会计师

朱镕基说：扩大开放了需要发展注册会计师事业，它是创造良好投资环境的一个重要软件。最近香港联交所代表团来北京，跟我谈大陆企业股票在香港上市问题，研究如何上市的程序和步骤。他们提出的一条重要意见，由中国会计师事务所与香港会计师事务所联合审计。我们的会计制度改革和发展注册会计师的工作，要赶快跟上去。

朱镕基还说：要搞好股份制，没有注册会计师进行工作，就会造成不规范、不公正。在发展股份制的过程中，要发挥注册会计师的疏导作用、咨询作用，要依靠注册会计师做好资格审查、资产评估、财务盈亏审计等方面的工作。股份制不能一哄而起，够不够条件，首先要由注册会计师去验证，由注册会计师提出意见。股份公司必须接受独立于企业的、国家认可的注册会计师对财务账目的公正审核。这就要提高注册会计师的工作质量和水平。对于会计师事务所各大城市都应抓一两个试点，要做到合格，"瓜菜代"不行。我们要抓紧组建一批符合国际规范、经过国家认可的会计师事务所。没有健全的财务会计制度并经过合格的注册会计师审计，股份制企业就不具备公开发行股票和上市的起码条件，国家认可的会计师事务所对其签字了的上市公司的账务负法律责任。

1992年8月11日，朱镕基给李鹏写信谈到中国股市的管理问题：

参照其他国家证券管理的办法，结合我国的实际情况，初步参考，我国证券管理体系应当有四个层次。总的原则是，充分发挥民间和准政府机构的作用，政府要加强宏观管理，但不要直接介入和干预过多。

第一个层次，是社会监管体系，主要是注册会计师、律师等。他们对公开发行股票的股份公司的招股说明书、财务报告、资产评估报告和法律意见书进行审核、签证，并为其所签字出具的这些报告承担相应的法律责任。

自律性监管组织是证券交易所和证券商协会、会计师协会。

股票、债券发行和交易要过三关：第一关，就是要严格对改选股票企业的资金产评估和财务审核。对于资金产评估不实伪造、漏报企业财务资料，以及会计师事务所与企业串通虚报资产和财务盈亏等违法行为，要严肃处理，违反法律的，要追究相应的法律责任。

1992年8月12日，朱镕基在"关于成立国务院证券管理机构问题"的建议中，再次提到注册会计师。朱镕基说,股票、债券发行和交易要过三关。第一关就是要严格对发行股票企业的资产评估和财务制度审核。对于资产评估不实、伪造、漏报企业财务资料,以及会计师事务所与企业串通虚报资产和财务亏损等违法行为,要严肃处理。违反法律的要追究相应的法律责任。对于会计师的查账业务,我的意见要归口管理,这件事要归口财政部管。都可以加入中国注册会计师协会,都应该执行统一的查账标准、统一的管理制度,不要各搞一套。我国证券管理体系应当有四个层次。建议第一个层次应是注册会计师和会计师事务所。财政部要参照国外有关法规抓紧会计师事务所的立法。

1996年10月以后,内地股市呼呼地涨,投机很严重。证监会采取了很多措施,包括所谓的"十二道金牌"都不起作用,因此决定对投资者进行风险教育,《人民日报》12月发表了评论员文章,这篇文章是在朱镕基策划之下完成的。与当时推出的涨跌停板制、加大新股发行额度等一起,拉开了持续多年的熊市。

当时的体制是各方面都不成熟,矛盾重重,"诸侯"分割,人民银行管证券公司和基金公司,财政部管国债,计委管额度,经贸委管企业,体改委管股份制改制,大家都在管,各部门分头管又不好协调。朱镕基建议国务院成立证委会,证监会是证委会的办事机构。李鹏要朱镕基当证委会主席,朱镕基要刘鸿如当证监会主席。刘鸿如说了两句话,第一句话是:你是要我上火山口。证券市场是个火山口,谁也没法干,也干不好。第二句话是:你是要找个替罪羊。肯定要出事的,肯定要有替罪羊。朱镕基说:不要你当替罪羊,我承担。

股票市场真不好管,猛跌下边有意见,猛涨中央政府有意见,担心出事。不涨不跌,所有人都有意见。香港回归前,股市猛涨。一会儿"九七回归",一会儿"十五大",一会儿"红筹、蓝筹"等等,股价直冲云霄。朱镕基十分担心。经过精心策划,《人民日报》在1996年12月16日发表了题为《正确认识当前股票市场》的特约评论员文章,指出对于目前证券市场的严重过度投机和可能造成的风险,要予以高度警惕。1996年年底,朱镕基在中南海警卫团大礼堂给出席全国财政工作会议的人员作报告。他说,这篇文章只想说明一个道理,政府绝不托市。当时是绝密,只有4个人知道。文章发表后,他说他一个礼拜没有睡好觉。文章发表的当天,股市猛跌,他布置公安部,查一查有多少人跳楼,多少人投江,多少人自杀。回答说没有一个。朱镕基感慨万千,调侃道,我们现在股民的觉悟,远不如20世纪三四十年代上海的股民,那时上海股民炒股,赔了,非常自觉地往黄浦江一跳!现在找共产党,找人民政府!老跌也不行。过了几天,又发了一篇《人民日报》观察员文章,把股市又托了一下。朱镕基那天说:香港报纸说中国股市没有熊市、牛市,只有朱市,朱镕基说:你损人也不能这么损嘛!吹捧美国的格林斯潘,说格林斯潘一言九鼎。朱镕基说:到此为止,还说我朱某人气量太小!

2001年建立独立董事制度,也是朱镕基会计思想的重要组成部分。有个香港人叫史美伦,朱镕基请她到中国证监会当副主席,(2001年3月至2004年9月)她一上任就提出建立独立董事制度,朱镕基表示赞同。对独立董事制度,现在也还有些质疑。我也当过两任独董,感到在中国上市公司中作用不大。但这个制度一直延续到今天,需要总结一下。这也是朱镕基会计思想的一部分。

中国的股市真是遇到不少麻烦，注册会计师有时是"帮凶"，有时成了"替罪羊"，处于受苦受难的第一线。其实朱镕基的日子"也不好过"。

中国经济在那些年顺利地实现了软着陆，这应当归功于朱镕基。国际舆论都认为应当给予朱镕基诺贝尔经济奖，可见全世界对朱镕基的经济思想评价是很高的。

10. 朱镕基要找几个做假账的反面教员

榜样的力量是无穷的，有时反面典型可能更有教育意义，就是我们常讲的"案例教育"。

1996年2月28日，朱镕基要刘仲藜找几家会计师事务所做假账的、企业两本账的典型，要好好揭露，要严肃地整整。

在我就任中注协秘书长时，CPA行业发生了"新、老"三大案件，都是朱镕基亲自处理的，从中也可以探索一些朱镕基的会计思想。

这些案件，发生在中国刚建立市场经济的初期，注册会计师行业好比初生的婴儿，犯的也是低级错误。媒体把它放大了，最高当局也有些言重了。其实在这些案件中，注册会计师起的作用并不是决定性的，转轨时期，制度不完善，政策不配套，鱼龙混杂是当时的客观环境，垮掉的都是全国出类拔萃的"行业排头兵"。如果国际"八大"，也像中国似的对犯错误会计师事务所这样处罚，就不会有后来的称霸全球的国际会计公司。

深圳原野，中国证券市场第一案。1992年年底，朱镕基连下三道"金牌"，责令"撤销特区事务所，没收全部财产，交深圳财政局"；开除签字会计师CPA资格，不许其再从事注册会计师业务。这等于没有处罚，特区所挂靠深圳财政局，没收其财产交财政局，等于左手交给右手；开除马昌时CPA资格，他早就不想做注册会计师了（因为那时注册会计师还是属于公务员），开除后，他下海从商更发财了！

朱镕基1992年8月13日指示：一些证券机构素质不高。会计师事务所、评估机构不具备必要的素质。深圳原野就是因为会计师事务所作伪证，造成不良影响，一笔就抽走550万元。作伪证的是三个会计师事务所，帮他们做假账。深圳市政府意见我看不够严。追是追不回来的。三个事务所要组织政法机关去，要彻底查，要法办。国外要负无限责任的，要没收全部财产。不这样，就不能保护公众利益。

后来，也是朱镕基指示把"原野"改称"世纪星源"复牌，股民还赚了一笔。

北京"长城案"：1993年案发后，根据朱镕基批示，国务院成立"4.3办"，对挂靠原机械电子部的中诚所进行调查。《人民日报》发了《十亿诈骗案》和《中诚事务所不忠》的报道。

张佑才15次"受召"进中南海讨论处理方案。这个案件，促使《注册会计师法》加速诞生。

海南"中水案"：1994年案发。朱镕基批示：一定要追回100亿美元信用证，处理涉案会计师和事务所。经公安部门努力，追回了全部100亿美元信用证，海南新华所撤销，把1 000美元验资成1 000万美元的注册会计师抓进了监狱。

四川"红光案"：1998年9月24日，证监会传达国务院领导对"红光案"的批示：8月29日温家宝批示："此案反映出目前中介组织存在严重问题。中介组织要依法通过资格认定，也要承担相应的法律和经济责任。现在的处理偏轻，不仅不符合这个要求，而且起不到杀一儆百的作用。"9月2日朱镕基批示："同意家宝同志的批示。对红光负责人移交司法处理，追究刑事责任。对其他中介组织应加重处罚，有的应停牌。"9月22日，朱镕基再次批示："同意证监会的处理决定，请国办转发通报各部门、各省市区。建议全文登《中国证券报》。没收事务所全部收入，吊销执业注册会计师资格。"后来这位会计师在医院病死。

自贡"东锅案"：1998年8月，朱镕基召集高检、公安、监察、司法、财政、人事、审计、工商、证监等九个部委开会，指示"要对东锅案问题进行彻底查清"。并指示"稽查特派员配合办案，简化程序，快速进行。对涉案部门、单位和责任人要依法彻底严厉查处，杀一儆百"。"对东锅虚假财务报告和虚假陈述，给予确认的四川所及其有关责任人，要彻底查处，根据不同情况，给予吊销营业执照、撤换领导人、罚款等处罚，并公开曝光。触犯法律的，依法严惩"。"对低价购买股票的单位和个人，要一一查清，依法严惩"。后来，在人民大会堂开中央司局长以上干部会，朱镕基报告讲国企业脱困问题时，再次讲到东锅。东锅老板拿原始股从四川北上"攻关"，200多名干部"陷入泥潭"，朱镕基说"只要把东锅的股票交回，就一律从宽发落"。孙树义奉命带队前往，宣布"某日零点之前，竹筒倒豆子，彻底交代，可以从宽发落。凡过此点，一律严加惩处"。那天晚上零点以前，前来孙部长住处"交代问题的人"排队，100多号人呵！后来，朱镕基批示："处罚太轻，下不为例。还有银行，严加惩处。"

海南"琼民源案"：1997年琼民源案发后，朱镕基说它是新中国成立以来最大的证券诈骗案，影响深圳股市市值28亿元；又是严重的政治事件，琼民源老板在北京"两会"期间，发动民工围攻证监会，北京出动防暴警察驱赶。朱镕基严厉责问：谁为琼民源做的审计？答：中华所。问：中华所谁办的？答：财政部。真是"大水冲倒龙王庙"，财政部办的事务所居然闯这么大的祸，一定严惩不贷！刘仲藜多次进中南海检讨。当处罚中华所时，财政部部长已换届由项怀诚当部长。当时的证监会主席周道炯是同情注册会计师的，他认为不能把上市公司的会计行为与中华所的审计行为摆在一起。最后，暂停中华所执行证券业务半年，撤销海南中华所，吊销签字会计师资格。在朱镕基的指示下，在1999年7月12日，"琼民源"股票1：1等量置换成"中关村"，等了2年的股民，不仅没赔，反而赚了一把。从37元拉高到44元。

最后讲讲"不做假账"。

这是朱镕基自诩为"切中时弊"的说法，好像应当是朱镕基会计思想的核心。不知道为什么没有收入朱镕基的书中。

我想，应当正确理解。作为一名会计，普通常识，当然不应当做假账。"不做假账"是会计人员和注册会计师的基本职业道德准则。正像药房不能卖假药，饭店不能卖毒菜，老师不应当与学生谈恋爱，医生不应当开假处方，这是最低的要求了。从理论上说，会计不会自己做假，总是听老板的。先要有假的会计行为，才会有假的会计数据，才能产生假账。注册会计师不做账，他只查账，查账的不能去做账。

为什么一个大国总理，一而再地提到它，因为在现实生活中确实存在。朱镕基的"不做假账"广为告知，还有配套的两句：做统计的不出假数；当官的不说假话；加上做会计的不做假账，三句话配套成龙，我们的事业就大有希望。否则，就是腐败！

二、往事越千年，激动抵万金

"不说假话"是朱镕基对中央电视台"焦点访谈"的评价。他考察时为"焦点访谈"写了四句话："舆论监督，群众喉舌，政府镜鉴，改革尖兵。"

"不出假数"是视察国家统计局时的讲话。朱镕基说，统计工作最重要的任务，是准确、及时地提供统计数据。统计数据尤其要准确、真实、可靠，不能失真，不能有水分。朱镕基总理曾指出，统计系统的粉饰和造假风气非常严重。

1998年的官方数据显示，中国GDP增长7.8%，与中国政府相信的维护社会稳定所需的最低增速8%也仅有咫尺之遥。但当年各地报来的GDP增长数都高于8%。朱镕基不相信，最后国家统计局说了个7.8%，朱镕基说："这还差不多。"

对做假账，朱镕基恨之入骨，说它已经严重危害市场经济秩序，是经济生活中的"毒瘤"，毒瘤者癌症也。不要回避现实生活中存在的客观问题。

2001年10月29日那天，朱镕基视察北京国家会计学院，坐在一间教室，与正在上课的常勋教授对话。朱镕基说："教授，你这么大的年纪还在为培养人才做贡献。"常勋回答："总理，您那么忙，还这么关心我们这个行业。"朱镕基说："我最关心的是这些学员做不做假账，你可以对学员做一个不记名的调查，发一个卷子，让他们打钩：一个是严重做假账的；一个是稍微做点假账的；一个是不做假账的。你做一个调查看看，得出一个百分比。调查要确实、不记名。"当时参加培训的重庆主任会计师班有70名学员，在答卷中，回答不做假账的占96%，仅有一个人回答"做过"、一个人回答"稍为做点"，没有人回答"严重做假账"，这是面对总理做出的回答，谁也不敢说假话。但在问卷收回后，总理已经离去，不知道朱镕基同志是否看到这些调查问卷的统计结果。

我觉得朱镕基"不做假账"的题词，不仅仅是针对会计人员，而且是针对整个社会，尤其是针对高级干部的。朱镕基1998年一"转正"，办的第一件事，就是精简中央国家机关机构和人员。他在人民大会堂给中央国家机关司局长以上干部做报告时，他说："中央国家机关干部工作的状况是：1/3在干，1/3在看，1/3在捣蛋，所以要精简一半！"这些话没有收进《朱镕基实话录》，但确实是说到老百姓心坎里去了。"不做假账"的题词，是发自朱镕基内心的一声大吼！要知道朱镕基不是万能

的，朱镕基也会受到许多制约，他想办而又不办不到的事也是不少的。正像精简机构一样，朱镕基砍了一刀后，又死灰复燃，机构更庞大、人员更多了。这次假账被处罚了，还会有下一次的。朱镕基说它是一个"毒瘤"，就会反复发着。所以，诚信教育要反复进行，一定要建设一支高素质、高水平的会计师队伍，这才是朱镕基会计思想的核心。

"朱镕基的会计思想"是一个很隆重的题目，要做好这篇文章是不容易的，但愿课题组取得优良的好成果！

（2016年10月9日在北京国家会计学院）

家 事

这一部分是关于我和我家庭的故事,就是家史。但她也是和"国事""天下事"连在一起的,即所谓"家事、国事、天下事",家国情怀,心潮澎湃,迈向新时代。

我家族的历史,是中国近代史的一部分。中国近代史,始于清政府道光二十年(1840年)鸦片战争爆发。道光二十二年(1842年)8月29日,清政府与英国签下《南京条约》,割让香港岛给英国,还赔偿2 100万银圆,并开放广州、福州、厦门、宁波、上海为通商口岸。接着清政府又与法、美等国签定了中法《黄埔条约》和中美《望厦条约》,从此中国沦为半封建、半殖民地的社会,这是道光作为清朝"国君"终生的耻辱。我爷爷的爷爷——我的老祖宗丁善庆,是道光皇帝的老师,在朝廷时对此深为不满,对大清官场失却信心。在道光二十五年(1846年),向道光皇帝禀报"母老乞归",恳请"辞官归乡"。经道光皇帝"恩准",我爷爷的爷爷丁善庆返回故里湖南。后即受聘长沙岳麓书院,担任第十二任山长(即院长),其间主持岳麓书院长达23年之久(1846—1869)。其后半生,与岳麓书院紧密相连,休戚相关。因此,在中国近代史上,我爷爷的爷爷留下了两笔浓墨重笔:一是与道光皇帝紧密相连的鸦片战争前后的历史;二是中华文化宝库——中国"四大书院"之一的岳麓书院的历史。我父亲是个"孤儿",三岁母亡,十二岁父殁,后一直在我爷爷的爷爷家长大,因此烙上了丁善庆家族的深刻烙印。

我们家庭的历史,和中国现代史的紧密相连。中国现代史始于五四运动及中国共产党的诞生。我父亲在1927年全国农运高潮时,参加了毛泽东同志领导的湖南农民运动,并被推举为衡阳兴隆村农民协会书记,当年组织上对他的评价是"工作中,很有进展"。可惜他没有继续沿着革命的道路走下去。我姐夫刘德章,抗日时十四岁就参加革命成为"小八路",解放战争时是解放军的团长,参加过"三大战役",南下直到广州,为建立新中国南征北战,建功立业。新中国成立后,又两次赴越参战,为保卫世界和平做出了贡献。叔叔丁隆炎,参加过抗美援朝,后成为"军旅作家",著有《在彭总身边》,为捍卫老一辈打下的革命江山立下了功勋。妹夫王志民,他父亲抗日时是爱国商人,头颅被日本人砍下悬挂于城墙门上,因而他是烈士子弟,湖南省省长王首道收他为"义子",解放军中大大小小的"司令员",都是他的"父亲"。姐姐丁小琴1949年10月在衡阳解放时跟随解放军南下到了部队。妹妹丁嘉陵十三岁参军到了南海舰队,也成为军人。我们这一家,从抗日战争到解放战争、抗美援朝、越南战争都做出过应有的贡献,爸爸妈妈非常自豪地在家大门口贴上"光荣军属""革命家庭"红艳艳的帖子。

当然,也有折腾的时候。我们家,爹妈生了六个子女,兄弟姐妹加上父母,各自"独立"成"家"以后,共有"七个家庭",但分别有五个不同的"家庭成分":20世纪50年代大哥去东北工学院学习,农会给他开的证明是"小土地出租";姐姐50年代入党,部队评她"家庭出身"是"自由职业";爹妈和妹妹上上海,五十年代爸爸是华成电器厂的仓库保管员,因此他们在上海的家庭成分是"工人";刚解放时我的家庭成分这一栏是"没有成分"("没有成分"也是"成分"。因为我们家所有的人,都是出生并居住在城市,那时城市一般都没有"划成分"。也有的城市居民划分为"资产阶级"和"城市贫民",而这两者我家都算不上)。50年代,因为我在家,看到父亲被农会"管制"就填的"地主"。我填的"家庭成分""最高"——

"地主"。这个"地主家庭"的出身，压得我半个世纪几乎喘不过气来。虽然在不同"政策"时期、不同"组织"、不同执政者情况下有不同的看法和做法，但"黑五类""可以教育好的子女""地主阶级的孝子贤孙"，等等"难听"的字眼，时时如刺鲠喉，真是好难过。背上这个"原罪"，自己总是觉得抬不起头来。在"阶级斗争为纲"最高潮的时候（"文化大革命"时期），像工资改革"就高不就低"那样，兄弟姐妹包括爹妈的"家庭成分"都被统一到"地主"这个"最高档"，于是乎全都受到株连，那个"原罪"真不堪言表。历史就是这样，"文革"前，是七个家庭五个成分，"文革"中统一为一个成分，"文革"后又恢复原状——五个成分，几年以后，就没有"成份"了。好像电视剧里写的一样，变幻莫测。虽然这些都成过往，但至今仍记忆犹新。

我的这一辈子，是随着中华人民共和国的成长而长大，与中华人民共和国的命运紧密相连。在"一五"时期参加工作以后，经历了风风雨雨。大致可分为两个阶段："文革"前20年（1957—1978年）在江西，经历了反右派、"大跃进""文化大革命"、下放劳动……那些年月虽然负面的东西多一些，但也不是没有收获。一方面自己是受害者，损失了自己可贵的青春；另一方面也得到了在特殊条件下意想不到的收获。要不是"反右"，我可能认识不到我那些老师们的可爱；要不是"大跃进"，我可能体会不到"革命热情"高涨"狂热"的"原生态"；要不是在乌石山铁矿被造反派关起来，我这一辈子也不会"关起门来"通读四十多卷、一千多万字的马列原著；要不是"下放劳动"，我也不可能到农村接触那么多贫下中农，学会那么些农活……当然，要不是"文革"要我"写检讨"，我可能学不会抽烟；要不是被下放到修丰源水库，我可能学不会喝酒。塞翁失马，焉知非福，凡事都有两面性。风雨过后，才能见彩虹。

"文革"后20年，进了财政部。从山沟来到首都，从最基层进入中央部委，首先要感谢邓小平，没有邓小平的用人政策，就没有我的下半辈子。没有改革开放，也不会有注册会计师行业的辉煌。刚进财政部时，我无知，我茫然。但我遇到了一个又一个"贵人"：杨纪琬是我到财政部以后的第一位"严师"，不能简单用"上司"来说他，同时应当用"严师"来形容他。没有杨纪琬的严格要求，在财政部我就不可能适应。不能说我是杨纪琬的"高徒"，但经他的"严格训练"，我在财政部才得以适应；谢明，一位以务实著称的财政部老领导，是他对我的"夸奖"，给了我鼓舞，给了我力量，使我在会计学会充分使展自己的才华；张佑才，从会计学会开展第一届会计知识大赛开始，到中注协的1 823个日日夜夜，就是我的"顶头上司"，"统治"我前后长达13年之久。虽然他一口南通话，许多人听不懂，但我不仅能听懂，还能知道他没有说出的话，我们总是"心有灵犀"。在工作上，两个人好似一个人。他常说："你干活，我负责。"他的"放手"，是我搞好中注协工作的最大保障；当然，最大的"贵人"还是朱镕基。正是朱镕基当副总理、总理的那10年，中国的注册会计师行业得以飞速发展，注册会计师的社会地位空前提高，注册会计师的知识得以大普及。正是在这10年中，我担任了中注协的副秘书长、秘书长，虽然"挨骂"次数很多，但心情最畅快。仔细想想，其实"挨骂"是一种幸福，正像后来财政部许多人说的那样，想"挨朱镕基的骂"还轮不上！时势造英雄，是朱镕基造就了中国注册会计师的辉煌年代。

  我个人的历史，也是我这一代同龄人的成长史；由此而形成的世界观、人生观、价值观，才会让我在担任秘书长期间做出那些事情来。那时也有梦：就是全家平平安安、生活天天向上！

  写作中，回忆往事，最重要的感受就是感恩！感恩我们的党、感恩我们的国家、感恩社会、感恩父母、感恩师长、感恩前辈、感恩同行、感恩所有圣贤、感恩大自然、感恩万事万物、感恩众生！

一、童年的梦——打败日本鬼子

（一）我的故乡

湘江河傍，布衣之家

我的老家在湖南省衡阳市，记得最清楚的是打开家的大门，门口就是湘江。童年时的湘江，没有污染，水是那么清澈，那么纯净。一条大河展现在眼前，河里是干净的水，从岸上都能看得清楚河里游动的小鱼。靠河岸边的水中，停靠着一串串竹排，渔夫站立在竹排上，手里拿着一只捞子，是在捞吃的大鱼还是捞培育的小鱼苗？不得而知。挂在竹排边的，是一半沉在河里、一半挂在竹排上的一只只装鱼的篓子。留在我记忆中的，是渔夫那优美的挥动捞子的动作。后来听人说，衡阳本来就是一个出产鱼苗的地方。湘江河的那些鱼仔，被捞上来后，经过挑选，能养大的鱼仔作为鱼苗在市场出卖，买了鱼仔的人，就把它们放到池塘养大。所以，衡阳乡下、郊区到处都是纵横交错的水塘，号称"鱼米之乡"。我就是在这样的环境下长大的。所以，回忆中的第一帧画面就是湘江。

地理学家说，湘江发源于广西临桂区海洋圩的海洋河，从湖南永州市东安县的瀑埠头向北流入湖南省境内，先后纳入紫水、石期河、潇水、应水、白水等支流，在衡阳市汇蒸水和耒水，在衡山县纳入洣水，在渌口汇入渌水，在湘潭市汇入涟水，在长沙市区汇入浏阳河和捞刀河，于望城区的新康纳入沩水，至湘阴县的濠河口分左右两支汇入洞庭湖。湘江水系地处长江之南，南岭以北，东以罗霄山脉与赣江水系分界，西隔衡山山脉与资水毗邻。湘江主要支流潇水、舂陵水、耒水、洣水、渌水和浏阳河由东岸汇入干流，支流祁水、蒸水、涓水、涟水、沩水从西岸汇入。湘江流域大都为起伏不平的丘陵与河谷平原和盆地，下游地区长沙以下的冲积平原范围较大，与资江、沅江、澧水的河口平原连成一片，成为全省最大的滨湖平原。湘江流域的海拔高度上下游相差不大，但起伏不平，加速了雨水的集流。各支流的上游多曲行于山地之中，表现着山溪河流的特征。湘江在永州以上称为上游，水流湍急，河水有时穿切岩层而过，形成峡谷，流域内石灰岩分布很广，岩洞较多，地下水对河水的补给量较大。湘江在怀化至衡阳之间为中游，沿岸丘陵起伏，盆地错落其间，亦有峡谷。湘江在衡山以下为下游，地势平坦，河水平稳，沿河沙洲断续可见。湘江河口散布着大小不等的湖泊，大都是昔日洞庭湖的遗迹。

早在原始社会时期，我们的祖先就已经在这儿活动了，这从市南区黄茶岭及湘江河床里采集的一批旧石器时代遗物和市郊周诗头、商周古文化遗址、苗圃春秋晚朝墓葬等，可以得到证实。衡阳土地肥沃，为亚热带季风性湿润气候，四季分明，雨量充沛，寒冬期短，有利于农作物的生长，这样的自然环境是适于人类居住的，特别是三水交汇于此，在以水路作为主要交通线路的古代，先民们在这里建立居民点就地理条件而言也是完全可能的。

衡阳是一座历史悠久的古城。在中国近、现代史上，衡阳涌现出无数志士，为革命抛头颅，洒热血。像中国同盟会的唯一女性、"一代女魂"唐群英；为新中国戎马一生的罗荣桓元帅；伴衡山青松长眠的毛泽东的堂妹毛泽建等。1944年，衡阳浴血奋战47天，全国罕见。衡阳人的聪慧、实在、执着和韧劲有目共睹，衡阳军人的刚直、勇猛、睿智也是为后人所推崇，因而有"湘军文化"起源之说。中国有四大书院，衡阳有一个石鼓书院；世界近代最伟大的哲学家有两个，黑格尔和王船山，衡阳有一个王船山。衡阳在现代还出了许多名人：谢晋——大导演；"诗魔"洛夫如是说："我不是懦夫，我是衡阳人。"；著名作家龙应台说："衡阳是我永远的梦乡。"台湾地区前领导人马英九说："其实我是衡阳人。"原国家体委主任伍绍祖说："我的根，在衡阳。"

著名作家琼瑶是衡阳县渣江兰艺堂人，她生于1938年4月20日，11岁时（1949年）随父去了台湾，1957年毕业于台北第二女子中学。著有《窗外》《烟雨濛濛》《几度夕阳红》《彩云飞》《白狐》《心有千千结》《在水一方》《月朦胧，鸟朦胧》《聚散两依依》《我是一片云》等40余部小说，还著有《剪不断的乡愁：我的大陆行》。琼瑶与丈夫平鑫涛共组影片公司，专门拍摄以琼瑶小说为题材的影视片，歌星邓丽君就是唱由琼瑶小说改编的电影歌曲而出名的。1989年5月6日琼瑶回故乡探亲祭祖，引起轰动。现今，台北的"衡阳路"，还能时时唤起琼瑶思念故乡——衡阳之情。

衡阳在古代出了一位蔡伦，他是中国"四大发明者"之一。在蔡伦造纸以前，人们写字、著书，用的是丝帛、竹简。丝帛太贵，穷人用不起；竹简笨重，使用不方便。东汉和帝年间，蔡伦发明造纸。后来成了"仙"，经常云游凡间，传授造纸术。历代造纸工匠都在纸坊内，张贴蔡伦祖师神位。每月初一、十五供奉，每年农历六月十二日，还要为蔡伦祖师的生日举办祭奠仪式。这些习俗，在衡阳乡间纸坊，至今还有造纸老师傅这样做。

历史记载，衡阳还有着光荣的革命传统。

大革命时期《北伐军军歌》曾经唱遍大江南北，长城内外，鼓舞了成千上万的战士和群众："打倒列强，打倒列强！除军阀，除军阀！努力国民革命，努力国民革命！齐奋斗，齐奋斗！打倒列强，打倒列强！除军阀，除军阀！国民革命成功，国民革命成功！齐欢唱，齐欢唱！"这首歌的歌词作者叫邝鄘，是衡阳地区仁义乡邝家村一个贫寒农家子弟。

夏明翰也是衡阳县人。虽然在人世间只匆匆度过28个青春岁月。但是，他那种为共产主义事业奋斗终生的英雄气概和伟大的牺牲精神，他所表现出来的共产党员先锋气质，特别是在生命的最后时刻表现出来的英雄形象永远印刻在人们的心里，"砍头不要紧，只要主义真"的诗句，激励着一代又一代革命者。

我的家，就在湘江中游的衡阳市。衡阳市位于巍峨秀丽的衡阳南麓，漫江碧透的湘江之滨。秋寒来临，大雁从北方飞往南方越冬，到衡阳便歇翅停回，故衡阳市又称"雁城"。有许多动人的故事，流传至今。相传，古代某年某月某日，一群大雁整日在衡阳城市上空哀鸣，发出很凄切悲凉之声。人们不知怎么回事。过了冬，人们怎么驱赶都不飞走。当时的县令就贴出一张悬赏榜来解决。后来，回雁峰某长者听出了大雁的哀鸣声很悲伤，就到大雁经常栖息的地方走访猎户看有谁有没有射死大雁，后来找到了那猎人并揭了榜。于是，县令惩罚了那个猎人，并颁布法令：不准射杀大雁，且在山上雕筑大雁像立碑挽诗及在雁峰寺焚香三日超度，那群大雁才飞走。此后每年大雁南飞，飞经雁峰山仿佛听到那双死去大雁哀鸣召唤声，都不再南飞，便栖息在雁峰上度冬。不少文人墨客都在寺内题写了不少挽雁诗。故范仲淹词云："衡阳雁去无留意"。至今衡阳民间还有不准射杀大雁的习俗。

入城口的雁峰公园，主要景点有回雁峰、王船山出生地纪念馆和新建的观景亭。回雁峰很小，海拔高度只有96米，但是它确实是南岳七十二峰中的第一峰。古代诗人写了很多描写回雁峰的诗句，所以回雁峰是很有名的风景名胜。接着是王船山出生地纪念馆，再往前，是一条石板路，沿着石板路走到头是四层楼高的观景亭，爬上观景亭，可以看见附近的景色，车水马龙的街道，郁郁葱葱的回雁峰，还有湘江铁路桥，等等景观尽收眼底。

20世纪50年代的湘江

20世纪50年代衡阳太子码头

20世纪50年代衡阳的雁峰岭

1998年回衡阳在雁峰公园前与同学合影

1965年，中南局书记陶铸来衡阳视察工作，倡议修复该处景点，于是修有大小亭台几座，绕以长廊，曲折相通，略如大雁展翅之状。经衡阳市人民政府决定，将回雁峰岭辟为雁峰公园，于1983年1月27日动工，并列为"政府为市民办10件好事工程之一"；1985年2月建成正式对外开放。公园占地面积为28.5亩。大门正对中山南路，门前有面积为5.7亩的雁峰广场。在广场中心建有一座10.5米高的群雁雕塑，花岗岩的石塔上白云缭绕，4只铜铝合金的大雁展翅云天，凌空回旋。此大雁塑像被定为衡阳市的城徽。

2011年3月我回故乡湖南，衡阳市财政局长对我说："中国有五岳，衡阳有一个南岳衡山。去一趟南岳衡山吧，那里也是我们衡阳市的地盘。到那里不仅是烧香拜菩萨，还可以接受革命传统教育。"接着，他说起了当地抗日战争期间在南岳衡山举办的"游击干部训练班"的许多故事。

自古以来，衡阳文气郁郁，才俊辈出。古有辅佐蜀国的大臣蒋琬、发明造纸术的蔡伦、著名思想家王夫之（王船山）等等。据说，周敦颐是在衡阳演武坪外西湖写下千古绝唱《爱莲说》的。当年吴三桂在衡阳回雁峰前馒头岭举行称帝加冕之礼，封文武百官，开科录士，看中的不仅仅是衡阳的地理位置及南岳衡山佛、道合一的宝气，还有她悠远浓郁的文气。纵观南岳衡山七十二峰，绵延数百里，首峰回雁峰，尾峰岳麓山。

我的老家在衡阳市黄茶岭，那时是衡阳市的郊区（现在是市区），好像离城里很远（仅5公里，小时候走起路来觉得好远），叫高兴乡万隆村，处于城乡接合部。既有一个小小城镇的规模，又有四周被水田围着的田园风光和起伏的丘陵。平静的村落，简陋陈旧的集市，零星的杂货摊，使这个小镇显得古老而又宁静。史料证明，唐代末年，黄巢农民起义军从广州北伐，攻下衡州，驻军现今衡阳市郊，后代遂将这地方称为黄巢岭。因"巢"字复杂，又改称黄茶岭，一直沿袭至今。黄茶岭有两株香樟树，据传植于唐乾符年间（874—879年）。当年黄巢路经衡阳曾挂马于此。这两株香樟树经历了一千多年的"改朝换代"，至今保存下来，实属不易。大树胸径分别为26.5米和25.6米，居全市古樟之冠。正是这两棵香樟树，保存了我童年时太多的"秘密记忆"，2011年重回衡阳，我久久地站立在它们的面前，童年时代种种难忘的场景又重现在我的眼前。

两棵大樟树英姿挺拔在母校前

我的家是一个大家。在1944年抗日战争逃难前后，家有九口人之多。除爸妈外，我上面有一个哥哥、两个姐姐，因此我是"老四"。小姐姐叫阳春，1935年出生，大我两岁。因为生活穷困，加上病魔缠身，缺钱医治，在我两岁时，她四岁就离开了人世，此事对母亲打击很大，当时哭得死去活来，伤心了好长时期。悲伤过后，还要生活，无奈又忙于开店、忙于家务。我也从"老四"成了"老三"。之后，大约是在1939和1942年，又出生了一个妹妹和一个弟弟，因为家境贫寒，弟妹贫病交加，都早年夭逝，到底是几岁离开人世的，我无从查知。我只知道爸妈说我"八字硬"，"上面的顶死，下面的踩死"，当时我在家就成了"满崽"

黄茶岭一角

（最小的儿子）。在家里爸妈最疼爱的是大哥，我虽是"满崽"，但并没有享受"满崽的待遇"，我记忆中的童年日子并不是很好过的。抗战胜利之后，我们家又添了两个妹妹、一个弟弟。在我成长的历程里，"痛"一直伴随在我身上。我小时候，爸爸在外面教书，难得回来一趟，妈妈从"大家闺秀"一出嫁就要独自支撑这么大的一个家庭所要经历的种种磨难，真是很难想象！父亲虽是这个家的主人，但是跟我们几个孩子的交流几乎是空白，在我们看来，近似冷漠。但后来偶然看到的父亲写的一些自传式的材料，才知道他对孩子是多想亲近，并不是只想闷声扎在书堆里。他对孩子的爱，是默默无闻的。他要外出赚钱，要赚钱养家糊口，这一大家的责任，其实是落在他的肩上。爸的这种性格，也许遗传到了我的身上。

妈妈从"大家闺秀"嫁到"贫贱之家"，一个二十岁刚出头的少妇，就忙于操劳全家大、小事情，一个人带着"一窝"孩子，还要开店、操持家务，真是太多太多的难事。表面看来，妈妈似乎因为孩子多就没有心力整天疼我们了，其实每个孩子都是她心头的肉。大哥平衡是宝贝，姐姐小圭很乖巧，妈妈生气时顺手抓到谁就打，我是被抓住最多的一个，因此挨打次数也就最多。小时候最爱吃妈妈烧的红烧肉，但红烧肉并不是天天能吃到的，只有逢年过节或过生日的时候才能吃到一两块。记得妈妈总是把做好的红烧肉用筷子轻轻地、吝啬地一块一块夹开来，说这是留给在外教书老爸的、那是留给上学大哥的，剩下几块，才是我和两个姐姐的。小时候我的小名叫"红薯"（地瓜），不知道我小时候是吃红薯长大的还是挨打的次数很多，都记不清了。妈妈打我时，我抬头怯怯地看她，她生气的眼里带着闪闪的泪花。其实我知道所有的打骂都是因为我们家穷。记得一次拿着五个铜板去朱家桥买豆油，不小心把五个铜板弄丢了，端着空碗回家时，免不了又是一顿打。小时候曾记恨妈妈的每次打骂，后来渐渐明白母亲的爱有各种不同方式。整天劳累被生活折磨的妈妈，肯定会有心烦的时候，尤其看到自己的孩子"不听话"，到处给她"闯祸"，一种"恨铁不成钢"的"恨"便涌上心头，一顿劈头盖脸的打骂，在我的童年记忆里经常闪过。不过不打不成"教"，我的成长历程在严打之下变得"循规蹈矩"。直到现在，我还是感激童年曾受的苦痛，是"饿"与"痛"让我更珍惜现在努力所得的一切。

我们这一家，是普通的一家，也是那个年代千万个多磨难家庭中的一个。在我的童年时期，生活是艰辛的。冬天来了愁冬天，发愁没有棉衣过不了冬。春天到了怕春天，怕的是青黄不接，缺吃少穿。物价每天都在上涨，买不到粮食，生意又不好做，简直是"吃了上顿愁下顿，过了今天愁明天"。夏天来了更加困苦，我家没有房屋，没有土地，吃、穿、住、用等日常开销，全靠爸妈干活挣的钱来维持。遇到生意清淡时，收入微薄，生活中缺吃少穿、有病无钱医治，等等，剩下的只有叹息和痛苦。

那时家里在湘江边朱家桥旁开了一家杂货铺，就妈妈一个人操劳着。在旧社会，想做点小生意，请客送礼、苛捐杂税是长年不断的，对地方"官"老爷们稍有怠慢，就有被封门的可能。由于苛捐杂税太多，小本经营也没有多少赚头，只能补贴一点家用。妈妈的勤奋持家、坚强不屈在当地是出了名的。妈妈还在杂货铺里做些米酒卖。铺子后屋放了些大酒缸，里面装的是正在发酵的米酒。小时候我们不懂事，一次我和小圭姐两人偷酒吃，小圭姐用一根稻草上面的硬杆杆，插进酒缸里吸着，我就用手抓了些酒糟塞进嘴巴。一口、两口，结果两人都醉倒在酒缸旁，最后，当然是一顿打了事！

童年的梦，是七彩的梦，童年的歌，是欢乐的歌，童年的脚步一串串，童年的故事一摞摞。在那童年五彩缤纷的岁月中，发生过的许多事情都值得回忆……但往事现在已经模模糊糊，记忆的海洋中漂泊着无数的小船，有些已漂向远方，有些却永远停泊在了这片记忆海洋。展开记忆的长幅，那一段段画面绘成我的童年，喜怒哀乐尽在其中……童年，充满着纯真、难忘。回想起自己的童年往事，我发现小时候的我是那么幼稚、有趣。在写这部分回忆的时候，我仿佛又回到了那个充满欢乐的童年，又回到了那个纯真美好，无知的童年。渐渐地，时光流逝，天旋地转，我也在渐渐地长大。树还能再青，花还能再开，但是，谁能告诉我，我的童年为什么一去不复返呢？那童年做的趣事，感受到的欢乐，都被某种力量，变成历史，成为过往。每一个人都有自己值得回忆、值得珍惜的美好童年时光。大多数人的童年本是多姿多彩、妙趣横生、无忧无虑的，但我没有五彩，没有太多的欢笑，在我成长的童年中，最让我难忘、最让我铭记在心的则是我承受的苦难、悲痛。我的童年更多的是生活在苦难中，是在苦水中泡大的，在苦难中开始了迈向人生的第一步。

记得5岁时（1943年），每天看到别人家的孩子从家门前经过，穿着新衣服，带着新帽子，背着新书包蹦蹦跳跳有说有笑地去上学，我就羡慕人家。心想，什么时候我也能有这么一天，也能上学去。我就跑回屋去，抱住母亲，向她提出要买书包、要上学。吵着、闹着"要读书"。妈妈没有法子就要大哥带我"上学"，大概是"旁听"，因为没有缴学费嘛！实际上妈是放我去学校里"耍"，省得在家里"生事"。我家后面是一道丘陵山坡，上面建了一个供人歇脚的亭子，走到亭子我就要大哥背，一直背到学校。放学后，大哥从学校把我一直背到亭子，到了亭子我就要下来自己走回家。这样，在妈面前，表示我是走着上学、放学的。大哥很老实，也很疼爱这个"小弟弟"，从来没有"揭发"过我。其实，妈也是知道这一切，她心疼大儿子，也心疼小儿子，只是不作声而已。这样的日子，也就过了一年多一点。好像我的小学，就是这样度过的。后来，说我在小学"连跳了几级"，我自己一点也不知道，想不起我的小学时光是怎样度过的，又好像我没有上过小学一样。

小时候我很调皮。有时放学回来，就和姐姐沿着湘江河边坡上去摘野枣，边摘边吃，放在口里，又甜又酸。还有一次和姐去塘里摸鱼，弄得一身湿漉漉的，回家两人都挨了一顿打。有时因为贪玩，放学好久忘记回家，妈妈身着深蓝布衣，站在河边喊着我们的小名"红薯""小圭"，叫我们"快回来"，我们还和妈妈"躲猫猫"。回到家里，妈妈例外没有打我们。在我的印象里，妈妈是严厉的，但又是慈祥的。

　　田野的夜晚，特别是晴空的夜晚总是那样的美丽。天空中飞舞着几只小小的萤火虫，好像一盏盏小灯，带给童年的我不少美丽的朦胧的幻想。我爱看萤火虫，那舞动的萤火，照亮了我的心房，看上去是多么美丽！我经常跑到田边去捉萤火虫，带回家后用一只玻璃瓶装着，萤火虫的荧光在里面闪闪发亮，把它挂在门边，坐下来看看天上、再看看萤火虫，天上和门边都在闪闪发光，我是多么满足啊！童年，一曲纯真的旋律；童年，一段别样的岁月；童年，一首幸福的赞歌。童年的生活已悄然逝去。而记忆深处的童年，依旧历历在目，难以抹去。童年就像一篇美丽的童话，美妙而又梦幻；童年就像一幅画，把美好的画面定格在一瞬间；童年就像一本沉重的书，每页都记录着生活的点点滴滴；童年就像一条河，翻腾着无虑的浪花，难忘的童年一些趣事，使今日的我，都沉浸在愉悦之中。

　　童年那些快乐与痛苦，虽然已经记不太清，但童年那个用来舀洗澡水的木盆，以及挂在墙上的竹鞭（湖南特有的打孩子的工具），还是那么清晰地刻在记忆里。洗澡时怕妈妈骂我没有洗干净，就故意把水泼得满地，然后再喊"我洗好了"。1942 年以前，我们家还过了几年"不愁吃穿"的"好日子"。爸爸是个"教书匠"，虽然是穷得叮当响的"穷秀才"，但"社会地位"还是可以的；妈妈家庭富有，妈妈带来的陪嫁，骤然使我们家"富裕"起来。同时，妈妈勤劳、肯干，不怕吃苦，丝毫没有大家闺秀的"架子"。家里除了开店，还养了两头猪，卖了猪加上妈陪嫁的钱，买了二亩五分地，还在湘江河畔开起了一家杂货铺。我和姐上学时，可以买一个糯米粑粑包油条或者买一个油圈，边走边吃。到周日，碰上好运气（妈高兴），妈还会带我们进城。那时进城的路是一条小路，爬山下山，要走近两个小时。快到城里南门时，心里很高兴，妈会带我们去吃一碗"鲜鱼粉"，那真是做梦也想吃的世上最好吃的东西。然后带我们去仙姬巷，找亲戚"串门"，我隐约记得表妹冯淡，两人岁数相仿，她爸爸也是"教书匠"。我至今也不知道是哪门子"亲戚关系"。进屋后，大人在里面寒暄，小孩便在外面玩耍。日子过得还比较"清闲"，主要是一家人在那时还"不愁吃穿"。

　　可惜这样的光景也没过个两年。美国援助中国的"飞虎队"在衡阳机场停放了一百多架飞机，他们既打击了日寇空中的嚣张气焰，保卫了中国城镇衡阳，但衡阳也成了日本空袭的重点对象。我家的这个小铺子，正开在湘江大桥旁边，自然成为"军事重点"，日机轰炸湘江大桥时难免波及我家的小铺子，日机轰炸时，一颗炸弹落我家铺子中央，顿时燃起熊熊大火，不到半个小时，木板房杉皮顶的铺子，就烧得只剩下几根墨黑的左倒右歪的梁木。妈妈看着残留的火星，没有流泪，只是两眼痴呆地发蒙，嘴里直念道："完了！完了"！"怎么办？怎么办？"爸爸回来后看到这情景，也只好安慰妈妈："再想办法吧！天无绝人之路！"我从此再也没有零食吃、没有零钱花了，童年时的我，就深深痛恨日本鬼子！就是那可恨的日本鬼子，使我们全家进入了更加苦难的岁月。

湘江风景

湘江大桥

我是在冬季一个大雪纷飞的夜晚，农历丁丑年十一月初二（公元 1937 年 12 月 4 日）来到人间的，那时恰恰是"七七卢沟桥事变"后半年。抗日战争全面爆发。"七七事变"的第二天，中国共产党发出了《为日军进攻卢沟桥通电》，疾呼"平津危急！华北危急！中华民族危急！"指出："只有全民族实行抗战，才是我们的出路！"呼吁全中国同胞、政府与军队团结起来，筑成民族统一战线的坚固长城，抵抗日寇的侵略。蒋介石也提出了"不屈服，不扩大"和"不求战，必抗战"的方针，并接受了中国共产党提出的建立抗日民族统一战线的主张，宣布将红军改编为国民革命军第八路军，任命朱德为总指挥，彭德怀为副总指挥；将南方各地的红军游击队也改编为新编第四军，由叶挺任军长。抗日民族统一战线就此形成，一场伟大的抗日战争轰轰烈烈全面展开了。

在我出生前三天，"首都"南京沦陷，南京国民政府已于 1937 年 10 月 30 日迁都重庆。那个年代，国人都好似没有爹娘的"孤儿"，"国将不国，何以有家"！不幸中的庆幸，对于那个时代的任何人来说，苦难也是一种磨炼，尤其是战火中种种灾难的磨炼，那是现代人所没有的。

我就出生在这样的战争年代。与民族灾难同行，命里注定我的童年是苦难的！

湘衡望族，世代书香

丁家在衡阳，算得上是"名门望族"，出过不少县令、翰林、进士、举人、解元、亚元，可以说是"世代书香"。我爷爷的爷爷，在清朝是个有文化的"大官"，但从我爷爷那一代起，就进入了衰败时期，到我爸爸这一辈，则更是没落了。丁氏家族前后两百年，虽然变化较大，但根基仍然深厚。

报刊资料介绍说，"湖湘文化源远流长、博大精深，是中华文化中独具特色的重要一脉。特别是近代以来，一批又一批三湘英杰，以其文韬武略，叱咤风云，谱写了辉煌灿烂的历史篇章。晚清以来的百年间，湖湘英杰人物井喷式地涌现，堪称奇观。湖湘文化也在很大程度上因为这些英杰人物的历史作为而受到世人的关注。可以说，湖湘英杰是体现湖湘文化辉煌的显著标志"。尤其是近代以来，湖湘文化对历史和民族的贡献可谓巨大，我爷爷的爷爷丁善庆是湖湘英杰中的杰出人物之一。

清道光、咸丰年间，在湖南衡阳丁家出了不少"名人"，我们这一房的高祖就是丁善庆，他是载入中国近代史册的历史文化名人，是流传至今二百年、几代"丁氏基因"的根源。丁善庆是"丁家牌楼"丁氏家族的代表人物。

1. 丁家牌楼

到过湖南衡阳的人都知道"丁家牌楼",但现在那只是一个公交车站的站名,牌楼已无踪迹。2011年3月,我退休后回衡阳寻根问祖,到处寻觅儿时记忆中的"丁家牌楼"。市财政局的小车载着我沿湘江畔而行,不到十分钟,财政局的同志就说:"丁家牌楼到了。"我下车一看,是一个农贸市场,一条狭小的街道,四周都是三四层的楼房,哪有牌楼的踪影?几位老人坐在街边打扑克,问他们牌楼在何处?回答说:牌楼早就拆了,"丁家牌楼"现在只是一个地名。我脑海里浮现出70多年前的景象:与姐姐同行去湘南中学读书,从黄茶岭家里走到丁家牌楼,就要在牌楼下歇一歇,似乎走了很远很远的路程,然后,再绕过过田间小路,到达湘南中学。现在虽然是坐车,而且是从城里到这里,路程多了一倍,但时间却不到十分钟,这路也太短了,时间也太快了!真是"弹指一挥间"!回到北京,我在报纸、杂志及有关媒体资料中,查找衡阳地方史料有关丁家牌楼的记载,可惜说的都是明朝万历年间发生的事,到了清朝乾隆皇帝降旨旌表,其间隔了将近两百年,经历了明、清两个朝代,前后相隔两百多年,对此我深感疑惑。后来,在一份资料中,找到由刘竹岚同志写的一篇关于丁家牌楼的文章,看过后才明白"丁家牌楼"历史的始末。

刘竹岚同志在文中写道:"明朝年间(1573—1619年),有一丁氏家族妇女,婚后一年,她的丈夫就因病逝世了。她的丈夫死后,自己已怀有7月之身孕,家中还有年迈的婆婆。她强忍悲痛,一边无微不至地侍奉风烛残年的婆婆,尽职尽责为婆婆养老送终,成为当地有名的'孝媳妇';一边精心哺育丈夫留给自己的遗腹子,使其成为知书达礼之人。由于操劳过度,她29岁就去世了。她虽然芳年早逝,但她那贤淑、善良、坚忍、坚贞、克勤克俭的美德却激励着后人。斗转星移,她的曾孙丁一焘(字晋昭,号澹筠),因刻苦攻读圣贤书,才华出众,于清乾隆丁巳(1737)殿试获得第二名,被选为翰林院蔗吉士,授编修。乾隆皇帝在调查了解丁一焘的曾祖母贤淑、善良、孝顺、坚贞等事迹后,御赐'松柏节操'四字牌版坊匾额,丁一焘奉旨旌表,建石坊于节妇墓旁,这个地方便因此得名为丁家牌楼。受丁一焘的影响,在清朝的道光、咸丰年间,丁家出了不少进士、举人、解元、亚元、成为衡阳当时最为显赫的名门望族。丁家牌楼地处雁峰区南面,距市中心五公里的黄白路旁。令人遗憾的是,'松柏节操'牌坊在史无前例的无产阶级'文化大革命'中被'造反派'拆除,丁氏的节妇墓地也荡然无存。值得庆幸的是,尽管有形的'牌坊'被残酷的政治运动所摧毁,但'丁氏节妇'那无形的'道德丰碑'却牢牢地竖立在衡阳人们的心中,这也许是丁家牌楼这一地名从开始就一直未改变,沿用至今的真正原因吧。"

看完这个故事,我真有点"人生天地间,忽如远行客"之感。离开衡阳半个多世纪,衡阳发生了如此巨大的变化,"丁家牌楼"从屹立几百年到如今荡然无存,人、地也早已"面目全非",真正是"换了人间"。我们这一家,就是"丁家牌楼"的"丁家人"。祖宗的基因,血脉相连。我想,大概就是我们这一代人,特别是到了年迈时,都要寻根问祖的缘由吧!

后来,我又找到一份资料,描述的情节相似,但名字不同。这份资料说:"丁名瓒,字中伯,号慎庵。清时清泉白沙洲(今衡阳市郊区白沙洲)人。康熙年间生员。名瓒在母腹7月丧父，7岁时丧母，成年后常为此而感到终生悲痛。他事叔父丁克明如父，克明死，遗二子名璜、名屿，名瓒除督课其学业外，还将自身产业与之均分。他在族中主持编修家谱，建宗祠，设置祭田和义田。特别是建立致远堂为丁氏家塾，设置学田，以培育丁族子弟成就学业。致远堂为白沙书院前身，培育出进士、举人、秀才多人，文风之盛，且历数代而不衰。丁名瓒为人孝友诚笃，谦和严谨。因其品学兼优，于康熙四十五年（1706年）、五十八年（1719年）两次被州县推选为介宾，参加乡饮酒礼。丁名瓒之母史氏，绮年丧夫，含辛茹苦抚养遗孤，7年后去世。乾隆四年（1739），名瓒孙一燾时为翰林院编修，请旨建立旌表节孝牌坊1座于衡城南郊，即远近闻名的丁家牌楼。"我不知道何人为真，故都录于此。

丁家牌楼所在地

2. 高祖名人——丁善庆

据"白沙丁氏族谱"和清史资料记载，丁善庆高祖丁福，是朱元璋的开国功臣，赐封"武德将军"。丁善庆（1786—1870年）因父早逝，从小随母刘氏寄居外祖父翰林院大学士刘文恪家。刘氏家教甚严，丁善庆在外祖父家受的主要是儒家思想教育，这对丁善庆后来在政治、教育等方面的思想产生了很大影响，也直接影响到丁家子子孙孙十几代，一直延续至今。

丁善庆号自庵、养斋，道光皇帝赐字"伊辅"，故又称"伊辅公"。清朝湖南清泉县白沙里（今衡阳市）人。丁善庆一生经历了清朝道光、咸丰、同治三位皇帝的朝代。是顺天府学生，在道光二年（1822年）36岁时中举人，道光三年（1823年）37岁时又中进士。后被选为翰林院庶吉士，散馆授编修。其历阶为国子监司业、詹事府右中允、左中允、右庶子，翰林院侍读学士，为国史馆总纂，庶常馆提调，文渊阁校理，奏办院事，翰林院编修。

丁善庆曾任道光皇帝的老师。作为皇帝的老师，在某种意义上，成了皇帝的贴心人，师生感情之深，早已超越师徒之间的友谊，包含着父亲对子辈的关怀、子辈对父亲的爱戴和尊敬。这样的教与学已经超越书本和知识的界限，融入生活之中，乃至关系到皇帝个人人生观的塑造，直至影响当朝江山社稷。丁善庆能得此职位，可见当年深得皇室赞赏。但面对几千年皇亲国戚的封建传统，丁善庆作为一代文人，在那错综复杂的皇室官宦之中，能独善其身就很不错了。丁善庆作为与中国近代史（1840年）开端的道光皇帝相关的要员，是丁家史册上值得一书的大事。

丁善庆于戊子科（1828年）任贵州乡试主考官，至辛卯科（1831年）任广东乡试正考官，到乙未科（1835年）任会试同考官，其秋顺天乡试同考官、广西学政，等等。在他任主考官时，"多拔寒畯，教人先行而后文"，他的教育思想以"体用兼行"为旨。咸丰二年（1852年）皇帝亲自加封他为三品卿衔，这个"级别"相当于今天的"正部级"，因此，在清朝丁善庆也算是个不小的"官"。

道光二十年（1840年）鸦片战争爆发，道光二十二年（1842年）八月二十九日，清政府与英国签下《南京条约》，割让香港岛给英国，还赔偿2100万银圆，并开放广州、福州、厦门、宁波、上海为通商口岸。接着清政府又与法、美等国签定了中法《黄埔条约》和中美《望厦条约》，从此使中国沦为半封建、半殖民地的社会，这是道光作为清朝"国君"终生的耻辱。历史学家都以1840年鸦片战争作为中国近代史的开端。当时清朝，皇帝道光软弱无能，朝廷中尔虞我诈、钩心斗角，腐败之至，丁善庆对此深为不满，对大清官场失却信心。于是在道光二十五年（1846年），丁善庆五十六岁之际，向道光皇帝禀报借口"母老乞归"，恳请"辞官归乡"。经道光皇帝"恩准"，丁善庆返回故里湖南。后即受聘长沙岳麓书院，担任第十二任山长（即院长），其间主持岳麓书院长达23年之久（1846—1869年）。可以说丁善庆的后半生，与岳麓书院紧紧相连，休戚相关。

岳麓书院园林建筑，具有深刻的湖湘文化内涵，它既不同于官府园林的隆重华丽的表现，也不同于私家园林喧闹花哨的追求，而是反映一种士文化的精神，具有典雅朴实的风格。综观历史，早在北宋，山长周式便"教授数百人"。南宋著名理学家张栻主教，岳麓书院成为湖湘学派的基地，培养出了一批"岳麓巨子"。著名思想家、教育家朱熹不以千里为遥，专程至此论学，此后又为官长沙，整顿书院，士子纷纷返归岳麓，"方其盛也，学徒千余人"。故谚云："道林三百众，书院一千徒。"明清至民国初期是岳麓书院培养人才的黄金时期，杰出的思想家王夫之、魏源，叱咤历史的风云人物曾国藩、左宗棠、郭嵩焘、胡林翼、曾国荃、刘长佑，革命志士和先驱唐才常、沈荩、杨昌济等纷纷从岳麓书院走向社会，为中国历史写下了可歌可泣的壮丽篇章。

对于中国近代群雄竞起的社会局面，世人有"中兴将相，十九湖湘"之说，查阅这些湖湘英杰的学历和师承，又不难得出"湖湘英杰，十九岳麓"的结论。岳麓书院悠悠千年，其培育英才最辉煌的时代就是清代，而丁善庆则开辟了清代岳麓书院最辉煌的时代，这也正是湖湘政治精英群体群星灿烂、功业斐然的时代。对湖湘近代英杰的形成轨迹及湖湘文化的近代历史以及作用,进行了独到的史学观照。湖湘文化是中华文化遗产中的宝贵部分,丁善庆弟子数百人,曾国荃、刘长佑均出其门下。丁善庆在承袭、发展湖湘文化、中华文化中,做出了难以磨灭的历史贡献。

丁善庆在岳麓书院任期里,两次大规模地整修了书院。道光二十六年(1846年)丁善庆上任院长,即首次重修书院。咸丰二年(1852年)太平军过长沙,书院毁于兵火,建筑全部被毁坏,多年聚藏的书籍也被焚毁。为重建书院,丁善庆积极倡议全省官绅士民捐款修复岳麓书院。倡议发出后,许多关心书院教育的人都慨然相助。1853—1866年,在极其艰苦的条件下,丁善庆主持修复了20余处书院建筑。咸丰三年(1853年)修复圣庙、御书楼、文昌阁、讲堂、斋舍、祠宇等地;咸丰五年(1855年)修复半学斋;咸丰十年(1860年)修复自卑亭;咸丰十一年(1862年)修复三闾大夫祠、贾太傅祠、李中丞祠;同治四年(1866年)重修爱晚亭、极高明亭、道乡台、崇圣祠、讲堂、二门;同治五年(1867年)修复风雩亭、吹香亭、抱黄阁,以及爱晚亭、吹香亭、风雩亭、极高明亭、道中庸亭等,经过多次整修,奠定了现在的书院建筑基础。

丁善庆任山长期间,还为恢复书院藏书做出了很大努力。他倡议社会名流、士林学者为书院捐书。除本人带头捐赠藏书外,还以书院名义购置了多批图书,如《古今文学释珍》《诸子汇函》《壮学斋文集》等。由于捐书、购书,清同治年间,岳麓书院御书楼的藏书到达了相当规模。据《岳麓书院续志》卷之终记载,当时书院的藏书比嘉庆年间多了1 400余册,达到14 130卷。丁善庆还主持重刊康熙《岳麓书院志》《续修岳麓书院志》,时经战乱,"俗方抚弊",以"不端士习,无以率齐民","日申儆诸生",大讲"义利之分""示以修身立命之要,亦颇涉骘感应之说,下及闾巷,咸知改化",成就甚众,"其功卓然"。

在教育思想上,丁善庆把德育放在首位,以儒家教育思想为正宗,参以"阴德感应之说"。曾国藩说他"主讲岳麓书院20余年,以洛闽正轨陶铸群弟子,亦颇参阴德感应之说,警发愚蒙。生徒翼翼,无敢轶逾法度,庶几以身教者"。因为他认为道德教育是根本,故"日申儆诸生,示以修身立命之要"。而且总是"教人先行而后文"。他认为读书的主要目的是能通过学习发现自己的过失,进而约束自己少犯过失。他说"读书能见过,约己得全真"。受过他教育的人,"优异其能且勤者,下及闾巷,感知改化"。可见他道德教育影响之大。

在教学方法上,丁善庆特别注意以自己良好的行为感化学生,对学生起了潜移默化的作用。丁善庆这种身教胜于言教的教学方法继承了儒家的寓德育于传授文化知识之中的教学思想。他在教学中还注意启发思维,告诫学生读书要勤奋,也要善于思考,不要"滥吹竽"。丁善庆反对华而不实的学风、文风,提倡务实学。他说,"近今士子或未能尽读群书;甚且束之高阁,日俯首于腐烂八股中,剽窃字句,摹取声调,华或失之靡,清或失之薄。连篇累牍,而书理茫如,……向时所学,皆不可用,乃并举而去之。所学非所用,所用非所学,则曷若及其向学之始,而极务其远且大者也"。

在人才培养上,丁善庆既重才,又识才,只要是有才华的人,不论出身如何,他都尽力培养、选拔,使人尽其才。他编纂《岳麓书院续志》时,就挑选了一些学生参加编修工作。他还能设身处地替学生着想,他考虑当时有许多书院生徒要进京赶考,路程遥远,往返途中,饮食不便,于是发明了一种方便面,给学生进京赶考时吃,后来人们称此面为"伊辅面"(因皇上赐予他"伊辅公")。据说,此面的制法后来传到中国香港、日本,他们也用"伊辅面"或"伊面"命名。

丁善庆去世的前两年,在年老体弱的情况下,还不遗余力纂修了《岳麓书院续志》,为后人研究岳麓书院留下了宝贵资料。《岳麓书院续志》于同治六年(1868年)修纂,丁善庆修此志目的是为了使后人更好地了解和研究书院,继承这份珍贵的文化遗产,"以征后起文华之盛"。《岳麓书院续志》共六卷,十六个类目,它独具的特点是录入了大量当时的文献史料。《岳麓书院续志》还补充了康熙年间纂修的《岳麓书院志》未收录的历代佚文,是对"康熙志"的增订和补充。此志体例严谨,分类清楚、独具特点,是研究岳麓书院历史颇有价值的参考书籍。

丁善庆学问博通,对文、史、哲等学科都有研究。曾国藩、郭嵩焘、黄爵滋等人都对他的才学非常敬佩。丁善庆却一生对名利看得很淡薄。他的著作大都散佚,只能从一些零散记载中窥知其某些著作的名称和大概内容。

丁善庆对岳麓书院各楹联也是倍加保护。现存于正门"惟楚有材,于斯为盛"这副对联,是丁善庆的前任袁名曜山长在清嘉庆年间以"惟楚有材"让学生应对,这时贡生张中阶应声而答:"于斯为盛。"上联典出《左传》,下联典出《论语》,横批"岳麓书院",名联即由此而成。

始祖丁善庆当了23年院长的岳麓书院

还需浓墨重笔提及的是书院半学斋中"实事求是"一匾。"实事求是"一词,最初出现于东汉史学家班固撰写的《汉书·河间献王传》,讲的是西汉景帝第三子河间献王刘德"修学好古,实事求是"。明朝王阳明在宋代朱熹"格物便是致知""理在事中"的基础上,提出了"知行合一"的观点,倡导"实事求是"的学风。这原本指一种严谨的治学态度和方法，是一个经学和考据学的命题，也是中国古代学者治学治史的座右铭。丁善庆在治理岳麓23年间一直尊崇这一原则。1916年至1919年，青年毛泽东曾以进修生身份寓居岳麓书院半学斋，与同伴们研讨革命真理。在半学斋每日面对"实事求是"匾，对这个古老命题有所思考，是很自然的。岳麓书院"实事求是"的校训，毛泽东在青年时期就将其深深刻印在心灵中。

悬挂于岳麓书院半学斋的"实事求是"横匾

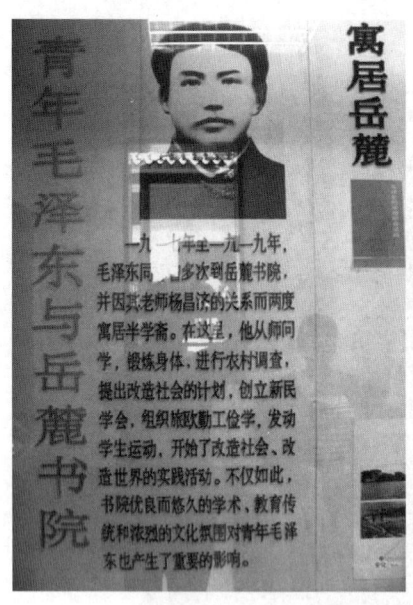 

毛泽东1916年至1919年在岳麓书院的住处

据资料记载：1943年延安时期，为专门培养党的中高级理论干部建立了中央党校。党校领导为了给学员创造更好的学习环境，丰富师生的精神文化生活，修建了一座占地1 200平方米、可容纳千余人的大礼堂。将要竣工时，人们左看右看，觉得建筑物虽然雄伟、宽敞，可总显得少点什么。于是，有人提议在正面挂个题词什么的。一说题词，大家就很自然地想到范文澜先生。但范老试着写了几条，都觉得不满意，就提议去找毛泽东。毛泽东欣然接受了党校同志的请求，立即叫人拿来四张二尺见方的麻纸。他秉笔沉思片刻，即饱蘸浓墨，迅速挥毫，瞬间，"实事求是"四个雄健潇洒的大字跃然纸上。大家齐声称赞毛泽东对马列主义研究得精深、透彻，一下就抓住了问题的实质。题词拿回来后，便立即找来了能工巧匠，选了四块方方正正的石料，将麻纸铺在方石上，照笔画开凿。字虽然凿好了，但可惜毛泽东的手迹被搞坏了，没能保留下来，这四块石刻就成了一件珍贵的革命文物。"实事求是"的石刻镶嵌入正门后，犹如画龙点睛，使这座建筑物倍生光辉。从此，这一题词就成了党校学员乃至全党学习研究马列主义的座右铭。虽说毛泽东效仿岳麓书院，将"实事求是"作为中央党校的校训，但仍给人们耳目一新的感觉，这不仅因为这一校训是针对当时存在于党内的脱离实际、崇尚空谈的教条主义，更主要的是毛泽东赋予了"实事求是"全新的科学含义。

毛泽东认为，"是"就是事物的规律，"求是"就是认真追求、研究事物的发展规律，找出周围事物的内部联系，作为我们工作的向导。毛泽东还解释说：学习马克思主义要"有的放矢"，"的"就是中国革命，"矢"就是马克思列宁主义。中国共产党人所以要找"矢"，就是为了要射中国革命这个"的"。这种态度就是"实事求是"的态度。"这种态度，有实事求是之意，无哗众取宠之心。这种态度，就是党性的表现，就是理论和实践统一的马克思列宁主义的作风"。

就是这样，经过改造后的"实事求是"已进入哲学的最高领域，成为改造主观世界和客观世界的有力的思想武器，成为中国共产党的行动指南。正如后来邓小平所说："毛泽东思想的基本点就是实事求是，就是把马列主义的普遍原理同中国革命的具体实践相结合。毛泽东同志在延安为中央党校题了'实事求是'四个大字，毛泽东思想的精髓就是这四个字。毛泽东同志所以伟大，能把中国革命引导到胜利，归根到底，就是靠这个。"

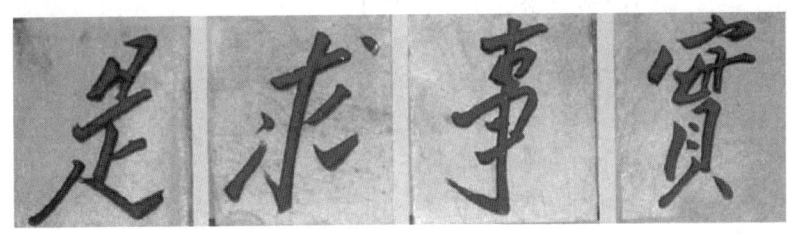

毛泽东1943年亲书的"实事求是"

新中国成立后，在北京的中央党校又把毛泽东的"实事求是"题词作为校训。

党的十一届三中全会重新确立了实事求是的思想路线，为全面改革奠定了思想理论基础。邓小平在1977年4月10日，针对"两个凡是"，提出准确完整地掌握毛泽东思想体系，他在高度评价实践是检验真理的唯一标准问题的讨论时，尖锐地指出："一个党、一个国家、一个民族，如果一切从本本出发，思想僵化，迷信盛行，那它就不能前进，它的生机就停止了，就要亡党亡国；""只有解放思想，坚持实事求是，一切从实际出发，理论联系实际，我们的社会主义现代化建设才能顺利进行，我们党的马列主义、毛泽东思想的理论也才能顺利发展。"解放思想、实事求是是中国特色社会主义理论的历史起点也是逻辑起点，贯穿在这一理论的形成和发展的全过程。他围绕"什么是社会主义，怎样建设社会主义"这个关于社会主义首要的基本理论问题，在理论与实践结合上，解决了社会主义发展道路、发展阶段、根本任务、发展动力、外部条件、政治保证、战略步骤、领导力量、祖国统一等重大问题，形成了科学体系。"实事求是"是邓小平建设中国特色社会主义理论的哲学基础。

邓小平的题词

邓小平题词一般都有落款，注明题词的时间。只有少数几个没有，如"实事求是"，就没有题词的时间，也许是邓小平认为这些题词有长远的时间意义，所以无从查考这首题词的具体时间。

2011年3月清明节期间，我回湖南长沙为父母扫墓，再次造访了岳麓书院。由于查阅到丁善庆是丁家我们这一房的"祖宗"，是我爷爷的爷爷，特别是想到丁家曾为"实事求是"这一伟大命题所做的贡献，当时的心情是格外复杂：激动、感恩、崇敬、骄傲、惭愧、茫然……心中甜酸苦辣什么都有，深深感到："我们这些丁家后人，真不争气！"不要说知道这段历史的人不多，连读过老祖宗撰写和编纂的"古书"的也不太多！

再看这座千年学府，坐落在长沙、湘水之滨、南岳之麓，它比意大利最早的博洛尼亚大学要早100多年，比英国牛津大学更要早200多年，因此可以说，在世界大学史中，长沙岳麓书院是创建最早的一座，也是我国古代四大书院之一。丁家后人又有几位知道这其中就有丁氏祖先的辛勤贡献！？

再翻翻为写作本卷所收集的资料，更感不虚此行。

3. 我的两位爷爷

我有两位爷爷，一位叫丁永烽，与我是血脉相连的亲生爷爷；一位叫丁永济，是把我父亲养大的生活中的亲爷爷，丁永济是丁善庆的曾孙。当年由于没有"计划生育"，同"级别"的兄弟姐妹太多，再交叉"发展"，很多关系就弄不清了。我的亲爷爷丁永烽与丁善庆是共祖宗"血脉相通"的丁氏家族慎公五房的一家人，我爷爷丁永烽称丁善庆为曾祖父，称丁永济为"四哥"。遗憾的是两位爷爷我都没有亲眼见过，在我还没有出世时，他们都已过世。

丁善庆虽为一代名人，也是一位才子，但他所处的历史大背景不可能让他有更大的作为。道光皇帝是清朝的第八位皇帝，1820—1850年在位30年，其间正值清朝衰落。为挽救清朝颓势，道光也做了一些努力。比如，整顿吏治，整厘盐政，通海运，平定张格尔叛乱，严禁鸦片，起到了一定积极作用。道光本人力行节俭，勤于政务。但作为一位皇帝，可以说他资质不高。加之社会弊端积重难返，清王朝在道光统治时期进一步衰落，和西方的差距越来越大。1840年作为中国近代史的开始，其标志就是鸦片战争，恰恰发生于道光当政期间。1842年清朝在鸦片战争中失败后，与英国签订的丧权辱国的《南京条约》，成为道光执政时期的一大耻辱。此后10年，道光苟安姑息，得过且过，没有任何振兴王朝的举措，于道光三十年（1850）正月崩于圆明园，终年69岁。而追随皇帝的丁善庆，比道光多活了20年，在道光去世前5年即道光二十五年（1846年）弃官回乡，终生耕耘岳麓书院，为发展中华文化做出了一定的贡献。

按照当时的习俗，丁善庆先后娶了五个老婆。原配陶氏，系宁乡隆任山西凤台知县章汸公次女，乾隆五十八年（公元1794年）生，比丁善庆小八岁，嘉庆二十年（1815年）卒，没有为丁善庆生育一子一女，离世时年仅二十一岁。继配周氏，系四川涪州太子傅兵部尚书予溢文煌恭公曾孙女、翰林院编修礼部侍兴岱公孙女、恩荫主事东兵备道通政司参议廷授公长女，嘉庆四年（1799）生，比丁善庆小十三岁，与丁善庆虽生有二子，但早年均殇。周氏于光绪十年（1885年）卒，享年八十六岁，由于周氏去世比丁善庆晚15年系明媒正娶的"正房"，因而夫妻同墓合葬于长沙洪山庙享堂冲壬山丙向向湘乡曾文正公志墓。

丁善庆续娶周氏后，虽得二子，但均幼年亡故，"生而无后"，使得丁善庆心灰意懒。丁善庆的胞弟恩庆，比丁善庆小一轮（小12岁）。生于嘉庆三年（1798年）十二月初四。派名统治平叔号励斋行四，嘉庆丁丑考取内阁供事，道光乙酉由实录馆议叙分发江西补湖口县典史，调查铅山县典史，署乐平都昌县承，以助饷升用知县加同知衔分发湖北。咸丰十五年（1866年）四月二十七日卒（68岁），比其兄早逝四年。恩庆长子丁良骥，事业未成，功名未就，在世35岁就英年早逝。良骥次子丁绍鸿，原名丙咸，字次山，行三。邑禀，光绪戊子科举人大挑二等，特授澧州永定县训导，升用知县，分发安徽加同知衔咨，调广东阳江石龙海关税务总办。咸丰十一年（1862年）辛酉三月初五日生，"民国"十七年（1928年）戊晨十一月初八日殁，浩授奉政大夫，享寿六十七岁。丁绍鸿因任海关税务总办，发了大财，家境辉煌。

丁善庆因自己"无后"，当丁绍鸿出世时，就十分喜爱这个"孙子"，说"此孙非凡人可比，将来必成大器"。此时丁善庆已是七十六岁高龄，遂将自己在皇家所获赠心爱之物大部分给了绍鸿。据传包括金银玉器、书画字帖、文房四宝、皇帝手书等等"文物"，均为当今"稀世之宝"，价值连城。绍鸿生三子：永泽、永济、永澎，绍鸿独爱次子永济，遂将"爷爷"丁善庆所赠之物传与永济。

丁永济：字经郭，一字滋园，衡州府官立中学堂毕业，湖南广益大学政治经济科肄业。时任衡阳财政局课长、衡阳商会常务委员。光绪十九年（公元1894年）葵巳四月初六生，"民国"二十五年（公元1936年）丙子十一月初六殁，享年四十二岁，葬丁家牌楼滋德堂后山。丁永济的原配刘氏，讳玉真，字韵琼，贵州贵筑县人，云南候道贵生公女。光绪二十一年（公元1896年）乙未三月二十四日生，"民国"十四年（公元1925年）乙亥八月二十九日殁。终年三十岁。继配余氏，名良佩，同一纯富公女。光绪三十三年（公元1908年）丁未七月初九日生，十九岁嫁与丁永济，三十岁守节，历经磨难艰辛，一九六八年八月三十日殁，葬余家坪，享年六十岁。生四子：隆望、隆重、隆厚、隆炎；二女：隆叶、隆语，均殇。

2012年2月10日在深圳，我见到了丁永济的四儿子丁隆炎（按辈分我称他为叔叔），他详细地介绍了他家和我家的情况。丁隆炎说："因为你爷爷、奶奶死得早，你父亲从小在我家长大，视我父亲为亲爸。我父亲原配死后，娶了一个十九岁的农村女孩，实际上我母亲比你爸还小三岁。你爸叫我姆妈为婶娘。每逢过年、过节，你父亲都要向我母亲行大礼，下跪、叩头。我母亲就说：'不敢当、不敢当'。你父亲上学、讨老婆都是我爸爸做的主。你爸爸应当说是一个孤儿，当时很穷。怎么能娶到你妈呢？你妈家里是个大地主，你妈本人是大家闺秀，读过中学，那时女子读到中学，家境肯定是很不简单了，那也是我爸爸做的主。我爸爸当时是衡阳商会的会长，记得我母亲说过父亲当年说过一句话：'将来我不当衡阳县长，对不起我的老爹'，可惜我父亲1936年英年早逝，没有实现这个'愿望'。但也是件好事，免得以后受到好多批斗，还要株连子孙后代，我们这些人都要遭殃。"

"那时，我家开了个酒铺，在朱家桥到白沙州的路口上，叫丁家桥，是个进城的'关口'，就在那个'关口'开了个酒铺。后来又在雁峰岭开了家熬酒坊，那时是衡阳进城的必经之路。有时丁家农民进城，扁担挑一担桶装些小菜，卖掉小菜后桶就空了，回来就一路收大粪。到店门口，冬天'讨'碗水酒喝。一碗碗热气冲冲的米酒，抓一把爆米花放进去，一个铜板一碗，又香又便宜，吃的人排几里路长。喝完了，说一句：劳您了（衡阳话：谢谢您的意思）又上路了。后来，你姆妈也仿照在湘江边开了个杂货铺，也兼着卖湖之酒（衡阳米酒）。"

"我父亲是衡阳商会的会长，衡阳财政局的课长。那个课长是个什么角色？当年就是收税，钱来得快呀，政商都有，搞得很火，真是发了点财。我爷爷是举人，当过广东海关总署的总监，也发了点'冤枉财'，留下遗产颇丰。记得我小时候，那是在抗战以前，我爷爷五个儿子，每户家里的床都是雕龙画凤，花卉彩瓶，凳子都是磁古，中间都是雕空的，桌子也是磁古。虽然我七岁就离开那个丁家，但家里的那些摆设都很阔气，对联、匾联满处都是，神龛也是金光闪闪，真是金玉满堂。祖父和父亲是发了点'冤枉财'。"

"我父亲是学经济的，读书也读得好。1936年四十二岁就过世了，英年早逝。我母亲对我们说：你们要努力呀，你父亲就是读书读得好，他一次还翻箱倒柜找他一份什么文凭，要他去广州集训，可能是蒋介石的什么集训，也可能是要他上黄埔军校。那时他还是二十几岁。后来找到了一份什么毕业证书，他对我母亲说，这个东西将来有大用途。他说，如果我不当衡阳县县长，那就不是我爸的崽！衡阳县长就是地头蛇！所以说，你刚才问为什么你妈那么有钱，怎么会嫁给你爸呢？那还不是我爸的一句话！"

"我只记得我母亲对我说：你爸当过好大的官，坐着轿子，回来以后，别人要跪在好几里以外去迎接。过年的时候，拜年的人太多，接待别人忙不过来，他就在门口挂一双马靴，来人就朝马靴下跪拜，就算拜了我爹。我七岁时父亲过世，我还记得当年家里的摆设，满屋雕梁玉器，神框、床、金光闪闪，镶的什么东西，我搞不清，是玻璃珠子？还是什么珍宝？"

"丁家的亲戚，都是蛮有钱的。三姑妈，是贵阳的土豪，姓谢；五姑妈，光丫环就是一屋子。你妈妈姓谢，也是蛮有钱的人家。"

"我父亲可能当时得了肝炎，因为他到处吃喝，死的时候肚子胀得好大。临死前他给母亲交代，'我没给你留下万贯家财，只给你留下两只黑色紫坛木的箱子装了些东西，孩子长大后，读书好，万贯家财就在这里'。父亲死了七八年之后，1944年衡阳沦陷，日本人打来。这两只箱子怎么办？埋在地下会烂掉，要拿又拿不动。后来就请了我表嫂的一个哥哥，把他请到我们家来，母亲对他说，我把这两箱东西打捆全都交给你了，丁家四爹（丁永济）临死的时候说了，我们家的万贯家财都在这里了，不管什么情况，你走到哪里，都要把它带到哪里，只要你保管好，我几个崽（衡阳话，即儿子）长大后一定会感恩你的。这个人虽然是我表嫂的亲戚，最后还是在他手里坏了事。我母亲大字不识一个，又没有钱，一双小脚，一个妇道人家，懂得什么？一喊'日本鬼子打来了'，我们往哪里走？你们全家由你父亲带着跑到重庆歌乐山去了，这件事当时在衡阳传开后，觉得你们是了不起，居然跑到重庆去了，那真是凤毛麟角，我们并不知道你们家和华成厂周锦水的关系。那时，我母亲拖着几个孩子，丁隆英16岁当时参加国民党空军，丁隆厚13岁，我12岁，还有两个妹妹，拖了这一家几口子，往哪里走？想往车江走，想找丁家六爹的姐姐。到车江没几天，衡阳已是炮火连天。靠近十八里地，有一个丁家岭。我的大姨妈，姨夫叫丁幼伯，几家人就挤在一间屋里。我们根本不知道日本鬼子从哪里来。我们住在湘江边上，对面就是粤汉铁路，这边就是湘桂公路，还有水路，我们在铁路、公路、水路的交叉点，那岂是我们安身之地！后来日本鬼子打来，也不知道是从哪里来的，一天早上起来，只见大路、小路漫山遍野的老百姓都往南走。见人就喊：'日本鬼子来了！'大家就跟着走。我挑了一担破烂衣服，丁隆厚挑了一担锅碗，丁隆望就挑了一些贵重的东西。走、走、走，只听得：波！波！波！枪声大作，在林子里乱作一团，大家都在逃命！那种情景，人都要吓死！表哥挑的那两只箱子也没有了。我母亲45岁，一双小脚，满头白发，苍老得很！拖儿带女，到处找那两箱东西，见人就下跪问，总是找不到。后来有人告诉丁隆厚，他就告诉母亲，说有人看到一对黑箱子。我母亲赶快跑去，打开一看，什么都没有，只有一些破烂的衣服，其他什么'宝贝'都没有，我母亲当时就哭得晕倒在箱子边。说：'丁四爹，我对不起你，没有把你的万贯家财保管好'。箱子里到底有些什么，我们都不知道，至今也不知道。我只是知道当时有一对金碗，还有一件狐皮袍子。当时什么也顾不上了，我们兄弟几人就找人救母亲。"

"箱子里有什么东西，我不知道。那时也年轻，不会追求问什么宝贝。我记得有王羲之的珍笔，有慈禧太后赐予丁家后人的亲笔件，还有皇上给祖先的一些赞誉。据甘建华说，一次皇上问哪个最有学问？答：丁善庆。丁善庆当过皇帝的老师，皇帝给的一些赞誉之词，留给丁家后代，成为传家之宝。为什么又传给了我父亲？因为丁善庆没有儿子，丁恩庆有很多儿子，丁恩庆的儿子就把这些宝贝一代一代传下来。我父亲说，'我没有留下万贯家财，但就这两箱东西，连衡阳城都买得下来'。丁鹏鬻在1958年见到我时也说过这样的话，那时我已经是共产党员，也没有把这当回事。"

"丁隆望读书也读得蛮好。1945年日本鬼子来的时候，他几乎就快要死了，当时晕倒在地，现在讲是'休克'。我表嫂请人用几根竹杆抬他回来，拖了好久，居然没死。逃日本时，那年冬天好冷，大雪飘飘。丁隆厚才14岁，他从日本人打死的国民党士兵死人身上把衣服剥下来，在水里用脚去踩，踩了好多次以后，还是有死人的臭味。半干半湿，穿在身上，结果也没有得什么病。就是这样苦难的日子，我们也度过来了。'丁氏族谱'就是丁隆厚写的。给你'丁氏族谱'的丁和平，他父亲叫丁永初，是个当兵的，后来转业当了白沙州派出所所长。丁和平是房地产开发商，加上他父亲是派出所所长，所以'白沙丁氏族谱'就由他牵头搞起来的，还有丁幼伯等人。"

"你父亲和丁隆望一起管过公堂。因为你父亲在街上取得的联系比较多，又有文化，交际面广，所以就叫他管'公堂'，管'小公'。那时有'大公'和'小公'，我们是'慎公五房'，丁善庆、丁恩庆就属于我们这一房。你家里划地主？我一点也不知道。你家只有二亩五分地嘛,我家倒有几十亩田,真是划了地主,按照当时的生活,我家划地主也不冤。"

"记得抗日战争以后,有几年你家生活很有起色。给华成厂看厂后,有一份固定的收入,起码是有饭吃。你们全家搬进厂里,住在楼上,楼下就是仓库,仓库里放的都是'善后救济总署'的一些美国货,缺什么就到下面仓库去拿。当时华成厂满地都是一些破铜烂铁,记得翻砂车间好大啊!有人就去翻砂车间的沙堆里挖,挖出来好多翻砂模具的铁箱子,就把那些模具打烂,把打烂的铁偷着去卖。华成厂四周是用楠竹片编织的篱笆,但是没有用,今天你抽一片,明天他抽一片,有的地方就这样连片倒了,什么人都可以进去。后来你们家住进去看厂,偷的人就少了。"

和丁隆炎从上午谈到下午,记下了这些。本来有的材料要放在后面写,但既然说到丁隆炎,也就摆在这里一起说了,后面有关的事情另外再详细地说。

前面说了我有"两个爷爷",只说了丁永济,他是把我爸养大的"爷爷"。现在说说生我爸的爷爷丁永烽。我一辈子没有见过他,在我还没出世 20 年前他就过世了,只能从爸妈自己日常的叙述和族谱上查到的资料,写一点我爷爷的家世。

据族谱记载:我爷爷的爷爷叫丁正己,字在田,号松堂,行大,乾隆甲子科举人,考授景山教习,任贵州贵定县知县。乾隆三十六年(公元 1772 年)恭遇覃恩,授笔文林郎。雍正二年(公元 1725 年)甲辰二月二十四日卯时生,乾隆三十年(公元 1766 年)壬辰七月十一日亥时殁,时年 43 岁。这一辈子,他当过最大的官也就是县长(贵州省贵定县知县),但也算官宦之家吧!配段氏:常宁太学潮生女,敕赠孺子人。康熙六十一年(公元 1723 年)壬寅九月初八辰时生 乾隆三十五年(公元 1771 年)庚寅又五月二十四日申时殁,时年 48 岁。夫妇合葬衡阳北乡四十都十八区西林寺左观音山艮山坤向胞弟心志墓。生三子:世台、世华、世英。丁正己次子丁世华。字实甫,号朴存,行二,国学生,乾隆十七年(公元 1753 年)壬申六月二十七日已时生,嘉庆十七年(公元 1813 年)壬申十一月初十申时殁,时年 60 岁,葬榴槌山王赖冲戌山晨向。配,陈氏。进士选授福建武平县知县讳时女。乾隆十五年(公元 1751 年)庚午八月十九卯时生,嘉庆二十年(公元 1816 年)乙亥二月十四日戊时殁,时年 65 岁,葬榴槌山王赖冲。生三子:统春、统平、统昕。丁世华四子丁统宜。生殁失考。(后查阅资料,才知统宜系世华弟世英继配王氏生)配,马氏。嗣一子,绍密。统宜子邦有。原名绍密,字步云,行四。嘉庆二十二年(公元 1818 年)丁丑正月初四申时生,光绪四年(公元 1879 年)戊寅十二月十六日酉时殁,时年 61 岁,葬欧思岭申山寅向。配,刘氏。嘉庆二十三年(公元 1819 年)戊寅三月十五日未时生,光绪四年(公元 1879 年)戊寅七月初七寅时殁。葬茶林塘家庙后左侧葵山丁向。生四子:治庆、治家出嗣桢伯、治平、治均。邦有次子丁治平。字子章民,行三。业儒。咸丰三年(公元 1854 年)葵丑十二月十九日丑时生,光绪十六年(公元 1891 年)庚寅正月二十日申时殁,时年 37 岁,葬凤麟塘家庙右侧乙山辛向。配,王氏。嗣子,永烽。泽平子丁永烽(我爷爷):字刚亭,号萱恺,行二,业儒,善书法,精歧皇历。任湖南路实业学堂文书。湖南省立第三甲种工业学校校医兼管理图书。光绪三年(公元 1878 年)丁丑十一月初二子时生,"民国"六年(公元 1917 年)丁巳四月二十七日晨时殁,时年 39 岁,葬家庙后山正面。奶奶袁氏:同邑鹤卿公次女，淑慎端庄。光绪四年（公元1879年）戊寅十月二十九日未时生，光绪三十三年（公元1908年）丁未十月初十殁，时年二十九岁，葬牌楼边祠后右侧山嘴已山亥向。生子一，隆玉（我父）。从族谱记载查阅，我们家几代，从爷爷开始走向衰败，家境逐渐贫寒，前辈大多从事教书（业儒），而且多为早逝，三十多岁就离开人世，可见家境之贫寒。我爸是三岁母亡，十二岁父殁，等于是一孤儿，从小就在丁永济家长大，所以对自己的亲爷爷，我毫无印象。族谱上说他"精歧皇历"，是不是还当过"风水先生"？只记得我妈在世时经常对我说：爷爷晚年是教私塾的，最后是饿死、冻死在石鼓书院的朱陵洞里。爷爷临终时留下一句话："世上只有罐子煮白米，那有罐子煮文章！"爷爷临终什么也没留下，除了那句话，就只留下十二岁的孤儿——我的父亲。

我的父母

1. 我的父亲丁润生

族谱记载，丁隆玉（我父亲）：原名遇，字际清，叫润生。湖南省立第三甲种工业学校采矿冶金科毕业。黑铅炼厂实习生。湖南省小学教师。光绪三十年（公元1905年）甲晨六月初十日午时生，1965年11月30日殁，时年60岁。

原配黄氏：同邑书达公女，名先玉。光绪二十八年（公元1903年）壬寅三月十五日寅时生。"民国"十七年（公元1928年）戊晨十月初九日申时卒，时年25岁。葬家庙后山左侧葵山丁向。子，平衡谢出。生一子一女，均幼殇。

我父亲20世纪50年代给上海华成电器制造厂工会写的手书稿，有的情况与丁隆炎讲的有些出入，与族谱上的记载也有些差异。我相信爸爸自己写的，因为：第一，他是向工会提出入会申请时写的，工会当时在私营企业中是比较权威的组织，代表工人与资方相"对抗"，因为没有党的组织，工会几乎就等同于党的组织，所以爸爸必须如实填写自己的履历；第二，爸爸是写于1958年，时间比较早，自己不可能忘记自己的出生年月；第三，当年虽然没有"身份证"，但有"户口本"，"户口本"上记载的年月应当不会错的。

我的父亲丁润生

爸爸自己手书写的是生于1903年，族谱记载为光绪三十年，折算为1905年。这样，他自己写的大于族谱记载2岁，按照他自己写的，作为"孤儿"的时间就得提前两年。那就是"一岁母亡，十岁爹殁"。从"孤儿"的处境来说，这"两年"又会增加多少苦难！？一百多年前的历史，先人已不在世，谁能搞得清这两年的真伪？

爸爸对于自己的经历在手书中是这样叙述的：

"我于1903年出生在湖南省衡阳市第五区兴隆村（现改为黄茶乡）一个小资产阶级人家。父亲兄弟二人（其兄是丁永济，父亲是个读书人，善于书写，不会犯这种低级错误)。伯父种田,父亲教书。我3岁时,母亲就死了,跟着父亲在外面生活。7岁进入衡阳市模范小学,11岁考入湖南省立第三甲种工业学校采矿冶金科第一班。将要毕业,父亲又死了。幸亏父亲朋友帮助,才完成学业。毕业后,想升学,没经费;想找事,无背景。既不能升学,又不能就业,流浪街头,万分窘迫。在经济重重压力下,我只有回到伯父(丁永济)家中帮助种田,过着农村生活。这是我童年的经过。"

父亲在报告中继续写道:"近时我已年近20,在种田时,常与当地农友接谈,深刻体会农村疾苦。1927年湖南农运高潮,当地发动组织农民协会,我便积极参加组织,被推为兴隆村农民协会书记。组织上评说在工作中,很有进展。"写到这里,我想起姆妈对我在小时说的:"那时你爸爸在农民协会当书记,斗'恶霸地主',他在台上做记录,忙得很。一天到晚东奔西跑,很是积极。写标语、做高帽子、喊口号,他是头一个。农民协会那些人都说你爸'是个角色'(衡阳话:是个人物)。他伯父(丁隆炎的父亲)劝他也劝不住。"妈妈说:"一次他困了,在台上打瞌睡,主持人问'丁润生,你加入共产党吧?'他打瞌睡自己也没听清楚,所以,最后他到底是不是共产党,连他自己也不知道。"他的这个"书记",并非现在的"书记",只是一名记录员而已。如果那天不打瞌睡,他可能就是共产党了;如果他是共产党的书记,大概也会跟着进了苏区,或者参加北伐,接着长征,到现在也是"老革命"了;或者被国民党杀掉,那就没有我们了。如果没有加入共产党,像后来那样,那就另当别论。这一切都是命运的安排吧!

北伐前湖南的农运已有较好基础,北伐军进入湖南后,农民更迅速地组织起来,农民运动的广度和深度都超过其他各省。到1926年11月初,湖南全省75个县,已有50多个县成立了以贫农为骨干的农民协会,会员发展到130多万人。1927年12月1日,在湖南长沙召开全省第一次农民代表大会,当时任国民党中央农民运动委员会委员、中共中央农民运动委员会书记的毛泽东应邀出席大会,并作"国民革命的中心问题是农民问题"等重要讲话。大会制定了铲除贪官污吏、打倒土豪劣绅、建立农民政权和农民武装等四十个决议案,发表了宣言,选举了湖南省农民协会委员会。到1927年1月,湖南全省已有70多个县组织了农民协会,会员增至200多万人,能直接领导的群众达1000万人,约占全省农民总数的一半。到5月,会员激增到六百万,超过全国农民协会会员总数的一半。1927年4月,省农协通令各县农协成立自卫部,以统一农民自卫军的领导。湖南农村出现了一场迅猛异常的大革命,打击的主要目标是土豪劣绅、不法地主,旁及各种封建宗法思想和制度。农民协会成为乡村的权力机关。父亲因为是向工会写的报告,没有提及当时全国、全省的大形势。衡阳兴隆乡成立的农民协会,就是在这样的形势下成立的,时间大约是在1927年的5月间。兴隆乡农民协会的组织结构和日常行动,都是按照毛泽东在长沙讲话的精神进行的。兴隆乡农民协会当时也成为兴隆乡地方的权力机关。

父亲在报告中接着写道:"为时不久,于1928年5月30日,反动派军队许克强将衡阳全市农民协会全部解散,到处逮捕抓人,我遂与农会失去联系。我也不知道自己是不是共产党,看到打红圈圈的杀人布告,遂四处躲藏。直到1929年,我族当权者成立小学,找到我去当教员。就这样,我在丁族小学当了十几年的教员。这是我中年时期的生活。"在许克强血腥镇压下,共产党员被枪决,党的组织被破坏,农民协会荡然无存,父亲找不到战友、找不到组织,四处流浪,整整2年。

"抗日战争,上海工厂内迁,衡阳市场骤增。我因小学教员工资收入不够家用,遂在朱家桥兼营小贩,开了一家杂货铺,贴补家用,还颇有积蓄,我就辞去了小学教员的职务。不到几年,衡阳遭受日军轰炸,房产、物资均被日本飞机炸光,我又落得一场空梦。当时华成厂来衡,找不到厂址,该厂总经理周锦水托人介绍,与我相识。我以维护工厂内迁,发展工业,加强抗日力量,是应尽职责,遂为华成厂找寻厂址,这是我与华成厂的起点。"

"1944年衡阳沦陷,我全家跟着华成厂逃难至重庆,一路上都得到周锦水的照顾。后经一位朋友介绍我到伪中央卫生所当文书。当时,伪政权通知所有机关人员都要加入国民党,否则停职。我若不加入,一家五口,逃亡外地,只有饿死,不得已集体加入了国民党。""1945年日本投降,伪政府各机关都要'还都',伪中央卫生所要搬到山西去。我因家庭人口太多,而且又远隔家乡,因此,我请求辞职。1946年冬到达长沙。"写到这里,我又想起妈妈在我小时对我说的这段历史,而且也是我自己经历过的。全家到长沙后,爸爸在丁鹏骞的"丁氏鸭绒被厂"工作了2年,全家住在小吴门。后来爸爸留在长沙,大哥也在长沙上学,我和妈妈以及其他几个姐妹回到了衡阳。为什么这段经历爸爸没有写上?我想,大概是因为爸爸想要证明自己在1947年就进入了华成厂工作,他还写上了华成厂的证明人是陈贡芳。实际上是母亲在衡阳看着华成厂的厂房,同时还有夏正源先生。爸爸继续写道:"1949年衡阳解

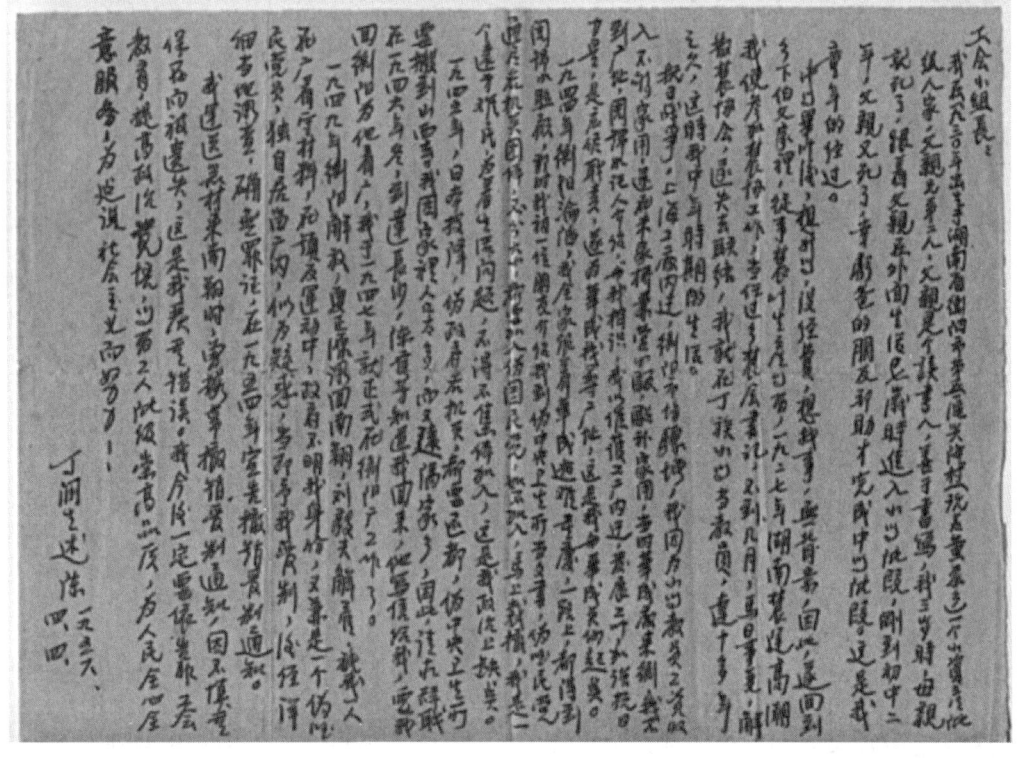

父亲关于自己历史的手书

放,夏正源调回南翔,刘毅夫被解雇,只我一人在厂看守材料。当时人民政府号召伪国民党团登记,我即将伪党证及一切文件交给衡阳市衡南公安局,申请悔过自守。在1950年镇压反革命分子运动中,政府不明我身份,又是一个国民党员,独自居留厂内,似为疑惑,当即予我管制。后经详细当地调查,确无罪证,在1954年7月宣告撤销管制,恢复自由。上述简历,我曾经向衡阳市公安局做过诚实交代,有案可查。"

爸爸最后写道:"1955年,我运送器材从衡阳来到南翔,曾携带撤销管制通知,因不慎重保存而被遗失,这是我的严重错误。我今后一定要依靠工会教育,提高政治觉悟,学习工人阶级崇高品质,为人民全心全意服务,为建设社会主义而努力。"遂后,爸爸被安排为华成电器厂仓库保管员。经过如此多年反复,爸爸终于在1956年6月正式成为上海机床电器厂(华成电器制造厂以后的改称)工会会员,从而成为工人阶级中的一员,本人成分定为工人。

2. 我的母亲谢旬

我的母亲谢旬:名琼(她自己写的是"旬"加上一个"王"字旁),是爸爸的继配。族谱上记载她是:"同邑济泉公孙女。石樵公长女。衡阳民生女子职业学校肆业。"民国"二年(公元1913年)葵丑八月十五日子时生。"(1991年2月13日殁,时年79岁)"生一子,平准;二女,小圭、阳春。"

我妈出身富贵人家,据丁明磊讲:"谢家是个好大好大的院子,那厅堂的柱子一个人伸手还抱不住。"场面富丽堂皇,在当时肯定是个"大地主",否则在那个年代也不可能把女孩送去念中学。族谱上写的"同邑济泉公""石樵公"也不知道他们当过多大官、家里有多少田亩,只是猜想肯定是富贵人家。由当在衡阳财政局工作的丁永济做媒,妈妈嫁给了爸爸。否则,这样的大家闺秀,怎么可能下嫁给丁隆玉(我爸的名字)这样的"穷酸"教书匠!?

我的母亲谢旬

由于妈妈带来的嫁妆颇丰,用妈妈的嫁妆,爸妈在丁家牌楼那里购置了两亩五分田地,由堂兄丁平定耕作,从未收入过他的田租。丁平定全家就住在丁家祠堂里面,那个祠堂倒塌后,又用倒塌后的砖瓦盖了一个小祠堂,大哥为之写"忠孝"两字的匾额,是用艺术体把两字写成圆形的,挂在新祠堂进门的正上方。爸爸在外面当小学教员,家里全靠妈妈操劳。开了家杂货铺,卖杂货和湖之酒(衡阳的米酒),还养了两头猪,用酒糟把两头猪喂得肥肥壮壮的。那是在抗战爆发后不久,上海等地的工厂内迁,全市人口急增,生意还是挺好做的。那时似乎还过了一段"小康"的日子。

后来,小杂货铺被日本鬼子的飞机炸光了,生意做不成,妈妈就完全做家务,一个20多岁的少妇,操劳全家大小事情,也够难为她了。1944年全家逃难,路上折腾了好几个月,从衡阳直到重庆,妈妈是"主持家庭"的主心骨。不仅是生活上的"操手",也是全家的决策者,每天往哪儿跑?怎么跑法?全是妈妈做主。1946年回到衡阳后,她代替父亲看厂(华成厂),直到1955年全家搬至上海,她也到了上海。晚年因为牙齿不好，装了假牙又不适应，导致身体衰退，1991年2月13日在上海病故。

我的叔伯

1. 伯伯丁鹏翥

丁鹏翥是我们这一房的族长，我叫他伯伯。爸爸1946年从重庆回到长沙后，就在他的公司一直工作到长沙和平解放，于1949年上半年回到衡阳。

丁鹏翥曾经是我们丁家父亲这一辈人的楷模，他是中国羽绒工业创始人，实业家。据《湖湘文化名人衡阳辞典》介绍：丁鹏翥湖南省衡阳市人，1891年出生于长沙观音巷。浙江第一中学毕业后考入湖南省法政学校，毕业后从事羽绒工业和教育事业。1918年目睹国家内忧外患、洋货充斥市场、民族工商业遭受摧残的现状，他忧心如焚，为开发湖南省经济资源，抵制洋货，四处奔走，不断探索，终于发现鸭、鹅毛等废弃物大有利用价值。与妻子共同试制成样品，并向外商试探销路。外商要求选净粗翅，剔除灰尘杂质，绒毛商品才合规格。他考虑采用手工操作难以达到国际标准，若能用机器操作，使绒与毛截然分开，则可以提高经济价值和生产效率。于是携眷回原籍衡阳，潜心研究和试制取代手工操作的机械。1918年4月，试制出第一台铁木结构的提绒车以及洗毛、消毒、烘烤等设备。1919年4月28日，北京农商部授予他发明专利，在国民政府公报上刊登。湖南省发明机器的受奖者，他属第一人。当时欧美各国还没有发明提取羽绒的机械，用这种机器所制的"丁制鸭绒被"亦为中国所独有，有利于打破中国只能生货出口并由外商操纵垄断的局面。他的发明，促进了中国民族羽绒工业的发展，同时也有利于各国羽绒业的发展。1920年，为扩大羽绒产品销售，他在长沙创建中国第一家羽绒企业——长沙市华新羽绒公司。1921年扩资组成新羽绒股份公司，任董事长兼总经理、技师。生意兴旺，产品销路日益广阔。丁制鸭绒被选料严格，制作精良，轻软柔和，御寒能力强，且能浮水，折叠后体积小，便于旅行携带，深受消费者的欢迎，远销中国香港、日本、英国等地，先后获工商部、农商部、上海市总商会的奖励。1923年，他发明的"丁制三层式被"质量更佳，超过欧洲的同类商品，获得巴拿马万国博览会的"中国特产奖"。他经营羽绒业30年，在实践中勇于创新，不断总结制作经验，从1925年起，先后著书20余本，集中反映了他的技术成果和生产经验。他著作的《整理中国羽绒贸易业商权书》和《羽绒提制法》，对中国羽绒工业的初创提出了独创性的意见和技术。他历任国民政府工商部机械科工业技副、湖南省合作事业委员会常委兼总干事、湖南大学合作系副教授等职，并创办、出版、主编了《湖南合作月刊》《合作实行新法》《生产合作》《合作概要》。中华人民共和国成立以后，他拥护社会主义，在公私合营中，他主动放弃股息，支持国家对私营企业进行社会主义改造。1951年去北京，受命为轻工业部草拟全国羽绒工业发展计划。1956年被任命为长沙市轻工业公司董事长兼湖南省鸭绒被厂厂长。1958年在长沙市因病逝世，终年67岁。去世之前，仍念念不忘中国羽绒工业的发展，在病床上将《中国羽绒工业》一书加以补充修改，给中国现代工业史提供了可贵的资料。

现在能够查到的丁鹏翥在"万国博览会"上获奖的文字记载，出现在1986年

6月《湖南文史资料选辑》第22辑王和政所撰写的《鸭绒被创始人丁鹏翥》一文，文中称："丁鹏翥于1918年4月发明第一部铁木结构的提绒车，洗毛、消毒、烘烤等设备亦于同年7月全部完成，1919年4月28日，农商部按照《暂行工艺品奖章条例》给予丁鹏翥所制羽绒机器专利5年，以示鼓励，'填发奖励执照一纸，仰即具领'，并于同年9月27日在政府公报上刊登。那时候，湖南发明机器而获专利奖赏者，丁鹏翥是第一人。丁氏羽绒机也是世界上第一部提取羽绒的机器，而且用这种机器所制的'丁氏鸭绒被'，亦为中国所独有。1920年，丁鹏翥夫妇在长沙市堂皇里创建我国第一家羽绒企业——长沙华新羽绒公司。公司成立后，生意兴旺，顾客络绎不绝。第二年，即在邵阳、常德等地设立原料收购点，大量收购鸭、鹅原毛。丁制鸭绒被因选料严格、制作精良、轻软柔和、折叠后体积小，便于旅行携带，且御寒能力强，深受消费者欢迎，远销中国香港、日本、美国等。""1923年，丁鹏翥发明的丁制三层式被，质量更好，与当时德国式筒被相比，即显示出优点，胜于欧洲的羽绒产品，曾多次参加国际展览会，并获得巴拿马万国博览会'中国特产奖'，在国际市场上享有很高的声誉。"

据族谱记载：丁鹏翥系丁昌燮之子。光绪十七年（1892年）辛卯十二月初四午时生。字抟九，行一。浙江第一中学毕业，湖南省成德政法学校毕业。因发明羽绒毛机器，经国民政府工商部登记。曾任机械科工业技术湖南省合作设计委员会委员，湖南省建设厅合作指导委员兼合作信贷款所主任，湖南省合作事业委员会委员。著有合作事业合作实行新法、生产合作、合作概要等书，凡二十余种，行世铨叙部登记委任职一级考绩，升任荐任待遇。配，邓氏：名官荪，武冈县人。内阁中书讳绎公孙女。实授湖南会同县教谕国华公女。光绪十六年（1891年）庚寅十二月二十九日寅时生，民国十四年（1925年）乙丑九月二十六日殁。葬长沙洪山庙音堂冲。生二子：慈孙、启孙；四女：懿孙、锦孙、荇孙、绵孙。继配，胡氏：名静宜，湘潭人。浙江天台县知县绍樵公孙女。光绪葵卯科副贡纪荣公女。湖南衡粹女学毕业。光绪二十三年（1898年）丁酉五月二十六日生。生四子：绳孙、华孙、桂孙、诒孙；一女：炽孙。

族长丁鹏翥

丁氏鸭鹅绒被广告

提倡国货运动大会会刊

当我准备写这部分回忆时，听人说丁鹏鬻有一位女儿在天津大学任教。我托天津市财政局为之打听，回答说："去了天津大学打听，天大说查无此人。"我也只好作罢。

2012年2月10日，在深圳访问丁隆炎时，他说："新中国成立后，一次路过长沙，我找到了丁鹏鬻，当时他已病得奄奄一息。见到我，他用颤抖的笔写下他儿子的名字，还把丁隆玉、丁隆升、丁隆昌都写上，说：'你们兄兄弟弟要永远保持联系，抱成团。一定要怎么怎么的，中国是别人灭不了的。过去外国侵略中国，就是中国文化落后，你们兄弟要好好读书'。他把他儿女的名字都写给我，还有丁希俊，他是丁善庆的后代，在鞍钢纺织厂。我们都是丁恩庆的后代，是两兄弟。到北京见到你大哥丁平衡时，我也告诉了丁平衡。说，丁家人别的赶不上别人，读书比别人强，丁家人是靠读书读出来的。你们不读书会一无所有，要读书才能出人头地。你爸爸可惜了，你爸爸在兄弟中读书都比别人强。"

2. 叔叔丁隆炎

他与我家关系比较密切，因为我爸爸从小是在他家长大的，他对我们家的情况，比我们兄弟姐妹还要清楚。

《湖湘文化名人衡阳辞典》中对丁隆炎是这样介绍的。

丁隆炎1931年12月15日生。著名军旅作家，衡阳市雁峰区白沙洲街道人，中共党员。继其曾祖、晚清岳麓书院山长丁善庆之后，白沙洲丁氏家族又一湖湘文化名人。以创作彭德怀元帅题材多部著作享誉全国。

1950年从衡阳市一中毕业从军，历任骑兵五师文工队员、东北军区文化部见习助理员、东北军区文化部创作员、原成都军区高炮团俱乐部主任、康藏高原武工队员、原成都军区宣传处副处长、文化处处长，1990年以副师级创作员退休。

曾被选为四川省作家协会副主席，四川省电影家协会副主席。

1963年开始发表作品，由北京调到原成都军区搞专业创作。1983年加入中国作家协会，以创作彭德怀元帅题材多部著作享誉全国。著有电影文学剧本《布衣老帅》《悠悠故人情》《小骑兵历险记》，报告文学《在彭总身边——彭德怀元帅警卫参谋景希珍口述》《最后的年月》《一百双眼睛里的战争：南疆集团军在1979—1987》《少年刘伯承》，中短篇小说《冬夜》《机关》《赤红的雪山》等。

《在彭总身边》出版后，胡耀邦赞扬"这本书的作者为人民立了大功"，原成都军区司令员傅全有提议"为作者记一等功"。《布衣老帅》得到巴金、钟惦棐的高度肯定。《最后的年月》是《在彭总身边》续集，公开出版后，又以"内部发行"的形式流传。《少年彭德怀》获全国少年儿童文学一等奖，同名电影获全国金鸡奖最佳少儿影片奖和葡萄牙国际电影节儿童片金奖。《彭德怀在四川》获四川省优秀报告文学一等奖。还写过《悠悠故人情》《元帅的最后岁月》等著作。

1968年我下放在永新里田公社九西大队"接受贫下中农再教育"。一天，突然接到公社电话，说县委通知，下放干部丁平准明天到永新县委招待所，他的叔叔丁隆炎要见他。第二天，我到了县委招待所，见到丁隆炎。他说他这次是陪同彭德怀夫人重上井冈山，路过永新想见见我。见面时，他说到我还有一个叔叔，叫丁隆昌，是丁隆升的弟弟，英国皇家海军学院毕业，是国民党海军中将，曾任国民党海军副司令。当

叔叔丁隆炎

2011年7月在成都与叔叔丁隆炎

丁隆炎的成名作

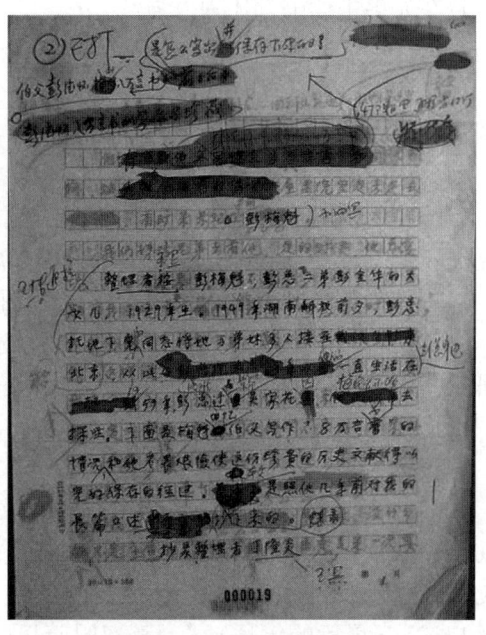

彭德怀侄女彭梅魁手笔

时，我心里直犯嘀咕，"国民党中将"那还了得，这么大的"反动派"，有这样的叔叔，还不知道我会被增加多少"麻烦"呢！当时在永新，我的身份是一个"修理地球"的下放干部——"五七大军"，到永新县城见到彭德怀夫人这样的共产党"大官"，已经是"心惊肉跳"了，哪里想到我还有个国民党"大官"的亲戚？那更是"可怕"了，怕"惹火上身"嘛！1987年丁隆昌因大哥丁隆升去世，蒋经国也是在那年（1987年7月）宣布"解除戒严令"，因而丁隆昌得以在1987年7月回大陆赴湘为大哥奔丧。后来丁隆昌到北京来过双榆树我家，记得一来就在我们家卫生间里待了很久才出来，出来后手里拿着一枚金戒指，说是留给我做纪念。那时台湾人员回大陆，见到亲朋好友都会送一个金戒指的"惯例"。这时大陆也"改朝换代"，对来自台湾国民党的"退休大官"已经没有过去那种"戒备心理"，我也就"欣然接受"了。心想，按照"统一战线"的要求，家里有个国民党的亲戚"官"越大才越好呢！

在准备写作这部分内容时,原打算去台湾访问丁隆昌,说他还有一段蒋介石准备让他当"长江舰"舰长的故事。后来听他侄子丁明磊说,丁隆昌在台湾已退休多年,且年事已高,患了老年痴呆症,对往事已记忆不清,讨了个台湾老婆,对她丈夫的往事更是讲不清楚,所以我也就作罢。丁明磊去过中国台湾,见了他的叔叔丁隆昌,说起了一些往事。他说,丁隆昌说,"大陆的电影、电视写到国民党人见到蒋校长(蒋介石)进去时,面对着蒋进去,出来时敬个礼转身就走了,是屁股对着蒋。这不对,那时,出来要退着走,不能转身,还是要面对蒋介石退出来,否则,你一转身,蒋介石的卫队就会掏出枪,崩了你!我到过南京,见过蒋介石,情况就是我讲的那样"。从写作这一点出发,我当然是希望得到这些细节,越多越具体越好,但最终还是没有成行。

共产党当然十分讲究"组织纪律",丁隆炎从井冈山下来后,对我说:"当时,第一个反对出版《在彭德怀身边》的,就是彭总夫人浦安修,因为这时中央还没有给彭德怀平反。"当然,这中间还有浦安修本人的一些问题,因为彭德怀被毛主席定为"反党集团"后,浦安修曾宣布与彭德怀离婚,但没有办法律手续。彭德怀平反后,浦安修向中央要求恢复"彭德怀夫人"称谓,后来中央同意浦安修的要求,重新恢复了"彭德怀夫人"称谓,《在彭德怀身边》这一著作才得以出版,丁隆炎也因此而出名。说到平反,人们不禁想起胡耀邦,正是在他任中组部部长期间,建议为彭德怀平反,而后,在1978年12月23日召开的党的第十一次代表大会闭幕会上,决定给彭德怀平反,并于24日在北京召开了彭德怀元帅的平反昭雪追悼大会。

2012年2月10日,在深圳访问丁隆炎时,他说:"丁家是书香传家,传到我们这一代,丁隆厚没有读什么书,后来成为衡阳的笔杆子。我也没读什么书,也成了什么'作家',我没有什么,最后侥幸地留在部队,认识了彭德怀的贴身警卫景希珍,根据他讲的,我写了《在彭总身边》,大家很欢迎。你也是这样,写了那么大本大本的书,可说是'会计师大全'。所以,我说这是丁家的血缘,现代科学说是'基因',我们要感谢祖宗。按辈分你是'平'字辈,小我一辈,我和你爸爸同是'隆'字辈,但我和你大哥同岁。在北京那段时期,我和你大哥很要好,经常在一起讲起你家的事。你大哥丁平衡喜欢照相,照了好多相片。我1979年到上海南翔时,还见过你妈妈。"我说想写丁家的传记,丁隆炎十分赞成,他说:"你家的事,我比你清楚,因为你爸是在我家长大的。丁家百年史,也应当是中国的百年史的缩影。"以后,他确实为我提供了不少资料。

3. 叔叔丁隆升、丁隆昌

丁隆升是我的叔叔,从小在我家长大。族谱上记载,他也是丁善庆、丁恩庆一脉相传下来的子孙。家谱上关于他家情况记载如下。

丁世荣次子丁恩庆:派名统治字平叔号励斋,行四。嘉庆丁丑考取内阁供事官司。道光乙酉由,实录馆议叙分发江西补湖口县典史,调铅山县典史。署平都昌县丞,饷升用知县加同知衔,分发湖北嘉庆三年(公元1799年)十二月初四生,咸丰十五年(公元1866年)庚申四月二十七日卒,葬长沙河西都潘家冲龙虎岭。浩授奉政大夫。晋赠通议大夫。

配,唐氏:衡山人。任山东巡俭溥公三女。嘉庆二年(公元1798年)丁巳十一月二十五日生,道光十二年(公元1833年)九月二十二日殁。葬善化河西石岭坳。

浩封宜人，晋赠淑人。生二子，良骥、良骏；一女，适浙江鲁候选县丞名邦达。

继配，庄氏：江南武进人。冲公女。嘉庆十六年（公元1812年）辛未十一月十六日生，光绪十四年（公元1819年）戊子三月初一卒。葬江东岸八只岭磨盘山。浩封宜人。晋赠淑人。生一女，适善化汪候选知府名楷。

后又讨了6个侧室，生了4个儿子、6个女儿。

丁恩庆次子丁良骏：官笃生，行二。六邑禀生，三品衔，候选知府。道光十年（1831年）庚壬寅七月初六生，光绪二十九年（1765年）癸卯十二月初三殁，葬南乡二十八都陡陂奇罜乡山虾婆塘子山午向。衡阳举人冯纲孝志墓。

丁良骏次子丁振宇：字玉樨，行二。邑文库中书科中书。光绪七年（1882年）辛巳三月二十六日生，光绪三十年（1905年）甲辰八月十九日殁。葬清泉南乡二十八都陡陂町奇罜山虾婆塘子山午向。例授徽仕郎。

丁振宇继配的儿子丁永仍：字寿萱，行大。津浦铁路文书。光绪二十九年（1904年）癸卯七月份二十八日生。

配，贺氏：光绪二十九年（1904年）癸卯三月十六日申时生。生五子：隆升、隆昌、隆晶、隆炅出继坤、隆星。

永仍子丁隆升：字伯亨，行一，"民国"九年（公元1920年）庚申九月二十八日寅时生。（1987年卒，享年67岁）

永仍子丁隆昌：字仲威，行二，"民国"十一年（公元1922年）壬戌四月初四日丑时生。

丁隆升比我爸小17岁，他父亲丁永仍系津浦铁路文书，早年过世，家境比较贫寒，因此丁隆升早年生活在我家，后也到了铁路，在田心机车制造厂（现为南车集团），新中国成立后50年代当了"工人工程师"，参与了我国第一台内燃机车的研制。"文革"中受到冲击，"文革"后平反。

为了"亲上加亲"，我妈把自己最小的妹妹谢俊（1926—2007，享年81岁）嫁给了丁隆升，所以，我们既称婶婶，又称小姨。"文革"时，因为她有"海外关系"，害怕造反派来抄家，就把丁隆昌寄来的美元藏在砖墙里，一次因造反派"突然袭击"，她来不及藏东西了，就赶快跑到外面厕所，把丁隆昌寄来的英镑丢在厕所里。唉，"文化大革命"真是折腾人呀！很多"不可理喻"的事情都会发生。

叔叔丁隆升

叔叔丁隆昌

丁隆昌手迹

综括这几家的源头,族谱上记载的是:

丁正己—丁世华—丁统宣—丁邦有—丁永烽—丁隆玉—丁平准

丁世荣—大子丁善庆、次子丁恩庆—丁良骥—丁绍鸿—丁永济—丁隆炎

丁世荣—丁居庆—丁良俊—丁振宇—丁永仍—丁隆升、丁隆昌

丁骅长—丁晶燮—丁鹏翥

我的兄弟姐妹

1. 大哥丁平衡

丁平衡（1930年生，1989年卒）生前为北京有色金属研究院高级工程师，新中国第一代电脑专家。

大哥全家

大哥是我们兄弟姐妹最崇敬的人。在我们六兄弟姐妹中,他学历最高。他一辈子历经的坎坷很多,一辈子不得志,特别是心灵上十分受苦,是个"苦命人"。

抗战前,他在衡阳船山中学读书。船山书院当年曾是全国四大书院之一。王船山(1619—1692年)是明末清初最重要的思想家之一。大哥自幼受此熏陶,对他人生观的形成产生过重大影响。由于家住黄茶岭,打开大门路边就是湘江,江心是浮成月牙儿似的东洲岛。岛上的寺庙、学堂、农舍、田桑,在我家隔江都能一览无余,大哥就读的船山中学就位于其间。黄茶岭朱家桥有渡船往返至东洲,大哥周六乘渡船回家,住一晚在周日又返回东洲上学。

衡阳东洲

因为上小学时,大哥便背着我上学,兄弟感情格外深切。记不得是哪一年,大哥放寒假,便领着我到岛上一游。兄弟登岸之后,尽情游玩。隐隐约约记得,岛上地分两界,一面为寺庙,一面为学堂,中有围墙相隔。那时冬天的衡阳很冷,白雪将所有的房舍紧锁着,树枝和屋檐吊着长长的冰凌。路侧有一简易门楼,上面的文字已被水晶一样的冰凌封住,仔细辨认,能看清"船山书院"几个字。平日里人声鼎沸,隔江犹有书声盈耳,只是如今已到了寒假,学生都已返乡,院舍显得冷冷寂寂,看上去更像一座破败而又已经废弃的避难所,有一种阴郁在里面。这座书院以故乡的大思想家王夫之的名号命名,在废垣残瓦的时代以淋漓的幽寂张扬着它的历史和文化血统,我相信缘分天定。

据资料介绍,道光十年(1884)两江总督曾国荃将家藏《船山遗书》及320卷板片捐送船山书院,次年,衡州乡贤兵部尚书彭玉麟捐银一万二千两,将创建于光绪初年(1875)的院舍从市区整体搬迁到东洲岛,《船山遗书》及板片全部迁入新址,专馆保藏,又建湘绮楼,聘请湘籍名士王湘绮(即王运)为院长,主讲船山学说,直至1915年改书院为存古学堂。

大哥就是在这样的环境中,度过了他的童年。

1944年8月,日寇侵入衡阳。大哥才14岁,因为他是老大,逃难时他也挑了一担行李,艰难地与全家同行。

1944年10月逃到桂林，11月逃到金城江（现今的广西河池），一路都是步行。为补贴家里生计，大哥和姐一起在桂林、金城江卖报、卖开水。因为不少逃难的人乘火车而来，需要从报纸上了解前线的战况，长途跋涉口渴需要喝开水。那时火车装得真是人山人海，不仅车厢里人挤人，车顶上、车下面（垫了几块木板）都是人，大家都争着逃难，能坐上火车，已是万幸了。大哥和姐姐每天就奔波于各条铁路之间，踏着躺在地上成片的死尸，直奔火车旁叫卖。因为大哥为人老实，拿着报纸、提着开水壶，但他不会吆喝，一天卖不了多少。父亲挑着一担妈妈烧好的香喷喷的红烧肉去卖，爸爸还是像当年的"教书先生"那样，讲话就像上课，也不会吆喝，每天都剩下一大半，只好全部挑回。父子俩回到家，总少不了受妈妈的唠叨、埋怨。全家就这样饥寒交迫、又惊又怕，无时无刻不是挣扎在死亡线上，真是感到"活着不比死亡容易"。每天就是"逃难""逃难"，真是"难"呀！战争就是地狱！日寇就是魔鬼！

听到日本鬼子打到哪里，我们就举家就往前逃，几个月步行跋涉，不知道日子是怎么过的。在金城江没待几天，日本鬼子打来了，我们又一步一步走着逃到贵阳。到了贵阳这个城市，举目无亲，一家人就住进了贵阳难民收容所。大哥和全家人一起，早上到难民收容所开餐的大锅前排队打一碗稀饭充饥，白天又去卖报，晚上妈妈在桐油灯下打鞋底（说是"劳军"，但也会给一点钱），大哥也就此"借光"看一会儿书，也许是中学的课本吧?！因为贵阳的冬天，实在寒冷，大哥和爸爸为了得到一件军大衣御寒，就在国民党的一个军队里"挂了号"（当兵）。因此，大哥的档案中又多了一条"国民党伪军"的"罪状"，其实那是苦难的见证。大哥此时还是14岁的孩子呀！为了御寒，要活下去，没有其他办法。

后来，又从贵阳逃到了重庆。爸爸在这里找到了一份固定的工作，家庭生活才比较稳定，大哥就到重庆北碚中学继续念初中。由于战时动乱生活的折腾，大哥14岁就患上了心脏病。当他在学校伏在桌子上时，同桌的同学从木板的振动中都能感到他心脏在剧烈跳动。爸爸在重庆"中央卫生所"利用工作之便，要了一些"毛地黄"，大哥也舍不得按时按量服用，从儿时起大哥就一直被心脏病折磨了将近半个世纪，以致最后死于心脏病。这些都是日寇侵华战争在我们家所种下的仇恨。

正如丁隆炎说的，大哥酷爱照相，但自己没有相机，就买了一套一寸大的几十张重庆风景照给了我。根据大哥给的这套照片，爸妈还领着我们几个孩子去了重庆城里（我们住在郊区歌乐山），"逛"了这些风光旖旎的地方。

大哥给我的照片中还有望龙缆车、朝天门码头、磁器口、南温泉、北温泉、小龙坎风光，等等。可惜这些照片在"文化大革命"中都付之一炬，要不，今天也会成为"文物"。

抗战胜利后，1946年冬，全家到了长沙。大哥考进了长沙冶金工业学校，读上了中专。后来我和妈、姐姐以及两个妹妹回到了衡阳，大哥和爸爸留在长沙。大哥在长沙考上了东北工学院。这是一所名牌大学，始建于1923年4月，1938年与天津大学、中国矿业大学、北平大学工学院在西安合并为"国立西北工学院"，1950年8月定名为"东北工学院"，是全国重点大学之一。

我的大哥丁平衡

大哥与同学在黄鹤楼前　　　　　　　　我的大哥、弟弟和妹妹

从1946年直至长沙和平解放前，大哥在长沙学校参加了当时地下党领导的学生运动。记得每年放假，他回到衡阳都会给我们讲故事、讲长沙的学生运动、讲和平解放全湖南的可能。还教我们唱一些进步歌曲。至今我还记得："山那边哟好地方""金凤子开红花"，等等。歌词是：

> 山那边哟好地方
> 穷人富人都一样
> 你要吃饭得做工
> 没有为你做牛羊
> ……

金凤子开红花
一开开在穷人家
穷人家要翻身
世道才像话
……

  大哥还买了不少书置放在家里，虽然我还在读初中，13岁，不能完全看懂，但我还是不时地偷偷地翻阅。至今还记得的有：巴金的"激流三部曲"《家》《春》《秋》，"爱情三部曲"《雾》《雨》《电》；茅盾的《子夜》《林家铺子》《春蚕》《蚀》三部曲，曹禺的《雷雨》；张恨水的言情小说《金粉世家》《啼笑姻缘》《夜深沉》《春暖花开的时候》，还有丁玲的著作《塔里的女人》《莎菲女士日记》等等，我都翻了个遍，这些书在我少年时期的心灵里刻下了深深的烙印。

  1949年9月解放战争打到衡阳期间，我们全家到盛云家"避难"。盛家是个大地主，有一个大院，几十间房子连成一大片。大院前有几口大水塘，对面是座山林。大哥和盛云常去山上"砍柴"，就在那时他们谈上了恋爱。妈妈不太赞成，说盛云太"小姐气"。后来，大哥从东北工学院毕业后分到北京有色冶金设计院，两人还是成了一家。盛云的妹妹叫盛芝，后来参加了中国人民志愿军，去朝鲜抗美援朝了。

  盛云的爸爸20世纪50年代在国家计量局工作，是一位颇有名气的数学家。那时与苏联专家会谈，盛伯伯每次都是中方的主要代表。新中国成立前，盛伯伯在一所中学教数学，他有个习惯：每到考试前，在学校里出好了考试题，回到家晚上睡觉后，就会在梦话里把题目说出来。有的学生知道盛老师的这一"秘密"，就会在窗外等待"盛老师的梦话"，第二天准保能考出个好成绩。有趣的是，在我爸去世、他老伴去世后，盛伯伯居然给我妈写信（妈在上海），希望我妈能嫁给他，后来他女儿反对、我妈也不同意，就没能实现这"亲上加亲"。我大嫂盛云也在国家计量局工作，后来当了财务处长。盛云还有个表妹在首钢工作，我初到北京，财政部没有住房，司长杨纪琬就在八角村租了一套农民的房子给我，房东恰好是盛云妹夫的表妹，真是天下实在太小，转弯抹角都会碰到"亲戚"。

  大哥到东北工学院学习时，衡阳黄茶岭当地的农会给他开的家庭成分证明，写的是"小土地出租"，当时的农会主席丁永夫（后任衡阳市二商局长）说："你家就二亩五分地，就算小土地出租吧。"大哥的"家庭成分"就这样定的。后来，说我填的"家庭成分"是"地主"，他也就改成了"地主"。

  1954年秋，大哥在东北工学院毕业后，由国家统一分配到了北京，在北京有色冶金设计院工作，一直到去世。大哥刚参加工作，一个月拿几十块钱，但他还是不间断地每月给妈寄十元钱。这十块钱，在当时是数目是比较大的。妈非常疼爱大哥，但与大嫂盛云不太和睦，这也许是"婆媳关系"难处理的"中国传统"吧。

  丁隆炎在京期间，与大哥俩人经常在一起，无所不谈。大哥也说到在家庭生活上不十分愉快，大哥曾对丁隆炎说，他退休后会搬到上海和妈妈在一起生活，也曾讲到他想自杀，可见大哥心情的忧郁。我想，家庭不和谐应该是一个重要原因。

  大哥在北京家住在和平里，工作单位是北京有色设计院，一个在北京的最北，一个在北京的最南,他乘坐13路公共汽车是从始发站到终点站,穿越了整个北京市区,大约要两个小时。大哥说,他的英语就是在13路公共车上"学到"的,一上车他就坐下开始背记英语单词、文法,直到车不开了,他就下车,再倒21路,到羊房店站下车,走到设计院上班。就是这样,在13路公交车上,日积月累地记单词、背文法,几年的时间就把英语"搞定了"。设计院无论是谈判还是设计,大哥的英语在全院都是一流的。在"一五"期间,大哥参与了甘肃的白银、安徽的铜陵等多个项目的设计,工作非常认真。后来,在对外开放初期,与外商合作的项目谈判都是他主谈,但一到有机会出国时,他就以自己有心脏病为借口把出国的机会让给别人。

"文化大革命"中大哥是个"逍遥派",他说"乐得空闲,自己多读点书"。

大哥一生"不得志",出身名校,20世纪50年代的高工、新中国第一代电脑专家,工作勤奋……优点可以列出一大堆,可"什么都没他的份",他自己曾对我说过:"这一辈子,我连小组长都没当过。举办什么展览会,就要我写'由此前进'的路标,因为在设计院大家都知道我的美术字写得很好。"

1982年我刚到北京,那时还是"借调"到财政部。大哥给我"出谋划策",说:"你第一步要取得领导的信任,扎下根来,争取能正式调到北京,进北京那可是件不容易的事!"他陪我到天安门游览时,就颇有感触地对我说:"全中国十几亿人,有多少能'到此一游'?"那时没有"北漂"一词,大哥希望我不要当一个"北漂"!希望我能在北京扎根!

没过几个月,不记得是什么事,我要到冶金部去,因为冶金部是有色设计院的上级机关,大哥陪我一起去了。到了财务司,司长请我坐下,接着吩咐人给我泡茶,说了一些工作上的事就出来了。出来后,大哥非常感慨地对我说:"老三,你行呀!我们要见部里的司长,都要事先约好,到时去了就站着汇报,讲完了就走。好哇,你去了,司长又是请坐、又是倒茶,真好气派!"那时我真不知道"财政部"为什么会有那么大的"威力"!

大哥在20世纪50年代就是高级工程师,他苦笑着对我说:"高级职称就值这么一袋牛奶!"每天能以"高级职称"的身份买一袋鲜奶,就是那时北京对高级知识分子的特殊"照顾",一直到80年代初,大哥还享受这样的"特殊照顾"!

大哥十分迷恋电脑。那时电脑不像现在这么发达,连因特网都还没有。但大哥对电脑的未来发展却描绘得有声有色。他对我说:"家里如果有台电脑,等于请了半个保姆,只要你把程序编好,什么事它都能帮你搞定!"

大哥还给研究生上课。他的去世,就是一次在给研究生上课时,倒在讲台上。那是在公主坟社科院研究生院,那天大哥站在讲坛上讲得很动情,不到半个钟头,他就倒在讲台上。研究生院的同志赶紧把他送到附近医院抢救,当他醒来后就说:"你们把我送到合同医院去。"那时,看病要到指定的"合同医院",否则医药费不予报销。有色院的合同医院是复兴医院,研究生院尊重大哥的意见,立即把他转移到了复兴医院。复兴医院的前身是公安部所属的给劳改犯看病的医院,也许这家医院的某些医护人员给劳改犯看病养成的习惯,服务态度很不好。进院后,折腾了大半天,大哥站不起来也"命令"他一定要站起来透视,需要很长时间的检查项目也让这急症病号按部就班地做……根本没有采取紧急措施、进行必要的紧急抢救,等各项检查完了,大

1982年夏天在香山与大哥合影

哥躺到病床上,医院就下了"病危通知",晚上大哥就进了"太平间"。大哥临终是被这家不负责任的医院的医护人员折腾死的。当然,他的病亡通知是心脏病——心肌梗死。解剖他的胸部时,他的心脏已经像皮球那么大了!这当然应当记在日本侵略者的账上。大哥就这样于1987年7月22日离开了我们,先于我母亲而走,走时年仅57岁。

大嫂叫盛云,记得只是初中毕业,后来当了国家计量局的财务处长。她退休后,计量局报到财政部要中注协批一批注册会计师,其中有盛云的名字,我叫注册部去了解一下,后来也没有音信,因为多年失去联系,不知道后来的具体情况。大哥有一个儿子叫小春,北大毕业后去了德国留学。有一个女儿叫亚乔,也因为多年没有联系,不知道这些晚辈后来的情况。之所以是这样,是因为大哥去世后,有色设计院给了三千元的抚恤费,盛云没有分给妈妈,于是婆媳诉之法院,妈妈向法院起诉盛云,就这样产生了隔阂,盛云也与丁家断了联系,听说后来她也改嫁了。

2. 二姐丁小琴(圭)

二姐,原名丁小圭,参军后改名为丁小琴。1933年在衡阳出生。1949年10月参军南下。现退休在广州。生有三个儿子、一个女儿。

姐姐从小就很聪明,很活泼,也很漂亮。1949年10月8日,中国人民解放军第四十六军进驻衡阳,衡阳市、县同时获得解放。下午4时左右,全城锣鼓喧天,鞭炮齐鸣,人们奔走相告,欢迎中国人民解放军进城。姐姐就跟在四十六军一二一师的队伍后面,就这样参加了中国人民解放军南下了。政策规定,1949年9月30日晚上十二点以后参加革命的,都按退休办理。差那么一天、一小时,甚至一秒都不行,更何况姐姐差了八天,也许这也是命。

姐姐丁小琴小时候

1949年10月8日这天旁晚，本应是我与姐姐一同从湘南中学回家，但那天就我一个人回家。到家妈妈就问姐去哪儿了？我说："不知道。"确实不知道。姐姐就是这样参军了，南下了。半年后，姐来信了，说她参加了解放军，在部队里搞统计，那是"机要工作"，需要党员担任，她正在要求入党，要家里告诉她"家庭成分"。不知道是根据什么，姐姐所在部队支部给她定了个"自由职业者"的家庭成分，我想，也有道理，爸爸那时可以说是"教了一辈子的书"，定个"自由职业者"是恰如其分的。

姐的这一辈子年轻时可吃了不少苦，主要是日本鬼子给的。

1944年8月，衡阳沦陷，全家逃难。姐时年只有11岁，从衡阳到广西桂林、金城江，她与大哥两人沿途卖报、卖开水，由于她人性乖巧、嘴巴很甜，又很大胆，死人堆里她都敢钻。她的报纸、开水卖得比大哥还多，遂成为逃难时期家中收入主要来源人物之一。到了贵阳，天寒地冻，住在难民收容所，靠救济生活，每天到救济站打一碗稀饭，怎么过呀！全家挣扎在死亡线上。妈妈准备把姐卖了，给人家做童养媳。但亲生骨肉，怎能舍得！全家抱在一团，哭着、喊着，"老天爷，为什么不开眼？"几天几夜过去了，全家都喊："要死一起死！"姐终于没有被卖，苦日子就这样熬着。

大难不死，贵人相助，在华成厂周锦水的帮助下，我们全家从贵阳逃到了重庆。爸爸因为写得一手好字，在国民党的"中央卫生院"找到了一份抄抄写写的工作，虽然是"雇员"，但有了比较固定的收入，全家生活得以安定了一些。

抗战胜利后，1946年冬，我们全家从重庆回到湖南长沙，后来，在1948年回到了衡阳。姐在衡阳上了初中，先是在建德中学。后来与我同上了湘南中学。1949年10月衡阳解放，她随南下大军参加了中国人民解放军。在部队表现不错，很快入了党，与姐夫刘德章结了婚。1951年生下第一孩子，送回老家衡阳，由妈妈抚养。那年姐和姐夫一起回到衡阳。姐夫是团长，穿一身泥子军衣，带着驳壳枪。这本是再寻常不过的事了，但后来有人举报父亲"藏有枪支"，农会的人把父亲吊起来审问，经查明是误会，最终还把父亲放了回来。

姐的第一个孩子叫小鲁，与弟弟丁五一是同年生的。那时我家住在华成厂的一栋作为"善后救济总署"仓库的楼上,楼下仓库存放着不少美国的"救济物品",并且大多是生活用品。我那时只有12岁,每当两个孩子要喝牛奶了,我就从楼上下到楼下,撬开窗户,跳进去拿几瓶美国罐装炼奶,给两个小家伙吃。

一次妈妈在给小鲁喂牛奶时,弟弟丁五一从藤椅上摔下来,左手摔骨折了,后来怎么治也没有完全治好。妈为此伤了一辈子的心,姐也为此一辈子感到对这个弟弟有愧。也许这也是命运的安排。

后来随着姐夫的调动,她先后在汕头团市委、广州工学院等单位工作。最后在广州工学院退休。

在"文化大革命"中,姐第二次遭受到折磨。主要是由于家庭成分从"自由职业"变成了"地主",造反派就批斗她,并给她剃了个"阴阳头",还动员姐夫刘德章与她离婚。最后也是一场闹剧,造反派没好下场。

离开工作岗位退休后,她参加了"安利"的活动,一直做到了"钻石级"。她领着全家子女都参加了"安利"的业务。姐说她做"安利",每月收入可达到10万元。因此,她是我们家的"首富"。

姐夫刘德章1928年出生于老家山东蓬莱,家里很穷,讨饭出身。抗日战争相持阶段十分艰难时,他14岁(1942年)参加抗日,当了正式的"小八路"。参军后,派给他的第一个任务就是作为上级选派的十名战士之一去城里与国民党谈判。后来,上级在审查时,因他年龄太小,站起来个子还没有步枪高,就把他给刷下来了,最后他没有进城参加谈判。后来进城的那十个人,全部被国民党军队活埋了。姐夫说这是"第一次在紧要关头马克思不收他"。

第二次,解放战争他参加辽沈战役、淮海战役、平津战役。他讲到一件事,就是在打新开岭的战斗中,当时他是指导员,他的通讯员于秀生,比他小一岁。敌人的子弹先打着通讯员了,肠子都流出来了,刘德章的腿部也受伤了,两人都坚持不下火线。后来刘德章看到于秀生流出的肠子,就下命令强行用担架把于秀生抬下去。说到这里,姐夫眼里含着泪花,说:"到现在为止,这个通讯员是生是死,不知道;在哪儿,也不知道。新中国成立了,当年的老指导员还在那里呼喊:于秀生,你在哪里?!"姐夫说这是第二次,马克思不要他!我们都说他的命特别大!

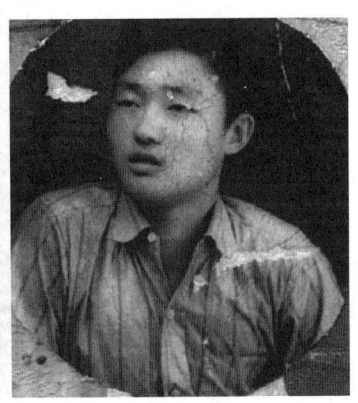

14岁的刘德章当了"小八路"

刘德章及全家

说到对越战争,他先后两次到过越南:第一次是抗美援越。他所在的河池一带都是属于支援助越南的。他是师政委,师长是壮族人,是由韦国清带着去的。后来第二次到越南,是对越自卫反击战。他在前线指挥部,主管后勤。运送炮弹、油料、军火、粮草,指挥部里面挂着一张大的军用地图,标明每天我军前进多少,到达什么地方,要多少军车、炮弹、油料等,总指挥是许世友。刘德章管后勤,要负责送物资到前线,原广州军区的他们负责送到师,其他军区的他们负责送到军。我和我女儿恰好这时去了广西看望姐姐、姐夫。在前线指挥部我看到总政歌舞团、中央歌舞团等,都在排练祝捷的节目,好像明天就要胜利了。

刘德章参加对越自卫反击战在广西南宁友谊关前线指挥部

打完那一场反击战以后，姐夫就办理了离休手续，在原广州军区后勤部石牌干休所，安度晚年。

姐夫离休后，在 2008 年患脑中风，生命垂危，经过抢救，保住了生命，但后遗症使得他行动不便。这位南征北战的"老战士"，还是非常乐观，他说："这次生病没死，是马克思第三次不要我"。

正当我在撰写这一卷时，传来噩耗，敬爱的姐夫因病于 2017 年 7 月 4 日在广州去世，享年 92 岁。

3. 四妹丁嘉陵

四妹丁嘉陵 1945 年生于重庆，故取名嘉陵。她是抗战胜利的产儿，全家为抗战胜利而兴奋，也为老四的到来而高兴。日寇造成的灾难终于能够终结了，但我们家的灾难并没有因此而结束。

1946 年冬，全家回到了长沙。1948 年，又回到了衡阳。当时老四（嘉陵）还只有 3 岁。

四妹丁嘉陵

四妹丁嘉陵夫妇

四妹丁嘉陵和五妹丁孟陵小时候

1955年全家搬到了上海，老四也到了上海。在南翔上的小学。

在她11岁的时候（1956年）跟着妈妈到了广西姐姐家，就在河池上学。

1958年南海舰队组建文工团，她毅然放弃读书报名参加南海舰队文工团，姐姐和妈妈怎么也说服不了她，就这样，她也参军了，当了南舰队文工团的演员，那年她才13岁。

"文化大革命"时，她23岁。部队文工团允许"造反"，南海舰队文工团是以"保黄永胜"和"打黄永胜"为"线"。她是"保皇派"，属于"保黄永胜"的。这时她已谈恋爱了，对象是同一个文工团的，叫王志民，革命烈士的子弟，自认为出身好，组织了一个叫作"鬼见愁战斗队"的造反派队伍。那年在广州中山纪念堂演出"东方红"大型舞蹈史诗，妹妹是舞蹈连的连长，带着一帮人在中山堂里面演出，王志明是"造反派"，带着一帮"造反派"在外面"冲"。真有意思，"文化大革命"就是这样制造了不少"故事"。后来，黄永胜是林彪一伙的，成了反革命。当然还是"打黄永胜"的对了。妹妹在入党时，因为"家庭成分"问题，也经过了不少折腾，后来也入党了。

20世纪80年代初，传说南海舰队文工团要解散，妹妹就转业回故乡湖南长沙，因为她是文工团出身，就在湖南省科协展览馆任工会主席。退休后，2014年患了乳腺癌，但她很乐观，身体素质也不错，还很健康。后被选为退休干部的党支部书记，直到现在。

妹夫王志民，是烈士子弟。据他自己说，小时候家境还比较不错，父亲是个做生意的商人。由于在抗日战争时期，父亲参加了抗日，被日本鬼子抓去砍下脑袋挂在城门上，就这样家破人亡，他成了孤儿。他父亲的一些战友先后收养了他。因此，他没有亲爸，但他有很多"爸爸"。许多"爸爸"，在新中国成立后都成了司令员、将军，因此王志民一直认为自己"出身很好"。我2011年回长沙时，他说到20世纪50年代湖南刚解放时，第一任财政厅厅长欧阳就是他"爸爸"，是位长征老干部。他还是湖南省省长王首道的"干儿子"。他的"哥哥"，是省科协"一把手"，王志民转业后就在湖南省科协展览馆当馆长，同时管科协的后勤。退休后他过得很休闲，画画、写字、钓鱼，潇洒得很。他家的墙上挂有许多老革命的字画。

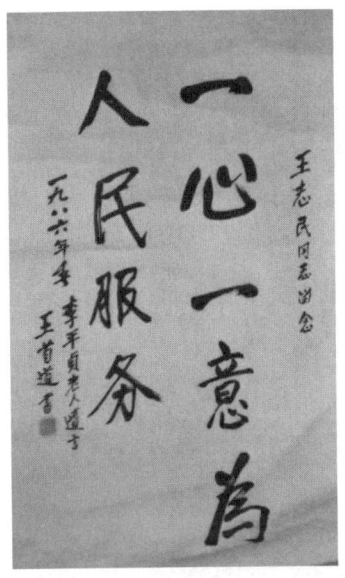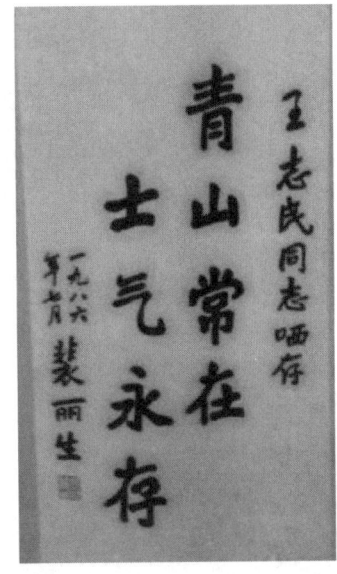

妹夫王志民获赠的墨宝

注：王首道，1906年4月至1996年9月13日，湖南省浏阳人。无产阶级革命家、新中国交通运输事业的开拓者和奠基人之一，中共七届中央候补委员、委员，第八、第九、第十、第十一届中央委员。第五届全国政协副主席，原中共中央顾问委员会常委。1950年4月至1952年3月，任湖南省人民政府主席。

裴丽生（1906年10月至2000年3月），山西垣曲县谭家乡峪子村人。曾任山西人民政府主席、华北行政委员会委员、山西省省长、中国科学院院长、中国科协副主席、全国政协常委和政协科技组组长、中国老区建设促进会会长等职。

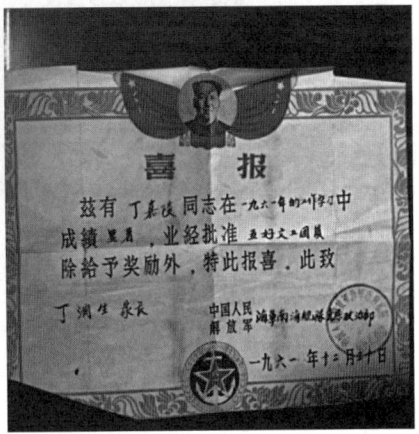

王志民和丁嘉陵全家

4. 五妹丁孟陵

五妹生于1948年衡阳老家，1955年随全家迁至上海，在南翔上学。1963年接替父亲进了上海机床电器厂（前身为华成电器制造厂，公私合营后改为上海机床电器厂，与上海机床厂配套生产机床的机电产品），当了一名电焊工。后来转至宝山钢铁公司，仍然做电焊工，直至退休。五妹擅长"家务"，也喜爱做家务。长期陪伴在妈妈身边，也养成了做家务的习惯。在南翔时，她家曾被评为"卫生家庭"，她有很大功劳。她患有精神官能症,喜欢说话,说起来就没个完。晚年周游世界,生活倒也十分休闲。

妹夫刘义成,1941年生于江西,在家排行老三。大学毕业后,去了德国,在德国西门子公司工作多年。回国后,先在上海机床电器厂工作,后调到宝钢,任工程师,接着被评为高级工程师。他是西门子的"得意门生",退休前,他每年都要到北京德国西子在中国的总部培训或接受有关新技术的教育,所以,他在专业方面是比较出色的。退休后,他就靠"这门手艺"赚了不少钱,只要"指点一下"就是好几万元的收入。他就用退休后"发挥余热"赚的钱,在上海城里买了房,并带着老五周游全世界。他还是金融方面的"行家",炒股票、买卖期货,都是"赚"的。由于上海土地年年上涨,他担心"死"后墓地涨价,20世纪90年代花了10万元为自己买了一块"墓地",别人笑他"没死就买墓地",他笑着说:"我活着看它升值,不是更快乐吗?"可见他性情之开朗。

五妹丁孟陵

丁孟陵夫妇

一、童年的梦——打败日本鬼子

20世纪50年代的刘义成

2011年10月兄妹在上海相聚

在广州姐姐家

在上海妈妈旧居前留影

5. 六弟丁五一

六弟丁五一，1951年5月1日生于老家衡阳，因为生于1951年5月1日，爸妈就给他取了一个很简单的名字——丁五一。1955年随全家迁至上海，在南翔上学。第一批知青下乡时他被下放到嘉定县（现嘉定区）马陆公社，在当时，这是一个全国农业机械化的试点，应当说条件比其他知青点要好得多。在生产队，他务过农，开过船，没有吃过其他知青点那么多苦，出工是按小时算，每月还有工资发，后来与生产队队长的妹妹李月琴结了婚，可真是"扎根农村"了。因为爸爸的原因，后来到上海机床电器厂上班，直到退休。退休后，返聘在虹桥机场工作，直到现在。

儿童时期的丁五一

生六弟时，正是爸爸在衡阳被"审查"期间，被关在区政府的一间房子里，我天天到区政府给爸爸送饭。1951年4月末，妈怀着丁五一要临产了，把我叫到房间，要我到区政府求情，让爸爸回来照顾妈一下。那时我才14岁，啥事也不懂，但妈妈要生孩子这事我知道是"大事"，我去了区政府，区政府不知是哪位工作人员，说"你爸出去？那就你来顶替吧"，就这样，我进了那座临时"关"人的房子，顶替爸爸，让他回家照顾妈妈生老六。我被"关"了3天后，大概区里哪位领导觉得不妥，"怎么关了个小孩？"就把我"放"了出来，爸爸还在家照顾妈妈，也没有叫他"再进去"。

20世纪50年代兄弟姐妹在衡阳

我们这一家及亲戚，有共产党的大干部，也有国民党的高官，说不清楚是什么"组合体"。有清朝皇帝的老师，也有民国时期饿死、冻死的贫民，说不清楚是什么"血缘"。我们亲身经历了抗日战争、解放战争，以及新中国成立后大大小小的各种"运动"，风雨过后见彩虹，日子是越过越好。2015年11月，兄弟姐妹全部到广州看望姐姐、姐夫，除大哥过世外，其余五家几十口之众同时在一起，真是难得相聚。兄弟姐妹自20世纪50年代分别后，就没有同时在一起聚过，那时大家都在工作岗位，要上班，现在都离休、退休了，都能"走得开"，还可以"走得动"，趁此时光难得一聚。说起童年的故事，还都历历在目，说起未来，还都有雄心壮志。

2015年11月兄弟姐妹在广州聚会

2015年11月兄弟姐妹在广州聚会

2015年11月兄弟姐妹在广州聚会

2015年11月兄弟姐妹在广州聚会

(二) 日寇入侵 国恨家仇

华成电器厂内迁衡阳

抗日战争时期，沿海一带工商业向内地西迁，是我国现代史上的一件大事，也是日寇侵华战争中犯下的又一大罪行。中国沿海大量工厂内迁费用及造成的经济损失，不亚于14年抗日战争的直接消耗，这是日寇欠下中华民族的又一笔战争债。

从历史上来说，我国工商业一直在沿海一带发展，尤以上海为最快、最大。因为交通、原料、电力、技术、市场、金融、税收、劳工等种种条件的优越，又受着几十年帝国主义"治外法权"的孕育，所以上海工商业特别发达。仅就工业而言，据统计，到1937年9月底止，上海有50个工人、10匹马力以上条件的工厂有1279家，占全国的已登记工厂的31.39%；资本额占全国资本总额的39.73%；工人占全国工人总数的31.76%。工业如此集中，一旦遭遇战争是非常危险的。因此，虽然上海工业发达，但没有强大的海军、空军保卫，不然，上海可以媲美黄金世界的纽约！只因为没有国防保护，所以在抗战时忧国者只盼望能学就《西游记》上所述那种"移山倒海"的法力，把上海整个搬到内地去，好好地从头整顿起来，以便国难临头时为国家做个军需及人才供给的重镇。

1932年1月28日淞沪一战，开启了上海企业西迁的命运。特别是1937年"七七事变"抗日战争全面爆发以后，日寇从华北、华东、华南全面向中国发起疯狂进攻，上海等沿海近代工业集中的地区面临日趋严重的威胁，工厂被迫在战火中大举西迁，向内地大迁移。当时对全国而言，实际上是一次包括南京国民政府、民族工业、高校、苦难民众在内的全方位的大转移。这次内迁对保存有生力量、延续民族血脉乃至最后的抗战胜利都有着无法估量的深远影响和非凡意义。同时，"西迁"也是一部血泪抗日史，中华民族做出了巨大的牺牲，但更是一部中华民族精神的颂歌。这一举动被称为中国工业发展史上规模最大的"中国实业界的敦刻尔克大撤退"。既造成沿海工商企业的重大损失，又为抗日救国储蓄力量做出了历史的贡献。

从中国现代史来说，这一举措也与抗战时期当时经济发展的状况有关。当时内地各省地广人稀，几无工业基础，难以满足抗战物质的需要，从头建设又为时过晚。最好的办法是将沿海的工厂迁至内地，这样既可以增加抗战的物质力量，又可以避免沿海地区沦陷后工厂为日寇所用。"一·二八"战役后，国民政府成立了资源委员会，把所设计的重要工厂一律摆在内地。兵工署亦开始感觉到非往内地设厂不可了。浙赣铁路及粤汉铁路两条大动脉全力建设，陕、川、黔、滇、湘、桂、粤、闽、苏、浙十省的公路网也已逐渐贯通。1937年8月10日，国民党行政院第324次会议决定"以资源委员会为主办机关，严密监督，克日迁移"。国民政府迫于形势，开始着手实行经济撤退，转移工业经济重心，在内地重建国防工业基础，以支持长期抗战。工厂内迁促进了后方工业的发展，为大后方迅速建立起新的工业基础创造了条件，改变了过去不合理的工业布局。虽然这种变化是受制于战争而被迫完成的，但它却使西部地区在短短的几年便走完了平时需要几十年甚至百余年才能走完的历史进程，并为以后西部地区工业的发展创造了一些条件和奠定了一定的基础。

华成电器制造厂，是我国著名企业家周锦水一手创办的民营企业，20世纪30年代在上海一带就颇具声望。他们生产的"华成牌"灯泡、开关、插头、保险丝等生活用品，风行全国；后来，他们生产的电动机、变压器、发电机等生产资料，也成为国货中的名牌。上海《新民晚报》2016年4月10日刊登的一篇文章介绍了30年代周锦水的用国货打败洋货的一则故事，文中写道："1934年，我国许多地方旱灾，需要大批马达抽水机抗旱。可是，当时中国市场上充斥着英国洋泰、德国西门子、丹麦罗德森等洋马达，国产马达刚刚起步。所以灾区主事者根本瞧不上国内马达，都花高价买洋马达。可是，上海华成电器制造厂老板周锦水不服输。他不仅有与洋商决一高下的勇气，更重要的是他有与洋商一决雌雄的智慧。这个智慧就是创新。他早在几年前就不辞辛劳地考察了广东、江苏、四川等十多个省市不同的供电电压情况，回来后分档设计为不同型号，以满足各地不同供电电压的需求。同时，还研制了透风外罩，有了较好的散热功能。所以，1934年各地为抗旱竞相购买洋马达时，他胸有成竹地向灾区事主提出，华成马达各地可以先试用、包修、包换、满意付款。果然，华成的马达由于适合各地不同的供电电压，用起来对路，抗旱给力，且价格便宜，很快受到各地灾民和政府的欢迎，而那些大牌洋货因不适合各地供电电压，反而受到冷落。"因而，华成电器制造厂成为当时我国电器行业的龙头企业，无论在质量还是企业规模都是首屈一指。按照当时南京国民政府工厂的标准（50以上工人、10匹马力以上动力），华成电器制造厂已属于大型企业。从时局考虑，华成厂西迁的计划早已在周锦水心中形成。"七七事变"之后，周锦水最初曾考虑迁至武汉，1937年12月，南京沦陷后，日军溯长江而上，矛头直指武汉。蒋介石被迫提出要在平汉、粤汉线以西的地带建立新的工业中心，以西南、西北作为抗战建国的大后方，并明确指令工矿调整委员会迁移战时工业时，要以四川、贵州、湖南为主，将各厂继续内迁，以保证后方生产安全。湖南地形优越，物产富饶，人民聪颖勤俭，是发展工业的理想地区，早在1934年，资源委员会即决定开湘南为一工业区。周锦水考虑再三，决定内迁至湖南。1938年年初，周锦水来到衡阳考察，经人介绍认识了我的父亲丁润生。从此，开始了两人的交往，也改变了我们全家的命运，我的家与华成厂结下了毕生的"姻缘"。

父亲是学工的，懂得一些办厂的知识，同时在当地也还颇有名气。与周锦水见面后，两人寒暄几句便成知己。父亲帮助协调各方面关系，帮助他寻觅建厂地点。当时日本空军经常到衡阳上空袭击，为谋新建厂在空袭时安全起见，父亲建议以乡镇但又距离市区并不太远比较安全。最好是"有山有水"，有"山"可以挖洞，有"水"便于运输，但这种"好"的地方真是不容易找。

当时，两人费了一番功夫研究：在平常时期，只需考虑交通、电力、原料、销场、有关各业联系、技术及研究协助、劳工招募、金融周转、地方捐税、地方治安、灾荒、劳工生活、天气影响、人事、地势、用水、地价、疾病及治疗、出水及防气等环境，在抗战时期，更需要特别注意国防及空袭问题，在迁厂时期，复工的时间问题，又高于其他一切。考虑诸多因素，最后在距离市区不远的黄茶岭湘江畔选定了华成厂搬到衡阳后的厂址。厂址确定后，买了将近一百亩土地，立即帮助组织人马，动

《新民晚报》介绍华成电器制造厂的创新

工兴建华成电器制造厂衡阳新厂。那时因为衡阳原本没有什么工业,各方面都很支持,劳动力当然也没有什么问题,解决了当地一批人员的就业问题,地方也表示支持。新厂很快建成,一间又一间的车间、锅炉房、职工宿舍、高管人员的住地、还有食堂、卫生院等等建设,一切都在有条不乱而又高速的情况下顺利完工了。新厂在建设中,周锦水把一切交给了父亲,就返回上海做老厂的拆迁工作。

上海老厂的拆迁,也很麻烦。

第一步:拆迁时,动迁、选择、拆卸、装箱、报关、运输、保险、设站、检验、接收、余下工人的安置、对付在变化中的环境,等等事项,周锦水马不停蹄地操劳一切。

动迁会上周锦水亲自动员,就说了一句"日本人要打来了,我们不能把厂子给他,准备迁到衡阳"。大家一听心里就明白了,目光发亮,热血沸腾,万众一心喊出一个字:"搬!"全厂动员,昼夜收拾。把笨重的机件拆零,把小的部件装箱,十几天工夫,就把偌大的一个华成厂拆了。周锦水心里深为感动,伸出个大拇指称赞大家。

其他涉及"官方"的事情,都由周锦水亲自打理。最伤脑筋的是运输问题。卡车、火轮、划子、挑工,是西迁主要运输的工具。但当时汽车大多被政府"征用",

剩下不多，只拉得一小部分；火车车皮不容易弄，利用关系搞到一点车皮，再拉一部分；剩下的就用木船运输，每艘相距半里许、互相照应，循苏州河，用人力划出，抵苏州河后再雇佣小火轮拖原船至长江，再换装江轮直驶洞庭湖转湘江，几经周折，终于到了衡阳。

第二步：迁到衡阳后，将运来的一百台左右的工作母机和工具分车间安装，接着安装电力、分配相关机件、材料原材料的添补供给、工作分配、经济筹划、技术员工的增添及训练、工作母机的补充、应付军事逆转时的危机，等等事项，除周锦水忙碌外，父亲亦成为他的有力助手。

第三步：在新厂未开工之前及其后，应制造何种产品？除却军需品之外，民间日用品如何顾到？新厂本身的管理问题，如何能在混乱的时代中使其合理化？交通的困难是无法避免的，应如何补救？勿失却其中的每一环链。

三个步骤中最重要的是要顾到安全、方便、有利三个原则。要做到安全，事前必须有一周详的计划。所谓方便，就是不要向政府找更多的"麻烦"，虽然按政府规定有些"西迁补助"，大概有旧法币几万元，但那只是"杯水车薪"，主要还是要靠自己去努力奋斗。所有这些方面，父亲都帮了周锦水的"大忙"（周锦水语）。

就这样，华成电器制造厂老厂的拆迁，新厂的兴建，都顺利完成。衡阳厂的生产，也很快走上正轨。但战事发展太快，没有隔两年，华成厂又再次迁往重庆，因为"日本鬼子打来了"，衡阳沦陷了。

我们家也在紧挨着华成厂旁，建造了一栋属于自己的房屋，也用楠竹片围了一个圈作为篱笆。房屋是用杉木作柱子，用竹片编织成片、糊上泥巴、再刷上一层石灰，就是房子的墙，屋顶是用稻草盖的，每年都要翻修加上新一年的稻草。在竹篱笆里头的空地上，种了一些蔬菜。日子过得还可以。后来，在逃难的过程中，也与华成厂是"不离不弃"。这栋房子后来是怎么不存在了，我想不起来。

新中国成立后，华成厂迁回了上海，在衡阳华成厂旧址里，开始是建德中学，后来是解放军的第七粮末厂，再后又为变为新兴面粉厂。我们2011年回衡阳时，再也找不到原来华成厂的踪影了，都是市里面建的一些高楼大厦，我们只有在华成厂旧址前留了个影，作为纪念。

在华成厂旧址前留影

衡阳保卫战

抗日战争的正面战场，作战的国民党正规军与日军主力直接交锋。当时的湖南，即为正面战场的第九战区（部分属第六战区）。1939年至1945年在湖湘大地发生的6次惨烈会战（3次长沙会战，常德会战、衡阳会战、湘西会战），均属正面战场战役，占了全国正面战场22次大型会战的1/4。

1947年7月，衡阳被国民党中央定为抗战纪念城，行政院救济总署霍总署长亲临衡阳，拨款2亿元，为兴建补助费。8月10日，衡阳市各界在岳屏山顶举行"衡阳抗战纪念城"的命名奠基典礼，纪念碑高17米，上刻蒋介石所题"衡阳抗战纪念城"七个大字。

2011年3月，我回故乡衡阳寻根问祖，走到岳屏公园——这是衡阳市的最高点，寻找当年的旧迹，想在这最高点上找再高点——纪念碑，20世纪50年代纪念碑上刻的是林彪书写的"衡阳解放纪念塔"七个大字，可60年前林彪书写的碑文现在居然变成蒋中正书写的"抗日战争纪念城"七个大字，我感到吃惊，心想谁在那时敢把林彪书写的纪念碑文换成蒋介石的？（那时林彪事件还没爆发）回到北京，寻找资料，才知道在1982年衡阳人大通过法定程序恢复了"衡阳抗战纪念城"原名，在2007年对现存民国纪念建筑进行修缮时，复原了蒋介石题署的碑文。我深深感到共产党人的伟大，尊重事实，尊重历史。抗日战争是衡阳历史上永远不可磨灭的光辉一页。衡阳保卫战，不仅是"国军"第十军军长方先觉率领全体将士英勇抗击日军的艰苦卓绝的斗争史，更是衡阳人民用鲜血和生命谱写的一曲极其悲壮、惨烈的英雄赞歌。

追溯到1944年，那时整个世界的目光投向了衡阳，并为这个英雄而悲怆的城市战栗。在1944年，衡阳首当其冲成为日军"1号作战计划"中打通东南亚大陆交通线的攻击目标。6月下旬，这里发生了一场震惊中外的城塞争夺战，史称"衡阳保卫战"。国民革命军第十军守城的爱国将士和衡阳人民，同仇敌忾，共赴国难，与10倍于我之敌血战长达47天，声崩雷电，气吞山河，惊天地而泣鬼神。毛泽东挥笔写下了"守衡阳的战士们是英勇的"，蒋介石则书之为"全世界稀有之奇迹"。此役被誉为"论功侔于苏联史丹林（斯大林）格勒保卫战"。这场屠城之战，衡阳近5万幢房屋只剩下5幢完整的，是中国境内唯一被日军炮火全部炸毁的城市，与德国汉堡同为二战中破坏程度最大的都市。

关于"衡阳保卫战"，勾起了我许多儿时的记忆，是那么遥远，又是那么清晰。那时我才6岁多，不到7岁，但"衡阳保卫战"却印刻在我心窝中，永远不会忘记。

2011年我回衡阳期间，朋友送给了我一本《血泪忆衡阳》的书，作者是参加衡阳保卫战的蒋鸿熙，他是国军第十军预十师三十团三营的副营长，书中写到了衡阳保卫战的全过程，还写到了我儿时居住地方抗战的情景，使我激动不已。

逃难至重庆

驻防在衡阳的国军第十军被打垮了，驻扎在黄茶预十师溃散了，驻守在华成厂国军的营、连指挥部也不见了，对面东洲往日的中学今日成了日军关押国军的监牢，往日做祷告的天主教堂也成了战争的地狱。"衡阳保卫战"失败了，日寇攻进了衡阳城。

1. 逃难途中

就在衡沦陷的前两天，我们家彻夜未眠。那是一个伸手不见五指的夜晚，我还睡梦在床，母亲一把抱起我就往外跑，我懵懂中大喊大哭，跌跌撞撞摸黑逃了出去，非常狼狈，但毕竟避过了日寇进城的劫难。全家离开茅棚，踏上了逃难的行程。母亲用被套做了个包袱，背在背上，用手牵着我。父亲用竹箩挑起沉沉的一担行李走在前面；大哥也挑着行里，二姐也背着个背包，全家紧跟在父亲的后面。看着父亲的背影，知道几天来他未睡过一个像样的觉，万种愁绪缠绕着他，头发大把大把地往下脱，让一个40岁不到的中年汉子一时间变成了秃顶。父亲目光呆滞，一脸无奈，铅铸的双腿姗姗而行。左邻右舍已十室九空，眼前一片死寂无声，在昏暗的晨星下，踏着长长的石板路，发出杂乱的回声。走过狭窄长长的街道，出了小镇便行进在沙石的路上。这是白沙州的河滩地，是一片空荡荡的草地，草地的尽头是片茂密的树丛，平时闪耀着一星半点的灯光，此刻是漆黑一团，这里只有一条人们用脚踏出来的小路。平时这里是一处听起来都让人毛骨悚然的地方，这里每一寸土地都流淌着被虐杀者的鲜血，又有谁能说得清楚，那许许多多冤魂不会郁结成厉鬼呢？此刻在昏暗的晨星下阴风阵阵，肃杀依然，但已顾不得许多了，只有硬着头皮，一声不响地低头赶路，只听得脚下嗖嗖的耕草声。走出沙地，才看见墨黑的树林掩映下几所零星的民居。但接着又穿越阴森的小径，才到达车江。此时天已亮了，逃难的人三三两两多了起来，形成一线，沿着一条河边小路，稀稀拉拉逶迤行进，似无尽头。天虽然已大亮，但灰蒙蒙的见不到太阳，周围环境也和这天色一样，混混沌沌的，路的两边是连绵不断光秃秃的丘陵，只有那枯黄的败草赤裸的山脊，没有红，没有绿，只有满目灰黄，给人一种苍凉茫然的感觉。人们满怀心事地默默前行，不时传来一两声小孩子的哭泣和老人、病残者的呻吟声；偶尔卷起一阵寒风，卷起尘土和枯枝败草，发出沙沙的响声，人们只好蜷缩着身子不时扭头避过风头的侵袭，然后又继续前行。这就是1944年8月衡阳沦陷后，行进在山间小路上，一行背井离家、流离失所的逃难人流，我们全家遂成为"难民流"中的一员。

日军发动豫湘桂战役，使上千万中国人流离失所，成为难民。世界上有哪个国家有过如此大规模的战略大转移？有哪些人们遭爱过这等苦难！这些都是国恨家仇，终究要向日本侵略者讨还！

我，一个不满7岁的稚童，跟随母亲，和逃难的衡阳乡亲们一道，趔趔趄趄，艰难步行，翻山越岭，冒着生命的危险，从被日本侵略者野蛮占领了的衡阳老家，一路辗转逃难。路上如果遇到更意外的不幸，那就一切都完了，全家会疯、会傻，也许会死，死，多么可怕的字眼！有时妈妈一生气，就会把我拉着她衣角的手狠狠地甩开，快步地向前走几步，离开了妈妈的衣角，我就大声地哭喊着："姆妈！姆妈！"跑上前去再次拉着妈妈的衣角。妈抹去眼角的泪水，紧紧抱着我哭着喊："崽啊！崽啊！"刚刚逃难的那几天，我的脚肿得像红薯，过了两天就流出浓水、血水，休息时妈用针挑开血泡，再用剪刀剪了棉被的一个角，把我红肿的脚包上，接着又上路了。2个月后，脚不肿了，包着的棉花也跑掉了，真是"炼出来了"。但我整个人却从"红薯"变成了"猴子"，连续几个月没有吃过一顿饱饭，整天担惊受怕，能不变成"猴子"吗？！

逃难者中不少是当年中等以上家庭，平时在家"安闲自在"，如今却被迫在逃难的路途上转徙。交通工具是谈不上的，重重的行李，通通自己背上。当然，一天不可能走多少路，大约就是二三十里，但只要谁喊一声"日本鬼子来了"，人们就会不约而同地飞走。但究竟走到什么地方？走到哪里去生活？通通没有把握，没有目标。而且在逃难的路上，经常遭到日机轰炸。每天抵达某一目的地后，仍可能受到日军的威胁。有时刚迁至一地，就遇日军的进攻，只能再次迁徙。来不及迁离的，便成为日军屠杀的对象。因此，我们这股"难民流"只有不断地连续迁移，甚至整个抗战期间一直在"流浪"之中。为了逃生，衣箱抛了，被褥丢了，箱笼被褥，木器家具，千车万担，满路尽是遗弃物，把宽阔的马路，弄得隘狭难走。头顶时有日机飞掠轰炸，后面有日军枪炮响，有家不能归，财产不随身，饥寒交迫。这股"难民流"，一波一波，绵延数十里，呼号啼哭，惨不可喻。

在这滚滚逃难的人流中，"衣"的简朴，"食"的匮乏，"住"的简陋，"行"的艰难，"活"的困苦，难民以坚强的意志默默地承受着战争的重负，谱写出一幕幕的气壮山河的时代剧，创造出一个个人间奇迹。"战争的伟力之最深厚的根源，存在于民众之中"……记录了大时代里的小人物——中华芸芸众生，颠沛流离的生活，悲欢离合的故事，可歌可泣的事迹，英勇不屈的抗争；他们是中华民族的脊梁，是不屈不挠民族精神的化身。抗日战争的历史证明，中华民族具有同自己的敌人血战到底的气概，有在自力更生基础上光复旧物的决心，有自立于世界民族之林的能力。一部逃亡史、血泪史、抗日史，就是一部中华民族精神文化的颂歌。

抗日战争期间的难民逃亡之艰辛，今人或许难以想象。美国记者西奥多·怀特曾描写过逃亡难民的凄惨："老百姓剥掉榆树皮，把它碾碎当食物吃。有的把新麦连根拔掉；在另一些村子里，人们把花生壳捣碎来吃。路上可以看到难民们把泥土（观音土）塞到嘴里，来填满他们的肚子。"据当时的中国记者范长江的记录，"许许多多战区被难同胞，妇女尤占比较多数，看衣服和面貌，逃难者多中等以上家庭，向日在家安闲自在，而今亦被迫在道途上转徙。交通工具是谈不到的，重重的行李，通通自己背上。妇幼儿童，红颜少女，徒步路上。"抗日战争对中华民族是一场血与火的洗礼。战争期间，日军铁蹄践踏之处，国土遭蹂躏，生灵被涂炭。沦陷区人民为逃避日军的烧杀淫掳，纷纷携妻带子、呼儿唤女被迫离开世代居住的家园，辗转迁徙，奔向大后方和安全区域，从而形成了巨大的难民潮。难民在逃亡过程中，长途跋涉，历尽艰辛，经常遇到难以想象的困难，是饮食和住宿问题。难民都为匆匆逃脱，随身只能携带很少的衣物和钱，沿途还会遭遇盗匪的滋扰，除偶尔获得慈善机构的救济外，经常忍饥挨饿，甚至沿街乞讨。为争夺一小份食物，难民中往往发生流血事件。有的难民长期没有食物，只能卖儿鬻女。由于食物紧缺造成普遍营养不良，难民中常常发生流行病。至于住宿，更是一种奢望。由于日机狂轰滥炸，沿途缺少栖身之所，只能暂避于破庙内或断垣下，忍受饥饿、寒冷与疾病，许多人因此丧失了生命。

有些地方，路边会有些茅草棚屋，这原是路边茶寮，供过路行人、客商、乡民歇脚、休息闲聊之用。平常供应些粗茶、茶点、乡土小食之类，经营者大多是附近乡民。可现在已人去寮空，烟消灶冷，但仍有一排排用长竹条绑扎成的长凳和茶桌，逃难的人流逐渐聚拢过来在此停歇，一时间茶寮挤满了人，有坐着的，有站着的，就是茶寮外面的草地上、路的周围都有人，或交头接耳，或闭目养神。父亲挑着箩担走在前面，走近茶寮也在路旁停了下来，就手把扁担撂在箩担上，横坐在扁担上。其实一路上都是走走停停，城里人若不是逃难，哪来的挑担负重，在这崎岖不平的山路上长途跋涉奔波呢！忽然从城里方向传来一阵阵密集的枪声、爆炸声，逃难的人一下静了下来，不约而同地突然站起，抬头向城里方向眺望，就是躺在担架里的病弱老人，也挣扎着坐了起来，竖起耳朵，睁大眼睛；随后茶寮一阵骚乱，有的年轻人径直跑到附近高处引颈远望。人们议论纷纷，但几乎同出一声叹息："怕是鬼子进城了！"父亲一动不动，呆呆地站在那里，朝着城里的方向看着。我们知道，当大家在议论终于逃离日寇的魔爪而庆幸的时候，只是得到瞬间的宽慰，内心更是在滴血。此刻我们没有什么言语，也没有什么办法能减轻父亲的痛苦。一个美满的家庭面临破碎，那种有家难回，有屋难归，丧失家园之痛；那种背井流离，不知道栖息何处之苦；那种亲人离散，骨肉分离牵肠挂肚之惨，像绳索一样缠绕着逃难的人，于是更加沉重，举步维艰。但是，茶寮毕竟是逃难的中途驿站，前路茫茫，于是只好重新挑起重担，牵儿带女，扶老携幼继续黯然前行。

日寇屠城那年，我还很小，许多事情并不记得。但逃难的一些情景，仍有一些模糊的印象，随后的关于日寇屠城的传闻，却有如此强大的冲击力，震撼着我幼小的心灵，使我刻骨铭心。"赶走日本鬼子"是发自内心的呼喊！

……在逃难中，累死、饿死、冻死、病死、吓死、炸死、烧死等等，不计其数，远远高于日寇制造的南京大屠杀的数量，这也是"二战"中日寇在中国犯下的滔天罪行。

2. 到达桂林

经过近一个月的逃难跋涉，大约在1944年9月，全家来到桂林。

提起桂林，人们首先想到的就是秀丽甲天下的旖旎风光，很少人知道在抗战后期，桂林也曾发生过一场悲壮惨烈的血战。

衡阳沦陷后，桂林城内人心惶惶，老百姓纷纷外逃，火车站、汽车站和码头到处都挤满了逃难的人们。在日军占领全州后，桂林防守司令部更是下达了紧急疏散命令，桂林市原计划留下市政府、警察局的必要人员在城内维持城内秩序，协助部队作战，每户留壮丁一人在家。我们也接到了紧急疏散的命令，于是全家又奔向逃难的路途。从湖南来的几十万难民在抵达桂林作短暂停留后，也都离开桂林去了贵州等地。

3. 到达金城江

经过几天的徒步行走，全家来到了广西金城江。给我留下的深刻印象是"火"与"血"。

一进入金城江，火，仍在不住地吐着毒焰，劈劈啪啪的声响，火的燃烧声，房子的倒塌声，沉重地打入人们的心坎深处。走着走着，马路上就能看到沿途倒下的尸体，有的是给机枪扫射的，有的是被房屋倒塌而压死的，有的是直接死于炸弹的，有的是被炸弹强烈震动而死的。街头、瓦砾下，都有不少的尸首，有的是蹲着的，有的是卧倒的，有的尸首是不完整的，不留心脚下往往会踏到断肢碎肉，那殷红的血渍，虽给泥尘瓦砾吸收了，还可很明显地看出来。一家人好不容易找了个没有完全烧塌的房子安顿下来，收拾片刻，爸爸就挑着妈妈做的红烧肉上街叫卖，大哥和姐姐仍然卖报、卖开水，穿梭于铁路间叫喊。姐姐胆大，死人堆里她也敢去，看到火车来了，就往前冲，顾不得脚下是踩到的尸体血肉，把一碗碗开水、一张张报纸给乘车前来的难民送上，一毛一毛钱往回收，为了全家的生计，她真是什么也不在乎！日子就这样艰难地过着。

金城江区位于河池市中部。1944年11月25日日寇占领了金城江，三十公里外的河池县城国民党军队逃离，其政府机关、学校及附近的群众向边远山区疏散了，我们全家也只好跟着撤离大军继续走上逃难历程，往贵阳方向进发。

4. 到达贵阳

1944年年底，日本鬼子逼近桂林，我们又逃难到了贵阳。寒冬腊月，饥寒交迫，举目无亲，白天捡街上人们丢弃的食品，拽起衣角抹抹就啃，晚上待店铺关门后，在门前的屋檐下缩成一团而息，就这样流浪了好几天。好在天无绝人之路，在这危难之际，贵州省民政当局响应宋庆龄、宋美龄、邓颖超等人发起的拯救战火下难民的倡议，在难民救济总署的资助下，我们一家住进了难民收容所，每天靠收容所的一碗稀饭充饥。

战时的贵州地处西南大后方，相对沦陷区来说比较安全，因为几乎在整个抗战期间都很少受到日军的军事威胁，因此成了沦陷区难民逃难的选择地，大批难民将贵州作为逃难到重庆、四川的中转站。应当说贵州以省赈济委员会为主要救济机构，调动社会救济力量共同救济，紧急救济政策与积极救济政策相配合，形成了救济主体多元化、救济方式多样化等特点，为解决难民基本生活问题与增强抗战力量做出了贡献。《贵州省救济战区难民临时办法》规定："难民由服务站发给食米：大口每日20两（16两为一斤的秤）、小口10两；菜金大口每日10元（法币）、小口5元。前项所指小口指未满6足岁以下者，大口系指已满6足岁以上者。"实际上是达不到这个标准的。记得我们全家大概是住在贵阳三民东路的难民收容所，虽然发放的物资没有达到标准，但我们全家就靠收容所的这些救济勉强活着。

贵州《非常时期难民救济计划》还规定："适合兵役年龄并志愿者得征服兵役，并代为照料其家属。"这年冬天，贵阳特别冷，为了得到一件军大衣御寒，父亲和大哥都报名当了国民党的兵，爸爸时年39岁，大哥时年仅14岁。全家还是挣扎在饥寒交迫之中，还是生活不下去，在万般无奈的情况下，妈准备把姐姐卖了，给别人当童养媳，姐姐跪在妈妈脚前，乞求妈妈不要卖她，全家口头哭着抱成一团，都不肯骨肉分离，最后还是没有把姐姐卖了。

那天白天，传闻日本飞机要轰炸马尾（实际上是要轰炸麻尾），距离贵阳仅十几公里，全家立即收拾家当赶路。但往哪儿跑？怎么跑？都不知道。正在这时，爸爸在街上碰到了华成厂的老板周锦水，相互寒暄几句后，爸爸向周锦水讲了我家目前穷困的状况，周锦水就问："你们打算怎么办？"爸爸说："我们也不知道怎么办。"周锦水说："那就跟我到重庆吧。赶快收拾一下，搭我的车，一起走。"爸立即赶回难民收容所，告诉妈妈，全家把收拾好的行装挑起即赶到周锦水的所在地，搭上他的车奔赴重庆。那时，汽车不烧汽油，周锦水说："洋油贵烧不起，只有烧木炭。"驾驶室顶棚放着一筐筐木炭，驾驶室旁边耸立一个燃烧罐，汽车靠蒸汽发动机行驶，司机的助手不在驾驶室内，而是拿着摇柄和三角木在外面跟着走，遇到汽车熄火了助手马上用摇柄发动。贵州山多坡多，为了减轻汽车的负担，遇到上坡时，爸爸和大哥都跳下车一起推车，司机的助手则跟在后面，汽车每前进一步，他赶忙用三角木塞住后轮，避免后退，上完坡大家才爬上车。从贵阳到重庆中途有"七十二弯"，真是天险，汽车开一步停一步，"阎罗王随时都在喊"，只有听天由命。周锦水把我抱在怀里，听到吊在汽车后面的网篮里的瓷器餐具叮当响，他连连说："可惜、可惜，重庆这些瓷器很贵呀！"从贵阳到重庆，现在应当说是近在咫尺，可那时走了三天，直到第三天太阳落山了，汽车才好不容易来到重庆郊区歌乐山，周锦水指着一排排平房说："那就是你们的新家，到家了，不走了！"通过朋友的关系，爸爸在善后救济总署中央医疗大队找了一个做"文书"的差事，抄抄写写，这样就有了比较固定的收入，一家也就此安顿下来。但也带来了灾难，根据国民党中央的"指示"：所在"中央部门"工作的员工都必须加入国民党，"入党才能报国"，否则予以开除。为了一家生计，父亲在1946年集体加入了国民党，成为国民党的一员，领取了国民党的党证，没有参加任何活动，但这也给以后带来很大麻烦。

5. 在重庆

在重庆，我们居住在歌乐山，离城区大约二十公里。记得清楚的是家离林森公园不远，公园内有林森墓。林森墓气势宏伟壮丽。陵墓被掩隐在一片森林内，依然矗立在绿树繁花之中，幽邃清美，环境舒适宜人。陵墓呈圆形，平顶，前有祭台，周以墙垣。墙外皆树木，隐隐然秀岭佳城。墓直径15米，面积约300平方米。墓碑上刻"国民政府故主席林森之墓"，并书"民国三十三年七月二十一日"等字。墓后原有墓志铭，由国民党元老吴敬恒篆额，居正书丹，叶楚伦撰文。重修后的陵墓未刻墓志铭。墓前有宽大的石级计42级，分三重，宽约20余米。

林森（1868年3月16日至1943年8月1日），原名林天波，字子超，号长仁，自号青芝老人，别署百洞山人、虎洞老樵、啸余庐主人。福建林森县（今闽侯县）人，近代著名政治家。林森幼居福州，入英华学堂，因反清被开除，后参加反割让台湾斗争，并加入兴中会；中国同盟会成立时率会加盟。辛亥革命中，领导九江起义，并促海军反正，派兵援鄂、皖，稳定革命大局，被举为民国开国参议院议长。1914年在东京加入中华革命党。此后又担任过大元帅府外交部部长，参议院院长兼宪法会议议长等职。

1928年2月，林森被选为国民政府委员，10月当选为"立法院"副院长，接着又选为中国国民党中央监察委员。1931年12月23日，接替因九一八事变而下野的蒋介石任国民政府主席。1937年抗日战争爆发后，林森于11月20日宣布迁都重庆，并率员于11月底抵达重庆。1941年12月9日，林森代表国民政府对日宣战。

1943年5月12日，林森在重庆官邸林园坐车进城，途中与一辆美国卡车相撞，林森受伤，被送进医院后始终昏迷不醒，1943年8月1日，在医院里去世，走完了他的人生旅途。死后葬于重庆歌乐山双河桥的陵园内，这个公园后改称林森公园。

林森

林森墓

林森公园

重庆在抗日战争期间历史上的重大事件之一，是日寇的大轰炸。那是我们到达重庆以前，但有关防空警报的规矩，还是当年那一些，我家在重庆还躲过几次警报。

6. 胜利了

1945年9月3日，日本宣布投降。1946年5月1日，重庆国民政府发布"还都令"，宣布定于5月5日"凯旋南京"，国民政府主席蒋介石及夫人宋美龄，于4月30日下午乘美玲号专机飞离盘桓了八年的陪都，经西安、汉口重返南京，成为国内各大媒体争相报道的盛事。

抗战胜利，举国欢腾，陪都民众，自不例外。但最初的狂喜过后，越来越沉重的生活负担，让大家回到现实，愁眉不展。和平的到来，也意味着8年间重庆因天时地利独享的"战时繁荣",将成往事。

1945年日本投降,伪政府各机关都要"还都",善后救济总署中央卫生所决定搬到山西。我家因人口多,去山西远离家乡太远,爸爸决定辞职回故乡——湖南。1946年冬,全家乘船从重庆沿长江而下,到达湖南长沙。后来找到了丁鹏翥,爸就在丁氏鸭绒被厂工作,我们也在长沙安家住下。大概也只住了一年多的光景,1948年因大哥在长沙考取了湖南有色金属工业学校,爸爸则同大哥一起留在长沙,妈和我以及姐妹五人,回到了衡阳。

我和姐姐1949年上半年考进了建德中学。这个中学的董事长,是原籍衡阳的四川军阀杨森的侄儿杨干才。抗日期间国民政府对全国战区作了重新划分,四川将领杨森担任第九战区副司令长官,兼国民革命军第二十七集团军总司令,驻兵湖南。因为杨森祖籍是衡阳,遂派人来衡阳联宗。为了扩大在衡阳的影响,培养己用人才,决定创办一所中学。1941年杨森出资购置水田一百亩,以其产出作为办学基金,令其族侄杨锦云筹办"湖南私立建德中学",并令本集团军第二十军军长杨翰才协助,完成具体办学事宜。1944年日寇入侵衡阳,建德中学不得已停办。抗战胜利后恢复,迁入衡阳市黄茶岭珠江桥,租用了华成厂的厂房办学,我们也住在华成厂内,同时租我家房子的国民党军官亦属杨森部下,大概是因为这些缘故,我和姐姐就在建德中学读书。后来建德中学搬到衡阳汽车西站附近(现改为衡阳市第六中学),我们就不在建德中学而转学至湘南中学了。

我们回到衡阳后,妈妈以爸爸的名义看护华成厂厂房及其他财产。同时华成厂还有一名经理——夏正源,单身一人,也担负看厂之责。但他自恃是上海人,是"老华成",经常对我家进行刁难,常常使唤我干这事那事,比如要我给他挑水,虽然是两只不太大的木桶,但要挑着上楼,很费力气,挑得两腿直哆嗦,因为妈妈的"监督",我也只能忍气吞声给他干。在华成厂旁边的茅草房出租给了国民党的一个军官后,有时我和爸还去那园里挖些自家种的番薯、择些小菜,家境比较穷困,记得每次交4块光洋的学费,爸爸还用"雷椿子"(手握拳头)在我脑壳上敲打说:"死崽,你得给我好好读书。"我穿的都是打着补丁的衣服,吃的粗茶淡饭,全家挣扎在苦难的生活中。

抗战14年,是我童年的时光,苦难的14年,是在日本侵略者发动的战火中度过的。儿时的梦想就是打败日本鬼子,这个梦想,终于在1945年实现了!

二、少年的梦——加入新民主主义青年团

成章中学

1949年10月衡阳解放,我和姐姐从建德中学转至湘南中学。后来姐姐参军到了部队,1950年我转入成章中学。

成章中学创建于1907年(新中国成立后50年代改为八中,是全国100所重点中学之一),在全市教学质量中属上乘。成章中学位置与湘南中学遥相对应,中间只隔

了一些水田,所以,我也没有更多的"换了学堂"的感觉。成章中学当时是新建的校园,位于衡阳市城南,离我家并不太远,就在黄茶岭丁家牌楼左边的黄泥山坡上。学校四周不邻人家,安静而又风光亮丽。学校的西边是野鹅托湖,湖西有小山。学校建筑匠心独具,错落有致,浑然一体,处处显现出精巧、精致、精美的园林特点和人性关怀。记得当时的校长是黄家声,毕业于北京大学,有多年办学经验;教导主任叫罗芳桦,毕业于武汉大学,是当时衡阳三位著名数学教师之一;其他老师中也不少毕业于北大、清华。所以,我在这里受到的教育是很好的。

当时由于刚解放,课程增加了不少新的内容,如"新民主主义革命史""中国历史读本",还有"社会发展史"等等。国文课也补充了大量新的参考读物,如《太阳照在桑干河上》《暴风骤雨》以及《钢铁是怎样炼成的》《日日夜夜》等;成章中学还有一个很好的图书室,藏有不少古今中外文学作品:包括鲁迅、茅盾、巴金、叶圣陶、冰心等的现代作品,以及古代的长篇小说,还有不少外国小说如《鲁滨孙漂流记》《福尔摩斯探案集》、歌德、托尔斯泰的作品等,它们深深地吸引了我,对培养我的文学兴趣有很大帮助。

1950年冬,伟大的抗美援朝运动轰轰烈烈地开始了,全校师生很快动员起来,各种活动开展得有声有色,十分激动人心。历史教师讲近百年中美关系史,国文老师介绍邹韬奋的《萍踪寄语》,讲中国人在美国曾怎样受歧视,被贱称为"柴拿蛮"(Chinaman)。这些活动和老师们的讲演,都深深地激励了我。当时真是满腔热忱,一方面积极要求参加新民主主义青年团,不久就被批准为"预备团员";另一方面报名参加"军事干部学校",要求去朝鲜参战,但体检时,因年龄太小,个儿不高,体检不合格,没有检上。最后,只有继续念书,在成章中学直到毕业。

现在的成章实验中学

历史的误会

1950年12月至1951年10月，在全国范围内进行了清查和镇压反革命分子的政治运动，这是新中国成立初期同抗美援朝、土地改革并称的"三大运动"之一。历时一年多的镇压反革命运动，范围涉及全国所有地区，也波及我的家庭，就是对父亲历史的审查。但最后查清，是一场历史的误会。

为了巩固新生的人民政权，稳定社会生活秩序，1950年3月，中共中央发出了《关于镇压反革命活动的指示》，公安部据此在许多城市开展了敌特党团分子的登记工作，根据政府的规定，父亲到衡阳市衡南公安分局登记了自己是国民党员，并交出了国民党的党证。

1951年公安部门从敌伪档案中，查到父亲是国民党衡阳市第七区的区分部委员，按政策规定属于"反动党团骨干"，是"历史反革命"，于是当地农会对他宣布"进行管制"。那时我不懂"管制"是什么意思，只看到父亲每周要向农民协会写"思想汇报"，外出要请假、报告（包括进城），好像现在的"双规"一样，不能"自由行动"。那时，我在衡阳家中算是"老大"，大哥在东北上学，二姐参军南下，我十二三岁，半懂不懂，爸爸接受农会的管制、挨批斗，是我亲眼所见。但村里在学校放假时，还组织我和一些同学参加"秧歌队"，去各村宣传演出，一心要求进步的我当然非常高兴。回到家，看到父亲挨批斗，不知道是什么缘由，大人没对我说，也没有什么组织告诉过我。在成章中学时我填的"家庭成分"是"小土地出租"。

在还被"管制期间"，又发生了一件事情。1951年上半年，妈妈要生老六，我顶替父亲"坐了三天班房"。1951年夏，我考进了衡阳高商，因为替父亲"坐牢"一事，我的团组织关系也没有从成章中学转至高商。为了要求"进步"，和"反动家庭划清界限"，在高商，我自己把家庭成分从"小土地出租"改写为"地主"。那时，以为把自己家庭成分填得越"高"，证明自己和家庭的界线划得越清。恰好那时家乡进行土改，填个"地主"是再"高"也"高"不到哪儿去了，以这样的"实际行动"表示我和家里划清了界线，再次要求参加新民主主义青年团，就这样，在我的历史上两次参加新民主主义青年团。

后来，在土改中，又因为"管公堂"的事情，涉及是否是划"地主成分"，又拖了很久。直到1953年，终于查清：1948年父亲本人在长沙，不在衡阳，衡阳第七区分部委员一事，是别人写上他的名字，本人根本不知道，更没有参加国民党的任何活动，因此，不能戴上"历史反革命分子"的帽子，不能算"反动党团骨干"。至于"管公堂"确有其事，父亲替"慎公五房"管过"公堂"，也曾带领丁永夫（20世纪50年代任农会主席，后任衡阳市二商局长）去"收过租"，但收的租都交给了湘南中学、后来是成章中学，根据事前的约定，凡丁家慎公五房的子弟来该校读书，都不收学费，好比武训办学那样，是做了件好事。父亲代表"公堂"管理的那些田地不是父亲的，真正的地主是"公家"，丁润生自己家只有两亩五分地，因此也够不上划"地主"。由于这两件事情最后都查清楚了，农会于1954年宣布撤销对父亲的"管制"，父亲于1955年迁到上海华成电器制造厂，1956年加入工会，本人成分是"工人"。一场历史的误会就此结束,但我却因自己填写家庭成分为"地主"而遭受了半辈子的"苦难"。

衡阳高级商业学校

1951年夏,我考入了衡阳高级商业学校(简称高商),在会统九班就读。当时为什么上高商?因为家里穷,上高商不用交学费,连伙食费都是国家包。国家在第一个五年计划期间,急需大批会计、经济管理人才。高商当时还办有各种培训班,如"银干班""合作班"等,这些都是为国家培养急需的经济管理人才的。后来这些同

庆祝衡阳解放

庆祝衡阳解放

上图一排左一、下图二排右三为费金魁

费金魁 1950 年就读于衡阳广德中学时的照片

20 世纪 50 年代的衡阳电厂（曾经的广德中学就在电厂旁）

学在填写"学历"时,都写"大专",财政部会计司原副司长余秉坚与我在高商是先后同学,他在会计司填写高商的学历是"大专",我也在"学历"一栏就填写为"大专"。衡阳高商在20世纪50年代院校调整时,于1955年并入江西财院,搬至南昌,1973年改为江西财贸干部学院,1978年又恢复为江西财经学院,在80年代成为财政部直属高校,1996年改名为江西财经大学。

高商这所学校在衡阳江东岸,是一个风景秀丽的地方。退休后我曾去衡阳寻觅高商旧址,因变化太大而寻觅不着,高商那个地方似乎都不存在了。向别人打听,也因时隔五六十年,没有谁能说得清楚它的过去和现在,回来查有关资料也查不到,只能凭回忆,想想那曾经让我终生走入会计行业的母校。

学校似乎是由一座庙宇改建而成。大门就像庙门,进大门后就是高大的厅堂,学校把它作为礼堂和开大会的场地,一些隆重的会议就在这里举行。记得我们的开学和毕业典礼都是在这里举行的。1953年3月5日斯大林去世时,我们也是在那个大厅开的追悼会。那时周三、周六还在这里举行舞会,和驻地空军部队搞联欢。大厅再往前,上几级台阶,就是一排学校办公的平房。政治处、教务处、学生处、总务处等等,都设在这平房里。左右两旁就是教室和寝室。在教室和寝室每排房子间隔的中间,都有一块类似天井的空地,这些空地中央种的都是无花果,四周种了一些夹竹桃。春天夹竹桃开出鲜艳的红花,秋天无花果结出饱满的果实。大厅左边的教室有四排,按专业、班次排列,每个教室能坐四十人左右。大厅右边的平房是学生宿舍,一间宿舍住着八九十人。记得那时因为家里穷,睡觉都是打赤脚,经常不洗脚把草席往上一卷就上床睡下了。睡的是双人架子床,床缝里生着一些臭虫,学校每周(可能是每月)会组织杀臭虫,方法是用开水浇,或由刘校医发一些六六六粉,学员就把六六六粉塞到床的缝隙里,但我们睡觉后并不感到臭虫的"骚扰",因为年轻,或是

2011年重回衡阳

一天下来累了，倒在床上就睡着了。学校大门外是一片操场，有好几个篮球场、排球场，还有跳高、跳远的沙坑，跑步的跑道，上体育课就在这些操场中。记得我还是班里的篮球队员。操场再远一些，就靠近湘江河边了。大概是快毕业那年，靠河边建了一座高压输电的电塔，很高很高。电塔架上，焊了一节一节供攀登的铁梯，我们下午下课后，时常爬上去，在很高很高的上面眺瞰全校的景色。从高处看，学校真像一座庙，呈长方形；学校的左边，是解放军的空军部队；学校的后面，是一片桃树林；再后面是京广铁路，远处有一座铁桥，只要听到轰隆轰隆响，就是火车过桥快要来了。

学校的食堂在靠寝室的前面。每天菜肴大多是南瓜、冬瓜、空心菜等蔬菜，周六加餐有一大碗红烧肉，大锅饭随便吃。食堂里面的最前端有一个舞台，供演出用。那时我的歌唱得不错，经常会登台表演一下。有时要参加市里的会演，就在舞台上排练。记得音乐老师叫胡声高，他酷爱唱歌，声音不错，教学也不错，我的五线谱知识就在那时学的。我们每次到市里会演，他都会亲自组织并指挥。记得他还兼任了几个学期的体育老师。

会统九班全体合影

高商会九班团小组

高商会九班球队代表队

学校有一个当时我觉得很大很大的图书馆，收藏有很多很多的书籍。因为在家受大哥多年的熏陶，我从小就喜爱看文艺小说。学校的图书馆每次可借两本书，那时，通过从图书馆里借书，我阅读了欧洲文艺复兴时期的各种著作，有莎士比亚的《罗密欧与朱丽叶》、司汤达的《红与黑》以及巴尔扎克的《人间喜剧》全套、罗曼·罗兰的《约翰·克利斯朵夫》等，还有苏联大、小托尔斯泰的长篇小说《静静的顿河》《战争与和平》以及普希金的诗集、契诃夫的短篇小说集等等。3年中，从图书编号0001到一千多号，我几乎阅读了所有的外国文艺书籍。后来，我把每周回家的零用钱省下来，也是用来买书。记得1953年我用爸妈给我的零花钱40 000元（旧币，一万元等于现在的一元钱）买了《钢铁是怎样炼成的》，这本书一直陪伴我到现在，对我的人生观起了很大的影响。我学的第一张铅笔画就是画的奥斯特洛夫斯基。我很崇敬奥斯特洛夫斯基，有两句话是我这一辈子的座右铭："不因虚度年华而悔恨，不因碌碌无为而羞愧。"在临终时，我能够说，我把我毕生的全部精力，贡献给了平凡而又伟大的事业——会计事业。不虚度年华，不碌碌无为，人的一辈子就应该这样度过。那时，我也很欣赏的希腊格言："不要把理想的灯儿遥挂在天上，要用行动的砖，去砌盖那希望的城墙！"后来，这格言就成为我做事的准则。因为那时"学习苏联""一边倒"，也经常借一些苏联的现代小说，如《桌娅和舒拉的故事》《远离莫斯科的地方》《日日夜夜》等。后来，还借阅一些哲学和哲学史、文学史等书籍。我现在的一些文学根底、哲学根底、历史根底等等，大都是在那时奠定的。虽然3年主课是会计专业，但我并没有耗去更多的精力，反而是沉浸在文艺小说和文学知识方面。

那时，我觉得会计没有什么可学的，什么《簿记学》《工业会计学》，甚至包括苏联的《凭单日记账》等，我觉得都很"浅显"，"一看就懂"，没有什么可"学"。

1953年我用父母给的零用钱买的跟随了我一辈子的书

所以上会计课时,我常常在课桌的抽屉里放一本小说,偷着看。一次上范氏大代数,老师高度近视,但他的感觉很灵敏,不知道他是看没看见我在下面偷看小说,就在讲台上批评我:"丁平准同学,你又在看小说,你这是损人利己的行为。"数学老师不善于用词,其实我这种行为是既不损人更不利己,但我还是赶忙把课桌的抽屉关上,装着听讲,心里还在想着小说中的情节。可每次考试,每门学科我都能得高分,因为我会"猜"老师出的考题,而且大多数考试题我都"押"得很准,因此考试成绩在班上还是靠前三名的。我最喜欢的是政治经济学,给我们上政治经济学课的老师曾是暨南大学的教授,我很喜欢听他讲课,他还是个古董爱好者,家里收藏了不少古董,他的性格与古董相似,令人摸不透。他很喜欢我,常邀请我到他家"坐坐",上课时也常对我提问。语文老师陈述徵讲的课也不错,年近三十,尚未结婚。他常会讲一些写作知识,非常引人入胜。他对《红楼梦》颇有研究,写了一篇与当时的"红学家"俞平伯商榷的文章,已经定稿要在《文艺报》上发表。可惜后来他被打成右派,还戴上极右分子的帽子,被送去劳改,一个优秀的智商很高的人才被折腾得不像样子。校长叫鲁观由,留日的,不仅是会计专家,更是教育学家,曾任省政协委员,后也被打成右派。他上课时除带一支粉笔外什么都不带,一支粉笔能写出大小粗细不一样的字体,到下课时他手中的粉笔也刚好用完,真是"绝活"。后来,调来一位副校长叫乔迁,他是我们学校第一位共产党员。那时共产党员是非常神秘的人物,学生们视之为"神圣"。后来听说他调到北京国家统计局,任家禽家畜统计处处长。我当时搞不明白,农村有多少人家养了多少只鸡鸭,那能统计到吗?教我们工业会计的是后来调到江西财大的成圣树老师,他温文尔雅,讲课慢条斯理,很有学者风度。每周六成师母就会到学校来,成老师也会在校门口接她。毕业那学期,他给我们讲苏联的凭单日记账,参加工作后还真的用上了它。我们毕业后,学校在中南地区高等院校进行院系调整时,并入了江西财经学院,后来又挂上了"中南财经干部学院"的牌子。

原高商的老师，就只有成老师没有被打成右派，其他人都成了"右派分子"，可见成老师为人之谨慎。后来，他在江西财院，多次要求参加中国共产党，但因"海外关系太复杂"，没能批准。凡属出国，成老师一概拒绝，说："我有海外关系，不宜出国。"成老师在一气之下参加了农工民主党，并被选为农工民主党的中央委员，这时党中央指示，要在民主党派高级人员中发展共产党员。江西省委指示江西财院党委：说"你们不发展成圣树入党，我们就直接发展他入党"。江西财院在接到省委指示后，才吸收成老师为中国共产党。人们说成老师"曲线入党"，是对江西财院党委在执行知识分子政策上的极大批评。

除了做那些枯燥无味的分录以外，最使我投入的是语文，特别是作文，一篇文章，我往往会超过老师的要求，写上厚厚的几十页。

高商的这些年，是我人生的转折点，是我走上会计行业的伊始。没有想过，我会伴随会计这一行业终生，大概这也是命运的安排。

青春萌动

1951年入学，那时我还只有14岁，是班上最小的一个，毕业时，也还只有16岁，但智商、情商却让我过早成熟。

1953年下半年，我谈恋爱了。16岁，能懂得爱情是什么？只有一种朦胧的感觉，好似幻觉。

我的爱人费金魁，和我是同学同班。她是学校团支部组织委员。大概是因为我学习成绩好，参加社会活动也还可以，被选定为青年团的发展对象，组织上指定由她培养我入团。每次都由她找我谈话，鼓励我进步，争取早日加入青年团。

那时年少，可青春却已萌动。记得那是1953年的下半年，一直到快要毕业的1954年上半年，只有两个学期的时间，也就一年左右的时光。她第一次找我谈话讲新民主主义，第二次找我谈话讲社会主义，第三次找我谈话讲共产主义，再往下第四次、第五次直至第N次，也不知道后来讲的是什么主义了！双方都陷入了感情的旋涡。踏着林中小路，开始是一前一后，她在前面引路，我在后面跟着。进入桃树林后，就并排走在一起。然后找一块草地坐下，"谈话"就开始了。

"谈话"有时是周三（小礼拜），有时是周末。"谈话"的地点是在校园后的桃树林中。吃过晚饭后，两人事先约好，从学校后门出去，就直奔桃树林。大家知道，20世纪50年代还是很"正统"的，谁也没有开口说"爱"字，但都感到谁也离不开谁，都希望下一次周三、周末早点到来。后来，在节假日，我们也会约会，大多在衡阳市区的岳屏公园。逢那天，我就会从黄茶岭直接到岳屏公园，她也从城里北门来到岳屏公园。那时在公园里只觉得时间走得太快了，怎么太阳一会儿就落山了，放开拉着的手，依依惜别，约定下次见面的时间、地点就各自回家了，没有像现在年轻人有那么多的卿卿我我。

她家是开烟酒铺的，那时还没有公私合营，她是家里的"大小姐"，似乎很"高贵"。班上还有好几个资本家的"小姐"，但都没有她的"气质"。和她接触，总让我想起《钢铁是怎样炼油成的》中的冬尼娅，一方面楚楚动人，美丽大方，大家闺秀，

青年时期的费金魁

年轻时的我和费金魁

在衡阳岳屏公园

1957 年我们夫妇

另一方面又像小家碧玉，朴素典雅。看着高贵，但又充满青春的活力，非常感染人。脸上洋溢着兴奋的光芒，就像山坡上绽开的山丹丹花一样，透出丝丝红晕，有时会显现出桃花般娇美。乌黑深邃的眼眸，泛着迷人的色泽。她的眼睛里，闪烁着被理想、信心和勇气燃烧着的十八岁青年姑娘特有的异样的光芒。我崇敬这位"组织委员"，也被她深深吸引。

每次会面，都有怦然心动的感觉。回到宿舍，在床上辗转反侧，寤寐思服。

自从有了那些"神秘"的"感觉"后，周日下午我从黄茶岭家里出来，原来在太子码头过渡，后来就改在潇湘码头过渡，因为潇湘码头离她家比较近。

那时学校给每个学生发热水票，我会把省下的热水票给她。

上课时她看不清老师在黑板上写的，下课后我就把我的听课笔记给她。

考试前，我会帮助她"猜"老师会出哪些考题。

冬天，她用毛线给我织了一副手套。

……

青春是那么短暂，当你不知道的时候她来了，当你知道她的时候，青春又瞬间即逝。

1954 年毕业时，班主任找我谈话，问是不是恋爱关系？要不要照顾？我不好意思地回答说："我们不是恋爱关系，不要照顾。"因而没有分配在一起。当时正是第一个五年计划期间，全国开展大规模的经济建设，特别是重工业建设，钨矿是当时苏联援助的 141 项重点工程之一，组织上决定选拔十名品学兼优的学员支援重工业建设，去江西钨矿，我是其中之一。她被分配到衡阳市人民政府计划委员会。临别那天，其他人都没有来，但她到火车站来给我送行。两人心里依依不舍，但表面上仍然装得若无其事，也没有单独在一起。直到火车开动了，她挥动着双手，火车缓缓向前，离车站越来越远，心里真好像丢了什么，觉得空荡荡的。

谈了 2 年的"异地恋"，1957 年 1 月 27 日，我们在衡阳市政府举行了婚礼。那时婚礼非常简单，举行了一个茶话会，摆了一些糖果，一张签名的红绸布，来宾在那上面签名。我唱了一首歌，是苏联歌曲"深深的海洋"。她的父母没有参加，弟弟来了。新房是她向单位借的，布置得很简朴。那天晚上下着大雪，市政府大院里显得分外安静。

从那时到今年，我们相聚 62 载。从少年到老年，整整 62 年，同甘共苦进入了"钻石婚"，实属不易，值得纪念。

与石鼓书院和青草桥的缘分

说来也是一种缘分，石鼓书院和我妈妈、我爷爷都有不解之缘。妈妈曾在这里上职业中学，留下了她少女时期的回忆；爷爷曾在这里教私塾，没有想到这是他在人世间的最后落脚地，竟然在这里亡故。所以，我寻根溯源到了石鼓书院，真是感慨万千。没想到这里也是费金魁的家。她父亲在草桥和石鼓街交叉路口开了一家烟酒铺，叫"春生烟酒店"，她父亲的名字就叫费春生。岳父是个没有上过学校的"文盲"，但自己能记账，当然是上收下付的中式流水账。店里还收了一个徒弟，实际上就是个打工的，跑腿卖苦力。她从小就在这里长大，街上的人都很喜欢她。

石鼓书院在衡阳城北石鼓山，海拔 69 米，面积约 4 000 平方米。蒸水出环其右，湘水抱其左，耒水横其前，三水汇合，浩浩荡荡直下洞庭。而石鼓正当其中，横截江流，秦然若素。岸上茂林修竹，草木成荫；江中湘清蒸浊，交界分明，风帆上下，渔歌互唱，登上瞰江，其情其景，令人爽心悦目，人称"湖南第一胜地"。据史料记载，唐初即辟有东岩、西溪，建有合江亭、寻真观，文人骚客时有登临。元和中，士人李宽在此创建书院，以为读书养性之地。宋至道三年（公元 997 年），郡人李士真重建书院以居学者。景佑二年，仁宗皇帝赵祯赐名石鼓书院，遂与睢阳、白鹿洞、岳麓并称天下四大书院。自后历元、明、清几百年，时有修葺，规模日宏，建有大门、讲堂、礼殿、先贤祠、武侯祠、留待轩、舍江亭、大观楼、净绿阁、藏书楼、斋舍、砥柱中流坊、风云亭等。在其中讲学者多为一代名流，如宋代的潘畴、宋若水、黄干，明代的王守仁、湛若水、蔡汝楠、邹守益等，书院实成阐扬理学之区。

石鼓之名一说，石鼓四面凭虚，其形如鼓，因而得名。北魏郦道元《水经注》所载："山势青圆，正类其鼓，山体纯石无土，故以状得名。"另一说，是因它三面环水，浪花击石，其声如鼓。晋时谀仲初《观石鼓诗》云："鸣石含潜响，雷骇震九天。"从《水经注》来看，秦代以前，石鼓之名就载于史册。

20 世纪 50 年代的石鼓书院

石鼓公园

唐顺宗永贞元年（公元805年）韩愈由广东至湖北，道经衡州，齐映在石鼓合江亭宴请韩愈。韩愈为此亭作诗《合江亭》"红亭枕湘江，蒸水会其左。瞰临眇空阔，绿净不可唾。维昔经营初，邦君实王佐。翦林迁神祠，买地费家货。梁栋宏可爱，结构丽匪过。伊人去轩腾，兹宇遂颓挫。老郎来何暮，高唱久乃和。树兰盈九畹，栽竹逾万个。长缨汲沧浪，幽蹊下坎坷。波涛夜俯听，云树朝对卧。初如遗宦情，终乃最郡课。人生诚无几，事往悲岂那。萧条绵岁时，契阔继庸懦。胜事复谁论，丑声日已播。中丞黜凶邪，天子悯穷饿。君侯至之初，闾里自相贺。淹滞乐闲旷，勤苦劝庸惰。为余扫尘阶，命乐醉众座。穷秋感平分，新月怜半破。愿书岩上石，勿使尘泥涴"。因诗中有"绿净不可唾"之句，后人建"绿净阁"以此为纪念韩愈。地以人传，于是石鼓之名大振。也由于该诗，石鼓成为后世骚客"朝圣"之地；在宋诗人赵汝燧《题合江亭》："石鼓山头一小亭，乾坤万里眼双明。虽因刺史（指齐映）能寻胜，不遇昌黎（韩愈）岂得名。衡岳云开天洗碧，蒸江湘合水多情。书岩莫辨当时事，空积尘泥野草生。"从诗句中可以反映出，韩愈的《合江亭》诗对石鼓扬名后世所起到的重要作用。

宋·朱熹著有《石鼓书院记》："石鼓据蒸湘之会，江流环带，最为一郡佳处。故有书院起唐元和间，州人李宽之所为。至国初时，尝赐敕额。其后，乃复稍徙而东，以为州学。则书院之踪於此，遂废而不复修矣。淳熙十二年，部使者潘侯始因旧址列屋数间，榜以故额，将以俟四方之士有志于学而不屑于课试之业者居之。未竟而去。今使者成都宋侯若水子渊又因其故益广之，别建重屋，以奉先圣先师之像，且纂国子监及本道诸州印书若干卷，而俾郡县择遣修士以充入之。盖连帅林侯栗诸使者苏侯诩、管侯鉴、衡守薛侯伯宣皆奉金费赏割公田，以佐其役，逾年而后落其成焉。于是宋侯以书来曰：'愿记其实，以诏后人。且有以幸教其学者，则所望也。'予惟前代庠序之教不修，士病无为学，往往择胜地，立精舍，以为群居读书之所。而为政者，乃成就而褒表之：若此山、若岳麓、若白鹿洞之类是也。逮至本朝庆历熙宁之盛，学校之官遂遍天下，而前日处士之庐无所用，则其旧迹之芜废，亦其势然也。不有好古图旧之贤，孰能谨而存之哉？抑今郡县之学官，置博士弟子员，皆未尝考德行道义之素。其所受授，又皆世俗之书，进取之业，使人见利而不见义，士之有志为己者，盖羞言之。是以常欲别求燕闲清旷之地，以共讲其所闻而不可得。此二公所以慨然发愤于斯役，而不敢惮其烦，盖非独不忍其旧迹之芜废而已也。故特为之记其本末，以告来者。使知二公之志所以然者，而无以今日学校科举之意乱焉。又以风晓在位，使知今日学校科举之害，将有不胜言者。不可以是为适然而莫之救也。若诸生之所以学，而非若今之人所谓，则昔吾友张子敬夫所以记夫岳麓者，语之详矣。顾于下学之功有所未究，是以讲其言者不知所以从事之方，而无以蹈其实，然今亦何以他求为哉！亦曰：养其全于未发之前，察其几于将发之际，善则扩而充之，恶则克而去之，其亦如此而已，又何俟于予言哉！"朱熹的《石鼓书院记》不过短短700余字，但记中之义深远卓然，即有对石鼓书院沿革修复经过及原因的简述，又重在对官学、科举之害的辨别，倡导正学，挽救人心。为书院作记并非单纯记事，而是倡明正学，为天下莘莘学子打开"入德之门"。石鼓书院又因朱熹此记而再现辉煌。朱熹完成《石鼓书院记》后，后人将张栻亲笔用楷体抄录的韩愈的《合江亭》诗、《石鼓书院记》制成石碑，置于石鼓书院内，被后世称为"三绝碑"，即：韩愈诗、朱熹文、张栻书法，成为石鼓书院中的"镇院之宝"。后来在重建石鼓公园时，后人以想象的形象将他们三人重塑于公园最前，以示纪念，同时也是彰显"石鼓文化"。

据史书记载，光绪二十八年（1902），书院改为中学堂，后又改为南路师范学堂、女子职业学校等。我妈妈曾在女子职业学校读书，几十年后，她还念念不忘自己少女时期在石鼓书院读职业学校的情景。抗日战争中，石鼓书院建筑全部毁于日寇战火。

我爷爷曾在石鼓书院教国学（私塾），晚上就睡在石鼓书院的朱陵洞中。洞内不大，只可容一几一榻。据《衡州府志》记载，洞内原有唐人手迹和许多游人留诗，今洞内已经很难见到文字，只有洞门外右下方的"朱陵后洞"几字，刀笔遒劲。据乾隆《衡州府志》记载，此字相传为唐人所书，今然依稀可识。据《吕氏春秋·朱襄注》记载"朱陵"为炎帝的别名，南岳是炎帝的巡游和居住之地；因此，南岳有"朱陵洞天"，衡阳石鼓书院有"朱陵后洞"，相传，在古代这两洞可通行人。这些都是传说，想想三江汇合之处，到了寒冬腊月，北风呼啸，漫天白雪，洞口都挂有冰凌，怎能不寒冷！爷爷一个穷秀才，教"蒙馆书"能有几个铜板？饥寒交迫，最后是饿死、冻死在石鼓书院。

1965年，衡阳市人民政府将石鼓山辟为公园，重建合江亭、绿净阁，塑2米高的石鼓，竖立园中，并修筑桥、栏，植木种花，使之焕然一新；至20世纪80年代后又多次修葺。

2004年，衡阳市政府拆除书院前破旧民房3万多平方米，修建了竹木滴翠、花草如茵、占地3.18公顷的石鼓文化休闲广场，使书院重新"显山露水"，并将朱熹作的《石鼓书院记》镌刻在花岗岩质巨型石书上，而用秦砖汉瓦修复的将军楼和行人道古朴典雅，用青铜塑成的韩愈、朱熹、周敦颐等七贤群像形态逼真，栩栩如生，用造型语言诠释了石鼓书院的文化底蕴。2006年衡阳市人民捐款1 270万元，按清代石鼓书院旧貌，重新修建了石鼓书院。费金魁的家就是在2004年的拆迁中被拆掉的。记得我的女儿小萍、儿子小华就是在这里出生的。虽然木房破旧，但还是比较宽畅，前后有三进间，一家四代就在这里生存。木房后面是一座吊楼，湘江涨大水时，坐在吊楼上就可以打水，有时还能捞到一些鱼虾。

二、少年的梦——加入新民主主义青年团

1998 年在石鼓书院

我石鼓街的家

青草桥在蒸水和湘江汇合处,石鼓山左侧,横架着一个由石头砌成的公路桥,就是"青草桥"。已经有 800 多年的历史。南宋淳熙十三年(1186 年),知府薛伯宣重建木桥于城外青草渡。明嘉靖二十四年(1545 年)遭火焚毁,巡道姜仪始建 45 丈石桥,改名永济桥。清康熙八年(1669 年),僧海岸等募银 2 700 余两将桥整修。雍正二年(1725 年)建栏杆。乾隆二十七年(1762 年),洪水冲坏桥墩,邑人募款修复。桥宽 3 米,两侧用木料外撑加宽,搭盖木棚,经营渔具和日杂用具。"民国"二十二年(1933 年)洪水冲毁桥南北两孔,"民国"二十四年(1935 年)修理工复为 7 孔石桥。

我的孩子们的出生地

"民国"三十三年(1944 年),日军进犯衡阳、桥被守军炸毁。日伪时期,在原石墩上架设木桥。"民国"三十八年(1949 年)6 月被洪水冲毁。

古衡州曾经有驿道 6 条,为方便来往,南宋淳熙年间,始在青草渡修建木桥,后经历代几度重修。1949 年 12 月,市政府集资 3.39 万元,在原桥墩上搭建木桥面。1956 年 7 月,在原桥下游 10 米处兴建一座 8 孔(孔宽 15 米、拱高 5 米)石砌拱桥。桥长 167.4 米,桥面宽 7 米,两条人行道各宽 1.5 米。1957 年 5 月 15 日通车。桥面原铺筑水泥预制六边形道板,因破损严重。1987 年,改铺为沥青混凝土桥面。现在的石桥,系 1956 年 7 月动工兴建,1957 年 1 月 15 日建成通车,为 7 墩 8 孔跨径 15 米的石砌拱桥,桥长 167 米,宽 10 米,高 14 米,耗资 673.4 万元。由于青草桥在历史上是从北面进入衡阳的主要通道,所以,历代桥头两端的店铺都是鳞次栉比,尤以酒店居多,这一带酒店林立,酒旗飘扬,故有"青草桥头酒百家"美称,为衡阳八景之一。

50年代的青草桥　　　　　　　　　　　　改建后的青草桥

青草桥流传许多故事，其中外婆（费金魁的妈妈，我们都跟着孩子的称谓叫她）讲了许多关于青草的故事，到也是蛮有趣的，孩子们就是在外婆讲的故事中长大的。

三、青年的梦（1）——"跑步进入共产主义"

共产主义社会到底是什么模样，谁也说不清楚。毛泽东1958年10月对田家英（毛泽东秘书）说，我们共产党人的最终目标是建立共产主义社会，这是没有问题的。现在的问题在于什么是共产主义社会？并不是人人认识一致，甚至在高级干部中也各说各的，其中有不少胡说。按老百姓的话说，共产主义社会就是"人人有饭吃，个个有衣穿；财产公有，人民平等，需要什么就能得到什么"，近乎"乌托邦"的境界。如何搞共产主义呢？当时从上到下也没有任何人知道。这是一个需要"摸索"的事业，而不是马克思主义早已解决的问题。

1958年8月，北戴河会议通过了《中共中央关于在农村建立人民公社问题的决议》。决议指出："看来，共产主义在我国的实现，已经不是什么遥远将来的事情了，我们应该积极地运用人民公社的形式，摸索出一条过渡到共产主义的具体途径。"这里所说的共产主义"不是什么遥远将来"，有没有一个大致的时间表呢？提交北戴河会议讨论的一个文件写的是第三个五年计划，即1967年以前，毛泽东改活了一点，改成第三、第四个五年计划。但在有的地方则表现得更急一些，走得更快一些。

到1958年，一曲共产主义"狂想曲""跑步进入共产主义"，把一辈子受苦受穷的老百姓都鼓动了起来，包括我在内，梦想着早日走进粮食成山、食油成河、钞票作废的"神仙乐园"。一个比一个大的"卫星"从土疙瘩里升了天。毛泽东看到这一个个激动人心的"卫星"，由衷地高兴。他多么希望人民幸福富裕，一夜之间摆脱贫穷、走进共产主义！"浮夸风"像一个巨大的磁场把人们的目光紧紧吸在"卫星"的表层。在上面一片肯定和赞许声中，一系列的"大"出现了：大办钢铁、大办农业、大办水利、大办养猪、大办食堂、大办学校……好像没有一个"大"字打头，就失去了"人定胜天"的力量。"大跃进"时，陕西安康出了的一首《我来了》的打油诗，在全国传诵，具有很大的震撼力："天上没有玉皇，地上没有龙王，我就是玉皇！我就是龙王！喝令三山五岳开道，我来了！"当时的口号很多："一天等于20年，共产主义在眼前""与火箭争速度，和日月比高低""不怕做不到，就怕想不到，只要想得到，定能做得到""踢破地球冲破天，一天等于20年！"当人们看到或听到这些气壮山河的豪迈语言时，感到无比的兴奋与欣慰。因为这符合人们浪漫主义情怀和蔑视一切的心态。毛泽东在1965年5月《重上井冈山》的诗词中，就曾抒发过"可上九天揽月，可下五洋捉鳖"这样类似的豪言壮语，他相信"只要有了人，什么人间奇迹都可以创造出来"！我跟着时代潮流也买了一本《红旗歌谣》。

1959年中国仅用了3个月就进入了"共产主义"，中国过了3年的共产主义生活就又退出来了，也就是后来被称作"自然灾害"的那3年，1959—1962年。不过那3年中国人的确也没有"白干"，"共产主义"给中国带来了30年具有明显中国特色的票证制度，老百姓从此买什么都开始要"票"了，买粮食要粮票，买布要布票，还有购粮本、购货本、副食本、肉票、烟票、火柴票、工业券等等多得数不胜数的票证，有全国的，有地方的……

我就是从那个年代走过来的。

漂塘岁月

1954年7月，我从衡阳高商毕业，8月份由国家统一分配到江西漂塘钨矿。8月上旬，我们一行10人乘火车离开了故乡——衡阳，经过一天的行程，到达广东韶关，在韶关住了一个晚上，第二天乘汽车，经过南雄、小梅关，下午到达大余，住在大华管理处。待了几天，等待分配到相关矿山。根据"一五计划"的安排，大华管理处原管理的几个矿区，这时都宣布"各自独立"，升级为四个矿山：西华山钨矿、漂塘钨矿、洪水寨钨矿、荡平钨矿。我们从高商毕业出来的十名同学，分配在前三个矿山，由于西华山钨矿较大，又是当时苏联援助的141项重点工程之一，分配了较多的学员，我和王允仁两人被分配到漂塘钨矿（后来才知道，之所以列为"苏联援助"的重点项目，是因为要多"挖钨砂"还"苏联老大哥的债"）。

这几个刚刚"升级独立"的钨矿，都属于"中央"企业，主管部门是中央有色金属工业管理局。在地方，行政关系由中南钨矿局直接管理（中南钨矿局设在赣州，是中央有色金属工业管理局的派出机构），党的关系则隶属赣南区党委管理。因此，我的青年时期，就和赣州结下了不解之缘，我"革命经历"的第一页，也就从1954年8月在漂塘钨矿参加工作那天开始写起。

赣州距离漂塘钨矿不过一百多里，但那时觉得还是比较"远"。从大余县、或赣州市开车，经黄龙口，至大江（地名），这一段路还比较平坦。接着进入崎岖山路。那时公路刚修好，虽说从大江进来只有三十几公里，但上坡下坡、左拐右拐，那公路确实不好走。公路旁不是悬崖峭壁，就是密集的原始森林。汽车爬行似地开着，我们的心也悬到了喉咙。经过三十几里的路，近两个小时的颠簸，终于到达参加"革命"的第一站——漂塘钨矿。

那时（1954年8月）漂塘钨矿的矿部（办公地的称谓）设在矿区的山上。我和王允仁两人前往人事科报到，后来我分在财务科，王允仁分配在修配车间。虽然相隔不远，但3年同窗又得"分别"。

2011年3月重回漂塘

山沟

20世纪50年代我住了10年的屋子

我的3个孩子就在这里生活

漂塘托儿所旧址

"文化大革命"时期的全家人

1958年我曾是漂塘钨矿团委委员

1. 美丽的矿区

矿部各管理科室设在群山环抱的稍为平坦的地盘之中,而单身宿舍却盖在半山腰,从矿部办公室出来,还要继续往上爬,一条小路有45度的坡度,当时虽然行李只有一只木箱、一套被褥,但挑着这担行装,爬着一百多米的山坡,还是直喘大气,一百来米足足概爬了近半个小时,才到达目的地。单身宿舍是一座新盖的两层楼房,房子用当地杉木板做的雨淋板墙,屋顶盖的是杉树皮,上下共有八间屋,每间屋住两个人。据说这房在当时是最好的建筑,两人往一间是也是"特别"照顾,因为分来学生都是"知识分子",而知识分子是五年计划建设的"宝贝",叫作"干部"。矿工们住的是工棚,几十个人一屋,用几块木板钉起来就是床,工人们打通铺,十几个人睡在一排。

刚参加工作，心情很好。清晨，走出宿舍，看到山腰间飘浮着一层层"白云"，那是晨雾，有如乳白色的薄纱，飘飘忽忽笼罩着整个山谷，景色美极了！走在山间，使人如梦、如幻，面临的情景，又如诗、如画。云雾挡住了双眼的视线，矿部办公室在云雾中飘飘然然，忽隐忽现。山谷下，有似白云般的气体，一团一团地溢出，有如喷泉，洒满了整个矿区。那时，山上人烟稀少，很少有人砍伐，山林、茅草，都是一片碧绿。山谷里的白雾，原来是从许多石谷中冒出来的水雾，那水在谷间汇成一条小溪，小溪又蒸发出团团白雾，小溪沿着河沟在下游变得更为宽广，当地老百姓就叫它"河霸"。河霸又汇聚了多处水源，形成一条河流。我想，这里大概就是前面说的"大江"的源头。生活在这青山绿水的矿部，情不自禁地想高声呐喊：这里真是人间仙境！

现在的漂塘钨矿

2. 勘探队员之歌

走出宿舍，来到半山腰，又听得大喇叭里响起了"广播操"，不久广播员又播出事先录下的中央人民广播电台教唱的《勘探队员之歌》。那歌曲曲调强劲，充满着乐观和不畏险阻的气概；那歌词让人满腔热血，直奔建设一线。歌词有三段：

是那山谷的风，吹动了我们的红旗，
是那狂暴的雨，洗刷了我们的帐篷。
我们有火焰般的热情，战胜了一切疲劳和寒冷。
背起了我们的行装，攀上了层层的山峰，
我们满怀无限的希望，为祖国寻找出富饶的矿藏。

是那天上的星，为我们点燃了明灯。
是那林中的鸟，向我们报告了黎明。
我们有火焰般的热情，战胜了一切疲劳和寒冷。
背起了我们的行装，攀上了层层的山峰，
我们满怀无限的希望，为祖国寻找出富饶的矿藏。

是那条条的河，汇成了波涛的大海，
把我们无穷的智慧，献给祖国人民。
我们有火焰般的热情，战胜了一切疲劳和寒冷。

> 背起了我们的行装，攀上了层层的山峰，
> 我们满怀无限的希望，为祖国寻找出富饶的矿藏。

这是我参加工作后，听到的最激动人心的一首歌，至今仍未忘记。当时，自己就俨然像歌词中说的勘探队员，昂首挺胸地走进了矿山，要为祖国寻找富饶的矿藏。

心中有一团火，因为自己参加了"革命"；又浮起一团雾，因为不知道这个"命"应当怎样"革"。

3. 一边倒学苏联

那个年代学苏联、一边倒。在第一个五年计划时期，赣州在天竺山设有苏联专家招待所。苏联专家经常会到当时属于141项工程的大吉山、归美山、西华山走走。到了西华山就会到漂塘钨矿来看看。一旦苏联专家来了，接待他们比接待"皇上"还要隆重。党委书记、矿长全部出动，隆重地宴请，恭敬地介绍，提供详尽的资料，进行严肃的会谈，有时还会举行舞会。

那时我们年轻，整天努力学俄语，不时看着苏联小说，晚上常看苏联电影，特别喜欢看苏联的集体农庄，流行的口头语就是："苏联的今天就是我们的明天。"对苏联的一切都非常崇拜。

我那时非常喜欢苏联的一些歌曲，比如，《莫斯科郊外的晚上》《山楂树》《红莓花儿开》《喀秋莎》《小路》《灯光》《草原》《青年团员之歌》《列宁山》《遥远的地方》《祖国进行曲》《跨过高山，越过平原》等。今天唱着这些苏联老歌，也使我好像重新找回了少年时代温暖的感觉。一帮老一点的人聚会时，都会即兴唱起《青年团员之歌》："听吧，战斗的号角发出警报，穿好军装，拿起武器，青年团员们集合起来，踏上征途，万众一心，保卫国家！我们再见吧亲爱的妈妈，请你吻别你的儿子吧！再见吧，妈妈，别难过，莫悲伤，祝福我们一路平安吧！再见了，亲爱的故乡，胜利的星会照耀我们。再见吧，妈妈，别难过，莫悲伤，祝福我们一路平安吧……"唱歌的时候每个人都会激动得热泪盈眶。虽然已经人到老年，大多数人自以为已经修炼到人莫予毒、油盐不进的境界，我想那应该是一种历经坎坷苍凉，骨子里仍残存的不曾褪去和消失的滚烫的激情，还有现实中云翳一般挥之不去的感伤。每次唱起这首歌，我心里总会涌起莫名的激动！那个年代虽然已经过去半个世纪，但仍然觉得就在眼前！

4. 在财务科

财务科大部分是"女将"，大多是南下干部的夫人（都是矿里领导的夫人），从地方转业来"支援重工业"的。我们去了，算是"科班出身"，受过财会专门训练。在财务科我遇到的第一个"师父"叫唐宜俊，他是"国民党的留用人员"，"组织"上告诉我对他要"存以戒心"（后来在反右派时唐宜俊被划为"极右"），但我真的很佩服他。他业务非常熟练，对成本核算各个环节非常精通，特别是两手能同时打两只算盘，真是"绝活"。一张资产负债表，他"左右开弓"，瞬间就能知道"平不平"；一张5.1账（成本核算表）横、直有几十个对应科目，他"左右开弓"打下来，就知道归拢到"合计栏"对不对得上。他瘦得像猴子，可却有一副好嗓子，歌唱得特别好，典型的男高音。三十多岁还是单身，对母亲特别孝顺。我跟他学了好多

知识，很快就掌握了有关成本核算的全套"本事"。

因为搞成本核算，必须知道生产的"工艺流程"。首先，弄清矿山的组织结构：矿部直属一、二坑口，选矿车间、机修车间，还有大龙山分场、左拔分场、棕树坑分场，以及矿办农场、医院、职工子弟学校等，全矿职工约有4 000多人。车间下面是工段（区），工段（区）下面是值班长，再下就直面工人了。

同时，我从最基础的矿山知识学起。为了掌握这方面的知识，我实地进入窿子里，戴着安全帽、拎着矿灯，下到掌子面。坐着矿车，穿过平窿，走进采矿区。经过这些实践，我真正懂得了：探矿、采准、采矿这些术语和它实际的操作内容。为了推行"班组经济核算"，我8个小时和矿工一道待在掌子面，一个小时、一个小时地记录着矿工的一切操作。我明白了一米一米的掘进效果是怎么来的。就拿掌子面来说，第一线工人使用的工具，也随着时代的进步而不断变换。开始是钢钎，所以要淬火，以增强它的硬度；后来用了合金钻头，又增加了磨砂机；再后来，用打风钻，用气腿子、支架，这就增加了更多的设备，如空气压缩机、输气管道等。掌子面打眼的排列先后也是有讲究的，爆破手装炸药、雷管、引线也都是有严格的操作程序。听那爆破的响声，也是有讲究的。我有个朋友，当年是西华山钨矿的，他经常在《诗刊》上发表作品，他说："诗人们写道，'钢花飞溅，炮声隆隆'，那是没有生活，钢花那是钢渣，钢花越多炼钢工人越发愁；炮声隆隆，要看是怎么响的，有的很响，那是冲天炮，爆破手要去装第二炮，事故大多就出在这时，只有很沉闷的声音，说明掌子面炸的石头很多，爆破手才高兴。"

就是理论加实践，使我在一年之内就掌握了成本核算的全套技术。

我还有一个师父，就是材料会计曾宪佑，他写的字完全倾向左，所以我们常叫他为"曾宪左"（那个时代流行"左"比"右"好）。在他的指导下，我负责编写《材料价格目录》。那时材料管理实行计划制度，凡领料都要按《材料价格目录》中规定的填写"编号""品种""名称""规格""价格"等内容。凡《材料价格目录》上没有的，都就领不到材料。为了编写《材料价格目录》，我深入仓库、工地、窿洞等所有耗用材料的地方，日日夜夜，全力奋战，经过半年多的时间，分大项、项下再分类，类下面就是同品种，同品种也要做到规格齐全。比如，螺丝钉，从大到小都要一一列上，否则领料人领不到该材料就会提出意见，领导就会批评，我的工作也就是失职。整个《材料价格目录》近千页、百万余字，编好后，专程送至赣州印刷，全部精装（因为怕领料人使用次数很多，会翻烂）。这大概是我的"第一部著作"吧！

5. 从工分到工资

1954年参加工作时，我享受的还是"工分制"。

那时，工资分为29级，工资随级别而定，不以不稳定的货币为结算单位，而以实物为基础进行折算，称为"折实单位"，简称"工分"。按粮、布、油、盐、煤五种实物进行折算。当时的正、副县级是14~17级，工分是227~145分；正、副科级17~22级，工分是145~110分；科员是22~26级，工分是110~90分。当时拿工资注重级别，而非职务。我记得参加工作时就拿110分，后来升到150分，再后来升到200分，只知道每个月拿钱很多，但一直不知道自己是哪个级别。

1956年全国第二次工资改革。当时的政策是：重工业企业高于其他行业的工资、企业干部的工资高于国家机关工作人员的工资、工程技术人员的工资高于同级管理人员的工资。这"三高"我都占了，真是"走运"。我当时搞成本核算，属于技术人员，按技术人员标准，给我定为78元，这个工资标准从20世纪50年代一直拿到80年代，整整30年，到1983年进财政部后，我还是拿这么多钱。

当我还是单身的时候，每个月花10元钱在小吃部"包伙食"，真是"吃得满嘴流油"，那时鸡蛋5分钱一只，猪肉也还没有定量，好像物资蛮丰富。剩下的钱就是买书，我订了很多报刊，包括俄文版苏联的《旗》，我也订了，为的是自学俄文。后来，因为什么东西都要"票"，也就过不上这样的"自由自在的生活"了。社会上流行英语，我也就放弃自学俄语了。到现在是俄文荒弃了，英语也没学好，什么外语都不会，真是虚度了青春年华。

6. 到赣州编制年度计划

在漂塘财务科的时候，每年年初要到赣州中南钨矿局编制年度计划。那时是计划经济年代，当然首先是生产任务，由上级下达完成多少顿钨精矿的任务指标，这是计划科的事；然后根据这个总指标，确定探矿（分为地质探矿、生产探矿）、采准、采矿等等窿洞掘进的计划数，这是生产技术科的工作内容；接着是供销科，编制材料采购计划，不仅炸药、雷管、引线等爆破物品要纳入计划，汽油、柴油、机油以及主要机械零、配件，都由国家计划统一分配，因此供销科的材料计划是一个几乎无所不包的"采购计划"；最后才是财务科的事，算算能有多少利润。后来"利润"和"降低成本"也是两个"硬指标"，有时"拿"不下来，就由矿长出马去"谈判"，上级最后定下来是多少就是多少，没有"价钱可讲"，叫作"背回去"。背就背回去，反正有矿长顶着，我们就按照确定的利润指标和成本降低率，硬算到各项成本中去，倒也简单多了。但是，降低成本的措施，需要各部门提出，特别是生产技术部门的工程技术人员，他们要想办法在哪个生产环节降低成本。利润指标完不成的话，最后的措施就是增加民窿的收购量，因为民窿不搞什么"探矿""采准"等工程，见到钨砂就挖，所以成本比较低，矿里的收购价也比较低，这样利润就会比较高。但民窿破坏性很大，叫做"乱挖乱采"，安全事故也比较多，不像国营矿山那么正规，上级机关一直反对过多收购民窿的钨砂。

到了赣州就是"进了城"。大多住在赣州公园附近的新兴旅馆，那时还没有公私合营，私营的旅店的伙计服务得自然很好。再就到靠近公园的赣州餐厅吃上一份小炒鱼，晚上去看丘幕兰演出的京戏，或者跑到标准钟那儿去采茶剧院看采茶戏。从漂塘到了赣州，真像进了城，除了工作外，还得好好地吃几顿、玩几天。

7. 一长制

我1954年刚分到漂塘钨矿时还是实行"一长制"，矿长谷岫是"十三级"的干部，相当于"厅局级干部"，党委书记则弱一点，"十四级"，是什么"级别的干部"我们就不知道了。

"一长制"也叫厂长负责制，即厂长由国家委派，对国家负责，是企业经营管理的"最高领导人"，在企业内实行层层负责制。漂塘钨矿当时就是这样的，坑长对矿长负责，区长对坑长负责，值班长对区长负责，一级对一级。支部书记则相对弱一些，有的还是兼职的，不脱产。

列宁是主张实行"一长制"的,他认为集体管理制是苏维埃政权初期产生的一种萌芽的管理企业的形式。到1918年年底,苏联的工业基本上实现了国有化。在这种情况下,列宁认为,在社会主义生产资料公有制形式已经确立、已经比较稳定的情况下,要组织社会化的大生产,要进行实际的工作,必须采取一长制来统一指挥。他强调一长制应建立在民主管理的基础上,群众有权选择或撤换领导者。但厂长对所管的工作一定要完全负责,除重大问题和决策应由集体讨论做出外,厂长在某种纯粹执行职能方面实行个人独裁制。列宁逝世以后,斯大林继续在企业中推行一长制,直到1930年,斯大林还强调指出,不保证实行一长制,不建立工作过程中的严格的责任制,就不能解决改造工业的各项任务。可以说,苏联国营企业"一长制"的形成,既在一定程度上符合社会化生产和现代企业管理的客观要求,也带有当时因国际形势紧张而强行推进工业化的烙印。

漂塘钨矿根据上级指示,实行了两年左右的"一长制"。但"一长制"一开始就受到了来自企业党组织的挑战。1955年1月21日,中共中央批转中纪委钱英同志《关于东北地区工矿中党的组织和干部的思想情况和存在的问题以及解决这些问题的意见》。其中说,东北受高岗的个人主义、夸大个人作用的错误思想影响,接受了高岗的"党、政、工、团统一于行政"的错误口号,许多企业都或多或少存在着忽视党的政治思想领导的倾向。这种倾向主要表现在:①在执行"一长制"当中,放松党的政治思想领导,甚至使党委处于行政的从属地位。②在干部配备上,厂长的级别通常比党委书记高两三级,有的高得更多,不少党委书记是由厂长培养和提拔起来的,或者是其老下级,党委书记与厂长相比,普遍很弱。因此,书记往往成了厂长的"尾巴";有些企业将较好的党群干部调去搞行政工作,而把毛病较多的干部调去搞党群工作,因而就流传着"有才有德搞行政,无才无德搞党群"的谬论。③由于党的工作干部太弱,党在群众中的威信也就很低,许多党群干部长期不安心工作。另外,这种倾向也表现在有些党委或党委书记热衷于抓行政事务而忽视了党的工作。报告提出必须正确解决"一长制"与党委的关系问题,必须在工矿企业中建立起坚强的党委和配备坚强的党委书记。2月11日,中共中央发出《关于调整国营厂矿党委、行政干部的通知》,通知说,忽视党的思想政治领导,取消党组织对企业行政工作的监督的倾向,实质上是资产阶级思想在我们党内的反映,如不迅速地有效地加以克服,就要给社会主义建设招来极大的危害。通知责成各省(市)委对本地区国营厂矿企业的党委书记和厂长配备情况进行一次调查,并根据二者条件大体相当的原则,对不合适的党委书记进行调整。

漂塘钨矿围绕着"一长制"也展开了激烈的斗争,这些"高层"的争论,虽然没有影响到我们这些刚从学校分来的"学生"们,但也听到不少有关这方面的议论。

根据上级指示,漂塘钨矿在1956年对领导班子进行了调整,十三级的矿长调走了,党委书记则成为"一把手","一长制"从此结束。

8. 党政工团

当时工会、青年团,在班子里与行政、党委共称"四套班子"。工会一般主持职工代表大会,职工代表大会在企业权力很大,矿长的工作报告、矿里的年度计划、五年规划、重大生产技术措施等等,都必须通过职工代表大会审查,而通过的决议是人人都必须遵守的，因此工会主席在矿山很受人尊敬。共青团是党的接班人，共青团的书记一般都参加党委，是矿里领导班子重要成员之一。矿山的青年人很多，团委的号召力也很大，因此团委书记的地位非常重要。50年代，漂塘的第一任团委书记是位南下干部，东北人，个子很高拿450工分（工资）。每天早上广播体操一响，他就起床，来到单身宿舍，无论男、女，他都会进到房间掀被子，喊起床，逼着一个个去做广播体操。他生了个儿子，当时是"学苏联"，他为儿子取出个名字叫"南北洛夫"，因为他是北方人，在南方讨了个老婆，所以叫"南北"，加上学习苏联，又加了个"洛夫"，所以叫"南北洛夫"，听起来很滑稽，但却反映了当年的时代背景。这位团委的书记，不仅在青年中有很高的威望，在全体职工中，也很受尊敬。

矿里的一些重大活动，往往都是以党政工团"四大家"的名义出现。比如，每年都可能发生的山火，来势凶猛，漫山遍野，所到之处，吞灭一切。即使山火发生在半夜，矿部广播站的高音喇叭也会响起，党委书记、矿长、工会主席、团委书记就会在广播里发出命令："全体都有，上山救火！"这就是命令！听到"四大家"发出的号令，无论男女老少，都会从床上一跃而起，拿着扫把、木棍、砍刀等"灭火工具"，直奔火场。有的年轻人，来不及穿衣，光着膀子，出门看看山火的方向，就滚下山沟，再朝火龙的山头攀登。远处的山火，像一条巨大的火龙，借着风势飞快地朝矿部扑来。救火大军，像训练有素的专业队伍，在离火龙十几米的地区，砍出一条防火带。大个子团委书记，从广播站跑步出来，直奔火龙，带着一帮年轻人，登上山巅。用手中的树枝、用自己的衣服，朝火焰猛扑。头发烧了、眉毛烧了，手上、膀子上起了水泡，顾不得那么多，坚决把大火"就地消灭"，绝不让它烧到矿部！绝不让国家财产受到损失！医院的白衣战士也来了，担架抬着被烈火烧伤了的矿工，直奔医院。场面真是动人心弦。"灭火大战"有时会持续几天几夜，在"四大班子"带领下，轮番作战，坚持到底，直到把山火扑灭。我在漂塘10年，真是没有看到山火烧到矿部。

那时的领导真是和群众打成一片，生死与共、患难共担。

9. 赣州会演

1960年4月，中华全国总工会拟举办全国职工文艺会演，以庆祝"五一"国际劳动节。年初全国各省、市层层举行了选拔赛，赣南地区总工会在赣州举行了文艺汇演进行选拔。漂塘钨矿组织了一支文艺演出队参加演出。我和我爱人以及王允仁参加了这次会演。我和王允仁说相声，我爱人参加跳舞。那时费金魁刚刚怀孕，反应较大，当时年轻，不知道啥，她说她想吃水果，正是"三年困难"时期，我跑到商店买了一瓶"高价"水果罐头，放在宿舍，准备给爱人吃。王允仁像个小孩似的，不知道什么时候，竟偷偷把这瓶水果罐头吃了（他不知道费金魁怀孕，两人又是同学、同事关系）。在知道事情的缘故后，他多次表示歉意。大家都是二十几岁的年轻人，开开玩笑，也就过去了。

选拔的结果，我和我爱人都被选上了，组成赣南代表团，赴萍乡参加全省职工文艺汇演选拔赛进北京。我们参加演出的节目都定下了，叫作"三面红旗万万岁"。"主题"当然很好，其实简单得很，几十个人，身穿工作服，手里拿着发亮的灯管，最后在舞台上组成"三面红旗万万岁"的字样。彩排了几次，地区工会主席对这个节目很欣赏，说到北京一定能得"大奖"。当时年轻，没有考虑太多，我和费金魁一商量，就私自决定不参加这种"机械式"的表演，从萍乡"逃"到上海！在到达萍乡的当晚，我们把演出的工作服叠好放在床上，留下一张纸条，说费金魁怀孕了，不宜参加演出，就是直奔火车站，买了两张火车票直达上海。这下可闯了"大祸"，团里临时选人，顶上我们的"角色"，排练两次就登台演出。区工会主席大发雷霆，打电话给矿里工会主席，严厉地批评了我们俩。我们从上海回到漂塘后，矿工会主席把我们狠狠地"克"了一顿。好在这个节目在北京没有得奖，如果得了奖，这个节目成为"重点节目"，我们作为"重点节目的重要演员"私自"逃跑"，很可能因此而受到处罚，如果"上纲上线"，可以说是"对三面红旗"不满，那就"糟糕"了，一辈子不得"翻身"！

10. "一种三养"

20世纪60年代，生活物资匮乏，矿山掀起了"一种三养"的热潮。我也记不清了，大概是"种菜、养鸡、养猪、养鸭"这几项吧。利用空余地盘，房前屋后，山坡岩缝，开荒施肥，种上青菜、辣椒、黄瓜、白菜、土豆、木薯、番薯……；下午五点下班，夏天太阳还十分炙人，冒着炎热，挑水浇菜。原来堆木柴的棚子，改造成了猪宿；门前搭个笼子，成了鸡宿；四周农民的水稻田，矿工放养了鸭子；还有上山打猎，采摘山茶子……党委书记带头养猪，工会每年还评选"一种三养"积极分子。

由于上下邻居的关系，党委书记从粮管所买回猪的饲料——细糠也分了一些给我家，我拿回家以后，全家还舍不得直接给猪吃，外婆用筛子筛了又筛，上面显出一层粹米，用手捧出来熬粥供全家人吃，味道比煮的野菜好多了，毕竟有点米的味道。细糠经过"处理"后，剩下的才给猪吃。就是这样的细糠，我们这些"老百姓"还买不到！

当时的一切食品都凭票限量供应，每人食油一月二两，猪肉一月二两，大米一月十来斤（扣掉"爱国粮"，剩下就不多了），根本不够吃。逢周日，就上山挖竹笋。春天春笋特别多，除了煮熟充饥，还把它晒成笋干，收藏到冬季再用。大多数生活用品，也是"凭票定量供应"。

这时，我已经有了两个孩子，一女一男，孩子们就是在这样的苦日子中长大的。男孩小华是1960年10月出生的，1962年10月，他两岁生日那天，我们煮了两个鸡蛋叫他吃，他起来想去拿，走了两步就摔倒了，扶他起来，走了两步又摔倒了。我们以为是午睡刚起来，双腿没力。到了晚上，就根本站不起来了，体温39度多，以为是得了感冒，送到职工医院打退烧针，也不见效。同时发病的还有组织部部长、宣传部部长的儿子。第二天，将三个孩子连同家长，用党委书记的吉普车，送到了赣州，住进了赣南妇幼保健院。一检查，医生说是得了小儿麻痹症。三个孩子病的程度不一样，宣传部部长的儿子一直麻痹到肺部，不能呼吸，最后去世；组织部部长的儿子麻痹到大腿，最后走路有点跛；我的儿子麻痹到腹部隔膜，大小便都不能畅通，最后双腿终身残疾。后来才知道病因是由脊髓灰质炎病毒引起的一种急性传染病，病毒侵入血流，形成顿挫型脊髓灰质炎，出现小儿麻痹。病情经过三个时期：潜伏期、发着期、后遗症期。我的儿子发烧时是潜伏期，如果那时有小儿麻痹症的糖丸服用，也许不会再进一步发展，可惜那时山沟里还没有这种预防药，加上矿山医院误诊为感冒，送到赣州医院已是急性发作期了，只有等待后遗症的出现。在赣南妇幼保健院住了3个月，儿子双腿的运动神经麻痹了，不能独立行走，只能用板凳移动着走路。从此，我们家进入了十分艰难的岁月。为了治疗孩子的病，我爱人背着他，手里拿着板凳，走遍了全国南北西东。家里把我原来珍爱的小提琴、留声机、金戒指、毛皮大衣……只要是值钱的东西都变卖了，给孩子治病。姐姐把她珍爱的手表也变卖了，寄来100元（那时100元是很大的数目），全家对我儿子治病给予了极大的支持。

也许命运就如此安排，这是我在漂塘留下的最大遗憾！真是终生难忘！

11. 反右派斗争时的我

1957年反右派斗争时，我从财务科调至党委"反右派斗争办公室"，费金魁同年也从团委调至"反右派斗争办公室"，整整待了一年多。那时我还不是共产党员，年轻，不懂什么叫"政治"？什么叫"阶级斗争"？只会画些漫画。在漂塘钨矿第一个被划为右派的，是广播站的一位女同志，到现在也想不起她的"反党言行"是什么，倒是有不少关于她"生活作风"方面的一些事情，我画的漫画，也是"揭露"她在"生活作风"方面的一些问题，领导说，这样更能把她"搞臭"。还有矿上唯一的工程师也被划了右派，但"上面"批了"高级知识分子"属于"谈而不斗"，其实这位工程师根本不过问政治，生活上很随便，进窿洞看不清矿脉走向，他就脱下自己的泥子帽去擦矿脉上的泥巴，家里珍藏的"宝贝"是窿子里的一些"石苗"，下班就找几个人打桥牌。还有一批工程技术人员，也都被划成了右派，我的师父财务科的唐宜俊也被划成了右派，而且是"极右"，他平时"沉默寡言"，与"政治"不挨边，只不过从旧社会来，历史比较复杂而已。那时好像是一条"规律"，不过问"政治"的人，大都划成了右派。这就"逼"得大家都要过问"政治"。

当时，每周要向地委反右领导小组汇报反右的"进度"，特别是完成"划右指标"的"进度"。没有"完成指标"，矿党委就赶紧开会，"摸底排队"。我的"任务"就是"画漫画"、出宣传栏。

1957年10月15日，中共中央发文发出"关于《划分右派分子的标准》的通知"，其中"右派分子"标准有六条。

（1）反对社会主义制度。反对城市和农村中的社会主义革命，反对党和人民政府关于社会经济的基本政策（如工业化、统购统销等）；否定社会主义革命和社会主义建设的成就；坚持资本主义立场，宣扬资本主义制度和资产阶级剥削；

（2）反对无产阶级专政、反对民主集中制。攻击反帝斗争和人民政府的外交政策；攻击肃清反革命分子的斗争；否定"五大运动"的成就；反对对资产阶级分子和资产阶级知识分子的改造；攻击共产党和人民政府的人事制度和干部政策；要求用资产阶级的政治法律和文化教育代替社会主义的政治法律和文化教育；

（3）攻击党在国家政治生活中的领导地位。反对党对于经济事业和文化事业的领导；以反对社会主义和共产党为目的。

……

而问题的实质在于什么叫"反党""反社会主义"，在漂塘，等于是又一场"历史清查运动"，把那些有历史问题、平时"不问政治"的人，都打成了右派。

十一届三中全会后，绝大多数被错划的右派分子都得到了平反。

反右结束后，我在1959年加入了中国共产党。

12. 我的右派老师们

中国的传统说法：一日为师，终生为父。我走上会计之路，永远不会忘记50年代高商（江西财院的前身）的那些老师们。但这些老师在反右斗争时，90%都错划成右派，所以叫"群"。他们都是大学毕业、二三十岁的有为青年，有的还是我国难能多得的会计专家、教育家，但这一代人确实被反右毁掉了，这也许是命运的安排吧！

在我准备写这一卷的时候，高商的同学尹名任给我寄来了在高商时的语文老师陈述徽的《离乱余音》一书，记录了他在划为右派后的苦难经历，书中提及当年高商的许多老师与他同行。

含着泪花读着陈老师的书，我想，那是用泪和血写成的，字字句句，都是用陈老师为代表的那一代先辈们的苦难刻成的！

13. "大跃进"

"三面红旗"中"大跃进"是一面"红旗"。20世纪60年代"大跃进"遍及城乡。漂塘矿也卷入了"大跃进"的浪潮。

那些日子，南下干部张钦才矿长领着我整日蹲在坑口的窿子里，不时在现场召开"战地会报会"。我当时负责编辑《漂塘工人报》，经常要报道一些"大跃进"的"战果"。一次开"战地汇报会"，选矿车间的书记赵家善由于日夜没有离开"战场"，一直在车间里忙来忙去，三天三夜不曾合过一下眼，开会时打了一下瞌睡，张钦才立即发火说："'大跃进'，你还打瞌睡，给你增加任务十吨（钨精矿）。"赵家善后悔莫及，一个瞌睡捞了"十吨任务"，等于选矿车间半个月的产量！可没有办法，"指标就是命令"，只有硬着头皮"接受"。一次，一坑口打了个"沙包"（矿石整块都是钨精矿），一炮就打下了四吨钨精矿，张钦才高兴极了，对我说："赶快报道，这是放了个卫星！"我用套红刊登在《漂塘工人报》的头版头条。张钦才喝了两口酒，趁着高兴劲对我说："我们现在是跑步进入共产主义，你明天在《漂塘工人报》发表一篇文章，说中国现在是世界革命的中心！"那些时候虽然没日没夜"苦战"，可"革命激情"确实很高，眼看"共产主义"就要来了！十分亢奋，一个个都像打了鸡血针！后来在"文化大革命"中，听说张钦才被打成了现行反革命，那是因为在一次红卫兵召开的批斗大会上，他戴着高帽子，居然高喊："林彪是埋在毛主席身边的定时炸弹！"红卫兵说："这还了得，攻击林副统帅。"他当场被打成"现行反革命"，用粗麻绳捆着关进了牛棚，在反复批斗中受尽了折磨（离开漂塘后他调到赣州，任地区煤炭局局长，"文化大革命"一开始，他就是"顽固不化的走资派"）。他的夫人四处奔走，为他鸣冤叫屈，但有谁敢理她？直到林彪事件暴发，他才得以平反，粉碎"四人帮"以后，张钦才得以彻底平反，调到省里在某个厅任厅长。有一次我在财政部食堂里碰到一位叫张军的同志，一问，原来他就是张钦才的小儿子，两人聊起他爸爸，都感慨万千。张军当时在财政部人事教育任司副司长，后来调到厦门国家会计学院任党委书记，据说现在也退休了。真是天下太小了，时间过得太快了，我参加工作在漂塘时，张军还是个穿着开裆裤在他爸的办公桌上爬来爬去的小孩，现在张军居然也"退休了"！

"大跃进"中,漂塘也搞起了"大炼钢铁"。在山下河霸里造了一座"土高炉",大家都把家里的铁锅打烂拿来"炼铁",出第一炉铁水时,我奉命前往照了相片,写了报道,也刊登在《漂塘工人报》的头版头条。

这些都是历史,在当年来说,叫作"革命激情""跑步进入共产主义"。可以笑着说"故事",但不能笑着讲历史。回想这段难忘的日子,真让人感到心酸!

笔下人物

参加赣南党校学习合影

参加中南钨矿局干部培训班学习时合影

1959年入党后，组织上于1961年送我到赣南党校写作班学习了半年，以后中南钨矿局又调我赴赣州学习了半年，由于组织上的培养，我成为赣州地区的一名"笔杆子"。凡写作之事，我都摊上了。

1. 辛垂训

在江西我写了三位人物，辛垂训是第一位。"文化大革命"前的10年，他是江西省劳动模范中的"十面红旗"之一，省委、省政府号召全省人民向他学习。他的事迹在《赣南日报》《江西日报》整版整版地刊登，而这些文章的作者就是我。

辛垂训是一位普普通通的接水工，江西南康人，世世代代出身穷苦。他从小来到矿山，以"检砂子"（钨砂）为生，后来"打民窿"。建矿以后，他参加了工作。由于长年累月的辛劳，他和所有从旧社会过来的矿工一样，早年就得了矽肺病，当我采访他时，他已是晚期矽肺病患者，双肺已经硬化，但他仍然战斗在生产第一线。

20世纪50年代与辛垂训合影（左二为辛垂训）

20世纪50年代的矿山，漫山遍野还是原生态。连片的森林，覆盖着一个又一个山头，山林中四处荆棘、茅草丛生，不时还有狼虫虎豹出没，毒蛇遍地。也就是在这秀丽的山峦之中，多处有清澈的山泉，涓涓细流从石崖中冒出来。辛垂训的工作，就是到这些荆棘丛生的茅草窝里，把这些山泉引导到每家每户。他背着工具袋，日夜穿梭在山林之中。一把砍刀，一把锯子，就是他的全部工具。遇到泉水，他会首先自己尝一尝，他的嘴巴和自己的身体就是"化验室"，觉得没有毒了，他就在附近找些碗口粗的楠竹，把它劈开，一分为二，再把楠竹中间的隔片打掉，接上泉水，就用这些竹管一节一节地把泉水引导到集体和家属宿舍旁的大木桶里,有时接水的竹管会长达十几公里,他也一节一节地接上。对一些"老"的竹管,他又一一换上新的,保证水路畅通。就这样,辛垂训日夜攀登在山崖之中,没有上下班时间,没有吃过一餐正常的饭,两只烤番薯,就"对付"了。漂塘坑口几千人的生活用水问题,就在他一个人的劳动下解决了。每当人们看到那明亮清甜的泉水时,都会想到辛垂训,他碰到老虎了吗?他被毒蛇咬了吗?想到他的艰辛,想到他的安危,喝到这山泉就觉得更甘甜了!辛垂训就是这样一心为公,默默无闻地在自己岗位上为大家服务的一位无名战士。

辛垂训还经常做一些好事,矿上发给他的一些营养品,本来是补助矽肺病人的,他全部送给了职工子弟学校的学生,而且不留姓名。他因为家里穷困,从小就没有上过学堂。参加矿山工作后,虽然40多岁,还经常自学文化,每天背着好几个生词,在山上,用松枝在地下反复地写着、写着。那时,正号召学雷锋,大家都说辛垂训是"活着的雷锋",可惜他没有"写日记",没有文化,也不会写。

"成名"后,他应邀四处做报告。因为他一口"南康"话,每次报告时都是他讲家史,我讲他的事迹。1959年,奉赣南区党委之命,我和他去赣州做报告。

当时住在红旗大道的赣州饭店里,辛垂训是第一次住这样的饭店,住进去以后,他对我说:"小丁,我们不能让国家花这么多钱,赶快请他们换一间便宜点的客栈吧!"我说:"现在都公私合营了,哪来的客栈?"在赣州饭店住了一周,每天辛垂训总会唠叨:"怎么还不搬家?"

在赣州市的最后一场报告是在工人体育馆举行的,听众有一千多人,可谓"盛况空前"。辛垂训在讲悲惨的家史时,潸然泪下,全场高呼"不忘阶级苦,牢记血泪仇";当我介绍辛垂训的先进事迹时,全场报以热烈的掌声,高呼"向辛垂训学习"!应当说,那次赣州之行报告是成功的。

我和辛垂训从赣州饭店到做报告的工人体育馆,需要穿过红旗大道。当时,红旗大道还在建设之中,道路两旁堆满了泥土,当时看起来,这条路好像"很宽很宽",真是觉得这项工程很"宏伟","祖国建设真是日新月异"!

红旗大道,对于今天的赣州来说,确实发挥了巨大的作用。但是,在50年代建设它时,却不是这样。我想在这里讲讲红旗大道背后的故事。

赣州市的红旗大道,自东而西横贯赣州中心城区,是赣州市的一条"形象大道",路宽69米,其中车行道宽29米,人行道宽12米,绿化带宽28米。红旗大道被评为"江西省园林路",以其颇具特色的绿化闻名于省内外。红旗大道是20世纪50年代末期建设的,是"大跃进"的产物,是"赶美超英"时代的产物。在那个全面亢奋的"人有多大胆,地有多高产"的"大放卫星"的年代,由于赣州市领导的意志加上兄弟城市"你追我赶"的态势,红旗大道便横空出世。建设红旗大道最初的目标,就是建设一条江西省内"让人惊叹的"大道,一条只是争荣誉的"献礼工程",谈不上什么"高瞻远瞩"的规划。很难想象,20世纪50年代敢修建69米宽的街道,这需要大刀阔斧的魄力,还有杰出的极具前瞻性的才华。设计者当时号称提前50年,如今,50年过去了,红旗大道还是目前赣州市最长、最宽的一条城市干道,它的绿化既满足了组织城市交通的需要,还发挥了改善城市小气候条件,保护环境卫生，丰富城市艺术面貌的作用，是赣州城市景观的重要组成部分。红旗大道保留至今且发挥巨大作用，不是当初设计时深思熟虑或是高瞻远瞩，仅仅是运气，赣州城市之运！

从历史的角度，从城市本身发展的角度而言，当时的赣州还远没有到达修建红旗大道的地步。自1959年起步的红旗大道，从"大跃进"开始，经历了最艰难的"三年调整"，在全国很多地区吃不饱饭出现大规模的人体浮肿时代甚至出现饿死人的情况下，赣州所受的冲击相对稍小，但是修建红旗大道真是勉为其难，或说咬牙硬扛。

从城市规划角度来看，在红旗大道建设最初，并没有拆除赣州南城墙。但是，事实是红旗大道起步时，就是南城墙灭亡的开始。按规划，红旗大道作为一条城市交通干道，道路两旁是一个巨大的资源；留有城墙和护城河这些历史沉渣占用巨大空间，又阻碍交通，实属浪费。可怜的南城墙和护城河的下场，在红旗大道起步时就注定了。其实，红旗大道在刚起步时，保留护城河和城墙，不是规划所致，而是财力实在不够。一旦条件成熟，该拆拆了，不该拆的也拆了，该填的填了，不该填的也填了，大家一哄而上，大道两旁建筑如"雨后春笋般"拔地而起。

"文化大革命"一开始，随着红卫兵"炮打司令部""炮打赣南区党委"，在南昌也响起了"炮轰省委"的呐喊声，辛垂训也就成了"批斗对象"，说他是"假典型""伪劳模"，但由于他"出身穷苦""根红苗正"，没有太久，他又成为一名"普通的工人"。

2. 辛垂萌

我写的第二位名人，是"好书记辛垂萌"，"文化大革命"前，他被赣南地委树为"党的工作者的榜样"，赣南地委号召全区党的工作者向他学习。他的事迹在《赣南日报》上整版整版地刊登，作者也是我。

辛垂萌是漂塘钨矿大龙山分场的党总支书记。工人出身，家境贫穷，中学文化程度，是当时漂塘钨矿唯一从工人中提拔上来的正科级干部。

辛垂萌的特点是常年与矿工"三同"，摸爬滚打在第一线，是矿工的贴心人。作为党的工作者，他善于抓"活思想"，在"一把钥匙开一把锁"的思想政治工作方面，有他独创的经验，所以大家都称他为"好书记"。

毛主席当年号召："工业学大庆，农业学大寨，全国学人民解放军。""全国学人民解放军"这一口号至今应当还是正确的。当时响遍20世纪60年代的中国大地上空的口号之一就是"全国学人民解放军"，辛垂萌作为全地区政治思想工作学习的典型，就是在这样的历史大背景下产生的。

他像解放军领导关心战士那样关心矿工，比兄长还要亲地终日把矿工的冷暖挂在心上。晚上拿着个手电，到工棚查铺盖被子；白天站在窿口，督促下班出窿的矿工洗澡。事无巨细，他都要管，还有点"婆婆妈妈"。在他的领导下，大龙山分场的工棚盖得最好，洗澡堂管得最好，营养食堂办得最好。当然他还亲临一线，每天到"掌子面"，是他的"必修课"。言传身教，是重中之重！

对矿工们遇到的各种思想问题，那个年代有"四个第一"，其中以思想工作和"活的思想第一"尤为重要！抓活思想，你得首先知道矿工们在想什么？有哪些实际困难？怎么知道？知道了又怎么解决？辛垂萌有整套办法。

他出身特苦、艰苦朴素、乐于助人、有"钉子精神"；他关心群众，善于做思想工作、长于"抓活思想"……在那个年代，他的一切无疑带有超常的军事主义色彩，但他确实是政治思想工作者的典范。

那个火红的年代各行各业都在你追我赶、多快好省地建设我们的国家，不像现在不少人在"作秀忽悠"，我觉得现在的人无法和那个年代的人相比。辛垂萌是一位实实在在的好典型。

3. 加入作家协会

在20世纪时50年代，毛泽东号召集中进行一次对普罗大众生活史的群众性的写作运动，那就是自上而下发动的"写三史"的活动（工厂史、街道史、家史），或者可以统称："忆苦思甜"活动。我在漂塘钨矿就加入了"写三史""忆苦思甜"的活动。当时，我已调入党委宣传部工作，负责编辑《漂塘工人报》。当时，我到矿山四处访问老矿工，到矿区四周访问老百姓，收集了一大批"红色歌谣"，特别是结合写"三史"收集了很多旧社会矿工受苦受难的歌谣。例如，反映旧社会矿工苦难的歌谣"矿工头上路三条：饿死、冻死、绳上吊"，编写了一本《钨矿工人血泪史》。还把辛垂训的事迹写成报告文学，在《江西日报》连续发表，《江西人民出版社》还出版了我写的有关著作。因为这些"成就"，1959年我参加了赣南区首届文代会，参加了中国作家协会江西分会的一些活动，成为首批中国作家协会江西分会最年轻的会员——时年22岁。后来，由于多种原因，使我对文艺界有一种"不寒而栗"的感觉。特别是1957年的反右，和接着的"文化大革命"，看看文艺界的"那些知名人士"，他们可悲的"下场"，对我来说，真是"前车之鉴"。

1959年参加赣南地区文代会的代表合影

王蒙，大我3岁，我很早就读过他的《青春万岁》，后来又读了他写的《组织部来了个年轻人》，但命运让他成了右派；四川的流沙河，诗人，比我大6岁，我读过他的《草木篇》，也被划为右派。宁夏的张贤亮，大我1岁，我认为他是一个很有才华的作家，我读过他的《大风歌》，也被划为右派。刘绍棠，大我一岁，是当年作家中的"神童"，号称"大运河之子"，作品格调清新淳朴，乡土色彩浓郁，也被打成右派。还有我少年时期就崇拜的大作家丁玲、姚雪垠等人，都是"右派"。通过翻译家傅雷，我才得以接触巴尔扎克的《高老头》《亚尔培·萨伐龙》《欧也妮·葛朗台》以及罗曼·罗兰的《约翰·克利斯朵夫》等等，他也被打成右派。难道作家就是"右派"的代名词吗？我不积极"反右派"，但也不能当"右派"。远离那些"作家"，当我的普通老百姓吧！

　　后来，我当了理论教员，给党委中心组讲解马、恩的《费尔巴哈和德国古典哲学的终结》《反杜林论》等经典著作，纵论马克思主义的时间观是"无始无终"，空间观是"无边无际"，"地球也是一个具体事物，终将毁灭"，等等。还在党校轮训下面的区长、段长时，给他们讲政治经济学，"使用价值对棺材铺的老板来说，不是享受者，而只能是买者享受"……当时，也觉得这是一种乐趣，比那些"风花雪月""无病呻吟"，要强多了！

4. 胡菊芬

　　胡菊芬，女，汉族，浙江慈溪人，1944年8月出生，20世纪60年代是江西省最年轻的劳动模范（年仅20岁）。1964年江西省召开全省劳模大会，赣州地区总工会章主席（女）指名要我整理她的材料，我受命从漂塘到了南昌，住在江西饭店，在整理辛垂训材料之后，每天陪着胡菊芬，听她讲她的"故事"。最后整理成文，发表在《江西日报》，登了一整版，从此胡菊芬开始了她人生转折，谱写着新的篇章。

　　胡菊芬1960年10月参加工作，当时她只有16岁，是一个啥事也不懂的"毛孩子"。在赣江造纸厂，她是负责看脱水机的一名普通的工人。1961年4月她加入了共青团。1962年间，一次上班，她看到正在运转中的脱水机的纸浆上有一些瑕疵，就用手去拨，结果右手被机器卷了进去，手掌被轧断。对这一"事故"，当时有两种截然不同的说法：一是说她违反操作制度，用手拨纸浆，不符合操作规程；二是说她出于爱护国家财产，不让出厂的纸张有瑕疵，更不能损坏昂贵的脱水油毛毡，一心为公，才毫不犹豫地伸手去拨纸浆上的瑕疵，从而造成这一"事故"。一个18岁的女孩子，参加工作才两年，能懂什么？只是觉得有瑕疵，不好，就用手去扣，没有想更多。没有结论就是结论，结论就是出于公心，就是出于对国家财产的爱护。她的这种行为，获得了全厂大多数人的赞扬，她被评为厂里的劳动模范。厂里照顾她，让她不再在车间，调她去担任广播员。

　　事故发生在1962年，那年她才18岁。因为是省级劳动模范，材料要重新整理。地区工会章主席说："一定要挖出当时她是怎么想的？后来又怎么闯过了那些难关？要有高度。"奉命"挖根""上高度"，我找胡菊芬谈了三天三夜。1964年在江西饭店采访她时，她才20岁，对于当时事情的整个过程，她自己也说不清。我像一个兄长，与她促膝谈心，听她讲整个事情的经过，最后终于理出了一个头绪。发生事故的当时，她想到的只是国家财产不要受损失，根本没有想到自己。受伤后，克服种种障碍过了"三关"：心理关、生活关、劳动关。当时，谈得最多的是她是如何过"心理关"。作为一个18岁的年轻姑娘，失去了右手，是怎样的痛苦，可想而知。从终日关在房里，到走向大众，重新走向生活，需要多大勇气！在心理平衡以后，她才能从学会个人洗漱，到生活全部自理，闯过生活关。接着闯过劳动关，讲她如何拿锄头，如何在半只手的帮助下用另一只手锄地，等等。

因为是省劳动模范，从参加全省劳模大会回到厂里以后，她个人的"仕途""节节高升"。1964年10月从工人转为干部，被任命为江西赣江造纸厂团委干事、书记，在1966年10月加入了中国共产党。作为省劳模，地区也将她作为"接班人"重点培养。1969年10月，她调任江西赣州无线电厂一车间党支部书记。1972年12月，任江西赣州接插件厂革委会副主任。1973年3月任赣州市妇联副主任。

因为年轻，是个"好苗子"，又得到省里重视。1973年6月，升任共青团江西省委副书记，成为当时最年轻的副厅级干部，时年她才29岁。1999年5月调任江西省工商行政管理局副局长。2001年1月4日，调任省质量技术监督局副局长，后又被选为江西省质量协会会长，江西省资产评估清理整理工作领导小组成员。先后担任江西省第五届人大常委，政协江西省第九届委员会委员。

当年是年轻，现在大概也退休了吧？

社教运动

1. 社教运动的历史背景

"社教运动"是介于"大跃进"与"文化大革命"之间的一场政治运动。

社教运动的后期，"文化大革命"开始了，那时，天天听广播，了解全国的形势，如果有一天不听，就感到落伍了。抱着一颗忠于毛主席、忠于毛泽东思想的纯朴而又执着的心，旗帜鲜明地支持党中央，跟毛主席走。

2. 进驻江西电机厂

1964年10月，我被赣南区党委抽调到南昌市社教工作团，成为南昌市社教工作团3 923名中的一员，成为江西省第一批开展社教运动的工作队员。当时，南昌市社教工作团的团长是白栋材（省委副书记），团部设在江西柴油机厂。赣南地区抽调来的干部组成一个工作队，进驻江西电机厂。姜萍为队长，他是一位十三级的干部（当时属于"高干"级别），在这之前，他是冶金系统赣州801厂的党委书记，为人和蔼，文质彬彬，修养很好，素质很高，他选择了我和赣南区党委宣传部一位干事当他的秘书。

江西电机厂是江西省属重点企业，也是江西省的优秀企业，创建于1954年，有员工一千多人，生产发电机、马达、变压器等。厂址的这个地方叫老虎山，老虎山过去是刑场，枪毙犯人的地方，大家有点讳疾，觉得老虎山是个"不吉祥"的地方。后来南昌火车站也建在离老虎山不远的站前路，来往人多了，大大减少了不吉祥的感觉。"文化大革命"时，这条路又改称井冈山大道，那个地方从此就变得"火红"了。

工作队10月初集中训练，学习中央工作会议的有关精神，包括"前十条""后十条"和王光美的报告等文件，根据省委布置，集训着重解决"反右"的问题。恰恰在这时，我得了急性肾盂肾炎，住了两周的医院，使我失去了接受"反右教育"的机会，但却因此而得"福"，因为没有受到"反右"的"洗礼"，在整个运动中我没有"左"得那么厉害。

记得进厂以后的三件事：一是找一位"师傅"，主要是响应干部参加劳动的号召，找到师傅好跟班劳动，每周要劳动一天，不是农村那样的"扎根访贫"，而是实实在在的劳动；二是参加厂里干部"洗澡"，当时说不是热水，也不是冷水，而是温水，叫作"洗温水澡"，让干部自己说有哪些"四不清"；三是和厂党委的关系，上面指示是"既要依靠，又不能全靠"，我和赣南区党委宣传部的小李是姜萍的秘书，等于就是工作队党委的办事机构，天天要和厂党委打交道。厂党委办公室的小梅，和我们相处得很好。文件传递、信息交流没有遇到什么障碍，我们对厂党委也是"既依靠又不依靠"，中央和省委的文件由厂党委传递给我们，有关社教的文件、简报则跑"南柴"——社教工作团团部。

1964年冬，江西电机厂发生了一场大火，大火是在半夜发生的，烧掉了一个车间，还波及其他几个车间。我跟着姜萍奔赴大火现场，南昌消防队的救火车也来了十几部。初冬，救火水龙头的水洒在身上，还是有些寒意的。这时，我们的主要注意力是"查阶级敌人"，团部也发来指示，要借此把社教运动推向深入。但查来查去，没有什么线索，"阶级敌人"也没有找着。后来因为我离开了，也不知道结果怎么样。

临近春节，全体放假。由于上面的分歧，工作队也不知道要干什么。

放假前两天，我向姜萍队长请假，并要求顺路回衡阳一趟，了解一下家庭成分问题，他表示同意，并说："家庭出身是一个人的大事，应当弄清。"不想此行引出又一大堆麻烦。

3．"翻案"之说

在那次社教运动中，我更感到"出身地主家庭"是个很大的压力。但我又感到，在同一个家庭中，不可能有五个"家庭成分"，我想搞清楚事实的真相。于是在1965年年初，我向姜萍诉说了我家的这种情况，要求在春节回家期间，去衡阳老家一趟，把家庭成分搞个明白。我并不期待能把"地主"成分去掉，只求有一个实事求是的说法。姜萍批准我前去衡阳，并在社教工作队开了介绍信。

从南昌到韶关，在衡阳火车站我下了车，直奔衡阳市二商局，找到了当年的农会主席、时任衡阳市二商局长丁永夫。由于我家所有的证明材料都是他出具的，他应该对我家的情况比较了解。他见到我就说："你家里划什么成分？你爸爸一直教书，家里有二亩五分田，土改时划了个小土地出租。"我请他写个证明，他毫不犹豫地写下了"小土地出租"的家庭成分。我如释重负，终于摘掉了"地主家庭"这个压了我半辈子大帽子。拿了丁永夫写的证明，回到漂塘。这时漂塘也开始了社教，我就交给了社教工作队。

没有想到，漂塘社教工作组根本不理会，更不去调查证明的真实性，就给我扣上"为地主家庭翻案"的大帽子。说我自己"填了几十年的家庭成分是地主，现在想翻案，没有那么容易"！工作组还把这一歪曲事实真相的污蔑之词，写成材料，分别寄送给我的兄弟姐妹，并寄到上海我父亲的工作单位，把他们的"家庭成分"统统改成"地主",从而使我的兄弟姐妹和在上海的父母都受到株连。工作组还派人去衡阳找丁永夫"清算",这时全国已经开始了"文化大革命",丁永夫也被打成了"走资派","为丁平准地主阶级家庭翻案"也成了他的一大"罪状"。现在看来似乎是一场闹剧,但在当年可真把我全家害得好苦。当然,这些都是由于"极左"路线所导致,我现在并不记恨什么人。

4."文革"前夜

由于"文化大革命"开始了,我就没有再回社教工作队了。这时,江西冶金厅下了调令,调我到南昌,我又回到了南昌,分配在江西冶金厅政治部宣传部。由于"文化大革命"已经开始,宣传部也无事可做,我当起了"逍遥派"。

南昌已经开始了"轰轰烈烈"的"文化大革命"。漂塘钨矿党委书记王殿阁作为工作组负责人调到《江西日报》,"首都12大队"的造反派也"杀"进了南昌,"炮打司令部"的大字报贴进了省委大院,在《江西日报》开会的王殿阁翻墙逃离。

上海《文汇报》1965年11月10日发表姚文元《评新编历史剧〈海瑞罢官〉》一文,成为引发"文化大革命"的导火线。文章点名批判北京市副市长、明史专家吴晗,《人民日报》和北京各报在十多天内没有转载。北京市被批评为"针插不进,水泼不进"的独立王国。毛泽东说:《海瑞罢官》的"要害问题是'罢官'"。这使对《海瑞罢官》的批判带上更为严重的政治色彩。此后,批判涉及的范围迅速扩大。

漂塘钨矿贴出了不少关于我的大字报,说我在漂塘是"三家村"小伙计,是"阎王殿里一小丑"(指作家协会),要求要把我从南昌揪回来。

1966年5月,中央召开了政治局扩大会议,8月召开了八届十一中全会,两个会议先后通过了《中共中央通知》("五·一六通知")和《中共中央关于无产阶级文化革命的决定》("十六条"),对中央领导机构进行了改组,"左"的方针占据了主导地位。从此,开始了"文化大革命"的十年内乱。

我和王殿阁,在此时被造反派同时"揪"回了漂塘钨矿。从此,开始了"文化大革命"的种种"考验"。

四、青年的梦(2)——"文化大革命"的灾难

1966年至1976年,恰好是我最宝贵青春年华的岁月——29岁至39岁。就在这10年,中国大地发生了"文化大革命",我的青春岁月,是在动乱中度过的。

长达10年之久的"文化大革命",在粉碎"四人邦"以后,正式宣告结束。

现在想来,我宁愿把"文革"看作是人类历史上的一次理想主义的社会实验,一场群体的狂欢,或者是一次群体的行为艺术。这场社会实验的前期有群体的狂欢,有达到了巅峰状态的精神体验,如崇拜、激动、仇恨、迷惑、恐惧、绝望。而这场实验的尾声却是相对平和的、温暖的。那种群体一致的精神力集合在一起仿佛在空间形成了一个神奇的"场",使初涉人世的我深深地沉迷其中,让我感到激动,让我感到踏实,让我感到有力量而无所畏惧。那个年代虽然很短暂,但影响却是深刻和长久

的。那些体验所造就的理想主义、英雄主义、集体主义情结已经植入我的骨髓，植入我们的灵魂，而无法抹去。

这里记录了"文革"中自己经历的点点滴滴，只是以"勿忘历史"为训。由于相隔年代太久，很多记忆已经非常模糊，仅仅记下那些久久不能忘怀的只言片段。

被"揪"回漂塘钨矿

1966年，"文化大革命"开始的那些日子，我被"造反派揪回了"漂塘钨矿，同时被"揪"回的还有原漂塘钨矿党委书记王殿阁。那时，我刚调到江西省冶金厅，家还在漂塘钨矿没有搬，被"揪"回漂塘钨矿等于让我回家，同时还有王书记"作伴"，心里也就"坦然"了。

回到漂塘钨矿，地方很小，天地就那么大，在那一条狭长的山沟里，一切都压缩成一片红色，真正地成为"红海洋"：红旗、红太阳、红像章、红宝书、红袖标、红卫兵等，当然还有与红色相关的"革命理想、革命意志、革命豪情和革命斗争"。小小的漂塘，到处是"革命的烈火"：革命宣传画、革命大标语、毛主席像、毛主席语录，大批判专栏上的大字报、小字报、黑板报、革命小人书、《红旗》杂志，还有高音喇叭里的亢奋激昂的"两报一刊"社论、评论员文章，以及铜管乐进行曲、革命歌曲，所有这些都营造了一种"令人激动"的"革命"氛围。

受这些"革命环境"影响，在"文化大革命"初期，我是满腔热情想"投入革命"，但"革命的同志"却把我看成是"敌人"。我想不通，虽然我家庭出身"不好"，但自己人生的"道路可选择"；虽然我生在旧社会，但长在新社会，从懂事起，受的就是毛泽东思想的教育，我热爱中国共产党、热爱社会主义，我自愿加入了中国共产党，我走向社会就是"为社会主义服务"，我怎么可能"反党、反社会主义"？我是"革命的动力"，不可能是"革命的对象"，我还不到30岁，我要"革命"。可回过头来看看，在这次"大革命"中，我为什么老跟不上红卫兵"革命的步伐"？老理解不了"造反派"的"革命措施"？想到这些，百思不得其解，只有独自彷徨！

那些日子，"造反派""勒令"我白天在每栋房子外面墙上写毛主席语录，晚上写检查。于是，我白天在墙上用红油漆写毛主席语录，从一面墙壁到另一面墙壁，担任"油漆工"角色，同时也练就了美术字。晚上"写检查"，经过整个晚上，"检讨书"还是一张白纸，确实是写不出来嘛。对也不是，错也不是，不知道该写什么。写不出来就抽烟，一根接一根，一包接一包！从这时我开始抽烟了，这也是我在"文化大革命"中的"副产品"，从那时起，我有了抽烟的不良习惯。回想50年代编报纸，半夜起来抄录新华通讯社的新闻，没有半点睡意，没有抽过一支烟，"文化大革命""写检查"却抽起烟来了，我也不知道为什么？

那些日子，造反派在我家门前墙壁上贴满了大字报，什么"三家村的小伙计""反革命修正主义苗子""裴多菲俱乐部成员""修正主义的接班人""地主阶级的孝子贤孙"……大帽子一顶又一顶地压来。大字报贴满了墙壁，连窗户也打不开了，只有在"暗无天日"的"黑暗"中度日。两年前我组织"革命化工作队"印的传单也成了我的"罪状":"为什么印上刘少奇的语录";"矿工头上路三条,难道就不能起来造反吗?这是对工人阶级的污蔑";"歌剧白毛女是毒草,舞剧白毛女是样板,'钨矿工人血泪史'是大毒草"……

1966年八届十一中全会后,"造反派"学习红卫兵的做法,上门破"四旧",把我多年积存下来的各种书籍都集中起来在球场烧了,说那都是"封资修"!可惜我古今中外的多个版本的文艺书籍,被付之一炬,至今想来也令人心痛!

1966年10月,在"踢开党委闹革命"的口号下,党委书记王殿阁多次被"揪"去接受"批斗"。每次批斗王殿阁,我都必须参加"陪斗",因为我是党委的"黑笔杆子",党委当年的那些文件,大多是我起草的。戴着高帽子,我站在舞台边上,陪着中间站立的党委书记王殿阁,一同接受"造反派批斗"。那时,我期待的是主持批斗会的造反派头头大吼一声:"丁平准滚下去"!拿着高帽子,我就"滚下"台来,"夹着尾巴逃跑了"!也不知道那些日子是怎么过的,时刻"倾听"广播里的呼喊声,一旦有"情况",拿着高帽子,就得立刻"集合"前往接受"批斗","不能迟到"!万幸的是我没有挨过造反派的打。

接着是声势浩大的批判"资产阶级反动路线",因为我不是"领导",没有执行"反动路线"的能力,只有那些"走资派"才有这种"资格",我是"一般群众",于是我被造反派放在了一边。

重回南昌

1967年1月"上海夺权"后,漂塘钨矿也被"造反派"夺了权,成立了"革命委员会","承蒙"革委会的"恩典",我被送回了江西省冶金厅。隔了不久,我爱人也调进南昌,在洪都钢铁厂财务科工作。

在江西省冶金厅,我只是个"一般群众","走资派"多得很,我这个"一般群众"也就只能当"逍遥派"。江西冶金厅的正常工作都停摆了,整天搞"文化大革命",大字报贴满了上下整个四层的办公楼道。在"无产阶级专政继续革命的理论"指导下,开展"斗批改"运动。几位厅长,被造反派勒令坐在每层楼的过道上,桌前挂着一幅走资派某某某的黑牌子,他们每天的"任务"就是负责"打扫厕所",虽然都是"两万五"(长征)的老干部,当年都是"高高在上"的"厅座",但此时一个个都"老老实实"上下几个楼层跑着,来回打扫每层楼的厕所。我这个"逍遥派"没有打扫厕所的"资格",也就整天闲着。

接受贫下中农再教育

1. 挥泪告别英雄城

1968年10月,"夺权"后的江西冶金厅"造反派"宣布:响应毛主席"接受贫下中农再教育"的号召,江西冶金厅干部下放农村劳动(下放人员为冶金厅干部总数的80%),同时宣布,"走资派"和"保皇派"的头目"敌我矛盾作为人民内部矛盾处理，也一起下放农村接受贫下中农再教育"。下放的名单，用红纸书写公布在冶金厅的大楼前，我名列其中。"走资派"很感动，"保皇派"则感到受了极大"委曲"，但没有办法，中央文革小组下了"结论"，我们只能承认是"保皇派"。干部下放后冶金厅也被宣布撤销，与机械厅等几个厅局合并为"重工业厅"。

1968年10月1日，下放人员在冶金厅大院集合，大家兴冲冲地坐上汽车，我爱人因为她的工厂"奉命"不搞下放，所以她带着三个孩子留在南昌，这时她赶着去洪都钢铁厂上班，我独自一人奔赴下放的农村。几十辆客车拉着"6857战士"（1968年下放的"五·七"大军），在院内静候知青的到来。那时实行江西革委会主任程世清的"办法"——"下放干部带知青，到农村插队落户"。不久院子里响起了一片连哭带叫声，那是送下放知青家长们的哭喊声，那些家长们拉着下放知青的手，真像生离死别一样。而知青们却是另一个样子，表现得特别兴奋，上车以后，把双手伸出窗外，拼命喊口号。这些初中生，那时才十六七岁，浑身带着在红卫兵运动中激发出的热情，脑袋里只有"在广阔的天地里大有作为"几个字，其他什么具体的东西也没有，只有火热的、膨胀的、闪闪发光的感觉。车子绕英雄城一圈后，随即奔赴下放地点——老革命根据地永新。一路上这些孩子们兴高采烈，又喊又叫。

汽车走了大半天，经过永新县时，在县城也没有停，车子接着就开到了里田公社大门口，公社书记姓陈（当地老表都叫他"陈司令"），他领着公社一批干部站在院门口迎接省城来的"五·七大军"。经过领导们的一番讨论，"五·七大军"领导小组和公社决定，当天下午就把南昌来的这批人员分到各生产大队。

我和领南昌五中"一小撮""造反派"的五个小将，被分配到了九西大队。三名女生，两名男生，其中一名女生张劲松是"五·七大军"的"副连长"，她当年是五中的"造反司令"，我被"任命"为九西大队"五·七大军"的组长，她是我的"顶头上司"，我是"带队干部"。公社驻队干部龙家声以及九西大队的干部，领着我们沿着一条石板大道步行到了九西大队。当晚就住进了大队部——一座在龙家村中心位置的大庙（当地叫龙家祠堂）。庙里黑咕隆咚的，点了两盏煤油灯，在黑夜里一闪一闪，就像坟上的"鬼火"，几个知青已没有当年"造反"的精神，缩作一团，蜷在角落里。直到我喊了一声："赶快收拾行李，早点休息。"他们才醒悟过来去收拾自己的行装。大家安顿好了以后，我与大队干部商量，把五个知青分配到各个生产队，我才入眠。我睡在大队办公室，其余房间男孩一间、女孩一间，还有一间是大队的仓库。就这样我们真正插队落户了！

第二天一清早，我宣布分到各生产队的具体人员名单，他们拿着镰刀就下到生产队参加割禾去了，我也随之参加了第二生产队割禾。这些在城里生活了十几年的孩子，从来就没有参加过这些劳动，第一天下来，情况"很惨"：手上起了血泡，腿上被蚂蟥叮的地方血还在流，脸晒得像涂了猪血似的。我比他们好些，但除了手上好点，没有起血泡，其他也好不到哪里去。这里的蚂蟥大得出奇，蚂蟥照叮我不误，拍打它好几下，才能打下来，接着便血流不止；天上太阳晒，田里水中泡，很闷热的，那个味道实在是不好受。当然我不能在小孩面前叫苦，只有忍着，并安慰他们："没事，多做两天就会习惯！"后来也真习惯了。

四、青年的梦（2）——"文化大革命"的灾难

下放在永新县里田公社九西大队的知青

后面空地是当年里田公社的旧址

在里田镇大门前五级财政系统干部

2011年重回里田公社九西大队

2011年重回九西村在村民委员会前

大家还是很怀念丁组长

2. 里田这个地方

大家都为能够下放到革命老根据地井冈山而自豪。"五·七大军"在到达里田后不久,"连部"就组织大家上井冈山"接受革命传统教育",这样,对井冈山有了大致的认识。

永新县城叫禾川镇,我们下放的里田镇位于永新县西部,禾水河中游北岸,是永新县西部的经济文化中心。里田公社所在地距县城14公里,海拔145.2米。东邻禾川镇、高市,南接在中、三湾,西临沙市,北连台岭、龙门。里田公社面积144平方公里,全公社有8 626户,4.2万人,辖26个大队,194个生产队。

里田镇是革命摇篮井冈山根据地的重要组成部分,毛泽东、贺子珍等老一辈革命家曾多次到这里开展土地调查、反围剿斗争等革命活动,著名的"塘边分田"就发生在里田。

这就是我们下放的地方——里田公社(现为里田镇),九西大队就在禾水弯道的旁边,由于河水的冲积,沿着河边有一大片沙丘,种植着棉花,后面是山,沿山坡而下,有一片片水田,种植水稻,田埂上种植了毛豆,这是一个一年四季都有活干的好地方。

3. 评"底分"

那时农村实行工分制,每个参加劳动的人员都要评"底分",然后根据"底分"来记每个人劳动一天的工分,到了年底,根据每人一年劳动所得的"工分"进行分红,由生产队的会计算出分值(每10分值多少钱),分值乘工分,就是一年所得。当时九西大队各生产队的"分值"大概是三四毛钱,劳动一年下来,能拿到几十块钱,这已经是很不错的了。有的地方,社员劳动一年最后得的是"负"数,因为生产队分的实物,如毛豆、棉花籽、番薯、口粮、蔬菜等,都要折算成钱,这样和劳动工分的钱相抵销,就有可能是"负"数,就是说劳动一年下来,还要欠生产队的钱。

当时的政策规定:知青评分后,要参加社员的分配,带队干部不参加社员分配。因此,下放在九西大队的那五个知青,他们的"底分"大多是三分、四分。一般说来,"底分"是根据劳动技能来确定的,那时,我已学会了耙田,能把一丘田耙平,就是农活中"水平"最高的技术,所以生产队给我评的"底分"是十分。我想,这不是因为我的农业劳动技术真的很好,而是因为我的底分评高评低,都不会影响社员们的分配,所以他们就给了我"最高"的底分。而知青就不是这样了,评高评低,会影响他们的分配,所以他们就只有三四分的底分。

当时,知青一年还有一百多元的"政府补贴",带队干部也照拿工资。后来,传说知青"补贴"要取消,带队干部也要从"滚一身泥巴"到"滚一生泥巴","身"字改为了"生"字,那就是"滚一辈子泥巴",取消干部工资,彻底当一个农民。这些消息传来后,大家都诚惶诚恐。如果真的取消干部的工资,那我们怎么活呀?如果取消知青"政府补贴",那让贫下中农养他们?我们怎么"带"呀?

4. 过"革命化"春节

1968年,我被下放的第一年,上级号召:"不回南昌,在农村和贫下中农一起过一个革命化的春节。"那个年代"上级号召"就是"毛主席号召","毛主席挥手我前进",春节不回家成为每个"五·七战士"的"誓言",其实在心底还是很想家的。

每逢佳节倍思亲,特别是在春节,谁不想和亲人团聚?除夕之夜、初一清晨,我思念远在南昌的爱人和三个孩子,五名知青也思念远在南昌的父母。可"毛主席的号召"得响应,留在九西是"革命与不革命"的"大是大非问题"。

贫下中农还是很惦记下放干部和知青的,他们过年有的家里杀了猪,就会拎两斤猪肉给我们送来,我们定量的食用油是每人每月有二两,过春节时打回来,六个人共有一斤多,我们还在大庙旁边种点青菜。年三十那天,我像家长似的领着五个孩子,点着煤油灯,围着火炉,炒了一盘猪肉,煮了一盘青菜,喝着当地的米酒,也还算"热热闹闹"。第二天,大年初一,吃了"忆苦饭"——红米饭、南瓜汤后,就下地干活了。被下放的第一年,"革命化的春节"就是这样过的。

春节过后,知青实在想家熬不过了,我也就批准他们返回南昌"探亲"。

5. 修丰源水库

那年冬天,根据省里指示,要"建设新农村",贯彻程世清的"八字头上一口塘",我们奉命去修丰源水库。丰源水库位于永新县象形公社黄塘大队,是永新县的重点水利建设工程。我们步行直奔象形公社黄塘大队。

那时实行军事编制,里田公社去的修堤人员被编成一个民兵团,九西大队去的人被编为一个民兵连,来自各个公社的有上万人,被编成一个民兵师,我被抽去参加修堤,也是一种锻炼。每天早上天还蒙蒙亮,号声响起,就要起床,啃上两只番薯,挑着一担竹箕,就往大坝上冲。大坝上下二里多地,而且堤坝是45度的陡坡,每天的任务是挑五十担土,一天光是走路也有一百来里,从清晨直到旁晚星光闪烁,才收工回工棚。一天下来,真是骨头架子都要散了,疲惫得要命。这时,九西大队队长拿来一碗水酒,叫我喝下去,我几口就干了,迷迷糊糊倒在稻草堆里就睡着了。第二天,爬起来接着再干。几天下来,居然也适应了。一个月之后,我锻炼得能够应付"超强劳动",但又多了一个"毛病"——喝酒,这也是"上山下乡"的又一"成果"。

6. 开展多种经营

被下放的第二年春天,我回了一次南昌。在与家人团聚的同时,我去看望了冶金厅的同事。在冶金厅的废料堆里,我发现了一部报废了的手扶拖拉机,我请冶金厅车队的队长帮忙修了一下,不到一天,他就修好了。我如获至宝,把它开回了九西。也不知道那时是哪来的一股劲,自己根本就没有学过开车,就用这部手扶拖拉机在九西大队办起了运输队。我带着一个男知青,隔两天跑一次莲花县,帮老表家里拉煤。一车煤一吨多,居然每天能跑一百多公里,当然上坡下坡也吃了不少苦头。但每天中午能"蹭"到一顿丰盛的午餐——香喷喷的炒腊肉,也很"满足"。回到队里把收到的运输钱缴了,倒下便睡了。后来,这部手扶拖拉机交给了大队,是不是继续跑运输,我也记不起了。

当地盛产黄豆,我领着五个知青,办起了豆腐坊。每天半夜起来磨黄豆,十斤、二十斤用水浸泡了的黄豆,大概磨到清晨三四点,接着烧浆、点石膏,压榨去水,制成豆腐。老表们排队前来购买,都夸"豆腐做得好",这又成了大队的一笔收入。

豆腐坊有豆腐渣,我们又办起了畜牧场,养了好几头猪。每天忙完农活以后,在下河洗澡的同时,担负在河里捞猪草的任务。后来觉得买猪仔太贵,知青张劲松主动担负配种任务。租了一头公猪——德渥夏克，由张劲松负责"配种"，并把苗猪养成猪仔出售。一个十六七岁的小姑娘，担负此等任务，实在不简单。她也因此成为全公社"学习毛泽东思想积极分子"，"配种"自然成为她先进事迹的一部分。

当地老表有放养群鸭的习惯，我带着一名男知青，也学着干起了放养群鸭的活。那是只能夏天干的活，因为夏天可以不用带被子，只要带两件衣服，一个人挑着一担谷子，另一个人背着一捆竹围子，两人赶着一群群鸭就可以上路了。鸭子沿着一丘丘水田觅食而行，一丘一丘地过，从清晨直至傍晚，把鸭子赶到田边草地，用竹围子把它们围起来，人就在一旁席地而卧。看着天上的月亮，数着天上的星星，听着鸭群的声音，双手驱赶着蚊虫，就这样渐渐入眠，也是别有一番情趣。天刚蒙蒙亮，就要醒来，因为鸭子在每天拂晓时下蛋，打开竹围子，就可以看到白花花的遍地鸭蛋，我们把它们一个一个捡起来，装进篓子。用毛草烧烤两只鸭蛋作早餐，吃罢就赶着鸭群上路，又开始了第二天。两三天下来，就可以装满一担鸭蛋。丰收了，回家了，接着就往回赶。一个来回四五天，能收获百来斤鸭蛋，给大队又创造了一笔收入。原来以为这是一个"技术含量很高"的活，经过实践，才知道这群鸭是很有"纪律"的，它们之中有一只"头鸭"，只要它走其他鸭子都会跟上，从一丘田到另一丘田，甚至过马路，群鸭都会跟着"头鸭"行动。当然也有"费劲"的时候，就是"头鸭"不"听话"，你要调教它，只要把"头鸭调教"好了，整个"鸭群队伍"就能"带好"。否则，也会"鸡飞狗跳"鸭子四处奔跑，那可难办了。

两个男孩开手扶拖拉机，跑运输拉煤，在解决社员燃料的同时，我们"五·七小组"的"家"也有了燃料。有了煤以后，接着又办起了农具修理厂。两个男孩又学铁匠，干起了修理农具的活。这些都是"无师自通"。

这样，下放知青既没有更多地下地干活，又满足了社员生产生活的一些紧急需要，大家都很满意。连远在南昌的家长也很高兴，说"我那崽能开拖拉机了呢！"下放劳动，既"折磨"人，也锻炼人。

乌石山岁月

在毛主席"落实干部政策"指示下达后不久，我被调往乌石山铁矿，任宣传部干事。此时，"文化大革命"还在继续。1976年清明前后发生的"天安门事件"，对我这一辈子产生了重大影响。

1976年4月7日，因为"天安门事件"，中央政治局根据毛泽东的提议，任命华国锋为中共中央第一副主席、中华人民共和国国务院总理；同时，认定邓小平问题的性质已经变为"对抗性的矛盾"，做出撤销邓小平党内外一切职务，保留党籍，以观后效的决议。4月7日晚8时，中央人民广播电台向全国广播了中央政治局的这"两个决议"。

当时，我全家住在乌石山矿部职工宿舍，那是个"筒子楼"，全宿舍的人员共用楼前的水管。晚上8点，我正在门前水管下面洗菜，柱子上的高音喇叭响了，广播里播出了中央政治局的"两个决议"。听完后，我感到很震动，当即脱口而出，自言自语地说了："没有想到×××当第一副主席，没有想到×××的事情是敌我矛盾，又是这样的下场。"我的这两句"自言自语",被旁边的人听到了,她立即向进驻乌石山铁矿的吉安地委工作组举报。地委工作组一位姓陈的组长,认为我这是"反革命言论",找我谈话。我承认我是这样说了,我反问那位陈组长:"我确实没有想到我们党会设第一副主席,也没有想到×××当第一副主席,没有想到×××的事情现在变成'敌我矛盾',又是这样下场,不知道陈组长想到没有。"我的一番话更激起了陈组长的愤怒,他厉声说道:"全国人民为英明领袖欢欣鼓舞,你却躲在阴暗角落里恶毒攻击英明领袖,还为邓小平翻案。"陈组长立即叫荷枪实弹的基干民兵把我抓了起来,说我是"现行反革命",把我关押在山上的一间小屋里,并有民兵持枪看守,我成了一个"准犯人",被"关"了一个多月。

我女儿每天给我送饭,民兵用刺刀在门前划了一道线,说不准越过那条线,越过那条线就是敌我矛盾,父女不准交谈。后来只好约定:女儿在饭盒里放一些红枣就是"外面风声较好",放几粒黄豆,就是"风声不好"。也就是在这段时期,我一个人"闭门读书",不受"任何干扰",我啃"马列",反复阅读马克思的《资本论》,通读《列宁全集》一至三十九卷,亏得给了我这个"机会",让我静心地读"马列"。把我"放"出来的时候,我反倒觉得"关"我的时间"短暂"了一点,还有两本《列宁全集》没有读完呢!

省冶金厅的财务处长蒋承书来乌石山铁矿"视察工作",那时他的权力很大,"利润包干"他一句话就可以"拍板"。他指名要见我,在矿党委书记说了我是"现行反革命"后,他还坚持要见我,并说:"凭我对他的了解,他不可能是反革命,也不能凭一句话,就把一个人定性为'反革命',况且他也没有说什么,真是谁也没想到。"他还到我家吃饭。至今,我也非常感谢这位同学,在那种情况下,他还能见我,来我家吃饭,无疑是对我的很大支持。我被"放"了出来之后,支部召开大会"开除"了我的党籍,接着我被下放劳动,在选矿车间推矿车。有一次因为上坡我力气不够,几吨重的矿车往回倒,就在快要压到我身上的时候,选矿车间的工人、劳动模范钟炳生从后面一个剑步赶上来,用力把矿车往前一推,救了我的命,要不,在几吨重的矿车辗压下,我必定粉身碎骨!至今,我也没有忘记这位劳模的救命之恩!

天安门广场群众集会悼念周总理

北京市委为天安门事件平反

2011 年在乌石山铁矿访问当年的住宿　　2011 年在乌石山铁矿办公室前

之后，蒋承书要我到萍乡去主持省冶金系统财会干部培训班，我就从乌石山调到了萍乡钢铁厂，在那里组织江西冶金财会培训班的工作。乌石山给我留下最深刻记忆的就是天安门事件的前前后后，远距北京千里之遥小山沟里的我，居然"因言获罪"，真是毕生难忘！

1978 年 11 月 14 日，经中央政治局常务委员会批准，中共北京市委宣布为天安门事件正式平反，并指出天安门事件完全是正义的革命行动，并对因该事件遭到迫害和株连的所有人予以平反。《人民日报》发表社论：《人民万岁！》，该报及中央电视台、中央人民广播电台等新闻媒体，公开向全国人民道歉，检讨在此事件中所做的一切不利于人民的反动宣传。在中央这个决定之后，乌石山铁矿终于恢复了我的党籍，宣布给我彻底平反。

江西冶金财会班

粉碎"四人邦"以后，我被调到萍乡钢铁厂，由于蒋承书的支持，江西冶金财会班就办在萍钢，我负责主持财会班的工作。第一期的学员是江西冶金系统各企业的财务负责人，叫"研讨班"，后来的是一批新人，叫"财会班"。他们经过半年的专业培训，回到单位大多成为单位财会部门的负责人，有的被提拔为财务科长，有的还晋升为总会计师。"财会班"从萍钢办到南昌，后来搬到了南昌双港，距江西财院仅一步之遥。因此，在江西，我可谓"弟子上千"，一些省属冶金系统财会部门负责人或业务骨干大多是冶金财班的学员。我在财会班主要教"政治经济学""会计原理"，并主持财会班的工作。

从此，我再次走上财会工作岗位。

四、青年的梦（2）——"文化大革命"的灾难

1981年7月在萍钢举办的江西冶金财会研究班

在当年在萍钢时的住处留影

1981年江西冶金厅在萍乡钢铁厂举办的财会培训班学员毕业合影（1）

1981年江西冶金厅在萍乡钢铁厂举办的财会培训班学员毕业合影（2）

1982年在南昌双港江西有色冶金工业学校

五、壮年的梦——让中国会计师自立于世界之林

进入财政部

因为"一篇文章",我进了财政部。现在回想我1981年写《列宁经济核算思想的探讨》的情景,那是在全国讨论"实践是检验真理的唯一标准"的大气候下,我提出"我们国家要实行计划经济加商品经济",是够"大胆的"。后来开了十一届三中全会,证明我的"理论"是正确的,又遇到了经济学家许涤新,文章终于能在《经济研究》上发表。我提出要用"马克思主义政治经济学作为社会主义会计学的理论基础","千规律、万规律,价值规律是第一规律","会计学研究的对象就是价值

运动，就是资金运动"。后来又遇到杨纪琬，他提出"可以用丁某人的理论来建设新中国的会计理论"；还遇到人民大学的阎达五，他也赞赏丁某人的"理论"；还有会计司的余秉坚，他是具体的"操盘手"，主张"把丁某人调到财政部来"。最后，想来想去，我还得感谢"文化大革命"，乌石山"群众专政"的那些岁月，把我"关"了一个多月，我才能"心无外物"地通读了马列经典著作五十多卷、近千万字，才能得出"以马克思主义政治经济学作为社会主义会计学理论基础"的结论，才能写出《对列宁经济核算思想的探讨》那样的文章，才能被杨纪琬看中，才能有被财政部调来的"理由"。因此，我还是很怀念在乌石山的那些岁月。也要感谢美国那家大学的学报刊登了我的文章，他们刊登了，《人民日报》才会转载，我的"知名度"才得以"提高"，以致让杨纪琬在全国"找"我。一个既无"背景"、又无"学历"（我不是博士、硕士）的人怎么能够"混"进财政部？也许，这一切都是命运的安排。

　　1983年，我从江西调到财政部。在会计司，杨纪琬对我很好，亲自为我在八角村租房子，并把他办公室的沙发搬到八角村给我，还亲自到八角村看我住得是否妥当，出差时总带着我，整理文稿完全信任我，工作安排完全放手让我干。刚进财政部时，对我来说干什么我都是"新手"，但他总是很宽容。那些年，我真有点"受宠若惊"。后来，谢部长（谢明顾问）对我也倍加爱护，他当会计学会的会长，对我十分赏识，在多种场合对我进行表扬。因为有这些"尊者"的赏识，我在财政部确实是"甘脑涂地"地卖命干活。

　　那时的北京，通讯没有现在这么发达，也没有"互联网"。1984年，我的两个孩子从江西来北京看我，礼拜六上火车前发的电报，礼拜天财政部休息，电报就没有送到，因此，我不知道他们来北京。两个孩子礼拜天晚上就到了北京火车站，没人去接，他们俩就在火车站的垃圾箱旁睡了一晚。等到礼拜一我上班时，在财政部大门前，看到两个黑不溜秋的孩子站在那里，真是哭笑不得！现在我才知道互联网有多大作用！

　　1985年，我爱人和孩子也来了北京。因为没有住房，就暂时住在三里河二区一号会计司的老办公室，会计司此时已搬至新楼三层（现在又变成"老楼"了）。没有住地就不能上户口，后来把项怀诚当司长时分的房子分给我和潘晓江，所以进北京以后，户口就落在项怀诚住的那间房子，我的老"身份证"的地址就是那个地方。现在我才体会到"住房"对于"北漂"族的重要性，没有那个"窝"，一切都不能办。

　　记得那时"办理住京手续"很麻烦，我在北京城区整整跑了两天。去前门北京市公安局上户口，去西四粮管所上油粮食关系，还得领购煤的本、副食品的本。后来，在双榆树给我分了房子，就把户口落到了双榆树派出所，还得"转户口"，等等。好像要办很多很多"手续"，因为需要"领"的本本实在太多，跑得有点"烦"了，当时有点真不想去办这些"手续"了。从三里河二区一号搬到双榆树时，是财政部警卫排的战士帮我搬的家，当时刚分配到会计司的研究生王永庆也前来帮忙（现在是北京市政协副主席）。30年过去了，想想"北京户口"有什么用？我也不知道，为什么有那么多人为它而"努力奋斗"？现在没有户口、没有"油粮关系"，没有任何"本本"，不是照样可以在北京生活、工作吗？有的还"混"得很不错！起码比我要好。

我进财政部以后，好像一切都很顺利。两三年就升一级，那时不知道房价会这么贵，只是觉得孩子大了，要有点"私人空间"，因此，对于升级给我带来的物质上的"待遇"——多一间房子，我就要求加了个"一居室"，两个孩子因此而得以"独居"。房改时，到占了"便宜"，按居住租约享受购房待遇，这不又占了"便宜"！这也是"命里安排"吧。

中国会计学会副秘书长

在中国会计学会我干了10年。

最初，中国会计学会在财政部人事司没有"户头"，杨纪琬是中国会计学会的副会长兼秘书长，但他这个秘书长是"光杆司令"，中国会计学会下面没有"办事机构"。人事司只有《会计研究》的"户头"，《会计研究》编辑部是会计司里面的一个"处级单位"，但因为杨纪琬此时是会计司司长，所以，《会计研究》编辑部才成为会计学会的"办事机构"。1985年我被任命为《会计研究》编辑部副主任（副处长），1986年升为主任（处长）。1987年我当选为中国会计学会的副秘书长，这个职务在人事司没有"户头"，在人事"编制"上我仍然是《会计研究》编辑部主任，会计学会副秘书长的职务只是在会计学会有用，人事司不管。

我到会计学会时，它刚成立3年，但它在全国会计界已经有了重大影响。它涉及的范围比会计司更宽广，会计司在财政部内过去仅仅管几个"科目、报表"，现在也主要是管管"会计准则"。至于"会计人员"主要是管专业考试，还被人事部"拿走一半"。会计学会除了研究"科目、报表""会计准则"外，还要涉及财务、审计、证券、金融、经济管理等，它不仅要"说明"现在，还要探索未来。因为它是个社团组织，所以它的"范围"可以不固定，它的"边界"是随时变动的。高等院校的师生是会计学会学术研究的主力军，因此会计学会比会计司与高等院校的联系更为密切。杨纪琬之所以受到业内尊敬，不仅因为他是财政部会计司的司长，更因为他是位"会计专家"，他创立了"管理论"的学派，他是资深的会计学教授，是会计学博导，他的弟子"遍天下"。因此，他是会计界的一面旗帜，是一位代表人物，代表了"一个时代"。能在他手下"打工"，我当然"受益匪浅"。因为杨纪琬在业内的声望，我"托福"也沾了光。在处理《会计研究》的稿件、在办理会计学会的日常工作等等方面，我都"代表了杨纪琬"，也只能"代表杨纪琬"。由此，我和老一辈的会计学教授有了更多的接触机会，和青年一代（今天他们又是老一辈了）共筑了中国会计学会这个平台。

在主持中国会计学会工作期间，我记忆最深的，应当是这么几件事：编辑《会计研究》《会计学刊》；选编每年的"会计学论文"；组织七个研究组的活动；组织首届会计知识大赛；组织每年的会计学会年会……

中国注册会计师协会秘书长

1993年，我当了中国注册会计师协会的秘书长，到2000年退休，其间经历了

"痛苦的1 823个日日夜夜"。在主持中注协工作期间，我曾经在大会上说过："谁要是在中注协犯了错误，最严厉的处罚就是让他来当秘书长！"可见秘书长之"苦"。

那个年代，最关注中国注册会计师行业的莫过于朱镕基。注册会计师行业在短期内闻名于大江南北、社会地位的空前提高，均得益于朱镕基。每次到中南海去开会，我都既兴奋又害怕。兴奋的是"最高领导"对我们这个行业如此关注，害怕的是"今天不知道又会怎么'骂'我们"。中国注册会计师行业在那个时候的每一重大决策，都是来自中南海，来自朱镕基的指示。朱镕基当了5年副总理、5年总理，那10年是中国注册会计师行业开拓创新的十年，突飞猛进的10年，也是我"艰难跋涉"的10年。

十年的前前后后，我在中注协大概做了以下几件事。

（1）草拟《注册会计师法》。几经风雨，注册会计师行业不仅立于不败之地，而且大踏步地向前腾飞，是因为有了《注册会计师法》，那是我国市场经济的第一个"配套法律"。回想起在望海楼起草的十天十夜，回想起翻阅各国会计师法进行比较研究，回想起那时召开各种座谈会的收获，回想起国务院法制局李适时对《注册会计师法》起草工作的催促，回想起在人民大会堂人大常委们审议的情景……一切好像就在眼前，一晃竟过去了十几年。十几年后的今天，它仍然闪烁着光芒。因为它凝聚了全行业的心血，凝聚了法律、经济、财政、财务、工商、税务、金融等各界精英的心血，谁也不能否认它是中国注册会计师行业发展进程中的里程碑。

（2）实现"两会联合"。曾经有"两套法规""两个司令部""两支队伍"的注册会计师和审计师，"吵"了十年，"打"了十年，终于在1995年达成联合的"七条协议"；刘仲藜签了字，郭振乾签了字，双方"化干戈为玉帛"；"两会""两所""两师"1996年在京西宾馆召开了"特别代表大会"，正式宣布联合，社会审计宏观管理体制终于理顺。这是迄今为止，最为成功、最为彻底、最大"工程"的大联合。中央领导发来祝贺，新闻媒体显著报道，业内欢呼庆祝。从此，中国社会审计迈向了新时代。

（3）推行脱钩改制。在没有任何"红头文件"的情况下，在"国有所"无处不在的条件下，进行事务所的体制改革，无疑是一项十分艰难的事情。"脱钩改制"是当时的提法，实质是事务所所有制的大变革，即变国家所有为注册会计师所有，实行合伙制。合伙制从103家执行证券业务的大型事务所开始，迅速发展到全部事务所，2年时间就全部完成，真是"人间奇迹"。改得很好，改得彻底，没有人再回头找"挂靠单位"，没有人再议论那是"街上卖大白菜的老太太"，没有人说它是"搞私有化"。事务所高兴，挂靠单位愉快，中央也很满意，注册会计师行业在理顺体制后迅猛发展。

（4）进入证券市场。真正让注册会计师投入市场经济的，是中国资本市场的建立，是让注册会计师成为"证券市场的第一关"。中国有一亿股民，就可能有九千万人关注注册会计师的工作；中国有"四行""三会"，就有资本市场的"警察"关注"不拿国家工资的经济警察"；中国有几千家上市公司，就有几千家注册会计师"紧密联系的客户"。从此，注册会计师才真正成为市场经济中不可或缺的专业人才。从1993年上海石化上市开始，到后来的主板、中小板、创业板，A股、B股、H股，中国的注册会计师在市场经济的大风大浪中，逐步成长。中注协对事务所执行证券业务，注册会计师和会计师事务所的管理，是下了功夫的。对执业资格的管理从考核到考试，从限定执行证券业务最低专业人数对事务所规模的提升，从每年对执行证券业务事务所的大检查到从严惩处"疏于职守"的师和所，无一不让中注协担心、操心、"烧心"。

（5）从反面吸取的教训更深刻。正像一切新生事物一样，注册会计师在成长过程中，也不是一帆风顺的。其间就发生过新老"三大案件"，这"六大案件"都惊动了中南海。"老三大"案件：1992年的原野案件、1993年的长城案件、1994年中水案件；以及1998年先后发生的"新三大案件"：红光案件、东锅案件、琼民源案件。每个案件朱镕基同志都亲自过问，或发指示，或作批示；每个案件都有注册会计师受处分，或被停止执行业务，或被吊销执业资格，直至被判刑蹲监狱；每个案件都有会计师事务所"倒塌"，或是罚款，或是停业整顿，直至撤销全所。中注协当然为此付出了"代价"，那就是被批评为"监管不到位"，我也因此受到"这个秘书长是怎么当的"责问。现在回过头来想想，其原因是多方面的。中注协监管不到位固然是原因之一，但不是主要原因，因为在证券市场上还轮不到中注协"监管"。还有一些教授在当时写的文章，把罪过完全归于注册会计师，也是不完全公平的。市场监管法制不健全、监管体系不完备，是重要原因。中国的证券市场本身就是一个新生事物，不可求全责备。同样，注册会计师行业也是一个正在建立和健全发展之中的新兴行业，也不应当求全责备。但有时反面教材更能让人猛醒，教训更深刻，起的作用更大。长城案催生了《注册会计师法》，中水案催生了审计准则，琼民源案催生了事务所做强做大……中国注册会计师行业是在苦难中前进，在惊涛骇浪中成长。

（6）进行清理整顿。1997年朱镕基著名的"4.20"批示，推动了注册会计师全行业的清理整顿，大大提高了注册会计师的执业质量。当时，对于清理整顿是"大搞"还是"小搞"，有两种不同的意见：主张"小搞"的认为，朱镕基的批示主要是针对大所，清理整顿只要整一整那些执行证券业务的大所就行了；主张"大搞"的认为，好不容易有了朱镕基的批示，借此东风来一次全行业的全面清理整顿，从而使整个行业的执业质量大提高。最后，还是决定"大搞"。在发什么文件上，也有过争论：有的主张应当发国务院文件，落实朱镕基批示，当然要发国务院文件；有的主张发财政部文件，不能事事发国务院的文件，财政部是主管部门，朱镕基也是批给财政部的，发财政部文件较为妥当；有的主张发中注协文件，中注协是具体管理机构，万一没有清理整顿好，还可以再发更高层次的文件。最后，还是发了中注协的文件。没有想到协会的文件居然会有那么大的推动力，大概是因为"众所周知"如此大规模的清理整顿是"大有来头"的，发什么文件背后都是朱镕基。整顿用了将近2年的时间，先后分三个阶段，抽调了数百名人员组成"检查小组"，进行"狂风暴雨""地毯"式的清理整顿，吊销了数千名注册会计师的执照，关闭了近千家事务所的"大门"。风雨过后见彩虹，注册会计师受到深刻教育，会计师事务所的执业质量普遍有了明显提高，社会声望大大增强，朱镕基也表示满意。

（7）制定审计准则。从1994年6月25日中注协确立审计准则工作计划开始，经过近5年的努力，最终形成与国际接轨的、具有中国特色的审计准则三个层次的完整体系。经过一年多的努力，1995年举行了第一批审计准则新闻发布会，1996年又发布了第二批，1999年接着发布了第三批。基于《注册会计师法》的明确规定，奉"最高当局"的指令，受制于"两会"联合的协议，在艰难困苦的环境下，中注协出台了审计准则。用厦门大学葛家澍教授的话来说："审计准则是一个多快好省的准则体系。"证监会用它来审查事务所的审计报告，法院用它来衡量注册会计师的"过"与"罪"，社会公众用它来评定事务所的公正与否，中国的审计准则在中国的资本市场站住了脚跟，这就是"伟大的胜利"!

(8) 实行考试准入。事务所的竞争，归根到底是人才的竞争。要从整体上提高注册会计师队伍的素质，就必须改革注册会计师的"入门"体制。《注册会计师法》作了这方面的改革，规定考试是注册会计师入门的唯一通道。1991年12月举行的第一次注册会计师全国统一考试，是根据国务院发布的《注册会计师条例》进行的，当时实行的还是"考核与考试并举"的"双轨制"。"双轨制"实行了两届后就终止了。自1994年1月1日起，根据《注册会计师法》的规定，注册会计师入门的唯一途径就是考试，这是经过激烈的思想斗争才定下来的。试想，当年注册会计师队伍中90%以上是离退休老干部，要求他们参加考试，那不是"要了老命"啦! 但"新老头接替老老头"的人才体制必须打破，而打破的唯一办法就是坚持"考试入门"，就是要"一刀切"! 就是要把"考核"放进"仓库"。没有"特殊"，没有"例外"，坚持下来，就是胜利。连中国台湾的同行也赞赏我们行动坚决，说我们取消考核就坚决取消。从那以后，注册会计师队伍的人才结构终于起了变化，年轻人的比重从1%不到，5年之中上升到了80%，这是"行业奇迹"。就在改革入门制度的同时，实施了注册会计师考试的对外开放。1994年4月6日，发布了对外开放注册会计师全国统一考试办法，1994年9月22日在天津举行了第一次境外考试。证券业务资格的取得方式也从考核转变为考试，1997年6月21日在天津举行了第一次证券业务资格考试。考试虽然不一定是最好的办法，但考试在选拔人才、培养人才方面的积极作用，却是不可否认。

(9) 建立三所国家会计学院。考试只解决CPA"入门"问题，后续教育还必须跟上，这就有了建设三个国家会计学院的"题目"。朱镕基在1992年指定，财政部拿出10个亿，建三个世界第一流的CPA培训基础。后来，拿出了几十个亿，建设了北京、上海、厦门三个国家会计学院，使CPA后续教育有了良好的平台。同时，根据朱镕基的指示，在23所高等院校设立了CPA专门化，使得CPA队伍后继有人。在教材、教学等方面，都得到了朱镕基的关注。在建设三个培训基地时，中注协成立了基地服务部，并在人才、选址、沟通资金渠道等等方面给予了全面支持。

(10) 统一管理。早在1993年中注协"独立设立门户"时，财政部党组就做出了七条决定，明确了中注协的职责；1993年10月全国人大常务委员会通过的《注册会计师法》，也明确规定由中注协代表财政部行使统一管理注册会计师行业的职责；1994年7月1日，财政部在"三定方案"中，再次明确了中注协的十条职责；1996年6月，朱镕基在给注册会计师全国特别代表大会的书面讲话中，也明确指出："把对注册会计师、事务所的日常监督管理任务，交由注册会计师协会去完成。"在财政部内，由中注协统一管理注册会计师行业，既是法律的要求，也符合现代管理原则。

（11）沟通海峡两岸会计师专业团体的联络。1990年由于香港会计师公会翁江培会长的努力，海峡两岸的会计师组织进行了首次接触；1994年1月，我首次访问台湾，开创了中注协赴台访问的先河。从那时延续到现在，海峡两岸会计师团体定期进行交流已经制度化。台湾会计师提出："两岸没统一，让会计师先统一。"绝大多数台湾会计师是热爱祖国的。

（12）加强涉外管理。当年，国际会计公司有恃无恐地占领我国会计市场，名义上是设立"中外合作事务所"，但外方根本不"合作"，常驻代表处违规做法定审计业务，在事务所内压制中方人才的成长。我提出了"审计水平国际化，审计人才本地化；管理水平国际化，管理主权本地化"，接着制定了有关管理常驻代表处、中外合作事务所以及临时执行业务的三个文件，使对外开放呈现出多种方式，既要"管住"，也要"管活"。大门打开，门槛筑高。

（13）参加WTO谈判。早在1993年中注协就代表财政部参加了"复关"谈判，之后代表财政部，多次参加WTO谈判。提出了"会计市场准入"的若干条件，对国际会计公司的"横冲直闯"做了一定的限制，维护了国家的主权，保护了中国CPA的地位，主导了中国会计市场的开放。在WTO谈判过程中，与美国代表进行了针锋相对的斗争，为发展中国家争取了更多的"发言权"，促进了中国会计师更稳健地走向世界。

（14）加入亚太会计师联合会。中国是个亚洲国家，当然要加入地区性的会计师组织。1996年10月，经过艰苦卓绝的斗争，中注协在马来西亚成功地加入了亚太会计师联合会，成为被中国驻马来西亚大使称为"伟大的胜利"的外交史上的一件大事。接着在1997年以后，当选为亚太会计师联合会理事、亚太会计师联合会副会长、亚太会计师联合会会长。1996年在吉隆坡中注协的"两人代表团"战胜了台湾的"百人代表团"，应当永垂史册。中国式的智慧，战胜了西方的种种阴谋，昂首阔步进入了国际会计师组织。那是由于海外华侨的帮助，那是由于祖国改革开放的强大威力，那是爱国主义的一首凯歌！

（15）加入国际会计师联合会。中注协加入国际会计师联合会的谈判，从1982年到1997年，先后经历了15年，关键就是台湾会计师组织改名的问题。1996年以前，国际会计师联合会处理这个问题的程序，总是先由我们提出中国台湾会计师组织改变名称的提议，然后他们就问台湾方面的意见，台湾方面当然不会表示同意，国际会计师联合会就把中注协加入国际的问题"搁置起来"。1996年在钓鱼台与国际会计师联合会的会长、秘书长会谈时，我直截了当地说："我们需要国际，同样国际也不能离开我们。如果你们再不接受中注协，那么你们这个'国际'就得改名。"他们也承认："至少是不完整的。"当场他们就把国际的"程序"改了，由我们提出台湾会计师组织拟改变的名称，得到国际同意后，不再"征求"台湾方面的"意见"，就直接通知台湾会计师组织"他们改名了"，并在国际会计师联合会各种出版物上使用"中国台湾会计师公会联合会"的名称。多米尼加会议一表决，问题就解决了，中国注册会计师协会终于在1997年5月加入了国际会计师联合会，我成为首任中国会计师组织在国际组织中的全权代表。紧接着1997年10月，中国注册会计师代表团赴巴黎参加了第十五次世界会计师大会,张佑才副部长代表中国会计师在巴黎国际会计师舞台上发出了洪亮的声音,中国的会计师终于突破重重围堵,步入了国际会计师舞台,迈开了走向世界的第一步。

……

中国总会计师协会副会长兼秘书长

中国总会计师研究会成立时,是中国会计学会的下属组织,由我进行"联系";后改称"中国总会计师协会",也是在征求中国会计学会意见后改的。因此,从它发起成立,到以后多次举办"研讨会",以及其他重要活动,我都曾参与其中。说来说去,也是一种"不解之缘"。

2002年5月,在中国总会计师协会杭州会议上,我被选为副会长。我想,在总会计师协会我就当个"依丽莎白女皇"似的"甩手掌柜",做个"象征性"的副会长,不需要做任何具体事情。但后来张佑才当了会长,他说:"老丁,你应当兼任秘书长"。我苦苦"求饶"无果。他是部长,我在职时就在他的"统治"之下,退休了他的"官"还是比我大,只能听他的。"兼秘书长"再"苦"也只有"兼"。秘书长要主持日常工作,就要天天上班。所以,虽然退休了,仍然是"朝八晚五"(早上八点上班,下午五点下班),到办公室安排大家每天干什么活。这样的"日子"我过了3年,终于得以"告退",中国总会计师协会在我人生的旅途中又留下了一笔。

2002年,我到中国总会计师协会"走马上任",第一件事就是将中国总会计师协会的英文名称改为 CHINA ASSOCIATION OF CHIEF FINANCIAL OFFICERS,简称 CACFO,会徽上名称缩写也改为 CACFO。新闻媒体对此做了很多文章,称"总会计师将变脸",从"总会计师"变为"首席财务官"。虽然中文名称没变,但从心底讲,总会计师协会工作的总体目标,就是要将"总会计师"变为"首席财务官",这是压倒一切的首要任务。所以,在全国人代会上,就有"百人提案",提出了要将总会计师从目前"排末位、不到位、没有位"转变到"首席财务官"的地位,为此才有必要另起"炉灶",出台"首席财务官条例",而不是简单的"修改总会计师条例"。定下目标,协会的一切工作就要为此奋进。

接着就是筹备和召开第三次全国会员代表大会,这是总会计师协会"重生"的一次大会。在这之前,总会计师协会几乎"濒临绝境","死里再生"要看它的生命力有多强,全凭第三次代表大会的检验。因为有张佑才,总会计师协会才"绝路逢生",虽然财政部"不要"总会计师协会,但张佑才能够代表财政部,何况他又当上了全国人大财经委员会的副主任,当总会计师协会会长还是中组部"任命"的。

王丙乾同志对总会计师协会极为关注,中国总会计师协会的"招牌"就是他撰写的,所以总会计师协会聘请高级顾问时第一个就想到了他。因为张佑才在全国人大的原因,接着想到了姜春云、成思危两位副委员长,加上吴邦国委员长为大会题词,张佑才本人又是全国人大财经委副主任,因此,第三届总会计师协会高层次的领导,几乎都是全国人大的"头",这也是当时历史条件造成的。

第三次全国会员代表大会是2002年11月28日在北京国家会计学院召开的,开始时怕没有多少人会来，结果来了将近一千人，开得非常热闹，也非常成功。我提出总会计师协会应当做到"家兴""桥通"，得到大会的认可；"会费管理办法"是为了解决总会计师协会的"生计"问题，也获得通过；领导成员增加了现任大型企业的一些"老总"，使得协会的基础更牢；理事的年轻化，有了很大进展……

会后，用较大的精力，抓地方协会和行业分会的组建，逐步在全国形成网络；沟通了与国资委联系的渠道，确保大型企业总会计师在协会中占主导地位；与北京国家会计学院合作创立了总会计师论坛；建立了十二个专业委员会，使活动能够经常化、制度化……

为了加强总会计师协会人才队伍的建设，2002年从辽宁注协借调副秘书长于延奇来总会计师协会任副秘书长。去辽宁时，拿了张佑才写的信，到辽宁省找鲁昕。鲁昕是许毅的学生，曾在财科所获得博士学位，时任辽宁省财政厅厅长，是一位很能干的女将，作风泼辣，言语犀利，见面后讲了辽宁是国企脱困第一名，又是第一名"返贫"的，最后鲁昕表示对总会计师协会的支持，同意借调于延奇到北京。于延奇到总会计师协会后，在整顿内务、赴外访问等方面做了大量工作。因为于延奇在总会计师协会的编制问题一时难以解决，最后他只好重回辽宁。这时鲁昕已升任辽宁省副省长，接着又调到教育部任副部长，再后她转任中央新疆工作协调小组办公室副主任（现在是否退休，不知道）。而对于延奇回辽宁后的安排，她没有能再过问了。

"三大"以后，加强了国际合作与交流。2003年10月中国总会计师协会代表团访问了日本，并与日本财务官协会签订了友好合作协议；2004年1月，访问了美国，并与美国金融管理师协会（AFP）签订了友好合作协议；访问了哥伦比亚大学，并就相互合作为中国总会计师协会培养人才等问题进行了磋商；2003年邀请国际财联会长康琦塔出席中国总会计师协会论坛活动；2004年5月，赴巴黎参加国际财务官协会理事会，在会议期间达成中国总会计师协会加入国际财联的协议，台湾财务官协会做出了改名的承诺，扫除了中国总会计师协会加入国际财联（IAFEI）的障碍；2004年9月，中国总会计师协会正式加入国际财联（IAFEI），并被选为国际理事；2004年10月，中国总会计师协会组团参加了在意大利佛罗伦萨举行的第35届世界财务官大会；2005年3月，接待了美国管理会计师协会主席夏曼；2006年5月、9月，与美国管理会计师协会共同进行了中国企业成本核算与管理的现场调查……

由于张佑才会长在2003年非典期间患肝癌住进了协和医院，以后分赴上海等地，较长时间在外地治疗，不能参与总会计师协会的日常工作。会长"不在位"了，我便也辞去秘书长职务，离开了总会计师协会。

六、暮年的梦——让一切平安

2000年10月，我办了退休手续，进入"养老"阶段，祈盼的目标是：让一切平安！办了退休手续后的十几年，我仍在发挥"余热"。

"发挥余热"这个词究竟是褒义还是贬义的？到现在我也搞不清。所谓"余热"，从字面上解释，就是"多余的热量"，既然离退休干部对社会的贡献是"多余"的，那就"好好养老"算了,何必再拼命呢!也可以解释为"多余的人发挥的热量",既然成为社会"多余"的人,那就不要瞎折腾了!因此,我觉得"余热"一词是对老年人自尊心的伤害。入党时,宣誓要为"共产主义奋斗终生","生命不息,战斗不止",怎么到了六十就不让"奋斗"了呢?人们常说,"霜叶红于二月花,最美莫过夕阳红"。离退休干部在各级岗位上工作多年,不仅资历深、阅历广、经验丰富,还在社会和群众中有着较高的威望,是党和国家的宝贵财富。不少离退休干部"退休不褪色",通过多种形式继续发挥"余热",为党和人民各项事业发展做出了重要贡献。离退休干部发挥"余热",利用自身优势力所能及地为经济和社会事业发展出谋划策、建言献计,无疑应当肯定和尊敬。

当然,离退休人员必须树立正确的权力观。俗话说,"一日得失看黄昏,一生成败看晚节。"对离退休干部来说,保持初心,方得始终。身退必须权退,不退的只能是为人民服务的初心。发挥"余热",应当把握正确的政治方向,正确对待进退、对待权力,树立正确的权力观、价值观,绝不能带有任何私人感情色彩。只有做到慎终如始、永不褪色,才能避免自己"晚节不保"。

发挥离退休干部作用是我们党和国家的一项基本政策的原则。离退休干部是新的历史条件下,推进政治建设、经济建设、精神文明建设和党的建设一支不可忽视的重要力量。在工作中,注意发挥离退休干部的潜在智能,引导离退休干部紧跟时代,用新的视野、新的风范,积极参与社会,服务社会,充分发挥离退休干部在经济建设、社会建设中的重要作用是十分必要的。

从2000年进入离退休老干部行列,十几年来,我在"发挥余热"的号召下,老老实实地做了一些事情。其目标,当然是期待一切平安!

中国财会人才中心

(1)人才中心筹建阶段。1998年7月8日,财政部党组同意设立中国财会人才中心;8月18日得到人事部的批准;8月28日领到人事部颁发的从事人事代理中介服务的许可证;9月18日中央编制委员会办公室批准人才中心为财政部的事业单位;11月18日人才中心设立门市部并开始试营业;12月18日在人民大会堂举行了人才中心开业典礼。这些都是在1988年完成的人才中心的组建工作。这时,我还在担任中注协秘书长,同时兼职负责人才中心的筹建工作。1999年3月17日,我被财政部党组正式任命为人才中心主任,那时我年已62岁了,虽然还算"在职",但按照惯例我已经超过了退休年龄,因此到人才中心也应当算是"发挥余热"。

由于人才中心最初建立时我仍在中注协秘书长的岗位上,"清理整顿注册会计师行业"是朱镕基的指示,不能有丝毫懈怠,所以,一边忙于注册会计师行业的清理整顿,一边策划人才中如何建立。

在李勇接替我出任中注协秘书长以后,1999年年初,我就完全到了人才中心。当财政部人事司司长俞二牛来人才中心考察领导班子时,我对俞二牛司长说:"中注协是事业单位,我年纪"过点了",人才中心同样是事业单位,我也是年纪"过点"了,因此我不能再当人才中心主任。俞二牛表示同意我的看法,并报告给当时的财政部部长项怀诚，项部长批示："丁平准同志的退休问题，按个案处理。"这样，我这个"人才中心主任"就一直当到与中注协合并的2000年63岁时，才给我办理退休手续，正式进入"老干部"行列。

当时，在人才中心还有宋阳同志负责日常事务。记得我还在中注协的时候，兼职筹办人才中心，主要"任务"是两条：一是"要钱"，二是办"批文"。经张佑才批准，中注协拨了人才中心400万元；经当时管预算的副部长高强批准，部里预算给了400万元；办公厅主任王军拨了200万元，总共1 000万元，就拿这1 000万元给人才中心办了"注册"。再就是与人事部联系办人才中心的"批文"。找了人事部流动管理司司长、全国人才流动中心党委书记、主任何宪，通过他与中编办联系，最后获得批文，经中编办批准，财政部人才中心为"财政部司局级事业单位，自收自支，履行部一级人才中心的职责"。后来，何宪当了人事部副部长，他向我建议，负责创建全国财会人才市场。我向财政部党组汇报了人事部的这一要求，财政部党组也批准了"建立全国财会人才市场的计划"。所以，在人才中心那几年，我在筹建财政部人才中心的同时，也一直在为"创建全国财会人才市场"而努力。

（2）建议与中注协合并。1999年我刚去人才中心时，就向李勇建议人才中心与中注协合并，因为人才中心主要是接收与原挂靠单位脱钩改制以后的事务所人员的人事管理，与中协的管理目标是一致的。但李勇不接受，他说："你们这二十几号人，我没法安排。"人才中心"缺人才"，这确实是事实。王军在分流人员时对我说，他给了我"最好的干部"，我说："在你那管档案都要分流，在我这里就算人才了？"最后经他批准财政部财务处给了人才中心200万元作开办经费。

（3）各自寻找"发财门路"。因为人才中心是自收自支单位，部里不给经费，人才中心又没有什么"财源"，张佑才副部长说："你就拿那1 000万买国债，20几个人吃利息就够了。"我不赞成"躺着吃利息"，我发出了"各自找'发财的门路'"的号召，规定各部门找到的发财门路，"发财"的钱大部分留给部门，小部分上缴给中心。于是，"八仙过海，各显神通"，纷纷自找门路"发财"。只有办公室的刘建军"倒霉"，找了个"战友"卖牛肉，结果遇到骗子，"本钱"搞得"血本无归"，人才中心合并到中注协以后，还在追刘建军这个"案子"。到底后来怎么样了，我不知道"后事"如何。当时"自找门路"的办法，还真是起到了一定的作用。那注册的1 000万元的本金，到我离开时都没有动用一分。经科社当时要买办公楼，缺几百万，社长罗志荣找我借钱，我说："钱可以借，但我还得维护'穷人的形象'，利息你还得给。"当时借给了他400万元。在人才中心的日子，就是这样过的。

（4）出国考察访问。中央编办批准的文件中，财政部人才中心有组织出国的职责，因此，在2年之中，组织了地方及企业多批人员出国考察。我和宋阳分批带队出国各有两三次。因为在中注协时我和国外的联系较多，因此到国外找"接待人"比较方便。在担任人才中心主任期间负责领队分别去了日本、美国及东南亚一些国家。组成的团员有各地市财政部门的负责人、会计师事务所的负责人以及各地总会计师协会、企业财务负责人等。各地根据人才中心的通知即可办理出国手续，他们自己在国外没有什么渠道，因此也很希望人才中心能组织这一活动。从实际效果来说，出国考察的人员大多认为"收获很大"，对提高他们的专业水平"帮助很大"。人才中心也从中获得"微利",解决了一部分经费不足的困难。但每次组织工作非常艰难,国外接待单位也"难于发掘",搞了2年就停了下来。

(5) 成立高级专家委员会。人才中心缺乏人才,就借用外部人才。1999年,在人民大会堂举行了中国财会人才中心高级专家委员会成立大会,受聘的专家有:许毅、董辅礽、李勇、李爽、阎达五、阎金鄂、孙树义、杨春一、牛立成、何盛明、谢怀世、郭代模等13人。这些国内知名专家,给人才中心撑了"门面",在社会上产生了较大的影响。

(6) 筹建全国财会人才市场。根据人事部建议,财政部人才中心负责筹备建立全国财会人才市场。全国已有北京、上海等大中城市相继成立了财会人才中心,为成立全国财会人才市场创造了条件。2000年9月,人事部在青岛召开全国人才交流大会,对成立专业人才市场明确了方针政策。2000年10月,财政部党组决定人才中心、资产评估协会与中注协合并,建立全国财会人才中心的议题就被带到了中注协,后事如何,我就没有再过问了。

(7) 成立人才中心党委。1999年7月1日,在财政部会议室举行了中共财会人才中心党委成立大会。它隶属于财政部机关党委,共有12个支部、198名共产党员。财政部机关党委常务副书记赵桂良、办公厅主任王军讲话,中注协秘书长李勇结合行业实际上了第一次党课,我在最后就人才中心党委工作的特点,讲了八点建议。为了使党委的选举符合党章的要求,针对事务所党员流动性大的特点,人才中心的工作人员费尽了心思,手持票箱,奔赴各事务所,等待"流动党员"投票,整整跑了半个月,才获得"全体党员"的票数。后来,中组部党建办公室要总结人才中心党建的经验,因人才中心与中注协合并,没有再进行下去。事实证明,人才中心成立党委,是一项创举,其经验是值得推广的。

(8) 党组的分歧。人才中心成立不到半年,接到党组通知,说党组开会要研究人才中心的"问题"。后来才知道,是由于党组成员之间的分歧,把人才中心作为"把子",实则是为了"攻击"张佑才。因为在提拔朱志刚任党组副书记时,张佑才投了反对票。那天开会,张佑才坐在角落里,一直没有作声,由我进行"汇报"。有的党组成员在会上提出:"你们人才中心的党员犯了错误,你们的党员不能算在财政部党员的人数之中。"我回答说:"成立人才中心党委是经财政部党委正式批准的,为什么不能算在财政部党员人数之中?你说的是'财政部的党',我说的是'中国共产党'的党,请问,如果外交部的党员犯了错误,你高兴吗?"有的党组成员说:"听说你们人才中心有批准出国的权力,那到了国外,有人跑了,算谁的?",我说:"中编办批准我们有出国政审权,所以我们有权批准出国。到国外万一人跑了,'天要下雨,娘要嫁人',只有让他跑,有什么办法?好在到现在为止,人才中心组织的团队在国外没有'跑'掉一个人。"有的党组成员说:"你们开会为什么选择在人民大会堂?"我说:"去五星级宾馆,价太高,我们付不起那个钱。大会堂便宜,我们就去了人民大会堂。"……党组会上提出的问题,我都一一作了正面回答。党组副书记楼继伟最后在办公室对我说:"这些都是认识问题,他们的观念不一样,看法就不一致。党组没有结论,还是按你那一套办吧。"会后,我打电话问张佑才"怎么办?"张佑才回答说:"没有结论就是'伟大胜利',你去喝酒吧!"

(9)"九九归一"。2000年10月,根据财政部党组决定,人才中心、资产评估协会与中注协合并,"九九归一",人才中心终于完成了她的历史使命,我也在2000年10月办理了退休手续。此时我已63岁了,真正进入了"发挥余热"的年轮。

中华财会网

退休以后,我"心血来潮"办起了中华财会网,中华财会网创立于2000年5月10日,5月21日试运行,8月5日正式开通,网站的办公地点设在21世纪饭店,网站名称(LOGO)由时任全国人大常委会副委员长邹家华亲笔题写,网站取名e521,意为"互联网,我爱你"。由我出任总裁,运营方为"北京典超财经网络技术有限责任公司"。网站开通之时,法国前总统德斯坦、加拿大前总理克雷蒂安以及相关的国际会计师组织、国际会计师团体均来电来函表示祝贺,网站与相关国际组织建立了良好的合作关系。同时,国内有关部门负责人及业内专家也纷纷表示祝贺与支持。

网站开通后不久,《中国财经报》记者陈清清采访我,写了一篇一问一答式的通讯进行报道。陈清清问我:"听说你最近改行办了一家财会网站,此消息是否当真?"我说:"此话当真,不是改行,是'继续战斗'。办网,这件事说起来话长,我有这个念头不是一两天了。我在财会战线干了40年,在所谓'领导岗位'也呆了20年,但我一直习惯于'打工仔'的工作方式。不管在什么岗位上,长期以来都是自己动手干活。从玩'四通'到弄电脑、上网,也有10多年的'功夫',倒是占了一点'便宜'。在同龄人中,我还能排上'名次'。"陈清清说:"大家都说你是个很有思路的人,可现在'触网'恐怕是'生不逢时'。'纳斯达克指数'一落千丈,有人预言到年底将有80%的网络公司垮台。因此网络公司的前景并不好。您老人家这样的时刻去'触网'逆境而上,怕不是'其乐无穷',很可能是'苦海无边'。别人都在说现在搞网络、做COM是在'啃骨头',是'烧钱'。传说好几家事务所、好多单位请您去当高级顾问,待遇不错,又很清闲,为什么要'自讨苦吃?"我回答说:"可能我就这么'傻'。但我想,鲁迅说过,世上本无路,走的人多了,路也就出来了;他还说过,失掉现在,也就没有未来。我坚信,网络时代终将到来,事实上也正在迅速地向我们走来。只是目前还有许多条件不完全具备,等条件完全具备了,到那时动手,为时晚矣。我说的是我们这个行业,不只是说我个人。40多年来,我在财会这个行业里摸爬滚打,虽然'甜酸苦辣,爱恨交加',但总离不开它。我没有做'纳斯达克梦',我只在做中国财会网络梦。我感到我们这个行业如果固守传统模式,路只会越走越窄。从网络中,我看到了行业发展的新曙光,我愿在晚年做一颗财会行业迈向网络时代的铺路石子。我想如同一首歌词中说的:'愿我们永远是朋友',通过网络继续保持与同行的联系,再次共享行业兴衰荣辱的甜酸苦辣。通过网络,我可以充当4 000家事务所和上千家企业的顾问。当然,对我来说,办事务所容易,办网站难。我没有钱可'烧',烧的是我的'生命'。可我想,哪怕是用夕阳的余光,能为我们这个行业照耀一条通向网络之路,也值!"……这就是我当年的想法。

靠事务所的赞助,《中华财会网》得以生存下去。我没日没夜地写文章、发评论,登在《中华财会网》上。那时财会界只要发生一些什么事情,我都会敏锐地抓住它,"大作其文"。由于《中华财会网》权威、快速、量大,所以在那段时期,点击率在全国财会网站排行第一。后来,实在是没钱"烧"了,不能老靠事务所的赞助。中华财会网在2001年10月交给北京国家会计学院运营,又维持了2年,2003年北京国家会计学院院长陈小悦觉得中华财会网"不创造收入",就"不出那份钱"了。没有经济来源,中华财会网陷入"绝境",最后,只好"卖掉",给了《财会信报》。

国家会计学院教授

2000年北京国家会计学院开始启动办班,我被聘为兼职教授,专门讲授"诚信"。由于朱总理指示"要把诚信教育摆在第一位",因此,每期总会计师班,我都是第一个开讲。北京会计学院第一期培训班是培训中组部管理的"老总",这些"老总"的"通讯录"上都有秘书的电话,可见他们都是属于"副部级"(因为中央规定,只有副部级以上的干部才能配秘书)。在这期培训班中,中组部有点"现场考察"的意思,因此显得比较隆重。当时梁尤能院长批准我带领一个小组,赴各地作"诚信调查",然后以调查的结果作为讲课的依据。那天讲课时,学院还邀请了国资委、证监会、财政部等单位的负责同志参加,结果大家觉得很好。从那期起,每期总会计师班都要对教师讲课作一个调查"打分",梁院长告诉我,"每期总会计师们对你评价都很高,给你的打分都是第一。说你讲得很好,能紧密联系实际",我回答说"都是自己亲身经历的事,应当讲得自如"。之后,上海国家会计学院也请我前去讲课,学员反应也不错,上海国家会计学院也聘请我为兼职教授。回到北京,梁尤能院长对我说:"你是北京国家会计学院的教授,你可不能答应上海的聘请。"我只好回答说:"我听你的。"在那2年之中,我来往于北京、上海之间,给每期总会计师班的老总们讲课,几乎每周都要"上课"。所以,我开玩笑地对旁人说,"我现在是三分之一的时间在北京,三分之一的时间在外地,三分之一的时间在天上"。因为已经退休,讲起话来,就无所顾忌,"牢骚""怪话"甚至"骂人"的话都会脱口而出,大家却夸我"说真话、实话,没有套话",自己觉得"上课"是一种"精神上的享受",而不是为了讲课的"酬金"。后来,因为我曾经担任过中注协的秘书长,两个国家会计学院在举办CPA培训班时,也请我讲课,开始我表示"不干预朝政,不能就CPA事情发表任何言论",后来实在没法拒绝,也就CPA的"往事"讲了几课。那些在过去"很难见到秘书长"的同行们,十分热情,每节课下来,我几乎没有休息时间,学员不是提问,就是要"合影",我仿佛又回到了当年当"秘书长的时代"。

由于参加会计学院的讲课,在重温数十年会计生涯的一些往事的同时,也体会到一种"师生之情"。2002年5月,美国管理会计师协会要对中国企业成本核算和成本管理进行调查,准备到海尔去,商务部联系被拒绝。普华永道国际合伙人张国俊给我建议,要我打个电话给海尔的总会计师谭丽霞,因为她是我的"学生",也许会接受。我试着给谭丽霞打了个电话,没有想到居然被应允。我想不起她是我哪里的"学生",见面后,才知道她是北京国家会计学院总会计师培训班的学员,曾听过我讲课,"师生之情"她卖了我的"面子"。后来,陪同美国IMA到各厂调查时,不少厂的总会计师见面就说是我的"学生",大概也是占了北京、上海国家会计学院的光。还有的总会计师说:"我在读大学时就拜读了您的文章",这我就搞不清他们是我哪儿的"学生",使我觉得,当老师也是另有一番乐趣。

独立董事

  2001年3月,史美伦出任中国证监会副主席,她提议在上市公司设立独立董事,中国证监会采纳了她的建议,决定在上市公司中建立独立董事制度。北京国家会计学院受中国证监会的委托,举办了独立董事培训班。因为我就在北京国家会计学院上班,就近就便参加了独董培训班,取得了独董的"资格"。

  2002年10月,山推工程机械股份有限公司(简称山推)聘请我为独立董事,为慎重起见,我先去了山推工程机械股份有限公司考察,后来我又提出让中国人民大学的支晓强博士担任山推的财务顾问,作为我的"助手",他们都——满足了我的要求,我也就"走马上任"了。山推工程机械股份有限公司成立于1980年,注册地址山东省济宁市,注册资本7.59亿元人民币,总资产38亿元,员工3 270人,占地面积100多万平方米。在我担任独立董事时,2007年公司的营业收入是48.18亿元,利润总额5.68亿元。

  那时山推的董事长是周庆庭,他是部队团政委的转业干部,到山推后,他不仅保留了部队的优良传统,还在实践中真正成了一名扎实苦干的企业家。在他的带领下,山推的变化真是"日新月异"。技术革新的浪潮一拨接一拨;在经营管理上他也逐渐从外行变成了内行;适时参股日本小松山推,获得了丰厚的收益,又适时卖掉日本小松山推的股份,保证了山推股份的既得利益;新建的工业园区一年一变样,2年就投产。后任两届董事长董平及张秀山,也都是机械行业的专家。

  值得一书的是在周庆庭任董事长期间,原机械工业部部长、黑龙江原省长邵奇惠也出任山推的独立董事,他是为了"体验生活"。这位"独董"的经历颇富传奇色彩,引发了我无限感慨。

  后来,我又当上了中粮地产的独立董事。

  2006年,中粮集团下属中粮地产的副总厉辉上门找我,邀请我担任他们的独立董事,说是中注协现任秘书长陈毓圭推荐的。当时我有些犹豫,因为,第一,我对房地产行业不知道"行情",感到这一行"水深得很";第二,当时河北一位外语教授因当独董"出了事",被罚款10万元,他状告证监会,"官司"还在进行中。厉辉说他是"慕名而来",他要找全国"顶尖"的会计师当他们的独立董事,陈毓圭推荐了我,这样他就找了我。后来,我打听到中粮集团是它的"主管"母公司,是它的控股大股东。1998年第一期稽查特派员进驻中国粮油进出口公司时(中粮集团的前身),我曾经看过他们的财务报告,稽查特派员当时对他们的结论是"没有什么问题"。我觉得他们是国有企业,没有作假的"必要"。还打听到为中粮地产做审计的是原深圳注协的秘书长郑学定的事务所,既然是上、下两位秘书长的"亲密"关系,我就答应了厉辉的要求,出任了中粮地产的独立董事。

  中粮地产公司是由原深圳市宝安区城建发展公司经改制于1993年成立的公众股份公司,1993年8月8日在深圳上市。中粮地产主营房地产开发、建材、兼营参股、投资。公司坚持一业为主，同时大力发展多种经营，向综合性企业集团发展的方针。经过几年的发展，已拥有多家下属全资、合资、参股企业，形成了以房地产为基础，以工业为依托的发展格局。拥有全资、控股、参股企业及"三来一补"企业30余家，涉及房地产、建材、电子等多个行业。与日本的三菱、万宝至、业信精工、美国的艾默生、雅达和中国香港鹏丽国际、凯利集团等跨国企业建立了长期合作关系。

当时的董事长是孙忠人，1950年10月出生，辽宁丹东市人，毕业于对外经济贸易大学，随后赴英国伊林工学院、杜伦大学留学，是高级国际商务师。1978年加入中粮集团，2006年3月20日起任中粮地产董事长，2011年1月4日，因到退休年龄不再担任公司董事长职务，由周政继任。

周政1963年3月出生，工商管理硕士、航空宇航制造工程硕士。曾在航空航天部第609研究所工作；1993年5月至1994年10月，历任中粮南方包装有限公司副总经理、总经理；1994年11月至2008年6月，历任中粮杭州美特容器有限公司副总经理、常务副总经理、总经理，中粮集团包装实业部总经理、中粮发展有限公司副总经理；自2008年6月起任中粮地产总经理；自2011年1月起，接孙忠人出任中粮地产董事长。

在中粮，还需要提到的一个人物就是宁高宁。宁高宁在中国地产界以高超的财技著称，被誉为"红色摩根"。宁高宁，1958年11月9日出生于山东滨州，1983年毕业于山东大学经济系，1987年毕业于美国匹兹堡大学，获工商管理学硕士学位。1990年3月，任华润创业有限公司董事兼董事总经理。1992年，任华润创业有限公司总经理。1996年，任华润（集团）有限公司董事、副总经理。1999年，任华润（集团）有限公司副董事长、董事会主席、华润（集团）有限公司及中国华润总公司董事长兼总经理、华润北京置地有限公司主席。2004年12月28日至2016年1月，任中粮集团董事长。2011年6月11日，任蒙牛乳业董事会主席。2013年10月7日，任APEC中国工商理事长会首任主席。2016年1月5日，任中化集团董事长、党组书记。中共十八大党代表，十八届中央纪律检查委员会委员。

1998年在上海我会见基辛格时，首次见到宁高宁。在会见基辛格以后，中粮地产举行了晚宴和联欢晚会，我被安排坐在宁高宁的旁边，有机会与他进行交谈。我觉得他是一位很有才华的企业家，生性活泼，非常开朗，谈笑风生，卡拉OK唱歌不请自来。从他身上，我体会了"中粮文化"。他说了一段与李嘉诚的谈话，给我留下了深刻的印象。他说："他在香港的时候，香港的两家公司，和记黄埔有限公司和新世界，很多业务都一样，如都做地产、电讯、港口、零售，但是20年后，新世界的股价还是10元，李嘉诚的和记黄埔20年中已经涨得非常多了。业务一样，市场环境也是一样，体制上也没有大的区别，为什么结果有这么大区别？关键在用人上。我之前问过李嘉诚先生，为什么你可以做石油、做电话都能做得很好，为什么恒基、新世界他们做地产还可以，但其他业务不行？他开玩笑说，主要因为他会说英语。他白天在厂里打工，晚上学习英文，因为会英语，所以不怕外国人，请了一群外国人给他工作，外国人的眼界超出香港人，做了很多石油、互联网的投资。所以最重要的是用人，李嘉诚有用的人，有全球战略眼光，有对行业的判断和评价的眼光。反过来看其他香港公司，基本是家族式、朋友式、老臣子式的公司，这些公司发展的局限性很大。""我认为70%的企业经理人是天生的，30%是培养出来的。只有他的性格、特点里面有这些特质的人，才能被培养出来。对我来说，最难的是把管理者换掉，任命的时候要谈话，换掉的时候说对不起，我比他还难受。"

宁高宁在经济界是个"有影响力的人物"。他曾获得多个奖项：2001年"CCTV年度经济人物奖"；《财富》2012中国最具影响力的50位商界领袖排行榜，宁高宁排名第26位；2012年被评为20世纪影响中国的25位企业家之一；2012年CCTV中国经济年度人物候选人；2012年中国经济年度人物；2016年4月，在《财富》评选出的"中国最具影响力的50位商界领袖"中，排第45；2017年9月出席厦门金砖盛会，9月4日下午参加了习近平主席与金砖国家工商界的对话会。虽然在中粮地产与宁高宁接触不多，但在中粮地产处处能感受到宁高宁的身影。后来他调到中化集团，又把中化集团推向新的阶段。

宁高宁

中国西部研究与发展促进会

有一种"传说"：凡是被朱镕基"骂"过的人，一定是很有"本事"的人。我在职时，被朱镕基"骂"过不少，又在财政部工作多年，"依据"这一条，中国西部促进会会长赵延年说我"本事很大"，在2001年请我参加西促会的工作，担任常务理事、副秘书长、经济工作委员会主任。此后，我又在西促会"发挥余热"。

1. 西促会简介

中国西部开发促进会，简称"西促会"。"西促会"由一批长期在中央国家机关和西部各地工作的领导同志发起组建，联合了一批对西部发展有研究的专家、学者以及东、中部有志于西部发展的企业家，经中央领导和民政部批准于1995年10月成立，是全国性社会团体，独立法人。第一任会长是王恩茂（全国政协原副主席），第二任会长是赵延年（中共中央原候补委员、国家民委原常务副主任），后任会长为黄璜（全国政协原常委、中共中央委员、中共宁夏回族自治区党委书记、中共中央统战部部长），"西促会"的"挂靠单位"是国家民委。

2. 陈小悦的建议

2001年时，北京国家会计学院院长陈小悦听说我担任西促会经济工作委员会主任,就建议我选择西部"某个沙漠之地",建一座"中国的拉斯维加斯",就是建一座"赌城"。他说"肯定赚钱","华人天性好赌,为什么要把那些钱给外国人赚?我们自己不可以赚吗"?他还说:"投资肯定没问题,回报也会是很高的。""为了'神秘'一点,可以要求办几十个'证','证'办得越多,去的人肯定就会越多。"我说:"我不敢,再说上面也不可能通过。"他说:"你不要找上面,就在下面找某个省委书记批了就行了。中国又不是没有赌场,彩票就是赌,全国人民都在赌,你们财政部就是'开赌场'的,彩票不是归财政部管吗?"最终我还是没有接受他的"建议",我的"胆子太小",不敢做这些"出格"的事情,保住晚节很重要。

3. 贵州之行

2001年6月,深圳一位民营企业家邀请我及交通部的一位退休专家赴贵州一行,考察一个旅游景区。他用50万元,买断了离贵阳不远的一条"东风河"的使用权,长约50公里,拥有50年的使用权。他想把从贵阳到"东风河"的那条没有"级别"的公路路面,改造为一级或二级路面,这样,去"东风河"的游客就可能增多,但这项工程需要1 000多万元。我们到达贵阳后,即奔赴"东风河"。一条30公里左右的公路,确实颠簸不已,汽车足足开了一个小时才到达"东风河",那是一股清澈的河水,没有任何污染。沿河两岸是少数民族的聚集区,每个聚集区只有十来户人家。河的峡谷是喀斯特结构,上面长着各种植物、花卉、映山红、杜鹃、月季、野牡丹、山茶花、野菊花……一年四季都有花开花落,让人眼花缭乱。在中午太阳的照射下,放出五颜六色的光芒,甚是好看。喀斯特的山崖不时有些许洞穴,关于洞穴流传着一些盗匪的传奇故事。从"东风河"上岸,接着是织金洞,再往上就是举世闻名黄果树瀑布,沿线一带风景确实秀丽。我对那位民营企业家说:"你是放着'金饭碗'讨饭吃,这么好的旅游资源,为什么不能赚钱?"他说:"就是贵阳那条路不好走。"我说:"你不要等国家拿钱,你可以把那条公路也纳入旅游范围。不要坐汽车,雇一个小姑娘,赶着牛车,唱着山歌,讲着少数民族的故事,更能吸引游客。那条河还回归原来的名字,叫'裸洁河'。那些山洞,你请个文学家,编一些故事,边游河,边听故事;那些喀斯山崖,你请个地质学家,把它建成'喀斯特地质博物馆';那些花草,你请个植物学家,有板有眼地进行介绍;整个解说词,你请个诗人,写得抒情一些,保证比你修路花的钱少,而吸引的人会更多。"他听了后,只是笑了笑,没有回答。

上岸后,休息片刻就进了织金洞。在那之前,在贵州开成本研讨会,我陪谢部长、杨纪琬曾经参观过织金洞。十多年过后再次来到,进洞后,觉得灯光比以前更暗淡,讲解词也不如当年。据介绍,那个洞是"县级单位",有六个县级干部,任免权归毕节,他们同时都参加织金县委。这个洞在省里有六个部门管辖,一年收入一百多万元,六位"县太爷""守摊""吃"这一百多万元就够了,根本不想去开拓。所以,这个风景点是"每况愈下",还不如刚开发时有气派。

接着是黄果树大瀑布,这个景点没说的,但感觉总少点开拓创新的味道,几十年依旧。

回到贵阳,我给黄会长的夫人打了个电话,请她派一个摄制组来"东风河"蹲点,拍摄一部纪录片(黄会长夫人曾是中央电视台四台的负责人),黄会长夫人回答说:"几年前我们曾经有这个打算,参加拍摄的地方电视台都定下了,拍摄的费用也不用他们出,但他们说'接待不起',我们也就只好作罢。"听了这话,我也凉了半截。

到了贵阳,贵州西促会会长请客,他曾任贵州省委副书记,因此财政厅来了三位厅长,我开玩笑说:"我当中注协秘书长时没有到过贵州,这次当西促会秘书长,你们财政厅倒来了三位厅长。"几位厅长说:"省委书记请客,我们敢不到么!"我对贵州西促会会长说:"我到了织金洞,我觉得你们缺的不是钱,我问过织金县,他们把什么钱都用上了,扶贫的钱、老区的钱、农业开发的钱、退耕还林的钱,连国债的钱他们都用上了,还能有什么钱?你们缺的是观念的转变、体制上的改革。织金洞是个县团级单位,有六名县级干部,你们省里先把这六个县级干部免了,然后允许他们竞争上岗,合格后优先录用。再把织金洞、黄果树、'东风河'捏在一起,组成一个旅游集团,面对市场,参与竞争,保证你们发大财。上海的、北京的、新加坡的,那些大城市的人都会来你们这度假。大自然的风光,很值钱的!"我还说:"你们那个'东风河'名字取得不好。我听当地老百姓,那河原来叫'裸洁河',是因为苗族姑娘在那河里裸泳,所以叫'裸洁河',本来这是个很好的名字嘛,为什么要改为'东风河',这一改反而不好了,'东风吹,战鼓擂',吓得别人都不敢来了,如果叫'裸洁河',可能来的人还会更多一些。"贵州的会长说:"这些都是我们观念没有改变的原因,我们一定在这方面努力。"后来怎么样就不知道了,我也离开了"西促会"。

4. 西部农业综合开发座谈会

2001年8月4日,在内蒙古呼和浩特市举行了一次"西部地区农业综合开发座谈会"。我把国务院农业开发办(设在财政部)的同志、把财政部主管农业开发工作的张佑才副部长都请去了,赵延年同志很高兴,西部的同志们也很受鼓舞。赵延年会长满怀激情地在会上描述了未来西部农牧业发展的远景,他主张牧民定居,牲口不要放牧,要"圈养",要破除几千年的旧习,建设美好家园。西部的同志也纷纷表示要改变旧的生活方式,改变畜牧业的放牧方式,要向现代化迈进。财政部去的同志也表示要大力支持西部的发展,在资金、人才等方面给予更多的关照。

会后,到一家民营企业所在地参观。那是一个靠近黄河中游的村落,那位民营企业家利用当地盛产玉米的特点,发展了对玉米的综合利用。开办了玉米综合加工厂,提炼了多种化工产品,大大提高了玉米的价值。他开办的工厂,在当地每户吸收一人就业,发给工资。另外,他还利用土地经营权入股的政策,收购当地的农民种的玉米,按等级、土地数作为入股的"本钱",年底按股分红。短期内,在他的带动下,这个村很快就脱了贫。我们去了以后,这位民营企业家把我们带到黄河边,说了他的第二步计划:想利用黄河之水,改造成千上万亩荒地为水稻田,想请财政部支持,在黄河中游建一座泵站,引黄河之水灌溉农田。"西促会"的宗旨就有一条"鼓励、支持民营企业、高科技企业和中小企业发展,推动民营企业到西部发展"。赵延年会长非常支持这位民营企业家的构想。根据国务院农开办政策的规定,改造农田立项以后,每亩可获得国家几十元的补助,他们就可以用这个钱在黄河中游建泵站,从而使这一大片"不毛之地"变成"鱼米之乡"。后来是否立了项,我由于离开"西促会"

了，不知道进展如何。

5. 文化建设

赵延年会长很注重文化思想建设，他在文艺界有一大批朋友。2002年春节，在京西宾馆，他邀请了一批在京的书法家、歌唱演员现场作画、唱歌，我邀请了注册会计师界的一些老朋友一起参加联欢，气氛非常热烈，过了一个非常愉快有春节。

在国际上，赵延年利用统一战线这个"武器"，会见了"国统会"的负责人，深入探讨了两岸和平统一问题，从历史谈到现在，我陪同一起参加了会见。

2003年赵延年已是"西促会"的名誉会长，但对开发西部仍然念念不忘。由他出任编委会主任，办起了一份服务于西部大开发的国家级综合性报纸——《西部时报》，在北京人民大会堂举行了创刊座谈会。他邀请我参加《西部时报》的工作，由于我已在中国总会计师协会工作，就只能谢谢他的盛情邀请。

6. 培养人才

开发西部，人才开发是重点。为了开拓西部同志们的眼界，2002年6月12日在北京国家会计学院举办了"中国西部开发与WTO财经高级研修班"，参加培训的主要是内蒙古的一批同志，我在培训班上介绍了参加WTO谈判的一些情况，大家都很兴奋，表示开发西部也要与"国际接轨"。

美国管理会计师协会高级顾问

2005年3月，美国管理会计师协会（IMA）新任主席兼执行总裁夏曼访问北京，我负责接待了他。陪同他访问了国家各个综合经济管理部门和全国性的经济管理社团组织，为美国管理会计师协会进入中国打下了基础。接着陪同IMA专家对中国企业成本核算和管理进行考察，对IMA进入中国起到了"敲门砖"的作用。

在北京饭店举行的告别晚宴上，夏曼提出要我出任他们的高级顾问，并说这是他们聘请的第一位华人专家。会后，我们签订了一份长达十几页的协议书，并且从美国寄来为我专门印制的IMA的名片，我很佩服他们办事认真的精神。

后来IMA在北京设立了办事处，第一位专职的办事处主任叫林达（在这之前有一位兼职的主任，后来去了美国），是一位很能干的女士，具有MBA工商管理硕士学位，英语特棒，外交能力也很强。她有什么难题，都会来找我。后来她离开了IMA，去了长江商学院。她离开前对我说："美国人的思维跟我们不一样。美国佬总以为他们很牛，到哪里别人都要对他们顶礼膜拜，都会言听计从。他们不了解中国不是这样，英国管理会计师协会比IMA早10年进入中国，他们前期都做了大量的投资，所以中国对他们比较了解。IMA才进来不久，没有前期的投入怎么可能有后期的收入？我好不容易说服美国人，要他们相信我做的一切都是从IMA在中国的长远发展着想，那真是很难。同时我又要说服中国有关当局，相信美国IMA有管理会计的一套先进理念和方法，能够为中国加强企业经营管理提供帮助，为中国市场经济服务，中国企业要走向世界，IMA是一个很好的帮手。两边做工作，真是很难呀！"虽然她后来辞职了，但她对IMA进入中国起了很大作用。继任者叫白俊江，也是一位很能干的男士。在开拓中国市场、组织培训、发展IMA会员等方面做了很多工作。

财政部王军副部长2005年在接见夏曼时说,让世界上最大的发达国家——美国和世界上最大的发展中国家——中国携起手来,在全球重振管理会计的雄威。我就是为了实现这一目标,为IMA工作了将近10年。

IMA进入中国最大的目标就是要发展会员,而成为IMA的会员,必须通过考试,这就产生了各地的培训机构。优才是最先与IMA签订培训合作的单位,几年之中,优才培训的学员,取得IMA会员资格的,在中国是最多的一家。为了鼓励中国学员参加优才的培训,几年之中,我多次去优才报告,优才设在各地的分支机构,我也应邀前去讲演,用IMA的教材讲课。

为了便于中国学员学习IMA的系统课程,我多次建议将IMA教材进行汉化,对考试也进行汉化。这项工作十分复杂,也很艰难。IMA经过多年的努力,在杨继良等专家的帮助下,终于实现了教材和考试汉化的全部工作。

为了与中国高等教育更好地接轨,我介绍IMA负责人访问了中国人民大学,并与MPAcc的秘书长王化成会见,建立了与MPAcc的联系。

为了与中国成人教育接轨,我介绍IMA负责人访问了北京国家会计学院,建立了与国家会计学院的联系。北京国家会计学院还翻译出版了IMA的《管理会计公告》。

为了IMA有更多的学员来源,我陪同IMA负责人访问了国资委,IMA与国资委培训中心建立了密切的合作关系。国资委发文给各企业,规定总会计师、总经理都必须接受在国家会计学院设立的IMA培训班培训,从而使得IMA学员迅速扩大。

为了IMA在中国有一个"官方"的渠道,我介绍IMA与国家人才引进中心接触,并达成了3年一签的长期合作协议。

IMA也十分高兴,2009年第一次把他们的第四次全球年会搬到了中国,在上海召开。说明他们对"进军中国"是感到满意的。

读书、教书、写书

1997年访问美国,刘明辉建议我"留下一点东西给后人",接受他的建议,我提笔书写了《风雨兼程——中国注册会计师之路(改革卷)》,10年间写了5卷:改革卷、开放卷、法制卷、体制卷、人物卷,大约500万字。也许这也是"发挥余热"的又一种方式。

后来,有人说:"你光写行业、写别人,怎么不写写自己?""写自己",其实这是一个很难的题目。我没有那么"伟大",不可能写出什么"名堂"来。后来,看了一些书,说个人的历史也是整个历史的组成部分,于是才有了这一卷。提笔之后,总觉得不满意,历史是由"后人评说",自己怎么样,只有别人说了算,历史说了算。但自己的经历不说,别人又怎么知道呢?

这套丛书写作启动的时间是20世纪,所以刘明辉给我的书起了一个美妙的名字——《世纪末的回眸》。再版时,已是新的世纪,不能够再"回眸"20世纪了，于是改成"风雨兼程"系列，一至五卷就用了这个书名，这一卷还是用这个书名。

为了写这 6 卷书，我翻遍了在任时的几十本工作笔记，查看了留存的十几个 U 盘，浏览了几千张照片……日子也就这样"打发"了。整整 10 年，我坐在电脑前不曾挪窝，双手不停地打着键盘，耕耘着这 600 万字。就这样为"给后人留点东西"而"发挥余热"。

最初几卷由于是刘明辉的建议，所以在东北财经大学出版社出版。感谢东北财经大学出版社方红星社长为这套丛书配备了最好的编辑、用最快的速度、确保最佳的质量，所付出的辛勤劳动。后来，因为我进财政部时，写的第一本书——《工业企业会计管理学》是在中国财政经济出版社出版的，当时的责任编辑是郭兆旭，后来郭兆旭当了经济科学出版社的社长，他希望我的书能在经济科学出版社出版，《风雨兼程：中国注册会计师之路（人物卷）》就改在经济科学出版社出版了。这本书《风雨兼程：中国注册会计师之路（逐梦卷）》应该是我的"最后一卷"，我想我还是应当回归会计老行，就由立信会计出版社给画上一个句号吧，也许能在晚年留下一点珍贵的回忆。

退休以后这些年，我生活的主要方式就是读书、教书、写书。上网浏览是阅读的主要途径；几个国家会计学院是教书的主要场地；写这 6 卷，是写书的主要内容。当然，有时也会应邀到别处做做报告，写点短文，看点小说。退休生活倒不觉得"单调"，感觉也是"丰富多彩"，但我想，那是因为回忆过去所引起的。退休以后，毕竟是"夕阳西下"了，"听党的话"，主要任务是"好好养老"，保持健康是"第一要务"，"超过百岁"是第一目标！

结束语：我的这一生

人的一生，很长久，也很短暂。大江大河是由涓涓细流汇聚而成的，历史也是由一个个具体事件和人物串联起来的。每朵鲜花都有盛开的理由，一切生命都是伟大和值得尊重的。做人成败，有时靠运气，有时靠根基，而更多的则是靠品行、靠智慧。

一个干部要有出息，有前途，就一定要静下心来读点经典、求点真知，在有限的生命中感悟马列经典作家所创造的人类精华。

我这一辈子"甜酸苦辣"八十二载：苦难的童年，折腾的青年，奋进的壮年，平静的暮年。能回忆起一些什么？像"放电影"般的，记忆最深的还是"文化大革命"中在乌石山被"关"起来"啃经典"的那一个多月。就是那一个多月的"磨炼"，使我懂得了许多，也为我进财政部以后能系统地研究会计理论打下了基础。可惜的是从那以后，我就没有再遇到那样的"机会"，大概也不应该会再有了。

进财政部后，我当了会计行业三个组织的三个秘书长。20年我经历了很多很多，一些"折腾"也常常会使我感到"痛苦"。我想，"痛苦"能让人奋进，"痛苦"也是一种幸福。恩格斯说过："从灾难和错误中会学到比平时更多的东西。"20年中，我的确从"灾难和错误中"学到了很多东西。

有人说，生活尤如浩瀚的大海，表面风平浪静，但在风平浪静的深处，却是惊涛骇浪。只有经历了这些惊涛骇浪之后，才会明白，有些事真的不必太计较，要放宽心态，真正懂得吃亏也是福。

古今中外名人不乏诠释幸福的名言，德国诗人歌德说："能把自己生命的终点和起点联结起来的人是最幸福的人。"法国文学家罗曼·罗兰说："一无所有的人是有福的，因为他们将获得一切！"法国剧作家尚福尔说："快乐可依靠幻想，幸福却要依靠实际。"这些名人名言，或充满哲理，或激情满怀，或熔铸智慧，或历练人生，堪称幸福百科，令人回味无穷。我想，所谓幸福，大概就是那种心灵的充实吧，像草丛中一朵悄悄开放的小花，清风月明之下，不经意地发出一股人生的香味……幸福在哪里？幸福其实就在每个人的心底。纵然不无命运的安排，却更青睐自我的追索。个人所处的环境、境遇，有日出日落，月圆月缺，光阴流水般飞逝。冬已过去，春将来临，未来肯定会更美好！

我的幸福观是什么？我想，最后还是用我最喜爱的奥斯特洛夫斯基的话来结束这一卷：我没有虚度年华，我没有庸庸碌碌，我把我的这一生，献给了人类最伟大的事业——共产主义！

后 记

《风雨兼程：中国注册会计师之路（逐梦卷）》一书的出版，要感谢立信会计出版社窦社长的高度关注，感谢责任编辑孙勇同志的辛勤劳动，感谢中国会计学会田志新同志提供的宝贵资料，感谢中国注册会计师协会和注册会计师业内的大力支持。

从1997年写作《风雨兼程：中国注册会计师之路（改革卷）》开始，到现在的第六卷，已过了20多年的光阴，经历了两个世纪。不能忘记刘明辉同志当年的建议，没有他，就没有"风雨兼程"。不能忘记东北财经大学出版社方红星社长、经济科学出版社郭兆旭社长及责任编辑谭志军的辛勤劳动，是他们的大力支持，让前几卷得以问世。这本《风雨兼程：中国注册会计师之路（逐梦卷）》是这套丛书的"最后一卷"，由立信会计出版社画上一个句号，也许能在我晚年留下一点珍贵的回忆。

"不是一番寒彻骨，怎得梅花扑鼻香"，难忘我在中注协的1 823个日日夜夜，难忘财政部的四十个春夏秋冬。6卷、600万字，既是对我过往脚印的记载，也是对会计行业历史发展的记录。一方面是我的自我反省，另一方面也是我为行业的发展留下的一点史料。

2019年5月